アレクサンドロス以後

長いヘレニズムとギリシア世界

Age of Conquests

The Greek World
from Alexander to Hadrian
(336 BC－AD 138)

アンゲロス・ハニオティス 著
藤井 崇 訳

名古屋大学出版会

ジョン・デイヴィー氏の思い出に

日本語版へのまえがき

日本の古代史家との緊密な連携とあたたかい友情を結んで、二〇年近くになる。中国語版、ギリシャ語版、ドイツ語版、イタリア語版、ロシア語版、スペイン語版に続いて、本書が日本語に翻訳されたことは、わたしを大きな喜びで満たしている。親愛なる友人でアプロディシアスの刻文調査の協力者である藤井崇氏（京都大学准教授）が翻訳を手がけたことは、わたしの喜びをさらにずっと大きなものにしている。本書の執筆から七年が経過したために、日本語版では文献一覧と研究案内が更新、補充されている。また、本文にも若干の手直しが施されている。

序で説明するように、本書で扱われている時代は、古代の歴史のなかで、わたしたちがこの世界で経験している現象ともっとも強い類似性を持っている。日本の読者——歴史一般を学ぶ学生や専門家ではないが歴史に興味を持つ人々——にとって、わたしが議論する現象には、強い関心をそそるものがあるだろう。たとえば、宮廷の構造、権力の儀礼的側面、宗教に関わる概念の移転、戦争が社会と文化に与えた影響、エリートが果たした役割、そして帝国への渇望である。

ニューヨーク大学とハイデルベルク大学、そしてオクスフォード大学でおこなった授業が本書の基礎となっている。本書はもともと、プロファイル・ブックス社による古代の歴史についてのシリーズの一冊として、専門家ではない読者のために英語で書かれたものである。その目的は、古典期を超えてギリシア人が生きた地域の政治、社会、宗教の主要な歴史的展開について、基本的な情報を提供することである。本書が対象とするのは、別々に扱われることが一般的な二つの歴史的時代である。慣例的にアレクサンドロス大王の遠征（前三三四年）あるいは死（前三二三年）にはじまりクレオパトラの死（前三〇年）でおわるとされるヘレニズム期と、アウグストゥスによる君主政の樹立（前二七年）からハドリアヌスの死（一三八年）までのローマ帝政初期である。この二つの時代を一緒に扱うことで、社会的、文化的な変化をよりよく理解できることは、序で説明している。『征服の時代』という〔原著の〕書名が意図するのは、この二つの時代の主要な転換点が軍事征服（ピリッポス、アレクサンドロス、ヘレニズム王、ローマの将軍と皇帝、パルティア人、その他の東方の国家による征服）であるという事実だけではない。前例のない規模で、知識、技術、知的地平が拡大したことも、暗に示しているのである。

通史の部分（短くまとめざるを得なかったが）では、マケドニアのピリッポス二世によるギリシア人の同盟の形成とアレクサンドロス大王の遠征から、ハドリアヌスの死までの重要な政治的展開が説明されている。関係する軍事的、政治的事件が複雑なので、事件が起こったさまざまな舞台を行きつ戻りつしながら、叙述を進める必要がある。読者は年表（巻末一四～二一頁）を使って、さまざまな出来事の時代的関連を確かめることができるだろう。個々の王国や都市の歴史を詳細に叙述し、戦闘を描写し、登場人物の伝記を書くことは不可能だった。通史は完全なものではなく、テーマの選択にあたって、その出来事の歴史的重要性と、それが典型としての性格を持っているかどうかをおもな基準とした。ローマが登場する第4章のおわりで通史の叙述を中断し、王権、王国の運営、都市国家の制度と政治生活、連邦国家の興隆（前三世紀の注目すべき新基軸である）の概観を、第5章と第6章でおこなった。続く四章は、イリュリアの海賊にたいする最初の戦争から、クレオパトラの死とローマの内戦の終結までの、ローマの東方への拡大を吟味する。第11章では、初期のローマ皇帝のもとでギリシア人の世界に起こったおもな出来事を駆け足で眺め、第12章では、帝政期の制度の主要な側面――皇帝の立場、属州行政、都市の政治システムの変化、ローマ植民市――を、ギリシアならびにヘレニズム化された属州の観点から扱っている。続く三つの章は、社会、文化、宗教に起こった重要な変化に注目する。哲学、文学、科学・技術、視覚芸術、建築について個別に十分な議論をすることは、この本では実現不可能な頁数を必要とすることになっただろう。最終章でわたしは、「長いヘレニズム期」がギリシア人の歴史を古代の「グローバル」史の重要なピースとして取り込むことで、オイクメネ（人の住まう世界）でのギリシア人の立ち位置を変えてしまったことを、簡潔にまとめて論じている。仕方のないことではあるが、地域的なひろがりのために、分析の深みを犠牲にせざるを得なかった場合や、一般的な特徴や傾向を説明することで、地域的な違いを十分に議論する余地のない場合もあった。

一九世紀のおわりまで、ヘレニズム史は原則として、現存する歴史家の叙述（とりわけポリュビオス、ディオドロス、アッピアノス）、地理学者ストラボンが提供する情報、プルタルコスの『英雄伝』、そして若干の他の文献史料に基づいて書かれてきた。ローマ支配期のギリシア世界の研究は、文芸と芸術を例外として、未発達だった。二〇世紀にこの状況が変化した。特にマケドニア、小アジア、中央アジア（たとえばアイ・ハヌム）での考古学調査、刻文の出版、そしてパピルスと貨幣の研究の進展によるものである。新しい文字史料――刻文とパピルス――が既知の史料に絶え間なく追加され、疑問のいくつかが解決すると同時に、新しい疑問が生まれ、確立された知識に深みを与えている。ヘレニズム期と帝政期は、今日、きわめてダイナミックな研究分野である。新しい発見が、多くの場合はささいな、しかし時には劇的なものの見方の変更を求め、常に研究をアップデートしている。

本書の内容が依拠する書籍、論文、刻文集をすべて列挙したなら、文献一覧は通史の部分よりずっと長くなってしまうだろう。注記として、本文で引用あるいは言及された史料の出典と、今後の読書に有益で、史料の引用とさらなる書誌情報を含む論文と書籍を少数選んで掲載することにとどめた。文献一覧も同じく、数をかなり絞った。文献一覧にしても注記にしても、ヘレニズム世界とローマ期東方の研究に刻文の編者と研究者が果たした貢献を、正しく評価するには十分でない。こうした人々のなかで、すでに他界し、ポスト古典期のギリシア世界についてのわたしたちの理解が立脚する人物のみを、大いなる尊敬の念を持ってここに言及したい。ヴィルヘルム・ディッテンベルガー、フィリップ・ゴティィエ、ペーター・ヘルマン、モーリス・オロ、ルイ・ロベール、フランク・ウォールバンク、そしてアドルフ・ウィルヘルムである。

本書の日本語への翻訳の企画を提案し、配慮と知識を持って翻訳をしてくれた藤井崇氏に、深く感謝したい。プロファイル・ブックス社のジョン・デイヴィー氏が、二〇一〇年にわたしをこの本の執筆に誘い、幾度も困難に直面した本書の出版に、有益なアドバイスと根気を持ってつき添ってくれた。彼は、本書が日の目をみるまで生きられなかった。本書は感謝とともに、彼の思い出に捧げられる。

プリンストン、二〇二四年四月

アンゲロス・ハニオティス

目次

凡例

一、本書は Angelos Chaniotis, *Age of Conquests: The Greek World from Alexander to Hadrian (336BC–AD 138)*, London, Profile Books, 2018の全訳である。
一、原著で引用される文献・史料のうち、すでに邦訳があるものは、そちらを使用させていただいた。ただし改変を行った場合や、必要に応じて訳者が翻訳した場合もある。使用した既訳の一覧は、巻末「文献一覧」の末尾に示した。
一、引用文中の［ ］は引用者（ハニオティス）、または既訳の訳者による補足を意味する。また引用者による省略は［中略］のように示した。
一、〔 〕は訳者（藤井）による補足を意味する。
一、原著でのイタリックによる強調は、傍点で示した。
一、古典語のカナ書きは、原則として長母音を示すための音引きは使用せず、ラ行の前にくる促音は省略した。ただし慣例にしたがった語もある。
一、人名・地名のカナ書きは、原則として、ギリシア語に由来するものはギリシア語に、ラテン語に由来するものはラテン語に準拠した。ただし慣例にしたがった語もある。また役職等の名称は、原則として単数形で表記した。

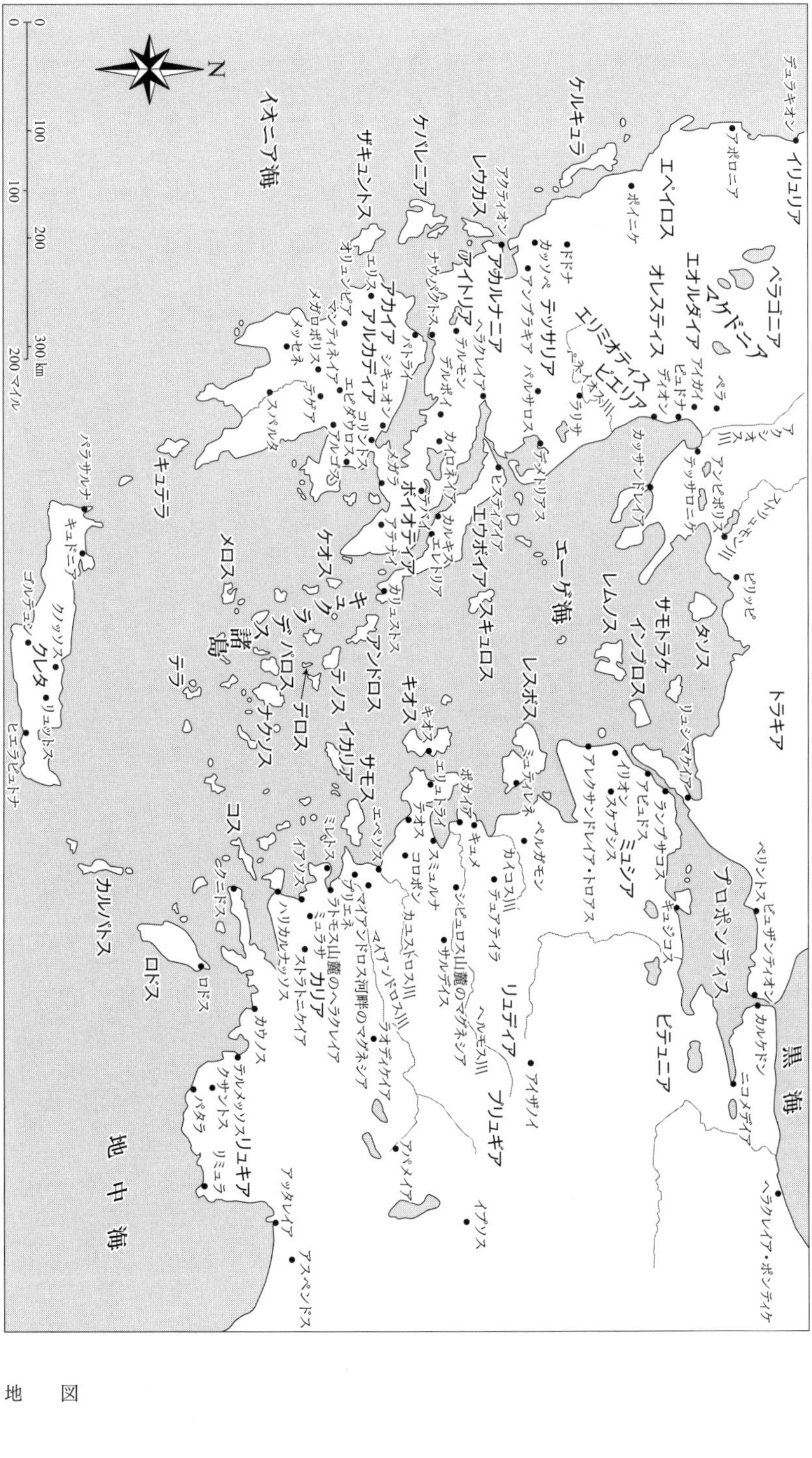

地図 1　ギリシアと小アジア西部

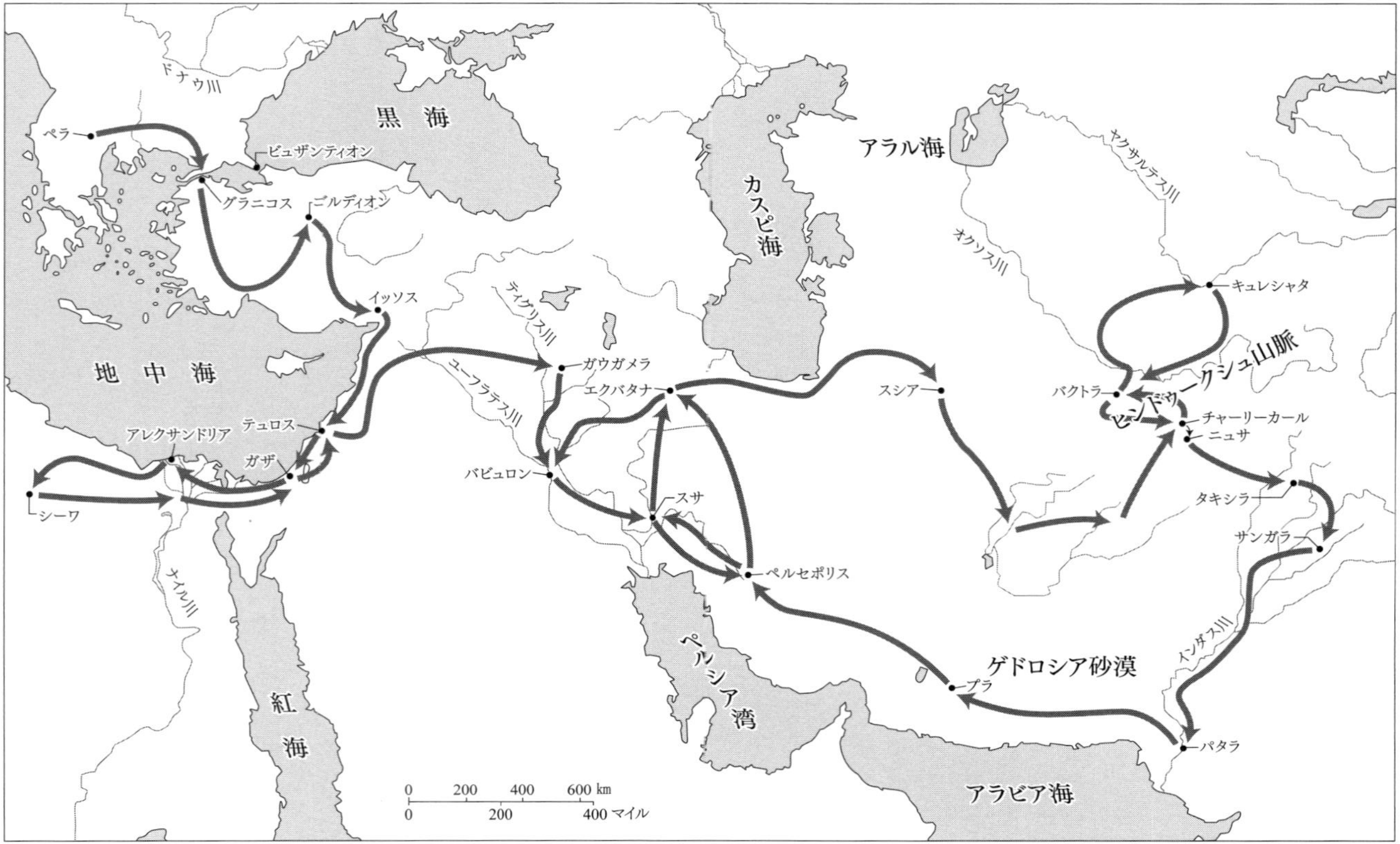

地図 2　アレクサンドロスの遠征

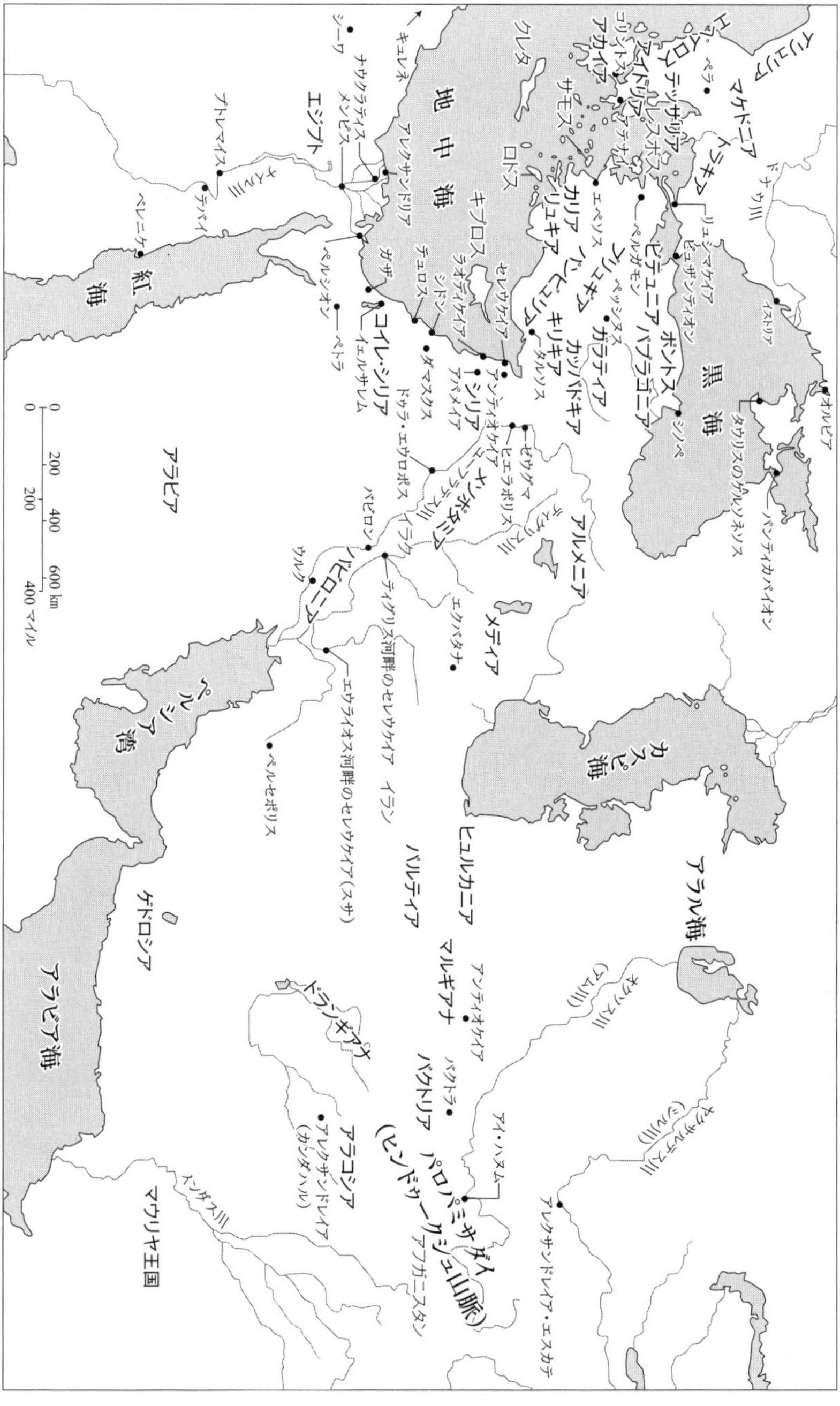

マケドニア
ペラ
テッサリア
アイトリア
アカイア
コリントス
アテナイ
レスボス
サモス
クレタ
ロドス
トラキア
リュシマケイア
ビュザンティオン
ドナウ川
イストリア
黒海
シノペ
オルビア
タウリスのケルソネソス
パンティカパイオン
ビテュニア
ポントス
パフラゴニア
ペルガモン
エペソス
カリア
リュキア
ガラティア
ペッシヌス
カッパドキア
キリキア
タルソス
キプロス
地中海
セレウケイア
ラオディケイア
シドン
テュロス
ガザ
アンティオケイア
アパメイア
シリア
ダマスクス
コイレ・シリア
イェルサレム
ペトラ
ペルシオン
アレクサンドリア
ナウクラティス
メンピス
エジプト
キュレネ
シーワ
プトレマイス
テバイ
ナイル川
ベレニケ
紅海
アラビア
ドゥラ・エウロポス
ゼウグマ
ヒエラポリス
ユーフラテス川
メソポタミア
アルメニア
イラク
バビロン
バビロニア
ウルク
ティグリス河畔のセレウケイア
エウライオス河畔のセレウケイア(スサ)
ペルセポリス
イラン
メディア
エクバタナ
ペルシア湾
カスピ海
ヒュルカニア
パルティア
ゲドロシア
アラビア海
アラル海
マルギアナ
アンティオケイア
バクトリア
バクトラ
アイ・ハヌム
オクソス川(アム川)
ヤクサルテス川(シル川)
アレクサンドレイア・エスカテ
ドランギアナ
アラコシア
アレクサンドレイア(カンダハル)
パロパミサダイ
(ヒンドゥークシュ山脈)
アフガニスタン
インダス川
マウリヤ王国
0 200 400 600 km
0 200 400 マイル

地図 3 ヘレニズム世界

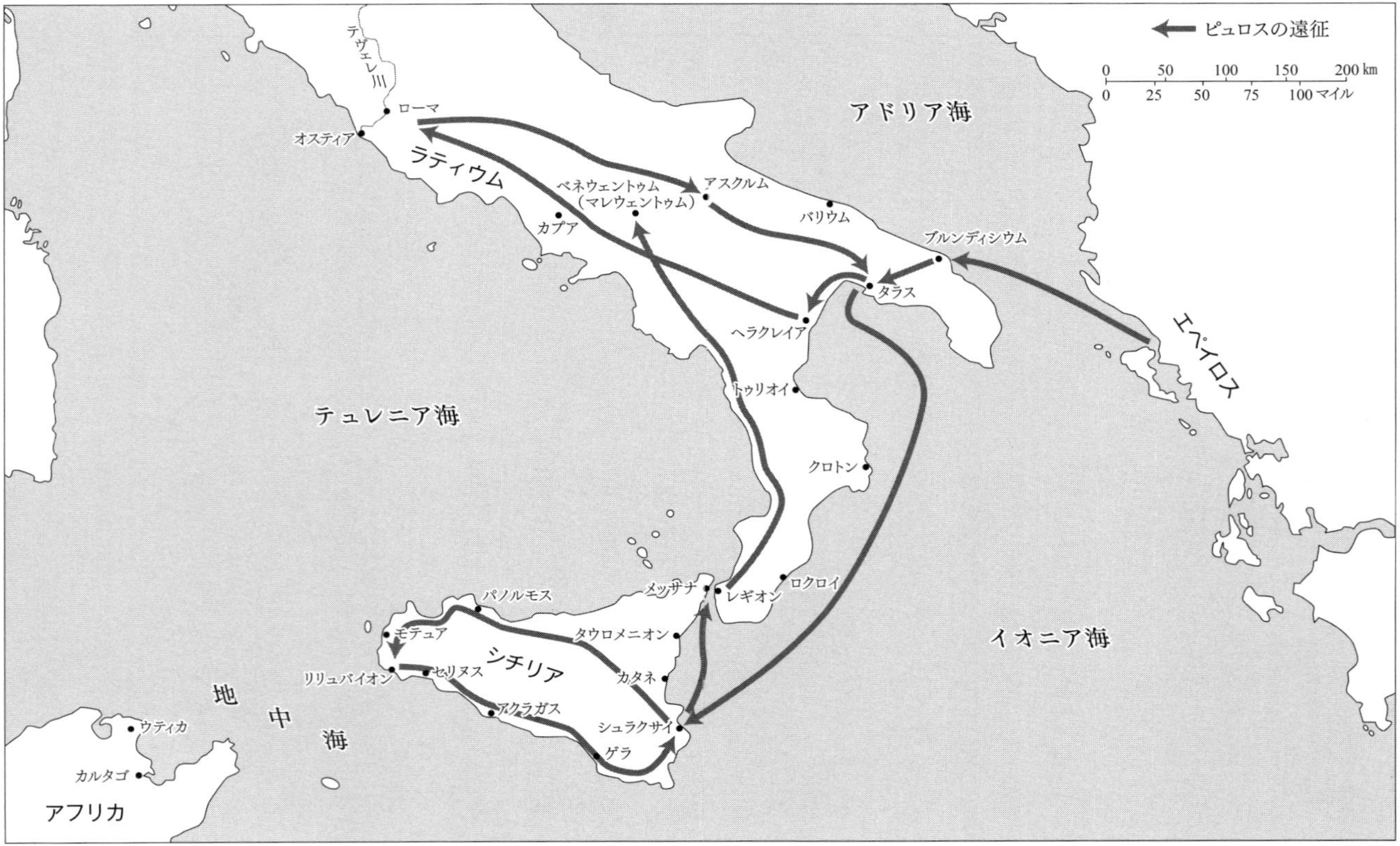

地図 4　ピュロスの遠征時のイタリア南部とシチリア

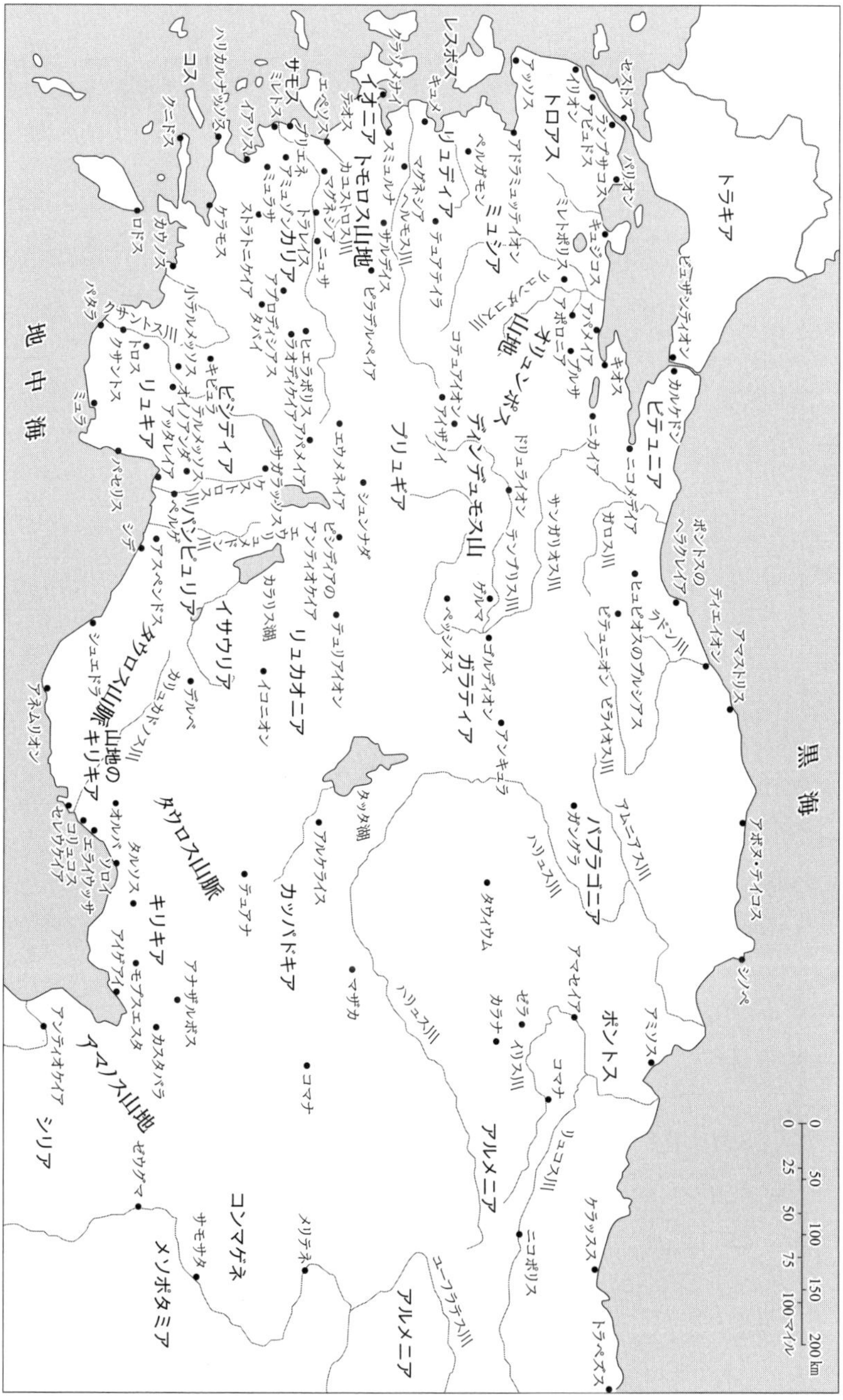

トラキア
黒海
地中海
トロアス
ミュシア
リュディア
イオニア
カリア
リュキア
ピシディア
パンピュリア
プリュギア
ビテュニア
パプラゴニア
ポントス
ガラティア
リュカオニア
イサウリア
キリキア
カッパドキア
アルメニア
コンマゲネ
メソポタミア
シリア
レスボス
サモス
コス
ロドス

地図5 小アジア

地図6　セレウコス王国とグレコ・バクトリア諸王国

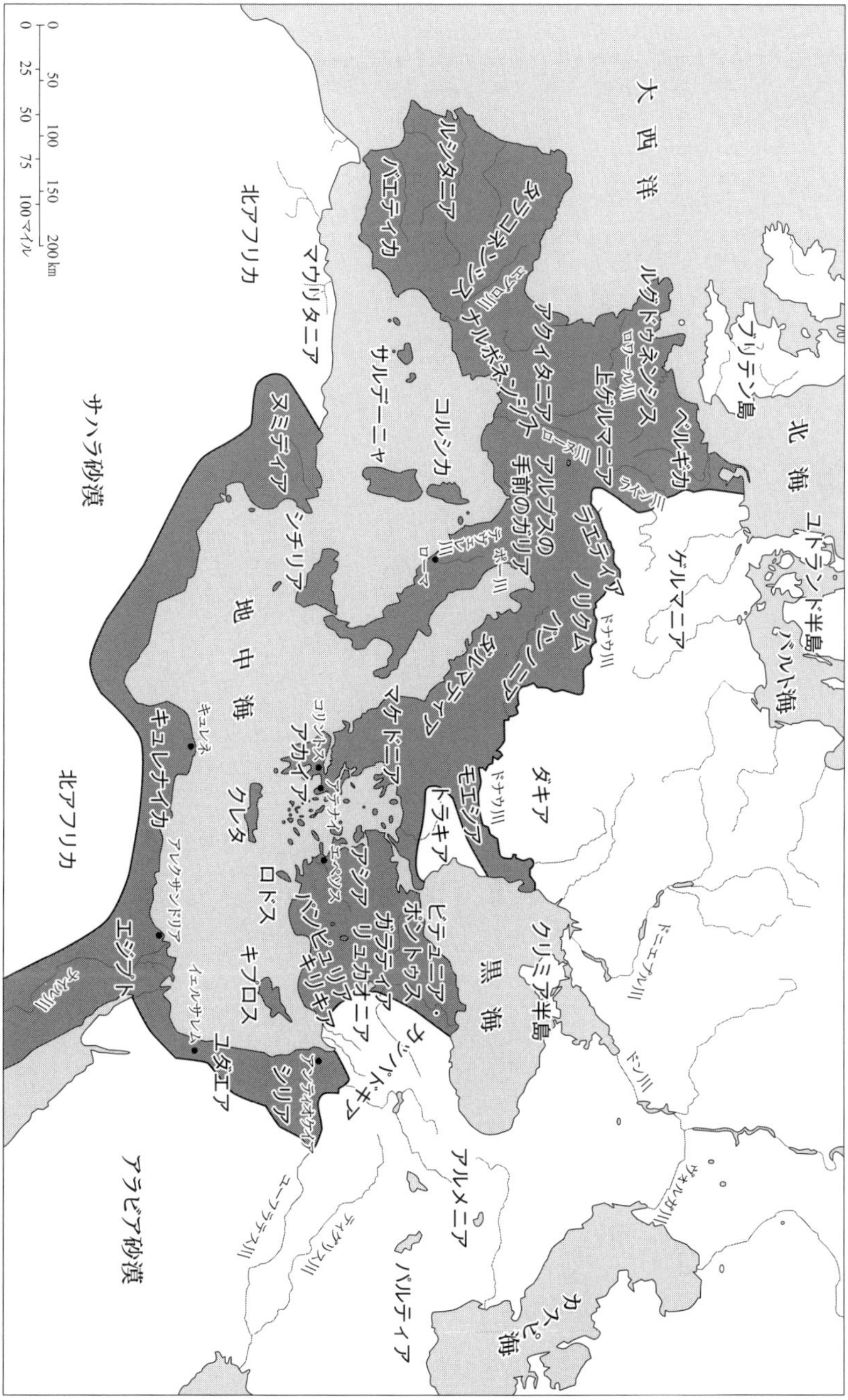

地図7　アウグストゥスのローマ帝国

地図 8　トラヤヌスとハドリアヌスのローマ帝国

序

ピリッポスの子アレクサンドロスは［中略］ペルシアとメディアの王ダレイオスを打ち倒し、まず彼に代わって［中略］支配した。彼は多くの戦いを重ね、数々の砦を落とし、その地の王たちを殺した。彼は地の果てまで攻め進み、そして多くの民族から略奪した。［中略］こうしてアレクサンドロスは十二年間王として君臨し、そして死んだ。それから彼の部下たちは、おのおの自分の地を支配した。彼の死後、彼らは皆王冠［ディアデマ］をかぶり、また、彼らの子孫も長年にわたり跡を継ぎ、諸悪が地にはびこった。

（聖書協会共同訳、一部改変）

これは、ギリシア語の翻訳の形で残る、前二世紀おわりのヘブライ語の文書である「第一マカバイ記」の一節で、通例わたしたちが「ヘレニズム期」と呼ぶもの――アレクサンドロスの遠征（前三三四年～前三二四年）からクレオパトラの最期（前三〇年）まで――を独自の立場から要約したものになっている。この著者がとっているのは、ギリシア人の王と彼らを支持するヘレニズム化したユダヤ人にたいして蜂起した、被支配地域を代表する闘士の見方である。

コスモポリタニズムの時代のギリシア人の歴史に関する書物を、ユダヤ人の文書の引用からはじめるのには、もっともな理由がある。まず、さまざまなものの見方や相反する考え方が存在したことを明らかにしてくれるから。次に、ギリシア人の文化と政治的支配に挑戦した文書が普及したのは、リンガ・フランカであるギリシア語を用いたためであるから。最後に、ギリシア人のやり方を取り入れたユダヤ人の一派である「ヘレニズム風にする人々［親ギリシア派］」が、ヘレニズム期という名称の由来であるから。この文書は、この時代が持つ対比と矛盾のいくばくかを反映しているのである。

ヘレニズム期とは何だろうか。なぜそれを、わたしたちは学ぶのだろうか。そして、前三〇年という一般的なおわりの年を引き延ばし、ヘレニズム期に帝政期の最初の一五〇年を加えて、「長いヘレニズム期」として考えることは適切なのだろうか。ヘレニズム期のはじまりについては、アレクサンドロス大王の死が、古代ギリシアの歴史のなかで重要な画期であることは疑いない。アレクサンドロスの後継者による王朝の創設は、彼の死後の数十年のおそらくもっとも明確な、そして間違いなくもっとも革新的な特徴である。そして、地が諸悪に満たされたことも否定できない。ただ諸悪とは、「マカバイ記」を書いたユダヤ人が思い描いた不幸――ユダヤ人にたいする宗教的、文化的な抑圧――というよりも、尽きることのない戦争、個人的あるいは公的な困窮、そして内戦によって引き起こされた悲惨だったというべきである。しかし、ヘレニズム期を単に苦難の時代とするのは、一面的で間違ったものだ。この歴史的時代は、アレクサンドロスの後継者たち、彼らが築いた王朝、ローマ、異民族、異国の支配者、都市、連邦の間の戦争を、単に足し合わせたものではない。では、この三〇〇年間を考察する価値として、他に何があるのだろうか。

日々の生活のなかでわたしたちは、誰かが途方もない（colossal）間違いをしたとか、あの人は人生の逆境にストイック（stoically）に耐えているとか、口にする。また、とろけるように（epicurean）おいしいといったり、海外旅行では博物館（museum）にいきたがったりする。嫌いだったにせよ好きだったにせよ、学校でユークリッド（Euclidean）幾何学を勉強した人もいるだろう。突然に問題の答えが閃いた時には、「わかったぞ！」（Eureka!）と叫ぶこともある。そして、仕組みは理解できないものの、油圧（hydraulic）ポンプとシリンダーは、わたしたちの生活の一部となっている。Colossal、stoically、epicurean、museum、Euclidean、eureka、hydraulic という言葉に共通するのは、これらがヘレニズム期に起源を持つということだ。エピクロス派とストア派という哲学の学派は、前四世紀のおわりに創建された。Eureka!（わかったぞ！）は、前二三〇年頃にアルキメデスが叫んだとされる言葉である。その時彼は、浴槽に入ってあふれた水の容積が、水面下にある部分の体の体積に等しいことに気がついたのだった。そしてエウクレイデスは、プトレマイオス一世治下、前三世紀はじめのアレクサンドリアに生きた数学者である。プトレマイオス一世は、ムセイオン、つまり「ムーサイの神殿」を、宮殿付属の学問センターとして創設した。このムセイオンで、数学者にしてエンジニアだったクテシビオスが、水力の知識を応用して、水圧によって動く初のパイプオルガン（ヒュドラウリス）を発明した。Colossus とは、前二八〇年にロドスの港に建立された太陽神の巨像で、パロス（アレクサンドリアにあった巨大な灯台）とともに、世界七不思議の一つに数えられていた。後世に残された言葉や表現を調べることは、ある歴史的時代の影響を評価するよい方法なのである。

ここで述べたような科学的、芸術的、学問的、文化的達成は、その文脈から切り離して研究することはできないし、するべきでもない。アレクサンドリアのムセイオン、付属の図書館、そしてそこで働いた学者や科学者が果たした膨大な貢献が実現したのは、アレクサンドロスが自身の名にちなんだ都市アレクサンドリアを創建し、ヘレニズム期にエジプトを支配した王たちが、莫大な資産を知識の発展に注ぎ込んだからこそのことだった。文化の主導者がギリシアのアテナイからエジプトやアジアへ移ったことは、アレクサンドロスによって征服された領域に新しく建設された都市に、ギリシア人移民が入植したことにはじまったプロセスの一環だった。太陽神の巨像は、ある軍事的成功を記念するもので、アレクサンドリアのパロスは、東地中海地域で運輸の重要性が高まったことと関連し、ストア学派の哲学は、政治生活ならびに社会発展と絶えざる緊張関係にあった。芸術と科学、哲学と文学、技術と宗教を理解するためには、ヘレニズム期の都市や王国における社会的な軋轢、戦争、政治的実験と革新の歴史を欠くことはできないのである。これが、ヘレニズム期を学ぶもっともな理由である。さらなる理由は、あとで触れよう。アレクサンドロスの遠征は、スタートにふさわしい。では、ゴールはどこだろうか。

伝統的に、ヘレニズム期の研究は、前三〇年のクレオパトラの自死と、彼女のエジプト王国のローマへの併合を終点とする。たしかにこれは、政治史では重要な画期で、ヘレニズム最後の大王国の終焉と、元首政——アウグストゥスとその後継者のもとで形成された君主政の一形態——の開始を示している。しかしながら、社会、経済、宗教、文化の歴史において、前三〇年は転換点ではない。わたしたちがヘレニズム期に認める傾向は、クレオパトラの死後二〇〇年は継続した。そうした傾向を十全に理解するために、前三〇年よりあとの史料を考慮する必要がある。さらに、逆にいえば、帝政期最初の二〇〇年間におけるローマ帝国のギリシア的東方について、その政治制度、社会構造、経済、文化、宗教に通じるには、ヘレニズム期のルーツに目を向ける必要がある。アレクサンドロスの東方遠征から、おおよそマルクス・アウレリウスの治世（一六一年〜八〇年）にいたる時代は、単一の歴史的時代として捉えるのが一番で、わたしはこれに「長いヘレニズム期」という言葉を与えたい。この約五〇〇年の期間に、（この書物の章分けが示すように）別個の段階をいくつか認めてもよいかもしれないが、その発展は連続的なものだった。

本書の通史は一三八年のハドリアヌスの死をもっておわる。ただ、ギリシア語圏の属州の状況は、彼の後継者アントニヌス・ピウスの治世でも変化しなかった。変化が起こりはじめるのは、一六一年にマルクス・アウレリウスとパルティアとの戦争がはじまった時である。わたしがハドリアヌスの治世を本書の終点に選んだのは、この皇帝がその後継者よりも一般の読者によく知られているからでも、ハドリアヌスが前任者のトラヤヌスのもとでの大攻勢をおわらせて、ローマ帝国の国境を画定したからでもない。むしろ、彼によるパンヘレニオン——少なくとも理論のうえではギリシア起源のあらゆる都市を統合した会議——の設立によって、全ギリシア人を統合するという、マケドニアのピリッポス二世と息子アレクサンドロスの努力によって開かれた円環が、象徴的な完成を迎えたからである。ギリシア人の統一――あるいはその不在――は本書の大きなテーマの一つであり、そのため、ピリッポスとアレクサンドロスによる全ギリシア的なヘラス同盟と、ハドリアヌスのパンヘレニオン会議を叙述の枠組みとするのが妥当だろう。

アレクサンドロスは、ギリシア人の同盟のリーダーとしてペルシア帝国にたいする遠征を開始した。その大義名分は、蛮族の支配下にあった小アジアのギリシア都市を解放し、前四八〇年にギリシアの聖域を破壊したペルシア人に報復することだった。アレクサンドロスは、同盟に参加しなかった大勢力スパルタを決して許すことができなかった――おかげで、彼が率いる遠征を「全」ギリシア人のものと呼ぶことができなかったからである。グラニコスで最初の勝利を収めると、アレクサンドロスはアテナイのアテナに奉献をおこなった。短い奉献の銘は、アレクサンドロスが直接対決で勝利できなかった唯一の敵を貶めている。「ピリッポスの息子アレクサンドロスと、ラケダイモン人〔=スパルタ人〕を除くギリシア人は、アジアに住まう蛮族から〔これを奪った〕」。ハドリアヌスは、アレクサンドロスが失敗したところで成功を狙おうとはしなかった。彼のパンヘレニオンは、アレクサンドロスの軍事同盟と共通するところがなかったからである。ギリシア統一の二つの形式にあるまさにこの違い――一方は蛮族の敵に向けられ、他方はローマ帝国の行政機構内部でギリシア人を統一する――が、ハドリアヌスの治世を、本書の終点にふさわしいものとするのである。

アレクサンドロスによる遠征の四五〇年後、ギリシア諸都市（今回は全ギリシア都市）は再び帝国権力に服従した。ローマ帝国である。アレクサンドロスの出生地のペラは、ローマの植民市となった。彼にちなんで名づけられたエジプトのアレクサンドリアは、地中海でもっとも重要な港の地位を維持したが、前三世紀の大半にわたって保持した政治権力の中心地の一つとしての重要性は失われた。ギリシア人とギリシア語話者が居住したほとんどすべての地域を、ローマ帝国へと統合した政治権力の地殻変動にもかかわらず、自身を他者と区別する独立したギリシア人としてのアイデンティティは変わらなかった。ユダヤ人、ゲルマン人、イベリア人、ブリトン人、あるいは他の被支配集団の歴史を研究することができるのとまったく同じように、帝国におけるギリシア人独自の歴史を研究することは、完全に正当なものである。この「ギリシア人の」アイデンティティが可変的で適応力に富んだものだったのは、いうまでもない。ローマ支配と折り合いをつけるのに役立つならば、ローマ人はギリシア人の一部族の末裔だと断言さえする、抜け目ないギリシア人の著述家もいた。小アジアのギリシア化した諸都市は、ギリシアの英雄やギリシア人入植者によって創建されたという証拠をでっちあげて、パンヘレニオンへの加入を勝ち取った。真の、あるいは作られたギリシア起源を持つ都市では、ギリシア風の教育を受け、市民権を持つほとんど全員がギリシア人とみなされ、それは名前がギリシア風、トラキア風、イラン風、ローマ風の何であったとしても変わりなかった。

アテナイ、エペソス、そしてアレクサンドリアの知識人たちは、アジアやバルカン半島のヘレニズム化した住民を軽蔑の目で眺めていたかもしれない。しかし、広範囲に及ぶ政治的、経済的、文化的、社会的、宗教的ネットワークを持つローマ帝国というコスモポリタニズム世界のなかで、「ギリシア人の歴史」は、アレクサンドロスの遠征以前にギリシア人の都市や植民市が存在していた地域に限定されることはない。アレクサンドロスの帝国と彼の後継者の王国のなかで、ギリシア人が定住した地域も考慮する必要がある。したがって、アレクサンドロスからハドリアヌスまでのギリシア人の歴史にたいしてわたしがとるアプローチは、地理的に包括的なものとなる。主たる焦点は、史料がもっともよく残り、ギリシア人の共同体が一番集中していた地域——ギリシア本土、エーゲ海、小アジア、シリア、キュレナイカ、そしてエジプトのナイル・デルタ——となるだろう。他方でわたしは、通史と主要な政治的、社会的、宗教的、文化的発展の概観の双方で、シチリア島と南イタリアの西部ギリシア人、黒海の西・北岸のギリシア都市、そして中央アジア——アフガニスタン、パキスタン、インド北部——のギリシア人を含めることを試みた。

同じくそれ以前の時代と異なる、「長いヘレニズム期」に共通する要素として、次のものがある。君主政が重要な位置を占めたこと。ヘレニズム王とローマ元老院の政策が強力な帝国主義的衝動によって特徴づけられていたこと。バルカン半島、イタリア、黒海地域、小アジア、近東、エジプトでの政治的展開が、緊密な相互依存関係にあったこと。これらの地域で住民の移動が増大したこと。都市的な生活と文化が普及したこと。技術が進展したこと。そして、言語、文化、宗教、および制度が次第に均質化したことである。これらの現象の多くは、アレクサンドロス大王の遠征以前、これほどの規模で起こったことはなかった。

この時代は、ギリシア史上これまでになかった、ギリシア人の真のコスモポリタニズムの時代である。「長いヘレニズム期」にみられる現象の多くは、現代世界にその類似例があり、この歴史的時代の「現代性」は、歴史家と優れた現代の観察者双方にとって、この時代の魅力を高めている。グローバル化、メガシティ、新宗教、統治という四つの現象に、簡単に触れてみよう。

ヨーロッパ、アジア、北アフリカの広大な地域が互いに結び合わされたことから、当然のことながら、ヘレニズム世界とローマ帝国はグローバル化の初期の例とみなされてきた。もちろん、グローバル化という現代の用語は、括弧つきで使用されなければならない。第一に、ヘレニズム期とローマ期のネットワークは、地球全体ではなく、同時代の人々がオイクメネ(「人の住まう世界」)と考えたところを覆っていたにすぎなかったため。第二に、この時代の人々の多くは、居住する地球《グローブ》を球体ではなく、大洋に囲まれた円盤だと考えていたためである。それでもなお、ギリシア人とローマ人が知っていた地域の結びつきの深さには、感銘を受ける。アレクサンドロスによる征服は、永続的な帝国を作り出したわけではないが、アドリア海からアフガニスタン、ウクライナからエチオピアへとひろがる、王国、藩属王朝、ポリス（都市国家）の巨大な政治的ネットワークを生み出した。こうした国家は、イタリア、南フランスのギリシア植民市、北アフリカのカルタゴ、そしてインドのマウリヤ帝国と関係を結び、中国を除いた旧世界すべてを包含するネットワークを形成していた。ローマの拡大によって、中部・西部ヨーロッパと北アフリカの大部分がこれに加わり、相互に結びついた世界がさらに拡大した。ローマ拡大の初期段階を描写した政治家にして歴史家のポリュビオスは、すでに前二世紀なかばに地中海全域の結びつきを完全に理解し、シュンプロケ（絡まり合い。七四頁参照）という用語を導入した。

こうした変化は、人々の生き方や、きわめて多様な共同体の制度や文化に、どのような影響を与えたのだろうか。魅力的な問いかけである。表面的には、生活のさまざまな側面で均質化が進んだことが観察される。ギリシア語が、アジア・アフリカのヘレニズム王国のリンガ・フランカとなり、ローマ帝国の東部属州でもそれが継続した。イタリアや西部属州でも、ギリシア語は、特に知識人と東方からの移民の間で頻繁に用いられた。ギリシアとローマの法制度が、遠隔地にも及んだ。文化の数多くの側面——都市の外観から男性の衣装と髭や女性の髪型まで、芸術作品のスタイルから夜間の照明に使われたランプの形態まで、そして修辞弁論の技術から見世物の種類まで——が、主要な政治的、文化的中心地で形成されたトレンドにしたがって、驚くべき水準の均一性を示していた。

こうした文化の収束現象の過程を、慣例にしたがって、ヘレニズム期については「ヘレニズム化」、帝政期については「ローマ化」と呼ぶのは、誤解を招くだろう。これらの用語は中心と周縁の間の一方的な関係を示唆しているが、「長いヘレニズム期」の文化的コイネー（共通した表現方法）の発展は、より長期間に及ぶ、ずっと複雑なプロセスの帰結だったのである。政治的権威を持った人々だけが主要な登場人物だったわけではなく、遍歴する芸術家、弁論家、詩人、そして兵士と奴隷、さらに魔術師と夢解釈の専門家も、境界を越えて移動して活躍した。多民族の王国とローマ帝国で人々の移動が活発になり、文化的な収束現象と、「シンクレティズム」の性格を持つ宗教的アイデアの融合が生まれた。そのため、本書でわたしが「ヘレニズム化」や「ヘレニズム化された」という言葉を使ったとしても、それはギリシア系ではない人々によるギリシアの言語と文字の採用だけを意味している。共通の言語という表面の下には、地元の慣習と独特のアイデンティティがじっと潜んでいるという事実にも留意してのことである。ギリシア語とラテン語、ギリシア語とエジプト語、ギリシア語とヘブライ語、ラテン語とアラム語などによる二言語、三言語刻文は、消滅することのない文化的な複雑さを明確に表現している。ギリシア人、アジアとエジプトの地元民、そして後発のイタリア移民の間のダイナミックな交流が、文化を作り変え続けた。非ギリシア的要素がもっとも明白にみてとれるのは宗教行為と個人名だが、神話、歴史的記憶、死後のイメージから、社会慣習、埋葬方法、服装、調理方法、耕作のやり方にいたる多種多様な現象にも、非ギリシア的要素が存在したのはたしかである。

当然ながら、この時代の多文化主義は、「メガシティ」でより顕著だった。一〇万から一〇〇万の人口を持つアレクサンドリア、アンティオケイア、アテナイ、エペソス、テッサロニケ、コリントス、ペルガモンといった都市は、一〇〇〇万人以上の人口を持つ現代のメガシティには比ぶべくもない。しかし、同時代人の目には、これらの都市はたしかに巨大に映った。前三世紀のはじめ、詩人のテオクリトスは、シュラクサイからアレクサンドリアへ移住した二人の女性が、祭礼の日に混雑した街路を歩く様子を描写している。「まあ、なんという人混みでしょう。どうやったらこのひどい中を通り抜けられるかしら。アリのように数が数えきれない」(古澤ゆう子訳)。アレクサンドリアのような雑多な人々からなる大都市は、わたしたちに馴染み深い数多くの問題を住民に突きつけた——治安、出身の違う人々の間での緊張関係、匿名性、孤独感、集団への帰属を望む気持ち。市民の共同体への政治参加が弱まるにつれ、この喪失を別種の共同体——宗教的な、職業的な、あるいはまた別の共同体——への参加で代替する必要性が高まっていった。

こうした欲求のある部分は、わたしたちの世界と同じように、現世での保護と来世での幸福を約束する「新宗教」によって満たされた。異国よりもたらされた宗教は、信者を自発的な団体に組織してギリシア人の環境に適合した。これらの宗教は、入信儀礼を求めたという点で排他的であり、出身地、ジェンダー、社会的地位に関係なく人々を受け入れるのが通例だったという点で、包摂的だった。宗教的なものであれ他のものであれ、自発団体がメンバーに自己認識を与えた。

王国と広域な連邦国家が支配的な立場を占めたとはいえ、ポリスは政治的、社会的、宗教的生活の第一の舞台であり続けた。ギリシアの歴史のなかの他の時代、さらに前八世紀から前六世紀の大植民の時代とさえ比べても、前四世紀おわりと前三世紀ほど、多数の都市が新しく建設された時代はない。新旧のポリスと、前一世紀おわりから二世紀はじめにかけてギリシア、小アジア、近東に建設されたローマ植民市は、すべてある種の主権と広範な自治権を持っていた。しかし、この主権は、まず王の介入によって、前一四六年以降はローマの属州行政の確立によって、そしてのちにはローマ皇帝の圧倒的な存在によって、侵害された。都市は、市民の意思決定への参加を認める民会などの制度を保持したが、富裕な恩恵施与者の貢献にますます依存するようになった。この事態は、寡頭政体を優遇する王とローマ当局の直接介入と合わせて、穏健な民主政——富裕層が自身の権力について市民と交渉する必要があり、同僚と公職を目指して競い、説明責任の義務がある政体——から、政治的な権利と権力が財産資格に基づく寡頭政へと、都市をゆっくりと変えていった。人々の名ばかりの主権と参加、そして実際の権力との間にあるこの対比(今日の民主主義にもあてはまらないわけではない)は、エリート層、そして王までが、演技としての親しみやすさと適切なよそよそしさとの間のバランスを作り出すために、演劇的な振る舞いを身につけることにつながった――現代のポピュリズムに類似した振る舞いである。負債を抱えた人々、財産を奪われた人々、そして特権を与えられず差別に直面した人々による反乱が時折発生したが、改革を生み出すことはできなかった。「名望家たち」の支配は、今日わたしたちが「公共事業」と呼ぶものに彼らが財産の一部を支出する用意のある限り、揺らがなかった。「長いヘレニズム期」における社会関係は、複雑な形の互恵に基づいていたのである。

こうした明確な現代性が、本書の読者の眼に、この歴史的時代の顕著な一面と映っても不思議ではない。古代の読者であれば、ヘレニズム期と帝政期に豊富にみられる他の二つの要素に、魅了されたことだろう。それは、ペリペテイアイ（運命の急転）とパラドクサ（予期せぬ出来事）である。「長いヘレニズム期」は、わたしたちに対比と矛盾を突きつける。伝統の継続と、アンディキティラ島の機械（天体現象と太陽と月の循環を表示する複雑な装置）の開発のようなテクノロジー革命。合理性と迷信。君主政と市民の政治参加。ポリスの小さな世界と、王国と帝国の巨大な世界。地域的なものと普遍的なもの。「長いヘレニズム期」は、キリスト教興隆の文化的背景となっている。そして、現代世界を観察する者に、思考の種を提供している。願わくば、これらが本書のなかへ飛び込む十分な理由とならんことを。

第1章　すべてはどうはじまったのか（前三五六年〜前三二三年）

――マケドニアからオイクメネへ

父の遺産（前三五六年頃〜前三三六年）

前三四三年に、ベルミオン山の麓にある小村ミエザを訪れた者がいたとして、その訪問者はまずは素晴らしい風景の美しさに感嘆したことだろう。緑深い山麓、清冽な水の流れ、そして岸壁に連なる洞穴。この場所の美しさに触発されて、住民はここがニンフの住処、ニュンパイオンだと信じていた。わたしたちの想像上の訪問者は、ニンフたちが男性のお相手を連れているのをみて、驚いたことだろう。四〇代はじめのあご髭を生やした教師と、一〇代の少年と青年たちの集団が、詩歌、地理、神話、そして自然現象を熱心に議論していた。わたしたちの想像上の訪問者は、この牧歌的な場所に集った人々が、世界史に不滅の影響を及ぼすよう運命づけられていたとは、考えもしなかっただろう。このうちの一人アリストテレスは、西洋の哲学と科学の基礎を築くことになる。デカルトにいたるまで、ヨーロッパの思想にこれほど強力な影響を及ぼすことになる人物は、誰もいなかった。彼は、マケドニア王ピリッポスに任命されて、息子アレクサンドロスと王国エリートの子弟たちの教育にあたっていたのだった。アリストテレスの甥のカリステネスは二〇代後半で、アレクサンドロスについて、影響力のある歴史を書くことになる。これはのちに、「アレクサンダー・ロマンス」のきっかけとなった。「アレクサンダー・ロマンス」は、ギリシア語、ラテン語、シリア語、アルメニア語、スラヴ語の翻案で流通し、前近代でもっとも広範に読まれた本の一つとなった。一三歳のアレクサンドロスは、一〇年もしないうちに、既知の世界の様相を変える軍事遠征に乗り出すことになる。一一年後のアレクサンドロスは、富、人口、文化の点で東地中海のすべての都市を凌駕することを運命づけられた都市アレクサンドリアを建設するだろう。別の一〇代の少年プトレマイオスは、この都市に、古代世界で知られている他のあらゆる王朝を凌ぐ長命を誇った王朝を築く定めであった。しかし、さらに重要なのは、世界がそれまでに経験していたなかで最大の学術センター――ムセイオンと有名な付属の図書館――を、彼が創設する運命だったことである。

卓越した個性が同じ場所、同じ時にこれほど集まったことは、歴史上あまり例がない。こうした出来事は、ルネサンスや啓蒙時代、フランス革命の最中のように、変化への欲求が強い時であれば、重大な事態を引き起こし得る。前三四三年のギリシアでは、変化への欲求が強かった。前五世紀のおわりと前四世紀の前半は、覇権の交代が立て続けに起こっていたが、それらが、自由な都市と連邦から構成される世界で主導権を握ることに成功したのは、ほんのわずかの間だけだった。アカイメネス朝ペルシアの王たちは、覇権的な勢力と反抗的な同盟者との間の継続的な戦争状態を利用して、ギリシア人との一連の戦争(前四九〇年~前四四九年)で被った敗北に復讐を果たした。前三八七年に、アカイメネス朝は小アジアのギリシア都市を再び帝国に編入した。アテナイ、スパルタ、テバイという都市国家の主導権が確立され、挑戦を受け、そして崩壊すると、前四世紀なかばに新勢力がギリシア世界の辺境に出現した。アルゲアス朝の王ピリッポス二世支配下のマケドニア人(マケドネス)である。

アルゲアス王家は、前七世紀以来、マケドニア人を支配してきた。この王朝は、アルゴスの王テメノス、そして究極的にはヘラクレスの末裔を主張した。マケドネスとは、ギリシア語の部族名で、「高地人」――マケドノス(高い)に由来する――を意味したのはほぼ確実である。彼らはギリシアの神々、とりわけオリュンポスのゼウスを崇拝した。マケドニア人のもっとも有力な居住地には、ギリシア語の名前がつけられていた。ディオンは「ゼウスの聖域」で、アイガイは「ヤギの場所」である。マケドニア人の個人名は、ギリシア語起源だった。ピリッポスは「馬を愛する者」で、プトレマイオスは「好戦的な者」、ペルディッカスは「ヤマウズラ」だし、アミュンタスは「防衛者」、アレクサンドロスは「人間の保護者」で、ベレニケは「勝利をもたらす女」を意味し、クレオパトラは「栄えある父の娘」で、アルケラオスは「軍の指導者」である。そして彼らは、ギリシア語の一方言を話した。マケドニア人とギリシア本土・植民市のギリシア人を分けたのは、彼らの方言ではなく――おそらく、その方言はアテナイ人にとって、ディープ・サウスの英語がオクスフォードの教授にとって難しいのと同じくらい、理解困難だっただろう――彼らの生活様式だった。前五世紀まで、基本的にマケドニア人は、小規模集落に住む牧畜民だった。前六世紀までに世襲王家を廃した南方のギリシア人と異なって――二王政をとったスパルタは例外である――マケドニア人は王に支配されていた。公文書で時折なされる「ギリシア人とマケドニア人」という区別は、彼らの民族性によるものではなく、共同体の構造の違いに関係している。

前四世紀はじめまで、マケドニア人はアカイメネス朝の王、次にアテナイの庇護のもとで暮らしていた。王アルケラオス(前四一三年~前三九九年)は、都市生活と文化を進展させて王国を刷新した。エウリピデスが『バッコス教の信女たち』を作ったのは、彼の宮廷だった。しかしながら、アルケラオスの死後、王朝の内紛と戦争が続いた。王ペルディッカス三世が前三五九年に戦闘で死ぬと、兄弟のピリッポスが、未成年だった甥のアミュンタスをおしのけて権力を握った。二五年間の支配で、ピリッポス二世（図1参照）はマケドニアと全ギリシア世界を一変させた。それは、彼の息子がのちに既知の世界の残りの部分を変えることになるのと、同じくらい劇的な変化だった。二世紀の歴史家アリアノスは、アレクサンドロスの口を借りて、ピリッポスのマケドニア人への貢献を評している。

図1　マケドニアのピリッポス二世の象牙製ミニチュア頭部像。

ピリッポスの眼にうつった当時の君たちの姿は、定《き》まった家もなければその日の暮らしにもこと欠く、といった惨めなありさまだった。大方の者はそのころまでまだ羊の毛皮を身にまとい、わずかばかりの羊の群れを山の上で放牧しながら、それらを後生大事に守って、イリュリア人だのトリバッロイ人だの、すぐ隣のトラキア人だのと、勝ち目の少ない苦しい戦《いくさ》をつづけていたのだ。父はそんな君たちを見て、羊の毛皮の代わりに身につけるようにと外套を支給してやり、君たちを山から平地へと連れ出し、これからはもう山中の地の利に頼るのではなく、むしろ持ち前の勇気をこそ頼みとして、近くの蛮族とも十分に渡り合えるだけの勇者ぞろいに、君たちを鍛えあげた。また君たちを町《ポリス》の住民としたうえ、立派な法や慣習を整備して町をととのえてもやったのだ。

（大牟田章訳）

ピリッポス以前のマケドニアについてのこうしたイメージは、マケドニアでの考古学研究が示すように、確実に誇張されてはいるものの、ピリッポスの成果は並外れたものだった。軍事の天才であり、抜け目のない外交家であり、偉大な組織者であり、他者から学ぶことに熱心で、課題を発見しチャンスをみのがさず、プロパガンダに秀で、限りない野心を持つピリッポス二世は、息子に劣らず「大王」の添え名にふさわしい。青年期の数年を人質としてテバイで過ごしたことで、ピリッポスは、左翼が中央と右翼よりも強い斜線密集隊形というテバイ軍の新戦法を学んだ。弱い右翼ができる限り持ち場に留まるか、後退しつつ敵軍と対峙する間、左翼が、伝統戦法では強力な敵軍の右翼に向かい、それを突破して敵軍を包囲するチャンスを得る、というものだった。ピリッポスは見事な工夫で、この戦法を改良した。彼は、歩兵に長槍（サリッサ）を持たせたのである。一五～一八フィートの長槍は、合図で低く構えられれば、五列分の兵士を守ることになった。ピリッポスは、騎兵の訓練にも改善を加えた。王国を拡大したピリッポスの軍事的勝利には、行政面での対策も伴っていた。貴族の子弟たちが宮廷の主導で教育を受け、都市が建設され、占領地の天然資源、すなわち木材と銀が艦隊の建造のために利用され、軍務と引き換えに土地が兵士に与えられた。

ピリッポスが、哲学と科学の新星アリストテレスを、後継者にふさわしい一人と目されていた息子の教育のために招聘したことは、ピリッポスが単なる行動の人ではなかったことを示している。近年発掘されたアイガイ（今のヴェルギナ）のピリッポスの宮殿は、洗練されたイデオロギーを明らかにしている。王宮の一つは、フェニキアの王女エウロパを拉致するゼウスという象徴的な主題で装飾が施された。実際にそれをみた人は、ヨーロッパとアジアの衝突への暗喩をみいだしたことだろう。ヘロドトスは、ペルシア戦争の叙述を開始するにあたって、ギリシア人と蛮族のおわることのない戦いがどのようにはじまったのかを説明するために、この神話に触れている。ピリッポスは、この時には弱体化していたペルシア帝国との衝突の次の段階に進むことを、意識的にギリシア人に準備させていたのである。彼の指揮のもと、アジアへの遠征を再開するのだ。ピリッポスの宮殿が建設され装飾が施されていた頃、アテナイの知識人イソクラテスは、前三四六年の公開書簡のなかで、「ヘレネスの和合と蛮族への遠征――つまり、ペルシア帝国への遠征――の大義を掲げる」よう、ピリッポスを説得していた。

ペルシア帝国侵略という計画を達成するために、ピリッポスはゆっくりと支持者の連携を固めた。それは、彼のもっとも独創的な外交努力である前三三七年の同盟結成で、頂点を迎えた。これよりずっと前の前三五二年に、テッサリアを事実上、王国へと併合したことで、ピリッポスはマケドニアの地理的な境界線を越えて、南方へ自身の影響力を拡大しはじめていた。テッサリア連邦の最高公職者（アルコン）に任命されたピリッポスは、名馬を産する穀倉地を支配し、港と市場からの歳入をみずからのものとした。ピリッポスの成功は、軍事力にのみ頼るものではなかった。彼は、ギリシアの覇権をめぐる競争相手であるアテナイの政治家たちを買収し、敵を無力化する都合のよい方法とみれば、いつでも同盟の条約を結んだ。ただ、その同盟を遵守するつもりはなかった。しばしばピリッポスは、才能ある息子と野心あふれる妻との争いに巻き込まれた、年とった飲んだくれの父親と記憶されている。しかしピリッポスは、姿をあらわすだけで古代最高の弁論家を黙らせることができた男だった。前三四七年にアテナイのデモステネスが、使節としてピリッポスに会う最初で最後の機会を得た時、彼は自分の最高の武器――言葉――にみはなされてしまった。はじめの数語を発したのち、デモステネスは突然話すのをやめ、卒倒したのだった。

ピリッポスの最大の業績は、前四七七年以来はじめて、ギリシア人を一つの同盟にまとめあげたことだった。ピリッポスの軍隊は、前三三八年、カイロネイアの戦いでアテナイ人とボイオティア人の連合部隊を破った。一九世紀と二〇世紀はじめの歴史家にとって、この戦いは自由な都市国家のおわり、したがって、ギリシア史——少なくともそのうち学ぶに値する部分——の終焉を意味した。また別の観点からみれば、カイロネイアの戦いは、アカイメネス朝の歴史の、おわりのはじまりである。ピリッポスは、破った敵を滅ぼさずに、ある会議へと招いた——意外かつ見事なピリッポスの外交策の一つである。会議の場所は入念に選定された。コリントスである。細い回廊が中央ギリシアとペロポネソス半島を結ぶところにポセイドンの聖域があり、そこで伝統ある全ギリシア規模の四つの運動競技祭の一つがおこなわれていた。さらに重要なことに、コリントスは、前四八〇年に、ギリシア人がはじめてペルシア人に対抗する同盟に合意したところだった。すなわち、前四八〇年のサラミスで、そして前四七九年のプラタイアイでクセルクセスに勝利し、その翌年に解散した、コリントス同盟である。ピリッポスは、この勝利者の伝統に自身を位置づけた。彼は、団結によってこそペルシア人を打倒し自由の護持が可能になることをギリシア人に想起させ、前四七八年の時のように、小アジアのギリシア都市をペルシアの支配から解放するという義務を彼らに思い出させた。スパルタとエペイロスを除いて、大半のギリシア都市がこの招請を受け入れた。代表者たちは、ギリシア人がもっとも尊重するもの——独立、貢納免除、駐屯軍からの解放——を保証する平和条約を締結した。この条約に宣誓した者は、平和を維持し、構成都市の政体とピリッポスおよびその後継者の王権の転覆を図らないという義務を負った。同盟の構成都市は、おそらくは人口あるいは軍隊の大きさに比例して、会議（シュネドリオン）に代表を送った。小さな共同体は一緒に代表者を出した可能性もある。構成都市間で争いが起こると、会議が調停機関の役割を果たした。構成都市の領土や政体が攻撃を受けた場合、他の構成都市は侵犯者に宣戦布告する義務を負った。同盟によって選出されたリーダー（ヘゲモン）は、戦争の際に軍隊を指揮し、同盟国が派遣する部隊の規模を決定した。予想通り、ピリッポスがヘゲモンに選出され、ペルシア人にたいする戦争にギリシア人を動員した。おそらく彼の最終目標は、自身の王国を拡張し、小アジアのギリシア都市をペルシアの支配から解放し、それらを同盟に組み入れることだったろう。ペルシア帝国を滅ぼすことは、意図していなかったかもしれない。この条約の詳細には不明な点が多いが、未来の歴史に及ぼした影響は大きかった。このコリントスもしくはヘラス同盟は、アレクサンドロスの遠征において彼の指導権の基盤となり、ギリシア人のリーダーとしての立場を主張するのちの王たちによって、定期的に復活させられた。

ピリッポスはギリシアの状況に秩序をもたらすことに成功したかもしれないが、家族内の緊張を和らげるのには失敗した。前三三八年か前三三七年に、ピリッポスは新しい——七番目の

――妻を娶ったが、これはおかしなことではなかった。マケドニアの王たちは、一夫多妻制をとっていたのである。しかし、この新妻クレオパトラは、これまでの妻とは違って、マケドニアのエリート家系に属していた。彼女の息子たちは、アレクサンドロスの後継者としての立場を危うくすることになる。父と子の関係が大きくこじれたため、アレクサンドロスは少しの間宮廷を離れなければならなかった。ペルシア遠征がはじまる直前、アレクサンドロスは父と和解し、アイガイに戻った。

息子のビジョン（前三三六年～前三三一年）――トロイアからエジプトへ

権力の絶頂にあったピリッポスは、娘クレオパトラの結婚式をアイガイの劇場で祝っていた日に、以前恋仲にあった親衛隊の一人に殺害された。伝えによると、殺害者の動機は、宮廷のおきまりの宴会で彼をレイプした者たちの処罰を、ピリッポスがないがしろにしたことだった。殺害のほんの数分前、十二神の図像が行列をなして劇場に運ばれ、ピリッポスその人の図像が一三番目としてしたがっていたところだった。この図像によって、ピリッポスはこの世での権力を、神々の権力と同化させた。ギリシア人の多くは、これを無礼で傲慢とみなし、彼の死を神の懲罰と受けとめたことだろう。実際、彼の殺害が劇場で起こったという事実は、悲劇的な皮肉だった。観客は、神話の英雄たちの傲慢が遅滞なく神々に罰せられるのを見物しに、劇場に足を運んだ。これはまさに、その日にアイガイの劇場に集まった観客に、運命が提供した見世物である。人の生が芸術を模倣した。

ただ、多くの同時代人の関心は別のところにあった。力強く激しやすいオリュンピアス――ピリッポスから遠ざけられた妻でアレクサンドロスの母親――が、殺人者をそそのかしたのだろうか。アレクサンドロスは、父親を墓送りにし、みずからを王位につける陰謀に加担したのだろうか。間近に迫った侵攻の危険を回避するために、ペルシアの金がこの殺人を支援したのだろうか。噂が駆けめぐった。わずかでも証明できるようなことは、何もなかった。アテナイでは、娘の喪の期間中であったにもかかわらず、デモステネスが華麗な衣装で公に姿をあらわし、ピリッポスの死を喜んだ。彼は、娘への愛情が、祖国への愛とアテナイが獲得することを望んだ自由に劣ることを誇示したかったのだ。デモステネスの喜びは、無駄におわった。

この時二〇歳だったアレクサンドロスは、マケドニア人の王としての立場を固めた。このために、王ペルディッカスの息子でアレクサンドロスのいとこのアミュンタスは死ぬ必要があり、アレクサンドロスは彼を殺させた。一連の素早い遠征によって、若い王は北方の国境を防衛し、マケドニアの覇権がおわったと考えた者たちを打倒し、テバイの町を破壊した。前三三六年、父親の事業を再開するためにヘラス同盟を再建し、ヘゲモンに選ばれた。ピリッポスは小アジアにすでに部隊を送っていたが、今やアレクサンドロスが、大王ダレイオス三世にたいする戦争のために、同盟部隊を動員した。

前三三四年の五月、アレクサンドロスはアジアに渡った。彼はまずトロイアにより、自身の遠征をトロイア戦争に同化させる目的で、一連の象徴的なおこないをした。

アキレウスの墓碑の前で、体に油を塗り、慣例どおりに裸で朋友たちと競走を行なったあと、墓碑に葉の輪を掛けながら、アキレウスが生前は信頼できる友人［パトロクロス］に、死後は偉大な報告者［ホメロス］に恵まれた幸せを称えた。

（城江良和訳、一部改変）

公にされた遠征目的は、小アジアのギリシア都市を解放すること、そして前四八〇／四七九年のギリシア侵攻時にペルシア人が聖域を破壊したことにたいし、復讐を果たすことだったようである。一つ目の目的は、二年もかからずに達成された。二番目の目的は、曖昧だった――おそらく意図的に。あるべき報復の形は解釈次第であり得たし、そうでなくてはならなかった。

前三三四年にグラニコスでの最初の大きな戦いに勝利し、小アジアにおけるペルシアの首都サルデイスを占領したのち、彼が最初にとった行動は、大なり小なり予想できるものだった（地図2参照）。ゴルディオン――そこでアレクサンドロスはゴルディオンの結び目を切り、結び目の解放が約束するアジアの支配は、武力の問題であることを明確にした――への、戦略上は不必要だが象徴的には大事だった寄り道をしつつ、海岸沿いに遠征を続行した。アレクサンドロスはペルシア軍との直接対決を常に模索し、前三三三年の一〇月あるいは一一月、イッソスにおいて大王その人を打ち負かした。ダレイオスが、この時点で戦争終結のための取引を提案するだろうことも、予測できていた。しかし、ユーフラテス川以西の全地域をアレクサンドロスに割譲するというこの提案は、拒絶された。二人の王の間で交わされたとされる書簡の真正性には議論の余地があるものの、この時までに、すでにアレクサンドロスはダレイオスの支配の正統性に挑戦しようとしていたようだ。彼の次の行動も、筋が通っていた。アレクサンドロスの戦略の最大のウィークポイントの一つは、エーゲ海におけるペルシア艦隊の作戦行動によって、ギリシアとエーゲ海が攻撃を受けやすい状態のまま残されていたことである。そのため、彼の次なる目標は、フェニキアにあったペルシア海軍の最重要拠点となった。七ヶ月の長きにわたる包囲ののち、重要なテュロスの港が陥落した。おそらくたいていの将軍ならば敗北した敵を追跡しただろうが、アレクサンドロスは標準的に思える遠征の行程を中断し、前三三二年のおわりにエジプトへと向かった。この決断は、彼の遠征の重要な転換点だった。

この行動は、正当化されるだろうか。アカイメネス朝にたいしてしばしば反乱を起こしたこの総督区が狙いやすい目標だろうことは、予測できた。事実、エジプトは抵抗を示さなかった。また、二年間の遠征、とりわけテュロスとその後のガザの包囲中に経験した苦労のあとで、軍隊が休息を必要としたことも、同様に理解できることである。戦略的にいえば、エジプトをおさえることは、東地中海世界全域がアレクサンドロスの手に落ちることを意味しただろう。しかし、アレクサンドロスがエジプトでとった行動は、この地にきたのは軍隊に休暇を与えるためでも、東地中海の支配を固めるためでもないことを示している。エジプトに滞在した数ヶ月の間にアレクサンドロスがとった一連の措置は、彼が自身の支配をどう理解していたかを例証し、彼が持っていた計画を暗示している。アレクサンドロスは、ファラオの称号と権力を手に入れたのだった。また彼は、シーワ・オアシスのアムンの神託所を訪れ、神格化に向けた最初の一歩を踏み出した。そして、自身の名を冠した新都市を建設したのである。

エジプトの文書では、アレクサンドロスにエジプトのファラオの公式の称号が付されているが、彼が正式に即位したかどうかははっきりしていない。アレクサンドロスの王国支配の進め方の明確な特徴は、彼が地元の伝統を採用したことである。アレクサンドロスは、メンピスの聖牛に犠牲を捧げ、神官たちの権威を回復し、カルナックやルクソールの聖域で建設事業を開始した。さらに彼は、リビュア砂漠を通って、シーワ・オアシスのアムン（ギリシア語でアモン）の聖域を訪問した。どうしてアレクサンドロスは、もっとも危険な砂漠の一つを通過するという挑戦をあえておこなったのだろうか。彼は、エジプトを征服したペルシア大王カンビュセスが前五二五年に失敗した場所——カンビュセスの軍隊は突然の砂嵐に巻き込まれたと伝えられている——で成功を模索するという、さらなる挑戦に魅了されたのだろうか。それとも、深い敬虔の心によるものだろうか。深く崇敬される神託の一つから助言を得て、自身の権威を高めようとしたのだろうか。こうした疑問にたいする歴史家の答えは、信頼できる史料がないため、さまざまである。アレクサンドロスの個性や行動をめぐる不確かさは、これだけではない。彼の決断のどれをとっても、その背後にある理性的、思想的、感情的動機を確定することは難しいのである。

シーワの最高神官は、ごく自然に、アムン・ラー神の子としてのファラオにふさわしいやり方で、アレクサンドロスに呼びかけた。この呼びかけは、ギリシア語で「ゼウスの子」と翻訳され得るものだった。ギリシア人は、アムンをゼウスと同一視していたからである。神の血筋を暗示されたことで、アレクサンドロスは将来さらに精緻になっていくオーラを身に帯びることになった。彼は、「アモン、自身の父」（三三六〜三三七頁参照）に奉献をし、彼の訪問の直後に発行された貨幣には、アムンの角を持ったアレクサンドロスが描かれている（図2参照）。彼のプロパガンダは、アムンの聖域への訪問をすぐさま利用したのだった。

アレクサンドロスのエジプト滞在における第三の、そしてもっとも重要な出来事は、アレクサンドリアの建設である。新都市建設は、決して独創的な考えではなかった。ギリシア人のいくところ都市が建設され、何百年もの間、彼らの行動は変わることがなかった。アレクサンドロスの神話上の祖先であるヘラクレスは、放浪中、三つのことをしたと伝えられている。彼は難行を達成し、乙女と寝て、そして都市を建設した。少なくともこの活動の二つについて、アレクサンドロスは祖先の範例にしたがった。新都市が彼の名前にちなんだことも、驚くにはあたらない。アレクサンドロスの父は、自身の名前にちなんだ都市をすでに二つ建てていた——ピリッピとピリッポポリスである。早くも前三四〇年、当時一六才だったアレクサンドロスは軍事遠征を成功させて、トラキアのどこかにアレクサンドロポリスを建設していた。しかし、アレクサンドリアが重要なのは、その規模と、アレクサンドロスが都市計画に示したとされる情熱である。この都市が、アレクサンドロスのもっとも永続的な業績であることは明らかであった。

図2　アモンの角を持つアレクサンドロスの硬貨。

マケドニア人の王ならびにヘラス同盟の将軍として、アレクサンドロスはエジプトに足を踏み入れた。そして、ファラオ、クティステス（「建設者」）、現人神として、彼はそこを立ち去った。アレクサンドロスはファラオとして、同時代に知られる限り最古の王国の、個人的な絶対的支配者だった。この王権は、マケドニアのものと大きく異なっていた。三〇〇〇年の伝統を反映し、ナイル川からなる国土の特殊な行政事情に対応した王権だった。アレクサンドロスは、都市を建設したことで、伝説的な都市建設者、ギリシアの神話と伝説にあらわれ、建設した都市で崇拝された英雄の地位にのぼりつめた。シーワ訪問を通じて、彼は神の力と密接に結びついた。エジプトへの旅は一つの結末をもたらした。当時流布したある噂によれば、シーワの神託が、アレクサンドロスが父親を殺した者を罰したことを確証したのである。さらなる結末が、まだ先にあった。ペルシア戦争中のペルシア人の冒涜行為への処罰である。これは翌年に果たされることになる。

ペルシアへの道（前三三一年～前三二七年）——復讐者アレクサンドロス

ダレイオスには、一つの決戦で戦争をおわらせたいと願うもっともな理由があった。彼は、イッソスで親征のうえ敗れていたし、エーゲ海に第二戦線を展開して、アレクサンドロスの注意をそらすという戦略も失敗していた。戦争が長引けば、彼の権威を傷つけ、帝国を分裂させる勢力に力を与えるだけだっただろう。アレクサンドロスにイラン中心部への侵攻を許し、焦土作戦でそこに足止めさせることは、軍略の観点では一つの選択肢だったかもしれないが、君主に不敗を求める理念と齟齬が生じた。

この戦況下の主導権は、ダレイオスにあった。ダレイオスは、支配地域の東部および北部から部隊、特に騎兵を動員し、戦場を選択した。相手方よりずっと強力なダレイオスの軍隊は、ティグリス川の東にあるガウガメラの広大な平原で、侵入軍を迎え撃った。三万の騎兵と鎌つき戦車が有効な場所である。アレクサンドロスは喜んでこの挑戦を受け入れ、戦術の才をみせた。彼はイラン人の騎兵に戦線の中央突破を許したが、第二防衛線が騎兵を食い止めることに成功した。こうしてアレクサンドロスは、ペルシア側の突出が作り出した間隙を、騎兵で突破するチャンスを得た。彼は、自惚れた大王が陣取っていたペルシア軍中央を直接攻撃した。ダレイオスの部隊はマケドニアの騎兵を食い止めることができず、王は逃亡を余儀なくされた。大軍にたいする大胆な戦略の勝利は、アカイメネス朝の終焉を画し、アレクサンドロスが戦場でアジアの王と宣言された。前三三一年一二月、アレクサンドロスはペルシア帝国の二大都市、バビロンとスサを抵抗を受けることなく攻略した。歴史ある帝国の首都ペルセポリスは、前三三〇年一月あるいは二月に、若干の抵抗ののち占領され略奪された。王宮に火がつけられたのは、そのほんの数ヶ月後の、前三三〇年五月のことである。これは、伝えにあるように、娼婦にそそのかされた酔った将校たちが気まぐれに決めたことではなく、ペルシアの侵入時にギリシアの聖域が破壊されたことへの報復行為だったと思われる。この行為によってアレクサンドロスは、ヘラス同盟にたいする義務を果たしたことを主張できた。ペルセポリスを発つ前に彼がギリシア都市と連邦の部隊を除隊させたことは、偶然であるはずがない。これは、アレクサンドロスがギリシア人の同盟のリーダーとして率いた遠征の終結を意味していたのである。

アレクサンドロスが、非常に近しい将校数名をマケドニアに送り返す計画も持っていたという、間接的な証拠がある。もしこれが本当ならば、この時点で、アレクサンドロスがペルシアの主要都市を越えて遠征を継続するつもりではなかったことを意味している。だが彼は、マケドニア軍と追加で徴兵した部隊とともに、破った敵の追跡を継続する必要に迫られたのだろう。権力の空白によって北部の総督区に不穏な動きがあり、ダレイオスが依然として拘束されていない事実から脅威が生じていたからである。軍事指揮官として失敗したために、ダレイオスは正統性を失った。彼は総督によって捕らえられ、前三三〇年の夏に処刑された。アレクサンドロスは死んだ君主を、敵としてではなく、前任者にふさわしい儀礼をもって扱った。彼はダレイオスをペルセポリスの王墓に埋葬し、そうすることで、とりわけダレイオスの以前の臣民には、さらなる正統性を獲得したように映った。その後、アレクサンドロスは再び、復讐者の役割を果たした。彼はダレイオスを殺害した者たちを追跡して処刑し、三年に及ぶ征服によって、反乱を起こしていた北部・東部イランの総督区を服属させた（前三三〇年～前三二七年）。この遠征がおわっても、アレクサンドロスはペルシアの主要都市に戻ることなく、代わって東へと遠征を続け、ギリシアの神話がただディオニュソスの東方遠征とヘラクレスの冒険に結びつけるにすぎなかった土地にたどり着いた。彼以前のギリシア人に、インド亜大陸に到達した者はかつていなかった。前三二七年から前三二六年の冬に、アレクサンドロスは自身の権威を承認することを拒んだ部族にたいする遠征を開始した。この遠征によって、彼はパンジャブ地方（地図2参照）、新しいフロンティア、東の大海の間際まで到達した。これは、当時の地理にしたがえば、世界の涯だった。この遠征はまた、アレクサンドロスを自身の限界へと追いつめた。

ポトス（前三二七年～前三二四年）――限界を目指す欲望

東部イラン、アフガニスタン、バクトリアを通過後の前三二七年～前三二六年に、アレクサンドロスは、攻略不能と考えられていたパキスタンのピールサル山にあるアオルノスの城砦を奪取することを試みて、自身の能力の限界に挑もうとした。神話によれば、彼の先祖のヘラクレスでさえ、その攻略に失敗した。それは、ヘラクレスが東方の最果てでおこなった挑戦だった。古代の著述家の主張するところでは、アレクサンドロスはポトス（憧れ）によって世界の限界に駆り立てられていたという。ポトスに突き動かされて、これまで果たされていない挑戦を果たし、まだ知られていないものを探求するギリシア人は、アレクサンドロスだけではなかった。彼が東の大海に到達しようと目論んでいた頃、同時代人のマッサリア（現マルセイユ）のピュテアスは、ヘラクレスの柱、つまりジブラルタル（三三〇～三三一頁参照）の向こうの大海を探検していた。ただ、同時代人にもっとも直接的かつ重大なインパクトを与えたのは、アレクサンドロスのポトスだった。

アオルノスの城砦を攻略したのち、アレクサンドロスは東の大海に到達することを夢みて、遠征をインドへと押し進めた。彼の試みは、好奇心にだけ駆り立てられたものではなかった。アジアの王として、アレクサンドロスは東方の君主政の理念を取り入れていた。これは、彼の権威を承認しない支配者を認めることはできない、ということを意味した。インドへの遠征には、探検としての側面があったかもしれないが、本来は、人の住まう世界の限界とのみ一致し得る権威の限界を確立するための、軍事遠征だった。

インダス川を越えたアレクサンドロスは、前三二六年六月にパンジャブ地方の王ポロスを破り、彼にこの地域の統治を委ね、ヒュダスペス川の対岸に新都市を二つ建設した。これらは、アレクサンドロスが建設した都市のなかで、彼の名前を冠しない唯一の都市だった。ブケパラは、ポロスとの戦いで死んだ彼の馬ブケパラスを称えるものだった。ニカイア（「勝利の町」、現在のモン）は、アレクサンドロスの成功を記念した。彼は、これが最後の軍事的勝利になることを、知る由もなかった。

アレクサンドロスはインドで遠征を継続しようとしたが、自然を前に敗北した。彼の兵士たちが、苦労に疲れ果て、モンスーンによる嵐で絶えず苦しめられて、ヒュパシス（ベアス）川を越えて進軍するのを拒絶したのである。この反抗によって、アレクサンドロスは遠征を中断して、ペルシアへの帰還を余儀なくされた。インダス・デルタの海岸にあるパタラの沖でポセイドンに犠牲を捧げ、遠征のおわりを記念した（地図2参照）。軍隊の一部は、アレクサンドロスの幼馴染のネアルコスの指揮のもと、艦隊でイランに戻った。ネアルコスの使命は、インドからペルシア湾まで航行することだった。ネアルコスによる旅行記は、地理、植生、動物相、気候についての情報の宝庫で、二世紀に書かれたアリアノスの『インド誌』のなかに、間接的に生き残っている。アレクサンドロスは、理由はわからないが――さらなる挑戦に挑むためか、反抗した兵士たちを罰するためか――三万を超える軍隊とともに、ゲドロシア砂漠を通過するもっとも困難なルートを通ってインドから戻った。少なくとも二万の兵士が死んだ二ヶ月の行進を経て、アレクサンドロスはプラに到着した。四ヶ月後の前三二四年三月には、スサに着いた。アレクサンドロスは三一歳で、人類がそれまで経験した最大の帝国の、不敗の絶対君主だった。アレクサンドロスが選んだ比較の基準は、人ではなく、神話の神々と英雄たち――ディオニュソスとヘラクレス――で、彼はそれをも凌駕した。

史料を信じてよいなら、遠征中のアレクサンドロスは短剣と『イリアス』を枕に忍ばせていた。彼が『オデュッセイア』も持っていたかどうかはわからないが、ありそうもない。『オデュッセイア』の主題はノストス、つまり帰郷を望む心で、アレクサンドロスはマケドニアに戻るという気持ちなど、みせたことがなかった。彼の好みには、『イリアス』の主題がより近かった。この叙事詩は、名誉を傷つけられた男アキレウスの怒り（メニス）を扱った。この叙事詩の英雄が認めるところでは、死すべき人間に与えられる唯一の不死の形態は、クレオス・アプティトン（不滅の名誉）によって可能となる。アキレウスは、幼少時よりアレクサンドロスの模範だった。彼は、アジアでの遠征の開始を、このホメロスの英雄への賛辞として演出することさえした。もしアレクサンドロスがアキレウスの模倣に忠実であろうとするならば、アキレウスがパトロクロスを失ったように、もっとも近しい人間を失わなければならなかった。また、アレクサンドロスは、若くして死なねばならなかった。この点で、人生は彼の希望を裏切ることはなかった。

不死へ（前三二四年〜前三二三年）

叙事詩のなかに、行政的な課題は出てこない。現実の世界では、征服者が平和の逸楽を楽しむために引退するかといえば、普通しない。アレクサンドロスは征服した。彼は、今や支配する必要があった。アレクサンドロスがペルシアに戻ると、中央アジアに長く滞在していた影響が、明らかになった。汚職、反乱の恐怖、帝国統合への危機、である。彼の財房長官だったハルパロスが、最悪の一撃をもたらした。ハルパロスは、王室会計の不手際が罰せられることを怖れて、前三二四年のはじめに、大半の資金を持ってギリシアに逃亡したのである。アレクサンドロスの敵対者が、ここぞとばかり、傭兵の支払いのためにこの資金を使用するかもしれなかった。

ギリシアでの出来事は長らく放置されていたので、アレクサンドロスは過激な方法で存在感を示した。ギリシア諸都市に、亡命者——内戦の過程で、あるいは借金を払えずに祖国を離れた者たち——の帰還を認めることを命じる決定をくだしたのである。亡命者たちの支持を獲得することが目的だったのなら、たしかにアレクサンドロスは成功を収めた。前三二四年にオリュンピア祭でこの決定が布告された時、何千もの亡命者はそれに声をあげて喜んだ。アレクサンドロスの目的が権力の誇示にあったとしても、彼はその点でも成功を収めた。ただこの決定は、諸都市に騒乱をもたらした。亡命者が帰国することで、市民団の構成に変化が生まれたのである。これは、ヘラス同盟のヘゲモンとして、アレクサンドロスが尊重すべきギリシア都市の自治にたいする、大幅な介入だった。ギリシア諸都市は、きたるべき数世紀の間、ポリスと王との関係を規定することになるジレンマに直面した。自身の独立を防衛することを選べば、都市は比較にならないほど強大な王と矛を交えるリスクを抱えたのである。

以前にも、アレクサンドロスの決定が抵抗に遭うことはしばしばあったが、ペルシア到着直後に彼が直面した危機は、比較にならないものだった。アレクサンドロスは、これまで一〇年の間ともに戦った一万のマケドニア兵を除隊させ、ギリシアへと送還することを決定した。兵士たちは反対したが、アレクサンドロスはオピスで彼らの首謀者を処刑し、イラン人の部隊と入れ替えることで抵抗をおさえた。麾下の将軍の一人だったクラテロスが、退役兵をギリシアへと連れていくことになった。合計で六〇〇〇名ほどのマケドニア兵が残り、イラン人部隊とともにアレクサンドロスへの忠誠の宣誓をおこなった。アレクサンドロスの君主権の基盤である軍隊の構成がこうして変化したことは、彼の統治がマケドニア人の王の統治から、アジアの王の統治へと変質したことを反映している。

まさにこの危急の時に、アレクサンドロスはギリシア諸都市から想像でき得る限り最高の名誉を贈られた。人としてのアレクサンドロスが、儀礼のうえでは神と同等に扱われることになったのである。これは、アレクサンドロスが望んだのだろうか。そうとは思えないが、彼がそれを喜ぶだろうことは諸都市も承知していたに違いない。伝統的に、人間と神々との関係には互恵の原則が貫かれていた。人間は、神々の力の顕現が確認できる場合に限り、神々の存在と権能を儀礼——供犠、奉献、祈願——を通じて承認した。一部のギリシア都市もこの互恵関係に基づいて、神々と同じ儀礼でアレクサンドロスを遇するようになったに違いない。こうした都市は、頭に冠をつけた神聖使節を派遣してお供えを捧げ、要望を伝えたのである。アレクサンドロスは、神ではなく神になったのでもなく、その業績がいかなる人間の基準をも超えていたので、神々と同化したのである（九五〜九六頁参照）。

人間と同じく、神々は運命の前に無力であり、アレクサンドロスも例外ではなかった。前三二四年の秋、ヘパイスティオンが死んだ。彼はアレクサンドロスの幼馴染で、もっとも近しい友人であり、初期ギリシア社会を特徴づけたある種の同性愛関係にあった愛人だった。アレクサンドロスは、アキレウスがパトロクロスを悼んだのと同じように、ヘパイスティオンの死を嘆いた。彼は巨大な墓の建設を命じ、ヘパイスティオンはマケドニアで英雄として崇拝を受けた。

ヘパイスティオンの死によって、休むことを知らない王の次の仕事——アラビア半島の探検と征服——の準備に遅れが生じた。この計画は、第一には世界支配を完成するというアレクサンドロスの野心に動かされたものだったが、戦略的な理由もあった。エジプトとインドという帝国の二つの端の結節点として、アラビアが必要だったのである。アレクサンドロスは艦隊の建造を命じ、バビロンでより大規模な港湾の建設を進め、メソポタミアの運河の改修をおこなった。この新しい遠征がはじまろうとしていたとき、アレクサンドロスには病の徴候があらわれつつあった。彼は最初これを真剣には受けとめなかった。しかし、怪我、不摂生、過労、そしてヘパイスティオンの死で衰弱していたアレクサンドロスは、前三二三年の六月一〇日に死んだ。三二歳だった。彼の死因をめぐる論争——マラリア、その他の病気、あるいは毒——が決着をみることはないだろう。アレクサンドロスは、死すべき人間が持つことができるただ一つ不死のもの——クレオス・アプティトン（不滅の名誉）——を、ついに手にしたのだった。

アレクサンドロスの遺産

一八三三年に最初の近代的なアレクサンドロスの歴史を書いたヨハン・グスタフ・ドロイゼンの時代から、このマケドニア人の征服者の遺産は、文化の観点で理解するのが通例となっている。ドロイゼンの考えでは、アレクサンドロスは意識的、計画的に、東方と西方の分断を克服するという目的を追求したのだった。

創世の第一日に神が暗黒から光を取り分け、夜と朝から最初の日が作られたのとまさに同じように、歴史の第一日ははじめて東方と西方の人々を分かち、絶えることのない憎しみと、尽きることのない和解への想いへと彼らを仕向けた。［中略］アレクサンドロスの軍隊はアジア風の生活様式を取り入れはじめ、何百年にもわたる偏見が憎み、軽蔑し、蛮族と呼んできた者たちとの和解と融合が進んだ。東方と西方が互いに浸透し、彼らの相違が消滅する未来の準備がはじまった。

歴史家たちは何世代にもわたって、この見方に手を加えてきた。根本的な修正もあれば、そうでないものもあった。アレクサンドロスが東方と西方を同化させる計画を持っていたという点には、当然ながら疑念が呈されているものの、彼による征服活動が、彼の死後に数世紀にわたって発展した同化のプロセスの背景にあった最初の原動力だったことは、疑いない。アレクサンドロスが作り出した帝国は、強固な基盤を持っておらず、統一的な行政体としては瓦解してしまった。しかし、征服された人々は政治的関係、経済的交流、文化的影響のネットワークに留まり続けた。アレクサンドロスは直接の跡継ぎを遺さなかったが、彼の個性と業績が取り巻きの者たち、帝国の支配をめぐって戦った後継者たち、そして後代のヘレニズム王とローマの将軍・皇帝の野心を焚きつけた。ただ、アレクサンドロスによる具体的なインパクトと直接の遺産は、東方ギリシア語圏がこの後の三〇〇年間にわたって依拠した、基準とモデルだった。

戦士としてのアレクサンドロスが、情熱と時に不合理な欲望に駆り立てられていたとしても、行政官としてのアレクサンドロスの行動規範は、現実主義だった。彼はマケドニア出身者として、多種多様な臣民と同盟者の集合体を支配することの難しさをわかっていた。父親のマケドニアでの被支配民には、ピリッポスを王と仰ぐマケドニア人、ピリッポスによって征服あるいは建設され、ある種の自治を与えられたギリシア諸都市の市民、そしてピリッポスが首位の公職として指揮したテッサリア連邦の諸都市の市民が含まれていた。ヘラス同盟の構成員は王の支配下になかったが、いずれにせよ王の軍事指揮を受け入れた。こうした構造が、二〇年に及ぶピリッポスの統治期間に次第に形成されてきていた。アレクサンドロスによる征服は、さらにずっと複雑な状況を生み出した。彼は小アジアのギリシア都市を解放したが、これらの都市はおそらくヘラス同盟に加入した。プルタルコスが伝える数（七〇以上）は当然ながら疑わしいものの、アレクサンドロスは複数の都市を建設した。これらの都市の市民の大半は、自由なギリシア都市の伝統のなかで成長したギリシア人傭兵だったが、アレクサンドロスが征服した地域にも新都市が存在した。アレクサンドロスはエジプトでファラオの地位につき、多数の民族集団や各地域の藩属王朝の支配者としての大王の立場を継承していた。こうした帝国の統治は、アカイメネス帝国の建国者であるキュロス一世（前五五〇年頃〜前五三〇年）やダレイオス一世（前五二二年〜前四八六年）が直面した課題よりも、もっと大きな難事だった。

アレクサンドロスは、アカイメネス朝の支配から自身の支配への円滑な移行、遅滞のない貢納の徴収、そして行政機能の維持を可能にするために必要な経験豊富な人員が、自分には欠けていることを悟ったに違いない。彼は地元の行政の慣習に頼らなければならなかった。各地域の人々も、迅速かつ平和的な日常生活への復帰を希望していた。前三三一年のバビロンで、征服者アレクサンドロスが新しい君主として熱烈に歓迎されたことは、こうした希望のまぎれもない表明だった。アレクサンドロスは、これに抜け目のない対応を示した。支配を確立するために属州にはマケドニア人の軍事指揮官を配置する一方、伝統的な神々に敬意を表明し、総督を留任させたのである。前三三一年の一二月、アレクサンドロスはスサで大王の玉座につき、ギリシア人であればただちに蛮族風とみなしたであろうペルシア王の装束の要素など、誰の目にも明らかな権力の象徴を受け入れた。彼はパサルガダイにあるキュロスの墓廟を訪れ、王家の墓地にダレイオスを葬った。アレクサンドロスは君主と臣民との謁見にあたって、プロスキュネシスと呼ばれるペルシア風の儀礼——王の面前でお辞儀をする、あるいは跪く儀礼で、ギリシアでは神々の崇拝に使われたジェスチャー——を導入しようとした。廷臣たちはこれに抵抗を示し、アレクサンドロスはこの計画を取りさげた。アレクサンドロスはソグディアナの地方君主の娘であるロクサネと結婚し、イラン生え抜きの貴族との緊密な関係を確立した。また彼は、これまで抵抗を示してきたもっとも有能な軍略家の一人であるポロスを、極東地域の支配者として承認した。マケドニア式に訓練された三万のイラン兵がアレクサンドロスの軍隊に編入され、イラン人騎兵の精鋭がマケドニア騎兵部隊に配属された。統治のおわり頃になると、アレクサンドロスはペルシア人近衛兵に警護を任せた。一万名の兵士と非ギリシア人(大半はイラン人女性)との夫婦関係が婚姻と認められ、子供は嫡出子とされた。スサでの合同結婚式で、九〇名のアレクサンドロスの近習が、ペルシアのやり方にならってイラン人女性と結婚した。この結婚式で、アレクサンドロスと親友のヘパイスティオンとクラテロスは、ペルシア王家の女性を妻とした。

一部の歴史家はこうした措置を、ある遠大な理想の成果とみなしたが、また別の歴史家は、巨大な帝国を統治するという難事業——数の限られたマケドニア人有力者と少数のギリシア都市出身者では、単純に数が足らなかったと考えられる——に対応する努力と考えた。二番目の想定が、より妥当と思われる。アレクサンドロスは、イラン人を軍事と行政に組み込むことで、父親がすでに試していたやり方をより大規模に、より突きつめて実践したことになる。ピリッポスは、マケドニア人貴族・王家のなかのライバル家門の者たちを、自身の宮廷に招いていたのである。アレクサンドロスは、すでに多文化的だった征服地域で民族の違いをなくすことよりも、軍隊と行政の人員確保の基盤を拡大することに関心を持っていたように思われる。

強い反対があったにもかかわらず、アレクサンドロスがこの政策に示したこだわりは、注目に値する。彼は特に親しい近習の一部を、陰謀に加担したという事実あるいは告発のために、またあからさまに王を批判したとの廉で抹殺した。騎兵隊長のピロタスとその父親だった老将軍パルメニオンは、前三三〇年に死を賜った。高級将校の一人だったクレイトスは、アレクサンドロスが新しく採用した非マケドニア風の慣習を厳しく非難して、前三二八年に王に殺された。そして、王宮の歴史家で自由なギリシア市民の精神を代表していたカリステネスは、彼が指導した王の側近数名とともに、前三二七年に処刑された。抵抗運動にたいするこうした対応を考えると、アレクサンドロスが単に衝動や思いつきで行動していたのではなく、ある種の計画を持っていたことにほとんど疑いはない。

アレクサンドロスは、彼が知っていた唯一のモデルにしたがっていた。すべてが王に依存する個人君主政である。王に近い者が、最上位の軍事ならびに行政の職についた。ヒエラルキーの最上層には、最上級の軍事ポストの人々が君臨した。こうした人々のなかで王のもっとも親しい友人たちは、「親衛隊」（ソマトピュラクス）という名誉称号で呼ばれた。最上級の将校はキリアルコス（「千人隊長」）で、アカイメネス朝の宰相に相当する、おそらくイランの伝統に由来する職だった。イラン人貴族の一部も、王に接吻することを許された「同胞」（シュンゲネス）という内部集団に迎えられた。優れた兵士は、ヘタイロス（側近）としてアゲマと呼ばれる騎兵の精鋭部隊、そして歩兵のエリート部隊で活躍した。

アレクサンドロスの君主政は、三つの異なった君主政の伝統——マケドニア、アカイメネス朝、ファラオ時代のエジプト——そしてヘラス同盟でのヘゲモンとしての役割に基づくものだった。彼は決してギリシアに戻ることはなく、彼の最後の計画をめぐる噂にも、マケドニアへの帰還に言及するものはなかった。しかしこれは、アレクサンドロスがギリシアとマケドニアの状況に目もくれなかったということではない。使節によって交換された王の書簡、布告（ディアグランマ）、通知によって、アレクサンドロスは自身の要望を諸都市に伝えた。建前上、都市は王の同盟者であり、王の領有物ではなかったのである。書簡などの媒体は、ヘレニズム期のおわりまで、重要な権力装置であり続けた。

アレクサンドロスの決定は、きわめて具体的にヘレニズム世界を形作った。彼はこの世界の地理学上の東端を定め、君主支配の性格、王と都市の関係、都市化、地域の人々と諸伝統の統合を定義した。アレクサンドロスが支配した一三年間は、時計の針が通常より早く動いたかにみえる歴史的時代の一つである。彼の遠征は、同時代の要請と動向への対応としてはじまり、個人的野心の追求でおわった。アレクサンドロスが歴史の流れをどれほど変化させたかは、判断することができない。たしかなのは、彼がペルシア帝国の崩壊を加速させ、同時代人の想像をはるかに超える諸地域のネットワークの形成を促したことである。アレクサンドロスへの抵抗と死後の帝国の細分化は、彼が歴史の歩みを、同時代人が理解も模倣もできないリズムで速めたことを意味している。

アレクサンドロスの教師で偉大な時代精神でもあったアリストテレスが、自分の弟子の政策を理解あるいは承認していたかは疑わしい。ギリシア人ポリスに生まれ、自由と民主政の模範を自認した都市アテナイで生活し、思索を深め、教育をおこなうことを選んだ哲学者は、絶対君主に疑惑の目を向けていた。これに加えて、アリストテレスは蛮族にたいするギリシア人の生得的な優位性について、明確な見解を持っていた。

他方、単独者支配制にはこれとは別の種類のものもある。それは一部の異民族のところにあるような王制である。この種の王制はどれも僭主制に近い権限をそなえているが、しかしその支配は法律にもとづくものであり、また王位は世襲である。というのも、異民族はギリシア人よりも、またアジアの人々はヨーロッパの人々よりも、本性上いっそう隷従的な性格をもっているために、彼らは何ら反感を抱かずに専制的支配に耐えるからである。（神崎繁・相澤康隆・瀬口昌久訳）

イラン人兵士をマケドニア軍に編入し、ギリシア人と非ギリシア人を民族を超えて結婚させることは、こうした教えと決して調和し得ないだろう。アレクサンドリアのような都市――神権政治の伝統を持ち、王の権力がそこかしこに表現されている土地に移植された、ギリシア人ポリス――は、アリストテレスの都市制度の分類でどのように扱われただろうか。アレクサンドロスの死後まもなく、アリストテレスは新世界の夜明けを一目みて生をおえた。アレクサンドリア出身の詩人カヴァフィスの「紀元前二〇〇年」には、この新世界が持った意味が華麗に表現されている。

この驚異の全ギリシア遠征軍。
常勝軍、あらゆる点で卓抜な、
あらゆる手で祝福され、
かつてない栄光に飾られた
無敵の軍から我等は生まれた――
偉大なヘレニズム世界が。
我等アレクサンドリア人も、アンティオケイア人も、
セレウケイア人も、エジプトやシリアにいる
無数のギリシア人も、
メディア、ペルシアなどにいる諸君も、だ。
我等の一頭地《いっとうち》を抜いた覇権、
正義のもとに統合された柔軟な政策、
我等の共通ギリシア語、
こういうものをバクトリア、インドまで運んだ我等。

（中井久夫訳、一部改変）

第2章　後継者たち（前三二三年〜前二七五年）

——王国を作った山師たち

継承の問題（前三二三年）

マケドニアの王たちは、多くの場合ベッドで死ぬことはなく、戦死や殺害が主たる死因だった。マケドニアの君主政では、新王が軍の歓呼によって正統性を確保するのが伝統だった。王は何よりもまず軍指揮官だったのである。都市では市民の集会が軍指揮官やその他の公職者を選んだように、マケドニアでは戦士の集会が戦争で彼らを指揮する人物を選んだ。王朝的な継承の原則は尊重されたが、新王が常に先王の長男だとは限らなかった——あるいは、先王の子ですらない場合もあった。ピリッポスが前三三六年に暗殺者の手にかかって死んだ時も、アレクサンドロスによる継承は自明ではなかった。ピリッポスの甥で、王ペルディッカス三世の子であるアミュンタスが依然として王位を主張していたし、アレクサンドロスには二人の異母兄弟がいた。前三五九年に生まれた年長のアリダイオスと、ピリッポスの最後の妻の幼子だったカラノスである。アリダイオスは何らかの障害を負っていたが、カラノスの王位の主張は、マケドニア貴族の一員だった母方の縁者に支援されていた可能性もある。アミュンタスもカラノスも、軍がアレクサンドロスを王と宣言するとすぐに殺害された。この前三三六年の流血事件は、その一三年後にアレクサンドロスが死ぬ時まで、忘れ去られることはなかった。さらに、アレクサンドロス軍の老練の部将たちも、前三六九年から前三五九年までの間に、王室での殺人や簒奪を目撃した経験があった。こうした出来事が背景となって、平和的な権力の移行はほとんど望み得ないものとなった。

前三五九年と前三三六年の問題が、誰がマケドニア人の王となるかだったとすれば、前三二三年の事態はこれよりもずっと複雑なものだった。新王を歓呼で迎える役を演じるマケドニア軍は、バビロンに残された兵約六〇〇〇名を除いて、大半がマケドニアにいた。またアレクサンドロスは、マケドニア王ならびにテッサリア連邦の最高公職者以上の存在だった。彼はヘラス同盟の指揮官であり、さらに重要なことに、彼自身が征服した帝国の支配者だったのである。アレクサンドロス自身が後継について規定しなかったことで、事態はさらに難しくなった。

アレクサンドロスは死に臨んで、自身の印章指輪を麾下の高官の一人であるキリアルコス（宰相）のペルディッカスに与えた。これは王位の遺贈を意味するのではなく、王権の移行の監督をペルディッカスに認めたものにすぎなかった。アルゲアス王家の外の人物が王に宣せられることなど、アレクサンドロスの死の時点では想像もつかなかった。兄弟、息子、義理の兄弟といった近親者のみが候補だった。死んだ王は、二人の寡婦を遺した。前三二七年に妻となったロクサネは、アレクサンドロスが死んだ時、妊娠中だった。ダレイオス三世の娘スタテイラはアレクサンドロスの死の一年前に結婚したばかりで、王との間に子はいなかった。ある史料によれば、アレクサンドロスは愛人バルシネとの間に私生児（ヘラクレスという名の男児）をもうけたとされる。キュナネとクレオパトラというアレクサンドロスの姉は、二人とも寡婦だった。テッサロニケという妹は二〇代なかばだったが、（驚くべきことに）まだ結婚していなかった。マケドニア貴族層の野心あふれる男たちにとって、これら三名の女性はすべてよい結婚相手だったが、誰もバビロンにはいなかった。彼女たちはマケドニアで、アレクサンドロスの母オリュンピアスのもとにいたのである。オリュンピアスは、依然として宮廷で影響力を保持していた。アレクサンドロスの異母兄アリダイオスだけが、バビロンにいた。障害があるにもかかわらず、彼はアレクサンドロスの遠征に随行したのである。軍隊はアリダイオスを王と宣言したが、彼の統治は一時的なものだと考えられていたに違いない。まだ母親のお腹にいるアレクサンドロスの子が適齢期に達するまで、あるいはアレクサンドロスの部将の一人がマケドニア王国か全帝国にたいする自身の支配を、ある種正当化することに成功するまで、である。ピリッポス三世という王名を得た新王は、高官の一人だったクラテロスの保護下に置かれる一方、主要な軍指揮官たちは、帝国行政の仕事を割り当てられた。数ヶ月後にロクサネが男児を出産すると、この男児もアレクサンドロス四世として王の宣言を受け、同じクラテロスの保護下に置かれた。

ピリッポス、そしてアレクサンドロスのために戦った古参者たちの考えは、どのようなものだったのだろうか。さらに注目すべきこととして、若い者たちにはどのような思いが去来しただろうか。彼らは、子供時代の仲間が知られる限りの世界を征服し、多数の民族からなる帝国の支配者となり、次第に自分たちの多くと距離をとって、東方の専制支配者の特徴をいくつか採用するにいたり、神の地位さえをも手に入れたのを目撃したのだった。現存する歴史叙述はすべて、結果を——帝国の分解と、三つの大きな、そしていくつかの小さな王国の成立を——知ったうえで、この時期の出来事を眺めている。しかし前三二三年の段階では、何が起こるのか、ロクサネが産むのが男の子か女の子かさえも、誰もわからなかったのである。アレクサンドロスがペルシア帝国を征服するのには七年もかからなかったが、アレクサンドロスの部将たちがみずからを王と称する一線を越えるのには、一七年かかっている。このことは、彼らがアルゲアス朝の伝統と決別するのに、ためらいを感じていたことを示している。前三二三年に、帝国の分割が一つの選択肢と考えられていたかどうかさえ、わたしたちにはわからない。帝国あるいはその大部分を一人の支配者が治めるという理念は、アレクサンドロスの死から四〇年以上たった前二八一年まで、放棄されなかった。

アレクサンドロスは仲間たちに影を落とし続けた。一説では、その一人カッサンドロスがアレクサンドロスの像をみたところ、恐怖に由来するあらゆる身体的反応——おぞけ、身震い、めまい——を示したとされる。アレクサンドロスが死後に喚起したのは恐怖だけではない。彼は野心を焚きつけ、権力の正しさの根拠ともなった。彼の遺体、彼の権力の標章、そして彼の家族は、プロパガンダと正統性のためのなくてはならない道具となった。アレクサンドロスの将軍の一人だったプトレマイオスが、自身の管轄域であるエジプトに埋葬するためにアレクサンドロスの遺体を奪取したのも、そのためだった。古代の史料はアレクサンドリアでの埋葬に疑いの余地を残していないが、それでも想像力豊かな考古学者たちは、墓所を他の地に探し求めている。ピリッポス三世アリダイオスとアレクサンドロス四世という王たちを保護する権利も、特権として激しく争われた。カッサンドロスはアレクサンドロスの妹であるテッサロニケと結婚して正統性を高めようとした。アレクサンドロスの残り香を利用した極端な事例は、高級将校の一人だったエウメネスのとった行動である。彼は、小アジアでの戦争中の軍事会議でアレクサンドロスの玉座を設置し、死せる王の御前であることを演出したのである。

アレクサンドロスは死の床にあって、誰に王位を継承するか尋ねられた時、次のように答えたといわれている。「もっとも優れた者に。友たちがわたしの葬礼のために、大競技祭を開催してくれると思っている」。当たらずとも遠からず。アレクサンドロスの死が、うち続く戦争の幕開けとなった。一連の戦争は、野心的で力を持った男たち、そして彼らの女たちの一部が究極の権力を求めた競技祭とみることができる。この戦争の結果、まったく新しい政治地図が生まれただけでなく、君主支配の新しい概念も成立した。この君主政は当初、王朝的正統性よりも、カリスマ性にいっそう強く基礎を置いていたのである。

後継者たち——野心の肖像画美術館

この時代の数多くの登場人物は後継者（ディアドコイ）と呼ばれており、そのため、アレクサンドロスの死から前二八一年の最終的な帝国分割までの絶え間ない戦争の時代は、「後継者たちの時代」として知られている。これら後継者の一部はピリッポスの世代に属する老人で、マケドニア貴族の一員だった。七五歳のアンティパトロスは、前三三四年からマケドニアの摂政を務めており、継続と権威を体現していた。六〇歳のアンティゴノス・モノプタルモス(「隻眼」)は、遠征中はギリシア人同盟軍の指揮をとっていたが、今では小アジアの主要な属州の一つである大プリュギアを治めていた(地図3参照)。

彼らはなるほど年をとっていたが、野心あふれる子供たちを持っていた。アンティパトロスの子カッサンドロスは前三五〇年頃の生まれで、アレクサンドロスが死んだ時にはバビロンにいて、父親の後継となることを期待していたに違いない。アンティゴノス・モノプタルモスの子デメトリオスは、一四歳の少年にすぎなかったが、時を経ずしてもっとも重要な後継者の一人となって、最終的にポリオルケテス(「包囲者」)の添え名を得ることになる。

アレクサンドロスの死後に続いた紛争に関与した数多の将校のうち、その後の四〇年の政治情勢で優位を占めることになったのは、三人の男たちだった。彼らは幼少期からのアレクサンドロスの友人で、「親衛隊」という選ばれし集団のメンバーたちだった。四四歳のプトレマイオスは有力な属州であるエジプトの総督に任命され、三八歳にならんとしていたリュシマコスは、ヨーロッパとアジアをつなぐ属州だったトラキアを治め、三五歳のセレウコスはペルディッカスを継いでキリアルコスとなった。これに加えて、アレクサンドロスの王宮書記官だったエウメネスが、重要な行政ポストを占めた。

現実に生じた権力の空白が彼らを期待と夢へと駆り立てたが、彼らは同時に、アレクサンドロスの宮廷で同列であることに慣れ親しんでいた。彼らの一人が死せる王のかつて保持した地位にのぼるとしたら、どうしてそれを受け入れることができるだろうか。一人があまりにも大きな権力を獲得しようとしたら、他が共同してその人物に立ち向かうことが予想された。こうした危惧があっても、主要な役者たちはさらなる権力追求をやめなかった。彼らは、アレクサンドロスが一〇年以上もたぎる情熱で権力を追求したのを目にしてきたのである。彼らの野心の衝突のために、この時代の政治史は、戦争と同盟関係の変化が連続する混迷したものとなった。そしてそこには、後継者とその姉妹、娘たちの間に取り交わされたはかない結婚が、常につきまとっていた。

この時代の出来事の詳細(巻末年表一四〜一五頁を参照)は多くの点でまだ不明であり、新しく発見された刻文がさらなる情報をもたらすこともある。以下にまとめられているのは、とりわけ重要な展開の一部にすぎないが、これらは紛争の本質、そして登場人物の計画と目論見をもっともよく映し出している。

ラミア戦争あるいはヘラス戦争(前三二三年〜前三二二年)

「アレクサンドロスが本当に死んだのなら、世界中で彼の死体が臭うだろう」。アレクサンドロス死去の報がアテナイに伝わると、当地の弁論家デマデスは、このようにいったと伝えられる。アレクサンドロスの死が確認されると、デモステネスは同市の人々にマケドニアの覇権からの脱却を促した。アテナイ人たちには、デモステネスの勧告にしたがうもっともな理由があった。「亡命者復帰王令」(二一頁参照)は大きな不満を引き起こしていたし、アテナイ人はアンティパトロスにたいする戦争をおこなう資金を持っていたからである——皮肉にもアレクサンドロスの金によって、である。前三二四年に、王の財務長官だったハルパロスが裏切り、五〇〇〇タラントンと伝えられる大金と六〇〇〇名の傭兵からなる小軍団を引き連れて、アテナイにやってきていたのである。この資金を、今や傭兵の雇用に使うことができた。アレクサンドロスが総督たちの軍隊を解散させたために、無職になっていた数千もの傭兵が、タイナロン岬で雇い主を待っていた。アテナイは、ギリシア諸国家のなかに、マケドニアの指導権に敵対する動機を持つ同盟者をみいだした。この戦争は当時「ヘラス戦争」——すなわち、ギリシア人の同盟の戦争——と呼ばれた。これは、アテナイと手を組んだギリシア人の都市と連邦が、この闘争を、マケドニア人の支配にたいする自由なギリシア国家の対決と喧伝したことを示唆している。ある刻文のなかで、この戦いは「ギリシア人の自由のためにアテナイの市民団が戦った戦争」と表現されている。

当初ギリシア人が一定の成功を収めたため、アンティパトロスはテッサリアの都市ラミアへの撤退を余儀なくされた。彼はその地から、前三二三年の冬から前三二二年の春まで出ることができなかった——「ラミア戦争」と呼ばれる所以である。しかし、ここでギリシア人の幸運が変転した。前三二二年九月にマケドニア人がクランノンで勝利を収めると、ギリシア人は無条件降伏をした。デモステネスは、その他の反マケドニア派の指導者たちとともにアテナイ民会で非難決議を受けると、カラウレイアのポセイドンの聖域にすがり、みずから命を絶って捕縛を逃れた。一九世紀と二〇世紀初頭の学者にとって、デモステネスの死は、ギリシア人国家の自由の歴史の終焉を意味していた。

ギリシア人が敗北したことで、諸都市に寡頭体制が作られ、駐屯軍が置かれることになった。しかし、自由への夢は生き残った。ギリシア諸都市の援助を得ようとする一部の後継者が、敵に対抗する有力な喧伝材料として、エレウテリア(自由)、アウトノミア(自治)、そして駐屯軍からの解放を約束したのである。この約束はたびたび反故にされたが、ローマ帝国が確立したあとまで、ギリシア人はこれを夢みることをやめなかった。

将軍から王へ(前三二二年〜前三〇六年)

アレクサンドロスの死の直後に後継者たちが直面した危機は、ギリシアの反乱だけではなかった。小アジアの大部分は総督たちの完全なる支配下にはなく、続く数十年に後継者たちの戦争が不首尾におわったことで、いくつかの小王国が生まれることになった（地図5参照）。カッパドキアでは、アリアラテス一世が反乱を起こすも、前三二二年に磔刑に処された。だが、彼の甥で養子に迎えられたアリアラテス二世が、前三〇一年にマケドニアの総督を打倒し、二〇〇年以上も続く王朝を樹立した。ビテュニアでは、その地域の支配者ジポイテスがマケドニア軍にたいし領土を防衛することに成功し（前三二六年〜前三〇一年）、前二九七年に王の称号を名のった。彼が樹立した王国は、この時期の戦争から生まれた大帝国の辺境に位置する小王国のなかで、もっとも有力な王国の一つとなった。

ギリシアと小アジアでの戦争がおわるとすぐに、後継者たちの戦いがはじまった。アレクサンドロスの正統な跡継ぎがまだ生きていた最初の数年の間、有力な将軍たちは軍事力の獲得に心血を注いだ。ギリシア諸都市と同盟関係を結び、貢納を支払い、傭兵徴募の拠点となる属州を支配することで、彼らはこれを達成した。それぞれの後継者が持つ強みによって、戦略に違いがみられた（地図3参照）。エジプトを掌中に収めたプトレマイオスは、明らかに優位な立場にあった。均質性の高い地域だったエジプトには、莫大な資源と古くからの君主支配の伝統があったのである。カッサンドロスの権力は、マケドニアとテッサリアのほぼ全域の支配、ならびにアテナイを含む一連の重要都市（駐屯軍が配置され、寡頭体制と僭主が支援を受けた）の支配に基盤を置いた。リュシマコスは、戦略的に欠くことのできない属州だったトラキアを基地にした。前三一二年以降、セレウコスはバビロニアとメソポタミアという帝国の心臓部を支配し、巨大な富と帝国の軍隊を手に入れることができた。アンティゴノスは、きわめて早い段階から、帝国全土をみずからの支配下に統合するという野心を隠さなかった人物で、バビロニアからシリアへ、ギリシアから小アジアへと、さまざまな前線で軍事活動をおこなった。アンティゴノスの最大の強みは、艦隊、港湾の支配、そして都市を解放するという約束を信じたギリシア人からの支援だった。

後継者の一人が過大な権力を獲得するかにみえた途端、他の後継者たちが団結してこれにあたった。この人物が打倒されると協定が結ばれるが、協定を結んだ者の一人に自身の支配地域を拡大、あるいはさらに帝国全土を獲得する機会が訪れると、すぐに破棄される協定にすぎなかった。次に同盟者に見捨てられるのはこの人物で、過度な野心を持った将軍が倒されるまで、新しい協定が作られた。この時代は、野心、希望、裏切りの時代であり、危険を冒し、突然の運命の変転を経験する時代だった。この時代のさまざまな歴史叙述が、運命の急な変転（ペリペテイアイ）と予期せぬ展開（パラドクサ）にこだわったのは不思議ではない。一人また一人と、この時代の登場人物の多くが殺害され、部下に裏切られ、協定を結んだ者たちの刃にかかった。もっともよいケースでも、彼らは戦場に没した。前三〇九年までに、アルゲアス朝が廃絶された。これによって、古い王朝の類縁ではないマケドニアのエリート層の男たちに、王号を名のる道が開かれた。

前三二〇年にエジプトに侵攻したペルディッカスにたいして、多くの後継者たちが連合して起こした戦争が、この時期の最初の大きな転換点となった。エジプトは、その総督だったプトレマイオスがアレクサンドロスの遺体を奪い、前三二一年の秋にアレクサンドリアに埋葬した――こうすることで、アルゲアス朝との継続性について、もっとも大切な象徴の一つを獲得した――場所だった。ペルディッカスが自分の部下たちに殺される一方、王たちの後見人だったクラテロスが、小アジアで戦死した。残った後継者たちは、前三二〇年の夏に北シリアのトリパラデイソスで協定を結び、アンティパトロスをヨーロッパの摂政と確認し、王二人の後見人とした。アンティゴノス・モノプタルモスが、ペルディッカスを継いで軍隊の指揮にあたった。軍隊を指揮し、息子のデメトリオスがアンティパトロスの娘ピラと結婚したことで、アンティゴノス・モノプタルモスは帝国でとりわけ強力な人物の一人になった。さらに彼は、小アジアに残るペルディッカスの支持者にたいする戦争を遂行する任務を与えられた。これは負担の多い任務だったが、大軍団の指揮権を手にすることができた。他の後継者たちについては、プトレマイオスが自身の属州であるエジプトを保持し、リュシマコスがトラキアを保った。ペルディッカスを裏切った将校の一人だったセレウコスは、莫大な資源を持つ地域であるバビロニアを受け取った。前三二〇年の時点で、この「トリパラデイソスの合意」が四〇年後の帝国の分割をほぼ実現していたことを予測できた者は、誰もいなかった。

この一年後にアンティパトロスが死んだが、王の後見人に指名したのは息子のカッサンドロスではなく、マケドニア貴族のポリュペルコンだった。父親の措置に失望したカッサンドロスは、アンティゴノスその他の後継者たちと手を結び、ポリュペルコンに対抗した。小アジアでポリュペルコンを支えたのは唯一、アルゲアス朝の正統な支配に忠実だったエウメネスだけだった。四年にわたる戦争――この間、オリュンピアスが王ピリッポス三世を殺害し、前三一五年にエウメネスが打倒された――によって、カッサンドロスがマケドニアの王位に近づいた。カッサンドロスはアイガイにある王墓で、殺害された王とその家族のためにふさわしい葬儀を準備することで、王位の相続人に求められる古くからの義務を果たした。彼はこれに加えて、残った王アレクサンドロス四世の後見人となり、アレクサンドロス大王の姉妹であるテッサロニケと結婚した――そして彼女の名前を新しく建設した都市に与えた。カッサンドロスと王位の間に存在した障害は、七歳の少年だった正統なる王アレクサンドロス四世と、残る後継者たちの野心だけだった。後継者たちのなかで最高齢のアンティゴノス・モノプタルモスは、分裂しつつある帝国のなかで、今やもっとも強力な人物となっていた。後継者たちの最年少は、前三三七年生まれの息子デメトリオスで、彼は若さ、美しさ、優れた戦略、そして野心によって、新たなアレクサンドロスであるかに思われた。アンティゴノスは、アジアの領土の大部分を支配下に収めた。バビロニアをおさえていたセレウコスですら圧力を感じて、エジプトに避難せざるを得なくなった。

だが、当時最大の権勢を誇った後継者は、彼以外すべての後継者たちの反対に直面した。カッサンドロス、プトレマイオス、セレウコス、リュシマコスは、前三一四年に新しい連合を形成し、アンティゴノスに最後通牒を突きつけ、属州の新たな分割を提案した。アンティゴノスは、入念な演出で対応した。彼は、軍隊——マケドニア王国の伝統のなかで、重要な決定の正しさを担保する存在——をテュロスに招集し、その軍隊に、カッサンドロスを帝国の敵と宣言し、アレクサンドロス四世の解放、ギリシア諸都市からの駐屯軍の撤退、そして都市の自由化をカッサンドロスに要求する文書を、歓呼によって承認させた。アンティゴノスは、アルゲアス朝の正統な王にたいする軍の忠誠心に訴える一方、自由と自治を持ち続けたいというギリシア諸都市の願望を利用したのである。ギリシア南部の一部をおさえていたポリュペルコンと息子のアレクサンドロスがアンティゴノスと手を組んだことで、新たな戦争がはじまった。アンティゴノスとその同盟者たちは、ギリシアで一定の成功を収めたものの、セレウコスが前三一二年に、自身の支配地域であるバビロニアを再獲得することに成功した。前三一一年の和平協定は、前三一四年時点の状況への回復を定めたが、この和平が続かないことは明らかだった。カッサンドロスは前三一〇年にアレクサンドロス四世の殺害を指示して、王朝継続の最後の要素を消し去った。ヘラクレス——ペルシアの貴族女性が産んだアレクサンドロスの私生児と考えられていた一〇代の子供で、継承順で次にくる人物だった——も、処刑された。

アルゲアス朝の血が途絶えたことは、アレクサンドロスの家からはもはやバシレウス（王）という称号を名のる者はあらわれず、したがって誰でもその称号を主張できる可能性が生まれたことを意味した。驚くべきことに、そうした者は誰もいなかった。アレクサンドロスの姉妹との婚姻によって、後継者のなかで唯一アルゲアス朝に連なる人物だったカッサンドロスが、この時点で王位の宣言を企図するだろうとの想定もあっただろう。しかし、王を作るのは一〇代の男の子の殺害ではなく、戦勝だった。その戦勝はまだ成し遂げられておらず、別の後継者がそれを手にすることになる。

後継者たちの多くは、王の空位を、帝国の分割を強固にし、できる限り自身の領土を拡大できるチャンスだと考えた。アンティゴノスにとっては、みずからの単独支配のもとに帝国を再統一するのが、目指すべき目標となった。アンティゴノスの成功には、当初、目をみはるものがあった。息子のデメトリオスが、前三〇七年にカッサンドロスの駐屯軍からアテナイを解放した——自由を愛するギリシア人にとって重い象徴的意義を持つ出来事である。その後まもなく、デメトリオスはキプロスのサラミスで、プトレマイオスの艦隊を撃破した（図3参照）。このサラミスでの海戦の勝利は、同名の以前の海戦——ギリシア人は前四八〇年に、アテナイ近くのサラミスでペルシア人に勝利を収めた——ほどの戦略的な意味合いを持たなかったが、この時代の歴史を決定的に転換させ、アレクサンドロスの影から後継者たちを解放した。デメトリオスは、父親にアリストデモスを使者として派遣し、勝利を伝えたといわれている。この使者は、アンティゴノスおよび戦いの結果を知らずに集まった軍に、すぐには近づかなかった。これはおそらく、デメトリオスの指示によるものである——彼は演出の名人だったことが知られている。プルタルコスが、同時代の歴史家の叙述を要約しつつ、この劇的な場面を描いている。

図 3　サラミスでの勝利を記念するデメトリオス・ポリオルケテスの硬貨。トランペットを持つニケが，戦艦の舳先の船首楼に立っている。

> アリストデモスは誰の問いかけにもいっさい答えず、黙ったまま固い表情を崩さずにゆっくりと歩き続けるのみであったから、アンティゴノスはすっかり動転してもはや辛抱できなくなり、門口まで迎えに出た。そのときにはすでに大勢の人だかりが使者を取り囲み、王宮の前に寄り集まろうとしていた。アリストデモスはようやく間近まで来ると、右手を差し伸べ、叫ぶような大きな声で「王アンティゴノスに申し上げます。われら海戦にてプトレマイオスを破り、キプロス島を確保、敵兵一万六八〇〇を捕虜にしました」。
>
> （城江良和訳、一部改変）

アリストデモスの報告は、演劇の芝居のようである。動き、表情、身振り手振りの点で、何度も演じられてきた使者の役を、彼は真似したのである。聴衆の注意を引いて緊張感を生み出してはじめて、アリストデモスは勝利を伝えた。ただ、勝利の報告よりも注意すべきは、彼の呼びかけだった。「王アンティゴノスに申し上げます」。アンティゴノスの「宮廷」に集まった将校や兵士の歓声は、マケドニア軍による王の歓呼と同じで、それゆえに、アンティゴノスの王権に正統性の感覚を与えた。この新王は、その名にちなんだ新都市アンティゴネイアをオロンテス河畔に建設し、そこで新しく手にした地位を象徴するディアデマを帯びた。王は息子にもディアデマを送った。

アンティゴノスとデメトリオスが王の称号を帯びると、他の後継者たちも素早くこれに続き、プトレマイオス、セレウコス、リュシマコス、カッサンドロスが早くも前三〇六年に王と名のるにいたった。しかし、彼らは何の、あるいは誰の王だったのだろうか。彼らはアレクサンドロスの後継者という意味で、王だったのか。地域的な王国の王という意味だろうか。彼ら王たちの称号にも、彼らを継いだ者たちの称号にも、たとえばエペイロス人の王という称号のように、民族的、地理的な限定はついていなかった。民族的あるいは地理的な指定がないことは、後継者たちが征服し保持できる限りの土地の王であることを含意していた。ただ後継者たちの少なくとも二人、アンティゴノスと息子デメトリオスは、「普遍的」支配を実現するという野心を持っていたように思われる。「王たちの年」として知られる前三〇六年が、アレクサンドロスの後継問題を解決することはなかった。これは、戦争の新段階のはじまりにすぎなかった。

帝国の夢（前三〇六年～前二八一年）

約五年の間、マケドニアとその帝国には王がいなかった（前三一〇年～前三〇六年）。今や突如として六名の王があらわれ、その数は増え続けていった。前二九七年には、ビテュニアを統治していたジポイテスが、小アジアで初の非ギリシア人の支配者として王の称号を名のることになる。シチリアでは、後継者たちの先例にならって、前三〇四年にアガトクレスが王と宣言された（四四頁参照）。「王」の称号が持つ意図的な曖昧さは、その保持者たちに、できる限り多くの地域を自身の王国に加えることを促した。これが、彼らが戦争の新段階で追及したことだが、ここでその一部始終を述べることは不可能である。

特に強い印象を残した出来事は、デメトリオスがプトレマイオスの同盟者であるロドスを、前三〇五年から前三〇四年にかけて包囲したことである。デメトリオスはこの都市の奪取に失敗したものの、包囲でみせた創意工夫で、彼はポリオルケテス（「包囲者」）というあだ名を得た。デメトリオスのもとにいた技術者たちは、ヘレポリスと呼ばれる移動式攻城兵器を建造した。これは塔のような形をした木製の構造物で、九層のものが車輪の上に据えつけられ、火を防ぐ装置と渡り橋が取りつけられていた。長く伸びる梁もあり、先には雄羊の頭の飾りがついた円錐が取りつけられた。勝利を収めたロドス人は、デメトリオスの技術者たちが製作した巨大な攻城兵器を売却することで、一〇〇フィートの高さを持つ守護神ヘリオス（太陽）の像の建築のための資金を得た。この像は、二〇年後に戦勝記念として港に建立されたのだった。前二二六年の地震で像は破壊されてしまったが、古代の七不思議に数えられたという名声は生き残り、それをいかに再現するかは、美術史家の創造力をかき立てている。これが、ロドスの巨像である（図4参照）。

軍事的成功に気を強くしたアンティゴノスとデメトリオスは、ヘラス同盟（一二～一三頁参照）を再興して、野心のほどを明らかにした。アレクサンドロスはこの同盟の司令官として、アジア遠征にギリシアを率いていったのだった。アンティゴノスとデメトリオスが前三〇二年にこの同盟を再始動させ、多くのギリシア都市をみずからの覇権に統一したことは、ギリシア人のヘゲモンとしてのアレクサンドロスの地位を踏襲するという意識的な試みだった。この決断は、アンティゴノスとデメトリオスがこの時点で、帝国の単独支配者としてアレクサンドロスの跡を継ぐ意図を持っていたと思わせるに十分である。もちろん、これは彼らが、その他の後継者たちの統一戦線に直面する危険を冒すことも意味した。後継者たちは予想通り反応した。セレウコス、リュシマコス、そしてプトレマイオスは力を合わせて、「いま、そこにある危機」に立ち向かった。

図 4　ロドス島の巨像の 16 世紀の想像復元図。

　他の後継者たちが、アンティゴノスに匹敵する野望を持っていたかどうかはわからないが、後継者たちのなかでもセレウコスはその可能性が高かっただろう。メソポタミアとイラン東部に支配を確立したセレウコスも、アレクサンドロスを真似てインドへの遠征に乗り出したところだったのである。インダス川の東に恒久的な支配を打ち立てることはできなかったが、この遠征は直接には軍事的意義と、間接にはイデオロギー的、文化的な影響をもたらした。セレウコスはこの遠征によって、アレクサンドロスの遠征後に生まれたある王国と係争関係に入った。野心的な軍事指導者だったチャンドラグプタ（ギリシア語でサンドロコットス）が、その軍事力によって政治的支配を確立してガンジス平野にマウリヤ王国を建設し、ガンジス川からインダス川へとその影響力を次第に拡大していたのである。セレウコスはチャンドラグプタを打倒することができず、前三〇三年に条約を締結した。この条約で、セレウコスはパロパミソス山脈とインダス川の間の全領域を譲る代わりに、自身の宗主権を承認させ、戦象五〇〇頭を受け取った——強力な兵器であり、セレウコスはライバルにたいして思わぬ軍事的優位を獲得した。イデオロギー面では、この遠征でセレウコスは第二のアレクサンドロスとみなされるにいたった。この偉業は、一〇〇年後に子孫のアンティオコス三世に踏襲されることになる（一四三頁参照）。セレウコスとチャンドラグプタの条約は、予期せぬ文化的影響をもたらした。セレウコスの使節だったメガステネスが、自身の旅行とマウリヤ朝宮廷の構造についてまとめた報告が、初期インドの歴史にとってとりわけ貴重な史料の一つとなっているのである。戦象によって強化され、東の国境線を確実にしたセレウコスは、リュシマコスの軍と合流するためについに小アジアへと進んだ。

決定的な戦闘は、前三〇一年、プリュギアのイプソスでおこなわれた。騎兵隊指揮官の任にあったデメトリオスは、アレクサンドロスの大胆な進撃を模倣して、正面の前線を突破した。しかし彼は、致命的な誤りをおかした。逃走した敵を追うなかで、父親の軍に間隙が生じたことに気がつかなかったのである。セレウコスはこの機会をみのがさなかった。彼は戦象でこの間隙をついて、アンティゴノス軍を破った。八一歳の王は、息子が救出にきてくれると最後まで期待をかけていたが、戦いに倒れた。

デメトリオスは強力なプレイヤーであり続けた――小アジアのいくつかの沿岸都市、キプロス島、そしてテュロスやシドンといった有力な海軍基地をおさえていた。勝利を収めた同盟者たちが、戦勝後すぐにバラバラになることも予想できた。事実リュシマコスは、小アジアで大規模な領土獲得に成功し、西方への拡大というセレウコスの期待を打ち砕いた。プトレマイオスはイプソスの戦いには参加しなかったが、この機会をとらえて、おおよそ今日のシリア南部、レバノン、パレスティナに相当するコイレ・シリア(「くぼんだシリア」)を征服した――この地域の管理をめぐって、この後一〇〇年にわたり、プトレマイオスとセレウコスの後継者たちの間で、六度にわたるいわゆるシリア戦争がおこなわれることになる。プトレマイオスの娘であるアルシノエ――賢く野心ある女性だった――がリュシマコスと結婚すると、ライバルたちが自身の野心を押さえにかかっていることを、セレウコスは理解した。新しい「外交革命」が起こった。イプソスの戦いのわずか二年後に、デメトリオスはセレウコスとの同盟を決めたが、これは以前の同盟と同じように短命を運命づけられていた。ただ今のところ、デメトリオスは自身の権力拡大の試みについて、セレウコスが少なくともそれを容認するだろうと期待することができた。

デメトリオスには有利な点が数多くあった。彼はまだ若く、ロドス包囲の巧みな作戦で有名であり、当時もっともハンサムな男性の一人として崇められていた。デメトリオスは、抜け目なく、不屈の精神を持つ野心家でもあった。彼が劣っていたことは、ライバルのように地理的にまとまった地域を支配していないという点である。この問題を解決する機会はすぐにやってきた。すべての後継者たちの祖国である、マケドニアを獲得したのである。マケドニアで王権を樹立したカッサンドロスが前二九八/二九七年に、そして息子のピリッポス四世がそのわずか一年後に死ぬと、ピリッポス四世の弟であるアンティパトロスとアレクサンドロスが王位をめぐって戦った。攻撃を加えるタイミングを狙っていたデメトリオスは、ギリシアで支配権を拡大し、帰還への道を開いた。

計画を実現するためにデメトリオスにとって大事だったのは、ギリシア人ポリスの古くからの盟主であるアテナイを統制することだった。アテナイは、デメトリオスとその父親がはじめて大きな成功を収めた都市であり、アテナイの英雄と並び立つという名誉を受けた場所だった。ただアテナイは、イプソスの戦いののち、デメトリオスを見限っていた。前二九五年の春にデメトリオスはアテナイを占領したが、アテナイ人に罰を与えることはなく、穀物の供与その他を約束した。この間、マケドニアの王朝の内紛は最高潮に達しつつあった。王位を争っていた一人であるアレクサンドロスは、致命的な過ちをおかした。デメトリオスに援助を求めたのである。デメトリオスはこれを幸運の女神の誘いと考え、喜んで引き受けた。デメトリオスはアレクサンドロスを殺す手筈を整え、前二九四年秋に軍隊による王の歓呼を演出した。今や権力の頂点にあっても、デメトリオスはみずからの支配を劇として演じ続けた――あらゆる演劇が傲慢への懲罰でおわることも忘れて。

前二九一年にデメトリオスは、当時もっとも美しい女性の一人だったと伝えられるラナッサと結婚した。この結婚の直後、デメトリオスはエレウシスの秘儀の祝いに到着が重なるよう調整して、アテナイを訪れた。アテナイ人は彼の訪問を神の来迎と祝い、祭壇で香を焚き、像と祭壇を冠で飾り、灌奠《かんてん》〔酒や乳などの奉献〕をおこない、道々で舞を舞い、デメトリオスの現世での力を神々の力になぞらえる賛歌を歌った(九八～九九頁参照)。

デメトリオスは、神なればさこそあらめ、ご機嫌うるわしく美しさ溢れ、笑みをたたえて来ませり。友人ら、デメトリオスおんみずからを中にして、円く囲みてあれば、威風あたりをはらい、友たちは星にして、かのおん方は日輪とこそ思おゆれ。おお、畏れ多くも、大御神《おおみかみ》ポセイドンとアプロディテのおん子よ、他の神々は遠くにおわしますか、あるいは聞く耳もちたまわず、あるいは、およそ世にましまさず、お姿を拝したる覚えなきかに、陛下のみ、木像石像にあらず、生身のお姿を拝しまつる。

(柳沼重剛訳、一部改変)

デメトリオスはディオニュソスを模倣した。王権の象徴物をディオニュソスの衣装、蔦の冠、ウイキョウの杖(テュルソス)に代えた。同じ頃、一着の外套を織ることを命じている。この衣装は日の目をみることはなかったが、星々と十二宮を表現したもので、一年のサイクル、季節、そして時そのものの支配をほのめかすものとなっていた。デメトリオスが太陽として、星々になぞらえられた友たちに囲まれているというのが、彼のプロパガンダだった。アレクサンドロスとその他の後継者たちの先例にならって、デメトリオスはテッサリアに新都市デメトリアスを建設した。この場所は、艦隊運用の戦略地点で、ギリシア本土からエーゲ海を抜けて小アジア、さらにはその向こうへといたる交通路を引き寄せるのに、格好の位置にあった。デメトリアスはパガサイ湾内の南側にあり、北には、伝説のアルゴ船が船出したイオルコスを臨んでいた。デメトリオスが支配

図5　エペイロスのピュロスの肖像。

の維持における艦隊と安全な港湾の重要性に気がついていたのは、彼の軍才のほどを示している。デメトリオスの後継者たちの多くが、彼にならって海軍政策を推し進めた。アテナイ人が賛歌のなかで、デメトリオスのことをポセイドンの息子と呼んだのも、偶然ではない。デメトリオスの行動をみると、マケドニアを越えてまずはギリシアに、さらにはエーゲ海の向こうに権力を拡大するのが目的だったことは、明らかである。

アイトリア人海賊の攻撃に被害を受けていたアテナイ人の要請に応じて、デメトリオスはアイトリア連邦にたいして戦争を起こした。アイトリア人はギリシア西部で急速に力をつけてきており、ギリシアのもっとも重要な聖域の一つであるデルポイも管理していた。この戦争によってデメトリオスは、ギリシア人を保護するという意図が本当のものであると証明する機会を得た。しかしアイトリア人を破ることはできず、前二八九年、デメトリオスは彼らとの妥協を余儀なくされた。彼の星は、のぼったのと同じ速さで、沈みつつあった。デメトリオスにとっての因果応報は、もう一人の野心家の姿をとってやってきた。エペイロスのピュロスである（図5参照）。彼の運命の幾多の変転は、デメトリオスのものによく似ていた。

ピュロスは、ギリシア北西部のエペイロスのギリシア系部族だった、モロッソイ人を統治していた王家の構成員で、その意味で、モロッソイの王女だった人物を母親とするアレクサンドロス大王の遠戚にあたった。ピュロスは前三〇六年、一二歳か一三歳の時に王位についたが、王朝の内紛のためすぐに亡命した。前三〇二年、彼はデメトリオスの宮廷に保護を求めた。前二九八年には、人質としてプトレマイオスのもとに送られている。ピュロスは前二九七年に王としてエペイロスに帰還し、アレクサンドロスの成功に鼓舞されて、自身の支配権を強化する機会をうかがっていた。アレクサンドロスの死からおおよそ三〇年たった当時の人々にとって、ピュロスは新たなアレクサンドロスであるかのように映った。プルタルコスは次のようにいい切っている。「マケドニア人の間では、ピュロスには王たちの中でただひとり、アレクサンドロスの剛勇のおもかげが見える、それに比べて他の王たち、とくにデメトリオスは、いわば舞台上でアレクサンドロスの役を演じて、もったいぶった仰々しいふるまいをしているだけだ、という巷説が流れるまでになった」（城江良和訳）。

前二八八年にデメトリオスが、歩兵九万八〇〇〇、騎兵一万二〇〇〇、艦船五〇〇とされる軍勢で小アジア再征服のための大遠征の動きをみせると、ピュロス、リュシマコス、プトレマイオス、そしてセレウコスがまたも日和見的な連合を形成し、デメトリオスに対峙した。ピュロスは西から、リュシマコスは東からマケドニアに侵攻し、デメトリオス軍に恐怖と怒りを巻き起こして、多くの兵を逃走にいたらせた。ピュロスとの最終決戦が起こる前に、兵士の一部がデメトリオスに王位とマケドニアをあきらめるよう進言した。デメトリオスはこれにしたがった。カヴァフィスは、プルタルコスの叙述に着想を得て、「デメトリオス王」のなかでこの時の様子を巧みに表現している。

金色《こんじき》の長衣《ちょうい》を脱ぎ、
紫の長靴《ちょうか》を投げ捨て、
急ぎ、質素な衣服を着けて、
忍び足で去った。
劇果てて、俳優が
衣裳を換えて去るように――。
（中井久夫訳）

これは一人の王のおわりのはじまりだった――彼の人生を描く映画監督が待ち遠しい。デメトリオスは、プトレマイオスにギリシア、エーゲ海、フェニキアで攻撃を受け、軍隊の大部分、さらにシドンとテュロスの港という二つのとりわけ貴重な占領地を喪失したにもかかわらず、依然として小アジア占領を目論んでいた。しかし、この遠征は失敗だった。デメトリオスは、小アジア南部のキリキアに退却し、タウロス山脈を越えてセレウコスの領土に入らざるを得なかった。そこで彼は罠にかかった。海に到達することができなかったデメトリオスは、前二八五年にセレウコスへの降伏を決断した。デメトリオスは父親と同じく、アレクサンドロスのそれに匹敵する巨大な帝国の建設に、失敗した。この二年後に、デメトリオスはセレウコスの捕虜として死んだ。

次の展開を予想するのに、占いの力は必要ないだろう。反デメトリオスのその場しのぎの連合は分裂し、リュシマコスとセレウコスという二人の後継者が、デメトリオスが失敗したところで成功を収めようと格闘した。リュシマコスは年下の同盟者であるピュロスをマケドニアから追い出し、マケドニア人の単独の王となった。この時点でリュシマコスは、トラキアだけでなく小アジアの大半もおさえていた。一方セレウコスは、アレクサンドロスの東部領土の大部分を支配した。二人の老王――前二八三／二八二年にプトレマイオス一世が死んでのち、彼らはアレクサンドロスの世代の唯一の生き残りだった――の決戦は、単なる時間の問題となった。

この時代にしばしばあったように、野心家の女性と王朝の内紛が戦争を引き起こした。リュシマコスの最後の妻だったアルシノエは、プトレマイオス一世の娘で夫より四五歳若く、クレオパトラが登場するまでヘレニズム史上もっとも影響力を持った女性だった。アルシノエは、リュシマコスの長男で小アジアを治めていたアガトクレスに反旗を翻した。彼女はおそらく、アガトクレスを取り除きさえすれば、自分の子供たちが王位を主張できると考えたのである。リュシマコスはアガトクレスが自分に毒を盛ろうとしていたと信じ込まされ、前二八三年に息子の殺害を命じた。アガトクレスの支持者たちはセレウコスのもとに逃れたが、そのなかにプトレマイオス・ケラウノス(「雷」)がいた。ケラウノスはプトレマイオス一世の長男で、そのためアルシノエの異母兄弟だった。父親が別の妻から生まれた息子を後継者に指名すると決めたため、ケラウノスは前二八五年にリュシマコスのもとへと逃げていたのだった。今や八〇歳にもなろうとしていたセレウコスは、帝国を西に拡大するチャンスを嗅ぎ取った。アガトクレス殺害にたいする報復のための遠征という口実によって、である。

今やリュシマコスは、自分が厳しい立場にあることを自覚した。第一に、王国の北部国境では、蛮族の侵入の危険が絶えず存在していた。第二に、アガトクレス殺害によって小アジアで起こった反乱に対峙しなければならなかった。小アジア北西部の重要な城砦だったペルガモンで、指揮官のピレタイロスが反旗を翻していたのである。そして同時に、セレウコスが小アジアのリュシマコスの領土を脅かしていた。セレウコスはその人生の大半において、東方に意識を集中させてきた。インドに二度遠征し、前二九三年に息子のアンティオコス一世に王国の東部地域の統治を任せたことで、セレウコスは人生の黄昏のなかで、ようやく祖国マケドニアに戻るチャンスを得たのである。若い将校としてアレクサンドロスにしたがってマケドニアを去って以来、彼は五〇年以上も祖国を目にしていなかった。二人の老王は前二八一年、プリュギアのクロペディオンであいまみえた。リュシマコスは戦闘のなかで殺害され、セレウコスは、すべての後継者たちが一度は抱いた夢を実現する可能性を手にした——マケドニアからイランにいたるアレクサンドロスの帝国の、できる限りの部分を統一するという夢である。しかしセレウコスは、これまでの四〇年がこのドラマのあらゆる登場人物に教えてきたはずの教訓を学んでいなかった——共通の敵が打倒されたあとは、同盟を結んだ者を信用してはならないという教訓を。セレウコスは、トラキアの首都リュシマケイアで、前二八一年九月、プトレマイオス・ケラウノスによって殺害された。ケラウノスは、子供たちの命は奪わないことを約束して、リュシマコスの残された妻——自身の異母姉妹のアルシノエ——と結婚した。こうしてケラウノスは王位を宣言することに成功し、マケドニアとトラキアを統治した。この使命を果たしたケラウノスは、アルシノエの息子二人を殺害し(長男は逃げのびた)、アルシノエをエジプトに送り返した。エジプトでは、兄弟の王プトレマイオス二世が彼女を心から歓迎した。プトレマイオス二世はアルシノエの三番目で最後の夫となり、二人はエジプトのプトレマイオス王国の基礎を固めることになる。

シチリアの冒険

ギリシア人が植民活動をした西方（南イタリアとシチリア）ならびに北方（黒海の西・北岸）が後継者戦争に受けた影響は、間接的なものにすぎなかった。シチリアでの政治的展開は、東方と西方で類似の発展がみられることを示す、格好の事例である（地図4参照）。イタリアとシチリアのギリシア人は都市国家に編成されていたが、そこには僭主による独裁支配の長い伝統が存在していた。野望を持つ男たちは、自身の体制を確立するために、危機を利用することをはばからなかった。三つの慢性的な問題のために、こうしたチャンスには事欠かなかった。その問題とは、カルタゴ人がギリシア植民市を犠牲にして領土を拡大しようとしていたこと、イタリアの非ギリシア系の民族（ブルッティ人、ルカニ人、マメルティニ人）が脅威となっていたこと、そして民主政の支持者と寡頭派グループの間で政治的な衝突が起こっていたことである。

後継者戦争と並行して、シチリアでも個人支配を目指す同様の闘争が展開した。前三二二年、シチリア最大の都市シュラクサイの政治危機が、劇的なクライマックスを迎えた。民主派と寡頭派の内戦は、寡頭派がシュラクサイの不倶戴天の敵カルタゴ人に援助を求めたために、都市の自治そのものを脅かしていた。前三一九／三一八年に、急進的な民主派のリーダーだったアガトクレス――狡猾な策士でポピュリスト的政治家でもあった――は、分断をおわらせて政治体制を守ることを約束して、大多数の市民の支持を獲得することに成功した。民会は彼を古くからの公職である将軍に選出し、「平和の護持者」との肩書きを彼の称号につけ加えた。オーウェルの真理省、平和省、潤沢省を思い起こさせる称号は、とても信用できない。アガトクレスは、「平和の護持者」という自分の任務にたいし、独自の解釈を与えた。四〇〇〇名の敵を殺害したのである。六〇〇〇名がアクラガスに逃亡した。アガトクレスが、一市民の生活に戻りたいと宣言して何をしたかといえば、前三一七年にさらにもう一つの異常な職に自身を選出させただけだった――「都市への配慮」（エピメレイア・テス・ポレオス）を任された、制限なしの権威を持つ将軍（ストラテゴス・アウトクラトル）という職である。ポピュリスト的手法、つまり負債の帳消しと貧民への土地分与を用いることで、彼は独裁に必要な民衆の支援を獲得した。前三一四年には、アクラガス、ゲラ、メッサナの諸都市がシュラクサイの覇権を承認したが、他のシチリアの諸都市はそれに対抗する連合を形成した。「分断して支配せよ」の格言を忠実に実践したカルタゴ人の援助のもと、彼らはシュラクサイを包囲した。アガトクレスはカルタゴを攻撃し、前三一〇年にカルタゴ人にシュラクサイから軍を撤退させることで、この危機をはねのけた。

アガトクレスは、北アフリカで小規模帝国建設の夢を追い求めた――アレクサンドロスの征服に鼓舞された夢である。リビュアで最大のギリシア植民市だったキュレネは、アレクサンドロスの親しい友人の一人だったマケドニア人オペラスによって支配されていた。アガトクレスは前三〇八年にやってくるとすぐに、オペラスを死に追いやり彼の軍を接収した。最終的に、アフリカ遠征は失敗におわった。カルタゴの艦隊が優れており、またアガトクレスの二人の息子が自身の傭兵に殺されてしまったからである。しかし、アガトクレスはシチリアで権力を保持し、前三〇六年にはカルタゴと和平条約を結んだ。これによって彼は、シチリアのギリシア人地域の単独の支配者となった。後継者たちの前例にならって、アガトクレスは前三〇四年に王の称号を名のり、自身の肖像を刻んだ硬貨を発行し、プトレマイオス一世の娘の一人と結婚することで、他のヘレニズム王たちとの関係を構築した。倦むこと知らないこの支配者はシチリアの外に影響力を拡大し、近隣の蛮族に対抗する南イタリアのギリシア都市を援助し、コルキュラを占領した。アガトクレスは前二八九／二八八年に死んだが、その時彼は、再度アフリカに侵攻する準備をしているところだった。

アガトクレスの出発点はシチリアの一都市での内戦だったが、三〇年の間に、彼の冒険は北アフリカに及び、彼の政策と人間関係はエジプトから南イタリアまで、そしてマケドニアからシチリアまでひろがった。アガトクレスは、アレクサンドロスと同じように、ギリシア諸都市にとって古くからいる蛮族の敵、すなわちカルタゴを標的とし、はじめてその敵の領土で戦争をおこなった。彼は同時代の王たちと同様の戦術——戦争、王朝間結婚、連合、裏切り、殺人——を用い、自身の野望に地理的な限界を設けることをしなかった。アガトクレスは王朝の樹立には失敗したが、西方のギリシア人は彼によって、蛮族の敵であるローマ、そしてカルタゴに対抗する擁護者として君主が必要であるという考えを、自分のものとすることになった。新しい擁護者は、エペイロスのピュロスに具現化することになる。

最後の山師——ピュロス

「ピュロスの勝利」は、ヘレニズム世界が後世に遺した幾多の表現の一つである。この表現の起源は、ピュロス（前三一八年頃〜前二七二年）の冒険にある。彼は、前三〇六年から前三〇二年まで、また再度前二九七年から前二七二年までエペイロスの王だった人物である（前掲図5参照）。すでに述べたように、ピュロスは、アレクサンドロスの後継者たちのなかでもっともカリスマ的な一人であり、デメトリオス・ポリオルケテスに対抗して勝利を収めていた（四〇〜四一頁参照）。他の後継者たちの例にならって、ピュロスは獲得できた限りの地域に、王として権力を行使した。ピュロスは前二八八年にマケドニアからデメトリオスを排除したが、そこでの支配は短命におわり、前二八四年にリュシマコスによって追い出された。ピュロスは、エペイロスの王として、アドリア海の東で最大の軍事力を誇った。そのため、イタリアとシチリアのギリシア人たちがローマ人の拡大の脅威を感じた時、頼った先がピュロスだったのは、ごく当然だった。

　元老院を支配していたローマ貴族たちは、前四世紀なかば以降、拡大政策を推し進めた。貴族間の競争がこの動きを強めた。支配階層の構成員たちは、軍事指揮権を持って戦争で勝利を収めることで、自分と家族の名声を高めようとしていたのである。前四世紀のおわりまでに、ローマの拡大はイタリア南部に達し、その地域のギリシア植民市に脅威を与えるにいたった。タラス（今日のタラント）の市民たちは、外からの支援なしにローマの攻撃に直面すれば、敗北は必定と考えていた。この脅威がもし一〇〇年前ならば、当然彼らはタラスの母市であるスパルタに、同盟と防衛を求めたことだろう。しかし事態は変化しており、前二八一年、タラス市民はピュロスに救援を求めた。介入要請を受け入れたピュロスの目論見は、簡単に理解できる。東方へ展開するというピュロスの野望は、リュシマコスによって阻まれていた。王権が戦争での成功と新領土の獲得に左右されていた時代にあって、西方での権力拡大はチャンスだった。哲学者のキネアスが、ピュロスのイタリア渡航の計画を耳にすると、王を次のような議論に引き込んだと伝えられている。

「ピュロス様、ローマ人は戦争上手で、多くの勇猛な民族を支配しているそうでございますな。そこで、もし神の思し召しにより、われらがこの者どもに勝つことができましたならば、閣下はその勝利を如何様《いかよう》にお用い遊ばしますか」。「あいや、キネアス、何と分かり切ったことをそちは尋ねるものよな。ローマに対して勝利を挙げたならば、イタリアにはもはや、蛮族のにせよギリシア人のにせよ、われらを相手に戦い得るほどの町はないゆえに、直ちに全イタリアを手に入れる。あの大きさと富と力のほどについては、そちほどよく心得ている者は、他にはあるまいに」。しばらく間《ま》をおいてからキネアスは言った、「イタリアを取ってからは、王よ、どういたしましょう」。ピュロスはキネアスの思惑を図りかねながら、「すぐ傍らで、シチリアが差し招いておるわ。あれは豊かで人も多い島だが、奪うのは極めて容易だ。アガトクレスが世を去って以来、あすこでは、町々を束ねて一丸《いちがん》とする力がなく、扇動家どものやりたい放題になっておるのじゃ」。「仰せの通りにございましょうなあ」とキネアス。「ではシチリアを取ったる暁には、われわれの征旅は終わりとなりましょうや」。ピュロスは言った、「神はわれわれに勝利と成功を賜るであろう。それをば足掛かりとして大事業を始める。そうであろうが。アガトクレスがもう少しで取れるところまでいっていながら、シュラクサイからひそかに出奔したために取りそこなったリビュアだのカルタゴだのに、すぐ手が届く所まで来ていながら、手をこまねいている奴があるか。ここを取ってしまえば、わざわざ言うにも及ぶまいが、今われわれに無礼にも敵対している奴ばらも、われわれを敵とはしなくなるであろう」。「でございましょうな。かほどの勢力を獲得いたしますれば、マケドニアをば取り戻し、ギリシアの支配者となろうことは確かでございますからな。が、さて、われわれが世界の支配者となりました暁には、さあ、何をいたしましょうか」。するとピュロスは打ち笑い、「たっぷり暇になるな。なったら毎日どっかと座って、宴会だ。お互いにいい気分で、大いに話し合い、論じ合おうではないか」。キネアスはそこでピュロスの言葉を遮って言った、「では、今現に私どもは暇な暮らしをしているわけではございますが、今は、宴会を開きたいと思っても、それができないのはなぜでございますか。血を流し、大いなる苦労を重ね、危険をくぐり抜け、他人に多くの不幸を与え、こっちも不幸になった末の暇でなければ、宴会は開けないのでございますか」。

（柳沼重剛訳、一部改変）

政治家たちや王たちがキネアスを話し相手に持ち、そのいわんとするところを理解していたなら、世界の歴史は違った風になっていたかもしれない。この談論が実際におこなわれたとは考えにくいが、この時代の帝国主義的な衝動をよく表現している。

ピュロスは前二八〇年にイタリアに渡った。彼の強みは、その軍才、強力な騎兵、そして戦象が使えたことだった。遠征が勝利ではじまったのは不運だった（地図4参照）。ヘラクレイア（前二八〇年）とアスクルム（前二七九年）での勝利は戦争の帰結を決めることなく、ピュロスの軍隊に大きな犠牲をしいた。アスクルムの戦いののち、ピュロスは次のようにいったと伝えられている――「ローマ人に今一度勝利を重ねたが、われわれは敗北した」。ピュロスが、遠征の最初のこの時に敗北するという幸運に恵まれていたら、「ピュロスの勝利」という表現を後世に遺すことはなかったかもしれない。むしろ、盃を満たして議論を楽しみながら、静かに人生をおえることもできたのかもしれない。

当初はローマ人が敗北したことで、ルカニ人やブルッティ人といった土着の民族や、クロトンやロクロイのギリシア都市がピュロスに加勢した。戦勝に意を強くしたピュロスは、リュシマコスの死や、ケルト人の侵入（五二～五四頁参照）で生じたマケドニアでの混乱に乗じて東方に帰ることはしなかった。マケドニアを蛮族から防衛して王位を取り戻す代わりに、ピュロスは西方の蛮族に目を向けた――シチリアのカルタゴ人である。この判断は失敗だった。デメトリオス・ポリオルケテスの息子であるアンティゴノス・ゴナタスが、ギリシア人のリーダーとして登場する契機となったのである。

最初の段階で勝利を収めたピュロスは、自身をシチリアの王と宣言した。しかし、リリュバイオンにあるカルタゴ人の拠点の奪取に失敗し、カルタゴと和平条約を締結すると、ピュロスはギリシア人の支援を失った。ギリシア人たちは、自分たちを守ってくれる君主をよい王と考え、防衛に失敗した君主は僭主だとみなしたのである。ギリシア人の抵抗を受けたピュロスは、イタリアへの撤退を余儀なくされた。前二七五年、ピュロスはマレウェントゥムで、ローマ人と最後の戦いを交えた。決着はつかなかったが、ピュロスは軍隊の多くを失い、財源も使い果たしたため、イタリアでの作戦を中止してマケドニアへと戻った。

ピュロスはマケドニアで、軍事作戦を継続した。アンティゴノス・ゴナタスを破ったピュロスは一時的にマケドニアの王位を取り戻し、アンティゴノス・ゴナタスには沿岸部の諸都市の支配権のみ残された。だが、ピュロスの支配は支持を失っていった。なかでも大きかったのは、彼に仕えるガリア人の傭兵たちが、アイガイの王墓を荒らしたことである。ピュロスは前二七二年、亡命中のスパルタ王クレオニュモスの王位回復の支援することに同意した。おそらく、ギリシア南部への影響力確保を目論んでいたのだろう。しかしピュロスのスパルタ攻撃は失敗し、襲撃中に息子が殺されてしまった。ピュロスはすぐに北に転じて、ペロポネソス半島でもっとも有力な都市の一つであるアルゴスの紛争に介入した。アルゴスでの市街戦で、ある女性がピュロスの頭めがけて投げつけた屋根瓦が、彼の人生と軍事事業をおわらせた。

ピュロスは、王国を創設し、王朝を築くことに失敗した。彼が獲得したのは、偉大な軍事指揮官という名声だけだった。ハンニバルとスキピオ——ハンニバルを破ったローマの将軍——が、誰が有能な将軍かを議論していた時、ハンニバルはアレクサンドロスを一位に、ピュロスを二位に、そして自身を三位にしたという。皮肉なことに、このうち誰も永続的な帝国を作ることはできなかった。

東と西の新世界——別々の、しかしつなぎ合わされた世界

アレクサンドロスが遺した帝国が分割され、ピュロスが死んだことで、ヘレニズム世界の政治地図がおおよそ固定された、約一〇〇年にわたる時代（前一八八年まで）がはじまった（地図3参照）。前二一五年にヘレニズム王国とローマが直接対峙するまで、ヘレニズムの諸国家は、時折発生する蛮族の侵入によって一時的に妨害を受けるだけの、閉鎖的といってもよい地域だった。後継者戦争からいくつかの王国が誕生した。そのどれもに、比較的明確な地理的な境界を持つ、中心地が存在した。それ以外の領土はしばしば争いの対象となり、喪失することもあれば獲得することもあったが、中心となる地域はほとんど変わることがなかった。

プトレマイオス一世が王国を編成したのは、エジプトだった。彼とその後継者たちは、エジプト外にかなりの領土——キプロス島、コイレ・シリア、エーゲ海島嶼部の一部、そしてギリシアと小アジアの沿岸部——を持っていたものの、彼らの王国の中心地は、ナイル川流域とキュレナイカだった。前二八三／二八二年にプトレマイオス一世が平穏裡に死ぬと、彼の子供たちであるプトレマイオス二世とアルシノエ二世に、安定した

王国が遺産として残された。プトレマイオス朝あるいはラゴス朝（ラゴスはプトレマイオスの父親）と呼ばれるプトレマイオス一世の王朝は、前三〇年までエジプトを支配することになる。

セレウコスが前二八一年に死んだことで、後継者のアンティオコス一世はメソポタミア、シリア、そして小アジアの大部分というアジア領土を防衛する必要に迫られたため、彼もまた、マケドニアの王として君臨する夢を諦めた。アンティオコス一世の子孫の一人であるアンティオコス三世は、クロペディオンでのセレウコスの勝利（四二頁参照）に基づいて領土を主張したが、アジアを超えて拡大するという夢は、ローマ人によって粉砕された。セレウコス朝は、巨大で、文化的に多様で、常に危機と隣り合わせだった領域を統治した。以前にアカイメネス帝国だったところの住民は、君主支配に親しんでいたが、小アジアのギリシア諸都市は、セレウコス朝の王たちに対応するための外交的な「台本」を、新たに学ばなければならなかった。セレウコス王国の境界線は、前六三年の最終的な解体にいたるまで、他のどの王国の境界線よりも頻繁に変動した。

小アジア北西部に、新たな勢力が台頭しつつあった。ペルガモンのピレタイロスとその後継者たちの国である。彼らはまだ王ではなかったが、いずれにせよ力を持った支配者だった。このアッタロス朝——王を宣言した最初のペルガモンの支配者である、アッタロス一世にちなむ——は、前三世紀おわりと前二世紀はじめに最大の栄光の時代を迎えた。アッタロス朝の領土の近くに、ジポイテス（前二九七年〜前二七八年）の支配のもと、小規模なビテュニア王国が確立された。この王国は、前七四年まで続くことになる。カッパドキアでは、小アジアとシリアでのセレウコス朝の領土と境を接して、同名のおじの支配を引き継いだアリアラテス二世が、さらに別の小王国を創始した。彼の王朝は、前九五年まで支配を続けた。そして最後に、クロペディオンの戦いとその後の出来事の一つの帰結として、ポントス王国が作られた。これを支配したのは、イランに起源を持ちながらもギリシア文化に親しんでいたミトリダテス朝である。これは、前二八一年から前四七年まで存続した。

シチリアでは、アガトクレスとピュロスが失敗したことを、シュラクサイの政治家ヒエロンが引き継いだ。ヒエロンは、前二七五年に人民の支持で将軍に選出されると、個人支配を打ち立て、前二六九年に王と宣言された。前二一五年まで続いたヒエロンの統治のもと、シチリアのギリシア人地域は、ヘレニズム諸王国と同じ道筋をたどって発展した。周辺部にはさらなる王国が存在していた。西方では、エペイロスがピュロス死後も独立した王国だったが、近隣のアタマネス族は別の王が支配していた。ダルマティアでは、イリュリア諸部族が王たちの支配下にあった。黒海の北東部は、スパルトコス朝が統治した。

クロペディオンの戦いのあと、主要なヘレニズム王朝のうち、一つの王朝だけ支配の座についてなかった。アンティゴノス・モノプタルモスとデメトリオス・ポリオルケテスの子孫である、マケドニアのアンティゴノス朝である。クロペディオンの戦いののち、テッサリアとトラキアも含めたマケドニア王国は、プトレマイオス・ケラウノスの掌中にあった。だが、彼の支配は継続する運命になかった。ケラウノスは、裏切り行為のわずか一年後に、はるか西方からの蛮族の侵入に直面した——ガリア人である。敗北したケラウノスは、捕らえられて首を切られた。同時代人の多くはきっと、このなりゆきを神の懲罰と考えたに違いない。前二七七年にマケドニア王国の統合にこぎつけ、アンティゴノス朝を開いたのは、デメトリオスの息子だったアンティゴノス・ゴナタスである。ガリア人の侵入は、ギリシア人の歴史のなかでもっともショッキングな経験に数えられる。それが、彼の権力獲得の契機となった。

第3章　短い三世紀の「古い」ギリシア（前二七九年〜前二一七年）

——生存・自由・覇権を求める闘い

遍在する戦争

前二七五年頃にヘレニズム諸国家が形を整えた時から、ヘレニズム王国とローマとの最初の戦争までにいたる六〇年のなかで、現代の歴史家は何を画期的事件とみなすだろうか。アレクサンドリアの七〇名ほどのヘブライ人の学者集団が、伝説ではプトレマイオス二世だとされる王の要請で、トーラーを翻訳したことだろうか。ある数学者が、「エウレカ！」と叫びながらシュラクサイの風呂桶から飛び出したことだろうか。あるいは、地球が太陽のまわりを回っていると主張した天文学者がいたことだろうか。「短い三世紀」に起きたこれらの出来事は、世界の文化を変革した。トーラーのギリシア語訳である『七十人訳聖書』は、ユダヤ人ではない人々に聖書に親しむのを可能にした。シュラクサイのアルキメデスは、自分の名前を冠した原理を発見し、不規則な物体の容積を計測することを可能にした。そして、サモスのアリスタルコスは、太陽中心説の基礎を築いたのだった。

この時代の科学と文化について、これほど著名ではないが、同じくらい幸運な瞬間を、他にも指摘することができるかもしれない。たとえば、エラトステネスが地球の円周を、驚くべき正確さで計測したこと——彼の推定では二万五〇〇〇地理マイルで、正確な距離より九八マイル短いだけである。前二七〇年頃に、クテシビオスがパイプオルガンの初期の形態である、ヒュドラウリスを発明したこと。あるいは、小島ケオスの出身である医師エラシストラトスが、心臓は感覚の座ではなく、むしろポンプの役目を持っていることを発見したこと。さらに、アレクサンドリアの図書館の長だったエペソスのゼノドトスが、ホメロスの叙事詩の最初の校訂版を作成し、図書館を組織する原則——書物の分野ごとに、そして分野のなかでは、著者の名前のアルファベット順に——を導入したという事実。これに加えてゼノドトスは、基本的な識別情報（著者、題名、テーマ）を書いた札を、それぞれの巻子の最後に取りつけるということも考案した。こうした進歩の多くが、アレクサンドリアで起こったのは偶然ではない。この都市は、世界で主導的な立場にある文化的中心地だった。
こうした出来事に重大な意義を認めていたのは、ごくわずかの同時代人だけだったに違いない。インドのアショカ王の事業に関心を持った人々は、疑いなくさらにずっと少なかっただろう。アショカ（在位前二六九年～前二三二年）は、インド亜大陸の大半を包含する帝国を樹立すると、仏教に改宗し、西方に宣教団を派遣したのだった（三二一頁参照）。ローマとカルタゴの間でおこなわれた――のちに第一次ポエニ戦争（前二六四年～前二四一年）として記憶されることになる――戦争に気がついたのは、西方のギリシア人だけだっただろう。そして当然ながら、中国の統一――前二二一年、最初の帝国である秦王朝が成立する――へとつながった極東での諸戦争を知っている者は、皆無だった。前三世紀のギリシア人たちは、王国、都市、連邦の領土争いで忙しく、自分たちの世界の境界の外をみる余裕はなかったのである。

短い三世紀の公的ならびに私的な記憶は、戦争に独占されていた。戦争は、すべての人の人生に影響を与えた。戦争は、一人の人間が――身分、年齢、ジェンダーに関係なく――体験することができた、もっとも記憶に残るものだった。テュムノスのアポロニオスという前三世紀なかばの人物は、戦いではなく老衰で死んだのだが、彼の墓はかつて彼の盾を飾ったシンボル、すなわち蛇で装飾されていた。アポロニオスの墓碑銘は、明らかに彼自身が好んで語った出来事に言及している。祖国のために戦ったこと、幾度となく槍を「敵の肉体奥深く」突き刺したこと、である。戦いに倒れた父親、息子、兄弟、友人、海賊にさらわれた娘、戦功で名誉を受けた親類縁者が、記憶にとどめられた。戦争の記憶はさまざまだった。父親が建てた年若い兵士の墓碑や、遠征から無事帰還した戦士による奉献から、将校を称える長い決議文や歴史家による戦闘の描写、そして戦いに勝利した王の事績録まで。この時代の戦争を完全な規模で叙述するのは不可能だが（巻末年表一五～一七頁参照）、そうした戦争のなかでもとりわけ重要なものを選んで考察する前に、戦争の主要な原因を簡単にみておく必要があるだろう。

たしかなのは、ヘレニズム王国の興隆が、もっとも有力な原因であることだ。三つの理由がある。第一に、諸王国が拡大することで、ギリシア人ポリスの領土、自由、自治が制限されたために、チャンスがあるとなるや、都市は自治を取り戻すべく武器を手に取ることになった。第二に、王たちは常に、他の王国を攻めて自身の領土を拡大しようとした。そして第三に、ピュロス、デメトリオス、アガトクレスのようなタイプの「冒険的な王」は目立たなくなったものの、いなくなったわけではないし、自身の王国を建設しようとする山師たち――通例は、王朝の構成員、簒奪者、裏切った総督――がいくらか存在した。君主政は戦争を促す新しい要素だったかもしれないが、都市間あるいは都市内の紛争は、ギリシア人ポリスと同じくらい古くからあった。領土紛争のために、また近隣の小都市に影響力を及ぼそうとする大都市の試みのために、大小の戦争が頻繁に発生した。連邦もまた、領土拡張と覇権を第一の政策としていた。結果として、土地獲得や共同体の従属を目指す小規模な戦争が、数多く発生した。蛮族の大規模な侵入——前二八〇年のケルト人の侵攻や前二三八年のパルニ人のパルティア侵入——はよくあることではなかったが、その衝撃は劇的だった。

新しい蛮族（前二七九年～前二七七年）——ギリシア世界に入るガリア人

ある伝説によれば、蛮族がローマに夜襲をかけた時、カピトリウムの聖なるガンがローマの守備隊に鳴き声で警告を与え、この町を救ったという。この民族は、ケルト系のガリア人だった。よく忘れられるのは、ガンが救ったのはローマではなく、最終防衛線のカピトリヌスの丘にすぎなかったことである。ローマは前三八七年に、襲撃と略奪を受けた。現代の考古学調査では、完全な破壊を伝える古代の伝えは確証されていないが、被害は甚大でローマ人のショックは大きかったに違いない。この一〇〇年後、ギリシア北部へケルト人が侵入した時、これを警告する聖なるガンは、いなかった。ただ、マケドニアの支配者たちが互いの戦争にあそこまで気をとられていなければ、迫りくる危険に彼らは気がついていたことだろう。北部と北西部にいたギリシア人は、常に蛮族の攻撃にさらされていた。マケドニアは、ドナウ川の南の地域に住むさまざまな民族に、定期的に侵入を受けていたし、アレクサンドロス大王はアジア遠征を開始する前に、まず北の蛮族に戦いを挑まなければならなかった。トラキアの王リュシマコスとその息子はゲタイ人に捕らわれ、解放のために多額の身代金を払わなければならなかった。トラキアとスキュティアの部族による襲撃は、トラキアと黒海西岸沿いのギリシア都市にとって、絶えざる脅威だった。ギリシア西部では、エペイロスとイリュリアの都市と部族の領土が、侵略者に略奪されることがしばしばあった。

ガリア人のケルト系の部族は、もともとフランス東部とスイスの地域を占めていたが、前四世紀にそこから東と南に向かって移動を開始した。ローマの略奪は移住の初期の出来事にすぎず、ケルト人はまずバルカン半島北部に、さらには小アジア中央部に定着するにいたった。ギリシア人とこの蛮族との初期の邂逅は、暴力的なものではあったが、強い印象を残すほど劇的ではなかった。貢納の支払い——名誉のために「贈物」と表現された——で攻撃が回避されることもあった。アレクサンドロス大王が、ガラタイ人（ガラティア人／ガリア人）の首長の使節を迎えたとの伝えもある。前二八〇年の恐怖の年《アンヌス・ホリビリス》に、明らかに状況が変化した。侵略者の数がとりわけ多かったうえに、彼らはこれまで入ったことのないギリシア中央部に進出したのである。この侵入の原因は、推測することしかできない。常連の容疑者は、飢饉、強欲、人口増加、さらに北と東にいる他の部族からの圧力だった——これらは、古代の史料で侵入の原因だと述べられている。ただ、この侵入のタイミングは、マケドニアとトラキアでの展開と関係していたように思われる。ケルト人は、後継者たちの戦争とプトレマイオス・ケラウノスの宮廷での内紛について知らないほど、遠くにいたのではない。マケドニアとトラキア、そして北の蛮族との間では接触が絶えることがなく、前二八一年にプトレマイオス・ケラウノスが妻で姉妹でもあるアルシノエの息子を二人殺害した時、三人目の息子は蛮族の一つであるダルダノイ人のもとに逃亡したのだった。ケルト人の首長たちは、前二八〇／二七九年に侵入を開始するにあたって、こうした出来事につけこんだのだろう。残された史料では、移動した人々の正確な数を決定することはできない——伝えでは、八万五〇〇〇名の男たちとその従者、家族だったとある。彼らの目的はおそらく移住であり、侵略ではなかった。

ケルト人は、三つの部隊で移動した。東の集団は、ケレトリオスの指揮でトラキアを攻撃し、中央の集団はブレンノスとアキコリオスのもと、パイオニア（マケドニアの北方）に侵入した。西の集団は、マケドニアとイリュリアに向かって進んだ。プトレマイオス・ケラウノスは新しく獲得した王国の防衛に努めたが、敗北し捕らえられ、首を切られた。後継者となった兄弟のメレアグロスは、二ヶ月の統治ののち、軍隊によって退位させられた。王カッサンドロスの甥だったアンティパトロスが跡を継いだが、四五日しかもたなかった。次に王位は、リュシマコスのもとで小アジアの総督を務めた将軍ソステネスに回された。ソステネスは王号を拒否したと考えられるが、任務は引き受けた。侵入者を王国の境界外に追い出すことに成功したのは、このソステネスだった。彼の統治は、おおよそ二年間だった（前二七九年〜前二七七年）。

侵入の二年目（前二七九／二七八年）に、ブレンノスとアキコリオスが率いるケルト軍の主力が、ギリシア本土に侵入した。ちょうど二〇〇年前のペルシア戦争以来、蛮族がギリシアのこの地域に入ったのははじめてだった。そして、クセルクセス率いるペルシア人の侵入時とちょうど同じように、ギリシア人の同盟はテルモピュライの隘路で、侵入者を食い止めようと試みた。ギリシア人はこの隘路の防衛には成功したが、侵入を止めることはできなかった。ケルト人はこのルートを回避し、デルポイのアポロンの聖域の略奪を目論んで、南ではなく西に向かった。中央ギリシアの二つの連邦、アイトリア連邦とポキス連邦の軍隊が首尾よく到着し、勝手知ったる山がちな地形と悪天候を利用して、蛮族をはね返した。かろうじて難を逃れたことは、ただちに神々の介入、アポロンかゼウス・ソテル（「救済者」）の奇跡のおかげとされた。この四〇〇年後、パウサニアスはデルポイが助かった次第を記している——彼の叙述は、同時代に残された記録を発展させたものである。その叙述からは、デルポイを防衛した者たちが、ギリシア側の何倍もの数だと伝えられる（四万〜六万人）血に飢えた戦士たち——背の高い彼らは人をぞっとさせるに十分で、さらに怖れを知らない不信心者たちだった――との戦いに参加しなかった他のギリシア人たちに、この出来事を伝えた様子が浮かびあがってくる。

ガラティア勢が陣取った一帯がことごとく、激しくしかもほとんど一日中震動し、ひっきりなしに雷鳴が響き、いなずまが走った。これにはガラティア勢も肝をつぶし、伝令の内容も雷鳴で耳に届かず、天からの落雷は、落ちかかった兵を焼くだけでなく、そのまわりのものまで、身体も武具も一様に焼いた。さらに、この時、英雄ヒュペロコス、ラオドコス、ピュロスの幻像が敵兵たちの目に映じた。［中略］夜になると昼間よりはるかに苦痛な出来ごとに襲われることになった。寒さが厳しく、寒さにつれて吹雪となった。パルナッソス山の大きな岩石が数多く滑落し、絶壁が崩れて敵兵を襲った。［中略］退却する兵を夜が襲うと、兵たちは野営した。ところが、夜の間に突然の恐怖が兵たちの間に起った。［中略］はじめのうち気がふれたものは僅かで、この兵たちが騎馬隊の馳ける響きや敵勢の攻撃を耳にしたように思っていたが、ほどなくこの妄想が全員に行きわたった。兵は、武器を手にとり二手に別れると、互いに順次殺し殺されて行った。その間、自分の国の言葉も理解できず、相手の姿・格好や大楯の形にも気付かなかった。

（飯尾都人訳、一部改変）

パルナッソス山の近辺で、地震、嵐、霧は、珍しくない。蛮族が攻撃してきた時に、こうした自然現象が都合よく起こって、さらに、それが悪い者を選んで殺し、よい者を救ったとなれば、これは神意の結果に違いない。ギリシア人たちはこのように考えて、この出来事のすぐあとに、ギリシアが救済されたことへの感謝の供犠をおこない、祭礼を設立することを決めたのだった。

傷を負ったブレンノスが自殺したあと、アキコリオスは残った軍とともに撤退し、さらなる損害を被った。ギリシアは救われたが、ケルト人の小集団はイリュリアとトラキアに定住することに成功した。より重大なのは、マケドニアが再び王のいない国になったことである。これは、アンティゴノス・ゴナタス（デメトリオス・ポリオルケテスの息子）にとって願ってもいないチャンスだった。彼は、父親の軍隊、艦隊、要塞の一部だけでなく、父親の野望とマケドニア王位への主張も引き継いでいたのだった。アンティゴノス・ゴナタスは軍隊を率いてマケドニアに急行し、リュシマケイアで残ったケルト人部隊を敗北させた――伝えでは、恐怖の神パンの助けがあったという。この勝利によって、アンティゴノス・ゴナタスの軍隊はためらうことなく、前二七七年に彼を王と宣言した。アンティゴノス・ゴナタスはピュロスによって、前二七五年に一時的にマケドニアの一部地域から追い出されたが、前二七二年にピュロスが死ぬとマケドニア王位への最後の障害がなくなった。マケドニアは、前一六七年までアンティゴノス朝が支配することになる。

ただ、マケドニアとギリシアをケルト人の脅威から最終的に守ったのは、アンティゴノスの戦勝でもアポロンの奇跡でもなく、ある一人の王の軽率な行動だった。ビテュニアのニコメデス一世は、父親ジポイテスから継承したばかりの王国で、支配の安定化のために傭兵を必要としていた。そこで彼は、ヘレスポントス周辺とトラキアで略奪行為をしていたロノリオスとルタリオス指揮のケルト人集団二つを、友軍として迎えたのだった。前二七七年、ケルト人がはじめて小アジアに渡った。当初彼らは、戦争でニコメデスを助けたが、すぐに独立して活動するようになった。沿岸部の諸都市、さらには小アジア内陸部が、彼らの襲撃の犠牲となった。ケルト人が、そこから去ることはなかった。三つの部族が小アジア中央部のガラティアと呼ばれる地域――「ガラタイ人の土地」、すなわちガリア人の住まうところ（地図5参照）――に定住した。トリストアギ族はペッシヌス近くに、トロクモイ族はアンキュラ近くに、そしてテクトサゴイ族はタウィウム近くに落ち着いた。そこで彼らは、ケルト人の伝統にしたがって首長社会を形成し、ケルト人の文化、地名・人名、居住形態、埋葬文化を保持した。このガラティアの連邦は、前二五年にこの地域がローマ帝国に併合されるまで存続した。

ケルト人の侵入は、ドナウ川からエーゲ海にいたる広大な地域の民族構成を変化させた。とりわけ影響が強かったのがバルカン地域の北部で、ついでトラキア、イリュリア、小アジアだった。重大な政治的な動きも誘発された。ギリシアでそこから最大の恩恵を受けたのは、アイトリア人だった。アイトリア人は、大きな国際的舞台ではとるに足らない存在で、ギリシア南部へ襲撃していたために不安定要素の一つとみなされるのが大方だった。しかし彼らは、デルポイ防衛で重要な役割を果たし、みずからをギリシアの自由の主導者だと演出した。ケルト人の脅威が排除されるや、アイトリア人は、ギリシア中央部やさらにそれを越えた地域の諸都市に、独立にとってより永続的な脅威となるマケドニアにたいする保護を与えると約束して、多数の都市をみずからの連邦にまとめあげた。アイトリア人の連邦に加わらなかった者たちは、彼らの襲撃の犠牲となった。アイトリアとその敵――特にマケドニアとペロポネソス半島のアカイア人の連邦――の対峙から生まれた紛争は、前三世紀おわりの政治史の主要な要素となった。小アジアでは、ケルト人の侵入がペルガモンのアッタロス王国の興隆を促した。ペルガモン王家のアッタロス一世が王号を宣言したのは、ようやく前二三八年頃に、ガラティア人に大勝利を収めたあとのことだった。

ギリシア人の集合的記憶と民族意識のなかで、ケルト人はペルシア人に代わって蛮族――ギリシアの自由を脅かして聖域を犯すものの、最後には敗北する者ども――の立場にたつにいたった。前二七九年の侵入の衝撃は九・一一にも比すべきもので、その恐怖と勝利はともに、物語、記念日、祭礼、記念物（図6参照）を通じて、何十年も記憶された。とりわけ、ガリア人と戦った者たちが、その勝利を政治の舞台で利用する動きは際立っていた。戦勝のすぐあと、ソテリア祭（救済者ゼウス

図6　自殺するガリア人とその妻の群像。

のための祭礼）という記念祭が、デルポイで創始された。前二四六年の数年前に、アイトリア人がそれを再編し、全ギリシア世界から参加者を招いて、運動と音楽の競技祭で競わせた。

アテナイのアクロポリスのアテナ・ニケ神殿には、アテナイ人が蛮族たるアマゾン族とペルシア人の侵入から、祖国を守る様子をあらわす彫刻装飾があった。この神殿の近くに、王アンティゴノス・ゴナタスのマケドニア駐屯軍の指揮官が、「ギリシア人の救済のために、蛮族にたいし王がなした事績の記念を含む」モニュメントを、アテナ・ニケへの奉献として設置した。おそらくは板絵でできたこのモニュメントは、アンティゴノスがガリア人にたいして収めた前二七七年の勝利を記念し、そのメッセージを伝える理想的な環境に建立された。アテナ・パルテノスとアテナ・ニケの両神殿に挟まれ、さらにその彫刻装飾の題材を援用した記念物のメッセージとは、蛮族からギリシア人を救ったのは、アイトリア人ではなく、アンティゴノス・ゴナタスだ、ということである。しかしながら、この主張への反対意見がないわけではなかった。この五〇年後、アンティゴノス朝に敵対したペルガモンの王アッタロス一世は、同じ場所を選んで、瀕死のガリア人を表現する彫刻群を奉献した。アテナイのアクロポリスは、ごく最近の歴史にたいする相反する見方を表現する、芸術作品の戦場となったのである。

ケルト人との戦争を記念するなかで、重要な特徴の一つに神々の顕現がある。ヘレニズム史のいかなる時代にも、ガラティア人侵入の時ほど、奇跡譚が集中する時代はない。不敬な蛮族を破る神々の物語は、デルポイやマケドニア宮廷だけでなく、小アジアの諸都市でも語られた。キュジコスでは、ガラティア人を踏みつけにするヘラクレスが、浮彫で表現された。テミソニオンでは、ヘラクレス、アポロン、ヘルメスが、公職者たちの夢にあらわれて、全住民を洞窟に隠して救うよう忠告したと伝えられている。ケライナイでは、神話上の演奏家マルシュアスが、その調べで蛮族を撃退したとされた。デルポイの奇跡譚が、他の物語に着想を与えた可能性が高い。恐ろしいガラティア人の侵入を経験したギリシア人たちは、神々を地上に降ろした。彼らはそうすることで、神々と人間が肩を並べて戦ったホメロスの物語に、あるいはペルシア戦争について語られる奇跡に、自分たちの戦闘を融合させたのである。こうして、神助によるガリア人の撃退は、叙事詩の性格を持つようになり、典型的な蛮族にたいするギリシアの勝利という地位へと格上げされた。ギリシアに侵攻する次なる蛮族、すなわちローマ人は、ギリシア人の招請によってやってきた。ローマ人がきた時、ギリシア人はいつものように分裂していた。しかしこの時には、オリュンポスの神々は助けにこなかった。

クレモニデス戦争（前二六七年〜前二六一年）

ギリシア本土とエーゲ海域の住民にとって、自由と自治は明確な意味を持っていた。自分たちの都市の外交における自由、王あるいは他の駐屯軍からの自由、貢納の支払いからの自由、内政の運営における自由、である。マケドニア王が優位な立場にたったことで、こうした自由の多くが制限された。自由を失った者たちは、自由を回復すると約束する者を、誰であれ信じようとした。この欲求を最初に利用したのは、前三一一年のアンティゴノス・モノプタルモスだったが（三四頁参照）、他のヘレニズム王も、反乱を唆してライバルの力を削ごうと、ギリシア人共同体との取引のなかで自由への愛着を活用しようとした。プトレマイオス朝やセレウコス朝に比べて資源とマンパワーが限られていたマケドニアの王にとって、ギリシア中部・南部の拠点はなくてはならないものだった。アンティゴノス朝は、テッサリアのデメトリアス、カルキスとエレトリアというエウボイアの二大都市、アテナイのムセイオン丘とペイライエウスのムニュキア丘に置かれた砦、そしてペロポネソス半島への入り口にあったアクロコリントスの城塞を保持することで、ギリシアの交通を効果的に統制した。そのため、デメトリアス、カルキス、アクロコリントスはのちに、「ギリシアの足枷」と呼ばれるようになった。王の拡大政策によって自治が脅かされる、あるいは失われたとみてとるや、ポリスは別の王または他のポリスや連邦との同盟を模索し、自由のために武器を取った。これが、クレモニデス戦争の背景である。

前二六八年、アテナイの政治家クレモニデスが、アテナイ、スパルタ、各々の同盟国、そしてプトレマイオス二世の間での同盟条約を、アテナイの民会に提議した。この同盟の標的はアンティゴノス・ゴナタスであり、ギリシア人たちの目的は明確だった——マケドニア駐屯軍からの解放である。プトレマイオス二世は、ゴナタスの弱体化を目論んでいた。プトレマイオス朝は、島嶼同盟（コイノン・トン・ネシオトン。キュクラデス諸島の連盟）を通じて、島嶼の一部をおさえていたため、古くからエーゲ海に強い関心を持っていた。この連邦の最高公職者（ネシアルコス）は王のもとに仕えており、その直接の上司は、フェニキア都市シドンの王でもあったプトレマイオス朝の提督ピロクレスだった。エーゲ海域におけるアンティゴノスの存在感と諸港湾の支配は、プトレマイオスの海上覇権にとって障害だったのである。だが、プトレマイオスがこの戦争に関与した背景には、おそらくさらなる野心が秘められていた。

ギリシアで、海軍によって支配を進め優位を握るというプトレマイオス二世の戦略は、妻アルシノエ（図7参照）によって大筋が決められていた。前二七九年に兄弟と結婚する前に、ア

図7　アルシノエ二世ピラデルポス。

ルシノエはリュシマコスとプトレマイオス・ケラウノスというマケドニア王二人の妻となっていた。目下ゴナタスによって統治されている王国は、かつて彼女の王国だったのである。リュシマコスとの子で生き残った唯一の息子であるプトレマイオス・エピゴノス（「あとから生まれた者」）は、ゴナタスの不倶戴天の敵であり、事実マケドニアの王位獲得を試みたことがあった。エジプトの王夫妻が、マケドニアの統治やギリシアでの直接支配の確立にたいし、具体的な計画を持っていたかは疑わしい。ただ彼らは、ピリッポス二世やアレクサンドロスと同じように、ギリシア人にたいする覇権を樹立しようと目論んでいたのかもしれない。

　プトレマイオス二世のシンパは、自由を脅かす者たちに対抗するために、単一の指導者のもとに団結しなければならないという考えを受け入れていた。プラタイアイ――ここは、前四七九年、ギリシア人がギリシア人の土地でペルシア軍に最終的な勝利を収めた場所である――で、王に仕えていたアテナイ人のグラウコンが、ゼウス・エレウテリオス（「自由をもたらす者」）とホモノイア（「調和」）を称える供犠をおこなうことを発議して、ギリシアの自由と和合という構想を推し進めた。アテナイでは、グラウコンの兄弟のクレモニデスが、同様の全ギリシア的精神を鼓舞していた。クレモニデスは、プトレマイオスをギリシア人の自由のリーダーと称揚して、ペルシア戦争を引き合いに出しつつ、次のような言葉でアテナイ、スパルタ、そしてプトレマイオス二世の同盟を正当化した。

かつては、アテナイ人とラケダイモン人、そして各々の同盟者が互いに共通の友誼と同盟を結んで、諸都市の奴隷化を狙う者たちにたいし、力を合わせて数多くの名誉ある戦いを戦い、名声を勝ち取り、他のギリシア人に自由をもたらした。そして現在、各都市の法と父祖伝来の政体を転覆させようとする者たちのために、同様の状況が全ギリシアに起こっている。そこで王プトレマイオスは先代と姉妹の政策にしたがって、ギリシア人の共通の自由にたいする熱意を、明確に示している。アテナイの市民団は、プトレマイオスならびにその他のギリシア人との同盟を締結したうえで、すべての人に同じ政策にしたがうよう要請する決議をここにおこなう。

「ギリシア人の共通の自由」のための戦いは、プトレマイオスの頭のなかで、ギリシアとエーゲ海域での宿敵を弱体化させる戦いだった。

アッティカ、ペロポネソス半島、そしてエーゲ海の多数の島々で、軍事作戦がおこなわれた。当初は反マケドニア同盟が優勢だったが、プトレマイオスは艦隊をエーゲ海に展開していたにもかかわらず、十分な援助を怠った。アテナイの田園地帯が略奪され、住民は食糧危機に直面した。同盟は二つの大損害を被った。スパルタ王アレウスが前二六五年、コリントス近郊で敗北し死んだこと、そしてアテナイ艦隊が前二六一年、コス島沖の海戦で失われたことである。包囲攻撃、封鎖、田園地帯への襲撃で衰弱し、穀物が底をつき、艦隊を喪失したアテナイは、前二六一年、降伏するより他なかった。アテナイはこれから三〇年以上、マケドニアの管理下に留まることになる。アテナイ人は、自由を求める闘いに失敗した。全ギリシアの同盟という構想はこの後四〇年にわたり忘れ去られ、スパルタはまたもこの舞台から身を引いた。だが、アテナイとスパルタが躓いたところで、シキュオンの一政治家がのちに成功を収めることになる。

アラトス、そしてアカイア人の興隆（前二五一年～前二二九年）

アレクサンドロスは二〇歳の時に、マケドニアの王位と、ペルシア遠征にギリシア人を率いていく責任とを与えられた。ピュロスが前二九八／二九七年にエペイロスに戻り、王位に再挑戦したのも二一歳だった。アンティオコス三世が、前二二〇年に一七歳で引き継いだセレウコス王国で、その東部属州の反乱に終止符を打ったのは二〇歳の時だった。君主政において、王の死は若者にとって苦難とチャンスを意味した。ポリスの世界では、制度がきちんと機能した場合、若者たちは指導者の立場につくのを待っていなければならなかった。彼らは青年時代を、技能を獲得し、手柄を立てて名をあげコネを築いて、遺産を手に入れることに費やした。市民権を得る年齢になるかならないかの男たちが主導権を握れたのは、大きな危機の時代だけだった。アラトスはそうした男の一人で、ペロポネソス半島北部の政治的、社会的危機を利用して、全ギリシアの歴史に足跡を残した。

前三世紀のペロポネソス半島は依然としてポリスの世界だったが、数十年にわたる社会不安と君主の介入で、その政治秩序は揺らいでいた。シュラクサイや小アジアと同じように、野心ある人物が個人支配を確立していた。彼らは同時代史料で「僭主」と表現されたが、通例、古くからの公職を隠れ蓑にして専制支配を誤魔化していた。アルゴスは代々の僭主によって統治されたが、彼らはアンティゴノス・ゴナタスの支援によって権力を獲得・保持したあるエリート家系に属していた。メガロポリスとシキュオンも、僭主が支配した。コリントスは、アンティゴノス・ゴナタスの直接統治に置かれた。彼は、異母兄弟のクラテロスを駐屯軍の指揮官として配置し、コリントスの実質的な総督とした。アラトスはこうした僭主たちを排除することで、今後一〇〇年のペロポネソス半島の運命を変えてしまった。

前二七一年頃に生まれたアラトスは、子供時代に政治の血みどろを身をもって知った。父親であるクレイニアスは、シキュオンの指導者家系の一つに属しており、僭主に敵対していた。アラトスが七歳の時、新しい僭主が権力を掌握した。父親は殺害されたものの、アラトスはアルゴスに避難することに成功した（一二六頁参照）。亡命者ではあったが、彼は身分にふさわしい教育を受け、運動選手としての名声を高め、亡命シキュオン人の指導者となった。前二五一年に、アラトスが少数の亡命者を連れてシキュオンに帰還した時、彼は二〇歳だった。アラトス一行は、夜間に険しい市壁を登って守備兵を捕らえ、蜂起の知らせを触れ回った。市民たちは僭主ニコクレス排除に立ちあがり、彼の屋敷に火をかけた。この日のうちに、たった一人の犠牲者を出しただけで、シキュオンの僭主政が打倒された。帰還する亡命者たちの財産返還の要求が、内戦を招くことを避けるために、アラトスは二つの策を講じた。シキュオンを、歴史を誇りながらもこれまで目立たなかった同盟であるアカイア連邦のメンバーにするとともに、マケドニアの力がギリシアで弱体化することで利益を得る王――エジプトの王――から、財政支援を受けたのである。シキュオンをアカイア連邦に加盟させるというアラトスの決断は、全ペロポネソス半島とギリシアの歴史に、計り知れない影響を及ぼした。

前三世紀のなかばまで、ペロポネソス半島は違う方言を話し、異なった神話上の建国者に歴史的起源を持ち、多種多様な政治制度に基づいた共同体の諸集団に分裂していた。こうした集団のなかには、コイノン（アカイア人、エリス人、アルカディア人のコイノン）と呼ばれる、緩い連邦体に編成されたものもあった。古典期にもっとも重要だった連邦は、ペロポネソス半島中部のアルカディア人の連邦だった。アカイア人のコイノンが大きな役割を果たしたことは、これまでなかった。もともとアカイア連邦は、ペロポネソス半島北西部の一二の都市からなっていたが、そのうちの二つ、ヘリケとオレノスは、前三七三年の地震とその後の津波で破壊され、残りの都市はマケドニア王の介入によって、分裂状態に陥っていた。前二八〇年頃、デュメ、パトライ、パライ、トリタイアといった諸都市が主導して連邦を再興し、前二七五／二七四年には、僭主と駐屯軍を駆逐した他都市がこれに続いた。連邦は、毎年選挙で選ばれる連邦の書記一名と将軍二名（のちに一名に減員）を頂点とする体制に再編された（一一四頁参照）。こうした協力関係が、僭主支配からの自由とマケドニアからの独立を可能にすると見込んで、アラトスはアカイア連邦に接近したのである。ペロポネソス半島の反対側に位置する都市シキュオンが連邦に加入したことで、地域連邦という性格に変化が生じた。アカイア連邦は、まずペロポネソス半島の、次にはギリシアの一勢力となる道へと、足を踏み入れたのだった。

アラトスは前二四五年に、最高公職である将軍（ストラテゴス）に選出された。この連邦国家をギリシアで有力な勢力へと変えるために、アラトスはマケドニアによるギリシア南部の支配に抵抗する必要があった。とりわけ重要な目標は、最高度の戦略的意味を持つ都市コリントスだった。この都市では、マケドニア駐留軍がアクロコリントスの城砦を固め、ギリシア中部からペロポネソス半島への交通を管理下に置いていた。アラトスは四〇〇名の小部隊を秘密通路から城砦へと導き入れ、駐屯軍を撃破してコリントスを解放した。コリントスはただちに連邦に加入した。この成功に刺激されたメガラ、トロイゼン、エピダウロスがこれに続き、マケドニア駐屯軍を排除して連邦に加盟した。アラトスは、前二四一年から前二三五年まで継続して将軍を務め、いくつかの都市から僭主を追放したが、幼年期を過ごした都市アルゴスを連邦に加入させることには失敗した。メガロポリスの僭主だったリュディアダスが、自身の都市の連邦加入を決断したことは、連邦の権力拡大にとって画期的な出来事だった。リュディアダスはその後の数年間、アラトスと交互に将軍職に就任した（前二三四年〜前二三〇年）。アイトリア連邦と一時的に同盟を結ぶことで、アカイア連邦はさらに拡大し、前二二九年、アラトスは部隊とともにアテナイの門へと迫った。かつてはギリシア人のリーダーだったアテナイは、前二六一年以降、マケドニア駐屯軍の管理下にあった。アラトスは、駐屯軍指揮官に一五〇タラントンの謝礼を与えて、軍を退くように説き伏せた。二〇タラントンはアラトス自身が出し、残りは一部をアテナイの政治家メデイオスが調達し、一部はマケドニアの権益を削ごうとするエジプト王が寄付した。アイギナ島、ヘルミオネ、アルカディア諸都市の大半、そしてアルゴスが連邦に加入した。ここにいたって連邦は領土と力の点で頂点を迎え、ペロポネソス半島の最大勢力としてスパルタを抜き去り、アイトリア連邦と影響力を競った。アカイア連邦の市民でその経歴の初期に騎兵隊長を務めたポリュビオスは、連邦を実に過大に評価している。

要するに、この地域の住民すべてを囲い込むような共通の城壁がないという一点を別にすれば、ペロポネソスのほぼ全域が組織上ただひとつの都市になったのであり、地域全体でも各都市においても全員がほとんど同一の制度のもとで暮らすようになったのである。［中略］権利の平等と表現の自由、要するに真の民主政の制度と原理が、アカイア以上に純粋なかたちで実現している所は他に見当たらないということである。［中略］発足当初からの加盟都市だからといって、いかなる特権も許されず、後から次々に参加してくる都市もまったく同じ権利を認められていたからである。

（城江良和訳、一部改変）

ポリュビオスの好意的な評価は驚きではない。現在は失われたアラトスの回顧録が、ポリュビオスにとってこの時代の出来事の主要な情報源なのである。パッとしない周辺勢力が国際政治の主要な当事者の一つにのぼりつめたことを、その主役が成功物語として語るのは、当然のことである。だが、よくよく史料を検討すると、アカイア連邦がギリシア人を最終的に統合できなかった原因である、緊張と断絶が明らかになる。アラトスや連邦の他の指導者たちは、時に選挙で選ばれた公職者として、時に僭主として、数十年にわたって権力を独占した土地所有者からなる、富裕なエリート層を代表していた。連邦はメンバー間の領土争いを平和的に解決する方法を発達させたが、古くからの反目はなくならなかった。しかしながら、最大の問題は、ペロポネソス半島でこれまでの数世紀間に積り積もった社会問題の解決に、完全に失敗したことである（二六三頁参照）。経済的、社会的不平等によって引き起こされた緊張関係を緩和する気のない政治家が主導する連邦は、ギリシア人の自由のたしかな擁護者とはなり得なかった。この問題は、コリントス解放から二〇年もたたないうちに明白となり、連邦の存在自体を脅かす戦争を引き起こした（六三頁参照）。

権力の回復者（前二三九年〜前二二一年）――ドソンとクレオメネス

アンティゴノス・ゴナタスの晩年、ギリシアの事態は彼にとってよいものではなかった。クレモニデス戦争後の二〇年間、彼はギリシアを支配した。前二五六年頃にプトレマイオス艦隊に勝利を収めて、エーゲ海島嶼部の大半を支配下に置いた。しかし、アラトスの政策によって、ゴナタスは前二四五年に、ギリシア南部の最重要駐屯地であるアクロコリントスを奪われた。ゴナタスはアテナイとエウボイアを何とか支配下に維持したが、ペロポネソス半島で彼が支援した体制は次々に倒れていった。後継者であるデメトリオス二世は、その短い治世（前二三九年〜前二二九年）の大半をアイトリア人とアカイア人の連合軍と戦うことに費やして、ギリシア中央部での影響力を保持していく必要に迫られた。彼の最大の功績は、前二三六年に、ボイオティアの連邦国家がアイトリア連邦へ加入するのを阻止したことである。デメトリオス二世が北部諸部族との戦争で受けた傷で死んだ時、息子のピリッポスはわずか九歳だった。デメトリオス二世の半いとこのアンティゴノス（デメトリオス・ポリオルケテスの孫）が、ピリッポスが大きくなるまで摂政を務めることになった。アンティゴノスは、王号に加えて、ドソン（「［王位を］付与する者」）という添え名も与えられた。

前二二九年の状況は、マケドニアの王にとって、これ以上ないほど難しいものだっただろう。北の国境が脅かされ、近隣の王国エペイロスでは、前二三三年頃の革命による王の追放後に、共和政が樹立され、この地域にたいするアイトリア人の勢力拡大の野心をかき立てた。ローマの軍隊がはじめてアドリア海を東に渡り、イリュリアの女王テウタと戦った（二三一頁参照）。伝統的に敵対関係にあるアイトリア人とアカイア人は、マケドニアにたいし共同戦線をはり、南部でもっとも重要なアンティゴノス朝の拠点であるアテナイは永遠に失われ、マケドニア駐屯軍の指揮官は多額の金銭と引き換えに、軍を撤退した。

こうした壊滅的な状況のなかで、ドソンは祖父デメトリオス・ポリオルケテスと並び立つほどの覇気をみせ、蛮族を破って王国の北部国境を護持しただけでなく、アンティゴノス朝の伝統的な政策も復活させた――過去数十年にわたってプトレマイオス朝に支配されてきたエーゲ海を、自身の管理下に収めようとしたのである。前二二八年におこなわれたカリアでの軍事作戦は、ほとんど史料が残っていないものの、向こうみずな冒険ではなく、エーゲ海の両岸に堅固な海軍基地を建設する試みだった。プトレマイオス朝にとって死活的な権益がある地域で作戦をおこなうというドソンの決断は、海上覇権を目指す両王国の争いに新たな展開をもたらすことを意図した、戦略的な動きだったに違いない。ドソンは、小アジア南部に恒久的なマケドニア支配を確立することはできなかったが、抜きん出た政治的、軍事的指導者としての名声を獲得した。

ドソンには、対応できる以上の敵が、潜在的に存在した。プトレマイオス朝、アカイア連邦、アイトリア連邦、そしてローマである。この絡まり合いは、若きスパルタ王クレオメネス三世が社会改革を開始した（前二二八年）ことで、さらに複雑になった。前二三五年から王位にあったクレオメネス三世は、土地を所有し、軍事訓練と軍務のための財政基盤を持つ市民団を拡大することで、スパルタの軍事力の再興を目指す改革をはじめたのである（二六三頁参照）。このスパルタの事業は、ギリシアの他地域の無産者や負債者の希望をかき立て、土地の再分配と負債の帳消し――社会紛争で繰り返し問題とされるテーマ――を求める声が高まった（二六三～二六四頁参照）。クレオメネスが改革を輸出し、ペロポネソス半島での主導的な役割を再びスパルタの手に戻そうとしたため（前二二七年～前二二二年）、アカイア連邦はこれに対応せざるを得なくなった。ペロポネソス半島でのクレオメネスの軍事作戦にうまく対抗することができなかったアラトスは、ドソンを優れた指導者だと見抜き、重大な決定をくだした。彼は、アカイア連邦とマケドニア王国の敵対関係に終止符を打ち、かつての敵に接近して、対クレオメネス戦争を主導するよう依頼したのである。ドソンは、曽祖父アンティゴノス・モノプタルモスを範にとり、前二二四年にコリントスでヘラス同盟を再興して、ギリシアのおもだった広域な連邦国家の連合を率いることになった。アカイア連邦と、マケドニアの支配下にあったテッサリア人に加えて、ポキス人、ボイオティア人、アカルナニア人、エペイロス人といったギリシア中部の主要な連邦国家も、この同盟に参加した。スパルタの数少ない同盟者として、アカイア連邦への加盟を拒否したペロポネソス半島の諸国家があった。マケドニアの王の指導のもとでヘラス同盟が復活したことで、プトレマイオス朝の影響がギリシアに及ばなくなった。この二年後、前二二二年にドソンがセラシアで勝利し、クレオメネスの野望が潰えた。敗北したスパルタ王は、仕方なくエジプトへ避難したが、のちにそこで殺害された。

「同盟市戦争」（前二二〇年〜前二一七年）——ギリシア人だけで戦った最後の大戦争

　権力の頂点にあったドソンは、北方でのイリュリア人の攻撃に対応するために、マケドニアに戻らなければならなかった。勝利したものの、おそらくは傷で弱っていたドソンは、前二二一年に急死した。一八歳になっていたドソンの従甥が、ピリッポス五世として登位した。ピリッポスはヘラス同盟の指導者の地位も、ドソンから引き継いだ。ピリッポスと、同時代人のセレウコス朝のアンティオコス三世は、その育ち、家の伝統、王という立場に内在する期待によって、前二一九年から前一八九年の三〇年間、世界を揺さぶる軍事プロジェクトへと進んでいった。彼らの野心は、どれも満たされることはなかった。むしろ彼らが死んだ時、両王国は彼らの統治開始時よりもずっと弱体化した状態で残された。

　ピリッポス五世はすぐに、ドソンの仕事を引き継ぐことを求められた。ヘラス同盟を率いて、アイトリア連邦、スパルタ、エリスとの戦争に向かったのである（前二二〇年〜前二一七年）。この戦争は、ギリシア中部と南部でのアイトリア人による襲撃がきっかけとなった。アイトリアの勢力伸張は、マケドニアの同盟者（エペイロスとアカルナニア）の脅威となっていたし、王国の国境すら脅かしていた。そしてペロポネソス半島では、アカイア連邦の諸都市が、アイトリア人の攻撃の犠牲者となっていた。このいわゆる「同盟市戦争《ソーシャル・ウォー》」（「ソーシャル」は、ラテン語のソキウス、つまり同盟者に由来する）は、ギリシア全土を荒廃させたが、ピリッポスの軍才をみせる場ともなった。経験豊かな指導者であるアラトスがピリッポスの相談役となったことが、この若き王の成功の一要因だった。ピリッポスは、いくつか重要な勝利を収めたが、前二一七年八月に、アイトリア人と講和条約の交渉をすることに同意した。この条約で、戦争開始以前の原状が回復された。ピリッポスの獲得地はすべて無に帰したが、彼の指導者としての名声は高まった。クレタの同盟であるクレタ人のコイノンが、ピリッポスをプロスタテス（同盟の指導者）に選出したのは、偶然ではない。

　なぜピリッポスが戦争をおえたのか、なぜ前二一七年がヘレニズム史のなかでとりわけ重要な転換点の一つになることになったのか。この問題を理解するには、ギリシアからはるか離れた場所で起こった出来事に目を向ける必要がある。それは、シリア南部をかけたプトレマイオス朝とセレウコス朝の衝突（六七〜七四頁参照）と、西地中海の覇権をめぐるローマとカルタゴの厳しい闘争である。

第4章　プトレマイオス朝の黄金時代（前二八三年〜前二一七年）

短い三世紀におけるプトレマイオス朝の覇権

父親の死後すぐに、プトレマイオス二世はアレクサンドリアに、プトレマイア祭と呼ばれる祭礼を創設した。この祭りは、アポロンのピュティア祭と同等だと宣言された。全ギリシア世界の諸都市は、伝統的な大競技祭の時のように、神聖使節（テオロス）を派遣してこの祭礼に参加するよう要請された。この祭りの最初の開催にあたって――開催年は議論の対象となっている（前二七四年頃?）――王は、これら外国の使節や訪問客の注目のなか、ギリシア世界が今までみたなかで最大の行列を挙行した。この行列がきわめて強い印象を残したために、五〇〇年後の著作家アテナイオスは、ロドスのカリクセイノスの作品に残されていた行列の詳しい描写を、引用することができた。行列のさまざまな要素は、プトレマイオス朝と守護神（ゼウスとディオニュソス）ならびにアレクサンドロス大王との関係、ギリシア人の自由にたいするプトレマイオス朝の貢献、そして彼らの権力のほどを際立たせていた。色とりどりの豪華な衣装に身を包んだ俳優が、ディオニュソスの取り巻きや、年や四季といった抽象的な概念を演じた。サテュロスは文字通り隊列をなして、銀、金、青銅の装束で行進した。シレノスや少年少女は、ディオニュソスのインドからの凱旋を表現した。

アレクサンドロスおよびプトレマイオスの像も、金づくりのきづたの冠を戴いている。（軍務の）「優秀」の像がプトレマイオスの脇に立ち、金のオリーブの冠を身につけている。［中略］コリントス市もプトレマイオスの傍らに立って、これも金の冠を戴く。［中略］以上の四輪の車のすぐ後ろから、豪華な衣装で着飾った婦人たちがつづく。彼女たちが都市になぞらえられていることが発表される。イオニアの諸都市、そしてアジアと島々に居住した他のギリシア人諸都市である――ペルシア人に支配されていたところである。［中略］こういうものが行進したあとに、騎兵と歩兵の部隊が進んだ。
いずれも目を見張るような武装をしていた。歩兵は五万七六
〇〇を数え、騎兵は二万三二〇〇を数えた。［後略］

（柳沼重剛訳、一部改変）

この祭礼は、プトレマイオス朝の支配の正統性、神寵、富、権力を表現するために演出された、念入りなプロパガンダ的プロジェクトだった。このいつまでも記憶に残った見世物は、軍事色を帯びつつ、ギリシア世界で覇を唱えるというプトレマイオス朝の意図を言外にあらわしていた。

あらゆるヘレニズム王朝のうち、後継者世代から次世代への権力移譲（前二八三／二八二年）が問題なくなされたのは、プトレマイオス朝エジプトだけだった。「兄弟姉妹を愛する」王であるプトレマイオス二世とアルシノエ二世（前掲図7参照）は、王国の豊かな資源を利用し、領土への直接的危機から逃れつつ、巧みな同盟政策を使って、プトレマイオス王国を東地中海を主導する政治権力へと仕立てた。テオクリトスは、前二七〇年頃、エジプトとその支配者を次のような詩行で描写している。

幾多の地で幾多の民が
天のゼウスの恵みの雨を受け、種を実らせる。
しかし、エジプトの低地ほど実らせるところはどこにもない。
あふれるナイルが土くれを湿らせほぐすとき。
またどこにもこれほど多くの町に熟練の民が住みはしない。
三百もの町が建てられて
それに三千と三万が加わって、
そのうえ二かける三と、九かける三、
この町すべての王が勇ましいプトレマイオスで
フェニキア、アラビア、シリア、リビュア
黒人のエチオピアから領土を切り取った。
すべてのパンピュリア人も槍持つキリキア人も
リュキア人も戦い好むカリア人も
キュクラデスの島々も王の命にしたがい、
海をゆく最良の船が彼のもの。
すべての海とすべての陸と、とどろき流れる川が
プトレマイオスに統べられる。
多くの騎兵と多くの楯持ちが、輝く青銅の武器つけまわりに集う。
宝では他のすべての王をしのぐ。
毎日いたるところから、多くのものが豊かな館に運ばれ
民は平和に仕事に精を出す。
［中略］
広い地域に君臨するこのお方は
金髪のプトレマイオス、槍の名手で
父祖から受け継いだすべてをそのまま守り
良い王にふさわしく、みずからも戦い取ろうと心がける。
［後略］

（古澤ゆう子訳、一部改変）

仮に宮廷詩人が信用できるとするならば、北朝鮮の金王朝について、未来の歴史家はかなり誤った印象を持つことになるだろう。プトレマイオス二世は、実のところリビュアの支配者ではなかった。義兄弟でキュレネの総督だったマガスが、前二七六年にみずからを独立の王と宣言したため、キュレネは前二五〇年のマガスの死まで独立王国だった。マガスの娘ベレニケがプトレマイオスの息子と結婚した前二四六年になって、ようやくキュレネはプトレマイオス朝の領土に戻った。

ただテオクリトスの描写は、さまざまな誇張にもかかわらず、富、軍事力、海上支配、対外影響力、国内の安定について、頌詞というジャンルが許す程度には、正確である。プトレマイオスは、こうした優位性のイメージの喧伝に長けていたが、注意深い観客を欺くことはできなかった。アラトスは、「象、艦隊、宮殿の話を聞いて」エジプトの富を礼賛していたといわれている。しかし、その舞台の裏側で、「エジプトのあらゆることが、書割を前にした芝居であることを、彼はみてとった」。

プトレマイオス朝の外交は、はるかウクライナまで伸びていた。ニュンパイオンの港で、アプロディテの社の壁に描かれた落書きが、実に精密にイシスという名の船を描いている。この船はおそらく、プトレマイオス二世の使節を黒海北岸の諸都市に運んだものだった。ギリシア諸都市が危急の時、あるいは紛争時に助けを求めたのは、まさにこの王だった。プトレマイオス二世はクレモニデス戦争に関与し、ペロポネソス半島の諸都市を僭主や駐屯軍から解放するアラトスを援助した（五七～五九頁および六一頁参照）。

プトレマイオスの外交政策には、二つの主要な目的があった。島嶼部と小アジアの沿岸都市を管理下に置くことで、エーゲ海の支配を確実にすること。そして、複数の帝国、国家、宗教の間で長く係争の対象となってきた地域を掌中に収めることである。古代において、この地域はコイレ・シリア（「くぼんだシリア」）と呼ばれ、今日のシリア南部、レバノン、パレスティナに相当する（地図3参照）。この地域の所有をめぐって、プトレマイオス朝とセレウコス朝の間で、六度のシリア戦争がおこなわれた。

東部戦線異常あり（前二七四年～前二五三年）――シリア戦争

前二七四年から前二七一年頃の第一次シリア戦争で、プトレマイオス二世はコイレ・シリアの占領地と小アジアの拠点を防衛することに成功した。クレモニデス戦争の直後に勃発した第二次シリア戦争（前二六〇年～前二五三年）は、戦争の背景は不明ながら、そこでのプトレマイオス二世と、養子で共同統治者でもあったプトレマイオス・エピゴノスの野心は、さらにずっと大きかったことに疑いはない。この若きプトレマイオスは、王の愛すべき姉妹で妻のアルシノエがリュシマコスとの結婚で得た息子たちの、唯一の生き残りだった（五八頁参照）。プトレマイオスの年長の息子で、のちにプトレマイオス三世となる人物と区別するために、彼はエピゴノス（「あとから生まれた者」）という添え名を与えられた。プトレマイオス・エピゴノスは、父親の王位を取り戻し、マケドニアとトラキアの支配を目指す試みが失敗におわると（前二七九年〜前二七七年）、エジプトにやってきた。対アンティゴノス・ゴナタスのクレモニデス戦争が勃発した前二六七年頃までには、プトレマイオス二世は自分の長男ではなく――エピゴノスを共同統治者に任命した。――リュシマコスの息子であるエピゴノスにとって、実の父親がかつて保持した王位を占めていたアンティゴノス・ゴナタスは、まごうかたない敵だった。

プトレマイオス二世が前二六〇年頃、アンティオコス二世にたいする新しいシリア戦争を開始しようとしていた時、エピゴノスはおそらく義理の父親の権益を代表するために、ミレトスにいた。しかしエピゴノスは、あるいはマケドニアを統治するという夢に支援が得られないことに失望してか、ミレトスの僭主だったティマルコスに軍を合流させ、前二五九年〜前二五八年にプトレマイオスに反旗を翻した。当初エピゴノスはアンティオコス二世の支援を受けたが、この反乱は、アンティオコス二世によるミレトスの占領と、ティマルコスの死、そしておそらくはエピゴノスとエジプト王との和解によっておわった。小アジアでプトレマイオス朝の影響力が強まったために、エーゲ海南部の海洋国家ロドスと、アンティオコスの側につくことを決めたアンティゴノス・ゴナタスは、警戒を強めた。コス島沖の大海戦（前二五六年？）で、プトレマイオス朝の艦隊は敗北を喫した。アンティゴノス・ゴナタスが、プトレマイオスが駐屯軍を保持したテラ島を除いて、エーゲ海を支配するにいたった。アンティオコス二世は、第一次シリア戦争でセレウコス朝が失った領土の大半を、再獲得した。

これらの、そしてその後のシリア戦争は、軍の移動と交易にとって戦略的な重要性を持つ地域を、支配下に収めようとする王たちの努力以上の意味を持っていた。一連の戦争は、軍事的成功で自身の権威を正当化する試みの一部でもあった（九二〜九四頁参照）。コイレ・シリアは、この後一〇〇年の間、二つの王国の係争地であり続けた。初期のシリア戦争はまた、地域紛争が、王国や都市といったその他の権力が関与することで、容易に拡大してしまうことを例証していた。

前二五三年、王朝間の婚姻で和平条約にお墨つきが与えられた。アンティオコス二世が妻のラオディケを離縁し、プトレマイオスの娘ベレニケとの結婚を受け入れたのである。この婚姻は重大な結果をもたらしたが、それは二人の王が意図したものではなかった。彼らは、離縁された王妃の恨みを過小評価していた。

犯罪の陰に女あり（前二四六年～前二四一年）
——ラオディケ戦争とベレニケの髪の房

プトレマイオス二世が前二四六年一月に死んだことで、「国際政治」にたいする彼の強大な影響を軸とする時代はおわりを迎えた。アンティオコス二世はこの時、エジプト外のプトレマイオス朝の領土を侵食して、拡大を図るチャンスをみいだしていたかもしれない。しかし、プトレマイオス三世にも、新しく戦争をはじめる理由があった。前二五三年の和約は、小アジアとエーゲ海におけるプトレマイオス朝の権勢に大打撃を与えており、このことが、失地を回復し軍事的な功績で支配を正当化する試みの、十分な根拠となっただろう。前二四六年に、アンティオコス二世は小アジアにいて、おそらくはエペソスに住んでいたラオディケとの和解を済ませていた。プトレマイオス朝の王女との結婚を拒否したことで、和平合意が揺らいだため、アンティオコス二世は戦争準備を進めていたはずである。しかし、プトレマイオス三世も手をこまねいていたわけではなかった。彼の軍隊は、すでにこの衝突の早い段階から、エーゲ海北部で活動していたのである。

アンティオコス二世は前二四六年八月に急死した。おそらく、ラオディケの手によるものだった。彼女はただちに王国の主導権を握った。ラオディケは自身の長男であるセレウコス二世を王と宣言させ、ベレニケの息子、のちにはベレニケ自身をセレウコス朝の主要都市アンティオケイアで殺害すべく、入念に計画を進めた。プトレマイオス三世にとってこの戦争は、単に領土の防衛や侵略の問題ではなく、自分の姉妹と甥を守るという問題でもあり、のちには、その復讐を果たすという問題となった。プトレマイオス三世は、大きな成功を収めた。彼は、セレウコス帝国の心臓部まで遠征軍を進め、主要都市であるセレウケイアとアンティオケイアを占領した。そして、ユーフラテス川を越えて、メソポタミアまで遠征を続けたのである。プトレマイオス三世がメソポタミア南部に到達したことは、大胆な事業であると同時に、偉大な達成でもあった。この場所こそ、おおよそ八〇年前に、アレクサンドロスの近習だった彼の祖父が、アレクサンドリアへの旅をはじめたところだったのである。エペソスの総督がプトレマイオスに寝返ったため、小アジア最重要の都市がプトレマイオス朝の支配下に入った。

この戦争はこの時点まで、プトレマイオス朝とセレウコス朝の紛争だった。しかし、この時代によくみられたように、この戦争はドミノ効果をもたらした。トラキアのアイノス——エーゲ海北部の海上交通の要衝だった都市——がプトレマイオス朝の管理下に入ったことで、エーゲ海域で古くからプトレマイオス朝と対抗してきたアンティゴノス・ゴナタスが危機感を抱いた。アンティゴノス・ゴナタスの参戦によって、「ラオディケ戦争」はヘレニズム期の大戦争の一つとなった。最近になってギリシア南部の主要拠点を喪失していたこのマケドニアの王にとって、これは、キュクラデス諸島の支配を再び手にするチャンスだった。プトレマイオス朝の艦隊は、アンドロス島での大海戦で敗北した（前二四六年か前二四五年）。

前二四三年頃、おそらくは長期の不在のせいでエジプトで起こった問題のために、プトレマイオス三世は遠征の中止を余儀なくされた。セレウコス二世は、小アジアとシリアで何とか勢力を回復したが、その代償は大きかった。彼は、弟のアンティオコス・ヒエラクス（「鷹」）を、共同統治者として受け入れなければならなかったのである。この人物は、その後の前二四〇年頃、小アジアで王を自称することになる。アンティゴノス・ゴナタスについては、アンドロス島での戦勝の効果が、時を経ずしてほとんど完全に吹き飛んでしまった。アラトスが前二四五年、コリントスとアクロコリントスをマケドニア駐屯軍から解放したのである（六二頁参照）。アラトスの指導のもと、アカイア連邦はプトレマイオス三世と手を結び、前二四三年に彼を陸海のヘゲモンと宣言した。

ヘゲモンの地位に、何ら実際的な意味はなかった——プトレマイオス三世がアカイア人の部隊や艦隊を指揮することは、決してなかったからである。しかしここには、政治的なメッセージがあった。諸国家の連合が王を軍事指導者に選出したのは、これがはじめてではなかった。ヘゲモンの地位には、ピリッポス二世がヘラス同盟でついていたし、前二二四年のヘラス同盟再興後は、アンティゴノス朝のアンティゴノス・ドソンとピリッポス五世が就任することになる。しかし今回ははじめて、その王国がギリシア外にある王が、その地位についたのだった。これは、指名したアラトスと指名されたプトレマイオス三世の双方に、先を見据えた政治的主張があったことを明らかにしている。アラトスにとってこれは、かつてヘラス同盟が果たした役割をアカイア連邦が担いつつあることを意味していたと、考えられるだろう。先見の明があり、自身の歴史的役割に意識的だった——彼は回顧録を執筆した初期の人物の一人である——アラトスのような政治家が、このことに気がついていなければ驚きである。他方プトレマイオスが、全ギリシアを志向する同盟のこれまでの事例や、ギリシアの同盟でのヘゲモンという自分の立場の重要性をわかっていなかったとすれば、それもまた驚きである。プトレマイオス三世も、自身の歴史的役割を意識していた。彼は、前例のない達成を誇り高く語った刻文を通じて、みずからの事績を述べた短い文章をわたしたちに残しているのである（七一〜七二頁参照）。これはプトレマイオス三世が、ヨーロッパとアジアでアレクサンドロスの後継者となるという夢を甦らせようとしていた、ということではない。だが、王や政治指導者が用いる政治行動の方法に、継続性があることは否定できないだろう。繰り返しあらわれるパターンがあるのがみてとれる。ギリシア諸都市の一集団が、独立を脅かす敵に直面して団結し、その時点では都市の計画に有利に思える政策を持つ君主を、指導者にいただく。そして君主は、指導者の立場を受け入れる。ただしそれは、自由を愛するからではなく、むしろ全ギリシアの舞台で傑出した立場を獲得するためだった。

ラオディケ戦争は、セレウコス二世とプトレマイオス三世が最終的に講和を結んだ、前二四一年まで継続した。プトレマイオス三世にとっての最大の達成は、コイレ・シリアを保持しただけでなく、シリアでもっとも重要な港であるピエリアのセレウケイアを獲得して、王国の拡大も実現したことだった。キプロス島、エーゲ海島嶼部の一部、トラキアの沿岸諸都市、そして小アジアの諸都市を手中に収めたプトレマイオス三世期のエジプトは、東地中海でもっとも有力な国家としての立場をたしかにした。プトレマイオス三世のおもだったライバルたちが直面していた政治問題も、彼の有利な状況を後押ししていた。セレウコス二世は、この戦争の最大の敗者だった。彼の弟のヒエラクスは、内戦を経て、小アジアの北部と西部の大部分を独立した王として支配していた。そしてペルガモンでは、この地域の世襲の支配者だったアッタロス一世が、前二三八年に小アジア北西部でケルト人諸部族に大勝利を収めて、王号を手にしていた。前二二八年頃に、アッタロス一世はヒエラクスを小アジアから追い出すことになる。ヒエラクスはまずはメソポタミアで、次にトラキアで運試しを続けたが、前二二六年にトラキアで殺害された。東方では、パルティアの総督だったアンドラゴラスが、セレウコス二世がラオディケ戦争に関わっている隙をついて、自身の属州を独立の王として支配していた（前二四五年頃〜前二三八年）。パルニ人という——のちにパルティア人と呼ばれる——遊牧部族がセレウコス朝の東部属州に侵攻し、全パルティアを占領した際（前二三八年〜前二〇九年）、セレウコス二世は属州が王に期待する保護を提供することができなかった（一七二頁参照）。その結果、バクトリアの総督だったディオドトスが、独立を宣言してグレコ・バクトリア王国を建設した。セレウコス二世が前二二六年に落馬して死んだ時、彼の王国は父親の時代と比べてほぼ半分になっていた。

プトレマイオスは、記念するに足ることを成し遂げた。戦争のすぐあとで、彼は王国の南端、エリュトラ海（現在の紅海）を臨むアドゥリスに、巨大な玉座の建立を命じた。ギリシア語とエジプト語で書かれた刻文は、プトレマイオス三世の功績を高らかに歌っている。修道士のコスマス・インディコプレウステス（「インドまで航海した者」）が、五二五年にこの刻文を目にして、玉座と刻文のスケッチを残している。

プトレマイオス大王が［中略］父王から継承した王権は、エジプト、リビュア、シリア、フェニキア、キプロス、リュキア、カリア、そしてキュクラデスの島々を統べていた。大王は、歩兵、騎兵、艦隊、象とともに、アジアへと遠征した。大王は、トログロデュタイ人の地とエチオピアの産のこれらの象は、父王と大王がはじめてこれらの土地で狩り、エジプトに連れ帰ってのちに、戦争で使うよう装備を整えたのだった。大王は、ユーフラテス川のこちら側の全土、キリキア、パンピュリア、イオニア、ヘレスポントス、トラキア、そしてこれらの国々の全軍勢、さらにインド象を獲得し、これらの地域の支配者すべてを臣従させたのち、ユーフラテス川を渡った。

そして、メソポタミア、バビロニア、スシアナ、ペルシス、メディア、そしてはるかバクトリアまでの土地の残りの部分を服属させ、ペルシア人がエジプトから持ち出した神聖な事物をすべて探し出し、これらの地域のその他の宝物とあわせてエジプトに持ち帰ったうえで、大王は軍隊を掘り出した川［運河］の向こうに送った。［後略］

プトレマイオス三世エウエルゲテス（「善行者」）は、王朝の正統性の守り手、アレクサンドロス以後のすべての王を凌ぐ土地の支配者、はるかバクトリアまで偉大なる征服者の足跡をたどった戦士、軍事の革新者、そしてペルシア王カンビュセスが前五二五年にエジプトの諸神殿に刻み込んだ不法行為への復讐者として、自分を表現している。誇張はあるものの、彼は実際に、東地中海でもっとも権力を持った人物だった。プトレマイオス三世が、さらなる拡張政策を追求するために、ゴナタスとセレウコス二世にたいする明らかな優勢を利用しようとはしなかったことは、かなりの驚きである。彼は、後継者たちの失敗から学び、大きすぎる権力の獲得は反抗する敵たちの団結の強めるということを理解した、唯一のヘレニズム王だったのだろうか。あるいは、エジプトでのより落ち着いた生活を望んだのだろうか。プトレマイオス三世の行動から彼の意図を推測するならば、彼は権力バランスの保持を意識して、自身の敵を弱体化させる者たちを援助した——その際、軍隊より資金による援助がより頻繁におこなわれた。拡張をあまり求めない政策は、危険がより少ないことも意味していた。死ぬまでずっと戦争に巻き込まれたライバルたちと異なり、プトレマイオス三世は統治最後の二〇年をエジプトで過ごし、この父祖伝来の土地に集中した。彼は、エジプトの神官たちから、ギリシア語、そして神聖文字と民衆文字によるエジプト語で、名誉決議の長い刻文を建立してもらったはじめてのプトレマイオス王だった。プトレマイオス三世は、属州の行政改革もおこなった。彼はアレクサンドリアにいながら、ギリシア、小アジア、メソポタミア、そしてさらに東方での苦闘を、高みから見物していた。

ラオディケと彼女の戦争の記憶は薄れていった。しかし、小さな出来事がその痕跡を夜空に永遠にとどめることになった。プトレマイオス三世が前二四三年にメソポタミアで戦っていた頃、若き妻ベレニケはアプロディテに誓願し、女神が王を守護し帰郷させ賜うたならば、自身の長い金髪を奉献すると約束した。プトレマイオスが無事に戻ると、ベレニケは誓願の成就のために、アプロディテの神殿に髪を捧げた。翌日、その髪がどこにもみあたらなかった時、宮廷の天文学者がこれを説明した——髪が星座になったというのである。天文学者がいうには、愛の女神がこの捧げ物にたいそうお慶びになったので、この髪を天空にあげ賜うたのだった。今日でも「ベレニケの髪の房［かみのけ座］」は、望遠鏡を使わずにみることができる。宮廷詩人のカリマコスは、この出来事に着想を得た詩を残している。その詩の大部分は、パピルスに残された数行の断片を除いて、今では失われてしまった。ただラテン語の翻訳が、カトゥルス『カルミナ』六六番として残っている――愛の美しき賛歌である。ベレニケの愛は、征服の衝動より強かったのだろうか。この愛こそ、プトレマイオスをエジプトに留め、新たな征服を目指す誘惑に抗う力を与えたのだろうか。こうした想像は、肯定されることも否定されることも、決してないだろう。ただ、あり得ないかもしれないが心地よい、戦争の連鎖のなかの清らかな間奏曲には違いない。

プトレマイオス朝の最後の勝利――ラピアの戦い

前二二一年に、地中海地域の主要な指導者の立場が、新しい若者の世代の手に渡った。アンティゴノス・ドソンの死後、マケドニア王位はその時一八歳だったピリッポス五世に継承された（六四頁参照）。エジプトのプトレマイオス三世の死後には、一七歳のプトレマイオス四世が王位についた。東方では、アンティオコス三世が簒奪者モロンを破り、小アジアでの権威を再構築したところだった。この時、彼は二二歳で、四年前に兄弟のセレウコス三世の後継となっていた。アンティオコス三世は、モロン撃破の波に乗り、コイレ・シリアの失地回復を目的としたエジプト遠征を開始した。

この第四次シリア戦争（前二一九年～前二一七年）は、ヘレニズム期最大の戦闘の一つで幕を閉じた――前二一七年六月二二日にガザ近郊でおこなわれたラピアの戦いである。ポリュビオスが伝える数字が信用できるとするならば、双方の軍勢を合わせると一五万名で、一七五頭の戦象が彼らを支えていた。プトレマイオス軍のかなりの割合――二万名と伝えられる――が、マケドニア式に訓練された地元エジプト人で構成されたことは、はじめてのことだった。戦闘の最初の段階で、プトレマイオス側のアフリカ象はアンティオコス側のインド象の匂いと咆哮に耐えきれず、パニックに陥ってプトレマイオス軍に混乱をもたらした。アンティオコスが左翼の騎兵を蹴散らし、勝利を手にしたと考えて逃げる敵を追跡するなか、プトレマイオスは敵中央に効果的な攻撃を加えた。自軍の重装歩兵が押し戻されたとアンティオコスが気づいた時には、もう遅かった。敗北したアンティオコス三世はガザに退却し、死者――軍の六分の一が失われたとされる――を葬るための休戦を要求した。コイレ・シリアはもう二〇年、プトレマイオスのものとなる。

エジプトは勝利を収めたものの、この戦争の悪影響を被った。多大な戦費が王国の財政に負担をかけ、さらに大きな問題として、地元のエジプト人が戦勝に貢献したことで、彼らの自負が強まったのである。ラピアの戦いのわずか一〇年後、上（南）エジプトでファラオとしての地位を確立したフグロナポルをリーダーとして、地元民がプトレマイオスに反乱を起こした。プトレマイオス朝はおおよそ前二〇五年から前一八五年までの二〇年間、王国の広い地域にたいする統制を失うことになる。ポリュビオスはこの紛争を、「双方が互いにみせた野蛮さと不法を除けば、通常の戦闘、海戦、包囲、その他に語るに値する何事もなかった戦争」と表現している。この戦争が、プトレマイオス朝の経済と王の威光に与えた影響は、甚大だった。

ここまで第四次シリア戦争を地域的な戦争として扱ってきたが、離れた地域で前二二二年から前二一七年の間におこなわれた二つの戦争と緩やかに結びついていたことは、言及しておかなければならない。クレタ島での戦争と、アイトリア人にたいしてマケドニアのピリッポス五世とアカイア人が戦った「同盟市戦争」（六四頁参照）である。ヘレニズム期の戦争によくみられるこの特徴——ヘレニズム史のあらゆる通史はこのために複雑になっている——は、この期間に典型的に看取できる。この特徴を理解するために、ラピアの戦いに参加したギリシア人傭兵に目を向ける必要がある。アンティオコス側には六五〇〇名のギリシア人、プトレマイオス側には一万一〇〇〇名のギリシア人がいた。両軍に仕えている傭兵のうち、クレタ島出身者だけで五五〇〇名いた。アンティオコスに仕えたクレタ人はゴルテュン出身の人物が指揮をとり、プトレマイオス軍のクレタ人は、ゴルテュン最大のライバルであるクノッソス出身の人物の統率下にあった。セレウコス朝とプトレマイオス朝の双方の軍隊にクレタ人傭兵がいたことは、クレタ島の政治的分断と関係していたのである。前二二二年に、ゴルテュンとクノッソスは共同して、彼らの覇権を拒否する唯一の都市であるリュットスを攻めた。しかしゴルテュンとクノッソスは、おそらく社会的な軋轢に関係する抵抗に直面した。リュットスにたいする戦争は、複数の都市で内戦を引き起こし、最終的にクノッソスとゴルテュンの同盟も破綻した。そしてこのクレタ島の紛争は、アイトリア人にたいするピリッポス五世とアカイア人の戦争と、同時並行的に関連しながら起こった。ゴルテュン人と彼らの同盟者はピリッポス五世を支援し、クノッソス人はアイトリア人と手を組んだのである。

同時代の歴史家ポリュビオスは、ギリシア、アジア、アフリカでの戦争がこうして結びつくという現象を、シュンプロケ（絡まり合い）と呼んでいる。前二一七年以降、東地中海の絡まり合いに、重要なプレイヤーが加わった。ローマである。この展開の考察は、ヘレニズム世界の政治構造を概観したあとにおこないたい。

第5章　王と王国

バシレイア――ヘレニズム王権の多様な起源

名前が知られていないヘレニズム期の著述家が、王権を次のように定義している。「君主の権力［バシレイア］が与えられるのは、生まれによってでも、法によってでもない。軍隊を指揮し、賢明に政務を司ることができる者に与えられるのである」。正統性よりも軍功を上に置くこの定義は、それ以前のギリシアの王権の伝統との決別を示している。アレクサンドロスまでのギリシア人が知っていたのは、制度的な伝統に基づいてバシレウス（王）の称号を保持している者たちだけだった。こうした者たちは、ある家系に属していたり――たとえばマケドニアのアルゲアス家――、一部の都市に存在したバシレウスという年ごとの公職に選出されたりしていたのである。しかし、アレクサンドロスやその後継者たちと同時代を生きた人々は、戦勝が王を作ることを身をもって知った。アレクサンドロスが、まずエジプトでファラオとなり、次にアジアの王となったのは、勝利ゆえだった。後継者たちはみな、王家に属するという正統性ではなく、軍事的成功を理由として王と宣言された。アンティゴノス・ゴナタスが王と宣言されたのは、前二八三年の父親の死の直後――この時点で彼は軍隊を指揮し領土を統治していた――ではなく、ようやく前二七七年にガリア人に勝利を収めたのちだった。ペルガモンの初期の世襲支配者が王と宣言されるのをためらっていたのも、同じ理由による。前二三八年頃にアッタロス一世がガリア人に勝利してようやく、王号を名のることが可能になったのである。西方のシチリアのギリシア人は、僭主の持つ君主権力を長く経験したが、最初にバシレウスの称号を帯びたのは、戦争での成功を足がかりとしたアガトクレスだった（四四頁参照）。アガトクレスは後継者たちにならって、王権に地理的あるいは民族的な限定をつけなかった。彼は、「シチリアの王」でも「シュラクサイ人の王」でもなく、単純に「王アガトクレス」だった。つまり彼は、支配できる限りの地域の王なのである。カッサンドロスだけが、民族の限定をつけた称号（「マケドニア人の王」）を用いた。ヘレニズム王たちの意図的に曖昧な称号は、権力が絶え間なく拡大するという可能性を生み出した。これは征服活動への呼び水となった。

ヘレニズム諸王朝が確立すると、王の正統性は王朝内での継承の原則（通例は父親から息子へと権力が移行する）に基づくことになった。軍隊が王の権力にとって重要だった。軍の集会による王の宣言は、大きな象徴的意味を持つ古くからの儀式だった。ヘレニズム期以前のマケドニアでは、王が死ぬと、宮廷のおもだったメンバーが（自発的にであれ、強制されてであれ）合意した人物を、次の君主として軍に紹介したと想定されている。軍は歓呼によって、この人物を王にして指揮官であると承認した。こうした慣習は、アルゲアス家が絶えるまで継続した。後継者たちの時代がおわると、簒奪や継承で問題があった場合にのみ、王の宣言があったことが伝えられているが、これは、通例の継承で王位の宣言がおこなわれなかったことを意味するわけではない。プトレマイオス王国では、王の宣言が軍隊の面前だけでなく、首都であるアレクサンドリアの住民を前にして実施されたと考えられている。

ただ、マケドニアの伝統は、ヘレニズム王権の構成要素の一部にすぎなかった。外来の影響も同じくらい重要だった。アレクサンドロスがエジプトを手中に収めた時、おそらく彼はファラオとして即位した。旧アカイメネス朝の主要都市で玉座についた時、アレクサンドロスは大王の後継者としてこれをおこない、大王の装束の諸要素を取り入れたのだった。マケドニア出身の幕友たちのグループが、エジプト風の儀礼にどのように反応したかはわからない。しかし、アレクサンドロスが王の衣装と儀礼にペルシアの伝統を採用したことにたいする反応が、非難と嘲笑、まったくの拒絶だったことはわかっている。儀式の伝統の一つであるプロスキュネシス（服従の礼）は、野蛮だとしてとりわけ大きな反対があったので、アレクサンドロスはこれを取りさげざるを得なかった。頭を飾る帯であったディアデマについては、状況が大きく違った。ギリシア人はこれを、勝利した運動選手に与えられるはちまきと同種のものだとみなすのに、困難を感じなかったからである。「王の年」以降、ディアデマは王であることのもっとも代表的な記章だった。前一七五年に、ペルガモン王エウメネス二世とその兄弟たちによって、アンティオコス四世がセレウコス朝の王位につけられた。その時の戴冠式が、次のような言葉で表現されている。「彼らは彼をディアデマやその他の記章でふさわしく飾りつけ、雄牛の犠牲を捧げ、最大の善意と愛情をもって信義の約束を取り交わした」。

ヘレニズム王による非ギリシア的な伝統の採用を十全に理解するために、ここで少し、視点を変える必要がある。ギリシア人の立場からそれをみるのではなく、各地のエリート、（書記、占星術師、宦官、下僕といった）宮廷に仕える者たち、そして各地域の住民（とりわけバビロンやスサなどの都市の住民）の視点から考えなければならないのである。役人、行政官、神官といった各地域のエリートたち——彼らなしにはアレクサンドロス帝国も、続くセレウコス王国とプトレマイオス王国も運営できなかっただろう——は、まず軍事力に屈服した。アカイメネス朝滅亡の最初の衝撃が落ち着くと、彼らは新しいシステムあるいは新しい支配への一体化を可能にする意思表示を要求した。徴税のための土地の測量、インフラと交通の維持、裁判の実施、王国の巨大な領土の治安維持といった複雑な行政上の義務について、継続を保証してくれる措置が求められたのである。多種多様な相手と権力の交渉をしなければならなかったヘレニズム王は（一〇一～一〇三頁参照）、こうした点で好意的な意思表示をするのにやぶさかではなかった。非ギリシア的な王権の象徴を受け入れたのは、この交渉戦略の一環だった。エジプトのナイル川は、支配者がエジプトのファラオであっても、ペルシアの総督であっても、マケドニアの将軍の子孫でもあっても、ローマの君主であっても、毎年八月に水嵩が増した。ナイル川の増水に関連した宗教的、行政的、技術的課題は、変わらず存在したのである。支配者の交代は、一つの危機だった。継続性が途切れることは、大惨事を意味した。同様のホロル・サルトゥス、つまり跳躍と突然の断絶への恐怖が、アジア諸地域の行政の特徴となっていた。伝統を保持していた者たちの見方では、支配者の名前が変わっただけで、義務と構造は変わらなかったのである。伝統的な形式の文書——バビロニアでみつかっている天文日誌、王のリスト、年代記——は、アレクサンドロスとセレウコス朝の時代の時の流れを、これまで数百年間やってきたのと同じ方法で記録している。アカイメネス朝の時代に存在したのと同じ言語と文字を用い、同じ心性を示し、同じような君主概念に対応しているのである。エジプトでは、プトレマイオス朝の王たちを称える神官の決議が、何世紀もファラオたちを喜ばせてきたのと同じ賛美の言葉で、王たちに呼びかけている。たとえば、「上・下エジプトの王プトレマイオス、死ぬことのない者、プタに愛されし者、兄弟姉妹神プトレマイオスとアルシノエの子」、という具合に。ヘレニズム世界は、意図的なものであれ、偶然の産物であれ、幻想に満ちていた。その一つが継続という幻想で、現実には多くのことが変わっていたのだった。しかし、王朝継承の原則の重要性は変わらなかった。単一の——かなり拡大されることもたしかに多かった——家族の枠のなかでの、支配の維持である。

家族の問題としての王権

次のような話を考えてみてほしい。ある女性が自分の兄弟と結婚し、その兄弟が死ぬと、二番目の兄弟と結婚する。しかし、この新しい夫は彼女の最初の結婚で生まれた娘と結婚するために、彼女を捨てる。さらにこの男は、彼女との間に生まれていた唯一の息子を殺してしまう。こうしたことは実際に起こると、あなたはいうかもしれない。そして事実、たちの悪いソープオプラとヘレニズム期の宮廷なら、こうしたことが起こるのである。この話は、クレオパトラ二世の物語だった（一七八～一七九頁参照）。ヘレニズム期の王家は、権力をもった家族に迫るあらゆるリスクに直面した。家の権力の維持、分断、移譲。愛情と関心を求める争い。嫉妬と羨望。野望と失望。ヘレニズム期の王権を、個人間の関係や緊迫した感情のやりとりを考慮に入れずに分析することは、イギリス王室の研究で感情を無視するのと同じくらい、間違ったことである。ただいうまでもなく、二〇〇〇年以上前に生きた家族を対象とするため、わたしたちが分析するのは生の情報ではなくなっている。

ヘレニズム期の君主政は家政と同化し、家政として運営された。理屈のうえでは、すべての権力が家長の手にあったが、家長の年齢や経験、個性によっては、妻、母親、子供、宮廷人、そして「友人たち」の影響力が大きくなる場合があった。家族としてのヘレニズム君主政という考え方は、新しいものではない。まさにこうした方法で、君主政は臣民と外の世界に向けてみずからを表現していたのである。アンティオコス三世の妻だったラオディケは、王の姉妹ではなかったが、公式の場では姉妹と呼ばれた。プトレマイオス朝の君主たちにつけられた王としての添え名は、彼らの家族関係を強調していた。プトレマイオス二世は「姉妹を愛する者」（ピラデルポス）という添え名で、プトレマイオス四世、プトレマイオス七世、ベレニケ三世、プトレマイオス一三世、そしてクレオパトラ七世（有名なクレオパトラ）は、「愛父者」（ピロパトル）という添え名で、プトレマイオス六世は二人の妻、すなわち姉妹のクレオパトラ二世とその娘のクレオパトラ三世と同じく、「愛母者」（ピロメトル）という添え名で呼ばれた。こうした添え名が現実を反映している場合――プトレマイオス二世は本当に姉妹のアルシノエ二世を愛していた――もあるし、そうでない場合――クレオパトラ二世とクレオパトラ三世はぎくしゃく以下の関係だった――もあった。こうした添え名が本当の気持ちを表現したものであろうとなかろうと、その目的は常に同じだった。王朝の継続と調和というイメージを、臣民に伝えることである。

父親の後妻と恋に落ちた息子の物語は、ヴェルディ（とシラー）の『ドン・カルロス』でわたしたちにお馴染みである。しかしこれは、ヘレニズム期のハッピー・エンドの恋物語でもある。テーマは、アンティオコス一世の継母ストラトニケへの愛。この話は、ダヴィドとアングルの絵画に着想を与え、一八世紀おわりにもっとも人気のあったオペラ・コミークの一つだった、エティエンヌ・メユールの『ストラトニース』（一七九二年）の元になることになった。この恋物語は、王族が愛し合う家族としてみずからを演出したやり方を、よく示している。前二九四年、アンティオコスは、父親セレウコスの若き妻ストラトニケに恋をした。自暴自棄になったアンティオコスは、病気にかかっているふりをして食事をせずに、餓死することに決めた。しかし彼は、侍医エラシストラトスを欺くことはできなかった。エラシストラトスは、この若者の渇望の対象が――男性であれ、女性であれ――誰なのか探りあてることを決心した。くる日もくる日も患者の部屋で過ごしたエラシストラトスは、ストラトニケが王子に会いにくるたびに、彼が典型的な恋煩いの症状を示すことに気がついた。「声のつかえ、火のような肌の赤み、視力の喪失、突然の発汗、鼓動の乱れと不整、そして最後には心が打ちのめされ、茫然自失のていで顔面は蒼白」（城江良和訳）。結局エラシストラトスは、セレウコスの息子にたいする愛情を頼りにして、アンティオコスの問題が成就することも癒すこともできない恋——エラシストラトスの妻への恋——であることを、危険を冒して王に伝えた。セレウコスが、エラシストラトスはアンティオコスの友人だからといって、アンティオコスに妻を与えるよう懇願すると、エラシストラトスは王に問うて、アンティオコスがストラトニケに恋焦がれているとしても、王は同じことをなさるかといった。セレウコスは目に涙を浮かべて、もしアンティオコスを救えるならば、王国全体を喜んで諦めるのだがと断言した。この発言を引き出したエラシストラトスは、真実を明かした。

そこでセレウコスは全国民集会を開催し、こう宣言した——アンティオコスとストラトニケを結婚させ、このふたりをそれぞれ東方の全州の王と女王に任命するのが私の意志であり決定である。息子は何であれ私への恭順と服従を習いとするから、この結婚に異を唱えはしないだろう。もし妻がこの慣例にない行為を厭うなら、友人たちに依頼して、王が決めたことは正しく美しく、そして利益にもなるのだと説き諭してもらうつもりである。（城江良和訳、一部改変）

セレウコス朝の王宮の部屋で何が起こったのか、確実なことはわからない。ただ、恋煩いの話が伝えられているのは、おそらく、そうした情報が宮廷の承認のもとで明らかにされたからだろう。ともかく、三人の登場人物が表明した気持ちに、非難すべきところはない。この話は、犠牲を厭わない父親の愛情、礼儀をわきまえた恭順な息子、そして本分を守る賢明な妻——決断にあたって友人たちに助けられる、慈しみ合う家族——の物語なのである。この物語には、劇場的な側面もあるように思われる。王の家族は、感情を持った人間として、臣民の前に姿をあらわしている。「王様も王子もおれたちの仲間だ」と、人々は考えたかもしれない。これは、現代政治で使われる宣伝戦略である。セレウコスが決定を伝えるのに集会を招集したのは、示唆的である。おそらくこの集会は、首都の住民と軍隊から構成されており、共同統治者かつ将来の王の紹介の場として使われた。これは、軍隊による王の宣言という、古いマケドニアの伝統に適ったものだった（七六頁参照）。

およそ一〇年後の前二八五年頃、プトレマイオス一世は息子のプトレマイオス二世を、共同統治者とした。こうした宣言はのちに、王朝の継承を確実にする手段として、ヘレニズム王国で一般的な慣習となった。しかし権力の移行が、いつもこうした平和な方法でおこなわれるとは限らなかった。王家の結婚は通例、新しい同盟関係の構築の一つの手段だったため、必要とあれば、別の王の女性親族と結婚するために妻を離縁するということが、ごく頻繁におこなわれた。王の複数の結婚から生まれた子供たちは決まって争いを起こし、離縁された妻たちがこれに参加することもしばしばあった。エジプトのプトレマイオス一世の例をみてみよう。王になる前のプトレマイオスは、権勢家の摂政アンティパトロスの娘であるエウリュディケと結婚していた。このエウリュディケとの間に、三人の息子と二人の娘が生まれた。前三一七年に、アンティパトロスの姪で、あるマケドニア貴族の寡婦だったベレニケが、息子マガスと娘アンティゴネとテオクセナを連れて、アレクサンドリアにやってきた。ベレニケは、王妃に仕えるなかでプトレマイオスに目をかけられ、プトレマイオスは彼女と結婚するために最初の妻を離縁した。ベレニケは、アルシノエとピロテラという二人の娘と、のちにプトレマイオス二世となる息子を産んだ。この二つの結婚（他にもあった）からだけでも、プトレマイオスには八人の子と三人の継子がいたことになる。彼がプトレマイオス二世を後継者に選ぶと、長男のプトレマイオス・ケラウノスはリュシマコスの宮廷に逃れた。そこでは彼の異母姉妹のアルシノエが王妃で、姉妹のリュサンドラが王の息子アガトクレスの妻となっていた。アルシノエの策謀によってアガトクレスが処刑されると、ケラウノスとリュサンドラはセレウコスの宮廷に逃亡した。ケラウノスは、セレウコスがクロペディオンの戦いでリュシマコスに勝利を収めるのを助けたが、ケラウノスの野心は感謝の気持ちより強かった。ケラウノスは戦勝のあとでセレウコスを殺害し、自身をマケドニアの王と宣言させた。ケラウノスがエジプトの王位も主張しはじめると、プトレマイオス二世はこの異母兄との和解を図り、ケラウノスと自分たちの姉妹であるアルシノエとの婚姻を準備した。しかし、アルシノエが新しい夫に陰謀を企てたため、ケラウノスは彼女の息子のうち二人を殺害させた。最終的にアルシノエはエジプトに戻り、兄弟のプトレマイオスと結婚した。こうしてアルシノエは、ヘレニズム史のなかでもっとも影響力のある女性の一人となり、死後は女神となって人気を博した（前掲図7参照）。

こうした複雑な関係を前提とすれば、王朝内の闘争が一般的だったのは驚きではない。リュシマコスは息子アガトクレスを殺させた（前二八四年）。キュレネの支配者マガスは、異父兄弟のプトレマイオス二世に反乱を起こした（前二七四年）。アンティオコス一世は、反旗を翻した長男のセレウコスに死を賜った（前二六七年）。アンティオコス・ヒエラクスは玉座をかけて兄弟セレウコス二世と戦い、短期間、小アジアの一部を支配した（おおよそ前二四六年〜前二三五年）。そして、ピリッポス五世はローマとの内通を疑って、息子デメトリオスの処刑を命じた（前一八〇年）。プトレマイオス王国は四〇年間にわたって、プトレマイオス六世と兄弟のプトレマイオス八世、さらにはプトレマイオス八世と姉妹のクレオパトラ二世との間の権力闘争を耐えねばならなかった（前一六三年頃〜前一一八年）。セレウコス朝の複数の家系でおこなわれた王朝の内紛は、前一六一年から前六三年の王朝の終焉まで、この王朝の宿痾であり続けた（二七四〜二七六頁参照）。

こうした王朝内の争いのすべてで、女性が顕著な役割を果たした。マケドニアとエペイロスの部族的な王国に古い起源を持つ伝統に基づいて、王の妻たちが影響力を保持した。こうした女性たちは移動範囲が広く、政治経験と時には軍事の技能すら持っていたのである。アレクサンドロスの母親であるオリュンピアスは後継者戦争に関与したし、王ピリッポス三世アリダイオスの妻エウリュディケも同様である。いわゆるラオディケ戦争（前二四六年～前二四一年）は、ヘレニズム期の王妃たちの政治的影響力をよく示している（六九～七〇頁参照）。しかし、こうした王妃たちの誰も、ヘレニズム最後の女王クレオパトラ七世には敵わなかった――この人物は、科学に関心を持つ一方、ローマ最大の将軍の二人を魅了する個性を持っていた（一九四～二〇一頁参照）。

王朝内の紛争に、王が妾とつくった非嫡出子が関与する場合もあった。ヘラクレスという人物――伝えでは、アレクサンドロスとペルシアの貴族女性バルシネとの間の私生児とされる――が、後継者戦争に少し登場する（三四頁参照）。また別の王家の私生児だったアリストニコス――アッタロス二世の非嫡出子――は、異母兄弟だったアッタロス三世が前一三三年に王国をローマに遺贈すると、王を自称した（一六三～一六四頁参照）。また、セレウコス朝の王たちの非嫡出子たちも、前二世紀の王朝の内紛で重要な役割を果たした。

これに関連する現象として、王の親類による権力簒奪がある。王アンティゴノス・ゴナタスの甥であるアレクサンドロスは、小規模ながらこれをおこなった。王はこの人物を、ギリシアでもっとも重要なマケドニアの駐屯地であるコリントスの司令官に任命した。アレクサンドロスは、ギリシア南部でマケドニアの力が弱まっていることにつけこんで反乱を起こし、短期間ではあったがコリントスとエウボイアに個人支配を打ち立てた。セレウコス朝の上部属州〔東方の属州〕を統治していたモロンは、王国の大臣にたいする憎悪のために、アンティオコス三世に反旗を翻した（前二二三年～前二二〇年）。このアンティオコス三世は、遠戚にあたるアカイオスの反乱にも対峙した。アカイオスは小アジアの一部地域で、王と宣言することに成功していたのである（前二二〇年～前二一四年）。おそらく彼ら簒奪者たちは、手をつけた地域だけを支配するつもりで、セレウコス帝国全土の支配は目論んでいなかっただろう。

こうした挑戦を受けたのにもかかわらず、ヘレニズム期の王朝はローマの王朝のどれよりも長命だった。アンティゴノス朝は、中断を含めて前三〇七年から前一六七年まで、アッタロス朝は前二八一年から前一三三年まで、そしてプトレマイオス朝は前三二三年から前三〇年まで、支配を継続した。セレウコス朝の緩慢な死の時代（前一五〇年～前六三年）ですら、それに先立って帝国政治が活発だった時代が存在した（前三一二年～前一六三年）。これと対照的に、養子によるローマ皇帝の王朝であるアントニヌス朝は、一〇〇年も継続することができなかった（九六年～一九二年）。ヘレニズム王朝の長命は、どのように説明できるのだろうか。第一の要因は、世襲による継承の原則が、法と社会のあらゆる側面において一般に尊重されていたことである。さらに重要なこととして、支配している王朝の構成員、その近縁者、そして彼らの有力な顧問たちだけが、政治経験、資源（財源と軍隊）、そして個人支配の確立に必要となる人間関係のネットワーク——軍隊指揮官、総督、都市エリート、のちにはローマの元老院議員との関係——にアクセスできたことがある。結果として、一つの支配家系から別の支配家系への権力の移行は、限られた場合にしか起こらなかった。たとえば、王国の辺境にあって、統制が緩く防衛が不十分な地域の総督が、忠誠を捨てて独立王国を創設した、イランとアフガニスタンのグレコ・バクトリア王国のような場合（一七二～一七四頁参照）。あるいは、外国勢力の関与、多くの事例でローマの介入の結果として、権力の移行が起こった場合である。こうした要素に加えて、ヘレニズム期の宮廷は複雑な交渉におけるさまざまな相手——軍隊、支配下にある都市、土着の住民、王国首都の住民、そしてある時期にはローマ——にたいし、支配を受け入れ可能にみせる一連のメディアの操作を、実に巧みにおこなった。

新しい行政上の課題——帝国を統治する

あなたが二〇代なかばで、一〇日のうちに歩いて横切れる王国を統治するための教育を受けながらも、突然にして、バルカン半島から東はイラン、南はエジプトへとひろがる帝国の支配をしなければならなくなったとしたら、どうすべきだろうか。この成功で常識を失っていなければ、元からあった行政のシステムを採用し、本当に必要な数の変更を加えるだけだろう。だが、新しく征服した地域に、その土地の制度や伝統を知らない住民を連れてくるとするならば、どうするだろうか。移住者の制度を征服した領土に導入するだろうか、あるいは、新しい環境にある既存の構造に、移住者を順応させるだろうか。アレクサンドロス大王は、エジプトに足を踏み入れた時すぐに、この二つの課題に直面した。ガウガメラでダレイオス三世を破り、スサでアカイメネス朝の王たちの玉座に座ったとき、この課題はさらに重くなった。はるか東方での遠征の最中、退役兵たちを征服地に定住させた時にも、アレクサンドロスはこの課題に向き合った。遠征から帰還してから死ぬまでの短い間にも、この課題は再び姿をあらわした。

第一の課題にたいして、アレクサンドロスは常識にしたがって、既存の土台を利用した。二〇〇年にわたってアカイメネス朝の王たちは、総督区の制度を利用し、さらに王とその宮廷による中央集権化された独裁支配を、区レベルでの一部業務の非中央集権化——地域ごとの徴兵、法と秩序の保持、貢納の取り立て——と組み合わせることで、帝国を統治した。アレクサンドロスが無視できなかったもう一つの伝統的権威は、（とりわけエジプトの）神官たちである。一方、ギリシア人ポリスの政治的、社会的、文化的伝統のなかで育った退役兵たちの定住は、エジプトならびにアレクサンドロスの大帝国の他地域において、新しい現象だった。新しいポリスの構成と運営について、アレクサンドロスはギリシア植民市に範を求める一方、征服地への兵士の定住とそこでの土地割り当てについて、彼とその後継者たちは既存のマケドニアのシステムにしたがっていたように思われる。つまり、ヘレニズム諸王国の編成とその運営には、多くの異なった背景があった――地域ごとの伝統に加えて、ギリシアとマケドニアの制度があり、さらにそこには、新しいものが生まれる余地が常にあった。

アレクサンドロスは、帝国運営の日々の行政業務を突きつけられる前に、死んでしまった。だが彼の後継者たちは、この課題から逃れることができなかった。彼らは、行政の仕事にただちに取り組まなければならなかったのである。王国運営の主要な特徴は、前三〇〇年までにすでにあらわれていたはずである。ヘレニズム諸王国には、重大な相違もたしかに多かったが、王の立場、君主政という理念、行政に関して共通点があった。おもだった課題には、軍事構造、領土防衛、財務問題、貢納の徴収、司法行政、聖域管理があった。

王のまわりには高級役人がおり、彼らが宮廷を構成した。王が未成年でない場合は、王自身が功績、能力、忠誠心に基づいてこうした役人を採用した。役人たちが、仕える王国の出身ではなく、ギリシア諸都市から迎えられて、さまざまな要素によって宮廷で出世したケースが、とりわけ初期においては非常に多かった。力とコネを持つ家系出身であることが宮廷での地位を左右したが、能力のある人物、特に軍人は、能力と忠誠心によって出世街道を進むことができた。彼らの忠誠心は個人的で、かつ王に向けられたものであり、王国あるいは「国家」が対象ではなかった。そのため、王の行政手腕の不足や戦争での敗北が、王と役人との信頼関係を損ない、彼らが他の雇い主を探すきっかけとなる場合があった。

宮廷の構成員と高級役人は、王その人に直接結びついていた。彼らは王の友人（ピロス）だった。彼らの称号は、王との近さと階梯での位置を示していた。前二世紀はじめにこうした称号が定式化されたプトレマイオス王国では、高級役人と宮廷の構成員は「親衛隊」（ソマトピュラクス）、「随行」（ディアドコス）、「友人」（ピロス）、「親衛隊長」（アルキソマトピュラクス）、「第一の友人」（プロトス・ピロス）、「同胞」（シュンゲネス）、そしてのちには「同胞の名誉に等しい者」（ホモティモス・トイス・シュンゲネシン）、そして「第一の友人の名誉に等しい者」（イソティモス・トイス・プロトイス・ピロイス）と呼ばれた。セレウコス王国にも、同様の称号があった。「友人」、「名誉のある友人」（ティモメノス・ピロス）、「第一の友人」、「第一の卓越した友人」（プロトス・カイ・プロティモメノス・ピロス）、である。「友人」は、ヘレニズム王国のとりわけ重要な行政的、軍事的機構の一つだった。彼らは、主要な軍部隊の指揮官、各地域・属州の総督、使節や顧問を務めた。友人たちは、王の狩りにつき添い、晩餐に列席した。王子の教師を務め、互いに本当の親友になる場合もあった。時がたつにしたがい、王の「友人」という地位が世代を超えて継承され、世襲貴族が発展した。しかし、能力のある、あるいは抜け目のない新参者が宮廷に座を占める機会は、常に残されていた。

宮廷とは王のいるところであり、王は軍事遠征に出ていない限り首都に、首都が二つ以上あるときは首都の一つにいた。プトレマイオス朝の首都はアレクサンドリアだった。この都市は、ヘレニズム期が進むにつれて、おおよそ一〇〇万人の住民を持つ大都会に成長した——文字通り、古代のメガシティである。王墓近くの王宮は、紛れもない権力の中心だった。王宮に連なって、学問センターと図書館として機能したムセイオンがあった（二頁および二五四頁参照）。セレウコス王国には三つの首都があった。アンティオケイア、オロンテス河畔のアパメイア、そしてティグリス河畔のセレウケイアである。アッタロス朝の首都ペルガモンは、前三世紀のうちに大都会になった。マケドニアのアイガイやペラといった古くからの首都や、副都デメトリアスは、こうした新しい王国の首都の規模を達成することはできなかった。

複雑な行政上の課題があったため、ヘレニズム期の宮廷のあり方は、古いマケドニアの君主政の原始的な宮廷と比べて、より洗練されたものになった。晩餐（シュンポシオン）は、宮廷生活の最大の目玉であり続けた。宴会には王や王の家族、最高位の軍事・行政の役人が集まった。晩餐は、外交政策と軍事戦略の審議、外国からの賓客と使節との交歓、そして一般的な議論の場を提供した。ヘレニズム期の宮廷、とりわけアレクサンドリアでは、晩餐での文化活動——新旧の文学作品の朗読、歴史の講義、芸術作品の論評、音楽の演奏——の多くが、高度に洗練されていた。これは、王と宮廷人の知的レベルと関心に基づいていた。極端な例として、プトレマイオス一世がいる。彼は自身が卓越した歴史家だった一方、学問センターとしてムセイオンと付属の図書館を創設するために、当時のおもだった学者をアレクサンドリアに集めたのだった。また、ピュロスやアンティゴノス・ゴナタスのまわりには、哲学者たちが集まっていた。別種の極端な例として、自分の実技の能力を披露することを好む王もいた。アンティオコス四世は黙劇ダンスで、プトレマイオス一二世はフルートの演奏で知られるが、同時代の人々はこうした王を、王の権威をおとしめるとして非難している。歴史上の他の宮廷と同じく、ヘレニズム期の宮廷の人々の間で、影響力、野心、ライバル関係、陰謀をめぐる競争が盛んだったことは、いうまでもない。王と宮廷人の女性縁者との間の情事についても、同様である。

大規模な王国が採用した属州行政のシステムは、それ以前の伝統に大枠でしたがっていた。エジプトでは、ナイル川の毎年の増水を農業に最大限生かすべく、ファラオの時代から精巧な行政制度が存在していた。プトレマイオス朝はこれを取り入れた。重要な業務、特に運河とダムの建設と維持、そしてナイル川の増水を見込んだ畑の準備は、中央当局の統括とされ、地域の行政担当者が中央当局への報告義務を負った。行政の心臓部はアレクサンドリアの宮廷で、そこで「首席行政官」（ディオイケテス）が財政を監督した。国土は、四〇ほどのノモスと呼ばれる属州あるいは地域に分割されていた。各ノモスを統治したのは、治安維持と司法の義務を負った「将軍」(ストラテゴス)である。「ノモスの長」(ノマルケス)が農業生産に責任を持ち、「管理人」(オイコノモス)が財務とアレクサンドリアの王国金庫への貢納支払いを監督した。会計を担当した「王国書記」(バシリコス・グランマテウス)が、オイコノモスを補佐した。プトレマイオス朝の経済システムでは、ほとんどすべての経済活動が王国行政の厳しい管理下にあったので、こうした任務がきわめて重要だった。中央当局は、何が、どこで、誰によって、どれだけ生産されるかを決定し、さらに、物品の価格と支払うべき貢納の量も定めた。多くの産物、とりわけさまざまな植物油が国家の専売とされ、政府の規制により外界との交易が制限された。このシステムを運営するために、行政は徴税請負人を利用した。彼らは、産物の貢納の概算量を事前に支払う代わりに、住民から貢納を取り立てる権利を得た。前二世紀には、「領土の将軍」(ストラテゴス/エピストラテゴス・テス・コラス)が、属州より大きい単位、つまり中エジプト、上エジプト、テバイス、キプロスを担当した。

それぞれのノモスは、トポス(郡)に分けられ、トポスはコメ(村)から構成された。それぞれのトポスとコメは、その地域の役人であるトパルケスとコマルケスによってそれぞれ統治され、書記が彼らを補佐した。司法行政として、ギリシア人、地元民、そしておそらくはユダヤ人のようなさまざまな民族集団のために、別々に地域ごとの法廷が設けられた。プトレマイオス朝はこれに加えて、土着の神官たちの権威を、人間と神々の仲介者として一定程度認めていた。エジプトの行財政システムは、細かな変更を経て、エジプトの海外領土(シリア南部、パレスティナ、小アジア、エーゲ海域)の統治にも適用された。こうした海外領土もストラテゴスたちに統治される一方、オイコノモスが財務と経済の問題を監督し、徴税請負人と王国金庫の橋渡しとなった。行政官は各々、指揮権の厳密な階梯構造のなかで上位者に直属した。この階梯構造は、村のレベルにはじまって、郡と属州をのぼり、アレクサンドリアの中央当局に通じていた。治安と司法については、属州の「将軍」が王に直属する一方、財政業務は「首席行政官」が仕切っていた。

王国行政の重要な課題の一つに、軍事力の維持があった。戦闘と長期の攻城について、戦争は技術的側面で高い洗練を達成し、固有の兵器を持つ多種多様な部隊——長槍で戦う重装歩兵、小さい丸盾を持つ軽武装軍、弓兵と投石兵、攻城兵器と投擲装置の操作手、騎兵と艦隊——が存在したために、専門分化も高いレベルで進展した。こうした部隊は、特別な訓練を必要とした。王が動員した軍隊は、時として巨大なものとなった。たとえば、ラピアの戦いには一四万人が参加している(七三頁参照)。さらに、職業化した常備軍、追加で集められた傭兵、同盟している都市・連邦の部隊、そして場合によっては非ギリシア系の住民から徴募された兵士など、多様な要素で構成されていた。

セレウコス王国の状況は、かなり異なっていた。ナイル川のような一体感を作る地理的要素がなく、複数ある首都から辺境の属州までの距離が長いため遠心的な傾向が強まり、簒奪と分離が生じた。だが、行政の原則はプトレマイオス朝と変わらなかった。セレウコス朝でも帝国の建設者たちは、とりわけ東方諸属州の運営での地域ごとの伝統と、諸都市の行政に適用されたギリシア人の都市的伝統を組み合わせて、支配の基礎とした。ある種の宰相である「諸業務の監督者」（エピ・トン・プラグマトン）が、王に仕える最重要の行政官だった。この地位は、オリエントの古い王国からとられたものである。貢納と税収は王国金庫（ト・バシリコン）に集められ、「歳入監督者」（エピ・トン・プロソドン）が金庫の管理を担当した。この人物のもとに、属州の地域ごとの財務担当者が属した。前三世紀おわりと前二世紀はじめ、小アジアの諸属州は「タウロス山脈の向こうの諸業務の監督者」という、ある種の副王によって統治された。もう一つ重要な役職として、「宮内官」（エピ・トゥ・コイトノス）があった。王国は、ペルシア帝国の総督区におおむね対応する属州に分かれていた。属州の総督である「将軍」（ストラテゴス）は、軍事と民事の役割を兼ね備えていた。属州内部での地域、地区、あるいはトポスといった下部組織への分割は、それぞれの属州の大きさと場所によってさまざまだった。王の命令と、部下にあたる者たちにしかるべく行動し、王命を碑で公表するよう指示する添え状とを伝える刻文を通じて、指揮系統が明らかになる。たとえば、プリュギアのピロメリオンで発見された前二〇九年の文書群には、小アジアの諸属州のすべての聖域の最高神官として、ニカノルを任命する王の命令（プロスタグマ）が含まれている。この命令はまず、副王であるゼウクシスに送られ、ゼウクシスはこれをプリュギアの総督であるピロメロスに回付した。ピロメロスは次に、これを地域の長官であるアイネイアスに送り、この人物がおそらくは地区の指揮官だったデメトリオスに与えた。最後に、デメトリオスが文書の写しをもう一人の受取人――おそらくその地域の役人あるいは神官――に渡したのだった。この伝達の全過程は、一ヶ月以内におこなわれた。セレウコス朝の国土には、既存のインフラ、特に交通と交易を可能にする道路網があった。セレウコス朝は、東西交易の中継センターとしてふさわしい場所に都市と港湾を発展させることで、既存のインフラを改良した。

アッタロス朝の王国は、前一八八年まで比較的小規模だった。この年にローマの元老院が、これまでセレウコス王国の一部だった小アジアの大領土を、王エウメネス二世に与えて王に報いたのだった（一五二頁参照）。この地域で、アッタロス朝は既存の行政構造を採用した。マケドニアとテッサリアのアンティゴノス王国は、存続した期間を通じて他のヘレニズム王国よりずっと小さく、ギリシア南部とエーゲ海島嶼部にあった服属都市の統制が、もっとも重要な課題だった。ここでは、権威の押しつけを狙う王と、自治を求める戦いを決してやめない都市との間で、複雑な交渉が必要とされた（八八～九二頁参照）。

ヘレニズム王国は多民族的かつ多言語的で、このことがまた別の行政上の課題を生み出した。文化的に比較的均一だったマケドニアのアンティゴノス王国ですら、田園地域の住民の一部が非ギリシア系だった。ただ、こうした人々——全部ではないにせよ大半がトラキア人だった——も墓碑銘と奉献刻文にギリシア語を用い、ヘレニズム化が浸透していた。アジアとエジプトでは、事態がより複雑だった。小アジアの諸王国では、住民のほとんどがギリシア系である新旧のギリシア都市が、さまざまな土着アナトリア系の住民——ミュシア人、カリア人、プリュギア人、リュディア人、パプラゴニア人、トラキア人など——からなる田園部の集落と共存していた。傭兵勤務によって、さらなる移住者がやってきた。イラン人、ガリア人、ユダヤ人である。プトレマイオス王国には、もともとのエジプト人とギリシア人移住者に加えて、多数のユダヤ人とさまざまな出自の傭兵もいた。セレウコス王国は、とりわけ前三世紀に最大版図を誇った時代、民族集団と言語の点でもっとも多様な王国だった。こうした複雑な民族構成にたいし、王国行政は主として二つの課題に取り組まなければならなかった。徴税と司法である。

王国に居住しながらも、地元のことに一定の形式の自律的な行政を保持していた土着の住民は、ラオイ（「諸民族」）という名で知られている。彼らは王の土地を耕作し、王あるいは王がその土地を贈与した人物——宮廷人、退任した役人、離婚した王妃——に、集団で貢納を支払った。農民個々人ではなく村落が支払う貢納は、その土地の生産物の一〇分の一、そして木材、家畜、ワイン、その他の産物の価格の一定割合（二パーセントから一二パーセント）で構成されるのが通例だった。ただ、人頭税が確認される場合もあった。「農奴」という現代の用語では、ラオイの立場を正確に表現することはできない。ラオイは、他の人や組織の所有物ではなかったという意味で、自由な個人だった。ラオイが耕作する土地の所有者が征服や贈与で代わると、貢納の支払い先も代わったが、これは彼らが新しい土地所有者の財産になったとか、彼らが土地に縛りつけられていたということを意味するのではない。王がラオイの土地を都市の領土に加えると、ラオイはパロイコイ（「都市近郊に居住する者」）となった。ラオイの状況について一般的なことを述べても、間違いを犯しやすい。戦争が頻繁で、軍隊に支払いをするために王は金庫を満たしておかなければならなかったので、抑圧と搾取が普通におこなわれたに違いない。土着住民の生活についての情報が比較的多く残されているエジプトでは、前二世紀、とりわけ内戦の混乱した状況のなかで、搾取と違法行為の犠牲となった住民の一部が田畠を捨て、匪賊となった。長い王朝内戦争のあとに出された、前一一八年のプトレマイオス朝の恩赦令は、明確にこの問題に言及している。この布告のなかで王は、「盗賊行為その他の犯罪の咎で逃亡した者たちは故郷に戻り、以前の生業を再開すべし。またその家財は、先の理由で押収されてもまだ売却されていない場合には、回復されるべし」と宣言している。前二世紀おわりの小アジアで、アリストニコスが反ローマ反乱で支持を集めたが（一六四〜一六五頁参照）、これは一部、アッタロス王国に住む土着の人々の不満のためだった。

都市的な居住地において、外国人――多くの場合は傭兵――は、ポリテウマ（市民の共同体）と呼ばれる自治組織に編成されていた。こうしたポリテウマは、プトレマイオス王国で知られている。シドンに居住しているカウノスとテルメッソス出身の人々が、それぞれ自身のポリテウマに属していた。ボイオティア人、クレタ人、キリキア人、ユダヤ人、イドゥマヤ人（死海の南方の出身者）による同様の集団が、エジプトで確認されている。プリュギア人とリュキア人のポリテウマは、帝政期の証拠が残っているのみだが、それ以前からすでに存在していたに違いない。ポリテウマは独自の聖域と神官を持っていた。いくつかの都市（アレクサンドリア、ヘラクレオポリス、レオントポリス、ベレニケ）で確認され、史料状況が恵まれているユダヤ人の複数のポリテウマから判断するに、ポリテウマの構成員の居住地は別個に設けられていた。そこでは、ポリテウマの公職者たちが、プトレマイオス朝当局に認められた行政と司法の業務をおこなっていた。ポリテウマの最高公職は、ポリタルケスあるいはエトナルケスが務めた。

高い柔軟性とさまざまな伝統の適応は、王の宮廷が巨大で多様な領土の複雑な運営を、相当限られた人員でおこなうことを可能にした。しかし、ヘレニズム王権に内在する問題――王朝内紛争、そして戦争を通じて支配の正しさを示し続けなければならないという、王権の軍事的性格――が、支配の安定性を揺るがした。これを、次節以降みていこう。

都市と王――自治をめぐる闘いと自由という幻想

前三一八年、アテナイのストラテゴスだったポキオンが、王ピリッポス・アリダイオスに反対したとの理由で裁判にかけられた。いくつかの史料によれば、満場一致で有罪判決を受けたが、プルタルコスの「ポキオン伝」に間接的に叙述が残る、ヘレニズム期のアテナイ出身の詳細不明のある歴史家は、違う解釈を伝えている。

荷車に乗せられ、ケラメイコス地区を通って劇場へ［ポキオンとその支持者たちが］連行されるそのありさまが、いっそう痛ましさを増さずにおかなかった。クレイトス［王の支持者］が劇場の裏手で被告たちを見張っていると、やがて公職者たちが劇場内に民会を招集し、そこに人があふれたのは、奴隷も外国人も市民権喪失者も排除せず、演壇と劇場を男女の別なく、すべての者に開放したからである。まず王の書簡が読み上げられ、そこには、自分はこの男たちが国家の裏切り者であると判断するが、判決はアテナイ人にゆだねる、アテナイ人はみずからの法によって治められる独立の国民なのだから、と書いてあった。続いて被告たちがクレイトスに先導されて場内に現われると、上流市民はポキオンの姿を見て顔を覆い、うな垂れて涙を流したが、そんな中でひとりが立ち上がり、勇を鼓して発言したその趣旨は、王からこれほど重大な裁判が民会に託されたのだから、奴隷と外国人はこの民会から立ち去るのが妥当である、というものであった。
（城江良和訳、一部改変）

この詳細不明の歴史家の意図は、民主政と市民の主権のもっとも重要な表現である民会が、一つの舞台芸術になってしまったことを示すことだった。一見ささいにみえる細かい点に言及することで、この歴史家は見世物のイメージを喚起している。この民会は、まさに見世物の場所である劇場でおこなわれた。またそこには、通例の意思決定者である市民だけでなく、普段の劇場の観客も含まれていた――男と女、市民と外国人、自由人と奴隷、である。この見世物のなかで、王の書簡が読み上げられた。その書簡で、王はアテナイ人が自由に判断をくだす権利を認めていたが、それは、王自身の判断をアテナイ人に伝えたあとでのことだった。劇場――幻想と欺瞞の場――で、王は「自由」の提示を劇的に演出した。民会をこうしてパロディとすることは、苦い現実、すなわち主権の喪失を覆い隠すための劇の仮面のような役割を果たした。

前三三八年のカイロネイアでのピリッポス二世の勝利は、ギリシア人ポリスの終焉ではなかったとしても、たしかにポリスの歴史の転換点ではあった。この時以降、ギリシアと小アジアの市民共同体の多くは、王たちの直接あるいは間接の統制のもとに置かれることになった。そして王の統制のもとにない共同体は、遅かれ早かれ連邦国家に統合され、連邦の主権が同時に存在することを受け入れなければならなかった（一一三〜一一六頁参照）。

ポリスを管理下に置くことによって王が得られたメリットは、多岐にわたった。都市は王たちの「国際」政策を支え、都市の軍隊は同盟軍として機能した。都市の人的資源は、傭兵の徴募にとって重要だった。都市の要塞と港湾は、王が国土と海上交通ならびに戦略拠点を統制することを可能にした。たとえば、カルキスとアクロコリントスにあったマケドニアの駐屯軍は、有力な交通路を管理下に収めた。港湾の管理――アンティゴノス朝によるアテナイ、そしてプトレマイオス朝によるエペソスとイタノス（クレタ島）――さらにタソス、テラ、サモスといった島々の支配は、王国艦隊にとってなくてはならない財産だった。王が都市にたいして、定期的な貢納や臨時の負担を課すことができた場合もあった。

さまざまな方法を通じて、王は都市に支配を行使することができた。もっとも直接的かつ効果的だが、同時にもっとも嫌われた方法に、駐屯軍の設置がある。王はこれを保護だといったが、市民たちは自分たちの自由に足枷をはめるものとして、憎悪の対象とした。前四世紀はじめ以降、アプルレトス〔駐屯軍がいない〕という言葉が、アウトノモス〔自治〕とほぼ同じ意味を持った。ヘレニズム期の史料の一つの言葉（プルタルコスの「アラトス伝」に引用されている）にあるように、アカイア人は、マケドニアの駐屯軍を受け入れ、王アンティゴノス・ドソンに人質を差し出したことで、「馬のように馬銜をはめられた」

のだった。駐屯軍は、市民共同体の政治制度に圧力を加え、その経済資源の一部を不当に利用し、市民共同体の軍事施設、たとえば砦、要塞、港湾を占拠した。王の権益を代表する者として影響力を持った駐屯軍指揮官以外に、王の代わりとなる役人が任命されて、王の支配が制度化される場合もあった。「都市監督者」（エピスタテス・エピ・テス・ポレオスあるいは単純にエピ・テス・ポレオス）は、王国の版図にある諸都市のために、通例は王が任命した者である。こうした「都市総督」（駐屯軍指揮官と同じ人物である場合もあった）は、キプロス、小アジアならびにエーゲ海域にあったプトレマイオス朝の海外領土、ペルガモンのアッタロス王国、黒海のボスポラス王国、そしてビテュニアとカッパドキアの王国で確認されている。マケドニア王国では、王が「監督者」（エピスタテス）に指示を送って都市を統制した。このエピスタテスが都市で選出された公職者なのか、王によって任命された「都市総督」なのかは、わかっていない。王は、広範な有効性を持つ規定（ディアグランマ）と個別の問題を扱う書簡によって、自身の意向を知らせた。さらに王は、自身に忠実な現地の政治家を通じて、都市に影響力を行使することができた。だが、決議や法を民会で通過させて王の指示を実行に移すかどうかは、都市次第だった。

ヘレニズム王は、「監督者」の任命、僭主の支援、駐屯軍の設置、友人の政治家への援助、そして書簡による意思疎通によって、影響下にある地域の諸都市を緊密に統制し、市民の主権を制限した。その一方、都市の面目を保ち、民主政と主権の幻想を維持し、名目的な自由以上のものがあるという印象を都市に与える努力がなされた。この努力は、王と都市との間の書簡のやりとりでの慎重な言葉遣いと劇場的な振る舞いをもって、達成された。アンティゴノス朝のピリッポス五世と、名目的な独立を保った都市ラリサ（テッサリア）のやりとりは、実に示唆的である。前二一七年に、ラリサ人がピリッポス五世に使節を送り、自分たちの都市が戦争のために人口減少に悩んでいることを説明した。この自由都市の使節への返答として、ピリッポスは指示を与えたが、これはラリサ人の民会での正式な承認が必要とされた。

わたしたちが、あなたがたの市民権にふさわしい者を他に考えるまで、当面、あなたがたの都市に居住するテッサリア人あるいは他のギリシア人に市民権を付与する決議を通過させるべきと、わたしは裁定する。これがおこなわれて、皆が与えられた恩恵ゆえに協調するならば、他にも多くのよきことがわたしにもあなたがたの都市にも生まれ、あなたがたの土地がよりよく耕作されると、わたしは信じているからである。

市民権の付与は、完全な権利を持った新しい構成員をポリス共同体に受け入れることを意味したが、それは主権を持った共同体だけが、民会での投票によっておこなうことのできる決定だった。王の実際の権力がどれほど巨大であれ、領土内のいかなるポリスの市民権も、何者かに与えることは決してできなかった。だが王は、共同体自身の国制の手続きに則って決定をくだすよう、共同体に依頼することができた。もちろん王は、自身の意向を明確に表現できる立場にあった。ピリッポスは、強い意味を持つ動詞クリノ（裁定する、判断をくだす）を用いて意思表示をしている。ただピリッポスは、みずからの決定の結果ではなく納得のうえで決議を採択することで、ラリサ人が体裁を保てるように、裁定に説得を組み合わせたのだった。「あなたがたは決議を通過させるべきと、わたしは裁定する」という言い回しは、ラリサの名目上の主権（「あなたがたは決議を通過させるべき」）と王の真の力（「わたしは裁定する」）との間の食い違いを示している。ピリッポスの勧告は無視するには強すぎたのである。しかし、話はここでおわらなかった。王が戦争に気をとられていた間に、ラリサ人は押しつけられていた決議を反故にしたのだった。前二一四年に、ピリッポスは第二の書簡を送らざるを得なくなった。

> わたしがあなたがたに送った書簡とあなたがたの決議に基づいて市民権を与えられた者たちは、その名が碑に刻まれていたが、それが削りとられたとわたしは耳にしている。もし本当にこれが事実であるならば、あなたがたにそうせよと助言した者たちは、あなたがたの都市の利益とわたしの裁定を無視しているのである。［中略］だがわたしは現状でも、あなたがたがこの問題に公明正大に取り組み、市民によって選ばれた者たちに市民としての権利を回復するよう、勧告する。

ピリッポスは今回、この措置がもたらすメリットをさらに詳しく説明し、都市がおこなうべきことを明確にした。ピリッポスは今回も、決議の中身を指示するだけで、決議を通過させることはできなかった。さらに彼は、市民権にふさわしくないと考えられた人物についての決定を延期するよう、ラリサ人に求めて、次のように結んでいる。「だが、こうした人物を非難しようとする者たちに、党派的な理由でそうした動きをとっていると思われないよう、事前に忠告せよ」。二度目の今回、都市はいうことを聞いた。ピリッポスは、劇場的な振る舞いの達人だった。彼は物腰柔らかな支配者、人民の友としての仮面を身につける術を知っていた。数年後（前二〇九年）にアルゴスを訪れた際、「ピリッポスはディアデマと紫の外套を脱ぎ、他の者たちと同じ立場にいる、寛大な人物で、民衆の人だという印象を作り出すことを望んでいた」。みせかけのイメージを生み出すために衣装を変えたうえに、命令を勧奨とごまかすために、彼は言葉も用いた。ピリッポス五世とラリサの間の書簡のやりとりは、間接的な権力の行使にとって、王の書簡が重要なメディアとして機能し得たことを示す、よい事例である。

王と名目的な主権を持つポリスとの関係を特徴づけたのは、互恵性だった。王は都市を必要としたが、都市も王の援助が必要だった。とりわけ、エーゲ海での海賊の襲撃や、小アジア、エーゲ海北部、トラキアで隣人や蛮族の攻撃から身を守るためにである。こうした理由のため、恒久的な駐屯軍の設置を、都市防衛を目的とした善意に基づく行為だと、王が正当化する場合もあった——駐屯軍の設置は同時に、王に戦略的利益をもたらしたのであるが。

市民共同体は、王に紛争の仲裁を求めた。目玉となる建築物や芸術作品で都市を飾り、市民に安価な穀物を分配し、運動選手が体育場で体に塗るためのオリーブ油を供給し、神々の崇拝をより豪華におこなうための財政援助と寄付を実施することが、諸都市の求めたものだった。王が与えるもっとも重要な物質面での貢献は、都市の防衛だった。騎兵隊のための馬匹、武器と戦艦、船舶建造のための木材、市壁の建築・修繕資金のために、王は寄付をおこなった。だが、都市の自由と自治を承認し、免税権を与え、都市に駐屯軍を置かないという王の決定以上に、感謝の対象となったものはない。

都市は、みずからの利害に貢献してくれた王にたいし、神に等しい名誉を付与することで忠誠を示した（九五～一〇一頁参照）。王と都市の関係は、権力と互恵性の複雑な交渉に基づいており、それは民衆とエリートの間に存在した関係に似ていた（一二一頁参照）。デメトリオス・ポリオルケテスに話を聞くよう求めた老女に、王がその時間はないと返答した時、この老女は次のように王に叫んだといわれている。「それならば、王であることをやめよ！」。王の支配を受け入れることは、見返りとして、王の奉仕を求めたのだった。

ヘレニズム王権の軍事的性格

ヘレニズム期の文書がヘレニズム王国に言及する時、「王、友人たちならびに軍隊」（ホ・バシレウス・カイ・ホイ・ピロイ・カイ・ハイ・デュナメイス）という言葉が使われた。つまり、ヘレニズム王国は王、軍の上級指揮官と行政担当者（友人たち）、そして軍から構成されていたのである。ヘレニズム王は、何よりもまず軍事指導者だった（図8、図9参照）。この意味で、ヘレニズム王はヘレニズム期以前のバシレウス〔王〕の多くと違いはなかった。ヘレニズム王権の軍事的性格は、王の義務、王子の訓練、宮廷の構造、権力の象徴物、王の自己表現、そして王と軍との関係性にみてとることができるだろう。

宮廷詩人のテオクリトスは、プトレマイオス二世を称えて、次のように断言する。「父祖から受け継いだすべてをそのまま守り、良い王にふさわしく、みずからも戦い取ろうと心がける」（古澤ゆう子訳、一部改変）。引き継いだ土地を守り、失地を回復し、新領土を征服することが、ヘレニズム王の主要な義務だったのである。王は戦い、軍による防衛を効果的に実現し、勝利を収め、必要とあれば戦いのなかで死ぬことが期待された。セレウコス朝のアンティオコス三世は、ヘレニズム王のこの理想像に合致している。弱冠二〇歳で王位についたアンティオコス三世は、一連の戦争によって、メディアで王を自称していた上部属州の総督モロンによる反乱を鎮圧し（前二二〇年）、コイレ・シリアを王国に取り戻すすんでのところまでこぎつけ（前二一九年～前二一七年）、簒奪者アカイオスを破って小アジアの大部分の支配を再び確立した（前二一六年～前二一三年）。そ

図 8　バクトリアの支配者エウクラティデス一世の硬貨（おおよそ前 170 年～前 145 年）。槍を持ち，角つきの兜をかぶっている。

図 9　ヘレニズム君主の青銅像。

の後アンティオコスは、アレクサンドロス大王を模倣した大規模な遠征を開始した。この遠征で王の軍はヒンドゥークシュ山脈を越えた地域まで進み（前二一二年～前二〇五年）、その地の王たちにアンティオコスの上位権を承認させるにいたった。遠征から帰還（前二〇四年）するまでに、アンティオコスはメガス（「大王」）と呼ばれるようになった。

　こうした期待を実現するために、王子を小さい時から教育する必要があった。軍事教練、騎馬、狩猟が、王の男子たちの教育で特に重視された。若き王子は、遠征で父親や他の指揮官に随行することで経験を積み、王位継承の意志を正当化した。王のなかには、軍事理論と「応用科学」の戦争への利用に、強い関心を持った者もいた。デメトリオス・ポリオルケテスの「包囲者」というあだ名は、彼がロドスの包囲（前三〇五年～前三〇四年）で用いた新型の機械装置に由来している。デメトリオスはアテナイのエピマコスに、機動式の九層構造の包囲装置（ヘレポリス）――雄羊の頭の飾りの円錐が先についた、長く伸びる柄が取りつけられていた――を建造させたのだった。ピュロスとその息子アレクサンドロスは、兵法についての作品を著したと伝えられている。プトレマイオス朝の王たちは弾道学に熱心に取り組み、シュラクサイのヒエロン二世はアルキメデスの技術を包囲戦の問題を解決するために利用した（一三九頁参照）。王は兵士たちの先頭に立って攻撃をおこなうことを期待されたが、他方で、正当な理由なしに危険に身をさらすのは誤りだとされた。前三世紀と前二世紀はじめの王の大半は、プト

レマイオス朝の王を例外として、統治期間の大部分を遠征のなかに過ごし、負傷は多くの者にとって日常茶飯事で、戦闘中に死ぬこともあった。

王たちにつけられた添え名には、軍事的成功と武勇とを強調する歓呼――自然発生的な歓声であれ、演出された喝采であれ――に起源を持つものがあった。ソテル（「救済者」）、ニカトル（「勝利者」）、ニケポロス（「勝利をもたらす者」）、カリニコス（「完勝者」）、そしてエピパネス（「目にみえる力を持つ者」）である。ヘレニズム王権の軍事的な性格は、権力の象徴的表現にもあらわれている。王の肖像の標準的な象徴物の一つに、兜があった（図8参照）。ヘレニズムの王威をあらわす有名な像（図9参照）は、くつろいだ体勢の裸体の王を表現しているが、架空の対角線を引いてみると、観察者の視線は槍の先端へと導かれる。これによって、必要とあれば、王の力を暴力的に発揮することが可能であることが、明確に示されている。軍事的な資質と力は、王が組織した祭礼で中心的な役割を果たした。この時代におこなわれたものとして最大の祭礼である、プトレマイオス二世が父王を称えてアレクサンドリアで挙行した行列（前二七四年頃。六五～六六頁参照）のなかには、顕著な軍事的要素がみられた。五万七六〇〇名の歩兵と二万三二〇〇名の騎兵が、軍事装備とともにアレクサンドリアの大通りを競技場に向かって行進するさまは、プトレマイオス二世の軍事力の目にみえる証だった。アンティオコス四世がエジプトを奪うことに失敗し、ローマの指揮官に屈辱を受けた時（一六九頁参照）、彼は五万名以上――その一部は異国風の武装を身につけた――の見事な軍事パレードを挙行して、この失敗を取り戻し将来の目標を示した。

軍事的な保護を与えるという期待を王が果たせなかった場合、その期待を満たした者が王位の簒奪や新王国の建設によって、王の立場を獲得しようとした。イラン北部とアフガニスタンにあったセレウコス朝の上部属州は、遊牧民族の攻撃に常に直面していたため、セレウコス朝の注意が他にそれている隙に王国から離脱した。メディアの総督だったティマルコスは、侵入するパルティア人を相手におこなっていた戦争を利用して、帝国のこの地域の王となった（前一六三年～前一六〇年）。ヘレニズム世界の辺境地域に位置する小王国のほとんどすべては、王の弱みにつけこんだ裏切り者の総督あるいは世襲の支配者の野望に、端を発している。

君主政が持つ軍事的性格ゆえに、臣民とずっと弱小の従属都市の要請に応えて、常に勝ち続ける人物がよい君主であるという観念が生まれた。すべての王がこの基準に達したわけではなかったが、これを実現した場合、王の権力を人間の水準で測ることは不可能で、神々の力とようやく比較可能となった。こうして王たちは、通例は神々のためとされてきた名誉にふさわしい人物となったのである。

ヘレニズム王の人間的神性

ギリシアで生前に神に等しい名誉を受けた最初の人間は、スパルタの将軍リュサンドロスだった。前四〇四年に、ペロポネソス戦争でアテナイを破ったのちのことである。亡命から戻ってきたサモスの寡頭派が彼に感謝して、祭壇を築き、犠牲を捧げ、賛歌を歌い、ヘラの祭礼の名前をリュサンドレイア、すなわちリュサンドロスの祭礼へと変更した。これらの名誉は長く続かなかったが、その後の発展を予見していた。この発展には、マケドニアのピリッポス二世とアレクサンドロス大王が一定の貢献をした。ピリッポスの崇拝は、彼が建設した都市であるピリッピと、おそらく他のいくつかのギリシア都市にも存在した。ピリッポスが殺害された日、彼はオリュンポス十二神の像とともに自分の図像を、行列で運ばせていた。ピリッポスはこうした表現で、直接的に自身を神だと宣言していたのではなく、むしろ間接的に自身の権力を神々の力と同化させていたのである（一四頁参照）。

アレクサンドロスの崇拝は、これよりも複雑な現象である。アレクサンドロスは人生のおわりまで、神々への供犠を決して怠らない敬虔な人間として行動した。怪我をした時、アレクサンドロスは近習たちにこう冗談をいった――彼らがみているのは血であって、「誉れある神々の血管に流れている霊液《イコル》ではないのだ」、と。アレクサンドロスは先祖のなかに、英雄そして神として崇拝されていたヘラクレスとアキレウスを含めていた。英雄および神との血縁関係は、彼の発案ではなかった。アレクサンドロス以前の他のギリシア人がすでに、卓越した業績のために神や英雄の息子と考えられてきた。一例として、有名なタソスの運動選手テアゲネスは、ヘラクレスの子と信じられていた。この伝統はその後も継続し、プトレマイオス朝はヘラクレスとディオニュソス両者の子孫であると主張し、セレウコス朝はアポロンが祖先である――セレウコス一世の父親ですらある――と考えていた。エジプトのファラオの地位についたことで、アレクサンドロスはこの立場上、太陽神ラーの子となり、彼自身が神的な存在となった。彼のエジプト滞在中、あるいはそのすぐあとに、アレクサンドロスの父親はピリッポスではなくゼウスだという噂が広まった。アレクサンドロスのことを、その力が神々に匹敵し、それにふさわしい名誉を受けるべき人物だとする考えは、エジプトでの事情に加えて、アレクサンドロスの前代未聞の軍事的達成と、英雄と神々を凌ごうとする彼の努力によって強められた。アレクサンドロスはアオルノスの攻撃でヘラクレスと競い（一九頁参照）、彼のインド征服は神ディオニュソスのインド遠征にたとえられた。

アレクサンドロスの遠征中に、小アジアのいくつかの都市で彼の崇拝が創設された。彼を称える供犠のために祭壇が設けられ、競技祭が開催され、部族（都市の下位区分）が彼にちなんだ名前で呼ばれた。アレクサンドロスの友人ヘパイスティオンが、死後に英雄として崇拝を受けた。真の革新は前三二三年に起こった。この年に、ギリシア本土の諸都市が、おそらくアレクサンドロスに迫られるか彼の宮廷に促されるかして、彼を神として称える神聖使節をバビロンに派遣したのである（二一～二二頁参照）。その後まもなくアレクサンドロスが死に、少数の例外を除いて、彼の崇拝は途絶えてしまった。小アジアでは、エリュトライが前二世紀はじめにもまだアレクサンドロスに犠牲を捧げており、二世紀のエペソス、そしてエリュトライでは三世紀になってもまだ、王アレクサンドロスの神官がいたことが確認されている。

前四世紀のおわりまでに、通例は神々のものとされる名誉を王に捧げることが、しっかりとした慣習となっていた。最初期の事例の一つが、アンティゴノス・モノプタルモスとデメトリオス・ポリオルケテスがアテナイで受けた崇拝である。デメトリオスがアテナイをカッサンドロスの駐屯軍から解放した時（前三〇七年）、アテナイ人はアンティゴノスとデメトリオスを町の「救済者」（ソテル）と宣言した。祭壇が設けられ、新しく作られた「救済者たちの神官」が犠牲を捧げた。二つの新部族がこの救済者たちにちなんで、アンティゴニスとデメトリアスと名づけられた。そして、行列、供犠、競技祭が併設された年祭が創始された。都市でおこなわれた王の、また数名の王妃の崇拝は、大方その内容が同じだった。境内（テメノス）が支配者に捧げられ、支配者にちなんで名づけられた。その境内に、王に捧げる犠牲のための祭壇が作られた。王の像が、既存の神殿の伝統的な神の像のそばに設置された。こうして王は、この神と「神殿をともにした」（シュンナオス）のである。祭礼期間におこなわれる犠牲奉献の監督のために、毎年神官が任命された。ギリシアの祭礼は多くの場合、神の生誕日におこなわれ、行列、供犠、運動競技祭をともなっていた。こうした特徴が、都市の支配者崇拝のモデルとなった。この祭礼は、王にちなんで名づけられた（たとえば、アンティオコスのためのアンティオケイア祭）。

セレウコス一世とアンティオコス一世が前二八一年にクロペディオンで勝利を収めた直後に、小アジアのアイガイで彼らのために神的な名誉が与えられたことは、示唆的な事例である。アイガイは、この二人の王にたいし、同市に自由を与えたとしてソテルの添え名でその名誉を称えたが、それ以外にもさまざまなことをした。アポロンの神域の隣に神殿を建築し、神像二体を建立した。そして、王のための祭壇二基とソテイラ、つまり「救済女神」（おそらくアテナ）の祭壇と像を設置し、アポロンの祭礼の期間中にセレウコスとアンティオコスに雄牛を犠牲として捧げた。これに加えて、都市の解放を記念するために毎月、さらにはセレウケオン月（セレウコスに由来する名）に、犠牲が捧げられた。この崇拝のために、毎年一名の神官が選出されることになった。月桂樹の冠、はちまき、豪華な衣装を身につけた神官が、民会に先立って王の祭壇に犠牲を捧げるよう定められた。聖域の触れ役はすべての祈禱で王に言及した。そして、公職者の前でおこなわれる灌奠にあたって、常に香が焚かれ、祈禱が朗誦されることになった。さらに、二つの新部族がセレウコスとアンティオコスにちなんだ名で呼ばれ、評議会員の集会所にセレウコス、そして将軍の詰所にアンティオコスに由来する名前がつけられた。前二〇四年の小アジアのテオスの例でも、同様の特徴、さらには追加の名誉も確認できる。この年テオスは、この都市を免税かつ不可侵としたアンティオコス三世に、感謝の意を示したのだった。市民たちは感謝の気持ちを込めて、アンティオコスとその妃で「姉妹」のラオディケに、神々に匹敵するような名誉を授与した。アンティオコスとラオディケの像が、この都市の守護神であるディオニュソスの像のそばに建立されたのである。

この都市とその領域を神聖不可侵とし、わたしたちを貢租から解放してくださり、この好意を市民とディオニュソスの芸術家の団体にお与えになったかたがたが、可能な限りもっとも優れた名誉を、わたしたちすべてからお受けになるために。ディオニュソスと神殿ならびにその他の崇拝をともにすることで、お二人がともにわたしたちの都市の救済者となり、ともにわたしたちによきことをお与えになるために。

この王夫婦の名前をつけた祭礼（アンティオケイア・カイ・ラオディケイア）が、新しく作られた。この都市の下位組織はすべて、王と王妃のための祭壇を建立し、ポセイドンに捧げるのと同じやり方で犠牲を捧げる必要があった。これに加えて、市民権を持たない住民は、自宅で犠牲を捧げて、この祝祭に参加するよう求められた。この祭礼の日には、祝日であること示す冠を全員が身につけなければならなかった。法廷は開かれず、仕事はすべて延期された。アンティオコス大王が恩恵を宣言した評議会場が聖別され、そこに像が安置された。公職者は全員、元日に犠牲を捧げなければならなかった。王の像が評議会場に立っていたために、評議会員たちの討議はすべて、いわば王の眼前でおこなわれることになった。アンティオコスの他に、この名誉の本質を強調する象徴としての二つの人格にも、犠牲が捧げられた。感謝と好意の擬人化であるカリスたちと、記憶の擬人化であるムネメである。これらへの供犠は、テオスの人々が王の好意を永久に記憶にとどめ、繰り返し感謝の気持ちを持ちたいという考えをあらわしていた。元日にはその年の公職者が全員、「公職のよいスタートが切れるよう、公職就任にあたって犠牲を捧げる」ことになった。このようにして、新年の祭りが、王の祝祭となった。この日に、エペボス（二八四〜二八六頁参照）としての訓練をおえて市民団に加入した若者たちが、王夫婦に犠牲を捧げた——「彼らが公的活動を、まず恩恵を与えてくださった方々に感謝を捧げることではじめられるように、われわれの子孫が、感謝の念をあらわすこと以上に大切なことはないと考えられるようになるように」、である。運動競技祭の勝者は、町に入るときに王の像に冠をかけ、犠牲を捧げた。土地の耕作を守護し、実りを豊かにしてくれる王に感謝して初穂が王の像に供えられ、神官がその季節の冠で像を飾った。王妃ラオディケには、泉水が捧げられた。

王妃が神々にたいし敬虔で、人類にたいして恩恵をお与えになるために、神々を称え、清めをおこなう者たちは皆、供儀の準備のための水をこの泉から取るがよい。［中略］男神官、女神官はすべて、この都市のために犠牲を捧げる場合、水を必要とするあらゆる供犠でこの水を用いるべし。

こうした諸儀礼は、生活の重要な要素――評議会での意思決定、公職者の行政権、若者の教育、市民権、運動競技祭での勝利、農業、家族、そしてディオニュソス崇拝――を王夫婦に結びつけた。王と王妃は象徴的な形で、政治活動と都市の儀礼に参加した。王夫婦は、記憶、救済、保護、自由、感謝という抽象的な観念に関連づけられた。儀礼によって、王の権力の影響力が神々の力と同化した。アンティオコスは、神と同じく繁栄をもたらしたのだった。

テオスの人々は王に神と同じ名誉を与えることで、感謝の意を表明すると同時に、未来でも王の恩恵が自分たちに与えられればという期待をあらわしたのだった。感謝の表明としての支配者崇拝は、説得の一つの戦略だった。王は、恩恵をこの先ずっと施すように求められたのである。王の援助を引き出すために、都市は弱く、苦しみ、誰かに頼るものとして自己演出することを選択し、結果的に力強い王というイメージを作りあげることになった。都市は、王の力と神の力を同化させることで、王に神のごとく振る舞うよう暗に要求した。支配者崇拝との関連で使われることがあった用語に、イソテオイ・ティマイ（神に等しい名誉）がある。イソテオス［イソテオイの単数形］という形容詞は、ヘレニズム王が神ではなかったという事実を強く示唆している。王は、神々と同じ名誉を与えられたにすぎなかった。この考え方によって、ヘレニズム期のギリシア人は王を神そのものにすることなく、普通の人間より高い地位に置くことができたのである。

王と王妃の崇拝には、公的な性格があった。家で犠牲が捧げられた場合でも、それは公的な指示によるものだった。王への祈りが、私的な関心のために個人的におこなわれることはなかった。女王アルシノエ二世だけが、死後（前二六八年頃）に個人的な崇拝の対象となった。彼女は地中海東部で、船乗りの守護神として人気の女神で、アプロディテやイシスといった古くからの船乗りの守護神と同一視された。

支配者崇拝の背景にある心性は、アテナイ人が前二九一年にデメトリオス・ポリオルケテスを迎えた時に歌った賛歌のなかに、みてとることができる。デメトリオスが、エレウシスでのデメテルの密儀の祝いと同時になるよう演出して、アテナイに到着したとき、行列に参加していた合唱隊とイテュパロス（勃起したペニスの扮装をした男）たちが、デメトリオスにまみえるべく街路で踊り歌いながらやってきた。

われらの国に、いと貴《たか》き、お慕い申す神々来たりませり。この嘉《よ》き日、デメテルならびにデメトリオスをば、相携《あいたずさ》えて招き寄せぬ。デメテルは、おん娘ペルセポネの秘儀をば修めんがため、デメトリオスは、神なればさこそあらめ、ご機嫌うるわしく美しさ溢れ、笑みをたたえて来ませり。友人ら、デメトリオスおんみずからを中にして、円く囲みてあれば、威風あたりをはらい、友たちは星にして、かのおん方は日輪とこそ思おゆれ。おお、畏れ多くも、大御神《おおみかみ》ポセイドンとアプロディテのおん子よ、他の神々は遠くにおわしますか、あるいは聞く耳もちたまわず、あるいは、およそ世にましまさず、お姿を拝したる覚えなきなかに、陛下のみ、木像石像にあらず、生身のお姿を拝しまつるゆえに、われら祈りたてまつる。何よりもまず、陛下の御稜威《みいつ》もて、願わくは世を平らけく治めたまえ。テバイのみならず、全ギリシアをば征したるスピンクス、まさに古《いにしえ》のスピンクスのごとく断崖に座したるアイトリア人、われらのすべてを引きさらい奪い去るに、われ抗しえず。げにアイトリアの徒は、近隣の国々とはいわず、今や遠き国々をすら掠《かす》めるに至れば、君おんみずから彼らを懲らしめたもうてこそ。あるいは、オイディプスを見いだしたまいて、このスピンクスをば、あるいは蹴落とし、あるいは灰と化せしめたまえ。（柳沼重剛訳、一部改変）

この歌は、神々の顕現——つまり、神々の存在が明らかにされること——を祝福している。目にみえる効力のある神々の力が、最上級で表現される添え名で称えられている。そしてこの賛歌は、こう呼ぶに値する神々が、祈りに耳をかたむける用意があることを歌っている。これらは、ヘレニズム期の神々の崇拝の、重要な特徴だった（三一四～三一七頁参照）。この賛歌の底流をなす宗教観念では、真の神は口をきかない像と違って、人間と交流し人間の祈りを聴くのをいとわないのである。そこにいて、力を明らかにする神々だけが本当の神々であるのと同じように、デメトリオスは眼前にいて助けてくれる存在であるがゆえに、「本当」なのだ。祈りを聴く神々だけが重要なのだと宣言することで、デメトリオスの神性もこの点次第だと、詩人は王に暗黙のうちに警告している。デメトリオスは本当の神として、アテナイ人の祈りに耳をかたむける能力を発揮し、敵から彼らを守ってやる必要があった。人間の神性は、効能に基づいていた。三世紀はじめの歴史家ディオ・カッシウスの言葉では、「アレテ［並はずれた効果的な力］が多くの人間を神に等しい存在［イソテオス］にするのであって、投票で神になった者はいない」のだった。

都市が設立した支配者崇拝は、過去の恩恵とこれから期待する恩恵に応えたもので、そのために、都市と王とのコミュニケーションを促進したが、宮廷が導入した王朝の支配者崇拝は、これとは異なった起源と目的を持っていた——広大な領土に一貫した要素を与え、王と臣民とを結びつけたのである。王朝崇拝は当初、死んだ王の神格化で成り立っていたが、のちには生存中の王もそれに含めた。前二八三年にプトレマイオス一世が死ぬと、息子で後継者のプトレマイオス二世は父親を神と宣言した。前二七九年には、これと同じ名誉が、プトレマイオスの寡婦となったベレニケに付与された。この王夫婦は死後に、「救済神」（テオイ・ソテレス）として崇拝された。プトレマイオス二世の妻で姉であるアルシノエが死ぬと（前二六八年？）——あるいは、おそらく生前にすでに——エジプトのあらゆる在来の神々の神殿に、彼女のための祭儀が導入された。プトレマイオス二世も、巧妙な方法を使って自身の支配を喧伝し正当化した。自身と姉を、アレクサンドロス大王の祭儀に結びつけたのである。アレクサンドロスの神官は、「兄弟姉妹を愛する神々」（テオイ・ピラデルポイ）の神官にもなった。彼の後継者たちもみな、同じことをおこない、みずからの添え名を神官の称号に加えた。こうして、アレクサンドリアのアレクサンドロスの祭儀が、王朝の祭儀に変化したのだった。公的文書は、この「年に名を与える」神官への言及によって、年代が付された。王朝の継続性と君主の神的な要素が、強調されることになった。

この祭儀に加えて、プトレマイオス朝の王たちはエジプトの神殿のなかで、「神殿を同じくする神々」（シュンナオイ・テオイ）としても崇拝され、毎日の灌奠と焚香を受けた。この祭儀の対象は、主として土着の住民たちだった。王朝祭礼の日程は、多くの場合エジプトの伝統にしたがっており、アルシノエ二世の祭儀の費用には、エジプト古来の神殿に支払われていた資金が使われた。そして、エジプトの文字で石に刻まれたエジプト神官の決議は、エジプトの伝統的な宗教的語彙を使って、王家の構成員を表現した。こうしたやり方によって、土着の人々がプトレマイオス王をファラオとみなすことが可能となった。エジプトの外の小アジアやキプロス島、エーゲ海島嶼部にあったプトレマイオス朝の領土では、プトレマイオス朝の駐屯軍に勤務した兵士たちが、王朝祭儀をおこなった。彼らはこうして、遠く離れた首都にある権力の中心とのつながりを持ったのである。プトレマイオス朝の王朝祭儀は、人間関係のネットワークの維持、そして威厳の誇示にとって、決定的に重要だった。この王国でもっとも偉大だった君主プトレマイオス二世は、こうした目的のために、王朝祭儀を意識的に利用した。彼は、全ギリシア世界の諸都市が神聖使節（テオロス）を送る対象となった、プトレマイア祭を設立したのである（六五頁参照）。

セレウコス朝の支配地域は、プトレマイオス朝よりも均一性が低かった。セレウコス朝は、ファラオの伝統のような既存の慣習に基づいた王朝祭儀を設立することはできなかったが、それでも、宗教儀礼が持つ統一を促す力を利用することができた。君主を死後に神格化することは、アンティオコス一世の時代から普通におこなわれていたが、アンティオコス三世が生前に自身の崇拝を導入したことで、変革がもたらされた。アンティオコス三世は、自身と祖先のための最高神官を設け（前二〇九年？）、この少しのちに、妻ラオディケのために最高神官を用意した。

これらの王朝祭儀によって、諸王国の君主は権力を理念の面から支えることが可能となり、土着の住民は、慣れ親しんだ要素を持つ形式の崇拝に参加することができた。その一方で諸都市は、君主と緊密な関係を結び、過去の恩恵にたいする感謝と未来の恩恵にたいする期待を直接表明する手段として、王崇拝を利用した。王と王妃も同様に、こうした名誉へのお返しとして、諸都市の利害を考慮することを約束した。ポリスと王との入念な交渉のなかで、諸都市は王に寛容であることを促すと同時に、至高の、限りない神のような権力を持つ君主というイメージを作りあげたのだった。

権力を交渉する

ヘレニズム王は、軍事力で獲得・維持できる限りの領土、すなわち王が相続して防衛すべき領土、征服できた領土、そして王が保護を与えた諸都市の領土をすべて支配した。その結果、王の支配地域は、住民の出自、法的立場（市民、軍事植民者、従属民）、そして社会制度の点で多様だった。それぞれの王国には、地理的に核となる場所があった。アンティゴノス朝ではマケドニアとテッサリア、プトレマイオス朝ではエジプト、セレウコス朝ではシリア北部、バビロニア、小アジアの一部、そしてアッタロス朝では小アジア北西部である。辺境地域にあったビテュニア、カッパドキア、ポントス、アルメニアなどの小規模王国は、それぞれの地域が中核部分となった。大規模な王国には多数の海外領土があったため、その支配地域が一続きの国境線で囲まれることは、めったになかった。こうした王国を統治するのは、困難をきわめた。王の支配が受け入れられるかどうかは、他の王（とその娘）、自身の「友人たち」、軍、支配下の諸都市、とりわけ首都（あるいは複数の主要都市）の住民、ギリシア諸都市、その土地のエリート層と地元民、神々、そして前二世紀はじめ以降はさらにローマを相手に、繊細な交渉を実現できるかにかかっていた。ヘレニズム王の強さは、約束と期待、要請と援助、成功とリスク、力と寛容のゲームのなかで「他者」と相互交流をするという、この複雑な場に左右された。

ヘレニズム王権は、高度に属人化していた。今日であれば「国事」と呼ぶであろうことが、ヘレニズム期のギリシア語では「王のこと」（プラグマタ・トゥ・バシレオス）と、王国の宰相は「諸業務の監督者」（エピ・トン・プラグマトン）と呼ばれた。王国が家庭（オイコス）と同化し、宮廷が王の「友人」（ピロス）で構成された。次第に定式化していった友人たちの称号は、彼らがどれだけ王個人に近しい存在だったか、どれだけ信用されていたかを示していた。「友人」という言葉は信頼と愛情という関係性を示唆するが、その関係性は、ヒエラルキーのなかでの王の上位を受け入れ、忠誠の報酬を期待することに基づいていた。

王はみずからの気前のよい行為が、友人たち、役人、そして軍の忠誠心に持ち得る影響力をわかっていた。このため王は、よく仕えてくれた者たちに気前よく報奨を与えるという決定が、公的な刻文として刻まれる関係文書のなかで間違いなく言及されるよう気を配った。これと同様の互恵的なやりとりが、王と軍隊の関係を規定していた。忠誠心を持ち、従軍して役立つことが昇進、コネ、名誉、そして物質的利益——土地、金銭、賞、勝利した遠征での戦利品の分け前など——につながることが、期待されていたのである。王の恩恵を受けた者たちは、神々への奉献や王の安寧のための奉献のなかで、その事実を書きもらさなかった。互恵という考え方を他人に伝えることで、彼らは忠誠心を強化し、王権が拠って立つ原則を伝えたのである。兵士にとってもっともありがたい報奨は、土地の付与だった。友人たちの場合と同じように、軍隊の忠誠は、敗北の恐怖が明らかになった時、戦利品の約束が反故になった時、そして王の支配があまりに弱いか、あるいはあまりに独裁的になった時、雲散霧消する可能性があった。アレクサンドロス大王でさえ、怒った兵士たちの反乱を経験せざるを得なかった。軍隊、とりわけ傭兵の暴動、ならびに脱走の事例は、枚挙にいとまがない。

　前三世紀のおわりから、ヘレニズム王は多くの場合で、自身の立場についてある外部権力と交渉するように迫られた——ローマである。王たちは、ローマ人と同盟条約を締結し、戦争で負けたあとは和平条約の条項を交渉した。王は、王朝の内紛の仲裁役あるいは支援者としてローマ人を頼り、外交政策で後ろ盾になってくれるかもしれないと考え、選択肢がなくなった時には彼らに王国を遺贈した。ローマ人の影響力が拡大していくことで、衛星国として同盟を結んだ王国が生み出された。これは、領土を併合して行政をおこなうことに、ローマ人が当初ためらった結果でもあった。ローマ人は、「藩属王」に統治を任せることを好んだのである。

　こうした交渉は、実にもどかしいものだった。ギリシア人とローマ人が用いる「外交言語」が異なり、ローマの政策が変わりやすく、元老院と野心あふれる軍指揮官との間のパワーバランスが、問題をもたらす場合があったからである。前一六八年にアンティオコス四世は、長く記憶されることになる形で、ローマ人の外交を経験した。エジプト侵略に成功し、プトレマイオス王国を併合する目前のアンティオコス四世にたいし、ローマ人は軍を撤退すべしという要求を突きつけた。アンティオコスには、策を練るための「余地」が、多くは残されていなかった。ローマ側の使節が彼のまわりに杖で円を描き、回答をするまで外に出てはならないと命じたのである。セレウコス朝側は、したがうよりほかなかった（一六九頁参照）。同じ頃、ビテュニア王プルシアス二世は、弱小王が目的を達成するためにローマ人——ちょうど、プルシアス二世の義理の兄弟ペルセウスを破ったところだった——に近づくさまを実演してみせた。

> かつてローマからの特使の訪問を受けたとき、王は頭髪を剃り上げて白い羊毛帽をかぶり、トガに靴といういでたちで特使を出迎えた。これはローマ人のあいだでリベルトゥス〔解放奴隷〕と呼ばれる者、つまり奴隷身分から解放されたばかりの者が身に着ける装いであった。そして特使に右手を上げたあと、「ご覧のとおり、私はあなたがたの解放奴隷でございます。何なりとお気に召すよう努め、あなたがたの習慣を

まねてみせましょう」と言ったのである。［中略］そしてこのときはというと、元老院の玄関に到着後、議席に向き合う戸口で立ち止まり、両手を地に着けて、「幸いなれ、救い主なる神々よ」と叫んで、院の敷居と着席した議員たちに跪拝した。こうして女のように下卑たふるまいと阿諛追従の度において、後世のだれにも超えられない前例を打ち立てたのである。

（城江良和訳、一部改変）

プルシアスは解放奴隷の振る舞いを選ぶことで、パトロヌス〔保護者〕が解放奴隷に持つ責任を負うよう、元老院を追い込んだのである。元老院を救済神の立場に奉ることで、この王は救済神として振る舞うよう、元老院に挑んだのだが、これはちょうど、同時代の諸都市が支配者祭儀をはじめて王の支援を求めたのと同じである。この劇場的な振る舞いは、ヘレニズム王権の主要な特徴だった。

君主政を演出する

デメトリオス・ポリオルケテスが、もっとも悲劇的であると同時に、もっとも演劇的な王だったことに疑いはない。帝国の支配者としてアレクサンドロスを継承するという努力を辛抱強く続けるなかで、デメトリオスは他のどのヘレニズム王よりも、運命の変転を経験した。彼は王国の喪失と再獲得を繰り返した。プルタルコスは、ヘレニズム期の史料にしたがいつつ、デメトリオスの人生を一つのドラマだと認識している。デメトリオスや他の後継者たちが、ディアデマを受けるや否や振る舞いを変えたことについて、プルタルコスは彼らを、「衣装に合わせて歩き方、声音、食卓での寝方、呼びかけ方を変える」悲劇役者になぞらえる。プルタルコスの描写では、デメトリオスの運命の変転が、喜劇の舞台から悲劇の舞台への動きとみなされている。この王の服装は「大げさな悲劇風なもの」として、つまり役者の衣装と関連づけて語られている。プルタルコスが敗北後のデメトリオスの状況を論評するのは、ソポクレスの『メネラオス』とエウリピデスの『バッコス教の信女たち』の詩行を使いながらである。王の葬儀は悲劇の上演にたとえられる。もっとも名高い笛の奏者が荘厳な調べを奏でると、「それに合わせて櫂の列がリズムよく上げ下ろしされると、その音がまるで葬礼で胸をたたく音のように響いて、笛の作る拍子に和するのだった」（城江良和訳）。艦隊の櫂が、悲劇の合唱隊の役目を果たしているのである。最後にプルタルコスは、デメトリオスの人生を次のような言葉でしめくくっている。「これでマケドニアの劇の上演は終わったから、続いてローマの劇を舞台に上げるとしよう」（城江良和訳）。

デメトリオスは運命の劇のなかでもてあそばれていたのではなく、王としての役割をたくみに演じた人物だった。彼の人生が劇にたとえられたのは、彼が人生を優れた演者として生きたからである。デメトリオスは、自分のイメージ形成に、劇場的振る舞いを応用する術を知っていた。前二九五年のアテナイに、入念な演出を伴って登場したことは、その特徴的な事例の一つである。デメトリオスが、数年前に寝返っていたこの都市を占領したあとの出来事であった。通例であればアテナイ人がディオニュシア祭という悲劇の競演を祝う日を、登場の日取りに定めたデメトリオスは、アテナイ人に——まさに、彼ら自身の悲劇の観客として——劇場に集まるように命じた。彼は舞台がある建物を武装兵で囲み、舞台そのものを警護兵に包囲させた。アテナイ人を困惑、恐怖させたこうした準備ののち、悲劇役者のごとく上部の出入口を通って、ついにデメトリオスが姿をあらわした。デメトリオスは、震えあがったアテナイ人の感情を完全に制御しつつ、運命の変転、真のペリペテイアを劇場で演出した。彼は、ふさわしい声の調子と言葉を選んで、アテナイ人の罪を赦し、彼らの心をつかんだ——これが、演じることで手に入れたかったものである。

ヘレニズム期の支配者たちが、劇場的な振る舞いを採用したのはなぜだろうか。ディオトゲネスという人物のものとされる王権についての文書が、答えを与えてくれる。この文書が作られたのはおそらく二世紀だったが、そこでの君主支配に関する考え方は、ヘレニズム王権にもあてはまる。著者は、人間的な弱点を振り払い、演出された外見と研究を尽くしたポーズでみる者を驚かせるよう、君主に忠告する。

君主は人間の弱点から離れて、神々に近づくべきである。それも、傲慢ではなく雅量と徳の深さによってである。外見、考え、判断力、魂の品性、おこない、動き、身のこなしによって、ふさわしい信頼と権威を身にまとわなければならない。そうすることで、君主を目にした者たちが圧倒され、羞恥と分別と信頼の感情を胸に抱くようになる。

この著者は次のように結論する。「そして何よりも、王であることは神々の模倣であるということを、忘れてはならない」。王が、天で神々が演じる役割を地上で演じる役者であると、筆者は暗に示している。王とは、神ならぬ身として神々を模倣する人間なのである。王はこれを実現するために、道徳的、知的能力を超えるものを必要とした。振る舞いを演出すべく、ボディ・ランゲージを注意深く利用しなければならなかったのである。別の箇所で、著者は再び外見の重要性を強調する。

公的な場での演説については、よき王はふさわしい姿勢と外見かどうかに注意を払い、政治家として真剣であるという自己像を作りあげなければならない。王は大衆にとって粗暴あるいは卑劣と映ることなく、優しく思慮深い人物と思われることになる。そうなるために、王はまず、みるとき聞くときに威厳を保ち、支配する価値がある人物にみせる必要がある。第二に、会見、姿をあらわすとき、恩恵施与で思いやりを持たなければならない。第三に、誠実さ、懲罰の迅速さ、そして一般的に、王権の経験と実行において、怖るべき存在でなければならない。神々を模倣して生まれる威厳によって、王は驚きを与え、人々から名誉を受けるだろう。親切さによって、人々は王に好意的な態度をとり、王を愛するようになる。そして最後に、厳しさによって王の敵は震えあがり、王は負け知らずになる。そして友人たちにとって、峻厳さは王に寛大さと自信を与えるだろう。

ヘレニズム王の公の場での外見とイメージについて決定的に重要なポイントは、人気のために必要な愛想のよさと、指導的地位の尊重にとって必要な峻厳さとの間で、バランスを壊さないようにすることだった。峻厳さと愛想のよさは、軍事指揮権の承認のためにも、自治的な都市との関係にとっても、なくてはならないものだった。軍隊の指揮には、王と兵士の間の明確な上下関係が必要となる。一方、有能な指揮官は訓練の場ならびに戦場に姿をあらわし、兵士の要求に対応し、兵士の忠誠心と奉仕にたいして喜んで報奨を与える義務を負っていた。王と自由な都市との関係も、同様のバランスに基づいていた——権威と気楽さ、近づきにくさと身近さ、格差と愛想のよさ、忠誠心を求める王と自治を求める都市。王は目的を達成するために、平等を表現する劇場的な手法を使わなければならなかったのである。

王には、自身の登場を演出する十分な機会があった。軍の集会、宮廷での祝祭、行列、そして都市での歓迎の儀式である。ピリッポス五世は、平等と愛想のよさという幻想を作り出すために、衣装に工夫を凝らしたと伝えられている。

マケドニア王ピリッポスはネメア競技祭を執り行なったのち、再びアルゴスに戻って、ディアデマと紫衣を身から外した。自分も民衆と同等の人間であり、温厚で民衆的な人物だという印象を作り出したかったのである。だが民衆的な衣装を身に着けても、権力のふるい方は逆にますます尊大にそして専横になっていった。（城江良和訳、一部改変）

ピリッポスにとっての衣装は、役者にとっての仮面だった——イメージを生み出すための手段である。ポリュビオスは、セレウコス朝のアンティオコス四世に同じような振る舞いがみられたことを伝えている。アンティオコスは、望ましい公的イメージを作ることに熱心だった。

さらには玉衣を脱ぎ捨てて、代わりにトガを着込み、選挙に参加して広場を歩き回ることもたびたびあった。そして人々に握手を求めたり抱きついたりしながら自分への投票を呼びかけ、私をアゴラノモス［市場監督官］やデマルコス［区長］にしてほしいと訴えた。（城江良和訳、一部改変）

アンティオコス四世は、人望のある王だという幻想を作り出すために、楽器を弾きながら大衆の祝祭に混じったといわれている。アンティオコスが前一六六年にダプネで開催した大祭

（一六九頁参照）の最後に、黙劇役者たちは、彼を演者の一員であるかのように抱えて宮殿に連れていった。そこで王は裸で踊って、道化師とはしゃいだのだった。この社交性の演出を気に入らない者もいた。ポリュビオスは、王の添え名のエピパネス（「目にみえる力を持つ者」）を、エピマネス（「狂人」）に変える皮肉を効かせている。懸隔と身近さのバランスが損なわれると、そうした振る舞いは狂気と受けとめられたのである。しかし、入念な演出は、凄まじい影響力を持っていた。前一八五／一八四年頃、アッタロス一世の息子二人は、母親のアポロニスの出身都市であるキュジコスを訪れた際、ギリシア史上もっとも有名な「孝行息子」を思い出させる訪問に仕立てあげた。伝説では、ヘラの女神官がアルゴスからヘラの聖域まで向かおうとしたとき、車を引く雄牛がいなかったので、彼女の息子であるクレオビスとビトンが車を引いたといわれる。アッタロスの息子たちは母親を間に立たせて、彼女の手を引きながらキュジコスの聖域のまわりを歩いたのだった。「そのようすを見た人々は、この青年たちに深い感銘と賛嘆を覚え、クレオビスとビトンの逸話を思い起こしつつ、アッタロスたちの行ないをそれと比べ合わせていた」（城江良和訳）。この物語は、王の家族について先に議論した特徴の一部を、端的に表現している――支配する王朝を慈しみ合う家族として表現し、身近さと近寄り難さのバランスを保ち、王家を一般の人間より上に置いて伝説上の人物に比肩させ、承認を獲得すべく努力する。最後のプトレマイオス王クレオパトラは晩年でも、あることに卓越していた。子供たちを華やかに登位させて、観客を虜にすることである（二〇〇頁参照）。だが、カヴァフィスによれば、

アレクサンドリア市民は知ってた、むろんだ、
これはみんな言葉、みんな芝居さ。
（中井久夫訳）

第6章　連邦と帝国の世界のなかでの都市国家

ポリス——現実での衰退と観念での継続

古典期最大の都市アテナイは、ペリクレスの死から二〇〇年後の訪問者に、どのような印象を残しただろうか。前三世紀なかばかおわりの旅行家ヘラクレイデスが、アテナイやその他の都市の印象を書き残している。

市街はすっかり干上がっていて、水の便は良いとは言えず、町並みの通りはその古さのせいで細切れのひどいものだ。民家の大半は安普請で、一廉の家屋敷となると僅かしかない。だからよそ者がこの町を見ても最初のうちは、はたしてこれが世に聞こえるアテナイ人の町なのか信じられないほどだ。だが、しばらく経つと誰もが信ずることになろう。同地には世界最高のものがあるのだ。刮目すべき劇場。これは大きく、驚嘆させられる建物だ。アテナ女神の壮麗な聖所。世俗を超越した、見応えのある、いわゆるパルテノンであって、劇場の背後に高くそびえ立ち［中略］さまざまな祭礼行事もあれば、さまざまな顔ぶれの哲学者たちによる魂の誘いや保養もある。暇つぶしの機会は多く、見せ物の催しは絶え間がない。大地の作物はいずれも貴重で味覚は最高だが、生産量はやや乏しい。だがアテナイの人たちはよそ者の滞在を歓迎し、外人と楽しくやっていく協調の面に気をつかって自分たちの空腹を忘れているほどだ。市内には楽しい見せ物や暇つぶしがあって一般市民は食を忘れる始末で、空腹に無感覚になっている。富裕者にとっても快楽の点でこれにかなう町はひとつもない。　（馬場恵二訳、一部改変）

対比に満ちた都市である。過去と現在、富裕者と貧乏人、幻想と現実。ヘラクレイデスは、アテナイやその他の都市を描くにあたって、混成的な世界の生き生きとした姿を提示している。目をみはる建築物、見世物、祭礼、講義、安全な道、安定したインフラが、肯定的な要素に数えられている。近くのボイオティアでは、タナグラが住民のもてなしの心と正義を愛する態度で称賛されている。近隣の森に盗賊がいないという事実も大事だった。ヘラクレイデスがこうした特徴に特に言及しているのも、それらが他の場所では期待できないものだったからに他ならない。彼は多くの場所で、衰退の兆候を読み取っている。ヘラクレイデスはプラタイアイについて、喜劇詩人ポセイディッポスの軽蔑的な詩行を引用している。

神殿が二つ、柱廊があり、その名は……
いつもそこは荒野であり、
エレウテリア祭の時にだけ
ここは一つの都市になる。

このところ誇るべき手柄がないプラタイアイは、前四七九年のペルシア人にたいする最終決戦を祝う記念祭以外に、強調できるものがなかったのだった。名高い歴史なら、古くからのギリシア都市は豊富に持っていたが、アテナイには水がなく、アンテドンには穀物がなかった。アテナイを訪れた旅行者は、称賛に値する建物を数多くみつけただろう――劇場、パルテノン神殿、まだ建設中のゼウス・オリュンピオス神殿、アカデミアとリュケイオンにあった哲学学校、キュノサルゲスのギュムナシオン。しかし、こうした建築物のなかで、ヘレニズム期に建てられたものはない。テバイはより現代的な外観を持っていたが、それはただ、前三三五年にアレクサンドロスによって破壊し尽くされ、二〇年後に再建されたからだった。

衰退の主要な原因は戦争である。王たちの野心、領土紛争、蛮族の侵入、海賊、そしてローマの拡大によって、アレクサンドロス後に戦争の数が増加した。戦争の影響は壊滅的だった。人的資源の喪失、土地とその資源の破壊、共同体と市民個人が負った重い負債、守ってくれる権力への大きな依存がもたらされた。だが、あらゆる問題、不満、衰退の兆候があったにもかかわらず、政治面での参照枠としてポリスの活力は、瞠目に値する。ポリュビオスは前二世紀はじめに、アカイア連邦の達成を称賛するにあたり、連邦を一つの都市国家になぞらえた。「要するに、この地域の住民すべてを囲い込むような共通の城壁がないという一点を別にすれば、ペロポネソスのほぼ全域が組織上ただひとつの都市になったのである」(城江良和訳、一部改変)。三世紀後の一五五年に、弁論家アエリウス・アリステイデスはローマ帝国を称える『ローマ頌』を作った。そのなかで彼は、ローマ帝国を都市的中心のネットワーク、そして都市国家のコモンウェルスとして描いたのだった。

内陸にも沿岸部にも、これほどたくさんの都市が存在したことがあっただろうか。そうした都市が、これほどまでに美しくすべてを備えていたことがあっただろうか。かつて生きた者のなかで、わたしたちのように国を旅した――日によって都市を数え、時には、街路を通り過ぎるかのように、同じ日に二、三の都市を走破する――者はいただろうか。［中略］都市は光と魅力で輝き、大地全体が庭園のように美しく飾られてきた。

アリステイデスと同じようにポリュビオスにとっても、あらゆる政治体が評価されるべき参照点は、ポリス、すなわち都市国家だった。遅くとも前八世紀以降、ポリスは、古代ギリシアの政治組織の主要な形態だった。典型的なポリスは、中心市（アステュ）から構成され、多くの場合、要塞化された砦（アクロポリス）があった。主たる居住地は、領地（コラ）に囲まれ、そこで住民の大部分が暮らし、働いていた。アクロポリス、あるいはアクロポリス近くのふさわしい場所に、祭壇、聖域と神殿、民会議場、市場（アゴラ）、公職者の詰所、その他の公共建築物があった。場所によって、ポリスには、一つあるいはそれ以上の港湾、通例デモスと呼ばれる領土の下位区分、そして従属する居住地がある場合があった。市民権を持っていた一部の農民は、田園に居住して、ポリスの領域に散在していた田園部の共同体で、市民としての権利を行使した。ただ、田園部の市民が都市の民会に参加したかどうかは、彼らがどれほど遠くに住み、中心市まで旅をしてそこにしばらく滞在することが、彼らにどれだけ可能だったかに左右された。

都市国家は、ヘレニズム世界とローマ帝国の住民の大部分が直接経験する、唯一の政治的現実であり続けた。知識人にとっては、都市が主要な思考の枠組みだった。詩人と小説家のなかで、都市は文学的創作の舞台として、理想化された牧歌的景観と競合していた。アリステイデスの頌詞は、あらゆる称賛演説と同程度に一面的で誇張されたものだったが、彼はある意味で正しかった。ローマ帝国には、大小の都市が前例のないほど多く存在していたのである。西部属州と北アフリカについていえば、これはローマ人の主導による植民と都市化の結果だった。ギリシア語圏東方――ギリシアと島嶼部、小アジア、近・中東――では、都市化が西方よりずっと古い起源を持っており、一定の区別が必要である。ギリシア本土、島嶼の一部、小アジアで多数のポリスが、完全に破壊されるか自治的共同体としての立場を喪失するかして、ヘレニズム期に消滅したことはたしかである。しかし、エーゲ海沿岸部から今日のアフガニスタンにいたる広大な領域がギリシア文化に組み込まれるなか、きわめて多くのポリスが新しく建設され、さらに既存の居住地がポリスに格上げされた。そのため、純粋に量的な基準をあてはめるならば、アレクサンドロスからハドリアヌスまでの時代は、ギリシア人ポリスが最高度に興隆し、その制度と建築的特徴――民会、評議会、公職者、ギュムナシオン、劇場、市場、役所――がもっとも普及した時代だったといえるだろう。だが、純粋に量的な基準は、誤解を生む可能性がある。わたしたちが前例のないポリスの増加を目撃している時代は、同時に、ポリスから連邦と王国へ、そしてのちにはローマ帝国へと権力が転移していく時代でもあったのである。

都市が何らかの形で覇権的な勢力に依存する事態は、新しいものではない。前五世紀と前四世紀の大部分の時期、夥しい数のギリシア人ポリスが最初はアテナイに、その後はスパルタ、テバイ、マケドニアに支配されていた。前三八七年からアレクサンドロスの遠征まで、小アジアの自由ポリスはペルシア王の統治下にあった。ヘレニズム君主政が確立されたことで、新しい質的変化がもたらされた。多くの都市（アテナイのような古くからの覇権的勢力を含む）が、長期間にわたって王の直接・間接の管理下に置かれたのである。連邦国家が台頭したことで、権力の中心が都市国家の政治家から、連邦の政治家に移動した。そして最後に、ローマの属州行政が次第に固まってくるなかで、また変化が起こった。

市民共同体としての都市国家は、活気ある政治生活の場であり続けたが、大きな政治的舞台への影響力は――しばしば都市が誘発した戦争を別にすれば――限定的だった。都市国家は、シキュオンのアラトスのような一級の政治家を生み出したが、こうした政治家が歴史にインパクトを与えたのは、連邦の指導者あるいは王の顧問として、自分の出身都市という狭い枠の外で活躍したからである。都市国家が争った優越や名誉は現在のものだったが、特権を求める都市の主張は、過去の功績に基づいていた。この対比は、前四世紀まで都市が存在してきた世界の境界線が拡大するなかで、社会と制度に生じた深い変化によって説明される。

ポリスにあふれる世界

前八世紀と前七世紀の大植民の時代以降、アレクサンドロスからハドリアヌスまでの四五〇年の期間ほど、多くのポリスが新しく生まれた時代は、ギリシア史上なかった。しかし同時に、この時期ほど多くのポリスが、たいていは戦争のために、地図から姿を消し、自治国家としての立場を失った時代もなかった。この時期について、いくつかの段階を認めることができる。

前三三〇年頃から前二二〇年頃にかけての第一段階は、アレクサンドロスの征服と、自身の王国を作ろうとする後継者たちの奮闘で幕を開けた。アレクサンドロスが征服し、後継者たちが統治した領域に、多くの新ポリスが建設された。アレクサンドロスだけで七〇以上の都市を建設したと伝えられるが、これはきっと誇張されているだろう。彼のアレクサンドリア――もっとも名高いのはエジプトのアレクサンドリアとアレクサンドレイア・アラコシア（現在のカンダハル）である――の正確な数は不明である。アレクサンドロスの都市は、後継者たちの手本となった。彼の死後の最初の数年間に、新都市建設の波がすでにやってきた。これらの新都市は、行政の中心地として機能し、王や王家の構成員の名前がつけられた。小規模の定住地が名前を変えてポリスに再編成され、すでに軍事的、宗教的役割を担っていた入植地がポリスの地位を獲得し、破壊された都市が再建され、村落や聖域の場所の近くに都市が新しく建設された。例をあげよう。テルメが、アレクサンドロスの姉妹で王カッサンドロスの妻にちなんで、テッサロニケと名前を変えた。また、前三一六年にカッサンドロスは、前三五六年に破壊されていた都市ポテイダイアの場所に、カッサンドレイアを建設した。前三一六/三一五年のテバイの再建も、カッサンドロスの手になるものだった。オロンテス河畔の小規模居住地パルマケには、セレウコス一世の王国金庫が置かれ、王の妻アパマにならってアパメイアという名になった。セレウコス一世は帝国のための首都を、自身と息子アンティオコスの名前をつけて、もう二つ建設した。ティグリス河畔のセレウケイアとオロンテス河畔のアンティオケイアである。テッサリアのデメトリアスは、デメトリオス・ポリオルケテスが作った。プトレマイオス一世は、上エジプトの首都としてプトレマイス・ヘルメイウを建設する一方、彼の息子は紅海沿岸に二つの港を築いた。妻アルシノエの名をつけたものと、母ベレニケの名をつけたものである。王国のなかの重要都市は、王の居住地や属州総督の拠点として、行政の中心としての機能を果たした。こうした都市の住民は、市民共同体として組織されたが、王、宮廷、国庫、軍隊の存在によって、主要都市は「普通の」ポリスとは異なっていた。王の総督たちも都市を建設した。アンティゴノス・モノプタルモス治世の総督だったアンティゴノス・ドキモスは、前四世紀おわり、プリュギアにドキメイオンを建設した。アンティオコス二世の宮廷に仕えたテミソンは、同じくプリュギアにテミソニオンを作った。そして、セレウコス朝の役人だったニカノルは、アンティオケイア・アラビスを建設した。

この時期のもう一つの注目すべき現象として、小規模共同体の近隣の大都市への合併がある。これには、国家間の合意(シュンポリテイア)に基づくものもあれば、戦争と征服の結果として生じたものもあった。わずかではあるが例をあげよう。小アジアでは、ミレトスがミュウスとテバイを吸収し、エペソスはピュゲラを、テオスはキュルビッソスを併合した。ペルガモンが王国の首都として大きくなったために、近辺にあった古くからの都市はペルガモンの領域に編入され、次第に重要性を失って見捨てられた。一つのポリスとその領土が別のポリスに吸収される場合、通例その住民は市民権を獲得し、その都市の下位区分を形成したが、従属民の立場に降格される場合もあった。入植地が要塞あるいは都市的居住地として存続する場合もあったが、住民がそこを捨てて大都市に移住することもあった。

この一番目の段階で、アジアの新都市の建設は多数の移住者を引きつけた。このインパクトは、一七世紀おわりから一九世紀にかけて、新世界に作られた諸都市が持ったインパクトにたとえることができる。これは、「旧ギリシア」にとって住民の喪失を意味した。この動向の初期の数十年間、そしてその後の散発的な事例では、人々がこうした影響を望んでいたのはたしかである。土地を所有していない者たち、そして政治闘争に敗れた党派の構成員は、新しい出発のチャンスを与えられた。西から東へのこの動きは、経済的、文化的中心地の移動——ギリシア本土から、新王国の首都へ、そして新しい権力の中心地に緊密に結びつけられたロドスやエペソスといった諸都市へ——にも寄与した。今や新たな基準で、都市の立ち位置が決定されるようになった。王との関係（王による建設、首都、あるいは王国軍の駐屯地）、王国内での行政的立場、新領土を地中海につなげる街道に位置するか否か、連邦に加盟しているか否か、である。

前二二〇年頃から前六四年頃までの第二段階は、ギリシア都市間での戦争、そしてローマ拡大に関係する戦争に塗りつぶされていた。ギリシア本土と島嶼部の多数のポリスが破壊され、独立を失い、より大きな政治体に吸収された。前一四六年にローマ人の手でコリントスが灰塵に帰したことは、一つの悲劇として悲しみをもって受けとめられ、これ以上ない蛮行として記憶された。何十もの小都市が同じ運命を迎えたが、ローマ軍兵士よりも、勝利した側のギリシア人の隣人が手をくだした場合が多かった。物質的な破壊から回復した都市もあったが、消滅した都市もあった。古代の史料が、前一六七年にモロッシス（エペイロス）で七〇の拠点が破壊されたと伝えているが、この数は疑いなく小規模のポリスを含んでいる。とりわけ戦争が頻繁だったクレタ島では、前二世紀に少なくとも八つのポリスが破壊の憂き目にあった。クレタ島がローマ帝国の一部となった時、ポリスの地位を持っていたのはわずか一五か一六の居住地だった。これは、ヘレニズム期がはじまった時に存在していたことが知られる五〇以上の都市国家のうちの、ごく一部である。

この段階には、プトレマイオス王国とセレウコス王国の王朝の内紛のせいで、アンティオケイアやアレクサンドリアといった王国首都の政治的影響力に、重大な変化があったこともみてとることができる。こうした都市の住民たちが、次第に重要な政治的要因になっていったのである。彼らは、宮廷に圧力をかけ、要求をし、蜂起を企て、王の追放すらおこなった。

前二世紀初頭にはじまったローマからの影響は、ポリスの法的地位に関して顕著である。ローマの元老院とローマの公職者が、ポリスの地位（場合によってはポリスの存在そのもの）、貢納の支払い、王の領土への割当、同盟都市への領土の配分について、決定をくだした。たとえば前一六七年、それまで独立した都市国家だったデロスがアテナイの所有に移る一方、ロドスは、二〇年前に与えられていたリュキアとカリアの領土と、これらの地域にあった諸都市の支配権を喪失したのだった。

この時期に、「旧ギリシア」でポリスの数の減少がみられたが、エジプトとアジアでは、依然として新しいポリスが作られていった。一例をあげよう。エジプトのテバイスの総督だったボエトスが、前一四〇年～前一三〇年頃、軍事的性格を持つ都市を三つ建設した。エウエルゲティス、ピロメトリス、クレオパトラである。しかし、この段階での新しいポリスの出現は、王や王国の総督の主導による新都市建設の結果というよりは、既存の駐屯地をその地域の役人が率先してポリスに格上げしたことが、より大きな原因だった。小アジアでセレウコス朝の力が弱まったことにつけこんで、自分でポリスの地位を主張する入植地もあった。プリュギアとピシディアの国境地帯にあったテュリアイオンがよい事例である。そこの住民は、兵士と土着民で構成されていた。アンティオコス三世が敗北し、前一八八年にアパメイアの和約（一五〇〜一五一頁参照）が結ばれたのちに、テュリアイオンは、ローマ人がこの辺りの地域を付与していたエウメネス二世に使節を送り、自身の法、評議会、ギュムナシオン――いい換えれば、自治的なポリスの地位――がこの居住地に与えられるよう要請した。同様の方法でポリスの地位を獲得した可能性が高い居住地として、のちに繁栄するアプロディシアス（カリア）がある。

ポリスにとっての第三段階は、ポンペイウスによる東方の新秩序（前六四年）にはじまるが、この段階のとりわけ重要な時期は、ローマの内戦後に訪れることになる。この段階のギリシア人ポリスの地位は、ローマの元老院、ローマの将軍、そしてのちには皇帝の決定次第だった。ローマ市民の植民市は新しいタイプの市民共同体で、ギリシア人の社会と文化に甚大な影響を与えた（二一五〜二一七頁参照）。

ヘレニズム期の連邦主義――大きな期待と大きな失敗

アイトリア連邦とアカイア連邦の興隆によって、ギリシア人の歴史に、王国とポリス以外の新しいタイプの勢力が加わった――連邦国家である。もちろん、連邦はアレクサンドロスの征服以前から、すでに存在していた。ギリシア中部とペロポネソス半島の一部の住民は、さまざまな形態の連邦に編成されていた。都市と緩やかにまとまった部族共同体が、こうした連邦を構成した。これらの連邦は、通例コイノンあるいはエトノスと呼ばれている。テッサリアはいくつかのコイノンに分かれており、他にもアイトリア、ギリシア中部のアカルナニアとボイオティア、ペロポネソス半島のアカイア、アルカディア、メッセニア、そして小アジアにコイノンが存在した。

連邦国家が大きく成長し、重要な役割を演じたのは、前三世紀と前二世紀はじめである。連邦は、アイトリア人のコイノンによるガリア人の撃破（前二七八年）から、ローマ拡大にたいするアカイア人のコイノンの最後の抵抗（前一四六年）まで、重大な政治動向と軍事的事件の主役だった。連邦国家が影響力のある政治組織として浮上したきっかけとして、二つの要素があった。ギリシア人の共同体が、外からの脅威にたいする防衛力を向上するために、軍事協力の方法を発展させる必要があったこと。そして、自由なポリスの自治を脅かすヘレニズム王から、圧力が加えられたことである。連邦国家は個別の都市よりも広域な領土を持っていたため、いっそう大きな軍隊を動員することができた。アカイアのアラトスのような、先見の明と野心を持った政治家は、一致団結のメリットを認識していたが、反目と古くからの敵対関係を根絶することはできなかった。こうした対立関係が、しばしば外国の干渉を招き、最終的にギリシアの征服につながったのである。

地域間の差異は大きかったが、ヘレニズム期の連邦国家にはいくつか共通の特徴があった。クレタのようなごく少数の例外を除いて、連邦には二重市民権があり、個々の市民は連邦国家の市民であると同時に、構成国家の市民でもあった。たとえば、歴史家ポリュビオスの正式な名前は、「ポリュビオス、リュコルタスの息子、アカイア人、メガロポリスの市民」、だったのである。それぞれの構成国家は、独立した主権を持つ市民共同体だと自認しており、何らかの目的のために、主権の一部の要素を連邦の公職者に譲り渡していたのだった。そのため、たとえば戦時には、連邦の将軍が最上位の軍事指揮権を握った。構成国家が共同した分野としては、他に、祝祭や競技祭の共同開催、ある種の法的問題での共通の手続き、領土問題やその他の紛争の解決(仲裁、連邦外の都市による決定、招請した外国人判事による決定を通じて)、そして共通の重さの単位の使用がある。いつもではないが多くの場合、連邦の構成国家は似通った国制を持っていた。個々の構成国家は、その土地の行政をおこない、独自の領土、独自の公職者、そしてしばしば独自の貨幣も持っていた。もともとの部族の領域をはるかに越えた地理的広がりを持つ連邦も存在した。アイトリア人のコイノンは、はるかクレタ島や小アジアにまで構成国家を持ち、ボイオティア人のコイノンはボイオティアの境界を越えて拡大し、アカイア人のコイノンはペロポネソス半島の大部分を統一した。

連邦国家には、共通の外交政策があった。つまり連邦は、戦争を戦い、他の国家と同盟を結び、共同で和平条約を締結し、共同の指揮権のもとに部隊を動員したのである。この点で連邦国家は、一貫した内部構造と持続性を持った、同等者間の連合に似ていた。連邦に関係するあらゆる出来事にたいし、コイノンが定期あるいは臨時の会合のために連邦集会を招集する一方、日々の業務は、構成国家が代表を送った評議会と連邦の公職者——軍指揮官、書記、財務官——がおこなった。アカイア人のコイノンの統治は、一〇名の執行役(ダミウルゴス)の同僚団、将軍(ストラテゴス)、騎兵隊指揮官(ヒッパルコス)、書記(グランマテウス)、艦隊指揮官(ナウアルコス)、副将軍(ヒュポストラテゴス)、財務官(タミアス)が担った。これらの公職者の選出にあたって、構成国家が平等に代表されるべきという配慮はなされなかった。信頼を得た政治家は、何度も選出された——アラトスは一六回、ピロポイメンは八回である。アイトリア人のコイノンでは、市民すべてが投票権を持つ集会で公職者が選ばれた。将軍と騎兵隊指揮官に加えて、軍の七部門のそれぞれの指揮官(エピレクタルコン)、書記、人口に応じて構成国家が支払った分担金を管理する七名の財務官がいた。

全市民に開かれていた連邦の集会は、大祭に合わせて定期的に、また重要な決定をしなければならない場合はその時々に開催された。この集会は通例、連邦の聖域あるいは主要都市でおこなわれた。アカイア人の集会は、「戦争の季節」の期間中に四回（五月初旬、六月初旬、七月下旬、九月下旬）催された。もともとはアイギオン近郊のゼウス・ホマリオスの聖域でおこなわれていたが、前一八九年以降は、構成都市が交代で集会を主催した。各都市が一票を持っていた。この集会で、三〇歳より上で参加が許された各構成国家の市民は、自身の共同体の投票先を決めるために、それぞれで投票した。アイトリア人のコイノンは年に二回、また必要が生じた時にはいつでも、集会をおこなった。公職者を選ぶ集会は、秋にテルモンにあった連邦の聖域で開催され、その他の集会は都市が交代でおこなった。アイトリア人の集会の決議は、連邦国家の全域で効力を持った。この集会は時に応じて、「法起草者」（ノモグラポス）の委員会を選出した。彼らは、新法を登録し、古い法と矛盾がないか確認した。

連邦国家の重要な機関の一つに、連邦評議会（シュネドリオンあるいはブレ）があった。評議会は集会よりも頻繁に開催され、集会の議案を準備し、外国からの使節を迎え、重大な政治問題について公職者と共同した。アイトリア人のコイノンでは、構成国家が人口に応じて評議会に代表を送っていた。前一六七年までに、評議会には五五〇名以上の評議会員がおり、三〇名の評議会員（アポクレトス）からなる小規模の当番評議会員団が、日々の業務を担当した。

効率的な軍隊の動員を可能にし、連邦諸機関での構成都市の代表性を改善し、構成国家間の調和を実現するために、複雑な組織を発展させた連邦国家もあった。ボイオティア人のコイノンは、七つの地区（テロス）に分かれ、それぞれの市民がおおよそ同数とされた。それぞれのテロスは軍隊の単位でもあり、評議会、七名の「ボイオティア人の公職者」（ボイオタルケス）の委員会、その他の公職に代表を送った。もっとも大きい四つの都市――テバイ、オルコメノス、タナグラ、テスピアイ――はそれぞれが一つの地区を形成し、より小さい都市はまとめて三つの地区に編成された。前三世紀おわりにコイノンがオプスを併合すると、八番目の地区が加えられた。アカイアでも、連邦の領土が地区（シュンテレイア）に分割され、それぞれが軍隊について同等の負担をする義務を負った。

こうした一般的な制度にあてはまらないものもあった。キュクラデス諸島の緩やかな連邦である島嶼同盟は、アンティゴノス・モノプタルモスが前四世紀おわりに、エーゲ海域の同盟国を統合するために人工的に作ったものである。前三世紀の前半にはプトレマイオス朝が、のちにはロドス（前一八八年頃～前一六七年）が、この組織を支配下に置いた。島嶼同盟には二重市民権がなかった。「諸島の長」（ネシアルコス）は年ごとに選出される公職者ではなく、王に任命されるプトレマイオス朝の役人として、提督（ナウアルコス）とともにエーゲ海におけるプトレマイオス朝の権益を代表した。クレタ島南西部の山岳地帯に、前四世紀おわり、「高地人同盟」（コイノン・トン・オレイオン）が創設された。この同盟はわずか四、五都市によって構成され、共通の市民権と共同の領土を持ち、互いに同盟を結び、同盟貨幣を発行し、地域的な帰属意識を発展させた。クレタ島第二の連邦である「クレタイ人同盟」は、前三世紀はじめに確認できる。この同盟の「クレタイ人」（クレタイエイス）という人為的な名前は、クレタ人（クレテス。クレタ島の住民とクレタ島出身で海外に住む者を意味する）とクレタイ人（このコイノンに属する都市の市民）の区別を意識している。基本的にこの同盟は、二つの覇権的勢力であるゴルテュンとクノッソスの間の同盟だったが、両者の争いによってしばしば分裂し、外国の王の影響下で復活する存在にすぎなかった。この同盟には、連邦市民権、公職者、軍隊がなかった。構成国家が評議会に代表を送り、全体集会が外交に関する問題を討議した。この同盟が実現したことで重要なのは、構成国家、さまざまなポリスの市民、そしてクレタ島の市民と外国人との間の紛争を解決する仕組みを確立したことである。

独立共同体からなる連邦という概念が、ギリシア外でもっともよく確認されるのは、リュキアである。前三世紀のプトレマイオス朝支配の時代に、リュキア連邦の存在を示す明確な証拠はないが、プトレマイオス朝が支配の助けとなる連邦の創設を望んだ可能性がある。ロドス島によるリュキア支配の時代（前一八八年〜前一六七年）に、ロドスの統治に反抗する同盟があったことは疑いない。解放後に、この同盟は連邦国家のあらゆる特徴を備えるにいたった。二三の都市から構成されるこの連邦の統治は、評議会が担い、大規模な都市はそれぞれ三名、小規模な都市は二名か一名の代表を評議会に送った。各共同体の連邦負担金は、その規模に応じていた。評議会（その会合は各都市が持ち回りで開催した）は、トップの公職である「リュキア人の長」（リュキアルケス）と、さらに他の公職者と連邦法廷の裁判官を選出した。連邦には共通の外交政策があり、たとえば前四六年には、ユリウス・カエサル時代のローマと同盟条約を締結した。

連邦国家による紛争解決の手続の発展と、比例代表制の精密化は、ヘレニズム期の政治文化の偉大な達成だった。連邦は、異なった伝統を持つ共同体の政治的、地理的、民族的境界線を打ち破った。連邦の評議会では、別々の共同体からきた政治家が、共通の利害関心を持ちながら意見を交換した。しかし、連邦国家は地域的な帰属意識を推進し、近隣の共同体を併合する好戦的な外交を追求することが多く、まさにこの理由で、連邦はギリシア世界の政治的分断を止めることに失敗したのだった。拡大に抵抗する都市との、そして他のコイノンとの紛争に取り憑かれていた連邦は、自身の自治に最大の脅威をもたらす者たちに同盟関係を求めた――王とローマである。前三世紀おわりと前二世紀の連邦国家は、ギリシアにローマ支配をもたらす戦争を引き起こし、助長した。

政治制度

ローマによる制度面への影響と介入が前一世紀に明確になるまで、ギリシア人ポリスの政治的構造と制度は、一見ほとんど変わらなかったようにみえる。マグナ・グラエキアの植民市や、ギリシアと小アジアの諸都市から、近・中東にアレクサンドロスとヘレニズム王が建設した軍事植民市まで、ギリシア世界全域でポリスの制度は似通っていた。ポリス共同体には、通例エックレシアと呼ばれる民会があり、定期的に集まって評議会から提出された提議を議論し、承認した。ブレと呼ばれることの多い評議会は日常の業務を担当したが、そのもっとも重要な役割は、公職者が提出した提議（一般市民が提出する場合もあった）を事前に議論すること（プロブレウシス）だった。評議会には執行役の当番評議会員団が設けられることが多く、その評議会員団は一定期間、たいていは一ヶ月か半年、任務についた。最後に、年ごとの執行役たち——まとめてアルカイあるいはアルコンテス（統治する者）と呼ばれた——が、ここには書ききれないほどたくさんのさまざまな軍事的、財政的、宗教的、行政的業務を担当した。こうした公職者たちの数、名称、義務、任命方法は、都市の大きさ、伝統、政体の種類に応じて異なっていた。大半のヘレニズム都市で確認される主要な公職として、ストラテゴス（将軍。［複数で］同僚団を形成することが多かった）とヒッパルコス（騎兵隊指揮官）という軍事職、タミアス（財務官）とエピ・テス・ディオイケセオス（公的財務担当官）と呼ばれた財政の役人、街路や公共建築物、市場といった公共設備の監督をおこなう、「都市を担当する」（アステュノモス）あるいは「市場を担当する」（アゴラノモス）公職者、ギュムナシオン監督官（ギュムナシアルコス）、そして神官職があった。こうした公職の一つが、「年に名を与える」——つまり、公職についていた年に、その人物の名前がつけられる——公職になった。小アジアでは多くの場合、ステパネポロス（冠持ち）が、年に名を与える公職になった。多くの都市には、年に名を与える神官がいた。

民主政体では、民会が寡頭政体より頻繁に開催され——アテナイでは定期の民会が年に四〇回あった——、議論の機会がより多く与えられた。民会の集まりへの参加で、市民が謝金（エックレシアスティコン）をもらう都市もあった。たとえば、小アジアのイアソスである。民主政体では、少なくとも一部の公職が選挙でなく、くじで任命された。こうして、財産やその他の基準に関係なく、すべての市民に一定の政治活動の機会が与えられたのである。市民権は、財産や職業ではなく、市民家系の出自に基づいていた。これと対照的に寡頭政体は、市民権ならびに公職者・評議会員資格に、財産基準を設けていた。一部の公職、とりわけ財務に関係する公職では、民主政体でも寡頭政体でも、財産が必要とされた。小アジアのテオスでは、最低でも四タラントン（傭兵の生涯賃金に相当する）の価値と算定された財産の者だけが、キュルビッソス要塞の駐屯軍指揮官の職に任命される権利を持っていた。一部の神官職は、民主政体でも、エリート家系の世襲の特権だった。多神教のシステムのなかで、宗教儀礼の資金確保の問題に直面した一部の都市は、祭儀に結びついた業務の遂行義務を受け入れる用意のある男女に、特定の神々の神官職を売却した。彼らはこれと引き換えに、神官としての特権と、財政その他の一定の義務からの免除を獲得した。

ヘレニズム期の諸都市の政治生活を、一言でまとめようとする場合、注意が必要である。諸都市の制度は互いに著しく異なり、短期間での変化――王の影響、内戦の結果、独裁政権の樹立のために発生した変化――がきわめて一般的だったために、以下の概説的な評価がすべての都市にあてはまるわけではない。ただ、地方的なばらつきは認めつつも、一つの全体的な発展の方向性は指摘できる。政体の性格を決定する重要な要素として、以下のものがある。政治活動にたいする財産基準の有無(民会への参加、公的な職への就任、場合によっては市民権についても)。評議会員と公職者の任命が、選挙によるものか、全市民団からのくじによるものか、あるいは事前に選ばれた市民からのくじによるものか。あらゆる政治決定の承認が民会によっておこなわれるか否か。公職者の説明責任があるかどうか。そして、外部からの支配(たとえば、駐屯軍、外国の王に支援された僭主、あるいは王に派遣された都市の「監督者」による支配)がおこなわれているか否か、である。

アテナイや、十分な史料のあるその他の都市(とりわけサモス、ロドス、コス、ミレトス、ペルガモン、マイアンドロス河畔のマグネシア、プリエネ)は、こうした諸要素がどのように異なっていたか、わたしたちに教えてくれる。たとえばアテナイでは、前三二二年にマケドニア人が課した人口調査を通じて、二〇〇〇ドラクマ以下の財産の市民一万二〇〇〇名を政治参加から排除し、評議会員と公職者になる資格(おそらくは、民会への参加資格も)を持つ市民を、わずか九〇〇〇名に削減した。前三一七年に財産資格が一〇〇〇ドラクマに減額され、前三〇七年には廃止されたようだ。史料で寡頭政だったと伝えられる諸都市には、同様の規制があったに違いない。アテナイは、前三二二年から前二二九年までの大半の時期、マケドニアの直接支配のもとにあった。民主政の制度は存続し続けたものの、マケドニア駐屯軍、マケドニア王の代理人、そして忠実なアテナイの政治家たちが、民会の決定が王の要望に沿うものであることを確実にした。

前五世紀のアテナイに存在し、アテナイ人が同盟国に押しつけた先鋭的な民主政は、前四世紀の間に、アテナイでもギリシア世界の他の場所でも、重大な改変を経験した。根本的な改変の一つが、より大きな行政上の権力と影響力が公職者に与えられたことである。今や彼らは、ほとんど常にくじではなく、選挙で選ばれることになった。また、デモクラティアという言葉の意味も変化した。前二世紀なかば、ポリュビオスはアカイア連邦の政体に民主政の特徴を読み取っている。「権利の平等と表現の自由、要するに真の民主政の制度と原理が、アカイア以上に純粋なかたちで実現している所は他に見当たらないということである」（城江良和訳、一部改変）。しかしアカイア連邦では、ごく少数の富裕な土地所有者たちが、政治権力を独占していた。そして、ポリュビオスによる「真の民主政」の称賛は、「偽の民主政」の存在を前提としている。デモクラティアという実に曖昧な概念が理想化されると同時に、この言葉が具体的な制度にたいして持った意味は、都市によっても時代によってもさまざまだった。「民主政を尊重する」は、複数の解釈が可能なキャッチ・フレーズになった。デモクラティアは、「デモスの支配」――財産や家系に関係のない市民による統治――から、「デモスの主権」――一義的には外部からの介入と対比されるべき、市民団の主権――へと、次第に意味を変化させた。こうした語義の変化によって、市民の多くが公職、参政権、政治的発議から除外されている都市ですら、デモクラティアと呼ぶことが可能となった。

これで、「民主派」と寡頭政あるいは貴族政の支持者たちとの古くからの争いが、下火になったわけではない。寡頭体制の樹立を阻止する法は発布され続け、駐屯軍が撤退、あるいは独裁政権が崩壊した都市は、民主政の回復を以前と変わらず祝った。また、民主政の支持者と反対者の内戦は、日常茶飯事だった。

未来の歴史家は、ニュージャージー・トランジットの切符をどう理解するだろうか。切符が乗客に伝えるのは、人種、肌の色、ジェンダー、出身国、宗教的信条に関係なく、座席に座る権利があるということである。未来の歴史家は、この文章が差別を糾弾することで、まさに差別の存在を認めていることに気がつくだろう。人種、肌の色、ジェンダー、出身国、宗教的信条は、ニュージャージー・トランジットの電車の席には関係ないかもしれないが、一九六四年公民権法の五〇年後でも、アメリカ社会の多くの、そしてさらにずっと重要な側面で問題になっているのである。古代史家は、見た目と事実の間の矛盾を探ろうとする時に、同じような問題にぶつかる。そしてこれは、ヘレニズム都市の「民主政」の研究にあてはまる。この時期の民主政の最大の足枷は、制度的なものではなく、実際上のものだったからである。つまり、若干の富裕な家系が権力を独占し、主要な政治的なポストを世代を超えて確実に引き継いでいったのだった。ギリシア都市は、市民の主権という理想を大事にし続けたが、史料があって政治生活の現実を垣間みることのできる都市では、民主政は単なる幻想だったように思われる。

民主政という幻想と金権政治という現実

財産とコネと伝統に基づいた名声を持つエリート家系は、古典期アテナイの急進的な民主政においてさえ、常にギリシア人の政治生活の顕著な特徴であり続けた。こうした家系は、前四世紀、前三世紀と影響力を持ち続けたが、前三世紀おわりから、さらに前二世紀なかば以降はもっとずっと明確に、少数の家系の構成員が権力を独占し、おもだった政治的なポストを次の世代へと継承していくという傾向があらわれた。こうした経過の遠因は、公的支出を個人の資金提供者——つまり、恩恵施与者の役割を持つ者——に頼ったことに求められる。彼らは、寄付、貸与、あるいは公共の基金への貢献の形で、公的業務へ資金を提供することで、自身の公的イメージを向上させ、みずからの家系が政治的な主導権を握ることへの承認を獲得した（二七四〜二七七頁参照）。

さまざまなヘレニズム都市の民主政の度合い、そして富裕な家系による権力独占の程度は、次の一連の問いによって評価することができる。どの人物がどれだけの頻度で、公職に選出されたか。どれだけの公職がそうした人物に集中したか。彼らの祖先、家族、子孫が政治活動をしていたことが確認できるか。それほど富裕でない市民の民会参加が、謝金の支払いによって促進されたか。公職者以外の人物による民会への提議がおこなわれていたか。一定の伝記的情報に加えて、著名な人物の先祖についてのデータも伝える名誉刻文が、こうした問いに関わる証拠を与えてくれる。たとえば、コス島で前二〇〇年頃に活躍したディオクレスという人物は、ある名高い家系に生を享けた。祖父のプラクサゴラスは著名な医師で、父親のレオダマスはハラサルナというデモス〔地区〕で、モナルコスという最高の都市公職を務めていた。ディオクレスは若者だった前二一七年に、地元で最大の運動競技祭で勝者の誉を受け、前二〇六年には、ディオニュソスの神官となった。前二〇一年にコス島がクレタ人の襲撃にさらされると、ディオクレスは、コス島防衛のための費用を集める基金を、民会で提議した。七〇〇〇ドラクマ——傭兵が二〇年以上は働かないとならない金額である——を負担したディオクレスは、この基金の最大の提供者でもあった。戦争中のディオクレスの業績を称える名誉決議は、彼の家系が公共奉仕で果たした伝統をもらさず伝えている。「先祖から彼に継承された美徳に則って行動した」ディオクレスは、統率力と戦術的思考能力を示した。彼はみずからのデモスの砦を守り、その守備隊を徴募、編成、指導した。また、武器を渡し、防壁建設を監督し、必要な資金を捻出し、入用とあればいつでも資金を貸与した。

エリート家系が持った影響力のもう一つの事例は、アテナイに関するものである。前三世紀おわりのアテナイの政治生活は、二人の兄弟に支配されていた。エウリュクレイデスとミキオンである。エウリュクレイデスは、歩兵隊の将軍と軍事金庫の財務官を務め、この時に自身の資産をたくさん支出した。彼は競技祭の開催者として、七タラントンという巨額の金を消費した。戦争のために土地が休耕中で作付けされてなかったので、耕作に必要な資金を調達した。前二二九年、エウリュクレイデスはマケドニア駐屯軍に渡して、アテナイからの撤退を「納得」させるための金を仕立てることで、「兄弟ミキオンとともに、都市に自由を回復した」。「彼は兄弟ミキオンとともに港湾の守備を固め、中心市とペイライエウスの壁を修繕した」。

エウリュクレイデスは、他のギリシア都市と同盟を結び、アテナイに融資が返済されるよう努め、新法を提議し、神々を称える見世物を開催し、自由の回復を記念するために武装した男性たちによる運動競技祭を新設し、建築活動で他に抜きん出た。彼は兄弟と緊密に連携しただけでなく、息子も政治生活の道に導いた。エウリュクレイデスは、資産が必要とされる公職である軍事金庫の財務官を一年間務めたあとで、これもミキオンという名前の「息子を通じて」、この役職をもう一年続けた。息子ミキオンは、こうして政治活動に入ったのである。もっとも費用がかかり名声もある公共奉仕《レイトゥルギア》の一つに、アゴノテシア、つまり競技祭開催の財政負担があった。エウリュクレイデスは、「またも息子をこの義務のために差し出した」。父親の指導のもとでなすべきことを学んだミキオンは、のちにアゴノテテスと穀物購買委員会の委員を務め、金銭を寄付したことが知られている。これは例外ではない。前三世紀おわり、プリエネの守備隊指揮官だったヘリコンは、この任務の期間、息子の助けを得ていた。卓越した市民に与えられた名誉が、子孫に継承される場合もあった。たとえば、前三世紀はじめのアテナイで、喜劇詩人、政治家、恩恵施与者だったピリッピデスに、評議会の執行役の当番評議員団とともに常に無料で食事をし、都市が開催するすべての競技祭で名誉席に座る権利を与えるよう、決議がなされた。ピリッピデスは一般市民より上の存在として、もっとも卓越した人々の仲間入りを果たしたわけだが、さらに彼の子孫の年長者にもこれらの名誉が与えられて、この恩恵施与者の家族の優越した立場が永続していくことになった。

こうした傾向は、ヘレニズム世界の辺境地域でも確認できる。プロトゲネスは、前三世紀おわり、黒海北岸のオルビアでもっとも富裕な者に数えられていた。彼は、「九人役」の職（おそらく財務官）に選出され、スキュティア王への使節を担当し、「九人役」を三年間務めるなかで都市財政の責任を負った。プロトゲネスを称える決議の冒頭には、彼の父親への言及がある。父親は、「資金ならびに公務の点で、多くの偉大な奉仕を果たした」人物だった。したがってこの決議は、家系の伝統と義務の継承の重要性を強調しているのである。地位の相続、財産の相続、指導的立場の相続、恩顧の相続から、特権的市民の階級の制度化までは、ほんの小さな一歩である。ギリシア諸都市がローマ帝国に統合された時に、この一歩が埋められた（二四三〜二四六頁参照）。

民主政の制度はヘレニズム期の都市にも存続したが、政治生活はますます寡頭政的、貴族政的特徴を備えていった。時がたつにつれ、寡頭体制のように、公職や政治生活は少数の富裕家系が独占する特権になっていった。そして、相続に基づく貴族政のように、特権がこうした家系のなかで継承されていった。公職と政治的役割の集中、公職の連続就任、同一家系の構成員による公職の占有、そして少数のエリートによる主導的な政治的立場の独占は、多数確認できる。デモスは、エリートたちが恩恵施与を通じておこなう奉仕と引き換えに、彼らの主導的な立場を受け入れた。この互恵的な関係を、地理学者ストラボンが前一世紀のロドスにみてとっている。

> ロドス人はデモス〔民衆〕の面倒を見、それによって、民主政を採用していないながらに多数の貧困者たちを良い状態に保とうとしていた。父祖以来のある種の習慣によって、民衆は食糧の給付を受け、富裕者は貧困者を支えている。この給付はある種のレイトゥルギア〔有産階級に義務として課された共同体への奉仕〕に基く。この結果、貧困者が扶養を受けると同時に市は必要なだけの人員に不足を来すことがない。とりわけ海軍の遠征のための人員についてはそうである。
>
> （飯尾都人訳、一部改変）

　ただ、エリートの政治面での指導的立場や影響力が揺るぎないものであったとか、あらゆる場所で、本書の対象時期すべてにわたって同じだったとかいうつもりはない。また、恩恵施与者たちが保持した政治における指導的立場の性質も、前三世紀から前二世紀にかけて次第に変化していった。この変化の最初の段階で、エリート家系の構成員たちが求めたのは、同僚市民の間で第一位を取ることだった。しかし、前二世紀なかば以降、都市の公費がおもに恩恵施与者によって負担されるようになると、エリート層は愛国心で尊敬を集める、同等者のなかの第一人者とみなされることはもはやなくなり、市民団の他の部分より明確に上に位置する、閉鎖集団を形成するようになった。こうした内政上の進展は、まずはギリシアで、次に小アジアで拡大した、ローマの直接支配と同時に進行していった。貴族政的な統治システムで育ったローマの政治指導者たちは、ギリシア諸都市の寡頭政支持者のなかにうってつけの同志をみいだしたのだった。彼ら寡頭政支持者たちは、財産基準を満たした者たちだけに公職と評議会員の扉を開く改革をあと押ししていた。ローマ人は、前一四六年にギリシアを征服したのち、政治参加と公職への選出が財産資格（アポ・ティメマトン）に左右される寡頭政体を強要した。こうして、エリートの実際上の主導権が、法的資格と財産調査の要件とも、ますます結びつきを強めていった。このプロセスは、帝政期に完成をみた。

　エリート家系の集団に属していなかった市民には、行政を担当できる可能性、あるいは提議を起草し評議会に提出する、つまり立法手続きを開始することのできる可能性が、たとえあったとしても、限られていた。だが彼らは、政治生活に影響を与える方法を発見した。第一に、市民の集団は重要な出来事がある時にはいつでも、（通例、劇場で開催された）民会の正式な集会であれ非公式の集まりであれ、喝采や節をつけた大きな叫び声を使って、意思表示をすることができた。第二に、同盟、宣戦布告や和平条約の締結、制度変更、公の財政や個人の負債といった重大な問題が、その共同体に深い分断をもたらすと、群衆となった市民は積極的に暴力沙汰に関与し、場合によってはそれが内戦に拡大することもあった。第三の、そしてもっとも重要だった点は、エリート層が決して一枚岩ではなかったことである。個人や家系は権力を求めて競争し、政治目標も異なっていた。こうした競争のなかでエリートたちは、公職への選出や民会での提議の成功を狙って、市民の支持を競って求めたのである。市民たちの支持は、彼らの望みに応じて、ある政治家から別の政治家へと変わる可能性があった。わたしたちに残された史料で扇動家とか僭主と呼ばれている政治家たち（一二五頁参照）の浮沈は、そうした移ろいやすい支持の結果に他ならなかった。

競い合う政治家たちは、市民の大集団を自分の側につけなければならなかった。これには、単なる雄弁術以上の説得の戦術が必要とされた。政治家たちは、民衆による支配という幻想を維持すると同時に、独裁的な支配者として個人の政治権力を行使するか、あるいは、ほぼ世襲の寡頭政の構成員として特権的な立場を維持しなければならなかった。平等の原則と事実上のエリート支配との間の矛盾は、現代の大衆民主主義の構造的問題としてよく知られている。現代ギリシャの哲学者パナヨティス・コンディリスがいうように、現実と期待の不均衡は、エリートたちが自分を「一般人」にみせるやり方にみてとることができる。

ポピュリズムは、実際には平等ではない場合にも平等の代替物を作り出して、常に心理学的な要請にも応えなければならない。こうした代替物は、例えば私的空間と公的空間との境界線の消去を進めることによってもたらされる。それによって「一般人」、さらに「成熟した市民」でもある人が、マスメディアによって語られることに基づいて、「人間らしい」振る舞いをするあるエリート集団のあるメンバーを、通例「われわれの一員」であると考えてしまう。大衆民主主義に付随するポピュリズムは、自分たちが一般人といかに近いかをあらゆる機会にみせつけることを、エリートに属する者の主要な義務としてしまっている。（藤井千絵訳、一部改変）

ヘレニズム期の政治家は、期待と現実の不均衡によってもたらされるこの課題に対応するために、演出された劇場的な振舞い——慎重に練られた文章、特別な衣装、身振り手振り、表情、声色の制御——を市民との交流に借用した。政治家の彫像は、几帳面にひだをつけた外衣を身にまとう男性を表現し、贅沢さをあらわさないようにしている。自制と慎みが、固定された腕によって喚起される。外衣のひだから解き放たれて前へと突き出された腕は、精力と緊迫感を漂わせる（図10参照）。同時代の肖像は、よき市民が苦労の多い都市の仕事をやり遂げる活力と熱意を、顔の表現で端的にあらわしている（図11参照）。こうした図像は、クィンティリアヌスが弁論家に与えたアドバイスを思い出させる。曰く、弁論家は、衣服を無頓着に乱し、トガをだらしなく垂らすことによって、汗を流すことによって、疲れをみせることによって、極度に疲労していることを示し、支持者の利益に極限まで力を使い果たしたことを伝えなければならない、と。ジョージ・ブッシュ（父）が、一九六四年の議会選挙にあたってヒューストンでおこなった運動との類似

図 10　ヘレニズム期の政治家の像。

図 11　ヘレニズム期の政治家の肖像。

性は、驚くべきものである。「何度も繰り返し、ヒューストンのあらゆるテレビ画面に、ジョージ・ブッシュがコートを肩に引っかけ、腕まくりをし、選挙区を歩き、笑顔を浮かべ、手を握り、有権者のことを考えていると彼らに知らせる姿が映った。何について考えているのかは、はっきりと伝えられることはなかった」。ヘレニズム期までに、政治弁論は入念に演出された劇場的なパフォーマンスへと発展し、政治家たちはそれによって民会の感情を制御した。政治弁論家たちは、俳優に範をとって、適切な身振り手振りの使い方を学んだ。『ヘレンニウス宛修辞学』――一部はヘレニズム期の範例に基づいている――の著者が、「よい演説とは、弁士がいっていることが、本心からきているとみえるようにするものである」と述べる時、強調しているのは、幻想を生み出す見た目（ウィデアトゥル）なのである。

エリートの権力を強化し、それを受け入れやすくするもっとも効果的な方法の一つは、彼らの奉仕と恩恵施与を目にみえる形にすることである。彼らは自発的に寄付をすることで、共同体のために喜んで私財の一部を提供することを公に示した。しかしこの自発性は、彼らエリートたちの政治主導を共同体が受容すべきという期待と、表裏一体だった。エリートたちは、民衆の感情と思考を制御する劇場的な振る舞いを繰り返し使って、自分たちが一般市民と遠く離れた存在ではないという幻想を作り出した。早くも前四世紀おわりには、パレロンのデメトリオスが外見に大いに気を配って、陽気で愛想のよい人物にみえるよう努めていた。その数世紀後の高潔な市民のイメージでは、公共の福祉のためのきつい仕事のあとの、疲弊した表情が強調された。フレッド・エッブが作詞した『シカゴ』の一節を思い出す。

使い古しのはったりをすりゃいい、
ごまかしゃいいんだ。
ド派手な出し物をみせてやろう、
そうすりゃ、熱い反応が返ってくる。
[中略]
ごまかしゃいいんだ。
そうすりゃ、みんながお前をスターにしてくれる。

ヘレニズム期のスター・システム——扇動家、僭主、世襲の王家、英雄

ヘレニズム期の政治生活、少なくとも文献史料に記録を残す程度には刺激的な政治生活は、スターの独壇場だった。アレクサンドロスの征服は、不可能にみえることでも、使命を追い求める情熱（ポトス）、過去の偉人たちのひたむきな模倣（ゼロス）、そしてもちろん運（テュケ）があれば、達成可能だということを明るみに出した。家系の権力の相続は、もちろん無視できない強みだったが、それがなくてもスターになれた。

個人支配は、後継者たちの支配ほど大規模である必要はなかった。一都市や一地域に限定した支配もあったのである。軍事の能力を利用して権力を獲得した人物の例を、いくつかみてみよう。前四世紀おわり、アガトクレス（四三～四四頁参照）は都市公職を出発点として、シチリアでの束の間の王権へ手を伸ばした。前三一九年、マケドニアの将校アルケタスはピシディアのテルメッソスに亡命し、軍事能力のおかげで、比類ない権勢を誇った。彼は若者を新兵として集め、襲撃を組織し、戦利品を惜しみなく分配して人気を得た。「老人たち」が裏切ってアルケタスを捕らえ、アンティゴノス・モノプタルモスに引き渡そうとしたために、ようやくアルケタスは自殺するにいたった。もし彼が生きていれば、都市を支配して、場合によっては史料のなかで「僭主」と表現される権力者の仲間入りをしていたことだろう。前二六〇年頃のミレトスの僭主だったティマルコスという人物は、おそらく傭兵の指揮官か高位の兵士で、軍人としての経験を生かして独裁権力を獲得した。小規模な独裁支配を達成するもう一つの方法は、王の支援を受けることである。たとえば、前三一七年から前三〇七年までアテナイで僭主として君臨した、弁論家で哲学者のパレロンのデメトリオスは、カッサンドロスの援助を得ていた。リュキアのテルメッソスは、前二五〇年頃からおよそ一世紀の間、エジプトのプトレマイオス一世につながった世襲の支配者によって統治されていた。

アルカイック期以降、諸都市で僭主政が栄えたのには、二つの条件があった。外部の支配と都市内の不和である。シキュオンは数十年にわたって、都市内の不和と僭主に悩まされていた。

シキュオン市は［中略］扇動政治家の権力争いと内乱に陥り、それからというもの病患と動乱の止むときがなく、僭主が次々に現われては消えたが、クレオン暗殺後になってようやくティモクレイダスとクレイニアスという、市民の中で最大の名声と権勢を有するふたりを指導者に選ぶにいたった。ところがこの体制がまがりなりにも安定し始めたとき、ティモクレイダスが死去したのに乗じて、パセアスの子アバンティダスが僭主支配をもくろんでクレイニアスの命を奪い、さらにその仲間や親族まで国外に追放したり処刑したりして［後略］。（城江良和訳）

殺戮と僭主の交代は、クレイニアスの息子アラトスが亡命から帰還するまで続いた。五〇〇名の市民も亡命先から戻り、以前の体制が接収して支持者に分配していた財産の返還を要求した。アラトスの時代のペロポネソス半島では、エリート層内部での衝突によって、僭主政が樹立されては打倒された。扇動政治家が少し言及されていることは、僭主たちが傭兵の支援に加えて、市民の助けを求めてそれを獲得したことを示唆している。彼らはおそらく、敵対者から接収できる土地を与えると約束することで、市民の一部の支援を取りつけたのだろう。

政治家のなかには、彼らが与えたアドバイス、軍事の能力、そして勇気によって政治的主導権を握った者たちがいた。彼らは、僭主や外国の敵に抗って戦い、軍事衝突で負け組につかないよう共同体を守り、使節としての任務を果たした。彼らが、戦闘で英雄的最期を迎えた時は、範例としてきたるべき世代を鼓舞することになった。ボイオティアの騎兵隊の指揮官だったエウグノトスは、こうしたケースのよい事例である。エウグノトスは前二九四年、オンケストスでのデメトリオス・ポリオルケテスとの戦いで負けを悟ると、戦場で自死を図った。市場のゼウスの祭壇のそばに建てられたエウグノトスの像は、彼の英雄的な死を記念し、若者たちにメッセージを送っている。「父祖の都市を守って、戦士は栄光を与えられ、勇者となるのだ！」。エウグノトスの像と刻文は、若者の模範となった。彼の死後、何世代にもわたって、像の台座が徴兵された者たちの名前を刻むのに使われた――彼らはおそらく、まさにゼウスの祭壇とエウグノトスの像の前で、宣誓をおこなったのである。

多くの場合、指揮官や顧問として疑問の余地のない統率力を示した者は、生前から同僚市民の上に立った。アレクサンドロス治世のアテナイのリュクルゴスは、そうした指導者の一人だった。リュクルゴスは、アテナイでもっとも名声のある家系の一つの出身で、富裕で、卓越した弁論家でもあった。財政の監督官の職を繰り返し務め、決議の提議者として他を圧倒したリュクルゴスは、都市財政に規律をもたらし、大規模な建設計画に着手し、アテナイの諸制度を改革した。こうした指導力ゆえに、アテナイ史のある時期全体が、「リュクルゴス期」と呼ばれている。アラトスとピロポイメンは、数十年にわたって、アカイア連邦の政治的、軍事的指導者だった。前三世紀おわりのアテナイで同様の存在だったのは、エウリュクレイデスとミキオンで（一二〇〜一二一頁参照）、アッタロス朝終焉後の前一世紀はじめのペルガモンでは、ディオドロス・パスパロスが、指導的人物だった。

富裕な家系の影響力は、婚姻と移住を通じて、一都市を超えて拡大し、数世代にわたって続くことがあった。ニュサのカイレモンという人物は、ミトリダテス戦争期間中の前八八年、ローマ側についた富裕なギリシア人の一人である。彼の息子ピュトドロスはトラレイスに移住し、巨大な資産で指導的な市民の一人になった。彼の娘のピュトドリスは、ラオディケイアの別の富裕家系に嫁入りして、前一四年にはポントスの妃となった（二五七頁参照）。前二五年頃には、同じくこの家系に属していたカイレモンがローマの元老院と皇帝のもとに赴き、壊滅的な地震のあとのトラレイス復興のための援助を求めた。この家系の人々は、二世紀までトラレイスとニュサのエリート層に属していた。しばしばこうした人々は、死後にあらゆる一般人より上に置かれた。犠牲が毎年捧げられ、ギュムナシオンに彼らの名前がつけられ、彼らの記憶が忘却されず保たれたのである。

前一世紀の混乱の時代に、新しいタイプの政治指導者が台頭した。野心があって、たいていは教養のある弁論の技術を持った者たちが、ローマ人の司令官と誼を通じることで権力に到達にするようになったのである（二五九頁参照）。そうした人物の一人が、どうやら低い身分の生まれだったコス島のニキアスである。彼の羊にライオンを産んだものがあり、これが彼の支配者としての未来を予言したと伝えられている。マルクス・アントニウスの支援によって、ニキアスはコスにほとんど絶対的な支配を確立することができた。彼の肖像がこの都市の貨幣を飾り、彼の安寧を祈るための祭壇が、呼びかけ――あるいは命令――に応じて、個人宅に数多く設けられた。刻文に刻まれた献辞は、「市民団の息子であり、祖国を愛する英雄であり、都市の恩恵施与者であるニキアスの救済のために、父祖伝来の神々に」捧げられていた。「英雄」という呼称は、ニキアスがすでに人間より上の地位に高められていたことをあらわしている。しかし、アントニウスが敗れると、彼の墓は暴かれて、遺体が切り刻まれた。

多くのケースで、弁論術と扇動の技が「僭主」の重要な資質だと証明された。アテナイのアテニオンは、弁論の教師となって財産を築いた。アテニオンは、民衆扇動家ならびにアテナイでの王ミトリダテス六世の代弁者として、「僭主政」と表現できる支配を樹立した――ただ、この支配は、公職という外套に覆われていたのだが（一八三〜一八四頁参照）。同じようにミトリダテスを支援して、自分の都市で政治権力を握った教養人に、アドラミュッティオンの哲学者ディオドロスがいる。彼は、将軍職を務めている時に、評議会員全員の殺害を命じたのだった。

説得の技術が意味を持ったことは、ヘレニズム都市の有力者のなかに、かなりの数の哲学者や弁論教師――たとえば、ミュラサのエウテュデモスやヒュブレアス（二五五〜二五六頁参照）

――がいたことを説明している。タルソスで（時期はわかっていない）、エピクロス派の哲学者だったリュシアスは、ヘラクレスの神官に選出されて年に名を与える「冠持ち」を務めた人物だったが、一年の任期がおわっても冠を外すのを拒否し、「衣服によって王になった。彼は白い縞の入った紫の短衣、華麗な外套、ラコニア風の白いサンダル、金の冠を身につけた」。馬子にも衣裳、金冠が王様を作る。しかし、何がリュシアスを独裁者にしたのだろうか。他に情報はないが、この君主の哲学の素養と、それに関連した弁論の技能は、この人物が扇動家だったことを示唆している――彼は、個人支配を打ち立てるために、社会の緊張関係を利用したに違いない。ギュムナシオンの守護神であるヘラクレスの神官だったリュシアスは、エペボス〔若者〕の教育に携わっていたのかもしれない。また、彼の衣装はギュムナシオンの監督官の衣装によく似ている。リュシアスはおそらく、若者たち――しばしば内戦の主要因となった――の支援を受けていたのだろう。

長い伝記的な刻文には、英雄的な将軍、思慮深い顧問、気前のよい恩恵施与者、ローマに向かった勇気ある使節の事績が語られている。こうした主人公たちの名誉像が、前例のない規模で建立されて、都市の公的空間を飾った。しかし、アウグストゥスのもとで帝国権力がしっかりと確立されると、帝国で許容されたのはただ一人の主人公だけだった――皇帝である。

第7章　絡まり合い（前二二一年〜前一八八年）
——ローマの登場

シュンプロケ——グローバル・ヒストリーの誕生

前二二一年、アンティゴノス朝とプトレマイオス朝の双方で新王が登位した。この年、遠く離れた場所で起こったある出来事に注目した政治家は、ギリシア世界にきっと存在しなかっただろう。スペインでカルタゴ人司令官ハスドルバルがイベリア人の奴隷に殺され、二六歳の類縁の者がスペインの最高司令官の立場を引き継いだのだった。ハミルカル・バルカの子ハンニバルである。ハンニバルの父親は、前二四一年にローマ人の勝利によって終結した第一次ポエニ戦争で、カルタゴ軍を指揮していた。幼少時より、ハンニバルにとってローマは不倶戴天の敵だった。ハンニバルは若い頃、父親がスペインでのカルタゴの覇権の回復に努めるのを目の当たりにしていた（前二三七年〜前二二九年）。ハンニバルは、この事業を継続する機会を与えられた。彼は前二二一年から前二一九年にかけてスペインで軍事作戦をおこない、これがイタリアへの侵入、第二次ポエニ戦争、そして前二一五年のマケドニアとの同盟への序曲となった。

「ブラジルで蝶が羽ばたくと、テキサスで竜巻が起こるのか」は、数学者でカオス理論の先駆者であるエドワード・ローレンツが、一九七二年のアメリカ科学振興協会の一三九回大会でおこなった講演の題目である。「スペインの一奴隷が、最終的にローマによるギリシアの征服を引き起こしたのか」。歴史にバタフライ効果をみいだすのは無益である。ただ、異なった地理的空間で起こった出来事の相互依存の程度は、ある歴史的時代の基本的な特徴と分かちがたく結びついている。歴史家がこうした相互依存にはじめて言及したのが、前二二〇年とその前後の出来事についてであるという事実は、偶然ではない。その歴史家とはポリュビオスである。彼のこの見解は、前二二〇年以降の地中海全域の歴史的事件の相互依存についてのもので、ポリュビオスがこの現象のために新しく作った言葉は、シュンプロケ、絡まり合い、である。

ポリュビオスは『歴史』第一巻で、叙述を前二二〇年からはじめることを決めた理由を述べている。

それ以前の時代には、世界のできごとはその計画から実現にいたるまで、場所が違えば互いになんのつながりももたなかったから、いわば散り散りばらばらの状態であった。ところがこのとき以後、歴史はあたかもひとつの身体のようなまとまりをもち始め、イタリアとリビュアのできごとがアジアとギリシアで起きたこととからまり合い、すべての事件が合流してただひとつの結末へといたるようになった。

（城江良和訳）

ギリシア、小アジア、近東、そしてエジプトでの地域的な絡まり合いは、後継者戦争から継続していた現象だった。クレモニデス戦争（五七～五九頁参照）やラオディケ戦争（六九～七〇頁参照）のような大規模な戦争は、大小の国家を巻き込んだ。しかし、政治的、軍事的な出来事が前例のない規模で絡まり合う時代が前二二〇年前後にはじまったと考えたポリュビオスは、正しかった。

「女、火、海」（前二二九年）――バルカン半島にローマ人を連れてきた戦争

ローマの東方拡大のはじまりを叙述した古代の歴史家たちにとって、その責任者を同定するのは簡単だった。「犯罪の陰に女あり」。仮に彼らが正しいとするならば、ローマの東方への拡大は、イリュリアのテウタとエジプトのクレオパトラという邪悪な女王が誘発した遠征ではじまり、そしておわった、一連の正義の戦争ということになる。古代の著述家が名前をあげて女性に言及するのが、彼女たちの評判ではなく悪評の場合が多いのは、男性の偏見のせいである。彼女たちの物語の教訓は、女の仕業で災難が起こるということだ。このステレオタイプは、ヘレニズム期の喜劇詩人メナンドロスの詩行「女、火、海」で普遍的なものになった。これは、ショート・ストーリーの題目として、『プレイ・ボーイ』に採用された唯一の古代の詩行である。しかし、男性の偏見とステレオタイプは、歴史学的分析に最適な道具立てではないし、こうした歴史家がギリシア語あるいはラテン語で作品を残したからといって、彼らを信じなければならないというわれもない。

テウタが歴史の舞台に上がったのは、イリュリアのアルディアイオイ族の王で夫のアグロンが、前二三一年、戦勝祝いの最中での乱行の結果、急死したためだった。アグロンには、最初の妻トリテウタとの間に生まれた幼い息子ピネスがいた。テウ

タはピネスの代理として王位について、アドリア海とエーゲ海の多くの民族と同じように、海賊行為で生計をなすことを慣習としていた民族を統治することになった。

しかし女性特有の性癖から抜け出せず、今回の戦勝だけに目を奪われて、それ以外の状況はまるで視野に入っていなかったために、まず民間の海賊船に、出会った船はすべて略奪してよいと許可を与えた。そればかりか、前回を上回る規模の船団と兵力をかき集めると、指揮官たちに沿岸のすべての国が敵だと指示して、出航させた。（城江良和訳）

ギリシア人男性の思考様式を持つポリュビオスは、七〇年後にこのように事態を理解したのである。襲撃者たちはイオニア海に到達し、さらに、重要な島であるコルキュラ（コルフ）を征服した。テウタはこれを、パロス（フヴァル）島の支配者デメトリオスの指揮下に置いた。襲撃によってローマ人とイタリア人の商船に被害が生じ、アドリア海の航行ルートの安全が脅かされたため、ローマの元老院は介入を決定した。二名のローマの使節がテウタと面会し、賠償と襲撃の停止を求めた。伝えられるところでは、テウタは交渉の過程で、海賊行為は富の獲得の正当な手段であり――この見解には多くの海洋共同体が同意したことだろう――こうした行為の利益を臣民から取りあげるつもりはないと主張した。ローマ使節の一人は、イリュリアにもっとまともな慣習がもたらされることをローマは約束しよう、といってこれに応えた。船で帰国する時に、ローマ人の船が攻撃を受け、使節の一人が殺された。前二二九年に、ローマは宣戦布告をした。

イリュリア人の海賊行為が盛んになっただけで、元老院がコルキュラ島を攻略しイリュリアへと渡ることを目的として、二万の兵士と二〇〇の艦隊を超える軍隊を展開したとは考えにくい。イリュリア人の船舶による襲撃は、目新しいものではなかった。前二二九年に状況を一変させた新しい要素は、ローマの関心が今やイタリアのアドリア海岸へと及び、シチリアの一部が前二四一年にローマの属州となっていたことである。前二二九年の紛争に火をつけたのは――そして前二二九年以前に火がつかなかった理由は――一人の女性ではなく、ローマが防衛義務を負う同盟国と従属共同体の数が増加したという事実だった。

第一次イリュリア戦争は長く続かなかった（前二二九年～前二二八年）。両執政官の指揮のもとローマの艦隊と軍団がコルキュラ島にいたると、パロスのデメトリオスは寝返ってローマ人に島を渡し、彼らの案内役を務めた。テウタは王国北部に退却し、降伏した。彼女はその後、歴史から姿を消した。ローマ元老院はすべきことをした。彼らは、同盟国の信頼をつなぎとめたのである。元老院は、テウタが貢納を支払いイリュリアの大部分から退却することを定めた和平条約を認めた。イリュリアの国境であるリッソスを越えて航行することが認められたのは、非武装の二隻の船舶のみだった。イリュリアに保護国を創設したり、戦略拠点を占領したり、占領地を併合したりすることに、ローマは関心を持たなかった。ローマが一番関心を持っていたのは、同盟国の利害を守って指導力を確実にすることだった。テウタにイリュリア全民族にたいする指導権の放棄を求めることによって、ローマは統一されたイリュリア人の国家が台頭することを妨害しようとした。この目的が達成されると、ローマはパロスのデメトリオスにイリュリアの大部分の統治を任せて、撤退した。しかし、この戦争の結果は、長期に及んだ。ローマは、以前にテウタの餌食になっていたエピダムノス、コルキュラ、アポロニアとも友好条約を締結したのである。これらの条約は一見したところ危険のないものにみえるが、潜在的に、ローマ人に政治・軍事行動を強制する可能性を持っていた。

信頼と忠誠から拡大へ――ローマの帝国支配への最初の一歩

現代の研究者は何世代にもわたって、解釈を微調整し続けながら、ローマの拡大を説明しようと試みてきた。解釈に解釈を重ねるこの動きが目的を達成することは、なさそうに思われる。現代の歴史家の考え方を規定しているのが、ほぼ常に彼ら・彼女らの帝国主義――イギリス、ドイツ、ソヴィエト、アメリカ、あるいは未来の何がしかの帝国――の経験であり、結果として、新しい証拠よりも新しい理論的モデルが重要となるからである。

古代人のなかで目的論、つまり目的を持った歴史の発展を信じていた者にとって、ローマの拡大は自然な展開だった。人類は、最良の人あるいは最良の国家の指導と支配のもと、普遍的統一を目指すのである。こうした目的論の極端な形を、一世紀なかばのプリニウスが表明している。彼はローマ帝国を、諸国家の共同体とみなした。プリニウスの考えでは、イタリアは神々によって、「バラバラの諸国家をまとめ、習慣を和らげ、意思疎通のために一つの言語を共同で使用して、多種多様な民族の相異なる粗野な言語をまとめあげ、人類に人間性を付与し、つまるところ、全世界の全民族に単一の祖国を持たせるよう」選ばれたのだった。この問題を別の側面から問うた著述家も、古代に存在した。どのような理由でローマは世界征服に成功したのだろうか、と。ギリシア人歴史家ポリュビオスは、この成功をローマの国制の優秀性に求め、ローマ人歴史家サルスティウスは、ローマ人の勇敢さの美徳（ウィルトゥス）を成功の理由と考えた。このような考え方は、ナチス期ドイツの歴史家に訴えるものがあった。彼らは、ローマ史の適切な理解は政治の優れた教師であるというヒトラーの信念にしたがって、ローマの成功を生物学的な優秀さと支配にたいする天分に帰したのである。

プリニウスやヒトラーほど強固なイデオロギーに基づいた方針を持たない歴史家たちは、問いが間違っている場合が多いために、解答が不十分なものになることに気がついた。彼らが問うべき問いは、目的論に基づくもの（どのような目的のためにローマは拡大したのか）ではなかったし、単純な原因論に基づくもの（ローマ人はどうして世界を征服すると決心したのか）でもなく、むしろそのダイナミックなプロセスを把握し、ローマ拡大のさまざまな局面で、ローマ人の政策の主要な目的が何であったかを理解することを試みるものだった。こうして、一部の歴史家たちは、「防衛的帝国主義」の考えを支持した。この考えによると、第二次ポエニ戦争からマケドニア王国の廃絶まで（前二一六年〜前一六七年）のローマの東方政策は、実際の、あるいは想像上の危険から身を守ろうとするローマ元老院の意志に左右された。別の歴史家たちは、政策の存在を否定し、東方拡大を世界史上最大の偶然の一つ、あるいは偶然の連鎖の結果とみなした。また別の歴史家たちは、ローマの拡大が均質的、継続的に進展する性格を帯びていたという考えを否定し、その代わりに、防衛的な政策から、アドリア海より東の地域の併合と経済的搾取に強い利害関心を持つ状態へと、次第に変化していったことを認めた。しかし、ローマの東方拡大をローマ史の一現象、ローマだけがおこなったことの結果と考える限り、いかなる立場もこれを完全に説明したことにはなり得ない。前一四六年にギリシアでの領土が併合されるまで、大半のヘレニズム国家にとって、ローマは一義的には自身の政策を追求する手段だった。ローマの拡大は、ローマ史の一部であるのと同時に、ヘレニズム史のなかの一大事件なのである。

前六世紀おわりの王政の廃止から第一次ポエニ戦争（前二六四年〜前二四一年）まで、元老院を支配した貴族家系の政策は、まずラティウムの諸都市のなかで指導的な立場を築くこと、そして次にこの覇権をイタリアの他の地域に及ぼすことを目指していた。ローマの拡大とは、ラティウムの近隣都市とローマがはじめて同盟を結んだ前四九三年から、イタリア北部へ拡張したおよそ前二三二年から前二一八年までにかけての、継続的な事業だったのである。戦勝のあとにローマがとった措置をヒントに貴族たちの政策を考えるならば、ローマは敵地が近い場合は領土の占領と併合を実行したものの、それは第一の関心ではなかった。ローマの第一の関心は、イタリアでローマの指導権が承認されることと、有事にローマを支援する同盟国のネットワークを形成することだった。敗れた共同体にたいするローマの態度は、その地域の特徴、個別の課題、（政治面、軍事面、経済面での）潜在的な利益によって決定されたのであり、そのためケース・バイ・ケースの対応となった。多くの場合、敗北した共同体がさまざまな権利と義務を持って、自治的な同盟国として存続することを、ローマは許した。ローマの統治システムは、多種多様なタイプの同盟関係を結んだ、半自治的な、従属的な共同体によって構成された。平和的に条約を結んだか戦争で敗北したことでローマの同盟国と認められた、イタリア中部ならびに南部のエトルリア人、イタリア人、ギリシア人の諸都市・諸部族は、自治を維持しつつも、戦争では彼ら自身の指揮官のもとで従軍し、ローマを支援する義務を負った。一定程度の自治を保持した他の従属共同体は、ローマ人の戦争に部隊を提供した。植民市――すなわちイタリア、そして後代には属州におけるローマ市民の入植地――は、イタリアの軍事支配にきわめて重要で、同時に、ローマが市民のなかでもっとも貧しい者たちの一部を移住させる場所となった。このような柔軟な統治システムは、イタリアにおけるローマの無制限の軍事的、政治的主導権を確実とし、その一方で、同盟国と従属共同体の内政を処理する面倒な仕事からローマ貴族を解放した。信頼のおける兵士たちの巨大な供給源が整備され、ローマ人が領土を越えて経済活動をおこなう可能性が生まれた。時が流れ、前二世紀なかば以降、このシステムの弱さが明らかとなった。元老院の政策でローマ軍団がさらにずっと遠隔地に派遣されたため、小土地所有者から構成される軍隊は長期にわたって故郷を離れることを余儀なくされた。そして、ローマの伝統的な制度は、広大な従属共同体のネットワークを管理するにはもはや十分ではなかったのである。

同盟国と従属共同体からなるこうした複雑なシステムにおけるローマの主導権は、ローマ人の貴族社会に通底するある価値観に立脚していた。フィデス、つまり信頼である。フィデスの求めるところでは、階層的に上位の個人（パトロヌス）が従属する個人（クリエンス）に保護を与える必要があり、その代わりに、パトロヌスは政治権力と社会的名声をめぐる貴族たちの競争のなかでクリエンスの援助を得ることができた。このフィデスという価値観がローマの外交政策に移植されると、同盟国としてローマの主導権を受け入れた者たちや、従属共同体としてローマの支配を受容した者たちに有利になるよう介入する義務が、ローマに生じた。ローマが拡大することによって、イタリア東岸とシチリアの共同体が、ローマ人のフィデスのシステムに取り込まれた。こうした理由で、イリュリア人の襲撃の犠牲者がまだフィデスのネットワークに属していなかった過去とは違い、前三世紀おわりのローマはイリュリア人海賊を無視することができなかったのである。

要するに、第一次イリュリア戦争はローマの拡大について、重要な特徴をいくつか提示しているのである。ローマは覇権の主張に成功し、支配的な立場がもたらすあらゆる政治的、軍事的、経済的な利益を獲得した。地域間の争いが、主導権を主張するローマの介入を招いた。この介入によって、ローマのネットワークがさらに拡大し、ローマ人の覇権のシステムに新しい構成員が迎えられる結果となった。新しいネットワークにはさらなる義務関係が付随しており、そのために、新しい介入の機会があらかじめ期待されることになった。新しい友邦が危機に直面すると、ローマは主導権を発揮し保護を与える必要に迫られた。この介入を通じて、ローマは次にはさらに東方に進み、新たなネットワーク、新たな義務、新たな介入へと向かうことになるだろう。このプロセスには見覚えがある。他の覇権国の場合、最近ではアメリカ合衆国の場合に、こうした事態が露呈しているからである。

パロスのデメトリオスと第二次イリュリア戦争（前二一九年〜前二一八年）

裏切り者は信用できないということをローマ人がまだ知らなかったとしても、彼らはこの戒めをじきに学ぶことになっただろう。ローマ人はパロスのデメトリオスの裏切りで戦争に勝ったが、デメトリオスは自身の支配を確立し、前二二二年にマケドニアと、前二二一年にイリュリアの部族であるヒストリ族と同盟を結んで立場を強化し、テウタの没落を招いたまさに同じ政策の復活を試みた。新造されたイリュリアの艦隊がローマとの条約を侵犯して、前二二〇年に都市リッソスを越えて航行し、ペロポネソス半島南部を寇掠して、エーゲ海の島々を威嚇した。

ギリシアの「同盟市戦争」で（六四頁参照）、デメトリオスはマケドニア側につくことを選んだ。彼の目的はおそらく、イリュリアの力を取り戻すことだった。デメトリオスは、ローマの注意がまずは北イタリアのケルト人部族との問題（前二二五年〜前二二二年）に、次にカルタゴとの問題（前二一九年）に向けられていたため、これが絶好の機会で、マケドニアと同盟するのが正しいと決意したに違いない。そこで彼は、ローマの同盟国を犠牲にして勢力をひろげ、アドリア海の交通を危険にさらした。デメトリオスはローマがすぐに全面的に対応してくるとは考えなかったが、ローマの元老院はハンニバルとの開戦直前に、イリュリアの諸港を防衛することを決定し、こうして前二一九年に第二次イリュリア戦争が勃発した。襲撃からはじまったものが、さまざまな当事者たちの絡まり合いのために、ドミノ効果をもたらしたのである。ローマの執政官アエミリウス・パウルスが、抜け目のない作戦でデメトリオスの権力の中心であるパロス島を攻撃し、前二一八年にローマの優位で戦争が終結した。デメトリオスはマケドニアの宮廷に逃れ、イリュリアでは小規模の独立した部族国家が形成された。

アエミリウス・パウルスがローマで凱旋式を祝っている頃、ハンニバルの軍隊はイタリアへと進撃していた。ハンニバルは、前二二〇年〜前二一九年にスペインを征服し、ピレネー山脈、さらに前二一八年九月にはアルプス山脈を越えて、前二一八年一〇月、二万の歩兵と六〇〇〇の騎兵で、ポー川流域に侵入した。ほんの二年ののちに、アエミリウス・パウルスはカンナエの戦いで非業の死を迎え、ローマの権力は動揺し、第二次イリュリア戦争の終結時には誰も予想できなかった形で、ギリシア史とローマ史が絡まり合うことになる。

西方の黒雲（前二一七年〜前二〇五年）

ラピアの戦いがエジプトで重大な事態を引き起こしていた（七三〜七四頁参照）のとほぼ同じ頃、遠く離れた地で、長期的に大きな影響を及ぼすことになるもう一つの大きな軍事的事件が発生した。前二一七年の六月後半、ハンニバルによる北イタリアの侵攻を止めるべく、ローマ軍はトラシメヌス湖近くに陣を敷いた。湖畔の戦いで、ローマ人はその歴史上もっとも不名誉な敗北の一つを経験した。敗北と莫大な数の犠牲者（一万五〇〇〇名と伝えられている）が、ローマにパニックを引き起こし、元老院は独裁官――最大六ヶ月の期間、あらゆる公職者を凌ぐ権威を持った軍事指揮官――の任命を要請することを余儀なくされた。これは、絶体絶命の時にだけ許される、例外的な措置だった。

ハンニバルが、ローマの同盟国の一部を味方につけながらイタリアの中部と南部で作戦行動を継続し、ローマ人たちが自身の都市の存亡すら懸念しはじめた頃、ピリッポス五世が予期せぬ決定をおこなった。前二一七年八月、和平会議のためにギリシア人をナウパクトスに集めたのである。ピリッポスの宿敵アイトリアの代表は、そのもっとも有力な政治家であるアゲラオスだった。歴史家ポリュビオスがアゲラオスに帰している演説のなかで、ピリッポス五世は、ハンニバルとローマとの戦争がもたらすであろう広範な影響を考慮するよう、このアイトリアの指導者に求められている。

> この戦争でカルタゴがローマを破るにせよ、ローマがカルタゴを破るにせよ、勝者がイタリアとシチリアの支配だけで歩みを止めるとはとうてい考えられないのであって、必ずや則を越えて野望と軍事力を押し広げ［中略］それでももしピリッポスがなんらかの軍事行動を望むなら、西方に目を向け、イタリアで起こった戦争から注意をそらさないよう忠告する。まずはその勝利の行方を見守る賢明な傍観者となり、時が来れば全世界の制覇をめざして立ち上がればよい。現在の情勢は、その野望に都合の良い方向に流れているのだから。そしてギリシア人とのもめごとや戦争については事態が落ち着くまで先に延ばし、当面の問題に全力を集中すること、そうすればあとで講和するにせよ戦争するにせよ、いつでも望みどおりの選択ができるはずだ。だがもしいま西の空に現われた黒雲がギリシアの地をおおうまで座して待つようなことをすれば、和睦やら戦争やら、要するにわれわれが現在ギリシア人どうしでやっているような児戯のたぐいは、われわれのだれにも手の届かないところへ逃げてしまうのではないか、そしてわれわれはギリシア人どうしで望みどおりに戦争したり講和したりする自由が欲しい、つまりは自分たちの紛争の主人公になりたい、と神々に懇願するはめになるのではないか、そんな危惧を私は拭いきれないのである。
>
> （城江良和訳、一部改変）

ポリュビオスがこの文章を書いたのは半世紀後、西方に湧き立つのが目撃されていた黒雲が、すでにギリシアを覆った頃のことだった。ポリュビオスが語らせた通りの言葉をアゲラオスが語ったことはないだろうが、彼の演説は当時の流行の考え方を伝えている。ギリシア人は外からの脅威に対抗するために団結しなければならないという考えは、ギリシア人のイデオロギーのなかで長い伝統がある。ギリシア人は——その大半が——前四八〇年にクセルクセス指揮のペルシア侵攻に立ち向かった。また、ピリッポス二世とアレクサンドロス大王は、アカイメネス朝に対峙する全ギリシア的なヘラス同盟を形成した。おもだったギリシア人の政治家たちは、イタリアでの出来事に気がついていた。アゲラオスによる、ギリシア人にたいする戦争を延期せよというピリッポスへの忠告は、当時の日和見的な政治状況とピリッポスの悪名高い狡猾さにふさわしい。自身の勢力範囲の拡大を目論むことは、ヘレニズム王権の伝統だった。またアゲラオスは、勝者をさらなる拡大を求める争いへと突き動かす帝国主義的衝動に言及しているが、これはギリシア文学のなかでヘロドトスまでさかのぼることができる概念である。

この演説は架空のものかもしれないが、表明されている考え方は必ずしも時代錯誤の産物ではない。ただ、和平締結と宣戦布告をする自由がギリシア人から奪われてしまうかもしれないという予測は、完全に時代錯誤である。前二一七年にこれを予測できた者は、誰もいなかった。同じように、ギリシアでの講和に同意し、その二年後にハンニバルと同盟するというピリッポスの決定の帰結を見通すことができた者も、誰もいなかった。

ピリッポスがギリシアでの「同盟市戦争」を終結させたのは、弱ったローマ人を攻撃し、世界支配を達成するためだったのだろうか。ピリッポスの決断のタイミング——つまりローマの壊滅的敗北のわずか数週間後——は、こうした解釈の根拠になるかもしれないが、王が同意を余儀なくされたのには別の要素もあったのかもしれない。ピリッポスは頻発する蛮族からの攻撃にたいし王国を防衛し、イリュリアでの影響力を再び確立する必要があった可能性がある。しかし、ギリシアでの和平交渉のもともとの動機が何であれ、ピリッポスがローマとの対決を選んだことは注目に値する。この決断によって、ピリッポスと重鎮の顧問アラトスとの間に、溝が生まれた。王は、一〇〇隻のレンボスの建造を命じた。これは、部隊の輸送と急襲に適した小型の快速船で、海戦向きではなかった。たしかなのは、このレンボスが世界制覇を実現する道具ではなく、アドリア海東岸と諸島の支配の確立にふさわしかったことである。一〇隻のローマ艦隊が友邦（アポロニア、エピダムノス、コルキュラ）を助けるためにイオニア海に到着すると、ピリッポスはただちに作戦行動をやめてしまった。大戦争の準備もなかったし、それを期待してもいなかったのである。対立の初期段階では、ローマもピリッポスも慎重だった。ローマ人はアドリア海の同盟国を見捨てることはできなかったが、第二戦線を形成することもできなかった。ピリッポスにあっては、王国護持が第一目標だった。

大錯綜（前二一五年〜前二〇四年）――第一次マケドニア戦争

一年後に事態は劇的に変化した。前二一六年八月、ローマ人は今度はカンナエでさらなる大敗北を喫した。ポリュビオスによると、ハンニバルに立ち向かったローマ軍（九万名）のうち、七万名が殺害、一万名が捕虜とされ、ほとんど全軍が殲滅された。この数は誇張されてはいるが、被害の甚大さとその影響を物語っている。ローマにもたらされた情報も、同じように誇張されていた。二名の執政官が率いる軍団が、司令官もろとも全滅したというのである。人口構成にたいする影響はすさまじいものだった。現代の推計によると、ローマは戦争の最初の数年間で、一八歳以上の男性市民の五分の一を失った。しかし驚くべきことに、離反を決めたローマの同盟国は、西方最大のギリシア植民市だったシュラクサイなどわずかにすぎなかった。

この危急の情勢下で、ピリッポス五世は前二一五年にハンニバルと同盟条約を締結した。これは意図せずして、将来のギリシアの歴史を、ローマ拡大の一コマにしてしまった。この条約のギリシア語訳が、ポリュビオスの『歴史』に残されている。両者は協力関係と敵にたいする相互防衛を宣誓したが、ローマに勝利した場合の取り決めの範囲は、きわめて限定的だった。ハンニバルが同盟相手の義務と予期される利益を定めた箇所は、示唆的である。

ローマおよびその同盟国との戦争において、神々がわれわれに良き日を賜り、ローマから講和条約締結の申し出があったなら、わが方は貴方と共同して、以下の条件を含む講和を約する。すなわちローマは貴方に対して戦争を企図する行為をいっさい許されないこと。またローマはコルキュラ、アポロニア、エピダムノス、パロス、ディマレ、パルティノイ、アティンタニアの領有を放棄すること。そしてローマはパロス人デメトリオスの友人で、ローマ領内にいる者を全員返還する。

（城江良和訳、一部改変）

ピリッポスは、アドリア海の東の全地域からローマ人を排除することを望んだのである。王の重点はギリシアであり、そこでギリシア都市の内政への関与を継続していた。ピリッポスはイタリアに勢力を拡大する野望を持っていなかったし、ハンニバルにもローマを殲滅する計画はなかった。イタリアでの戦争に、ハンニバルは派兵を要求せず、ローマ人がイリュリアで第二戦線に対峙することを確認するだけで満足した。ただ、射程が限られていたとしても、この条約には実に大きな影響力があった。アカイア連邦の経験豊かな政治家アラトスは、ピリッポスの措置に繰り返し反対したが、前二一四年に長患いで死んだ。伝えられるところでは、アラトスの義理の娘と恋仲だったピリッポスによって、少しずつ毒を盛られていたのだった。

マケドニアへの帰路、アテナイ人の使節がローマによって捕らえられた。ローマ人は盟約の存在を知ると、東方で新しい戦線に挑むことを決定し、法務官代理（プロプラエトル）マルクス・ウァレリウス・ラエウィヌスを指揮官として艦隊を派遣した。前二一四年から前二〇五年まで続いたこの第一次マケドニア戦争は、イリュリアを主たる戦場とした。ピリッポスは、前二一二年に重要なリッソスの港を占領して大成功を収め、アドリア海への橋頭堡と近隣の地域の支配権を獲得した。イタリアのハンニバルにとって、事態は首尾よく進んでいなかった。ローマの同盟国が味方につくだろうと踏んだハンニバルの希望は、打ち砕かれた。大半の同盟国はローマを裏切ることなく、裏切った国々はローマに攻略された。

前二一四年のシュラクサイ包囲は、第二次ポエニ戦争のもっとも劇的なエピソードの一つである。ここで、偉大なる戦術家マルクス・クラウディウス・マルケルスが、偉大なる数学者アルキメデスと対峙したのである。マルケルスが船を八隻つなげて作った土台に、巨大な攻城器を搭載して包囲作戦を開始すると、アルキメデスは技術を凝らして、攻城兵の命を狙う兵器を開発した。あらゆる種類の飛び道具と石が、恐ろしい速さでローマ人めがけて投げられた。城壁から突如飛び出す横材が、ローマ人の船舶を破壊した。鉄の爪が舳先を捉えて、船体を空中に持ち上げてそこから落とした。マルケルスは最終的に何とかこの都市を攻略したが、それは交渉の最中に守備が手薄な塔をみつけ、その高さを推測して上り梯子を準備させ、シュラクサイ人が祭礼を挙行していた時に攻撃を加えたからである。アルキメデスは混乱のなか殺害された。ローマ兵がアルキメデスに近づいた時、彼は砂に図を書いて幾何学の問題に集中していた。アルキメデスの最期の言葉、「わたしの円を乱さないでくれ」は有名である。しかし、この戦争では幾何学の図形よりもっと大切なものがあったのである。

ローマ人はギリシアに同盟国を必要としていた。ローマ人の同盟国の候補が、彼らの敵の敵だったアイトリア人だったのは、当然のなりゆきである。アイトリア人は、ピリッポスの権勢が増大するのを警戒していたのだった。前二一二年の秋、ローマとアイトリア人が同盟を締結した。その文書は、リウィウスの『ローマ建国以来の歴史』に、また一部が刻文に残されている。ハンニバルとピリッポスの条約と同じく、戦後処理に関する条項が示唆的である。アイトリアの北側の征服地はすべてアイトリア人の国家に編入される一方、捕虜と動産はローマの戦利品となる予定だった。そして、降伏した都市は自治を保持しながら、アイトリア連邦の構成員となることが定められた。領土拡大にたいし、ローマは何の関心も表明していなかった。ただ、一見ささいな条項二つが、予期せぬ影響を及ぼした。この条約は第一に、同盟国が独自に和平条約を締結するのを禁じていた。アイトリア人は、前二〇六年にまさにこの禁を犯した。アイトリア人が条約を侵犯したことで、ローマ人は彼らにたいする義務から解放された。第二に、この条約は他の国々が同盟に参加することを認めていた。ローマはこうして、ギリシアとその向こうの地域にネットワークをひろげることが容易になった。

ペルガモン王国がこの同盟に参加したことは、長期にわたる影響を及ぼした。ペルガモンは、ピレタイロス（前二八一年〜前二六三年）とエウメネス一世（前二六三年〜前二四一年）という王朝支配者のもと、小アジア北西部で確固たる地位を築いた地域勢力だった。前二三八年、新しく登位した君主アッタロス一世（前二四一年〜前一九七年）が、三〇年間にわたって小アジアを蹂躙していたガラティア人にたいし、大きな勝利を収めた。この勝利によって、セレウコス王国の領土が削られ、小アジアでの支配地域も拡大した。アッタロスの最大の敵は、ペルガモンに近いビテュニアの王で、ピリッポスの同盟者だったプルシアス一世（前二二八年頃〜前一八二年）だった。このためアッタロスは、ピリッポスの敵と同盟を結ぶことを余儀なくされた。アッタロスがローマとアイトリアの同盟に参加することで、ペルガモン王国がはじめてヨーロッパの政治的ファクターとなり、ローマと小アジアとの連携が確立した。アッタロスの決断は、結果的に、ギリシアのほとんどすべての国家と小アジアの二王国が巻き込まれた大戦争を引き起こした。

ローマとギリシア諸国家との外交関係は、この時代の政治史のある重要な特徴を明らかにしている。ギリシア世界がいくつもの相争う諸国家に分裂し、それらが唯一の基準——自身の安全——で同盟を締結し、よりよい選択肢があらわれればそれを破棄する、という点である。国家が敵しか持たない世界の国家間関係では、その国家の攻撃目的あるいは防衛目的に適う限り、敵の敵は味方だった。第一次マケドニア戦争で、アカイア連邦はローマに対峙するピリッポス五世を支援した。ペロポネソス半島でのアカイア連邦の敵対者たち（スパルタ、メッセネ、エリス）が、ピリッポスの敵だったからである。アイトリア人がローマを支えたのは、ローマ人がギリシア本土の支配を争うライバルの敵方だったからである。小アジアでの宿敵ビテュニア王国がピリッポスと同盟を組んだため、アッタロス一世はアイトリア人の側についた。こうした危うい同盟のシステムでは、どんな小さな変化も、広範囲に影響を及ぼした。

ピリッポスは、ギリシア中部とペロポネソス半島の複数の前線で巨大な連合軍に立ち向かう必要があったが、これによく耐え、前二〇七年にはペルガモンのアッタロス一世に遠征を中断させ、彼をペルガモンへ退却させることに成功した。同盟国を失い、ローマから実質的な援助を得ることができなかったアイトリア人は、前二〇六年にピリッポスと独自の和平条約を締結せざるを得なかった。これは、ローマとの条約の侵犯にあたった。アイトリア人に忍耐力があったならば！　一年後にローマ人もピリッポスと和平条約——前二〇五年のポイニケの和約——を結び、ハンニバル戦争の最終段階に集中した。この戦争は、前二〇二年のザマの戦いでカルタゴの敗北におわった。ポイニケの和約では、戦争開始時の状況の維持が承認され、イオニア海、エペイロス、イリュリアの小規模独立都市の保護者としてのローマの立場が確認された。ピリッポス五世は、バルカン半島からローマ人を排除することに失敗した。

アカイア連邦は、前二一四年にアラトスという指導者を喪失し、ペロポネソス半島の情勢が落ち着きをみせなかったため、この戦争で重要な役割を演じることはなかった。第一次マケドニア戦争と並行してペロポネソス半島で発生した戦争を、簡単に確認しておきたい。これは、当時のギリシアと小アジアで頻繁に発生した、同規模の地域紛争の一つにすぎない。ペロポネソス半島の地域史は、三つの主要な紛争要因によって規定された。領土争い、とりわけアカイア連邦の一員であるメガロポリスと、メッセネの間のもの。クレオメネスがセラシアで敗北した（六三頁参照）のちに失った影響力と領土を、再び手に入れようともがくスパルタ。そして、自身の指導的な立場を公然と無視する都市ならびに連邦（特にスパルタ、エリス、メッセネ）と争うアカイア連邦である。偉大な軍事指揮官ピロポイメンが前二〇九年にはじめてアカイア連邦の将軍に選ばれたことで、この連邦は再び強力な指導者を得ることができた。ピロポイメンは連邦軍を再編し、復活したスパルタの野望が引き起こす問題に立ち向かった。伝統的にスパルタは、二つの王家の子孫である二人の王によって支配されていた。前二〇九年頃、この二人の王の一人は子供で、名前をペロプスといった。おそらくこの名前は、覇権を目指す野心を暗に示していた。ペロプスは神話上の英雄の名前で、彼にちなんで、ペロポネソス半島（「ペロプスの島」）が名づけられたのだった。以前にこの名前を持った人物は知られておらず、それゆえ、これは地域での覇権を目指す野望をあらわしているように思える。ただ、どんな野望がこの子供に託されていたとしても、それは達成される運命になかった。状況は不明だが、卑しい出自のおそらくは傭兵だったマカニダスという人物が、摂政となり支配を簒奪した。アイトリア人の同盟者として、マカニダスはオリュンピアにいたるまでペロポネソス半島を襲撃したが、前二〇七年のマンティネイアの戦いで、ピロポイメンその人によって殺害された。もう一人の出自不明の山師ナビスが、摂政としてマカニダスを引き継ぎ、アカイア連邦を蔑ろにして、この拡張政策を継続した。ナビスは、前二〇一年のテゲアの戦いでピロポイメンに敗れ、臥薪嘗胆を余儀なくされた。「ギリシア人が互いに絶対に戦争しないことが最善だ」というアゲラオスの忠告は、聞き入れられなかった。

ギリシアの王国がピリッポス五世の手によってはじめてローマと干戈を交えるにいたって、地中海の西方と東方の運命の絡まり合いが完全となった。「西方に湧き立つ黒雲」がギリシアを覆うのに気づかなかったのは、近隣の蛮族がもたらす脅威がはるかに緊迫していた、黒海北岸のギリシア人くらいだったかもしれない。以後、ギリシア人共同体とローマとのあらゆる交渉が、その共同体だけでなく、その共同体が関係を結ぶ可能性のあったあらゆる都市、連邦、王国に影響を及ぼした。地中海世界は、ロッシーニの『チェネレントラ』第二幕の様相を呈していた。

これはもつれた結び目
これはこんがらがった網

解こうとすればするほどもつれ
ほぐそうとするほどこんがらがる

（藤井宏行訳）

エジプトの危機と日和見的同盟（前二〇四年～前二〇一年）

　ポイニケの和約と同じ時期に、プトレマイオス王国で予期せぬ展開があった。そのなかで、ピリッポス五世とアンティオコス三世は、これまでただ想像するだけだった領土拡張の機会を手に入れることになった。前二〇五年にプトレマイオス四世が死ぬと、遺された四歳の息子プトレマイオス五世がエジプト王位についた。姉妹が先王の愛人だった廷臣のアガトクレスは、この機会を捉えて王妃アルシノエ三世を殺害し、幼い王の後見人となった。王国の南部では、前二〇六年頃から先住民の反乱が続いており、前二〇五年以降は、その地域のファラオであるハロノプリスの支配下にあった。そして、アガトクレスの専横が明らかになると、王の後見人にたいするアレクサンドリア人の怒りが高まった。プトレマイオス王国のこうした危機は、王朝の古くからの敵対者であるアンティゴノス朝とセレウコス朝の目を逃れることはできなかった。

　ポイニケの和約によって、ピリッポスは再び東方に注意を向けることができるようになった。彼がローマとの戦争を終結させたのは、まさにエーゲ海を越えた拡張政策を追求するためだったとも考えることができる。アンティゴノス朝は常にエーゲ海での覇権を目論んでおり、ピリッポスもその先代も、王朝の創設者たちがかつて小アジアの一部を支配していた事実を、忘れたことはなかった。ほんの二〇年前、前二二八年に、アンティゴノス・ドソンはカリアの一部の支配を試みた。今度は、ピリッポスがその顰みにならう番だった。ピリッポスがエーゲ海南部で当然立ち向かうべき敵は、強力な商業的、軍事的権益を持つ海軍国家ロドス島だった。ロドス島の影響力が増大するのを阻止するために、ピリッポス五世はクレタ島にたいして持つ権威を利用した――前二一七／二一六年以降、ピリッポスはクレタ都市同盟の長だったのである。ピリッポスの教唆で、クレタの艦隊がロドス島、エーゲ海南部の他の島々、小アジア沿岸の都市を襲撃した。このいわゆる第一次クレタ戦争（前二〇六年頃～前二〇一年）は、ピリッポスに長期的な成果をもたらさず、反対に、多くのギリシア人共同体を王から離反させ、海上の安全の守護者としてのロドス人の名声を高めることになった。前二〇一年までに、ロドス人はクレタ島で同盟国を獲得してクレタ同盟を弱体化させ、クレタ島東部に守備隊も駐屯させた。

　ピリッポスはエーゲ海南部の制圧には失敗したが、戦略価値の高い地域での作戦には成功した。ヘレスポントス海峡の入り口にあるトラキアである。この地域は、地中海から黒海へ、そしてヨーロッパからアジアへの通路を統制する位置にあった（地図5参照）。ヨーロッパ側のトラキアの一部は、依然としてプトレマイオス朝の管理下にあり、海峡のアジア側では、アッタロス一世のペルガモン王国と、ピリッポスの義理の兄弟であるプルシアス一世が治めるビテュニアが、果てしない領土紛争をおこなっていた。そして、ビュザンティオン、アビュドス、キオスなど、大陸間の交通の要衝にあった一連のギリシア都市は、アイトリア連邦と同盟を結んでいた。こうした地域で、ピリッポスは大きな成功を収めたのである。ピリッポスはキオスとミュルレイアを獲り、それをプルシアスに与えて、その代わりにペルガモンを侵食するよう求めた。次の犠牲者は、さらに二つのアイトリアの同盟国、リュシマケイアとカルケドンで、タソス島がこれに続いた。

アンティオコス三世にとって、エジプトの事態は、ラピアでの敗北の雪辱を果たすチャンスだった。ラピアの戦い後の数年間、アンティオコスは帝国の失地回復に、すべてのエネルギーを注ぎ込んできた。まず、小アジアで王を名のっていた、いとこのアカイオスの反乱（前二一六年〜前二一四年）を制圧し、その後の前二〇九年まで続いた遠征で、総督と地域君主のもとで分離独立をしていた北部と東部の属州を再び手に入れた。アルメニアの支配者クセルクセスがアンティオコスの宗主権を認め、パルティアが再征服され、戦いに敗れたバクトリアのギリシア人の王エウテュデモスが王として承認された。その後、アンティオコスは自身の最大のプロジェクト、アレクサンドロスの遠征にならったインド遠征へと進んだ。前二〇七年にヒンドゥークシュ山脈を越え、ソパガセノス（スブハシュセナ）のインド王国に到達した。アフガニスタンとインドで恒久的な領地を獲得することはできなかったが、この遠征でアンティオコスは、一五〇頭の戦象と名声という宝を手に入れた。かつてセレウコス一世が統治した帝国を回復して、前二〇五／二〇四年にシリアに帰還した時、彼はアンティオコス・メガス（「大王」）の名で呼ばれた。

危機に瀕したプトレマイオス王国を前に、ピリッポス五世とアンティオコス三世という二人の強力で野心的な王が、プトレマイオス朝の領土の征服と支配を目指して相争うとの予測があったかもしれない。実際には、彼らはできる限りプトレマイオス朝の国土を奪うために、協力することに決めた。前二〇三／二〇二年の冬に、二人の王はプトレマイオス朝の帝国を分割する取り決めを結んだ。アンティオコスは、キプロス島、小アジア南部のプトレマイオス朝の領地（リュキアとキリキア）、コイレ・シリアを受け取り、ピリッポスはトラキアにあったプトレマイオス朝の北部の領地、トラキアのケルソネソス（ヘレスポントス海峡の入り口に位置）、そしてキュクラデス諸島を獲得することになっていた。ローマ人がこれまでいかなる権益も持っていなかった地域での作戦行動に関わるこの（秘密）協定が、ローマとの新たな戦端を切り開くことになろうとは、誰も予想しなかった。

ローマ帝国主義の転換点？（前二〇〇年〜前一九七年）——第二次マケドニア戦争

ピリッポスとアンティオコスは前二〇二年に作戦行動を開始したが、ピリッポスの進出は予期せぬドミノ効果を生み出した。トラキアと小アジア各地での作戦によって、ピリッポスはペルガモンの領土を荒らして（前二〇一年）イオニアとカリアに領地を獲得したが、これはローマにとって脅威とはならなかった。しかし、ペルガモンが直接脅かされ、ロドスが圧迫され、ギリシアの独立都市が危機感を覚えるにいたって、アテナイの支援を受けたロドス人と王アッタロス一世が、ローマへの陳情を決めた。前二〇一年の夏に、彼らの使節がローマ元老院を訪れて、アンティオコスとピリッポスの協約をローマ人に報告し、ピリッポスの拡張政策に対抗するためにローマ人の援助を要請した。ローマは、カルタゴとの長い戦いから、つい先頃抜け出したばかりだった。戦争には勝利したが、多くの人命が失われ、農耕が放棄され、甚大な戦費が消費された。もちろん元老院議員たちは、自分たちが最大の危機に瀕していたまさにその時に、ピリッポスが敵と結んでいたことを忘れたわけではなかったが、彼らは（まだ）宣戦布告をすることはなかったし、できもしなかった。その代わり、元老院は三名の元老院議員からなる使節団を派遣し、ピリッポスに最後通牒を突きつけた。ローマは、ギリシア人の共同体に戦争を仕掛けることをピリッポスに禁じ、紛争状態、とりわけマケドニアとペルガモンの紛争の解決を、国際調停に委ねるよう促した。ちょうどこの時、ピリッポスは小アジア北西部のアビュドスを包囲していた。この最後通牒を、ピリッポスは最初無視し、ついで拒否した。

ローマでは、マケドニアを管轄地として委ねられていた執政官パウルス・スルピキウス・ガルバが、民会を招集した。そこで彼は、エリートの元老院議員の援助を受けて、ピリッポス王とマケドニア人に宣戦布告すべしという動議を提出した。彼らが正義に反して行動し、ローマ人民の同盟国に攻撃を加えているという理由である。この動議は拒否された。ローマ人は脅威と戦争の痛みに倦んでいたと伝えられている。執政官は、二回目の投票でようやく、宣戦布告するよう民会を説得することに成功した。

第二次マケドニア戦争（前二〇〇年〜前一九七年）へといたったこの決定は、地中海全域に関わる政治史の転換点だとみなされている。これ以前にギリシアでおこなわれた軍事紛争と違い、今回ローマ人が開戦した理由は、自身にたいする直接の脅威ではなかった。トラキアと小アジアでのピリッポスの軍事作戦は、ローマ人の権益やイタリアの同盟者の権益に何の影響も与えなかった。さらに、ピリッポスとアンティオコスの同盟が強い影響を及ぼしたのは、ローマ、イタリア、そして彼らが関与する隣接地域から、遠く離れた場所だった。こうした点で、今回の決断は、以前のローマによるアドリア海東岸への介入とは異なっていた。また、ロドスもアテナイもローマの同盟国ではなかった。ただ一人アッタロス一世は、第一次マケドニア戦争でローマ人の同盟者であり、おそらくポイニケの和約以後も同盟者であり続け、軍事援助の要請をもっともらしく正当化できたのかもしれない。宣戦布告の時に、アッタロスに対するピリッポスの攻撃はすでにおわっていたのではあるが。

では、前二〇〇年に、東方でのローマの政策が、新しく、好戦的で、帝国主義的になりはじめたというのは事実だろうか。一九〇二年に『ローマ史』でノーベル文学賞を受賞したテオドール・モムゼンの考えでは、ローマ人は自身の安全のためにこの戦争を戦う必要があった。モムゼンが執筆活動をおこなったのは、疑う余地のない正義の戦争が存在するということを、一〇〇年後のジョージ・W・ブッシュと同じように、政治家たちが確信していた時代だった。今日この開戦の決定を理解しようとする時、わたしたちはむしろこの行動をとった人々の感情、心性、価値観を考察しようとする。ローマ人とその指導者たちは、西方でカルタゴが制圧されたほんの数年後に、東方で大国がのし上がってくるのを、警戒し怖れたに違いない。ローマ人は、最後通牒を拒否したピリッポスの傲慢さに憤然とした。ローマ人は、ハンニバルと同盟を組んだのにポイニケの和約では罪に問わずにおいたピリッポスに、復讐を望んでいた。また、ローマ人の血肉となっていた社会的価値観、とりわけ国際関係にも適用されたフィデスという価値観（一三四頁参照）が、開戦の決定に影響を与えた。同盟国への援助を拒否することは、フィデスの関係を毀損し、主導者の立場を求めるローマの主張をただちに危ういものにする可能性があった。

だが、宣戦布告を提唱したローマの政治家たちが、マケドニアと小アジアへの関与が中長期的にどのような影響をもたらすのかを理解していたかどうかは疑わしい――スペインへの関与という類似の事例から示唆を得た可能性もあるが。民会が最初に開戦を拒否したこと、そして拒否という返答を執政官が頑なに受け入れなかったことは、主導権と拡張政策にたいするローマの立場が、前二〇〇年にはまだ定まっていなかったことを明確に示している。ローマの民会が最後に消極的な態度を振り払って戦争を選ぶ決定をしたことで、地中海東部の歴史の行先と、未来の外交関係におけるローマの選択が決定された。ローマ拡大の最終段階に執筆活動をおこなったキケロの言葉では、ローマが戦争を遂行するのは、アウト・プロ・ソキイス・アウト・デ・インペリオ（同盟国のためか、覇権のためか）だった。同盟国の数と覇権的な立場が絶えず上昇するにしたがって、行動を求める声を無視するという選択肢は、ローマ人のなかから消滅していった。

第二次マケドニア戦争でのローマは、ピリッポスがギリシアと小アジアの各方面で拡張政策をとっていたことに警戒感を強めていた、すべてのギリシア人国家の援助を頼りにすることができた。マケドニアの古くからの敵対者であるアイトリア人は、ペルガモン、ロドス、アテナイと手を結んだ。衝突の最初の数年（前二〇〇年～前一九八年）、ピリッポスは小手調べの戦いで、この大連合軍に対峙してよく戦った。アカイア連邦は、当初参加していなかった。スパルタの君主ナビスとの戦いの最中にあったからである（一四一頁参照）。このスパルタの支配者は、重要都市アルゴスと引き換えにピリッポスを援助した。アルゴスは、前一九九年にナビスの手に落ちた。事態が変化したのは前一九八年、ティトゥス・クィンクティウス・フラミニヌスがローマ軍司令官に任命された時だった。フラミニヌスは前二二九年頃に生まれた若い将軍で、ギリシア文化を心から崇拝し、ギリシア人共同体の価値観を知悉した人物だった。フラミニヌスの指揮のもと、ピリッポスにギリシア人への攻撃をやめさせることはもはや戦争の目的ではなくなり、ピリッポスの駐屯軍をギリシア都市から引き揚げさせることが目指された。フラミニヌスが採用した自由というスローガンは、かつてのヘレニズム王たちがライバルに対抗してすでに何度も使っていたものだった。自由のための戦争を呼びかけるフラミニヌスに、ギリシア人は先を争ってしたがった。ペルガモンの王アッタロス一世が、ギリシア人の心をつかもうとするフラミニヌスの運動を助けた。だがアッタロスは、ボイオティアでローマに好意的な演説をしていたところ、卒中を起こしてペルガモンへと搬送されてしまった。

フラミニヌスは、ピリッポスにテッサリアへの撤退を強制した。アカイア連邦の多数の構成国が親マケドニアあるいは中立の態度を放棄し、ローマ側に立ったことで、フラミニヌスの軍事行動は新たな勢いを得た。これについで、ローマ勝利の場合にアルゴスを維持できることを期待して、ナビスがピリッポスを裏切った。ピリッポスはトラキアと小アジアの占領地を放棄して和平交渉を進める用意があったが、フラミニヌスは指揮権の延長を期待して、和平条約に興味を示さなかった。フラミニヌスは、ギリシアから退却し、マケドニアとテッサリアに支配を限定するようピリッポスに要求した。これは、前三三八年のカイロネイアの戦いより前の、マケドニア王国の国境線である。アンティゴノス朝の王には、とても受け入れられなかった。交渉がなかなか進まないなか、フラミニヌスは望み通りに指揮権の延長を手に入れ、戦争を再開した。アカルナニア以外の同盟国からみはなされたピリッポスは、最終的にテッサリアで敗北した。帰趨を決した戦いは、前一九七年六月、キュノス・ケパライの丘でおこなわれ、ローマ軍の戦術がマケドニアの重装密集部隊に大勝利を収めた。マケドニア軍は高低のある場所で本来の戦いができず、機動的なローマの歩兵中隊に包囲されたのだった。大損害を受けて戦場を逃れたピリッポスは、ローマ側の条件で和平を受け入れるより他なかった。

ピリッポスは、小アジア、トラキア、エーゲ海北部（レムノス島とタソス島）での占領地に加えて、ギリシア全土からの撤退に同意した。テッサリアは、ピリッポス二世の時からマケドニア王国の一部となっていたが、取りあげられた。そこには、マケドニアの首都の一つであり、ピリッポスの高祖父デメトリオス・ポリオルケテスが埋葬されていた都市デメトリアスがあった。古くからの拠点だったカルキスとコリントスを奪われたピリッポスは、ギリシアでの影響力を完全に喪失した。さらに、マケドニアの西部（オレスティス）と北部の一部が、自治独立とされた。ピリッポスは、五隻を除いて海軍を引き渡し、一〇〇〇タラントンの戦争賠償金を支払い、下の息子デメテオリオスを人質としてローマに送ることを命じられた。屈辱的な和平条件だった。マケドニア王国は国家として維持されたが、覇権国家ではなくなった。同じ頃ペルガモンでは、おそらく敵の敗北を知ることなく、アッタロス一世が死んだ。

自由（前一九六年）――宣言とその影響

フラミニヌスは、どのようにギリシア人の聴衆に勝利宣言を演出すればよいか、理解していた。全ギリシア人は、二年ごとにコリントス近郊のイストミアで、運動・音楽競技の大祭を祝っていた。この場所には、幾重にも重なった象徴的、イデオロギー的な意義が存在した。最初のヘラス同盟がペルシア戦争期に結成され、のちにそれが再建されたのも、ここイストミアである。大祭で栄誉が捧げられたポセインドンは、デメトリオス・ポリオルケテスの守護神で、近郊のアクロコリントスの城塞は、アンティゴノス朝の駐屯地としてはギリシアでもっとも重要なものだった。フラミニヌスはこの祭礼の挙行の時を狙って、集まった全ギリシア人に解放を宣言した。宣言後の混乱のなか、聴衆の多くは何が宣言されたのかわからなかった。伝令が競技場に呼び戻されて、もう一度宣言した。宣言を歓迎する叫び声があまりに大きかったため、鳥が空から落ちるのが目撃されたと伝えられている。テッサリア人は自由（エレウテリア）の祭礼を創設し、解放と自身の連邦国家の再建を祝賀した。

ローマの将軍は、自由の宣言で、かつてのヘレニズム王と同じことをした。救済者、そして解放者になったのである。フラミニヌスは、彼以前のヘレニズム王と同じように、カルキスで神に等しい名誉を受けた。ローマは、アドリア海東岸から小アジアまでその存在が強く認識される国家となり、これ以前にヘレニズム王が果たしていた役割を引き受けた。したがって、ヘレニズム王がかつて名誉を受けたのとまったく同じやり方で、つまり女神として、ローマがギリシア人共同体から栄誉を授けられたとしても、驚くべきことではない。その女神の名はテア・ロメ（女神ローマ）で、ロメという言葉が「力」を意味したので、ギリシア人は、擬人化された力と擬人化された当時最大の軍事国家とを、同時に崇拝していたことになる。ローマに神に等しい栄誉が授けられたのは、自由の宣言の直後のことだった。前一九六年に、エウボイアの都市連邦はロマイア祭、すなわち女神ローマの祭りを創設し、小アジアでのローマ崇拝の痕跡は、前一八九年以降に確認できる。ローマ人民全体とローマ元老院の崇拝が、まもなくこれに続いた。

自由が宣言された。だが、これは何を意味したのだろうか。フラミニヌスが意図したのは、実に明確なことだった。マケドニア駐留軍からの解放である。しかし、ギリシア人のなかには、この言葉にもっと広い意味を読み込んだ者もいただろう。

つまり、みずからの自治、そして望むままに戦争をおこない和平を締結する自由を制限する可能性のある、あらゆる権力からの解放、である。自由をこのように理解する限り、新たな紛争は不可避だった。

今やローマは、錯綜する利害関係の場に足を踏み入れ、元老院の指導者たちはこれを無視することができなくなった。ヘレニズム王が伝統的に果たしていた領地争いの調停者、そして危急の際の救援者という役割は、ギリシア人の諸国家にとって、今やローマが担うべきものであった。ローマは、北方の蛮族の侵入からギリシアを守る責任があると考えられた——このため、マケドニア王国を維持することがローマ人にとって重要だったのである。これに加えてローマは、ギリシアの大小あらゆる紛争を解決する義務も負っているとみなされた。

この役割を果たすために、ローマ人はギリシア人にならなければならなかった。さまざまな全ギリシア規模の祭礼にともに競技するようローマ人が迎えられ、ローマ人とギリシア人の血縁関係を立証する伝説が、想起あるいは創出された。ローマは、外来の征服者としてではなく、偉大なヘレニズム国家として、ヘレニズム世界に参入したと考えられた。多くのギリシア人国家が、こうしたローマと同盟条約を締結し、そうすることでさらに多くの責務をローマ人に負担させ、ヘレニズム的東方の複雑な政治世界の深みに、ローマ人を引き込んでいったのである。

死にいたる対立（前一九六年〜前一八九年）——アンティオコス三世とローマ

こうした転換がもたらした劇的な変化は、自由の宣言直後から明確になった。一人の野心的な王を制圧すると、ローマはまた別の野心家と対峙した。アンティオコス三世である。ピリッポスとの秘密盟約を都合よく棚に上げたアンティオコスは、第二次マケドニア戦争の最中だったペルガモン、ロドス、そしてローマから妨害を受けることなく、プトレマイオス王国を侵食していった。アレクサンドリアでは、幼年王プトレマイオス五世の後見人として支配をしていた廷臣のアガトクレスが、前二〇二年の住民蜂起のなかで殺害された。中央政府の麻痺とエジプト南部での反乱によって、アンティオコスは前一九八年にコイレ・シリアの再征服を完了することができた。その後アンティオコスは、小アジアでの拡張政策を継続し、ペルガモンを脅かした。前一九六年の春にフラミニヌスがイストミアでピリッポスとの和平条約を宣言していた時、アンティオコス三世とその軍勢は、すでにヨーロッパの地トラキアにいた。フラミニヌスは祭礼を訪れたアンティオコスの使節を召喚し、自由の宣言に基づく要求を提示した。アンティオコスは小アジアの独立都市の自由を尊重し、ピリッポスとプトレマイオス朝から奪った諸都市から撤退すべし、またアンティオコスは、軍隊とともにヘレスポントス海峡を越えるべからず、というものである。こうした要求があっても、すぐに戦争にはならなかった。ローマ人には休息が必要だった。前一九五年はじめ、トラキアのリュシマケイアでの会談で、ローマ人は要求を繰り返し、アンティオコスがヨーロッパに留まることをローマ攻撃計画の一端とみなすとした。王アンティオコスは、自身の立場を明確に提示した。

すると王は言い返した――第一に、いったい何の権限があってローマ人がアジアの都市のことで私に命令するのか、私には解せない。ローマ人は、そのような権限からはどこのだれよりも縁遠い民族のはずだ。第二に、ローマ人はアジア域内のことにいっさい口出ししないよう要求する。私もイタリア域内のことには、いっさい口を差し挟むつもりはないのだから。軍隊を率いての今回のヨーロッパ渡航について言えば、その目的はケルソネソスの各地とトラキア諸都市を奪い返すことである。これらの地域の正当な統治権は、だれよりもこの私にあるのだ。当初この地域の支配権を握っていたのはリュシマコスだったが、セレウコスがリュシマコスと戦い、戦争によって勝利を収めたことにより［前二八一年］、リュシマコスの王権は槍による獲得物としてすべてセレウコスの所有に移った。［中略］またアジアにあって自治を保っている都市については、それらの都市が自由独立を得るのはよいが、それはローマ人による指令によるのではなく、私の与える恩恵によるのでなければならない。（城江良和訳、一部改変）

アンティオコスは、ごく若い頃からあることを計画していた。王朝建国者の帝国の復活である。東方属州、シリア、パレスティナ、小アジアで、アンティオコスはこの計画を成し遂げた。アンティオコスの考えでは、セレウコス一世がリュシマコスを破ったことで、セレウコス朝はトラキアにたいして正当な権利を保持していた。ローマ人とアンティオコスの意見が一致したのは、ただ一点、アジアがローマの権益外であるということだけだった。もっとも、アンティオコスのヨーロッパ滞在が脅威だとするローマ人の言い分は、それほど荒唐無稽なものではない。わずか二三年前、ハンニバルがローマにたいする遠征に出発したのは、トラキアよりもはるかに距離の離れた場所だったのである。そして、ローマはハンニバルを敗北させたが、その宿敵がアンティオコスの宮廷で、イタリアへの戦争をおこなうよう忠告しているのである。さらに、この時点でギリシアがローマの権益地帯に入っており、アンティオコスの拡張政策をローマは無視することができなかった。リュシマケイアの会談で、二つの世界が衝突した。後継者戦争にさかのぼる権益を主張する「大王」と呼ばれる王が統べる古い世界と、同盟国にたいする義務関係を通じてローマがギリシア政治の重要な動因となった新しい世界である。アンティオコスが、先のローマの戦勝で事態がいかに変化していたのかを理解できなかったとしても、その過ちを責めることはできない。

これに続く数年のうちに、アンティオコス三世は自身の立場を強化するために活発な婚姻政策を続けた。彼はすでに長子のアンティオコスを前一九六年に共同統治者とし、その姉妹のラオディケと結婚させていた。こうした兄弟姉妹婚はエジプトでは普通だったが、セレウコス王国でおこなわれたのははじめてだった。前一九三年にこの息子のアンティオコスが死ぬと、ラオディケは継承順位で次にくるセレウコスと結婚し、今度はこのセレウコスが共同王に任命された。前一九四年には、アンティオコスの娘アンティオキスがカッパドキア王アリアラテス四世と結婚し、アナトリア東方での同盟関係を強化した。そして前一九三年、アンティオコスは娘のクレオパトラ一世シュラをプトレマイオス五世に嫁がせて、エジプトとの紛争に決着をつけた。彼女が、クレオパトラの名前を持つ最初のエジプト王妃である。

　アンティオコスとローマとの冷戦を熱戦に変えたのは、別の二つの勢力だった。第二次マケドニア戦争でローマを助けたにもかかわらず、マケドニアの敗北から何も得ることがなく失望していたアイトリア人と、父アッタロス一世が獲得した領地の大半がアンティオコスの手に渡るのを経験していたペルガモンの新王エウメネス二世である。背景は異なるが、アイトリア人もエウメネスも、ローマとアンティオコスの戦争を切望していた。アイトリア人が、前一九二年に決定的な動きをみせた。アイトリアとローマの仲裁のために、セレウコス朝の王をギリシアに招いたのである。前一九二年一〇月に、アンティオコスは一万の歩兵、五〇〇の騎兵、六頭の戦象というきわめて限られた軍勢で、デメトリアスに到着した。ギリシア全土が自身になびくだろうという彼の期待は、すぐに打ち砕かれた。ピリッポス五世ですらローマ側につき、伝来の敵アイトリア人と不忠の仲間アンティオコスに痛恨の一撃を与えた。アンティオコスがギリシアに到来した以上、ローマ人は動かざるを得なかった。戦争がはじまった。アンティオコスはギリシアに踏みとどまることができず、前一九〇年の春、小アジアに戻った。新しく選出された執政官ルキウス・コルネリウス・スキピオが、ハンニバルを討伐した兄のスキピオ・アフリカヌスとともに、前一九〇年、シピュロス山麓のマグネシア近郊の戦いで、重要な勝利を収めた。両軍の損失を伝えるリウィウスの数字が誇張されているとしても——ローマ側が四〇〇、セレウコス朝側が五万——、アンティオコスにとってこの戦闘の結果は壊滅的で、セレウコス帝国の歴史の転換点となった。その後しばらくして、前一八九年に、アイトリア人も和約を模索することを余儀なくされた。

アパメイアの和約（前一八八年）——東方ギリシア語圏の歴史の転換点

アンティオコスにたいする戦争後にローマが課した措置は、ローマの拡張政策と国際法の発展のなかで、意義深い出来事である。アイトリア人はローマの覇権（インペリウム・マイエスタテムクェ・ポプリ・ロマニ）を受け入れ、ローマと敵味方を同じくすることを義務づけられた——つまり、自身の外交政策をローマの望むがままとすることを余儀なくされたのである。以前にローマが実行していた友好条約（アミキティア）あるいは個別の戦争にあたっての同盟の締結とは、この措置は性格を異にしていた。アンティオコスとの和平は、前一八八年、アパメイアで合意を得られた。

アンティオコスは、タウロス山脈ならびにカリュカドノス川以北の小アジアの領土（地図5を参照）をすべて失った。これは、全領土のほぼ三分の一にも達した。アンティオコスの駐屯軍が諸都市から撤退し、戦象と人質がローマに引き渡された。アンティオコスは、一万五〇〇〇タラントンという莫大な戦争賠償金の支払いに合意した——これはおおよそ三〇万人の傭兵の年給に相当する。カリュカドノス川以北の艦隊の航行が禁止された。アンティオコスの王国の西の国境線に関して、ローマは防衛戦争のみを許可した。小アジアでは、いくつかの都市が自由を宣言され、二、三の駐屯地が権力の空白を捉えて、ポリスの地位を獲得した。ローマ人は、大規模な領地の付与で同盟者に報いた。小アジア沿岸にすでに領土を持っていたロドスは、リュキアとカリアを獲得した。このためロドスは、絶頂期のアテナイやスパルタも想像すらできなかったほどの領域を支配して、短期間で最大のギリシア人ポリスとなった。ペルガモンのエウメネスは、セレウコス朝の旧領を与えられ、小アジアでの王国領が拡大した。ローマ人は、ハンニバルの処分に数年を要した。ハンニバルは高齢だった（前二四七年生まれ）が、まずはアンティオコスの軍団および艦隊の指揮官としてローマと戦い（前一八九年まで）、ついで、ビテュニアのプルシアス一世の指揮官として、エウメネスにたいする攻撃を続けていた。ローマから圧力を受けて、プルシアスはこのカルタゴの将軍をローマ人に引き渡すことを考えたが、ハンニバルは前一八二年か前一八一年に毒を仰ぐことを選び、不倶戴天の敵からとうとうその恐怖の種を取り除いた。ハンニバルは書簡にこう書き遺している。「ローマ人を絶えることのない不安から解放してやろう。奴等は老人が死ぬのを待つのが辛抱できないのだから」。

ギリシアが人士を産まなくなった時

アンティオコスにたいする戦勝は、ローマとギリシア人国家との関係において、重要な転換点だった。前一九六年の自由の宣言とまったく同じように、小アジアのギリシア諸都市の処遇の決定は、グナエウス・マンリウス・ウルソ率いる一〇名の元老院議員からなる委員会を中心とする、ローマ人の一方的な決定に基づいていた。ローマ人はいかなる領土拡大も目指さず、東方ギリシア世界で行政を負担するつもりも依然としてなかったが、ローマ人は上位の国家として、ギリシア諸都市の法的地位と並んで、領土紛争や他国への貢納支払いについても決定をおこない得る立場とみなされた。ローマの元老院は、敵の力を永久に封じ込め同盟者を強化するという、自身のもっとも重要な目的を達成した。ローマ軍は撤退し、この新しい権力の均衡への対処を、ギリシア諸国家に託した。

すでにアパメイアの和約の直前から、ローマ元老院とローマの公職者たちは、アンティゴノス王国の衰退によって生まれた権力の空白を埋めつつあった。和約に続く二〇年の間に、この動きが強まった。ギリシア人共同体間の領地争いや衝突に元老院やローマの司令官が介入し、これまで王の宮廷に派遣されていた使節団は、今やアドリア海を渡ってローマの指導者たちに接触した。そして、ローマ人使節の存在が、ギリシアと王宮で普通にみられる光景になった。だがローマは、バルカン半島や小アジアのいかなる場所も、保有することはなかったし、直接に行政をおこなうこともなかった。このため、旧来の王権が自身の政策を追求し、ほとんど何も変化しなかったという幻想のなかに生きる、十分な余地が残されていた。

ローマはギリシアの問題にいかなる影響も及ぼすべきではないと考える政治家も、まだ存在した。ピロポイメン（一四一頁参照）は、まさにこの理由で、ある無名のローマ人に「最後のギリシア人」と呼ばれた。ピロポイメンは、アカイア連邦が完全に独立の状態であるべきだという、固い信念を持っていたのである。彼はこの方針を実現するなかで、命を落とした。ピロポイメンは、前一八三年の連邦にたいするメッセネによる反乱を容認せず、メッセネに遠征し、敵の前線の後背で落馬して捕らえられた。彼は敵に毒を飲むことを強要された。ピロポイメンの死は、反乱したメッセニア人にたいする連邦の結束を固め、祖国メガロポリスで数百年にわたって、神に等しい名誉がピロポイメンに捧げられた。将来歴史家となるポリュビオスは、ギリシアでかつて挙行された葬礼のなかでもっとも印象的なものに数えられるピロポイメンの葬礼で、この将軍の骨壷を担う役に選ばれた。四〇〇年後の旅行家のパウサニアスは、ピロポイメンの死後、ギリシアは人士を産むのをやめたと評することになる。この評は議論の対象となっているが、たしかなのは、ピロポイメンの死からギリシアがローマの属州となる日まで、アカイア連邦を離脱しようとする国家や、ローマの介入は、途切れることがなかったという事実である。

第8章　ギリシア国家からローマ属州へ（前一八八年〜前一二九年）

習慣としての支配

ツウィ・ヤウェッツは、ローマ帝国主義の説明に用いられる理論についての優れた研究のなかで、あるポーランドのジョークを引いている。カトリック司祭が農民に、奇跡とは何かを説明しようとして、曰く「もしわたしが教会の塔から落ちて怪我をしなかったら、あなたはこれを何と呼びますか」。農民は答えて曰く、「偶然です」。「では、わたしがまた落ちて、もし無傷だったら」と司祭が食いさがると、農民は「それも偶然です」。「では、三度目もそうだったら」。頭の冴えたこの農民の答えは、「習慣です」。アンティオコスの敗北まで、ローマの東方への軍事的関与が偶然だと考えられていたとしても、これ以後すぐに、一つの習慣となったことは間違いない。

四〇年のうちに、ヘレニズム世界は大きな変革を経験してきた。古くからの三つの君主政——アンティゴノス朝、セレウコス朝、プトレマイオス朝——の衰退と崩壊、そして、新勢力とその同盟国——ローマ、ロドス、ペルガモン——の台頭である。スペインでの二属州の創設、そしてイタリアの共同体をローマに緊密に結びつけることによるイタリアの統合といった西方での領土の拡張は、ローマの指導者たちが、おそらくは計画的に成し遂げたことだった。前二二〇年に、ローマとアドリア海の重要な港であるアリミヌム（リミニ）をつなぐ幹線道路であるフラミニア街道が建設され、こうした統合が強化された。イタリアでのローマ市民の植民市の建設や、ローマ市民権の付与といった他の施策も、これに寄与した。元老院の指導者たちが、イタリアの統合をいまだ成し遂げていなかった時点では、東方での領土征服に関与することはできなかっただろう。事態はゆっくりと変化した。地中海でローマが覇権的な立場を得ることによって、経済構造が変化した。多数の奴隷が輸入され、小規模農が衰退して大規模な農業生産が盛んとなり、住民の一部は戦利品に依存し、イタリア外での経済活動への関心が高まった。地中海の全方面での戦争で勝利を続けることによって、ローマの外交政策がもはや受動的な要素の強いものではなくなり、積極外交となったことは明らかである。この新政策の展開をこれから地域ごと――まずマケドニアとギリシア、つぎにアジアとエジプト――にたどるが、この新しい「絡まり合った」世界で、これらの地域は互いに結びついていた。

マケドニア王国の終焉（前一七九年〜前一六七年）

マケドニアでは、ピリッポス五世が統治の晩年（前一七九年まで）を、今では短くなった王国の国境線を防衛し、軍隊を強化することに費やしていた。息子で後継者のペルセウスはこの政策を継続し、挑発をかわしギリシア諸都市の自由を尊重した。だがペルセウスは、依然として自信ある支配者として行動した。彼は領土を削減された王国の統治者だったが、何百年もギリシア人の政治の舞台で活躍してきた王朝の出身者でもあったのである。ペルセウスには、かつて父親がギリシア各地を支配する基盤とした駐屯地はなかったが、影響力のある立場を取り戻すための外交やプロパガンダの手段が残っていた。前一七八年、ペルセウスはセレウコス朝の王であるセレウコス四世の娘と結婚した。自身の姉妹は、ビテュニア王プルシアス二世に嫁がせた。全ギリシア人の崇敬を集めたギリシア本土のデルポイの聖域は、かつて、ペルセウスの先祖であるデメトリオス・ポリオルケテスの庇護下にあり、マケドニア人は、聖域を支配した神聖同盟（アンピクテュオニア）の評議会に、代表を送っていた。前一七四年、ここで開催されていたピュティア祭に合わせて、ペルセウスが手勢を引き連れて登場し、ギリシア人のなかで指導的な役割を演じる野心を誇示した。ペルセウスがデルポイに記念碑を建立し、先祖がこの聖域に与えてきた保護を証明する古い文書をそこに刻んだのは、おおよそこの頃である。前一七三年には、ボイオティア連邦との条約が締結された。

ペルガモンのエウメネス二世は、ペルセウスの動きを注視していた。エウメネス二世はデルポイで命を狙われたがこれを切り抜け、ペルセウスを暗殺の黒幕として糾弾した。ローマ元老院にピリッポス五世の作戦行動への警戒を促し、第二次マケドニア戦争をけしかけた父アッタロスの顰みにならい、エウメネスは前一七二年に元老院に登壇し、熱のこもった演説で、ペルセウスのあらゆる行動がローマへの直接的な危機であると主張した。この演説は効果を発揮した。エウメネスの主張が本当だと考えられたためではなく、ローマのエリート層がギリシアでの戦争の可能性を歓迎したからである。

ローマはここ数年、軍事紛争に介入しておらず、若い元老院議員たちは旧世代の勝利、凱旋式、そして栄光を妬み、この状況に不満を抱いていた。戦争が貴族間の競争を煽ったのである。影響力のあるローマ騎士たち――ローマ社会で第二階級を構成した騎士身分の者たち――は、交易と製造業の分野で盛んに活躍しており、このため、戦利品の新規獲得と戦争捕虜の奴隷化に、並々ならぬ関心を抱いていた。こうした利益の可能性は、他の人々にとっても魅力的に映った。ローマが新たに戦争に着手した背景にあったのは、同盟国の防衛やフィデスに基づく義務関係というよりも、経済的な利害関心であった可能性が高い。

当然ながら、新しく選出された執政官は、次年度の管轄地域としてマケドニアの割り当てを希望した。ギリシアに使節が送られ、ペルセウスにたいする戦争の勃発時に、ギリシア人の援助が得られることを確認した。同じ頃ペルセウスは、軍事衝突を避けながら、ギリシアでの名声を高める行動をとった。ギリシア諸都市では、特に負債などの理由で現状に不満を抱く多くの者たちが、ペルセウスに期待を寄せていた。これは、ペルセウスが社会改革や負債の帳消しの具体的な方策を持っていたからではおそらくなく、ローマ人を支援していた寡頭派の政治指導者層を嫌悪していたからである。

ローマ人使節が同盟国集めでギリシアを回っていたところ、ペルセウスは彼らと会見を持ち、戦争を避けることを試みたが、失敗した。ローマ元老院は、すでに決定された軍事衝突を中止する交渉をおこなう意図を、まったく持っていなかったのである。どの段階でも、ローマ人が何か要求したり、最後通告をおこなうことはなかった。ローマの政治指導者が、この衝突の発端から、利益のために戦争を遂行することを意図していたという印象を受ける。前一七一年のはじめに、宣戦が布告された。この第三次マケドニア戦争がはじまる直前、ローマはデルポイにペルセウスへの不満をまとめた書簡を送った。聖域に大きな文字で刻まれたこの文書は、開戦事由がどう提示されたのかを知るための、素晴らしい史料である。ペルセウスが非難されたのは、ピュティア祭の神聖な停戦協定の最中に軍隊を連れてデルポイを訪問した点、ドナウ川の対岸に住む蛮族——この蛮族はかつてギリシアを奴隷化し、デルポイのアポロン聖域を略奪しようとした——と同盟した点、ローマの友邦と同盟国を攻撃した点、ローマとの条約締結のために派遣された使節を殺害した点、元老院に害を与え、エウメネスを暗殺しようとした点、ギリシア諸都市に混乱と不和を引き起こし、指導的な政治家を買収し、負債の帳消しを約束することで大衆の人気を得ようとした点、そして、ギリシア人から保護者を奪って奴隷とすることを目的として、ローマにたいする戦争を計画した点、だった。非難はさらに続いたが、そこの刻文は残っていない。おそらく、現存する非難と同じくらい不当なあるいは誇張されたものだったろう。攻撃する前に苦情を申し立てるのは、古今東西に適用される説得の技法である。バブリオス（二世紀）の寓話に、この慣習を皮肉るものがある。

あるときオオカミが、一匹の仔ヒツジが群れからはぐれているのを目にしました。けれども力ずくで襲いかかってかっさらうのではなく、敵意を包み隠すもっともらしい言いがかりをつけようとしました。

「貴様、まだちびのくせに、去年、俺の悪口を言いふらしてただろう」

「昨年あたしが悪口をですって。生まれてまだ一年にもなりません」

「俺の畑を荒らしているのは貴様じゃないのか」

「まだ緑の葉っぱを口にしたことがないし、草も食《は》んでいません」

「俺の飲む泉の水を飲んだことはないか」

「今でもまだお母さんからおっぱいをもらっていますよ」

そのとたん、オオカミは仔ヒツジに手をかけ、かぶりついて言いました。

「貴様にゃ、このオオカミ様を晩飯ぬきにはできやしないさ。俺のつける難癖をことごとく苦もなく言い抜けたところでな」。


(西村賀子訳)

雌狼の食事を奪おうとする者は誰もいなかった。この戦争で、ギリシアの多くの者が同情し、ローマの介入に憤慨していたが、ペルセウスはほぼ完全に孤立していた。戦争の初期段階(前一七一年~前一七〇年)に、ペルセウスはある程度の成功を収めたが、それでもイリュリア王ゲンティオスを除いて同盟者は集まらず、ローマ人にも譲歩する気はなかった。ロドスが紛争仲裁に乗り出したがローマに拒絶され、疑いの目を向けられた。ゲンティオスは前一六八年に敗れ、捕虜とされた。前一六八年の新執政官ルキウス・アエミリウス・パウルスが、同年のピュドナ近郊での決戦で、ペルセウスと相まみえた。ローマ軍は当初、長槍を持つマケドニア重装歩兵の怖るべき突進を支えることができなかった。しかし、ローマ軍団が起伏のある丘まで退くと、重装歩兵の隊列が乱れた。パウルスの中隊は間隙をついて、守備の薄いマケドニア兵の側面から攻撃を加えた。マケドニア兵の短剣は、軍団兵の長い剣と重厚な盾を前に、ほとんど役に立たなかった。戦いの潮目が変わった時、マケドニア騎兵は無力化されていた。王が戦いのはじめに負傷していたためか、敵意のある伝えによると、王が怖気づいて逃亡したためである。マケドニア軍は全滅だった。三万名のマケドニア人が死んだと伝えられている。ペルセウスはサモトラケ島に逃れたが、望みがないことを悟って、最終的にパウルスに降伏した。王はローマに連行され、凱旋式の見世物とされた。その後すぐ、前一六五年か前一六二年に、ペルセウスはアルバ・フケンスで囚われの身のまま命をおえた。

戦勝後のローマ側の措置は、これまでの戦勝後の対応とは質が異なり、ローマの政策が大きく変化したことを明らかにしている。アンティゴノス朝マケドニアは解体された。今回の元老院の決定は、ヘレニズム国家の領土の統合だけでなく、その存在そのものも問題としたのである。王国の領土は、メリス(地域)と呼ばれる四つの独立共和国に分割された。これは、既存の行政と軍事の区分に対応していたのかもしれない(地図1参照)。もっとも東に位置したメリスはアンピポリスを首都とし、ネストス川からストリュモン川までひろがっていた。テッサロニケはマケドニア中部の第二メリスの首都で、このメリスはストリュモン川とアクシオス川の間に位置した。西方の旧マケドニア王国の心臓部は第三メリスとなり、古くからの王の所在地だったペラが首都になった。第四メリスは上マケドニア（ペラゴニア）の山岳地域から構成され、首都はヘラクレイア・リュンケスティスに置かれた。この四国家は、互いに関係を結ぶどころか、通婚さえも認められなかった。前一五八年まで、マケドニアの天然資源である木材と鉱山の利用も禁止された。これまで王国国庫に支払われていた貢納の半分は、ローマに支払われることになった。ローマ人は定期的な貢納支払い——従属の明確な証——を、はじめてアドリア海の東に課したのである。王、宮廷の構成員、そして王国財産は、ローマに運ばれた。こうした措置が、アンピポリスのマケドニア人の代表に、自由の宣言として提示された。人々が君主政から自由になったからである。イリュリアの君主政は廃止され、その領域は独立とは名ばかりの三つのメリスに分割された。

ギリシアにおけるこうしたローマの新しいあり方は、他のギリシア人、さらには戦争に参加しなかった共同体に関わる措置にもみてとることができる。中立的な、あるいは同盟関係にあった国家で、ペルセウスに友好的な態度を保持していた人々は、政敵によって告発を受けて逮捕され、将来にわたるローマへの忠誠を保証するための人質とともに、イタリアに送還された。アカイア連邦だけで、一〇〇〇名の人質を引き渡さなければならなかった。そこには、アカイア人の寡頭支配者層の一員でアカイアの中立を望んでいた著名な政治家の息子、騎兵隊指揮官ポリュビオスが含まれていた。現代の歴史家にとって、ポリュビオスの不幸は幸運である。ポリュビオスは、アエミリウス・パウルスの息子たちの家庭教師となり、指導的な元老院議員のサークルに招かれ、同時代とその周辺の歴史についての文書と当事者の情報を得ることができた。こうした情報が、前二六四年から前一四六年までのローマの拡大を扱う、ポリュビオスの歴史作品の基礎となった。独立したギリシア国家の世界への郷愁と、ローマ人の制度と価値観への驚嘆を併せ持ったポリュビオスは、政治の歴史についてだけでなく、実際的な政治の教師としての歴史家の役割についても、印象深い考察をおこなっている。

ペルセウスの唯一実質的な同盟国だったエペイロスでは、七〇の居住地が破壊され略奪された。一五万ともされる住民が、奴隷として売却された。古くからのローマ人の友人であるロドス人は、ローマとペルセウスの間の仲裁を買って出たという理由だけで、厳しく罰せられた。ロドスは小アジアでの領土であるカリアとリュキアを失い、その地は自由を宣言された。だが、ロドスが受けたもっとも厳しい罰は、ヘレニズム期のほとんどの期間（前三一四年～前一六七年）アテナイから独立していたデロス島がアテナイ人に返還され、自由港として認められた——つまり、輸出入に関税が課せられない港にされた——ことである。ロドスにとって突然に強力な貿易の競争相手が生まれ、デロスは地中海東部のもっとも重要な中継貿易のセンターとなって、イタリア出身の交易業者（イタリキ）を多数引き寄せた。そもそもこの戦争を引き起こし、ローマ人の側で参戦したエウメネス二世でさえ、元老院に疑いの目を向けられた。戦争の最終段階で、エウメネスがペルセウスの完全敗北を避けようとしたという噂があったからである。こうした措置をとったローマは、同盟国あるいは保護者としてではなく、絶対的な支配者として立ちあらわれた。

ここ数年の出来事は、東方でのローマの政策が変化したことを示している。正当な理由なしに宣戦布告がおこなわれ、敗北した国家はその統一性を失い、ローマ人が指示した制度で新しい国家が創建され、ローマが貢納を受け取った。そして、元老院の一方的な決定で領土が変わり、王の権威が傷つけられた（一六九頁参照）。前一六七年にはビテュニア王プルシアスが、剃髪して解放奴隷の衣装でローマを訪れ、元老院の慈悲を求めた（一〇二〜一〇三頁参照）。ギリシア世界が受けた心理的な影響は大きく、幸運にも、同時代史料にその様子が描かれている。前一六七年、イオニアのテオスの使節がローマに赴いた。トラキア王コテュスと紛争状態にあった自身の植民市トラキアのアブデラのために、仲裁を試みたのである。使節たちの名誉を称える決議が、伝統への誇りを持つ自由な共同体がローマ人に嘆願する必要に迫られた時に生まれる、緊迫した感情を伝えている。「彼らが使節としてローマに赴いた時、精神的、身体的困難によく耐えてローマの公職者に訴えを続け、不撓不屈の心構えで自身を人質として［中略］さらに彼らは身を削ってアトリウムの日ごとの訪問に専心した」。これほどまでに魂の苦闘を表現するギリシア語刻文は存在しない。ローマの公職者に取り入り、庇護民としての日々の儀礼をこなす必要に迫られた使節たちは、自分たちがもはや自由民ではなく、当時ローマに連行されてきていた膨大な人質と同じような束縛を受けているという思いを抱いた。ナウパクトスでアゲラオスがおこなったと伝えられる予言が実現された。西方の黒雲がギリシアを覆ったのである。

グラエキア・カプタ（前一六七〜前一四六年）——ギリシアの属州化

アンティゴノス王国を解体し、前一六七年にその他の措置を一方的に定めることで、ローマ人はギリシアと小アジアで覇権的な支配を求めていることを公にした。だが、ローマが最後の段階——領土の併合による直接支配と、属州の創設を通じた実質的な行政の導入——に進むには、あと二〇年を要した。その機会は、マケドニアでの反乱とペロポネソス半島で続いた紛争によって、もたらされた。

前一五三年、小アジア北西部のアドラミュッティオンの支配者だったアンドリスコスという男が、ペルセウスの子にしてマケドニアの正統な王だと主張した。「おじ」にあたるセレウコス朝の王デメトリオス一世は、王位を求めるアンドリスコスの主張を支持せず、この男を元老院に引き渡した。つまりデメトリオスは、王を認定する権利はないにしても、そうする権力はたしかに持っている上位機関として、元老院を認識していたのである。ローマでは、アンドリスコス（この名前は小人を意味する）のことをだれも真剣に扱わなかった。しかし前一四九年に彼はローマ脱出に成功し、ペルセウスの姉妹と結婚していたトラキア王テレスの助けでマケドニアに侵攻して君主政を復活し、テッサリアの地域を襲撃しはじめた。伝えでは、負債の帳消しと土地の再分配の期待を持った下層階級が、アンドリスコスを援助したとされている。ローマ人は当初この危機を過小評価して、アカイア連邦にアンドリスコスの処理を任せる可能性を検討した。だが、前一四八年に三回目で最後のポエニ戦争がはじまると、アンドリスコスはカルタゴと同盟を組むという致命的な誤りを犯した。ローマの一個軍団が派遣されたがアンドリスコスを破ることはできず、アンドリスコスはテッサリアの支配まで進んだ。しかし、前一四八年に法務官クィントゥス・カエキリウス・メテルス指揮下の二個軍団が到着し、アンドリスコスの勝利の望みが摘み取られた。マケドニア人エリート層から援助を得られず、ギリシアに同盟国のなかったアンドリスコスは、すぐに敗北して捕虜となり、ローマの凱旋式で晒されたのち、処刑された。

同じ頃、ペロポネソス半島では、アカイア連邦とスパルタとの長期にわたる衝突が、新しい展開を迎えた。前一九二年に王ナビスが暗殺されると、スパルタはアカイア連邦に加入することを余儀なくされた。しかし、これはスパルタ人にとって、独立の喪失と受けとめられた。前一六五年に、メガロポリスとスパルタの間の領土紛争への介入を元老院に要請された連邦が、メガロポリス有利の決定をくだすと、緊張が頂点に達した。連邦離脱を望むスパルタの姿勢を、元老院は好意的に受けとめた。元老院議員たちは、地元の考えを知らないか、あるいは関心を持っていなかったので、前一四七年に、コリントスやアルゴスを含む重要都市の連邦離脱を勧告するまでにいたった。衝突が社会的様相も帯びることで、状況は一触即発になった。アカイアの政治家クリトラオスがスパルタの連邦参加を前提に、負債者や無産者に有利な社会改革を約束したのである。これが社会改革にたいする真剣な関心の結果だったのか、ただ単に大衆人気を得ようとするポピュリスト的政策だったのか、決めるのは難しい。クリトラオスが提案したのは、負債の帳消しではなく、返済の凍結と、借金の未払いで自由を喪失した者たちの解放のみだった。元来スパルタに向けられていたクリトラオスの改革プログラムは、そこから利益を得る者すべてを団結させ、彼らの敵意をスパルタだけでなく、ローマにも向けさせた。いくつかの連邦国家（ボイオティア、エウボイア、ポキス、ロクリス）がクリトラオスの政策を支持したため、この紛争はギリシア中部にもひろがった。

メテルスは戦勝後もマケドニアに滞在を続け、アカイア連邦の集会に三名の使節を派遣した。しかしこの集会は使節たちを受け入れず、スパルタに宣戦布告し、そのためローマの反発を招いた。メテルスは素早くマケドニアから軍を進め、スカルペイアでアカイア人を破った。クリトラオスはこの戦いで命を落とし、後継者のディアイオスは急いでコリントスの守りを固めた。絶体絶命となったアカイア人指導者たちは、戦う意思のあるすべての奴隷に、解放と市民権付与を約束した。コリントス近郊のレウコペトラで、ギリシア人の最後の戦いがあり、彼らは敗れた。ローマの新執政官であるルキウス・ムンミウスが都市コリントスを攻略し、おそらく元老院での決定にしたがって、前一四六年にこの都市を完全に破壊した。この年、カルタゴも同じ運命をたどった。ディアイオスは自死を選んだ。コリントスの住民は殺害され、生き残った者は奴隷に売られた。もし元老院が、コリントスの破壊でギリシア人に何か範例を示そうとしていたのなら——この残虐行為はこのためだと理解するのがもっとも適当である——その試みは成功した。この後二世代の間、ギリシア本土はローマ元老院に心配事をもたらすことはなかったのである。

これらの戦いに勝利したあとのローマの措置は、残虐性の点だけでなく制度的な側面でも、前例のないものだった。マケドニアの四国家は廃止され、その領域はギリシアではじめてのローマ属州となった。新属州は、執政官としての一年の任期が延長され、ローマの直接支配地域を割り当てられた総督（執政官代理、プロコンスル）の管轄下に置かれた。総督の管轄地域は、イリュリアにも及んだ。イリュリアは、最後の王ゲンティオスが排除されて以降、前一六七年に名目上は独立国家となっていたのである。メテルスが撤退したのち、最初の総督としてグナエウス・エグナティウスが前一四六年に赴任した。フラミニア街道を模範として（一五三頁参照）、エグナティウスはただちにエグナティア街道と呼ばれる幹線道路の建設に着手した。この街道は、アドリア海岸の重要な港湾であるエピダムノス（デュラキオン、デュラッツォ）とテッサロニケを結び、属州の統合とイタリアとの交通・連絡の改善に寄与した。この街道は何度も修復され、現在でも使われている（後掲図17参照）。

中部・南部ギリシアについては、一〇名の元老院議員からなる委員会が決定をくだした。歴史家ポリュビオスは、ギリシア南部の政治を立て直す任務を与えられた。ほとんどの政策は、後代の史料から間接的に推測できるだけである。ローマの同盟国（スパルタ、アテナイ、アイトリア、アカルナニア、テッサリアの諸連邦）は、建前上、独立を保った。その他のすべての国家（アカイア連邦、メガラ、ロクリス、ボイオティア、ポキス、エウボイア）は、マケドニアの属州総督の管轄に服することになった。連邦国家は一時解体され、再結成時に、所属国が削減された。たとえば、アカイア人のコイノンはペロポネソス半島の北西部、名前のもとになった地域であるアカイアの境界内に押し込められた。諸都市は自由と自治を保った。ギリシアに徴税請負人（プブリカニ）の存在を示す史料はないため、諸都市がローマに納税する義務は当初なかったように思われる。コリントス領の一部と、ローマへの抵抗を主導した人々の土地は、ローマの公有地となった。ギリシア人共同体のこの新しい自由は、かつてフラミニヌスが宣言した自由とは、似ても似つかぬものだった。今やマケドニアにはローマ総督が存在し、いかなるギリシア人共同体も、何らかの外交政策を実行しようとする場合、まず総督と元老院に相談しなければならなかった。内政に関しては、各地に成立した寡頭政の指導者たちがこれを支配し、彼らはローマを支援した。前一四六年以降のギリシアは、ローマ元老院の権威に服したのである。

帝国主義についての比較研究によると、従属国家にたいする帝国主義的な国家の振る舞いには、ある共通する特徴があると考えられている。前一四六年以降のローマの措置——それ以前に開始された措置も含めて——は、こうした特徴に数多くあてはまる。ローマは、外交面でギリシア国家の自由を制限し、属州行政を確立し、領土を併合し、地域の問題に介入し、従属共同体の一部に貢納の支払いを強制し、無条件の軍事援助を要求した。またローマは、経済的な資源を搾取し、従属地域にローマ市民が土地を所有することを認め、ローマと不平等条約を結ぶことを従属国家に強要した。

コリントスの略奪後、おびただしい数の美術作品がコリントスからローマへ運ばれ、ローマとイタリアでの美術品制作を加速させた。この一〇〇年後、ホラティウスが有名な詩行でこの出来事の影響を認めることになる。「グラエキア・カプタ・フェルム・ウィクトレム・ケピット・エト・アルテス・イントゥリット・アグレスティ・ラティオ」(征服されたギリシアが野蛮な勝者を征服し、粗野なラティウムに芸術をもたらした)。しかしこの事件の同時代の人々は、ギリシア最古の都市に数えられるコリントスの破壊に、積極的な文化的な価値を何もみいだすことはできなかった。ギリシア人は一方ならぬ衝撃を受けた。同時代の詩人であるシドンのアンティパトロスは、たくさんの疑問文をテンポよく並べて、この都市の略奪を嘆き、権力というものがどれだけはかないものか、戦争がどれだけ破壊的な力を持っているかを、痛烈に強調した。

いずこぞ、世に名高かりし汝《なれ》が美麗《うつくしさ》は、ドリスのコリントスよ、
いずこぞ、汝を飾りし塔は、いずこぞ往古《そのかみ》の財貨《たから》は。
いずこぞ、神々の神殿《みやい》は、立ち並びし館は、シシュポスの末《す》裔《え》なる
婦女《おみな》らは、またかつての幾千もの住民らは。
今ははやその跡形すらもなし、世にたぐいなき非運に見舞われし都巴《まち》よ、
なべてが戦いの餌食となり喰らい尽くされたり。

（沓掛良彦訳）

同盟王国から属州へ（前一五九年～前一二九年）
——アッタロス朝の最後の王たち

ペルガモン王国は、一連の戦争でローマのもっとも忠実な同

盟国だったが、エウメネス二世が前一六八年にペルセウスとローマとの和平を仲介しようとしたことで、元老院から疑惑の目を向けられることになった。ペルガモンの王は、マケドニア派の敵と戦うのにローマ人を利用できると考えて戦争を引き起こしたが、ただ単に、ローマ人が自身の利益のために戦争をおこなう口実を与える結果となった。これに続く数十年の間に、ペルガモンの王たちは二つの危機に直面した。隣接するビテュニア王国とは領土紛争を抱え、さらに東のガラティア人の支配者たちは、ペルガモンの領地、この地域のギリシア都市、そしてプリュギアのペッシヌスの神殿国家に繰り返し襲撃を加えていたのである。前一六六年に、エウメネスはガラティア人部族の蜂起にうまく対応したが、ローマはガラティア人の国家の自治を認めて、対ペルセウス戦争の最終段階で力を抜いたエウメネスを罰した。

エウメネスの跡は、兄弟のアッタロス二世（前一五九年〜前一三九／一三八年）が継いだ。この新王はすでに老齢で、意図的にローマに頼った。アッタロスはペッシヌスの神官に宛てた書簡のなかで、小アジアのガリア人に戦争を仕掛けることをためらった理由を説明し、そしてそのために王に期待される保護を実現することができなかったことを、弁明しようとしている。

彼らの参加なしに事をおこなうのは、大きな危険をはらんでいるように思えはじめた。もしわれわれが成功を収めれば、その試みがわれわれに妬み、中傷、致命的な疑惑を招くのは確実だった——彼らはわたしの兄弟にも同じ感情を抱いた。また、もしわれわれがしくじっても、何らかの破滅を迎えるに違いない。彼らは、わたしたちの災難に同情するようには思えず、彼らなしにこれほどのことを実行してしまったとしたら、むしろわたしたちの破滅をみて喜んだことだろう。だが、現今の事態について、何らかの点でわたしたちの状況が悪くなっているとしたら——どうかそうなりませんように——完全に彼らの承認にしたがって行動することで、もし神々の恩寵があるならば、援助を獲得し、損失を取り戻せるだろう。

アッタロスは、ローマの承認にしたがって決定した。これは、法的な取り決めや条約に基づくものではなく、新しい政治的現実に根ざすものだった。

プルシアス二世によるビテュニアの拡大政策は、前一五九年から前一五四年まで長期にわたる戦争を引き起こした。カッパドキアとポントスの王の援助を受けて、アッタロス二世はプルシアス二世を破り、ローマはプルシアス二世に、ペルガモンにたいする戦争賠償金の支払いを命じた。数年後の前一四九年、プルシアス二世は息子のニコメデスに暗殺された。アッタロス二世は、カッパドキアの王アリアラテス五世が兄弟のオロペルネスと戦うのを助け（前一五八〜前一五六年）、カッパドキアでも大きな影響力を獲得するにいたった。アッタロス二世は晩年に甥のアッタロス三世と共同で王国を統治し、服属する諸都市と住民が支払う貢納によって富を蓄積し、小アジア西部の安定に寄与した。前一八四年から前一六六年までのいつかの時点に製作されたペルガモンの大祭壇（図12参照）は、アッタロス朝の権力の証として、もっともよく知られている。オリュンポスの神々と巨人との戦争の表現は、ガリア人にたいするアッタロス朝の戦勝を踏まえたもので、その他の表現は、ペルガモンの神話上の建国者を記念している。

図12　ペルガモンの大祭壇（オリュンポスの神々と巨人族の戦いの部分）。

アッタロス三世がアッタロス二世を継いだが、短期間統治（前一三九／一三八年〜前一三三年）したのち死んだ。ある長い刻文で、アッタロス三世が軍事的に成功を収め、神に等しい名誉を獲得し、巨像の建立と豪華な祭礼を授与され、記念の年祭の設立を受けたことが称えられているが、この王の本当の関心は、医学と植物学の研究にあったように思われる。王の戦勝も医学書も、その影響は長く続かなかった。だが、彼の遺書は長い命を保った。死ぬ時に子のいなかったアッタロスは、王国をローマ人民に遺贈したが、同時に、都市ペルガモンとその領地を貢納から解放した。これまで貢納の義務を負っていた、王国の他のギリシア都市も無税とするか否かについて、王はローマ人に委ねたと考えられる。現代の歴史家たちは、アッタロス三世が社会騒乱を怖れていたか、あるいは、異母兄弟のアリストニコスが後継者となることに反対していたのではないかと推定している。王の死の時点で、ギリシアにおけるローマの直接支配は一〇年以上も前から現実のものとなっており、地中海東部の全域で、ローマ元老院との事前協議なしに重要な政治的決定をすることはまったくできなかった。王の決定には、こうしたことが影響を与えていたのかもしれない。

以上がアッタロス三世死亡時の状況で、彼の遺言は予想できない展開を引き起こした。第一に、ローマは小規模な土地所有者の没落を主要な原因として、深刻な社会危機に見舞われていた。これにたいし、ティベリウス・グラックスが農地改革を提唱しており、一〇年後に弟のガイウス・グラックスがこれを実行することになる。ペルガモンの遺贈はローマにとって、目下の社会問題を解決するための思いもよらない財源となり、ティベリウスは、アッタロスの財宝を競売にかけ、その収入を土地所有者に分配することを、ただちに提案した。第二に、アッタロスにはアリストニコスという、エウメネス二世の庶子である異母兄弟がいたが、このアリストニコスは、自分の相続財産を無条件で手放すつもりはなかった。第三に、アッタロス王国に属して貢納支払いの義務を負っていたギリシア諸都市は、完全な独立を再び獲得するチャンスをうかがっていた。そして最後に、あらゆる重大な政治的事件は、財政・社会状況に不満を持っていた者たちに、大きな転換の期待を与えるのが常だった。こうした要素が合わさって、一触即発の状況になった。アリストニコスはエウメネスという王家の名を名のり、王位の継承を主張した。遺言にたいし一定の反対があったはずで、おそらくアリストニコスへの支援もあったに違いない。アッタロス死後にペルガモンを離れたことで市民権を奪われた人々が、アリストニコスの支援者となったのかもしれない。だが、自由への新しい希望を前にして、ペルガモンも他のギリシア諸都市も、新しい王を受け入れるつもりはなかった。イオニアのメトロポリス出土のある刻文に、こうした感情が表現されている。戦争の初年の前一三二年に戦死した、当地の政治家アポロニオスの名誉を称える刻文である。

王ピロメトル［アッタロス三世］が亡くなり、あまねく恩恵と救いをもたらすローマ人が、アッタロスの王権に服していた者たちすべてに、決議にしたがって自由を返還した。そしてアリストニコスがやってきて、元老院によってわれわれに返還された自由を奪おうとしたあとに、あまねく恩恵をもたらすローマ人の決定にもかかわらず王権を我が物としたこの男にたいし、アポロニオスが言葉とおこないで対抗する義務をみずからに課した。アポロニオスは、市民の意思にしたがって、自由の護持を真にみずからの任務とした。

ローマ元老院は、これまで王に支払われていた貢納からの解放を、ただちに諸都市に約束したと考えられている。前四一年に、マルクス・アントニウスが属州アシアのギリシア人の集会を前にしておこなった演説で、これが確認される。「われわれは、アッタロスに支払っていた税から、あなたがたを解放した」。これを諸都市は、元来の正当な立場への復帰と理解した。

アリストニコスは諸都市の支持を得ることはできなかったが、奴隷に解放を、小作農に土地を約束して、田園部の住民の支援を獲得した。アリストニコスはいくつかの都市（テュアテイラ、アポロニア、そしてカイコス河畔のストラトニケイア）を手中に収め、さらにミュシアに、ヘリオポリスつまり「太陽の都市」との名をつけた都市を建設した。アリストニコスの政策は、マルクス主義の歴史家によって伝統的に社会革命と解釈されてきたが、おそらく、権力闘争に必要なことにたいして現実主義的に対応したものにすぎなかった。多くの軍事指揮官や都市が、奴隷解放、負債帳消し、市民権付与を約束して、軍隊の徴兵源を拡大しようと試みたのである。社会経済の大胆な改革は、まずもって、国家の軍事力再生のための手段だった。この時代に、社会経済の改革の需要がなかったというつもりはない。それどころか、アリストニコスが蜂起をはじめたのとちょうど同じ頃、ローマははじめて奴隷反乱に直面していた。この反乱は、シリア出身のエウヌスと呼ばれる男の指揮のもと、シチリアで発生した(前一三五年~前一三二年)。そしてローマのストア派哲学者ガイウス・ブロッシウスが、農地改革に着手し、持たざる者に土地を分配するよう、ティベリウス・グラックスに説いたのだった。前一三三年にティベリウスが暗殺されると、ブロッシウスはローマを去り、アリストニコスに合流した。ひょっとしたら、彼の哲学(これについてはほとんど何もわかっていない)が、「太陽の都市」の創設を促したのかもしれない。しかし、アリストニコスが反乱をはじめたのはおそらく社会改革を実現するためではなく、ただ単に自身の目的のために社会の不満を利用するためだった。現状に不満を持つ者たちは、自分たちの代弁者となり得る者に喜んで力を貸した。ただ彼らの第一の関心は、誰がペルガモンを支配するかではなく、誰が土地と自由を与えてくれるか、だった。

大半の都市と近隣の王国すべて(ポントス、ビテュニア、カッパドキア、パプラゴニア)は、動機はさまざまながら、アリストニコスにたいするローマ主導の連合に参加した。諸都市は社会不安を警戒する一方、独立を期待し、ローマに忠誠心を示すことを望んだ。近隣の諸王国は、近くに強力な国家が台頭することに反対した。アリストニコスは当初一定の成功を収め、前一三一年には、ローマの執政官プブリウス・リキニウス・クラッススが初期の戦闘の一つで命を落とした。マルクス・ペルペルナ指揮の援軍の到着で、この状況に変化が生じた。ペルペルナはストラトニケイアでアリストニコスを包囲して捕らえ、前一二九年にローマに連行した。アリストニコスは、ペルペルナの凱旋式が挙行されるなか、絞首刑に処せられた。

戦争の終結直後に、執政官マニウス・アクィリウスが指揮する一〇名の元老院議員の委員会がペルガモンに派遣され、遺言の受諾について先に元老院が定めた措置を実行した。王国の東部の領土(プリュギアとリュカオニアの一部)は、ローマ側についた諸王国に与えられたと考えられている(地図5参照)。小アジアの残りの領土は、アシアと呼ばれる新属州を形成するのに十分な大きさを持っていた。この属州は、小アジア北西部と中部の、ヘレニズム化された都市が多数存在していた地域から構成された(ミュシア、トロアス、イオニア、リュディア、プリュギア南西部、カリアの一部)。アッタロス朝のヨーロッパ側の領土——トラキアのケルソネソスとアイギナ島——は、属州マケドニアに併合された。ペルガモンとその他の重要都市は、アリストニコスを支援した諸都市を除いて、自由となった。前一〇二年におこなわれた小アジア南東部の海賊にたいする戦争後、キリキア・ペディアス〔「平地のキリキア」〕の領域がアジアで二番目のローマ属州となった。

搾取としての領土拡張——アジアにおけるローマの徴税請負人

ローマは領土拡張の過程で、マケドニアを含む諸属州から貢納を徴収した。特に、大規模な社会改革計画の財源が必要だったため、国庫の大半はこの徴税に依存していた。新属州アジアは創設後の数年間、貢納を支払わなかったと考えられるが、ローマ人がシチリアやマケドニアといった他の属州をモデルにして、貢納を要求することが予測できた。貢納支払いの組織化は、ガイウス・グラックスがおこなった。これは、自身の社会改革の遂行を可能にする財源を確保するため、必要不可欠な仕事だった。兄が提唱した改革を拡大したガイウスは、ローマ市民に土地を与え、属州に入植地を設置し、穀物を購入してそれを市民に安価に分配し、道路を建設し、公費で兵士の武装を整えることを可能にする、一連の法律を提案した（前一二三年～前一二二年）。誰がこうした事業の資金をまかなうのか。ガイウスの答えは、属州からより効率的に税を徴収するということだった。そして、想像を絶する富が眠っていると考えられた新属州アジアが、この新しいシステムを試す場となった。

税の徴収に幅広く用いられた方法は、徴税権を競売にかけて、もっとも高く値をつけた企業家あるいは企業家集団に与えるというものだった。入札者は、その地域に求められるさまざまな税——取引税、地税、港湾での関税など——のおおよその予測に基づいて、入札額を決定した。こうした方法で、国庫は事前に税を受け取り、徴税のための行政手段が不要となり、税が——たとえば凶作のために——不足するリスクを徴税請負人に押しつけた。当然の流れとして、徴税権を獲得した個人あるいは「会社」は、可能な限りすべての税を徴収し、国庫に前払いした額を上回るように、あらゆることをした。上回った額は彼らの収入となったのである。ソキエタス・プブリカノルムと呼ばれた会社に組織されたローマの徴税請負人は、前一八四年までにはその存在が確実に確認されているが、これ以前からいたことは間違いない。彼らプブリカニは、そのほとんどが騎士身分の出身だった。騎士身分は富裕なローマ人からなる階級で、交易、鉱山経営、製造業、金融業に従事し、そのため前二一八年以降は、元老院議員になること、あるいは高級公職への選出が認められなかった。プブリカニは情け容赦ない徴税と、少しでも多くの収入を求める無慈悲なやり方で悪名高かった。

ガイウス・グラックスの「属州アジアに関するセンプロニア法」は、新属州アジアでの税徴収を定めたものだった。五年間の徴税契約は、属州で総督の責任のもとでおこなわれるのに代わって、ローマで監察官の責任のもとで競売にかけられることになった。監察官とは、ローマ市民とその財産の登録の公表を司る、高位の公職者である。ガイウスはこのようにして、賄賂と汚職の危険を減少させようとしたのである。農業生産物にたいする税は、生産高の一〇パーセントと定められた。関税は、輸出入に二・五パーセントの割合で課された。ほぼ間違いなくこれと同じ時期に、陸路・海路でアシア——ボスポラス海峡からパンピュリアまでひろがる経済的に重要な地域——を発着する輸出入物のための関税に関する法が、はじめて起草された。この法（「アシア関税法」）は何度か修正を施され、ある刻文のおかげで、ネロ帝時代（六二年）の形式のものが伝わっている。この法は非常に詳細で、属州での財政問題を厳しく管理し、そうすることで恣意的な決定や汚職を阻止しつつも、収入減を避けようとする努力が払われたことがうかがえる。自由都市も、商品価値の二・五パーセントと定められた関税は免除されなかった。リュキアの一地域のみ、免税が許された。ローマの公職者、兵士、そして徴税請負人にも、免税が認められた。

ガイウス・グラックスは、ローマ当局者による不法な財産押収にたいする抗議を属州に認める法（「不法取得に関するセンプロニア法」）を導入したが、不正を防ぐことはできなかった。続く数十年の間、アシアのプブリカニの行動は、幾度もローマへの不満と訴えの的となった。前一〇一年にプブリカニが自由都市ペルガモンの領地からも税を徴収しようとしたことは、その一例である。

ガイウス・グラックスはかつて、エトルリアを旅していた兄が、田園地帯が自由農民に放棄されて、田畠が外国人奴隷に耕されているのを目撃したという記事を書いたことがあった。これがティベリウスに改革を決意させたと、ガイウスは考えたのである。ガイウス自身の改革は、ローマ市民の繁栄にのみ心を向けた、ローマ市民の手になるものだった。現存する弁論の断片に、ガイウスの動機が説明されている。「あなたがた自身の利益をより迅速に実現し国家を運営できるように、わたしは増税を提案する」。ガイウスの感性は、帝国主義国家の代表者にふさわしく、自身の市民の利益のために服属民を搾取することにためらいはなかった。キケロの前六六年の著作で、プブリカニはとりわけ立派で教養のある人士とされている。彼らが供給する貢納は、「国家の腱」（ネルウォス・レイ・プブリカエ）だった。東方のローマ属州の住民の考えは、これとはかなり異なっていた。ガイウスの改革を経ること一世紀、ディオドロスが端的に伝えている。「彼は属州を徴税請負人の無法と貪欲へと差し出した。彼が手にしたのは、ローマ支配にたいする服属民の当然の憎しみだった」。

パリサイ派と徴税人のたとえのなかで、「ルカによる福音書」の著者がとりわけ改悛を必要とする人物像を選定した時、徴税人がまさにうってつけだった。これから数十年、ローマにたいするギリシア語圏属州の考え方は、このもっとも目立つローマ支配の象徴を経験したことに、非常に強い影響を受けた。

第9章　アジアとエジプトのヘレニズム王国の衰亡（前一八八年〜前八〇年）

東方の「神々の黄昏」

アパメイアの和約の直後から、セレウコス朝の長い衰退期がはじまった。国土が絶え間なく縮小し、内紛で疲弊したこの王国は、国際舞台での重要性を失っていった。この衰退期は一世紀以上も継続したので、それを詳細に述べることはできない。王国を保持したり再獲得しようとするセレウコス朝の王たちの努力は、虚しくおわった。宮廷の争いと反乱に苦しんだセレウコス朝は、東部属州だけでなく、王国の大半を次第に喪失していった。前八三年には、セレウコス朝の王位がアルメニア王ティグラネス二世に簒奪された。二〇年後に、かつての大王朝の最後の「傀儡王」が、殺害された。

屈辱的なアパメイアの和約のすぐあとに、西方での損失を埋め合わせようとしたアンティオコス三世は、東方のルリスタン（イラン西部）で新たに遠征を開始した。アンティオコスは、前一八七年に神殿を略奪するなかで死んだ。神への冒瀆の最中での死は、多くの同時代人に神罰と映ったに違いない。息子のセレウコス四世がアンティオコスの跡を継ぎ、ローマ人が父に科した膨大な戦争賠償金を相続した。セレウコスは、父親の拡大路線を継続するのではなく、属州からの貢納徴収を促進して、王国の財政問題に取り組もうとした。セレウコスがとった方策の一つは、属州の神殿とその収入を管轄する神官の任命の、中央集権化を進めることだった。『旧約聖書』に伝えられ、ヴァチカンのエリオドロの間のラファエロの絵画によって不朽となったあるエピソードが、王のこの政策と深く関係している。王の大臣のヘリオドロスがヤハウェ神殿の財宝（おそらく神殿に収蔵された金銭）を奪うべくイェルサレムに派遣されたが、神が介入してそれが防がれたという話である。聖書のこの物語が本当にあったかどうかを考えるのは読者の信仰心次第だが、セレウコスの措置については、現在しっかりとした証拠がある。イスラエル出土の刻文のなかに、まさにこのヘリオドロスに宛てられた前一七八年の王の書簡の写しが残っており、コイレ・シリアとフェニキアの諸神殿を統括する神官の任命を、この大臣に伝えているのである。

セレウコス朝とプトレマイオス朝の短い平和的な関係は、前一七六年に突然おわりを迎えた。「シリア人」とあだ名されたエジプト女王クレオパトラが、まだ幼い息子プトレマイオス六世を王として遺して、死んだのである。クレオパトラの兄弟のセレウコス四世は、一年後にヘリオドロスに暗殺された。ヘリオドロスは、まだ幼児だったセレウコスの子デメトリオスを王位につけようとしたが、殺された王の兄弟のアンティオコス四世が権力を握り、先王の妻を妃とした――このラオディケにとって、これで最後となる三回目の兄弟姉妹婚だった。ラオディケがセレウコスとアンティオコスの双方と子をもうけたことが、一〇〇年続いた王朝の内紛の遠因となった（一七四〜一七六頁参照）。

プトレマイオス六世の後見人たちがコイレ・シリアの返還を要求すると、アンティオコス四世はエジプトへの攻撃をはじめ（第六次シリア戦争）、侵攻を進めてアレクサンドリアに到達し、王を捕らえた（前一七〇年〜前一六九年）。アレクサンドリアの住民は反乱を起こして、プトレマイオス八世として知られるプトレマイオスの兄弟を王位につけた。一六歳と一二歳だったこの二人の子供たちは、共同統治を了承したが、アンティオコスは第三次マケドニア戦争で注意が逸れているかにみえたローマの隙をついて、前一六八年にエジプトとキプロスを攻略すべく二度目の攻撃をおこなった。アンティオコスがアレクサンドリアに迫った時、救援を求めるエジプト王の呼びかけに応えてローマから派遣された使節ガイウス・ポピリウス・ラエナスが、アレクサンドリア近郊のエレウシスでアンティオコスと会見した。ラエナスの要求は、エジプトからのアンティオコス軍の撤退だった。王が会議でこの問題を協議したいと返すと、ラエナスは当惑する王のまわりの砂に杖で円を描いて、曰く「この円を出る前に、ローマ元老院への返答をせよ」と。ローマとの開戦の可能性に直面したアンティオコスは、撤退に同意した。「エレウシスの日」と呼ばれるこの場面を目撃した者は、世界が変わってしまったことを悟ったに違いない。

「エレウシスの日」は、エジプトの一部あるいはすべてを手中にしようとしていたアンティオコス四世にとって、予期せぬ出来事だった。これまでのやり方にしたがうならば、支配者は、軍事的失敗を権力の誇示で埋め合わせなければならなかった。アンティオコス四世は、幻想の天才だった（一〇五〜一〇六頁参照）。エレウシスでの屈辱を大勝利とみせかけるために、アンティオコスはある種の演出をする必要があった。遠征から帰還した前一六六年に、アンティオコスは首都アンティオケイア近郊のダプネで、五万名以上の壮大な軍事行列を挙行して、演出に成功した。こうした軍事力、富、異国の武装の誇示は、セレウコス朝の白鳥の歌となることが運命づけられていた。

セレウコス王の「エレウシスの日」の屈辱から、前六三年に最後のセレウコス朝の「傀儡王」が廃位され死ぬまで、一〇〇年以上離れている。この間は、さまざまな要因――ユダヤでの民族蜂起、東部属州の喪失、そして何よりも、王朝内の内紛と簒奪の連鎖――が絡み合うことで生じる、おわることのない衰退の時代だった。この三つの方面での出来事は互いに並行して展開し、関連した部分もあったが、わたしたちはこれを別々に検討する必要がある。

ユダヤでの文化衝突――最高神官から王へ

アンティオコス四世がまだエジプトで遠征を続けていた前一六八年、イェルサレムで小規模な紛争が起こった。この紛争が最終的に、前五八七年のバビロン捕囚の時以来はじめてのユダヤ人国家の創設へとつながる、一連の出来事を引き起こした。イェルサレムとユダヤは、前三世紀にはプトレマイオス朝の管理下にあったが、前一九八年にセレウコス朝の手に落ち、コイレ・シリアとフェニキアの属州の一部となった。プトレマイオス朝に仕えていたユダヤ人のエリート家系が、新しい支配者には脅威だったが、イェルサレムに置かれた駐屯軍がこの都市を統制した。この地域からの支持を得るために、アンティオコス三世とその後継者たちは、ユダヤ人に自身の宗教的伝統と律法にしたがうことを認め、最高神官の権威のもとで、ある程度の自治を享受することを許した。セレウコス朝の王が関心を持ったのは税金で、ユダヤ人の儀礼ではなかった。すでにプトレマイオス朝支配期から、イェルサレムのユダヤ人エリート層のおもだった者たちは、ギリシア風の名前とギリシア風の慣習を受け入れていた。こうした「親ギリシア派」たちは、ハシディム、つまり、律法を保守的に解釈するいわゆる「律法学者」と呼ばれる人々の影響を受けた敬虔なユダヤ人から、軽蔑された。敬虔なユダヤ人は、すべてではないにせよ多くが下層の住民だったので、ユダヤ人のこの二集団の対立は、社会的対立でもあった。ただこの衝突に、単純な理解は許されない。社会的、経済的、宗教的、そして文化的な要素があったからである。親ギリシア派の者たちは、決して明確な目標をもった統一戦線ではなかった。個人的な野心や敵愾心、そして最高神官の職をめぐる争いが、この複雑な対立を、血塗られた衝突へと変化させた。

ギリシア名イアソン――イエスのギリシア語表現――で知られる親ギリシア派が、前一七五年、アンティオコス四世への貢納支払いの増額を約束して、最高神官になることに成功した。イアソンの改革が首尾一貫した政治構想に基づいていたとは考えにくいが、ギリシア人の制度を受け入れようとする姿勢は明確で、たとえば、運動・軍事教練の場としてギュムナシオンを設立し、エペベイア――未来の市民の市民としての、また軍人としての教育――を導入した。イアソンは、第二神殿が建つ神殿の丘に、ゼウス・オリュンピオスの祭儀のために、崇拝所を奉献した。イアソンは、伝統あるユダヤ人のヤハウェ崇拝の場を冒瀆しようとしたのではなく（ヤハウェの祭壇には手をつけなかった)、ギリシアとオリエント出身の軍事植民者からなる多種多様なイェルサレムの住民集団に、自身の天空の神々——ギリシアのゼウス・オリュンピオスとシリアのバアル・シャメン——を崇拝するのを認めようとしたのである。しかし前一七二年に、さらに熱心な親ギリシア派のメネラオスが貢納のさらなる増額を王に約束し、イアソンを最高神官職から追い出した。こうしてイェルサレムは、二人の野心家の激しい衝突の場となった。メネラオスが城砦を占拠し、イアソンが町を確保した。エジプトで殺されたという噂が出回っていたアンティオコス四世は、前一六八年にイェルサレムにくると、メネラオスを支援するとともに、問題を起こした者たちに厳しい対応をとることで、この揉め事を解決することにした。だが、アンティオコスはやりすぎた。父親が与え、これまで尊重されてきたユダヤ人の権利が破棄された。割礼などの古くからの儀礼が廃止された。律法を遵守することがユダヤ人に禁止された。そして、セレウコス朝の駐屯軍のために要塞(アクラ、つまり城砦)が建設された。アンティオコスがこうした措置をおこなったのは、ヘレニズム化を進めるという野心的な計画を持っていたからでも、反ユダヤ的な運動のためでもなく、この地域の問題を解決しようとしたからだったが、これはマカベア戦争と呼ばれるユダヤ人反乱へとつながった。新しい措置に反対した者たちはイェルサレムを離れ、マッタティアス(前一六五年まで)、そして次に息子のユダス・マッカビあるいはマッカバイオス(前一六五年~前一六〇年)とヨナタン(前一六〇年~前一四三年)の指導のもと、田園地帯と砂漠で抵抗運動を組織した。アンティオコスは、イランでの戦争に手をとられていたので(前一六四年にそこで死んだ)、この反乱に対応することができなかった。ユダスが、城砦以外のイェルサレムを占領し、前一六四年に神殿を再奉献した。ユダヤ人の礼拝のために神殿が復活したことは、今日でも、ハヌカ祭で記念されている。アンティオコスの宰相だったリュシアスは、新王アンティオコス五世の摂政となるべく和平条約の締結を急ぎ、ユダヤ人に諸権利を回復した。しかし、これで反乱がおわったわけではなかった。

ユダヤ人内部の争いは、この後も数年にわたって続いた。セレウコス朝の指揮官ニカノルの軍隊が、前一六一/一六〇年にユダスに敗れると、セレウコス朝の新王デメトリオス一世(一七五頁参照)が新たに遠征をはじめた。ユダスは敗北し前一六〇年に死んだが、反乱軍はすでにローマと誼を通じており、ユダスの兄弟のヨナタンは数年にわたって、セレウコス朝の将軍であるバッキデスとの戦争を継続した。セレウコス朝との和平条約が締結されると、ヨナタンはマクマス(あるいはミクマシュ)を拠点として支配を拡大した。前一五〇年に、反乱に転機が訪れた。セレウコス王国の王朝内紛のなか、ヨナタンが好機をつかんだのである。ヨナタンは簒奪者のアレクサンドロス・バラス(一七五頁参照)を支援してやる見返りに、最高神官のポストだけでなく、メリダルケス(メリスの長、すなわちユダヤ地域の総督職)という政治的な立場も得たのである。これが、ユダヤ人国家創設の一里塚となった。次の簒奪者ディオドトス・トリュポンが出現すると、ヨナタンは再度手を貸したが、裏切りの犠牲となってしまった。トリュポンはヨナタンを会議に招き、捕らえて殺害したのである（前一四三年）。ヨナタンの兄弟のシモンは、ヨナタンの死の報復を目論んで正統な王デメトリオス二世の側につき、前一四二年に、貢納の免除と準自治国家ユダヤの初代支配者としての承認を獲得した。この次の年、神官、長老、人民からなる集会によって、シモンは終身の最高神官に選出された。こうして誕生したハスモン朝が、前六三年までユダヤを統治することになった。前一三五年にシモンが暗殺されるが、息子のイオアンネス・ヒュルカノス（前一三五年〜前一〇四年）が事業を継続し、トランスヨルダン、サマリア、ガリラヤ、イドゥマヤを征服した。ヒュルカノスは前一一〇年までセレウコス朝に臣従したが、この年に彼の国家は完全な独立を果たした。ユダヤは、王朝の内紛と内戦で分裂し、セレウコス朝の王や簒奪者としばしば干戈を交えなければならなかったが、前六三年のローマによるイェルサレム占領まで国家として存続した。

中央アジアでのギリシア人王国の興隆と衰退

ユダヤでの出来事と並行して、帝国東部の領土の大部分について、セレウコス朝はその支配を維持すべく格闘していた。セレウコス朝は最終的に、現在のイランとアフガニスタンにあったいわゆる上部属州を喪失するが、そこでのギリシアの文化と制度は前二世紀おわりまで栄え続け、中央アジアの芸術と文化に大きな影響を与えた。

上部属州の忠誠は、支配者が遊牧民族の襲撃や異国の侵入を防衛できるかどうかにかかっていた。アンティオコス三世は、前二一〇年から前二〇四年にかけておこなった大遠征で、独立しようとした総督と地元の君主に宗主権を認めさせ、上部属州での権威を回復した。だが、アンティオコスがローマ人に敗れ、その後にさまざまな問題が発生すると、権力の空白が生じた。結果的にセレウコス朝が衰退していくなか、この状況を最大限に生かした王国は、パルティア王国だった。

パルティア王国は、イラン北東部のパルティア属州が前二四七年にセレウコス王国から分離独立し、総督のアンドラゴラスが王を自称したことで誕生した。前二三八年にこの王国は、イランのパルニ人、この後パルティア人として知られる人々に征服された。アンティオコス三世はこの地で支配を再確立することに失敗し、アルサケス二世を王として容認し、前二〇九年に、自身の宗主権を認めるようこのパルティア王に要請するより他なかった。ミトリダテス一世（前一七一年〜前一三八年）が登位すると、勢力拡大のチャンスがめぐってきた。アンティオコス四世は、エジプト遠征、その後はユダヤ問題に注力していた。治世の最初の数年で、ミトリダテスはバクトリアの一部とヘラートを征服した（地図6参照）。前一六四年、パルティア遠征ならびにその後の王朝の内紛の最中にアンティオコス四世が死ぬと、ティグリス川の東（メディアとペルシア）、そしてメソポタミアとバビロニアの一部といったセレウコス領を侵食するチャンスが、ミトリダテスにもたらされた。セレウコス朝の第一の首都で、王朝の創始者にちなんで名づけられたティグリス河畔のセレウケイアが、前一四一年にミトリダテスの手に落ち、パルティア帝国の西の首都になった。パルティア人に征服されなかった地域は、貨幣を通じて知られる地方王朝の支配下に入った。のちのセレウコス朝の王たちが、パルティア人にたいする戦いに再び着手することもあったが、失われた領土を再び手にすることは決してできなかった。セレウコス朝がイランの領土をすべて奪われてしまうと、バクトリアとインドに住む極東のギリシア人は、他のヘレニズム世界から切り離されてしまった。

興隆する国家パルティアにたいして極東の属州が自衛する必要から、グレコ・バクトリア王国が生まれた。王エウテュデモスはアンティオコス三世への服従を余儀なくされたが、エウテュデモスの息子デメトリオス一世がグレコ・バクトリア王国を再び独立させ、前一八五年のインドのマウリヤ王国の崩壊の隙をついて、アラコシア（アフガニスタン南部／パキスタン北部。地図3参照）を再征服した。バクトリア東部のある場所からみつかった刻文は、エウテュデモスを「すべての王のなかでもっとも偉大な王」、そして息子のデメトリオスを「見事な勝利を収めた者」と称えている。デメトリオスの軍事作戦は、父親の治世にすでに開始され、おそらくインド北部まで到達した。前一八〇年頃にデメトリオスが死ぬと、王国は将軍たちの簒奪で分裂した。前一七五年頃、分離したインド・ギリシア王国がガンダーラ（現パキスタンに位置）に姿をあらわし、その拡大時には、アラコシア、パロパミサダイ、そしてパンジャブも支配した。グレコ・バクトリア王国本体は、二つに分かれ、別々の王朝によって支配された。もっとも重要な支配者は、エウクラティデスである（前一七〇年頃〜前一四五年。前掲図8参照）。この王は広大な領域に支配を及ぼしたが、インド・ギリシア王国最大の王メナンドロス（前一六五／一五五年頃〜前一三〇年頃）の統治下にあった東部地域を支配することはかなわなかった。

こうした極東のヘレニズム王国のこの後の歴史は、中央アジアの歴史の一コマでもある。中央アジアのステップ地帯での人々の移動は、諸民族の西方ならびに南方での移動を促した。遊牧諸民族の侵入――まず北方からスキタイ人、次に中国の西の辺境から月氏（トカラ人？）――によって、前一三〇年頃、中央政府が破壊され、グレコ・バクトリア諸王国が崩壊した。同じ頃にインド・ギリシア王国も統合を失ったが、ギリシア人の支配者たちはメナンドロスの王国の大半を支配し続けた。わたしたちがこうした支配者の名前を知っているのは、ギリシア語とインドの言語の二言語で銘が打たれた貨幣と、ギリシア、インド、中国の史料から集めたわずかな情報を通じてである。ヒンドゥークシュ山脈によって孤立し侵略を免れたギリシア人の支配者たちは、グレコ・バクトリア人よりも長く支配を続けることができたが、スキタイ人、パルティア人、そして月氏の侵攻によって、次第に領土が削られていった。マトゥラ（現在のインド北部のウッタル・プラデシュ州に位置）出土のある刻文には、「ヤワナス人（イオニア人、すなわちギリシア人）の治世一一六年」に井戸が掘られたことが伝えられている。もしこの地域の暦がデメトリオス（前一八六／一八五年頃）にはじまっていたのならば、ギリシア人の支配者たちがこの地域を前一世紀はじめまで統治していたと推測できる。パンジャブ東部における最後のインド・ギリシア王朝の支配は、最後の王ストラトンの領土が後一〇年頃にインド・スキタイ人に征服されるまで、前一世紀まで継続した。

グレコ・バクトリアとインド・ギリシアの王たちは、ギリシアの言語と文化を維持し、ギリシア宗教と仏教の教えの習合を促進した（三三七頁参照）。ギリシア芸術と仏教の融合は、ガンダーラ地域出土の仏教の浮彫に明確にあらわれている。ギリシア芸術の影響は、この地からインド亜大陸へとひろがり、その影響は二世紀まで確認できる。アレクサンドレイア・アラコシア（カンダハル）出土の前一世紀おわりの刻文に刻まれた手の込んだ長文詩（三三三頁参照）は、グレコ・バクトリアの諸王国が崩壊したのちも、洗練されたギリシア文化が持続したことを示している。

セレウコス朝の内紛と緩慢な死

セレウコス帝国の東部と西部の領土の喪失は、前一六四年のアンティオコス四世の死後にはじまって一〇〇年間続いた王朝の内紛と同時期の出来事であり、一部はその結果でもあった。セレウコス朝の危機が深刻になったのは、能力ではなく世襲で指導者の立場が決まるあらゆるシステムにつきものの問題に加えて、その他の要因が重なったからである。初期の王の大半は、父王とともに王国統治に参加して、行政の十分な訓練と経験を積んだのちに王位についたが、前三世紀のおわり以降、野心ある廷臣あるいは寡婦となった妃の後見のもとに置かれた幼児・子供が王になることが、きわめて一般的な現象になった。後見人たちの第一の関心は、幼年王の教育ではなく、自身の権力を維持して生き延びることだった。その他の新しい――少なくとも頻度の点で今までになかった――要因に、王位継承の問題に他の王国やローマが介入したことがある。支配者が脆弱なことで、王朝の女性に政治に干渉する機会が生まれた。ヘレニズム期初期では、王女はほぼ完全に外交の道具で、父親や兄弟によって他の王の嫁にやられた。しかし、前二世紀、前一世紀の王家の女たちのなかには、自身の政治力を自覚し、兄弟や息子の支配に正統性を与える役割が自分にあることに気づいた者が多数存在した。これに気づいたのは首都の住民たちも同様で、彼らは王位の正しさを認める代わりにさまざまな要求をした。首都住民が王朝内の変化に積極的に関わるようになったのが、危機の要因ではなく、危機そのものの徴の一つだったことは疑いない。

セレウコス朝の内乱の歴史はあまりに複雑なので、ここで議論することはできないが、少なくとも、王朝の内紛がかつてないほど長引いた原因を検討する必要はあるだろう。内紛の初期の歴史が示唆的である。前一七五年にセレウコス四世が暗殺された時、六歳の息子デメトリオスは人質としてローマに囚われていた。デメトリオスの不在をついて、セレウコスの兄弟のアンティオコス四世が王位を簒奪し、兄弟の遺した妻で自身の姉妹でもある女性と結婚した。前一六四年にアンティオコス四世が死んだ時、息子のアンティオコス五世は九歳の子供だった。デメトリオスは王位を取り戻すチャンスと考え、ローマの元老院に援助を求めた。デメトリオスは、正統なヘレニズム王を承認する権威を、元老院に手渡したのである。元老院は野心家の若者よりも子供を王位につけることをよしとして、デメトリオスの主張を棄却した。しかし、二二歳の王子の意志はくじけなかった。デメトリオスは前一六一年にローマを脱出してシリアに戻り、アンティオコス五世と宰相のリュシアスを殺害し統治をはじめた。カヴァフィスは彼の統治を「デメトリオス・ソテル」の最初の行で、「思うことすべて裏目に出た」(中井久夫訳)と総括している。

当初は、デメトリオスのもとで帝国が再統一される可能性があるかにみえた。デメトリオスは、ユダヤでユダス・マッカバイオスを破り、メディアでは総督のティマルコスを敗北させた。この人物は、パルティア人から属州を守り、王を自称していたのである(前一六二年～前一六〇年)。これら二人の敵は殺害されたが、両名ともに兄弟がおり、彼らがデメトリオスの没落を実現した。ユダヤでは、ヨナタン・マッカバイオスが反乱を継続し、ティマルコスの兄弟のヘラクレイデスは前一五二年に、セレウコス朝の王位を求めることになるある若者をみいだした。バラスである。バラスの出自は定かでないが、アンティオコス四世の落胤とされ、王権と栄光に彩られた名、「アレクサンドロス」を与えられた。

短い治世のすでにこの時点で、デメトリオス一世は近隣のカッパドキア王国とエジプト王国の王朝内紛争に介入して、あまりに多くの敵を作り出していたので、簒奪者のアレクサンドロス・バラスにたいする戦いは、失敗が運命づけられていた。ローマ元老院はバラスの主張を支持し、ヨナタン・マッカバイオスは最高神官の職と引き換えにこの簒奪者を支援した。プトレマイオス六世は娘のクレオパトラ・テアを、バラスに嫁として与えた。ソテル(「救済者」)と呼ばれるデメトリオス一世は、自身を救済することはできなかった。彼は、前一五〇年に敗北し殺害された。

王朝の戦いはこれでおわったのでなく、はじまったばかりだった。デメトリオスの息子デメトリオス二世は前一四七年に、バラスの支配に挑み打倒に成功したが、彼自身の統治は短命で、不評で、不幸だった。デメトリオス二世が王位を手に入れたのは、外国からの支援と傭兵の軍事的な援助のおかげだった。この傭兵たちがアンティオケイアを略奪すると、住民たちの蜂起が発生した。この蜂起は多くの血を流して食い止められたが、アンティオケイアでのデメトリオスの命数は尽きようとしていたし、統一体としてのセレウコス王国の終焉も忍び寄ってきていた。王位を主張する先王の息子たちの数は日増しに多くなり、半独立地域の支配者たちは独立を獲得すべく奮闘し、王家の寡婦と将軍の野心は絶えなかった。こうした動向に疲弊したセレウコス王国は分裂し、ティグリス川の東の諸属州はパルティア人のものとなるか、あるいは独立した王国となった。おそらくデメトリオス二世の時代に、ペルシア湾地域のセレウコス朝の総督だったヒュスパオシネスが独立を宣言してカラケネ王国を建設し、ティグリス川とユーフラテス川の合流地点の南の地域、そして少なくともバーレーンまでのペルシア湾を支配下に置いた。「テュロスと島々」の地区の将軍が王ヒュスパオシネスと妃タラシアのためにディオスクロイに奉献した、バーレーン出土のある刻文は、この新しい王国で、セレウコス朝の行政制度、ギリシア語、そしてギリシア文化が維持されていたことを示している。

長引く戦争とその災禍を経た前一世紀の最初の数十年、分裂したセレウコス王国は、ほとんどアンティオケイア近辺の領土を保持するにすぎなかった。敵国に包囲された王国は存在感を示すことができず、王たちは、住民に安全と繁栄を実現し、都市に特権を付与し、軍隊に戦利品を分配し、廷臣に恩顧を与えて、自身の権威を保つ権力を喪失した。アンティオケイアの住民は、前八三年、この地域のもっとも強力な王に王位を取るよう要請した——アルメニア王ティグラネス二世である。ここ数年でイラン北部とイラクのパルティア人の地域を征服して、王国の国境線を拡大してきたティグラネスは、この提案を受け入れた。セレウコス朝の王子を「傀儡王」として承認することを望んでいたローマ元老院は、これに苛立ちを隠せなかった。ティグラネスはこれにひるまず、シリアだけでなくキリキアも版図に加えて、小アジアと境を接することになった。アレクサンドロスが大王を破ってアジアの王と宣言された前三三一年のガウガメラの戦い以来はじめて、イランの出自を持つ王が「諸王の王」の称号を帯びて、カスピ海から地中海までひろがる帝国を支配したのである。前八三年がこの地域におけるギリシア文化の終焉を示す年でないのは、ひとえに前六三年にポンペイウスがティグラネスに勝利を収めたからである。シリアは、ローマの属州としてではあったが、ギリシア世界の一部として再建されたのだった。

ゲーム・オブ・スローンズ——プトレマイオス朝の内戦

脚本家が、家族の反目、陰謀、近親相姦、殺人、そしてまったく想像もできない運命の変転に満ちた連続ドラマの脚本をひ

ね り出そうとするならば、その着想を得るのに、プトレマイオス朝の最後の一五〇年間をみるだけで十分だろう。この王家の栄光は、結婚しともに支配の座についた弟と姉の時代に絶頂を迎えていた。ピラデルポイ、つまり「兄弟姉妹を愛する」王と王妃と呼ばれる、プトレマイオス二世とアルシノエ二世である。ピロパトル(「愛父者」。プトレマイオス四世、七世、一三世、そしてクレオパトラ七世に使われた)やピロメトル(「愛母者」。プトレマイオス六世に使われた)といった王の添え名は、愛情あふれる家族というイメージを伝えた。だが、現実は違っていた。

アンティオコス三世が前一九八年にコイレ・シリアとフェニキアを占領した時、プトレマイオス五世は一一歳の子供だった。彼の治世のほとんどの時期、エジプト南部も、土着のファラオであるアンクマキスが指導するエジプト人の反乱軍のものになっていた。ギリシア文字、神聖文字、民衆文字で刻文が刻まれた有名なロゼッタ・ストーン——これが神聖文字の解読を可能にした——は、前一九六年にプトレマイオスが王国の一部地域を自身の管轄下に置いた時に設置されたものである。ここに、メンピスのエジプト人神官たちが、諸神殿へ免税を認めたプトレマイオスへの感謝の印として、この一三歳の王に神と等しい名誉を捧げた決議が含まれている。この文書は、王の権力ではなく、王が古くからの神官たちに依存していたことを示している。プトレマイオスが、エジプト南部の簒奪王を捕らえるのはこれから一一年後のことであり、反乱軍が最終的に鎮圧されたのはようやく前一八三年のことだった。前一九三年にプトレマイオスが「シリア人」クレオパトラ一世と結婚したことで、少なくとも一時的に、セレウコス朝との和平がもたらされた。プトレマイオス五世が前一八〇年に死んだ時、長男プトレマイオス六世はわずか六歳だったので、クレオパトラがエジプトを単独で統治した最初の女王になった。前一七六年にクレオパトラ一世が死ぬと、凄惨な王宮闘争、内戦、混乱の長い時代がはじまった。この時代は、最後のクレオパトラ(七世)がともに兄弟で夫であるプトレマイオス一三世を前四七年に、プトレマイオス一四世を前四四年に立て続けに排除して、エジプトの単独の、そして最後の支配者になって、ようやくおわった。

クレオパトラ一世が死ぬと、一〇歳のプトレマイオス六世ピロメトルが単独支配者になった。プトレマイオス朝の慣習にしたがって、彼は姉妹のクレオパトラ二世と結婚し、四人の子供をもうけた。未来の歴史家にとって面倒なことになるかもしれないということも考えずに、プトレマイオスは、二人の息子をともにプトレマイオス、二人の娘をともにクレオパトラと名づけた。男子のプトレマイオス・エウパトル(「よき父を持つ者」)とプトレマイオス七世ネオス・ピロパトル(「新愛父者」)は、若くして死ぬ前に、短い期間父親と共同統治にあったことを除けば、ほとんど歴史的な重要性はない。二人のクレオパトラについては、事情が異なる。クレオパトラ・テアはシリアの妃となって(一七五頁参照)、アレクサンドロス・バラス、デメトリオス二世、アンティオコス・シデテス、そして再びデメトリオス二世と立て続けに婚姻関係を結んだ。その姉妹のクレオパトラ三世は、権力欲という点で、あらゆる他のヘレニズム期の妃を凌いでいた。

プトレマイオス朝エジプトの王朝の危機を作り出した要因は、セレウコス王国の王朝の危機に関してすでに言及したものと、同じである。経験の浅い若年者が王位につき、兄弟姉妹が共同で王国を統治するよう求められても、最終的に単独支配を求めて相争った。妃たち――王母と妻となった姉妹――は、廷臣と同じように、権力闘争に深く関わるようになった。前三世紀にはみられなかった外国勢力、特にローマとセレウコス朝による介入が一般的となり、支配権の動揺に拍車をかけた。兄弟姉妹に廃位された王たちが支援を求めてローマに向かうのが、普通のことになった。王権が弱体化するにつれて、首都住民が果たす役割が強力になっていき、彼らの蜂起を通じて、王が排除され、親戚が王位を継承するという事態が発生した。セレウコス朝と異なって、エジプトには外国勢の攻撃は――前一七〇年から前一六八年の第六次シリア戦争におけるアンティオコス四世の侵入を除けば――なかったが、代わりにプトレマイオス王が直面したのが、地元で発生した問題だった。まず、内戦の時に分離王によって支配されることの多かった、キュレナイカとキプロスという遠隔の二属州を統制しておく必要があった。そして、王の行政にたいする地元住民の不満が、小規模の農民反乱につながり、農民が農地から逃亡する結果が頻繁に生じた。

前一七〇年から前一一八年までのエジプトは、例外なくプトレマイオスとクレオパトラの名前を持った兄弟姉妹の王と妃の間の、絶え間ない内戦の舞台だった。いくつかのエピソードには、この混乱した数十年間の危機の大きさが典型的にあらわれている。この時代の王の一人でキュレナイカを支配していたプトレマイオス八世ピュスコン（「太鼓腹」）は、命が狙われているという実際の危険を警戒し、あるいはそれを想像して恐怖を感じて、前例のない行動をとった。兄弟のプトレマイオス六世が自身の暗殺にたとえ成功したとしても、何も得るところがないようにするために、ピュスコンは前一五五年の春に遺言を公表し、自身の死にあたって、王国がローマ人民の財産となるように定めたのだった。この遺言の取り決めが実現されることはなかったが（ピュスコンは兄弟よりも長く生きた）、この措置は同様の三件の遺贈のモデルとなった。ローマは遺贈を通じて、前一三三年にペルガモン王国の、前七四年にキュレナイカ王国とビテュニア王国の領土を、それぞれ支配するにいたったのである。

次のエピソードも、ピュスコンに関するものである。兄弟のプトレマイオス六世が前一四五年に死ぬと、息子のプトレマイオス七世と寡婦となったクレオパトラ二世が跡を継いだ。ピュスコンは、帰国を求めるアレクサンドリア住民の期待を受けて、キプロス島を奪って首都へと軍を進めた。首都のユダヤ人居住者とムセイオンの学者の支持しか得られなかったクレオパトラ二世は、抵抗が無益と悟り、ピュスコンと結婚することに同意した。この決定によって、息子の命運が定まった。プトレマイオス七世は、母親の結婚式の夜に殺されたのである。ピュスコンは、情け容赦なく復讐する姿をみせつけた。多数の知識人を含む、過去にピュスコンに反対した者たちはすべて訴追され、亡命を余儀なくされた。アレクサンドリア以外の学問の中心地は、学者たちがこうして脱出したことで、利益を得ることになった。ペルガモンもその一つである。

王位をめぐるこのゲームの次の場面転換は、前一四二年に起こった。ピュスコンが妻の娘（で自身の姪）であるクレオパトラ三世と恋に落ち、二番目の妻として迎えたのである。近親相姦の間柄の三角関係はうまくいかず、二人のクレオパトラの闘争は、前一三一年に王国の分裂へといたった。王宮に火をかけたアレクサンドリア住民の援助を得て、クレオパトラ二世が王位を独占することに成功した。ピュスコンは、クレオパトラ三世と、クレオパトラ二世との唯一の息子だったプトレマイオス・メンピテスとともに、キプロスへと逃亡した。ピュスコンはキプロスから、姉かつ妻に身の毛のよだつプレゼントを贈った。息子の頭、手、足である。ピュスコンは前一二七年に再びエジプトの支配権を手中に収め、クレオパトラ二世は前一二四年まで亡命状態にあった。この年にクレオパトラ二世は、弟と娘との和解を果たした。

前一一八年に、恩赦が宣言された。これについて文書が残っており、国家の分裂がきわめて深刻で、さまざまな集団――ギリシア人住民、エジプト人神官、土着の農民、兵士――が、内戦に加担し、あるいは犠牲となっていたことが明らかになっている。前一四〇／一三九年に、スキピオ・アエミリアヌス率いるローマ使節団がエジプトを訪れた時、この土地の肥沃さと繁栄ぶり、都市と居住地の数の多さ、膨大な人口、インフラと治安に、彼らは賛嘆の声をあげた。この二〇年後に出された恩赦令は、いかに表現が入念になされていたとしても、法と権威が長い間無視されてきた王国という印象を、隠し通すことはできなかった。農民たちは田園を捨てて、山賊になった。税の支払いの遅延が王国金庫を痛めつけ、貢納支払いの中断が神殿を苦しめた。土地が不法に占拠され、家々が破壊され、保護を求めて神殿に駆け込んだ者たちが、そこから連れ戻された。役人が権力を乱用し、インフラが適切な修理なしに捨て置かれた。

王朝の内紛は継続し、前二世紀のおわりまでに、プトレマイオス王国は事実上三つに分裂した。エジプト、キュレネ、キプロス島である。キュレナイカは、前九六年に永遠に王国から離れた。この年に、最後の支配者であるプトレマイオス・アピオンが、諸都市を独立させ、王国をローマ人民に遺贈したのである。ローマは前七四年に、新属州キュレナイカを創設した。前八八年には、プトレマイオス九世ラテュロスが一時的に王国の残存部分を再統一したが、前八一年に彼が死ぬと、プトレマイオス朝の王位をめぐるゲームの最後の幕が切って落とされた。

第10章　来寇する野心家たちの戦場（前八八年〜前三〇年）

戦争をできる自由に焦がれて

だがもしいま西の空に現われた黒雲がギリシアの地をおおうまで座して待つようなことをすれば、和睦やら戦争やら、要するにわれわれが現在ギリシア人どうしでやっているような児戯のたぐいは、われわれのだれにも手の届かないところへ逃げてしまうのではないか、そしてわれわれはギリシア人どうしで望みどおりに戦争したり講和したりする自由が欲しい、つまりは自分たちの紛争の主人公になりたい、と神々に懇願するはめになるのではないか、そんな危惧を私は拭いきれないのである。

（城江良和訳）

ポリュビオスは、この文章を前二世紀なかば頃に書いた時（一三六頁参照）、前二一七年にアイトリアの政治家を心配させた問題が、現実になっていたことを知っていた。ローマの力が増大し、ギリシア人が自分で戦争をおこなう自由が奪い取られていたのである。戦争は、アレクサンドロス死後の二〇〇年間、あらゆるところに存在していた。ヘレニズム世界の境で時折発生した蛮族の侵入を例外とすれば、ギリシア人の国家、連邦、王国がこうした戦争の主人公だった。だが、前三世紀のおわり以降、マケドニア戦争によってギリシア人の戦争に質的な変化が起こった。ローマ人が、「ギリシア人どうしでやっているような児戯のたぐい」に参加するようになったのである。そして、前二世紀なかばまでに、ギリシアの大半と小アジアの大部分にたいするローマの直接支配が確立すると、ギリシア人の間で戦争をおこなうことが不可能になった。だが、ポリュビオスが決して予期できなかったもう一つの質的な変化が、前一世紀に発生した。ギリシアと小アジアが、ギリシア人の王ではなく、外国人の個人的野心に突き動かされた戦争の舞台となったのである。まず、ローマとポントス王ミトリダテスの戦争、次に、野望を抱くローマの政治家たちの内戦である。

ローマの拡大によって、イタリキと呼ばれたイタリア人の交易・製造業者（ネゴティアトレス）が、多数ギリシアと小アジアに入ってきた。彼らは、征服したギリシア人の地域がもたらした交易の果実を、食い尽くした。交易の対象は、奴隷、奢侈品、農産物（特に容器に保管できて船で運搬しやすいワインとオリーブ油）である。またイタリキたちは、銀行業、製造業、そして土地を獲得できたところでは農業にも、関与の度合いを高めていった。東方に定住したイタリア人の数を正確に把握することは不可能だが、民間の団体に関する文書や、墓碑銘、名誉刻文といったさまざまな史料によると、彼らの存在が目立つものであったことに疑いの余地はない。

移住者のなかには、企業家だけでなく、徴税請負人（プブリカニ）もいた。小アジアのギリシア人にとって、ローマへの貢納支払いは大問題だった。農業生産物と都市の収入の一〇パーセントが、ローマに支払われた。また、支払額は一年ごとではなく、五年ごとに決められ、収入の変化は考慮されなかった。アリストニコス戦争に続く数十年の間、属州アシアは情け容赦ない経済搾取の犠牲となった。属州民の不満はローマの元老院と公職者に伝えられたが、この不満が何ら明確な変化をもたらさないと知ると、ギリシア人は、勃興しつつあった王国の野心に満ちた王に、期待をかけた。ポントスの王ミトリダテス六世である。ローマを侵食して王国拡大を目指すミトリダテスの計画が、小アジアとギリシアに住むギリシア人の不満と結びついて、前八八年から前六四年まで続いたミトリダテス戦争を引き起こした。

ポントス——辺境の王国から国際舞台へ

黒海の南東角に位置し、もともとは総督区カッパドキアの一部だったポントスは、後継者戦争の時代に独立地域になった。最初の統治者は、都市キオスのペルシア系の王族で、後継者どもミトリダテスという名前だった。彼の息子のミトリダテス・クティステス（「建設者」）が、前二八一年か前二八〇年に王を自称した。続く数世紀の間に、この王国は黒海の南東岸および東岸にそって拡大した（地図3、5参照）。ポントス王国は、アマストリス、シノペ、トラペズスといった重要な港をおさえ、クリミア半島のタウリスのケルソネソスや現ブルガリアにあったオデッソスなどの同盟国を得て、黒海地域で重きをなす国家となった。ミトリダテス五世（前一五〇年～前一二〇年）は、自身の王国とローマとの同盟を実現した。彼は、忠誠心を示して実利を取り、プリュギアでさらなる領土を獲得した。ミトリダテス五世の統治下で王国のヘレニズム化が進み、ギリシア人傭兵が軍隊に迎えられた。

ミトリダテス五世の暗殺の背景は不明だが、彼の死後、王国は残された妻ラオディケが統治した。彼女は、自身の息子たちの一人であるミトリダテス・クレストス（「有徳者」）を、兄弟のミトリダテス・エウパトル(「よき父を持つ者」)より重んじた。若き王子エウパトルは亡命し、前一一三年に帰還して復讐を果たした。彼は兄弟を殺し、母親を投獄したのちに処刑し、王国の伝統的な親ローマ政策を劇的に転換した。エウパトルは、まず東に向かって拡大政策を進めた。相続によって小アルメニアを王国領とし、コルキスを征服し、スキタイ人の攻撃からクリミア半島のギリシア人を守って彼らの忠誠を獲得した。

重要な交易路を管理し、権力を固めたミトリダテスは、さらなる資源と人員を手中に収めたのちに、近隣の王国を攻撃しながら小アジアで支配を拡大した。パプラゴニアを征服し、自身とビテュニア王ニコメデス四世でこれを分けた。ガラティアの一部が、ポントス王国に編入された。カッパドキアでは、王アリアラテス六世に嫁いでいたミトリダテスの姉妹が、前一一六年にこの王の殺害を画策し、ミトリダテスが自身の息子アリアラテス九世を王位につける前一〇一年まで、王国を統治していた。国際情勢が、ミトリダテスの拡大政策に有利に働いた。ローマは、イタリア北部と北アフリカの支配地域を長きにわたって脅かした二つの戦争によって、弱体化していたのである。前一一三年から前一〇一年にかけての、ゲルマン系のキンブリ族とテウトニ族にたいする戦争と、前一一二年から前一〇五年にかけての、ヌミディア(現アルジェリア)の王ユグルタにたいする戦争である。

だが前九七年になると、ローマの圧力が再び明確になり、ミトリダテスが退いたカッパドキアに、元老院はアリオバルザネスを王として擁立した。しかしローマ人が、ローマ市民権を求めるイタリアの同盟者との衝突に注意を向けはじめると、ミトリダテスはすぐに拡大政策を再開した。義理の息子で同盟者であるアルメニアの大ティグラネスが、前九一年にミトリダテスの教唆でカッパドキアに侵攻する一方、ミトリダテス自身はビテュニアを征服した。だが、廃位された王ニコメデス四世は、ローマの支援で王位を取り戻した。ローマ人は依然としてイタリアの同盟者と「同盟市戦争」を戦っていたが、それでも前九〇年にアジアに軍団を派遣し、ティグラネスにカッパドキアからの退却を求めたのである。

辺境の諸王国の紛争は、これでおわらなかった。ニコメデスがミトリダテスの領土を寇掠すると、ミトリダテスはローマの最後通牒を無視して、前八九年に再びビテュニアに攻め入った。ミトリダテスは、同盟国の支援やアシアのギリシア人住民の不満に加えて、大規模な軍隊——二五万の歩兵、五万の騎兵、一三〇の大鎌つき戦車を保持したと伝えられている——を頼みとすることができた。またミトリダテスは、イタリアの同盟者を相手どった戦争のため、ローマが多数の軍団を東方に送ることができないだろうと踏んでいた。このような成功の見通しが行動を促し、そしてミトリダテスは行動する人間だった。ただミトリダテスは、自身の拡張政策が名誉と権力に飢えたローマの将軍たちにも、チャンスの塊となることを予期できなかった。これに続く六〇年の間、ギリシアとヘレニズム化された東方地域は、ローマの有力政治家が首都での権力を高める名誉を勝ち取る戦場と化した。

第一次ミトリダテス戦争とスラの台頭

前八九年から前八四年まで続いた第一次ミトリダテス戦争と同じ頃、ギリシアと小アジアではローマにたいする蜂起があり、ローマでははじめての内戦が発生した。ローマの内戦の原因は、数十年間積み重なってきた社会問題の解決のために改革を求めるポプラレスと、保守的なオプティマテスの分断にあった。熟練の将軍でポプラレスの指導者だったマリウスとオプティマテスの擁護者たるスラが、対ミトリダテス戦争の指揮権をめぐって争っているなか、このポントスの王は、属州アシアの大半を支配下に収めることに成功した。

ミトリダテスは、エペソス滞在中の前八八年、アシアに居住するローマとイタリアの移住者と企業家の殺害を命令した。一晩で、おおよそ八万人のローマ人とイタリア人が殺された。「エペソスの晩禱」と呼ばれるこの残虐行為は、小アジアに多数のイタリア人がいたこと、そして同時に、服属した人々が彼らを憎んでいたことを明らかにしている。さらなる虐殺がデロスで発生した。ミトリダテスの成功の知らせは、ローマからの解放の期待をギリシア人に巻き起こした。ミトリダテス軍は、マケドニアを出発してテッサリアを通り、ギリシア中部へ進んだ。ローマに忠誠を捧げ続けたのは、小アジアの少数の都市と、ミトリダテス側に立った海賊を因縁の敵としていたロドスだけだった。前一四六年の征服以降ギリシアが享受していた平和の時代は、自由への渇望を消しはしなかったのである。アテナイはミトリダテスを解放者ならびに新ディオニュソスとして歓迎し、他の都市もすぐさまこれに続いた。一年の間に、東方のローマ支配が、過去のものになったかのようだった。

この頃ロドスに住んでいた同時代の歴史家・思想家のポセイドニオス（おおよそ前一三五年〜前五一年）は、ローマを安定をもたらす力の源と考えていた。彼は、思想家のアテニオンがローマ支配に対抗して武器を取るようアテナイ人を扇動した話を伝えている。この物語は、ミトリダテスの権力と成功についての噂と誇張が、いかに意思決定に影響を与えたかを示している。

以下に余が申すことは、かつてわれわれが望んだこともない、いや、夢に見たことすらないことである。ミトリダテス王は、ビテュニアおよび上カッパドキアを支配したまい、併せてパンピュリア、キリキアに至るまでの全アジアに君臨しておられる。アルメニアやペルシアの王はミトリダテスの護衛役をつとめ、マイオティス川、および黒海全域に住む諸民族の有力者たちもまた然《しか》りである。かくしてミトリダテスの支配したもう地域は、周辺三万スタディオン［約五二四〇キロメートル］に及んでおる。パンピュリア駐在のローマの将軍のうち、クィントゥス・オッピウスは降伏し、鎖につながれて王に従うている。もと執政官にして、かつシチリア作戦の功により凱旋式を挙行したマニウス・アクィリウスは、長い鎖で手足を縛《ばく》されて、身の丈五ペキュス［約二・二メートル］のバスタルネス族の男につながれ、騎馬の兵に引かれてとぼとぼと歩いておる。ローマ人どもは、あるいは神々の像の前にひれ伏し、あるいはトガを脱ぎ捨ててギリシアの衣服に着替え、もとおのれの祖国であった国の名をあらためて称しておる。全国いたるところにおいて人々は王に対して、人間に献げる敬意を超えて、現人神《あらひとがみ》と呼んで迎えておる。所々方々《しょしょほうぼう》の神託も、王が人の住むかぎりの世界の支配者たらんことを予言しておる。よって王は、トラキアおよびマケドニアに歩兵の大部隊を派遣したまい、ヨーロッパ全域も一丸となって王のお味方に転じたのである。その証拠に、王のもとにはイタリア諸部族のみならず、カルタゴからも使節が到来して、ローマを打ち砕かんためにお味方になりたいと申しておるのだ。（柳沼重剛訳、一部改変）

アテニオンの演説は、アテナイ人の期待のほども教えてくれる。

余は諸君に何と忠告すべきなのか、言うてくれい。ローマの元老院がわれわれに強いた混乱状態に、これ以上我慢するな、すでにその混乱は、われわれがいかような政治によって治められるべきかを、われわれ自身で検討し決定しなければならぬところまで来ているではないか、と言えばよいのか。神聖なる場所が閉鎖されたままになっているのを放置するな、ギュムナシオンは不潔となり、劇場で集会がおこなわれることなく、裁判所に声なく、かつては神託によって聖所と定められていたプニュクスが人民から奪われてしまったではないか、と言えばよいのか。アテナイ人諸君、聖なるイアッコスの声が沈黙させられたままに放置するなかれだ。デメテル・ペルセポネ二柱の神の聖なる社や、哲学者の学校に人の声が絶えているのを、このまま見過ごすのをやめようではないか。（柳沼重剛訳、一部改変）

熱狂したアテナイ人は、アテニオンと彼が指名した者たちを将軍に選び、アテニオンの政策に反対した人々にたいする容赦のない追求を容認した。

ローマの古来からの政治構造は、帝国ではなく都市の統治のために作られたもので、こうした危機には向いていなかった。インペリウム（軍事指揮権）を持つ公職者の数が限られており、意思決定のプロセスは複雑で時間のかかるものだった。戦争に疲弊し、社会・政治改革の必要性で意見が割れていたローマ人には、対応に遅れがみられた。ローマで敵対関係にあった主人公二名、マリウスと当時執政官だったスラは、首都で暴動が発生するなか、ミトリダテス戦争の指揮権をめぐって争っていた。スラが六個軍団を率いてローマへと進軍するという思いもよらないことをおこない、軍勢を引き連れてポメリウム（首都の境界線）を越えたはじめての将軍となると、マリウスとその支持者たちは逃亡を余儀なくされ、スラは指揮権を獲得した。

スラは前八七年に、五個軍団を率いてエペイロスに上陸したが、ローマの状況は彼の予想を超える早さでスラに不利に動いた。スラの不在をついて、マリウスが首都に帰還してスラを追放し、次年度の執政官に選ばれたのである。選出後まもなくマリウスが死ぬと、支持者の一人だったルキウス・コルネリウス・キンナがローマを支配下に置き、スラの軍事指揮権を奪おうと画策した。しかしスラの意識は、ローマ国家と自身のギリシア人支持者の敵に集中していた。スラはボイオティアを通ってアテナイへと軍を進め、同市を包囲した。アテナイ人はおよそ一年間防衛に成功したが、食糧と人的資源が尽きると、スラとの交渉を余儀なくされた。この短い交渉を伝えるプルタルコスの記事は、過去の栄光と現在の悲惨の対比、そして、伝統的なアテナイ人のレトリックとローマの将軍の現実主義の対比の好例として、読むことができる。

使節たちは何ら、アテナイ救済のための提言をしなかったどころか、テセウスだのエウモルポスだの、ペルシア戦争のことだのを、おごそかに縷々と述べるばかりであった。するとスラが言った、「かような演説はそのままおもち帰りの上、お引き取り願いたい。それがしがローマ人に遣わされてアテナイへ参ったのは、知識を得るためにはあらず、反逆者どもを討ち従えんがためでありますゆえな」。

（柳沼重剛訳、一部改変）

アテナイは前八六年三月に降伏したが、無慈悲な略奪を免れることはできなかった。同じ頃、ローマにいたスラの政敵たちが、スラの指揮権を奪取すべく、ルキウス・ウァレリウス・フラックスとガイウス・フラウィウス・フィンブリアを指揮官とする軍を派遣していた。しかし、この軍隊がギリシアに到着するとすぐに、フラックスの兵士が多数スラのもとに逃亡し、才能ある将軍であったスラは、ミトリダテスの軍隊をまずカイロネイアで、続いてオルコメノスで撃破した。のちに派遣されたローマ軍の残存部隊がギリシア北部でポントス軍にたいし作戦行動をおこない、その後小アジアに侵攻する間、スラはギリシアを確保して、ローマ軍に抵抗した諸都市を破壊し、エーゲ海島嶼部を占領した。

小アジアでも、ミトリダテスの権力は崩壊しつつあった。ローマ側の指揮が分裂していた――フィンブリアがフラックスへの反抗を開始し、フラックスは捕らえられて処刑された――にもかかわらず、ローマ軍団の侵攻をミトリダテスは止めることができなかった。ギリシア人は、ローマの支配を、自身の都市自治の伝統の尊重に何の関心も持たない、東洋風の専制君主の支配と交換してしまったことを悟りはじめていた。強力な親ローマ派の存在のためにミトリダテスが警戒心を抱いていたキオスの住民は、まず武器を供出し、最有力家門の子息を人質に渡すことを強制され、さらに罰金が科されたのち、最終的に捕虜としてポントスへと送られた。部下の将軍ゼノビオスの残虐さが他の都市に知れわたると、ほとんどの同盟国がミトリダテスを見限った。彼は同盟国の離反に、使い古されたポピュリストの手法で臨んだ。持たざる者には土地を、債務者には借金帳消しを、そして奴隷には自由を約束して、支配層のエリートにたいする民衆暴動を煽ったのである。ミトリダテスはこうした約束でいくらか時間を稼いだが、二方面から攻撃され、交渉が最善の道であることを理解した。ローマの政敵に対応するために、スラもできるだけ早く、この戦争をおわらせようとしていた。このため、スラは前八五年にダルダノスでミトリダテスと会見し、緩い和平の条件を提示することに同意した。ミトリダテスが前八八年以降に征服した領土すべてから撤退すべきという点は、過酷な条件ではなかった。フィンブリアが、いずれにせよそこを再征服していたからである。ミトリダテスは、スラに艦隊と金銭を渡すことにも同意し、これと引き換えに、王国を保持し、「ローマ人民の友人たち」に迎えられることを許された。

こうしてスラは小アジアの敵を処理する自由を得て、数年後にローマで起こることになる大量虐殺を予感させる残虐なやり方で、これを実行した。野営中のフィンブリアを攻撃し、軍隊を四散させ、フィンブリアを自殺に追い込んだ。またスラは、反抗したアシアの都市の略奪を自身の退役兵に報奨として与え、反乱を起こしたギリシア人に多額の罰金を科した。ローマを支援した者たちは特権を授与され、ロドスはカリアの一部を与えられた。こののちスラはローマに帰還したが、ローマでは前八四年に思いがけず権力の空白が発生していた。執政官のキンナが、イリュリアで準備不足の遠征をおこなうなか、自身の兵士に石打ちで殺されたのである。スラは前八三年にイタリアに上陸し、激しい内戦ののち、前八二年一一月にローマを攻略した。前八一年に元老院によって「法の制定と国家の新秩序のための」独裁官に指名されると、スラはローマの属州行政を大幅に変更する改革を開始した（二三四〜二三五頁参照）。スラは、一年間執政官を務めたのち前七九年に引退し、その一年後に死んだ。彼は回想録を完成させたが、ごくわずかの引用が残るばかりである。

第二次・第三次ミトリダテス戦争とルクルスの野心

ダルダノスの和約は短命だった。スラの代理として置かれたルキウス・リキニウス・ムレナが、前八三年にポントスに軍を進めると、第二次ミトリダテス戦争がはじまった。ムレナの主張では、ミトリダテスが和平を侵犯して、属州アシアに侵攻するための新しい軍隊を組織していたのである。ムレナはミトリダテスに敗れ、スラの命令で前八一年に戦争はおわった。だが、ミトリダテスの野心的な拡大政策はダルダノスでおわったのではないというムレナの疑いは、数年後にその正しさが証明されることになる。前七四年にビテュニア王ニコメデス四世が死ぬと、その王国はローマ人に遺贈された。ローマ元老院はこの遺言を承認し、アジアにさらなる属州、ビテュニアを設立した。失地を埋め合わせる機会と考えたミトリダテスは、前七三年にビテュニアを占領した。ローマのプブリカニによる搾取のために、ミトリダテスの支配を望んだ地元住民は、彼を歓迎した。

ローマの貴族で、スラのもとですでに東方での軍事経験があったルキウス・リキニウス・ルクルスが、ミトリダテス戦争の軍事指揮権を与えられた。ルクルス〔食通で有名〕が将来有名になるのは彼のディナーであって、彼の戦功ではなかったが、第三次ミトリダテス戦争の初期段階での戦功は、相当なものだった。三年のうちに、ルクルスはビテュニアの再征服だけでなく、ミトリダテスのポントスの王国の征服でも成功を収めた。敗れたミトリダテスは前七〇年に、東方最大の支配者だったアルメニア王ティグラネスのもとに亡命した。

この時代のローマの外交政策は、ローマ人貴族の個人的な政治的利害、指揮権をめぐる彼らの争い、そして自身の兵士に戦争の果実を与え、自身の退役兵に土地を分配するという義務に、強く影響されるようになっていた。ローマの拡大は、ローマの政治制度の欠陥も白日のもとにさらした。ルクルスが東方での戦勝後にとった行動は、こうしたローマ内部の矛盾によって説明できる。ルクルスの使命はミトリダテスの撃破によって完了したはずだったが、彼の野心は、完全に満足してはいなかった。ルクルスは、軍団の指揮権を保持し続ける必要があった。これは決定的に重要なことだった――ローマの支配の存続に欠くべからざる一連の戦争が、相互に関係しながらおこなわれるなかで、他のローマの政治家たちに軍事指揮権が与えられていたのである。のちに大ポンペイウスとして知られることになるグナエウス・ポンペイウスは、離反したスペイン総督セルトリウスにたいする勝利で功績をあげていた。セルトリウスは、抑圧された住民のローマにたいする蜂起を指揮し、前八三年から前七二年のセルトリウスの殺害まで存続した独立国家を創設していたのである。ローマに近いイタリアでは、マルクス・リキニウス・クラッススが、前七三年から前七〇年までイタリア諸都市と田園地帯を恐怖に陥れたスパルタクスの奴隷反乱を撃破していた。そして前七四年には、マルクス・アントニウス――もっと名の知られたマルクス・アントニウスの父――が、商船を襲撃して地中海東部の交通を妨害していた海賊と戦う指揮権を授与されていた。こうしたローマの秩序に対抗する敵たち、すなわちミトリダテス、セルトリウス、奴隷と海賊は、すべて連携していた。時として、ローマにたいする彼らの協力は、彼らを破ることを期待されたローマの将軍たちの協力より、緊密だった。

ルクルスは指揮権を延長するために、アルメニア王ティグラネスがミトリダテスの引き渡しを拒んだという建前で、ティグラネスにたいする攻撃を継続した。だが、個人的な野心を別にしても、ルクルスには戦争を続ける十分な理由があった。ミトリダテスのこれまでの行動をみる限り、この王が生きている間は東方の支配は安全ではないということが、ローマの支配者たちにとって自明のことだったに違いないのである。そして、洞察力のある政治家であれば誰しも、アルメニア王国の台頭がもたらす危険を察知したことだろう。大ティグラネスのもと、この王国はメソポタミア、キリキア、北部シリアの大部分を併合し、近東および中東の最大勢力としてセレウコス王国にとってかわったのである。

ルクルスは、前七〇年にティグラネスの都ティグラノケルタ近郊で大勝利を収めたが、ティグラネスとミトリダテスを捕らえることはできなかった。この成功に目が眩んだルクルスは遠征を続け、ローマ軍がこれまで侵攻したことのない地域に足を踏み入れた。軍隊の補給が困難なパルティア人の支配地域に接近したのである。これに加えてルクルスは、属州住民への課税を緩和することでプブリカニとローマ人騎士の敵意を招き、みずからの成功によって同僚のノビレス貴族たちの妬みを煽った。ローマ元老院は、前六九年にルクルスの属州アシアでの指揮権を剝奪し、その後、キリキアでの指揮権も取りあげた。ルクルスは、軍隊で起こった反乱のため、前六七年に遠征を停止させなければならなかった。ティグラネスは王国を回復し、ミトリダテスはポントスの旧王国の一部を再征服することに成功した。六年間続いた戦争の末にルクルスが成し遂げたことは、ローマ人をまさに戦争の開始時点に連れ戻すことだった。

ポンペイウスが地中海の最高軍事指揮官に任命されると、ローマの指揮系統に変化が起こった。これは、ローマ拡大の歴史だけでなく、共和政から君主政へと変わるローマの長い発展の歴史においても、転換点となった。

対海賊戦争とポンペイウスの台頭

ミトリダテスが特にクレタ人やキリキア人といった、船舶での襲撃で昔から生計を立てていた共同体と連携したため、第三次ミトリダテス戦争は当初から、ローマ人による海賊討伐と密接に関係していた。古代地中海にあっては、ローマ人が海賊行為というレッテルを貼った、略奪を目的とした海上での軍事行動と、「通例の」戦争行為の間の違いは——もしあったとしても——ごくささいなものだった。不満のはけ口を求める共同体が他の共同体にたいし、襲撃と富の収奪をおこなう報復行為を宣言することが頻繁になされた。戦争の混乱状態を利用して、私掠船が襲撃をおこなうこともあった。多くの場合、彼らは軍隊に同行して船舶や沿岸部に攻撃を加え、軍の作戦行動を支援した。だが、イリュリア、アイトリア、クレタ島、キリキアといった地域では、通例、不可侵条約（アシュリア）によって守られていない者たちに、矛先が向けられた。戦利品の略奪は——征服と同様に——、軍事的優位を通じて神の加護によって獲得された正当な利益だとみなされていた。海賊・襲撃行為の利益は、おもに貴重品と捕虜から生み出された。捕虜は、奴隷として売られるか、あるいは家族や出身都市が身代金を支払った。海賊たちは襲撃がおわるとすぐに商人へと姿を変え、近隣の主要港に向かうか、あるいは母国に戻って略奪品を売却した。「三つの最悪のK《カッパ》は、カッパドキア、クレタ、キリキアである」ということわざは、この三つの地域の住民が悪名高い海賊や山賊であったことに由来している。

前二世紀おわりと前一世紀はじめに頻繁におこなわれた襲撃のため、北アフリカ、ギリシア、小アジア、近東の市場・穀倉・資源とイタリアとを結んでいた海上ルートが危険にさらされた。海賊行為が盛んになったのは、さまざまな要素の結果である。以前に東地中海の安全に寄与していたロドスの軍事力が低下したこと。ミトリダテスと海賊が協調行動をとったこと。王国の軍隊で傭兵として雇用されていたクレタ人が、失った仕事を埋め合わせる必要に迫られていたこと。そしておそらくは、農業と製造業に利用する奴隷の需要が高まったこと、である。デロスでは一日に一万人もの奴隷が取引されたと伝えられている。こうした人々の多くは、海賊の犠牲者だったのである。

前七四年に、法務官のマルクス・アントニウスがこの海域からの海賊掃討の指揮権を付与されたことで、ローマによるはじめての対海賊遠征が開始された。アントニウスの遠征は完全な失敗におわり、戦争のために属州住民から資源を徴発したことで、ローマ支配にたいするギリシア人の不満が高まった。マルクス・アントニウスは、何も達成することなくクレタ島で前七一年に死んだ。彼は、クレティクスという名前を得たが、これはクレタ人を破った（「クレタ人の征服者」）ことの栄誉としてではなく、アントニウスの失敗を記憶にとどめる皮肉として与えられた名前だった。この言葉は、ラテン語で「チョーク男」と訳せるのである。いずれにせよ、海賊問題を解決しようとするローマ人の意思は固かった。

前七〇年にクレタ同盟の使節団が、和平条約交渉のためにローマを訪れると、元老院は、四〇〇〇タラントンという巨額の金銭支払い、ローマへの戦艦の譲渡、そして軍事指揮官を含む三〇〇名の人質の引き渡しを、彼らに要請した。クレタ人の意見は分かれた。年長の市民はこうした条件を受諾する方向にかたむいたが、戦って戦利品を獲得することを幼少時より訓練されていた若者たちの意見が通った。その結果、二万四〇〇〇名のクレタ島の若者たちが、クノッソスのラステネスとキュドニアのパナレスの指揮のもと、前六九年から前六七年までローマと戦った。ローマ軍を指揮したクィントゥス・カエキリウス・メテルスは、島を西から東へと進撃して、協力する意思のある者たちに褒賞を与え、パラサルナの港のような海賊の拠点を徹底的に破壊し、エレウテルナやクノッソスといった諸都市に大規模な被害を与えた。この戦争の結果、前七世紀から続いていた社会・政治システムが廃止され、クレタ島ははじめて、ローマ人・イタリア人企業家の大量の移住を経験した。

クレタ戦争終結前の前六七年、海賊にたいする全面戦争をおこなうための広範な権力が、ポンペイウスに与えられた。ポンペイウスの非常指揮権の範囲を定めたガビニア法は、四〇年後の君主支配の成立にいたる道筋を決める、決定打となった。この指揮権は、他のいかなるローマ人指揮官の権力よりも上だった（インペリウム・マイユス）。この指揮権は三年間継続し、これをポンペイウスは、海上ならびに沿岸から五〇マイルの範囲の陸上で行使することができた。このような指揮権は、ローマ国制の二つの基本原則を犯していた。いかなる公職も一年を超えてはならなかったし、あらゆる公職者は少なくとも一名の同僚公職者を持たなければならなかったのである。さらにポンペイウスには一三名の副官がつけられたが、これはのちのレガトゥス・アウグスティ・プロ・プラエトレ（二三五頁参照）、すなわちローマ軍が駐留する属州における皇帝の代理人の前例となった。元老院の保守派による反対は、最終的に、ガイウス・ユリウス・カエサルと、この法を提案した護民官アウルス・ガビニウスの援助でおさえ込まれた。

ポンペイウスとその副官たちは、海賊の拠点と艦隊を組織的に破壊しながら、西から東へと進んでいった。四〇日の間に、スペインからイタリアまですべての海賊船が破壊された。続いて、遠征は海賊の二大中心地に進んでいった。すでにメテルスが作戦行動をとっていたクレタ島と、キリキアである。ポンペイウスは、軍事行動と交渉を組み合わせることで、キリキアの海賊にこの古くからの稼業を放棄させた。このあとの一〇年間に生き延びたのは、ごく一部の地域の海賊にすぎなかった。

キリキア滞在中のポンペイウスは、平和がなった東方のローマ帝国内でのあり方について、ある構想を持つようになったようである。ポンペイウスは、多数の海賊を都市ソロイに定住させ、そこをポンペイオポリスと改名した。これは、重大な決定だった。かつての敵が別の生活の糧、つまり農業を与えられるという寛大な処置だったということだけでなく、この決定が、ローマ将軍がヘレニズム王の範にならって、自身の名前を持つ都市を建設した初の事例だったからである。ポンペイウスは——キケロの言葉では——冬に準備され、春にはじまり、夏におわった戦争で成果をあげたのち、ルクルスが失敗した仕事を引き継ぐよう求められた。指揮権が延長されたポンペイウスは、ティグラネスとミトリダテスにたいする戦争を任された。

ポンペイウスのローマ期東方の構想

対ティグラネス戦争で、ポンペイウスは「分割して統治せよ」の原則にしたがった。彼はティグラネスの拡大に脅威を感じていたパルティア王国と接触し、ユーフラテス川をパルティアの西の境界線として承認した。こうしてポンペイウスは、ローマ帝国拡大の東の限界を定め、これが数百年にわたってローマの政策を決定していくことになる。パルティア人がティグラネスに彼の王国の東の国境で対峙したため、ポンペイウスはミトリダテスに対応する自由を得た。ミトリダテス軍は、ユーフラテス川の北部流域で敗れ、ポンペイウスはそこにニコポリス（「勝利の都市」）を建設した。二方向から敵に囲まれたティグラネスは、前六六年に降伏を余儀なくされ、支配した地域をすべて放棄し、もともとのアルメニアの王国に撤退した。

ミトリダテスは残りの手勢とともに、王国の最北部にあたる黒海北東岸のキンメリアのボスポロスに、逃亡を図った。しかしポンペイウスは、コーカサス諸部族の反抗があったにもかかわらず、追跡を続けてコルキスに到達した。前六五年にミトリダテスはクリミアを占領し、自身の息子マカレスを死に追いやったのち、ボスポロス王国の王位についた。ミトリダテスは、ドナウ川をたどってイタリアに侵攻する計画を立てていたが、自身に忠実な者はすでにいないことを悟った。息子のパルナケスも反乱を起こしていたのである。パンティカパイオンで包囲されても、この老王は毒をあおり自死を選ぶこともできなかった。ミトリダテスは長年にわたってさまざまな毒を少量ずつ摂取し、服用を増やすことで耐性を得ていたのである――このやり方は、彼にちなんでミスリダティズムと呼ばれている。最終的に前六三年、ミトリダテスに依頼されたある傭兵が手をくだした。ミトリダテスの旧王国は、ビテュニアに加えられ、新属州ビテュニア・ポントゥスを形成した。ポンペイウスは、父親を裏切った息子パルナケスをボスポロス王国の王位につけた。ポンペイウスは、パルナケスがミトリダテスの野心を継承したとは考えなかったが、パルナケスは前四九年に、ローマの内乱の隙をついて、コルキスとアルメニアの一部を併合することになる。パルナケスの統治は、前四七年のカエサルの迅速な遠征がなければ、重要な意味を持つことはなかっただろう。ローマ将軍カエサルは、パルナケスにたいし素早く勝利を収め、友人に宛ててあの有名な言葉「来た、見た、勝った」（ウェニ・ウィディ・ウィキ）を書き送ったのだった。

ミトリダテスを片づけた今、ポンペイウスはシリアと中東に目を向ける必要があった。セレウコス王国は依然として存在していたが、これはローマの慈悲のおかげにすぎなかった。前八三年までに、王国の領土の大半はティグラネスの王国に併合されていた。セレウコス王朝のさまざまな家系の子孫たちは内輪揉めを続け、これがほぼ一〇〇年間にわたって王国を分断してきた。彼らが支配したのは、ごくわずかの地域にすぎなかった。こうした王族の一人であるアンティオコス一三世のみが、ローマの元老院によって王と認められた。このアンティオコスが前六三年に、ポンペイウスの命令でエメサのアラブ人の王族に殺害されると、ポンペイウスはついにユーフラテス川の西側の問題を解決することができた。今やパルティア人と境を接するにいたったローマは、国境付近のいかなる混乱状態も容認することができなかったのである。シリアは、前六三年にローマ属州となった。絶え間ない内戦で分裂していたユダヤのハスモン王国も廃絶された。国王アリストブロスが廃位され、兄弟のヒュルカノス二世が王位について、最高神官とエトナルケス（「民族の長」）の称号を与えられた。ユダヤは属州シリアに統合され、貢納支払いの義務を負った。

五年に満たない期間に、ポンペイウスは東方を抜本的に再編成した。ビテュニア・ポントゥス、そしてシリアといった新属州を創設し、属州キリキアを再編した。ローマ人司令官のなかで、ポンペイウスはローマ帝国にもっとも多くの領土をもたらした人物だった。さらにポンペイウスは、残存した王国――アルメニア、カッパドキア、ボスポロス、パルティア――の国境を定めた。以前の拡大政策と異なり、ポンペイウスが東方にもたらした秩序は、ローマ帝国の将来についての体系的な構想の産物であると考えられる。征服、併合、近隣国家への付与が、帝国の隙のない境界線を作る目的でおこなわれた。この意味で、ポンペイウスの政策は、アウグストゥスの政策を先取りしていた。

新都市の建設は、こうした統合と組織化の政策の一環であり、かつての敵と海賊を忠実なる帝国住民へとゆっくりと変えていった。ポンペイウスは、キリキアの海賊港をポリスに再編し、ソロイにポンペイオポリスという名を与えた。ミトリダテス六世の旧王国では、アマストリス、シノペ、アミソス、パナゴレイアが以前のポリスの地位に復帰し、いくつかの居住地がポリスに格上げされた。のちにイオノポリス(「イオンの都市」)と呼ばれたアボヌ・テイコス、ゼラ、そしてディオポリス(「ゼウスの都市」)と名前が変更されたカベイラである。さらに重要なこととして、ポンペイウスは、自身の戦勝を記念するために、一から新しいポリスを五つ建設した。ニコポリス(「勝利の都市」)、メガロポリス(「大[ポンペイウスの]都市」)、マグノポリス(「[ポンペイウス・]マグヌスの都市」)、二つ目のポンペイオポリス、そしてネアポリス(「新都市」)である。ニコポリスと、パプラゴニアのポンペイオポリスの市民団はローマ軍兵士の移住者で、他のポリスは、ギリシア人と地元住民が市民団を形成した。

前六一年にローマに帰還すると、ポンペイウスは凱旋式を挙行したが、元老院の歓迎は熱狂ではなく、猜疑をもっておこなわれた。ポンペイウスの政敵たちは、東方でのポンペイウスの措置と、彼の退役兵への褒賞に反対した。元老院が認めようとしないことをやり遂げるために、ポンペイウスは、第一回三頭政治として知られる秘密合意によって、二人の強力な人物と協力した。ローマ一の富裕者でスパルタクスの奴隷反乱からローマを救ったガイウス・リキニウス・クラッススと、ローマ最古に数えられる家系の出身で、ポプラレスの支持者であり、スペインのセルトリウスにたいする戦争で将校として成果をあげたガイウス・ユリウス・カエサルである。この三人の人物はともに限りない野心を抱いたが、少数の個人に権力が集中することを怖れた同僚の不信に、彼らは対峙しなければならなかった。前六〇年、三頭政治家たちは当面の利害――公職への選出、軍事指揮権、退役兵への土地分与――を満たす立法を支援した。もっとも口やかましい反対者だった弁論家のキケロと保守派政治家の小カトーは、亡命した。カエサルは、前五八年から前五〇年までガリア遠征を認める指揮権を手に入れ、クラッススとポンペイウスは、前五五年の執政官職を確保した。

この日和見主義的な同盟は、内戦の勃発を先延ばしにしただけだった。前五三年にパルティア人との戦争でクラッススが命を落とすと、残った二人の三頭政治家の衝突が不可避となった。カエサルを支持するポプラレスと、ポンペイウスがより一層の賛同を示した保守的なオプティマテスの間の暴動が無秩序状態にいたり、ポンペイウスが単独執政官（コンスル・シネ・コレガ）に任命される事態になった。これは、国制の明らかな侵害であり、カエサルにたいする挑発だった。和解の試みが失敗し、元老院がローマにいたカエサル支持者のマルクス・アントニウスを追放すると、アントニウスは、合法的な軍事指揮権の境界であるルビコン川近くのカエサルの陣営に逃亡した。前四九年一月七日に、元老院はカエサルを裏切り者の公敵だと宣言した。賽は投げられた。この三日後、カエサルは軍を率いてルビコン川を渡り、ローマへと進軍してポンペイウスとその支持者たちをギリシアへと逃亡させた。新たな内戦のはじまりである。この内戦は、アレクサンドロスの後継者の王国のうち、最後まで生き残った一国と、緊密に結びついていた。プトレマイオス朝エジプトである。

最後のプトレマイオス朝の王たち——支配者からローマの主人の庇護民へ

かつてはヘレニズム世界においてもっとも強大な王国だったプトレマイオス王国は、地元民の反乱、宮廷の内紛、戦争での敗北、歳入の減少によって、地中海南東部の周辺国家にまで弱体化していた。小アジア、シリア、エーゲ海、キュレナイカにあった海外領土をすべて失った王国は、エジプトとキプロス島を保有するのみとなっていた。

前八一年にプトレマイオス九世ラテュロスが後継者に嫡出の息子を遺さずに死ぬと、王朝の新しい危機がはじまった。ラテュロスの娘であるベレニケ三世が、女性としてはじめて王位についた。彼女は、おじの王プトレマイオス一〇世アレクサンドロスと結婚していたが、この時は寡婦となっていたのである。ベレニケは、アレクサンドリアの住民に非常に人気があったが、元老院の信頼を得てはいなかった。ローマは、重要な穀物供給地である国が、揉め事の温床になることを認めるわけにはいかなかった。別の王をみつける必要があった。簡単ではあるが、新王擁立の様子をみてみよう。これは、かつての大王国の惨めな状況、ローマとアレクサンドリア住民が果たした役割、そしてまともに機能しなくなったプトレマイオス王家のなかでの、倦むことを知らない権力闘争の様子を教えてくれる。

当時ローマに住んでいたプトレマイオス一〇世アレクサンドロスの息子の一人——その母親はおそらくベレニケ——が、この目的のためにスラによってみいだされた。ベレニケは前八〇年に、自身の夫の（かつ自分自身の？）息子との結婚を強制された。プトレマイオス一一世として知られる人物である。しかし、この新しい夫は結婚ののち数日で妻を殺害し、その後、彼自身がアレクサンドリア住民にリンチされる結果となった。プトレマイオス一一世の短い治世は、王朝の危機を解決するどころか、新しい危機を生み出した。この危機は、プトレマイオス一一世が後継者を遺さずに死んだ場合、エジプトはローマの所有となるという王の遺言のため、以前にまして切迫したものとなった。だが、後継者はいた。プトレマイオス九世ラテュロスには、亡命中の私生児たちがいたのである。そのうちの年長の者が王位につき、プトレマイオス一二世新ディオニュソスとして統治にあたった。だが彼の名前は、アウレテス（「笛吹き」）とノトス（「私生児」）の方がよく知られている。彼が前六三年に賄賂を使ってローマ人の同盟者としての承認を獲得し、支配を固めたことは、実に抜け目のない行動だった。

だが、ローマ人が前五九年にキプロス島併合へと着手することを、止めることはできなかった。東地中海支配にとって戦略的に重要なこの島は、キリキアと合わせて、一大属州を形成した。アレクサンドリア住民が蜂起すると、アウレテスの妻であるクレオパトラ・トリュパイナと長女のベレニケ四世は機会をとらえてアウレテスを排除し、次女のクレオパトラとともにローマへと逃亡させることに成功した。プトレマイオス朝の長きにわたる家庭内闘争の伝統に則って、ベレニケ四世は母親と夫を立て続けに毒殺し、前五七年から前五五年まで単独で統治した。この年に、多額の賄賂で動いたシリア総督ガビニウスが、アウレテスを王位に復帰させた。ベレニケは父親の命で首を切られた。王の護衛のため、そしてエジプト産穀物のローマへの供給を確実なものとするために、ガビニアニと呼ばれる二〇〇〇名のローマ兵がアレクサンドリアに残された。この遠征の最中、のちに女王クレオパトラとなる一四歳の少女が、ガビニウスの軍で騎兵隊長を務めていた二六歳のマルクス・アントニウスの目に留まったと伝えられている。だが、シェイクスピアの演劇、一〇を超える映画、数えきれない絵画の材料となった彼らの情事は、まだ一六年先のことである。

前五一年にアウレテスが死ぬと、一〇代の娘二人と息子二人が荒廃した王国をめぐって争った。一八歳の長女クレオパトラとその一一歳の弟プトレマイオス一三世が王位につき、彼らの後見人として元老院によってポンペイウスが任命された。しかし、ポンペイウスは遠く離れた場所で、カエサルとの闘争に集中していた。前四九年一月に勃発した新たなローマの内戦に、アレクサンドリアの血塗られた王朝闘争の最終ラウンドがすぐに続いた。

ローマの情事――クレオパトラとカエサル

相当な教養、地元の言語と慣習への知識、そしてカリスマに加えて、クレオパトラ七世は、共同支配は一切受けつけないという野心を、前任者たちから継承した。現存する貨幣に刻まれたクレオパトラの肖像は、彼女の魅力を伝えるものではない（図13参照）。この肖像では、クレオパトラは特徴的な大鼻を持つ女性として表現されている――一七世紀の観相術者によると、これは強い個性の特徴だった。これをもとにパスカルは、クレオパトラの鼻が短かったら、世界の相貌は異なっていたといったのである。数十年に及ぶ脆弱な王の時代が去り、アレクサンドリアの宮廷の力は増大した。多くの東方の君主政と同じように、アレクサンドリアの宮廷には宦官がいた。生殖機能を奪われた宦官は、王朝への脅威とはならないと考えられたのである。このような宮廷は、精力的な君主の野心に好意的ではなかった。ローマの内戦が開始されるとすぐに、ポテイノスというある宦官の影響力によって、宮廷はクレオパトラから権力を奪い、プトレマイオス一三世を単独の支配者とした。クレオパトラはシリアに逃れ、そこで自身の軍を編成した。妹のアルシノエ四世も、別の宦官ガニュメデスに勧められて、王位を主張した。

図 13　クレオパトラ七世の肖像を持つ硬貨。

エジプトの内戦がはじまった時、ローマの内戦が劇的な展開をみせた。西方属州とイタリアを支配下に収めたカエサルが遠征を継続し、エペイロスにいたポンペイウスに迫ったのである。前四八年八月、カエサルはテッサリアのパルサロスでポンペイウスを破った。元老院の大部分はカエサルに寝返ったが、ポンペイウスは依然としてエジプトの王たちの後見人だった。王たちからの援助を期待したポンペイウスは、ただちにエジプトに逃れた。だが上陸してすぐに、ポンペイウスはポテイノスの命令で殺害された。この宦官は、カエサルがこれに恩を感じるだろうと考えたのだが、この考えは間違っていた。独裁官に選ばれ、その後に前四七年の執政官に選ばれたカエサルはアレクサンドリアにやってきたが、そこに王族は存在せず、ポンペイウスの首と印章指輪を持ったポテイノスがいるのみだった。政敵の切断された首をみて涙を流したと伝えられているカエサルにとって、ポンペイウス殺害は敵の排除ではなく、ローマ市民の暗殺を意味した。カエサルの招請でアレクサンドリアに戻ったプトレマイオス一三世は、亡命していた姉がローマの独裁者のそばに立っているのを目にすることになる。この野心満々の女王は、カーペットに隠れてカエサルの寝所に忍び込み、戦いに疲れた将軍の心をつかんだのである。

王族たちを和解させようとするカエサルの努力は、水泡に帰す運命にあった。宦官たちの絶えることのない謀略、プトレマイオス一三世、クレオパトラ、アルシノエの権力闘争、エジプト軍指揮官のアキラスの野心によって、ベルム・アレクサンドリヌムとして知られる、前四七年のアレクサンドリア蜂起が生じた。これは、カエサルにとって最後の軍事的挑戦だった。カエサルを王宮に包囲した軍は、数でカエサル軍を上回った。ペルガモンとユダヤから援軍を受け、また敵方に不和が生じたことが奏功して、カエサルは最終的に反乱軍を破った。プトレマイオス一三世は、逃亡の途中で溺死した。蜂起を率いたアルシノエは捕らえられ、一年後のカエサルの凱旋式を彩った。彼女は、エペソスのアルテミス神殿で嘆願者として生き延びることを許されたが、前四一年にクレオパトラの命令で殺害された。この戦争の最大の被害は、名高いアレクサンドリアの図書館が燃え落ちたことだった。クレオパトラは、この時は弟のプトレマイオス一四世とともに、カエサルによって王位につけられた。前四七年にカエサルはエジプトを離れてローマに戻ったが、そのほんの数日後にクレオパトラがカエサルの息子プトレマイオス・カイサル、あるいはカイサリオン(小カエサル)を出産したのだった。東方の秩序を再建するために、四個軍団が残された。

前四七年から前四四年の数年間、カエサルの関心は、ローマの秩序の確立、政治その他の改革、パルティア遠征の準備に向けられた。クレオパトラがカエサルのためにローマにいくと決めたことは、彼女にも彼女の愛人にもよい結果をもたらさなかった。カエサルの将来の計画に、疑義が生まれた。クレオパトラとの関係は、カエサルの家族には心配の種を、敵には批判の口実を、そして民衆には噂のネタを提供した。カエサルはクレオパトラと結婚するために、重婚を認める法を作っているという噂が流れた。エジプトに君主政を敷き、アレクサンドリアを帝国第二の首都にしようとしているというのである。しかし実際のところ、カエサルの遺言はクレオパトラにも自身の唯一の息子カイサリオンにも、何も言及していなかった。

独裁者は死んだ。歓呼を受けるのは誰だ

前四四年二月一五日の祭礼のなかで、マルクス・アントニウスは、王権の象徴であるディアデマを、今や終身独裁官となったカエサルに捧げた。カエサルはこれを拒絶したが、疑いの目を持つ元老院議員たちをだますことはできなかった。すでにカエサルは絶対的な権力を持っており、君主政の正式な樹立はもはや時間の問題だった。カッシウスとブルトゥスを先頭に約六〇名の元老院議員が集まって、元老院会議の最中にカエサルを殺したのは、この独裁官がパルティア遠征に出発するほんの数日前の、三月一五日のことだった。カエサルが死んだことで、共和政が自動的に復活するという殺害者たちの望みは、サダム・フセインの没落が、中東に自然と西洋風の民主主義をもたらすというジョージ・W・ブッシュの期待に負けないほど、幻想に満ちたものだった。カエサル暗殺は、内戦に新しい展開をもたらしたにすぎなかった。

カエサルの死後、数ヶ月にわたって権力の空白が続いた。元老院は、制度外の役職を作ることに抵抗したが、同時に、特別な権威を持つ人物の助けなしに、この種の危機に対応することもできなかった。暗殺者たちの立場は、微妙だった。彼らを解放者として賞賛する者もいたが、神と宣言される間近だった人気の人物を殺害した者として憎む者もいた。カエサル派の指導権は、すんなりとは決まらなかった。現職の執政官だったマルクス・アントニウスと、経験豊かな元老院議員だったマルクス・アエミリウス・レピドゥスが、指導者にふさわしい人物だった。マルクス・アントニウスは前八三年に生まれ、若い頃は、ギャンブルをし、男女見境なしに悦楽にふけり、ストリート・ギャングの一員として活動し、借金まみれで、少しの間アテナイで弁論と哲学を学んでいた。しかし前五七年に、アントニウスは属州シリアの軍に騎兵将校として参加し、ユダヤ蜂起とその後のカエサルのガリア戦争で、軍才をみせつけた。カエサル暗殺にいたる数年の間、アントニウスはカエサルの一番の腹心だった。レピドゥスは、前四六年にカエサルの同僚執政官を務め、カエサルが独裁官になった時には、騎兵隊長として働いた。しかし、カエサルの遺言には、この両者を驚かせることが書かれていた。独裁官は、一九歳の甥ガイウス・オクタウィウスを養子とし、自身の巨大な富と庇護民のネットワークの後継者としていたのである。この若者は、ガイウス・ユリウス・オクタウィアヌスの名前で、突如としてカエサル後継の第一候補として姿をあらわした。カエサルの遺言によって、オクタウィアヌスは公職についていないという事実にもかかわらず、指導者の立場を主張する権利を獲得した。オクタウィアヌスは、一七年後に受け取ることになるアウグストゥスという名前の方が、よく知られている。

暴力にまかせた衝突が続いたのち、アントニウスとオクタウィアヌスは意見の不一致を不問に付して、共和政を再興しようとしていた元老院の代表者たちに共同で対応することを決意した。大ポンペイウスの息子のセクストゥス・ポンペイウスは、元老院からシチリアでの艦隊指揮権を得ていた。またカエサルを暗殺したカッシウスとブルトゥスは、マケドニアとシリアの総督に任命された。これらの任命によって、帝国東部全域が、アントニウスとオクタウィアヌスの敵の影響下に置かれた。前四三年一一月二七日に、アントニウスとレピドゥス、そして軍をもってローマを奪取し自身で執政官就任を宣言したオクタウィアヌスは、法に基づいた三頭政治を形成した。これは、婉曲的に「共和政復興のための三人委員」という名前を与えられたが、彼らの唯一の仕事は、自身の支配のもとに帝国を再統一することだった。前四三年一二月から前四二年一月にかけてローマで政敵を粛清したのち、アントニウスとオクタウィアヌスは、「解放者」たちが戦争準備のため諸都市を略奪していたマケドニアとトラキアへの遠征を準備した。前四二年一〇月、ピリッピでの二度の戦闘で、オクタウィアヌスとアントニウスに敗れた「解放者」たちは自死を選び、彼らの軍隊は降伏した。勝利を収めた三頭政治家たちは、帝国を山分けした。アントニウスはガリア――ただしこの地は、前四〇年にオクタウィアヌスに与えた――とすべての東方属州を受け取り、カッシウスとブルトゥスを支援していたパルティア人への遠征指揮を担当した。レピドゥスは北アフリカ、オクタウィアヌスはスペインとガリアを支配下に置いた。イタリアは、三名共同の担当とされた。

セクストゥス・ポンペイウスは、カッシウスとブルトゥスより手ごわい相手だった。彼の抵抗は、前三九年まで続いた。裏切ったローマ将軍ラビエヌスに案内されたパルティア人がシリアに侵攻して小アジアのほぼ全土を占領した時にようやく、セクストゥス・ポンペイウスはローマのためにオクタウィアヌスと和平を結んだ。前三九年にローマ領からパルティア人が排除されると、セクストゥスにたいする戦争が再開した。彼は何度もオクタウィアヌスを負かしたが、最終的に、オクタウィアヌスの友人だったマルクス・ウィプサニウス・アグリッパが前三六年に決定的な勝利を収めた。セクストゥスは小アジアで捕らえられ、前三五年に裁判もなく処刑された。前三六年には、オクタウィアヌスはレピドゥスを権力の座から排除していた。残った三頭政治家の天王山の舞台が整った。

ヘレニズム最後のドラマ――アントニウスとクレオパトラ

カエサルが殺害されたあと、クレオパトラは自身の王国に戻る以外の選択肢を持たなかった。そこで彼女は、弟で夫でもあったプトレマイオス一四世を殺し、カイサリオンをプトレマイオス一五世の名前で共同統治者とした。クレオパトラは、ブルトゥスとカッシウスにたいする戦争で三頭政治家側に艦隊を派遣する一方、残された王国の再編をおこなった。まずもってアレクサンドリアの王だった直近の前任者たちとは違い、クレオパトラは自分がエジプトの女王であることを理解していた。彼女は、プトレマイオス王朝のなかで、現地の言葉を話した最初の人物であり、エジプトの祭儀を支援し、地元民も彼女を支えた。クレオパトラの名誉称号の一つがピロパトリス（「祖国を愛する者」）だったのは偶然ではない。前任者たちの名誉称号は王家の構成員にたいする親愛の情を示していたが（七八頁参照）、クレオパトラの称号は、彼女が祖国と認識していた王国にたいする愛情を表明していた。パルティアの脅威がユーフラテス川を越えて再びあらわれはじめ、帝国辺境の藩属王たちがローマ支配の減退を感じて拡大への意欲を持っていたまさにその時に、強烈な個性が再びプトレマイオス朝の王位に座ったのである。

東方を与えられたマルクス・アントニウスの任務には、パルティアの拡大を止め、アナトリアと中東に多数存在した藩属王国と諸国家の忠誠をつなぎとめる仕事も含まれていた。このなかで、エジプトが重要な戦略的地位を占めるにいたった。前四二年から前四一年にかけてアントニウスはギリシアと小アジアに滞在し、ギリシア人のなかに友人を獲得し、「解放者」に立ち向かった諸都市に報い、亡命していたローマの元老院議員に恩赦を与え、友人たちを総督に任命し、徴税をおこない、藩属王国の王朝の内紛に介入した。前四一年に、とうとうアントニウスはエジプトに取り組むことを決意した。女王クレオパトラは、キリキアのタルソスでのアントニウスとの会見の誘いを受諾した。イメージと劇的表現の力を知悉していたクレオパトラは、無骨なローマ軍人のために一芝居を打った。クレオパトラにとっては、簡単な獲物だった。

クレオパトラは豪華な船の艫を黄金で輝かせ、深紅に染めた帆を張り、銀の櫂を笙と竪琴を伴った笛の音に合わせて舞い踊らせながらキュドノス川を遡っていった。女王自身は黄金を散らした天蓋の下で、絵に描いたアプロディテさながらの身なりで寝そべり、両脇に絵の中のエロスに仮装した童子たちを立たせて扇であおがせていた。さらに常ならぬ美しさの侍女たちが同じようにネレイスやカリスの衣装で、あるいは舵に、あるいは帆綱に寄り添い、河岸にはふんだんな香料の放つ得も言われぬ芳香が漂っていた。（城江良和訳、一部改変）

二回の正餐――クレオパトラの豪華な幕舎での正餐と、ローマ軍にふさわしい禁欲的な正餐――ののち、マルクス・アントニウスは二八歳の女王の魅力に屈服した。あらゆる史料は、クレオパトラの肉体の美しさではなく、彼女の個性の強烈さによる降伏だったと伝えている。

三頭政治家の間の緊張が高まるにつれ、アントニウスにとって、すでにカエサルが計画していた対パルティア戦争が最重要課題になった。東方で勝てば、帝国全土の支配が可能になるだろう。だが、遠征の成功のためには資源が必要で、エジプトだけがその資源を提供する力を持っていた。したがって、クレオパトラの魅力を別にしても、政治的利害が、彼女と運命をともにするというアントニウスの決断を促したのかもしれない。前三七年から前三六年にかけて、アントニウスは領土の再編を進め、ポンペイウスが描いたローマ的東方の構想を台無しにした。無傷で残ったローマ属州は、アシア、ビテュニア・ポントゥス、シリアの三つだけだった。他の属州は藩属王国となり、アントニウスの忠実な友人たちが王位についた。ユダヤは再び王国となったが、ヘロデスが新しい王朝を創始した。この再編で大きな果実を手にしたのはクレオパトラで、彼女の王国はキプロス島とキュレナイカを取り戻しただけでなく、クレタ島と近東の新領土（キリキアの後背地、ナバテア王国の一部、シリアのカルキス王国）を獲得した。クレオパトラ治下の王国は、前三世紀おわり以来到達したことのない版図を誇った。

その後のプロパガンダはこうした措置を、魅惑的なエジプト人の悪い影響でローマの軍人が裏切った結果と解釈した。しかし、この再編がもたらしたメリットを考える必要がある。アシアとビテュニアは貢納を支払い続けたために、アントニウスは歳入を低下させることなく、山間部の低開発地域の行政をローマから切り離し、そうした地域の支配という困難な仕事を、忠実な地元の藩属王に任せたのである。アントニウスの遠征は、こうした王たちから支援を受けることができた。そしてエジプトを拡大することによって、アントニウスにとって、さらなる藩属王国の拡大ではなく、将来みずからが君主として君臨するために必要となる王国の拡大を意味していた。

戦争準備のためアンティオケイアに滞在していた前三六年、アントニウスは、三年前にクレオパトラとの間に生まれていた双子の子供たちとはじめて面会した。アレクサンドロス・ヘリオス（「太陽」）とクレオパトラ・セレネ（「月」）という子供たちの名前は、ギリシア世界やエジプトにとってだけでなく、新たな敵であるパルティア人にとっても、象徴的な意味合いを持っていた。パルティア王の称号は、「太陽と月の兄弟」だったのである。同年、戦争が開始されたが、アントニウスのアルメニアでの遠征は大成功とはいえなかった。オクタウィアヌスは二万の兵を送ることになっていたが、実際に送ったのはたった二〇〇〇だった。オクタウィアヌスがローマでひろめたプロパガンダは、オクタウィアヌスの姉と婚姻関係にあったにもかかわらず、エジプトの妾にローマ領を与えたアントニウスの背信行為を非難した。アルメニア遠征から帰還したアントニウスは、オクタウィアヌスとの合意は不可能で、戦争が不可避であることを確信した。すでにスラ、ポンペイウス、そしてカエサルが、並ぶ者のない個人支配の形態をさまざまに実験してきた。スラは、制度的に認められた六ヶ月を超えた期間「法の制定と国家の新秩序のための独裁官」として、カエサルは、期間の定めのない独裁官という制度外の立場で、そしてポンペイウスは、一連の非常指揮権を保持することによって。アントニウスの新しいやり方は、もっと直接的だった。アレクサンドリアを首都とした東方の帝国での、君主支配である。アルメニアから帰還して凱旋式をアレクサンドリアで祝ったのち、アントニウスは、クレオパトラとカイサリオンを諸王のなかの女王と王と宣言するにいたった。彼の三人の子供は、三つの小王国の支配者となることが定められた。アレクサンドロス・ヘリオスがアルメニアとユーフラテス川以東の全土（すなわちパルティア王国）、プトレマイオス・ピラデルポスがユーフラテス川以西とシリアおよびキリキア、そしてクレオパトラ・セレネがリビュアとキュレナイカ、である。

アレクサンドリア市民は群《むれ》をなして祝祭に参加する。
熱狂して叫ぶ、みごとな見世物に魅せられて、
ギリシア語で、エジプト語で——。ヘブライ語で叫ぶのもいる。

むろん、市民は知ってる、こういうことみんなの無価値を、
この王位がほんとはみんな空っぽの言葉なのを。
（C・カヴァフィス「アレクサンドリアの王たち」中井久夫訳、一部改変）

この「アレクサンドリアの贈与」は、アントニウスとローマとの決別の決定打となった。前三三年末に任期が切れた三人委員は更新されず、二年にわたってローマで反アントニウスのプロパガンダが展開されたのち、元老院は前三一年にアントニウスをローマの敵と宣言した。共和政最後の内戦がはじまった。オクタウィアヌスの最大の強みは将軍のアグリッパだった。アグリッパはギリシアの重要港メトネを占領し、続いて前三一年九月二日に、アクティウムでアントニウスとクレオパトラの艦隊を撃破した。

敗れて望みを失ったアントニウスはエジプトに逃亡したが、前三〇年八月に、オクタウィアヌスの部隊がエジプトに侵攻した。抵抗が無益なのを悟ったアントニウスは、みずから命を絶った。その数日後にアレクサンドリアに到着したオクタウィアヌスは、クレオパトラを逮捕した。アントニウスのために服喪の儀をおこなったクレオパトラは、オクタウィアヌスの凱旋式で見世物になることを望まず、自殺した。コブラに腕か胸を噛ませたという伝えがある。エジプトの王国は廃止され、その国土はオクタウィアヌスならびにのちの皇帝たちの個人の所有に移された。クレオパトラの四人の子供のうち、唯一カエサルの息子だったカイサリオンは、カエサルの養子であるオクタウィアヌスによって処刑された。オクタウィアヌスの教師だったストア派哲学者アレイオス・ディデュモスの忠告は、無視できなかった。「多くのカエサルを持つのはよからず」。だが、アントニウスの三人の子供の命はみのがされた。彼らはローマに連行され、オクタウィアヌスの凱旋式で引き回された。父親が子供たちに望んだディアデマや王権の代わりに、彼らは重い金の鎖を引きずって、歩くのがやっとだった。これは、見物人の哀れを誘った。クレオパトラ・セレネは、のちにヌミディアの王ユバに嫁いだ。彼女の二人の兄弟の運命については、何もわかっていない。おそらく若くしてローマで死んだのだろう。

最後の夜を迎えたアントニウスが、詩人カヴァフィスが「神アントニウスを見捨てたまう」で描いたように、新ディオニュソスと呼ばれた身で、ディオニュソスを称える者たちのどんちゃん騒ぎを聞いたのかどうか、わたしたちにはわからない。だが、少なくとも、カヴァフィスのもっとも美しい詩の一つに着想を与えたことを、アントニウスに感謝しなければならない。

深夜　突如　不可視の
祝祭の行列の通過。
聞こえた、妙《たえ》なる楽《がく》の音《ね》が。人声《ひとごえ》も。
嘆くな、いたずらに。

運は尽きた。
仕事は失敗した。
計画は一切駄目になった。一生の、な。
かねて覚悟の男、
いさぎよい男らしく
彼女にさらばと言え、
去りゆくアレクサンドリアに。

自己欺瞞はやめろ。
これは夢だと言うな。
聞き違いだと言うな。
無駄な希望にもたれかかるな。
かねて覚悟の男、
いさぎよい男らしく、
一度はこのまちをさずかったおまえらしくだ。
足どりたしかに窓べに行って
こころに沁みてあの音をきけ。
しかし祈るな。臆病な嘆きを口にすな。
最後の喜びだ。あの音をきけ。
不思議の楽隊の妙なる楽器をきけ。
そしてさらばと言え、彼女に。
きみを捨てるアレクサンドリアに。

（中井久夫訳）

アレクサンドロスの後継者の一人によって創建された最後の王国が廃絶されたことは、伝統的にヘレニズム期と呼ばれる時代のおわりを意味した。これは同時に、うち続いた戦争のおわりであり、現代の学者が元首政と呼ぶ政治システムによって、一人の男の支配のもとにローマ帝国が統一された瞬間でもあった。パクス・ロマナ、そしてプリンケプスの君主支配が巨大な変化をもたらしたにもかかわらず、これ以後二〇〇年間のギリシア世界におけるあらゆる主要な政治的、社会的、文化的展開は、ヘレニズム期にその起源を持っていた。

第11章　ローマ期東方（前三〇年〜一三八年）
——地方の歴史とそのグローバルな背景

地の神々と天の王たち

何百万もの人々にとって世界史のなかでもっとも重要な出来事は、帝政期のもっとも重要な歴史家にとって、短い言及しか必要なかった。一一六年頃、『年代記』を執筆していたタキトゥスは、イエスの磔刑に次のように言及している。

クリストゥスなる者は、ティベリウスの治世下に、元首属吏ポンティウス・ピラトゥスによって処刑されていた。その当座は、この有害きわまりない迷信も、一時鎮まっていたのだが、最近になってふたたび、この禍悪の発生地ユダヤにおいてのみならず、世界中からおぞましい破廉恥なものがことごとく流れ込んで持てはやされるこの都においてすら、猖獗《しょうけつ》をきわめていたのである。（国原吉之助訳）

この三、四年前、ビテュニア・ポントゥスの総督で皇帝トラヤヌスの近しい友人だった小プリニウスは、こうしたキリスト教徒たちが何者であるかについて、きわめてあいまいな考えしか持っていなかった。キリスト教徒たちの宗教儀礼についてプリニウスが聞いたことは、他の宗教集団の祭儀と大きく違わなかった。決まった夜に集まり、賛歌を歌い、道徳に則ったおこないを誓ってみずからを律し、普段の食事をともにとったのである。プリニウスもタキトゥスも、オクタウィアヌスの勝利から彼らの時代にいたる一五〇年の出来事のうち、二〇〇〇年たっても世界中で毎年祝われることになるのが、キリストの誕生と受難だけになろうとは、思いもしなかっただろう。この二つの出来事は、ローマ期東方の小規模ながら手のかかる一属州で起こったのだった。

キリスト教の歴史家たちが通例キリストが誕生したとする年をさかのぼること五年、属州アシアのギリシア人の連邦が、オクタウィアヌスを称えるある決議をおこなった。彼は、前二七年以降、アウグストゥスという新しい名前で呼ばれていた。この決議では（二二六頁参照）、アウグストゥスの誕生日である九月二三日が、新年元日とされた。

お生まれになったカエサルは、かけられていた期待を恩恵で凌駕され、あらゆる善行の点で先人を超越されただけでなく、あとからくる者たちにも、並び立つことができるという希望をお残しにならなかった。世界にとって、神がお生まれになった日は、このお方による喜ばしい知らせのはじまりだった。

ローマ期東方の大部分の住民にとって、アクティウムでのオクタウィアヌスの勝利に続いた数百年間における公的生活の主人公は、ローマ皇帝だった。皇帝は、地上の神であり、人間でありながら神々と肩を並べる権力を持っていた。皇帝の支配は普遍的で、「人の住まう世界」（オイクメネ）全土、あるいは少なくとも主要な地域をカバーしていた。オクタウィアヌス／アウグストゥスに付与された名誉称号の一つは、「地と海の監督者」だった。同様の称号がすでにポンペイウスに与えられたことがあるが、アウグストゥスの場合には実体が伴っていた。アウグストゥスは、巨大帝国の単独の支配者だったのである。この帝国は、イベリア半島、ガリアの諸属州（今日のフランス、ベルギー、ルクセンブルク、ドイツの一部）からユーフラテス川までひろがり、同盟を結んだトラキア王国（現ブルガリアに位置）を除くドナウ川以南のヨーロッパ全土、キュレナイカとエジプトの全域を含めたアルジェから紅海までいたる北アフリカ沿岸部の大半、小アジアのほぼ全域、シリア、そして黒海の北部沿岸地域を包み込んでいた（地図7参照）。ライン川以北のドイツは九年に喪失したが、アウグストゥスは、前二五年にガラティア、前四年にユダヤの一部といった藩属王国の領土を版図に加えた。アウグストゥスの後継者たちは、さらに新しい属州を加えていった（二一三頁および二一九〜二二〇頁参照）。

ウェルギリウスは『アエネイス』のなかで、ユピテルがローマ人に無限の帝国——インペリウム・シネ・フィネ——を与えるであろうという予言を述べている。エペソスで一世紀から三世紀なかばまで使われたある豪華な邸宅には、何者かが書いた歓呼の言葉が壁に残っている。「ローマ、すべてを支配する者、そなたの力は決して滅びないだろう！」。書き手はこの歓呼を、エペソスの街角で耳にしたのに違いない。帝国内には、これとは違う期待を抱く集団もいた。ローマ帝国が最大版図を達成するほんの二〇年前に、パトモスと呼ばれるギリシアの小島で作成された「ヨハネの黙示録」として知られる書物から、地上の王国の破壊と天の王国の到来を期待した人々の存在が明らかになる。作者がみたある幻視で、天使が示すローマは、皇帝の称号という不敬きわまる名前がたくさんついた七つの頭を持つ獣に座る、娼婦になぞらえられている。

女は紫と深紅の衣をまとい、金と宝石と真珠で身を飾り、忌まわしいものや、自分の淫行の汚れに満ちた金の杯を手に持っていた。[中略]この女を見て、わたしは非常に驚いた。すると、天使は私に言った。「なぜ驚くのか。私が、この女の秘儀と、女を乗せた七つの頭と十本の角を持つ獣の秘儀を知らせよう。あなたが見た獣はかつていたが、今はいない。やがて底なしの淵から上って来るが、ついには滅びてしまう。[中略]七つの頭とは、この女が座っている七つの丘のことであり、また、七人の王のことである。五人はすでに倒れたが、一人は今、王の位についている。他の一人は、まだ現れていないが、この王が現れても、位にとどまるべき期間は僅かである。[中略]あなたが見た女とは、地上の王たちを支配しているあの大きな都のことである。(聖書協会共同訳)

アウグストゥスと彼に続いた一〇名の皇帝に支配されたギリシア世界の歴史は、帝国史の傍観者としてギリシア人が観察した大事件の単なる集積にとどまるものではない。それはまた、この世の平和と繁栄への希望から、救済神の到来への期待まで含む、集団的な感情の歴史でもある。帝国の支配的なイデオロギーとそれに抵抗した人々の対立の歴史であり、新しい世界で自己認識と自律の意識を維持しようと苦闘する地域共同体の小さな歴史《マイクロ・ヒストリー》でもあった。そしてこれは、属州と藩属王国の絶えざる再編と、帝国国境の再定義の歴史だった。

グローバル・ヒストリーを眺めるギリシア人

アウグストゥスからハドリアヌスまでのローマ皇帝がおこなった戦争の大半は、ギリシア、小アジア、エジプトに住む人々の生活に、直接影響を与えることはなかった。大きな出来事が起こったとしても、ギリシア世界の各地は二次的な重要性しか持たなかった。ギリシア語を話す東方の人々が、大規模な軍事行動に参加しているという意識を持ったのは、ローマ軍団が彼らの世界の果てを越えた前線に向かうために、近くを通過するのを目にした時だけだった。

ギリシアの近辺で軍事的な事件がめったに発生しなかったことは、前二、一世紀の壊滅的な戦乱からゆっくりと回復しつつあった地域にとって、喜ばしいことだった。古代の史料にその萌芽はあるものの、現代の概念であるパクス・ロマナは、多くのギリシア人にとって、戦争にほとんど関わらない現状と、アクティウムの海戦以前の絶え間ない過剰な暴力とを比べるならば特に、一つの現実として受けとめられたであろう概念だった。ペルガモンのピリッポスは、像の台座の刻文を通じてのみ知られるギリシア人歴史家で、おおよそアウグストゥスの時代にある作品を書いた。その導入部で、彼は全世界(オイクメネ)の戦争の恐怖に言及する。

この敬虔なる筆で、わたしは最近の出来事の歴史的叙述をギリシア人に与えた。わたしたちの時代にアジア、ヨーロッパ、リビュアの諸部族、島嶼部の諸都市で発生した、あらゆる類の苦しみと絶え間ない殺し合いについてである。わたしがこれを執筆したのは、ギリシア人たちがわたしたちをも通じて、大衆への迎合、貪欲、内戦、そして不信によって、どれだけ多くの災禍がもたらされたかを学び、他人の不幸を観察することで、憂いなく正しい生を送れるようになるためである。

ピリッポスは、あらゆる時代の歴史家と共通する、歴史から学ぶという揺るぎのない信念を持っている。だが実をいえば、パクス・ロマナは歴史から学んだ結果ではなく、何よりも、オクタウィアヌスの君主支配に対抗した者たちすべてが暴力的に壊滅させられ、ローマ支配に挑戦した者たちが服従した結果だったのである。この過程で、ギリシア世界は帝国国境近くの問題の多い地域から、敵の蛮族から離れて安全な場所にある属州の集まりへと、姿を変えたのだった。

ギリシア人たちは、祭礼でおこなわれる公式発表や皇帝への称賛演説によって、遠くで起こった事件を知った。二年、アウグストゥスの孫で後継者だったガイウス・カエサルが、ユーフラテス川の島でパルティア人と和平を結んだ。この知らせがメッセネに到着すると、ローマの公職者は、

アウグストゥスの子ガイウスが、全人類の安寧のために蛮族と戦われ、健やかに難を避けられ、敵に復讐を果たされたことを知ると、この最高の知らせに歓喜して、全員に冠をつけて、仕事を休んで心を静めて供犠をおこなうよう指示した。そして彼自身は、ガイウスの安寧のために雄牛を犠牲に捧げ、さまざまな見世物を提供した。

ローマの権力を代表する人物がメッセネの人々に、東の彼方で起こった出来事に歓喜と忠誠を示すよう指示したのである。ガイウスの遠征は「全人類の安寧のための」戦争だと宣言されているが、これはメッセネの人々の生活にほとんど関係のない出来事だった。和平が軍事的勝利として祝賀されているのである。コスはこの知らせにたいし、さらに一歩踏み込んだ。ガイウスを神として崇拝し、パルティクス、つまり「パルティア人にたいする勝者」という非公式の名誉の称号を与えたのである。ガイウスはこの一年後、アルメニアでの戦闘で受けた傷がもとで命を落とした。ガイウスがしたような遠征にたいし、ギリシアの住民は安全な場所から歓声を送る観客だった。ローマの成功は、皇帝像や記念物で視覚化された（後掲図16参照）。失敗は都合よく忘却された。

ギリシア世界がローマ帝国に編入されたことは、狭い意味での独自の「ギリシア」史——主人公がギリシア人共同体とその指導者たちであるギリシア史——はおわったという印象を与えるかもしれない。ギリシア人政治家や君主が、もはや主要な政治的動向の主役ではないという点は、正しいかもしれない。古

典期のペリクレスやデモステネス、ピリッポス、そしてヘレニズム期のアレクサンドロス、プトレマイオス二世とアルシノエ、ピリッポス五世、アンティオコス三世、クレオパトラ七世のような、男たちや少数だが女たちが活躍した時代ではないのである。歴史の動因の新たな主人公は、皇帝、元老院議員、総督であり、こうした者たちと結びついたギリシア人の政治家と知識人も一定程度役割を果たした。文化と芸術の分野でも、ローマはもはや単なるアイデアの受容者、ギリシア人に文化的に征服された野蛮な勝者ではなかった。一世紀のおわり、ギリシア人哲学者のプルタルコスはこう問いかけている。「現今はどの都市でも、戦時の指揮権や僭主政打倒や同盟条約の締結といった問題は、もはや存在しないのであれば、華々しくも輝かしい公的生活へ初登場するためには、いかなる第一歩を踏み出したらよいのだろうか」（伊藤照夫訳）。

プルタルコスの時代の都市エリート層に、戦争や大規模な外交活動を通じて自身の共同体を主導する能力を証明する機会がなかったとしても、これは歴史のおわりでもなければ、政治生活のおわりでもなかった。この時代、政治生活と都市間関係は、さまざまな舞台で演じられた。政治的、そしてより重要な財政的問題は、都市というローカルな舞台で解決されなければならなかった。主導権はエリートが握ったが、民衆の圧力が大きな役割を果たした（二四七〜二四八頁参照）。地域や属州といったより大きな舞台で、諸都市は特権と名誉――皇帝崇拝の神殿を建立する特権、市《いち》を催し競技会を挙行する権利、聖域の不可侵――をかけて争った。そして最後に、属州民とその指導者たちは帝国というさらに大きな舞台で、ある種の役割を演じることを求められた。自然災害の救援を呼びかける者、帝国役人の圧政を非難する者、権利と特権を護る者、ローマの行政と軍隊の人材確保の源といった、さまざまな役割である。

この章では、いくつかの歴史的な出来事や動向を取りあげ、ローマ期東方の属州の形成と、アウグストゥスからハドリアヌスまでの時代のギリシア人とヘレニズム化された人々の生活が受けた変化を検討していこう。

アウグストゥスと元首政の形成

アレクサンドリアでカエサルの息子が即位して数年後（二一〇一頁参照）、「気品と優美きわまるカイサリオン」は死に、カエサルのもう一人の、養子による息子がローマ帝国の命運をその手に握った。オクタウィアヌスは、独裁官ユリウス・カエサルが暗殺された時、彼の財産と政治的威信を継承していた。オクタウィアヌスが前三〇年に勝利を収めると、新しい支配はどのような形態であるべきかという問題が発生した。答えはすぐにはみつからなかった。試行錯誤の時期が続いたのち、前二三年に一つの決着がみられた。今やインペラトル・カエサル・アウグストゥスと呼ばれるようになったオクタウィアヌスが、帝国の「第一人者」であるプリンケプスにふさわしい権力、称号、

図14　アンキュラのアウグストゥス神殿と『業績録』。

特権を集中したのである。現代の歴史家たちは、アントニヌス朝の終焉（一九二年）まで若干の変更を加えながら存続したこの支配形態を、他によい呼び方がないため、元首政と呼んでいる。アウグストゥスは、伝統に執着するローマ人にたいして、この新形態の政府を古の共和政の復活、レス・プブリカ・レスティテュタと表現した。こうした事態の推移を、最初の元首は『業績録』（レス・ゲスタエ・ディウィ・アウグスティ）で叙述した。一四年に死ぬ直前に完成された『業績録』の最終版は、ラテン語の原文あるいはギリシア語の翻訳で、属州の主要都市で刻文に刻まれた。二つの言語のほぼ完全な写しが、アンキュラ（現アンカラ）にあるローマとアウグストゥスの神殿の壁に残っている（図14参照）。以下は、アウグストゥスのギリシア人臣民にたいし、ギリシア語翻訳が伝えたことである。

> 第六次と第七次の執政官の時［前二八年、前二七年］、わたしが内乱を鎮めたあとに、わたしの市民たちの願いに応じて一切の事柄について権力を持っていたが、わたしはそれを保有する権利を、わたしの権限から元老院とローマ人民の権限へと移した。このために、元老院決議によって、わたしはアウグストゥス［セバストス、すなわち「尊厳者」］と呼ばれた。自邸の玄関が公に月桂樹で飾られ、市民を救ったとのことで与えられたオークの冠が、わたしの邸宅の門の上に取りつけられた。金盾が、元老院とローマ人民によって元老院議場に奉献され、その刻文が、わたしの徳、寛恕、正義、敬虔の証となっている。格／名誉［アクシオマ］の点で、わたしは万人を凌いだが、ともに公職を務めた者たちより大きな権力を持つことはなかった。

共和政の国制の基本原則の一つに、同僚制があった。あらゆる公職者は、少なくとも一名の同僚と権力を分担した。同僚制を強調することで、アウグストゥスは他の二つの共和政の古くからの原則——いかなるローマ市民も多数の権力を集中してはならないこと、そして、いかなる公職者も一年以上継続して同じ役職を務めてはならないこと――を侵犯したことから、人々の注意をそらそうとした。いうまでもなく、内戦下の特殊状況で、共和政の原則はしばしばないがしろにされてきた。だがここにいたって、権力の集中と交代のない支配が制度化されたのである。共和政復活というベールの下で、アウグストゥスは、元老院から単一の個人に権力を移すプロセスを完成に導いた。のちの皇帝たち、特にウェスパシアヌス（六九年）が微修正を施したが、アウグストゥスが定めた政府の形態は、二世紀おわりまで基本的には変わりなく継続したのである。

アウグストゥスは、いくつかの権力を同時に保持し、死ぬまでそれを続けたという点で、ローマで唯一無二の存在だった。アウグストゥスの権力はすべて、伝統的な共和政の公職に基づくものだった。彼は、護民官職権（トリブニキア・ポテスタス）によって、元老院を招集し、法を提案し、元老院や民会の決議に拒否権を発動でき、集会での最初の発言権を持ち、投票を主宰する権利を獲得した。アウグストゥスはまた、ケンススをおこなう権利も保持し、これを通じて誰が元老院議員となるべきかを決定した。より大きな執政官代理命令権（インペリウム・プロコンスラレ・マイユス）によって、アウグストゥスはローマ軍が置かれた全属州の総督となった。アウグストゥスと彼の後継者たちは、筆頭の元老院議員たちのものだった毎年の執政官職にも、折に触れて就任した。アウグストゥスたちは、最高位の宗教的権威である大神祇官にもついた。もともとローマには二名の執政官しかいなかったが、お気に入りの元老院議員に名声を与え、軍司令官と総督たちの忠誠に応える必要性のため、追加で「補充執政官」が選出されることになった。

プリンケプスという唯一無二の立場は、アウグストゥスの名前によって表現された。ローマ市民は、ファーストネーム（プラエノメン）、その人物が出生、養子縁組、あるいは解放によって所属した家門の名前（ノメン・ゲンティレ）、そしてこの人物が呼ばれる名前（コグノメン）という、三つの名前を持っていた。人物を同定するために、公文書ではさらに父親あるいは解放前の主人の名前も用いられた。たとえば、ルキイ・フィリウスあるいはプブリイ・リベルトゥス、つまり「ルキウスの息子」あるいは「プブリウスの解放奴隷」というように。スラの正式な名前は、ルキウス・コルネリウス・スラで、追加であだ名（アグノメン）のフェリクスがつけられた。オクタウィアヌスのもともとの名前は、ガイウス・オクタウィウスだった――コグノメンはトゥリヌスだったという伝えがある。前四四年にカエサルが殺されると、一九歳のオクタウィアヌスは殺された独裁官の遺書に基づいて、カエサルの養子とされた。彼の名前は、ガイウス・ユリウス・ガイイ・フィリウス・カエサルに改められたが、「オクタウィウス家出身の」という意味の、オクタウィアヌスとも呼ばれた。前四二年にカエサルが神であると宣言されると、名前によってオクタウィアヌスは彼だけが持つ神とのつながりを獲得し、他の数千のユリウス家の人々から抜きん出た存在になった。オクタウィアヌスは、ガイウス・ユリウス・ディウィ・フィリウス（「神の子」）となったのである。しばらくして、前三八年から前三一年にかけて、オクタウィアヌスは自身のプラエノメンとノメン・ゲンティレを、これまでローマ人が使ったことのない名前に取り替えた。戦いに勝利した将軍が兵士の歓呼によって与えられたインペラトルという称号が、オクタウィアヌスのプラエノメンになった。尊敬の対象となった名前であるカエサルは、オクタウィアヌスの「家族」名になった。インペラトル・カエサル・ディウィ・フィリウスという名前は、オクタウィアヌスの立場が向上したことをまぎれもなく表現していた。最終的に、前二七年一月六日に、アウグストゥスという名誉ある称号がオクタウィアヌスの第三の名となり、これをもって皇帝は、インペラトル・カエサル・アウグストゥスと呼ばれることになった。カエサル・アウグストゥスという名前は、アウグストゥスの後継者たちに採用された。フラウィウス朝（六九年〜九六年）の皇帝たちもインペラトルの名前を追加したので、インペラトル・カエサル・アウグストゥスがあらゆる皇帝の名前の基礎となり、称号として理解されるようになった。

インペラトル・カエサル・アウグストゥスが元来は役職や称号ではなく、個人の名前であることを知って驚く学部学生もいるだろう。だが、現代の学生が少しの驚きのあとに理解する（理解してほしい）ことを、ギリシア語圏の属州の住民たちは、決して理解していなかったように思われる。ギリシア語刻文で皇帝の名前が時としてかなり自由に翻訳されていることから推測できるように、皇帝の名前は名誉称号と理解されていた。だが、ギリシア語圏属州の住民がこの新しい変化の細かいところを理解していなかったとしても、それが自分たちの人生に関わることは理解していた。権力にたいする儀礼行為、属州行政にたいする皇帝とその代理人の干渉、皇帝による都市への恩恵とエリート層への恩顧は、ギリシア語圏属州の住民が君主の臣民となったことを明確に示していた。

ローマ期東方を組織する——藩属王と領土併合

クラウディウスとネロの時代、小アジアの自由都市アプロディシアスに、ある豪華な複合施設が建設された。堂々たる門をくぐると、三層構造の柱廊に挟まれた大通りに出る。この大通りは、基壇の上に建てられた皇帝たちの神殿に続いている（図15参照）。この柱廊を飾る一九〇枚の浮彫パネルは、祭儀の場面、ギリシア・ローマの神話に関連するモチーフ、そして初期のローマ皇帝と彼らの戦争での活躍を寓話的に描いた場面を表現している（図16参照）。このパネルには、スペインからアラビアまで、ローマ支配の辺境に位置した約五〇の「民族」も表現されている。よく知られている民族には、たとえば、ユダヤ人、エジプト人、アラブ人がある。一方、ピルストイ人、アンディゼトイ人、あるいはトルンピリノイ人のように、古代史の専門家でもどこの民族か理解に苦しむだろう民族もいた。こうした図像は、このセバステイオン（「アウグストゥスたちに捧げられた場所」）を訪れた古代人に、ローマの力の及ぶ範囲を視覚的に印象づけた。異国風の名前を持つ民族が列挙されるのをみた訪問者は、畏怖の念を抱くと同時に、おそらくは、自由な立場でローマ人と協力し同盟を結んでいることに、誇りも感じたことだろう。

セバステイオンが完成した頃、領土併合と属州創設のプロセスはまだおわっていなかった。多数の藩属王国が、帝国とその敵となる可能性のある者たちの間に、緩衝地帯を形成した。こうした王国のなかで特に重要なものは、その地域の王朝の支配によって、何百年も存続していた。小アジアのポントス、パプラゴニア、カッパドキア、ガラティアの諸王国、そしてシリアのエメサ王国などである。これに加えて、前二世紀にセレウコス朝の権力が衰退し、前一世紀に混乱状態が続いたことで、王朝や神官が支配する小規模の独立した地域・都市が多数生まれていた。例をあげれば、ヒエラポリス／カスタバラの王、キリキアのオルバやポントスのコマナに君臨した神官たち、ミュシアのゴルディウコメで王朝を形成するにいたった盗賊などである。マルクス・アントニウスは、計画中だった対パルティア戦争でもオクタウィアヌスにたいする内戦でも、地元の協力を得

図 15　アプロディシアスのセバステイオン。

図 16　アプロディシアスのセバステイオンの浮彫パネルの一つ。ブリタニアを制圧するクラウディウス。

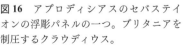

図 17　マケドニアの初代総督グナエウス・エグナティウスによって建立された，エグナティア街道の里程標。

るために東方の権力バランスに介入し、自身の支持者たち――教育を受けた富裕なギリシア人が多かった――を古くからの王国の王位につけ、同盟を組んだ王に報いて領土を追加し、諸都市の僭主や小規模国家の王を承認あるいは支援した。

　アウグストゥスは十分に注意しながら、個人的野心と地域紛争の地雷原に足を踏み込んだ。ケース・バイ・ケースで最善を求めながら、アントニウスの支援者たちを排除したり許したりした。藩属王と王朝の人間は、議論の余地のないメリットをもたらした。彼らは、その地域の状態をよく知っており、ローマによる統治を困難なものにしかねない行政上の課題を果たすことができたのである。二、三のケースでは、アウグストゥスが支援者たちへの報奨として、自身の都市での個人支配を樹立することを彼らに許可した。だが、地域事情に精通していることは、脅威ともなった。帝国辺境の緩衝地帯が弱すぎても役に立たなかったが、強すぎる権力は望ましくなかった。藩属王の支配は皇帝の恩顧に完全に依存していたので、前触れなくおわりを迎える可能性があった。藩属王の支配で地元住民がローマの存在に慣れてきたら、王たちは用済みとなった。王朝の内紛（たとえばユダヤ）、反乱や襲撃（たとえばトラキア）、内部紛争（たとえばリュキア連邦）などのせいで機会が訪れると、藩属国は併合されて、近隣のローマ属州に加えられるか、新たな属州を形成した。アウグストゥスの治世と彼の死後のおよそ一〇〇年間、このパターンが繰り返し続き、ギリシアとヘレニズム化された地域の大半が、単一の統治のもとに置かれることになった。

　オルビア、タウリスのケルソネソス、パンティカパイオン、パナゴレイアといったクリミア半島と黒海北東岸にあったギリシア都市だけが、アウグストゥス時代のローマ帝国の統治の枠外にあった。こうした都市は、ボスポロス王国の諸王の支配に服していた。しかしここでも、この藩属王は誇らしげにティベリウス・ユリウスと名のってローマ市民であることを示し、ピロロマイオス（「ローマ人の友人」）という称号を保持していた。

　藩属国家が併合されたことでローマ帝国の防衛力が向上し、その結果安全性を高めたギリシア諸地域は、前例のない平和の時代を経験することになる。ローマ人は、ギリシア人ならびにヘレニズム化した人々を単一の統治のもとに置いた。これによって税負担が生まれたが、特に街道の建設と整備によってインフラが改善され、コミュニケーションの可能性も増大した。主要な都市からの距離を示す里程標（図17参照）は、帝国統合

図18　リュキア諸都市をつなぐ街道の距離を記したパタラの記念物。

のたしかな証だった。クラウディウス治世（四三年）に併合されたリュキアのパタラには、おそらく皇帝像の台座だった大きな柱が建立された。その柱の三面に刻まれた刻文には、この新属州のすべての都市と、諸都市を結んだ街道の長さが列挙されている（図18参照）。ローマ人は、自身の帝国を計測し地図にすることで、秩序の観念を作り出したのである。

ギリシアと小アジアを蘇生する

前二世紀と前一世紀の戦争は、ギリシアと小アジアに大きな傷を残した。たとえ都市が包囲攻撃で破壊されていなくても、あるいは攻撃のあとに略奪されていなくても、またたとえ田畠が焼き討ちされず、奴隷が逃亡していなかったとしても、都市が外国の軍隊のために食糧、生活物資、船舶、荷役動物、宿泊場所を提供するのを強制されることが、普通におこなわれていたのである。前一四六年以降は、ローマに貢納の義務を負う都市の数も次第に増えていった。戦争によって経済が破壊され、都市と田園との関係、人口数、土地の占有と開発も影響を受けた。たしかに、人口と田園部の利用にたいする戦争の影響は、一様ではなかった。たとえばボイオティアやアッティカといったいくつかの地域での考古学調査は、前二〇〇年頃以降、田園部で利用されていた場所の数が低下したことを示しているが、他の地域では田園部利用の衰退がこれより前からはじまっており、ローマによる占領後に新たに利用が活発化している。これと同じように、前二世紀なかばにポリュビオスが記述したような広範な人口の減少は、支持することができない。

> 現代のギリシアは戦争が絶え間なく続いたわけでもなく、疫病に見舞われたわけでもないのに、全土において子供の減少と人口全体の縮小が著しく、そのために都市が廃墟になったり農地が打ち捨てられたりした。［中略］つまり人々が虚栄と金銭欲と放恣にうつつを抜かし、結婚を忌避するか、または仮に結婚して子供が生まれても大勢の養育を嫌い、贅沢に育てて豊かな財産を遺してやりたいからと、そのうちのせいぜい一人か二人しか育てようとしないのだから、惨禍の種は人々の知らないうちに急速にふくらんでいたのである。
> （城江良和訳、一部改変）

このような急激な人口減少が起こったとしても、それは、戦争によって都市とその田園部が大規模に破壊されたギリシアの

図19　アウグストゥス帝（オクタウィアヌス）の胸像。

諸地域に特に限定された現象だった。マケドニア、ペロポネソス半島北部、中央ギリシアの一部などを含むこうした諸地域は、新しい住民をすぐに必要としていた。ギリシア世界の辺境に位置したクリミア半島の諸都市も、人口減少に悩んでいた。たとえば、オルビアで確認されている個人名から、この都市がヘレニズム化したイラン人への市民権付与と通婚によって、市民団を強化しなければならなかったことがわかっている。

前三九年もしくは前三八年、マルクス・アントニウスとまだ共同歩調をとっていたオクタウィアヌス（図19参照）は、小アジアのアプロディシアス（「アプロディテの都市」）の使節を引見した。この使節は、ラビエヌスの侵攻時にこの都市が受けた被害を、劇的に語ってみせた。カエサルがアプロディテに奉献したエロスの金製の小像が、戦利品としてエペソスに持ち去られたとつけ加えることで、オクタウィアヌスの同情を喚起できると、この使節は理解していた。エロスの母でありアプロディシアスの守護女神であるアプロディテは、カエサル家の祖先だとみなされていた（ローマを建国したアエネアスはアプロディテの息子だったので、オクタウィアヌスはアプロディテを遠い祖先だと考えたのである）。オクタウィアヌスがエペソスに宛てた書簡から、この困難な時代の雰囲気を読みとることができる。

> プララサとアプロディシアスの使節であるデメトリオスの子ソロンは、ラビエヌスにたいする戦争で彼らの都市がどれだけの被害を被り、どれだけの公私にわたる財産が略奪されたかを、わたしに報告した。［中略］またわたしは、略奪品のなかに、わたしの父がアプロディテに捧げた黄金のエロスがあり、それがあなたがたのところへ運ばれて、アルテミスへの奉献物として安置されていることも報告を受けた。わたしの父がアプロディテに与えた捧げ物を復旧するならば、あなたがたはあなたがたにふさわしいよきことをすることになるだろう。

オクタウィアヌスは、機知をきかせてつけ加えた。「いずれにせよ、エロスはアルテミスにふさわしい捧げ物ではない」——処女女神のアルテミスは、無邪気な愛の神の小像を決してありがたく思うようなことはなかっただろう。オクタウィアヌスの対応は好ましい意思表示だったが、アプロディシアスや他の諸都市は、意思表示以上のものを必要としていた。オクタウィアヌスは、この数年後にアウグストゥスとなり、オイクメネの単一の支配者となった。ギリシア諸都市の状況は、ギリシア人の使節や代表者たちが主張するほど酷いものではなかったとしても、復活のための措置をすぐに必要とする状態だった。平和によって状況が改善したが、平和だけでは人口が減少した都市に自動的に住民が集まることはなかったし、経済が再生することもなかった。アウグストゥスは、行動する必要があった。

アウグストゥスが最初にとった処置のなかには、問題の重大性を物語るものがある。アクティウムでの戦勝後、諸都市に余剰穀物の分配がおこなわれなかったら、飢餓に瀕する都市が多く発生したことだろう。元首はローマへの公的負債にたいする徳政令を発したが、これはおそらく諸都市も個人が都市に負っている負債を帳消しにすることを期待してのことだった。この申し出を断ったのは富裕な都市であるロドスだけで、大半のギリシア人にとっては一時的な救済となった。だがギリシアには、こうした気前のよい態度以上のものが必要だった。

ギリシア諸地域の再興にとってもっとも重要な措置の一つは、住民の計画的な移住だった。住民の移住を進めるローマの将軍たちの動機が、ギリシアの景観の復活ではなかったことはいうまでもない。彼らは、自分たちの退役兵、土地を持たないイタリア人、都市貧民、ローマの解放奴隷に緊急に土地を付与する必要に迫られたのである。ギリシアにはこれに使える土地が存在した。新都市建設は、小アジア――たとえばキリキア、ポントス、パプラゴニア――でも求められていた。都市化を促進し、それによってローマ支配の受容を進めるためである。この分野の先駆者としては、すでにポンペイウスがいた（一九二頁参照）。ローマ人によって建設あるいは再建された都市の多くは、法的に他とはまったく異なった都市型居住地だった。すなわち、ローマ市民の植民市である。

アウグストゥスによる植民市建設は、かつてイタリアでのローマ支配の安定化に寄与し、すでに養父ユリウス・カエサルによって実践された方法の応用だった。カエサルは、前四七年の勝利後、植民市を建設した。その一つは、コリントスがあった場所に造られた。この栄光ある都市は、前一四六年の破壊後おおよそ一〇〇年間にわたって放棄されていたのである。ペロポネソス半島のデュメ、エペイロスのブトロトン、黒海南岸のシノペに建設された植民市、そしておそらく小アジアのパリオンも、カエサルの発案に基づくものだろう。さらに、小アジア北岸のいくつかの都市――たとえばヘラクレイア、キュジコス、アミソス――では、ギリシア人住民と並行する形で、ローマ人の居住地が整備された。

オクタウィアヌス／アウグストゥスはこのやり方を踏襲し、多くの既存の都市をローマ植民市に変えていった。イリュリアのアドリア海側のデュラキオン、マケドニア人の聖地と王都であるディオンとペラ、マケドニアのピリッピ、ペロポネソス半島のパトライ、クレタ島のクノッソス、小アジア北西に位置するアレクサンドレイア・トロアス、などである。植民市の緊密なネットワークが小アジアで果たした第一の役割は、特にヘレニズム化が進んでいない地域でローマ支配を確立することだった。新しく建設された諸都市は、退役兵に土地を与えた他に、獲得して日の浅い領土に忠実な住民を確実に存在させることになった。ピシディアだけでも、六つの植民市——アンティオケイア、オルバサ、コマナ、クレムナ、パルライス、リュストラ——があった。アウグストゥスの手になる可能性がきわめて高い植民市は、キリキアのニニカ、ガラティア北部のゲルマ、ビテュニアのアパメイア・ミュルレイア（コロニア・ユリア・コンコルディアと改名された）にも存在した。シリアにも、ベリュトスとヘリオポリスの二箇所に、アウグストゥスによる植民市があった。アウグストゥスの後継者たちによって、特に小アジアとユダヤにさらに植民市が建設された。クラウディウス治世に、キリキアのカリュカドノス河畔のセレウケイアがクラウディオポリスになった。ウェスパシアヌスは、カエサレイア・マリティマを植民市に格上げした。一三〇／一三一年には、ハドリアヌスがイェルサレムの古い町の横に、コロニア・アエリア・カピトリナを建設した。

植民市の建設は、これまでの景観にたいしてローマ政府がおこなった、劇的な介入だった。違う言葉（ラテン語）を話し、別の神々を崇拝し、風変わりな文化的伝統を持った人々が到来しただけでなく、ローマ植民市は既存の居住地から取られた領土を与えられたので、そうした既存の居住地が消滅するか従属村落に転落したのである。たとえば、前二八年にアウグストゥスが「勝利の町」ニコポリスをアクティウムに建設した際、エペイロス南部の大半と、アカルナニアとアイトリアの大部分をニコポリスの領土とし、近隣の諸都市と諸連邦の住民に新都市への移住を強制したため、ニコポリスは最大の都市領域を誇る都市の一つとなった。ローマの退役兵はギリシア人住民と共存し、ギリシア人住民はローマ市民権を与えられなかったものの、都市共同体の特権を享受した。

ローマ植民市は地元の文化と社会に影響を与え（二四二〜二四三頁参照）、戦争で被害を受けた地域の都市化と再都市化を助け、製造業と交易に新たな可能性を開いた。クレタ島がその好例である。前六七年に征服が完了するとすぐに、オリーブ油とワインの交易に商機をみいだしたローマ人の交易業者が、この島の最重要都市であるゴルテュンに移住した。前二七年頃にはアウグストゥスがクノッソスにローマ植民市を建設し、退役兵とカンパニアからの移住者が居住した。新しい移住者と土地所有者たちは、出身地での経験から、輸出に特化した農業生産形態の可能性とリスクに気づいていた。ほんの数十年の間に、クレタ産ワインは地中海に幅広く輸出された。ポンペイで発見された大量のワイン容器——七九年のウェスウィウス山の噴火で破壊されている——には、クレタ産であることを示す商標が刻印されている。かつてのクレタ島の農業生産はおもに地域消費向けで、交易は限られていたが、戦争のおわった帝国に組み込まれ、イタリア人が移住することで、この島は国際的な交換のネットワークに組み込まれることになった（二七一頁参照）。ペロポネソス半島や他の場所でも、同様の変化がみてとれる。

ギリシア本土のアウグストゥス期の植民市であるコリントス、パトライ、ニコポリスは、アドリア海を越えてイタリアと緊密な貿易関係を結んでいた。アウグストゥスの政策がもたらした推進力は、後継者たちの治世下で継続した。ギリシアや小アジアが地上の楽園になったのではない――社会の緊張は継続し、ローマ支配にたいする不満は、時として暴動につながった。しかし、アウグストゥスからハドリアヌスにいたるまで、ギリシアとヘレニズム化された地域の大半は、戦争の恐怖を逃れていた。

ネロ、そしてギリシア人の短い自由とユダヤ人の長い闘争

アウグストゥスによって作りあげられた平和な世界のなかで、マケドニアの南のギリシアに相当する属州であるアカイアは、外敵に直接さらされることのない平穏な属州だった。アウグストゥスの死後、この属州は下モエシアの総督の管轄となったが、四四年に再び独立の属州となった。アウグストゥスの死後にギリシアをはじめて訪問した皇帝は、ネロ（五四年～六八年）である。ネロはその治世のおわり頃、六六年九月から六七年一一月にかけて、ギリシアへのグランド・ツアーを敢行した。彼の野望は、伝統的な競技祭四つすべて（オリュンピア祭、イストミア祭、ネメア祭、ピュティア祭）の創作と歌唱で、優勝することだった。これらの競技祭は通例四年かけて順次開催され、キタロドス（キタラを演奏する歌手）の競技がない競技祭もあったので、プログラムに変更を加え、一年に四つの競技祭すべてを押し込める必要が生まれた。驚くにはあたらないが、皇帝はすべての競技で優勝し、熱狂した観衆はネロの才能にたいしてではなかったとしても、少なくとも彼の気前のよさにたいして喝采を送った。全ギリシア人を六七年一一月二八日のイストミア祭に招待したネロは、アカイアの自由と貢納の免除を宣言した。この演説は、刻文に残されている。

おおギリシアの男たちよ、そなたらが予想もしなかったであろう贈り物をしよう。援助にたいする余の思いは強く、期待できないことなど何もないのではあるが。余がしようとしている贈り物はあまりにも大きく、そなたらはかつてそれを望もうと考えたこともなかった。アカイアとこれまでペロプスの島と呼ばれてきた土地に居住するそなたらギリシア人が、自由と免税を受け取るように。そなたらは外国人あるいはそなたら相互の奴隷となっていたので、最良の時でさえそなたらすべてが保持したことのないものである。ギリシアがその頂点にある時に、余がこの贈り物をできるならば、より多くの人が余の恩恵を享受できるだろうに！　それゆえに余は時を恨む。余に先んじてこの好意の偉大さを貶めたのだから。ただ今であっても余は恩恵を与えよう。そなたらを憐れむためでなく、善意のためである。そうして、余がこれまで常に

陸海でその保護を享受してきたそなたらの神々に、余は報いよう。神々はこれほどの恩恵を与える機会を余に与えたもうたのだから。諸都市を解放した王たちもいただろう。属州全体に自由を与えたのは、ただネロのみである。

自由を宣言するにあたって、ネロは、二六三年前のフラミニヌスと同じ舞台を選んだ。だが、その舞台とエレウテリアという言葉を別にすれば、何一つ同じものはなかった。ネロの宣言は、従属関係を具現化する自由を宣言したものだった。ギリシア人は栄光の時代にも「奴隷状態だった」ことを、彼らに気づかせたのだった。全世界の王として太陽と同化したネロは、過去と比較しながら、感情的な表現で自身の動機を説明することで、贈り物の偉大さを強調した。ネロは、憐憫の情からでなく、愛情と神々にたいする感謝から行動したのである。この感情的な印象を強めるために、ネロは贈り物にたいして喜びではなく悲嘆を表現した。ギリシアの人口が減少して、彼の贈り物の受け手が減ってしまったからである。歴史的な状況がネロの喜びを台無しにして、ギリシア人は自分たちの衰退を思い知らされたのだった。

ネロの贈り物は、感謝と熱狂をもって迎えられた。ボイオティアのアクライピアの政治家であるエパメイノンダスは、この皇帝の名誉を称えてある決議を起草した。この決議では、「時のはじまりから土地固有のものだったが取りあげられていたギリシア人の自由」を再興したとして、ネロが称賛を受けている。皇帝が贈り物と考えるものが、自意識の高いギリシア人にとっては父祖伝来の立場の復活だったのだ。自由の宣言でネロの人気はうなぎのぼりとなり、彼が「自由の守護者」であるゼウス・エレウテリオスと一体化しても、疑問は持たれなかった。だが、ネロにとってもギリシア人にとっても、喜びは長くは続かなかった。

アカイアのギリシア人は当然ながら祝賀ムードだったが、そうでない者たちもいた。問題が多かったポントスの藩属王国が六四年に併合される一方（二五七頁参照）、最大の問題がユダエアで発生した。四四年以降、ユダヤ人たちはローマ総督（管理官《プロクラトル》）に支配されていた。ローマ兵による挑発、重税、そしてユダヤ人にたいする軽蔑のために、穏健なユダヤ人でさえ過激化し、強烈な反ローマ感情を持ついわゆる熱心党と呼ばれるグループの影響力が高まった。六六年に総督のフロルスがヤハウェ神殿から莫大な財宝を奪うと、暴発は不可避となった。このの ち発生した蜂起によって、ローマの駐屯軍が一掃され、まもなくローマはユダヤ人と戦争状態に入った。ユダヤ人が対抗したのは、ローマ軍だけではなかった。彼らは、穏健派リーダーを殺害した熱心党によってもたらされた彼ら自身の深い分断に、直面しなければならなかったのである。このユダヤ大反乱は四年続いた。

だが、ネロは足元にさらに多くの問題を抱えていた。六四年七月一八日夜のローマ大火によって、この都市の大部分が破壊され、首都の豪壮な建築計画に費やした莫大な費用が無に帰すと、ローマ史上はじめて、貨幣価値を切り下げる必要に迫られた。元老院と数名の総督は、ネロのやり方に激怒した。六八年六月に反乱が起きると、ネロはもはやこれまでと、秘書に自分を殺すよう頼んだ。ネロは死んだが、ネロの人気は東方ギリシア語圏で長く生き延びた。ネロの死後二〇年にわたって、三名の僭称者が彼の人気を利用して、短期間ではあったが小アジアでの反乱を率いたのである。ネロの死によって、アウグストゥスにはじまるユリウス・クラウディウス朝はおわりを迎えた。この時代によって、ローマ人と彼らに服従する者たちは、帝国が一人の君主によって支配され得るという考えを理解するようになった。

「四皇帝の年」として知られる、戦争の年がはじまった。第一の皇帝ガルバは殺害され、第二の皇帝オトは自殺し、第三の皇帝ウィテリウスは処刑された。六九年、ウェスパシアヌスがアレクサンドリアに第四の皇帝として迎えられた。ウェスパシアヌスは帝国統一に成功し、フラウィウス朝を創始した。

ギリシア人を帝国エリートに統合する——フラウィウス朝

ウェスパシアヌスは、公衆トイレに課税しようとした時の格言、ペクニア・ノン・オレト（「金は臭わない」）で知られている。ただ、ウェスパシアヌスにとってローマ財政の再建についで大事だったのは、東方属州の再建だった。短期の内戦ののちに皇帝位を確実にするとすぐに、ウェスパシアヌスは息子のティトゥスをイェルサレムに派遣した。長期にわたる包囲の末、七〇年の夏にイェルサレムは陥落した。第二神殿は破壊され、ユダヤ人の宝物と宗教的シンボルがローマへと持ち去られた。シカリ党と呼ばれる九六〇名の過激派グループの抵抗が、死海近くの天然の要害であるマサダ要塞で、七三年まで継続した。考古学データによる完全な裏づけがあるわけではないが、ヨセフスの伝えでは、数ヶ月の包囲ののち、ローマ人が山の頂上に巨大な攻城塔を運搬するための傾斜路を建設すると、立てこもった者たちは自死を図ったという。ユダヤ人の宗教では自殺が禁じられていたため、彼らはくじを引いて順に殺しあったとされる。女性二名と子供三名が、貯水槽に隠れて生き残った。

ギリシアは、六九年~七〇年のユダヤ反乱ならびに六九年の内戦の影響を受けなかった。だがウェスパシアヌスは、アカイア、ロドス、ビュザンティオン、サモス、そしておそらくリュキアに与えた自由を取り消した。ユダヤ反乱とパルティア帝国の継続的な脅威によって、東方前線の防衛力の改善が必要であることが明らかになった。ウェスパシアヌスは、領土の併合、属州の再編、パルティアの戦線に軍団を再配置することで、これに対応した。極東のヘレニズム化された地域は、この措置に影響を受けた。七二年あるいは七三年、シリア総督のカエセンニウス・パエトゥスはコンマゲネの藩属王国を併合し、自身の属州に追加した。東方で最重要の戦略的価値を持つシリアとカッパドキアの二属州の隙間が、こうして解消された。属州カッパドキアは、ガラティアならびに小アルメニアの占領地と統合された。この新しい大属州カッパドキア・ガラティアは、都市化とヘレニズム化の度合いの低いアナトリア高原にひろがっていた。もう一つの大属州が、小アジア南部に形成された。リュキア・パンピュリアである。この属州には、ピシディアの一部とキリキア・トラケイア〔「山地のキリキア」〕西部が含まれていた。以前はシリアの一部だったキリキア・ペディアスは、キリキア・トラケイアの一部と結びついて、新属州を形成した。こうした改革のなかには、トラヤヌスが破棄したものも含まれる。彼は、カッパドキアとガラティアを再度分離させ、アルメニアをカッパドキアに、ガラティアをパプラゴニアに併合した。

以上のような帝国の東部辺境の変化と大きく異なり、ギリシアならびに小アジアのヘレニズム化された地域の状況は、ずっと平和で安定的だった。この地域は、ローマ期東方のなかで、ウェスパシアヌス（六九年～七九年）、ティトゥス（七九年～八一年）、ドミティアヌス（八一年～九六年）治世下に、より早くより強く帝国に統合されていった地域でもあった。フラウィウス朝の皇帝たちは、ギリシアと小アジアの富裕な政治指導者層に気前よく市民権を与える政策を採用して、ギリシア出自の者たちをローマ貴族の列に加えていった。ウェスパシアヌスの時代に、東方ギリシア語圏出身の者たち九名が元老院に進出し、帝国エリートの最上層にのぼりつめた。このうちの七名は小アジアの都市出身で、残りの二名は軍隊勤務を経て元老院議員となった。ドミティアヌスの時代に、八名の小アジア出身者が元老院議員となった。長い太平の時代、大理石を代表とする天然資源の開発、滋味豊かな土地、ドナウ川とユーフラテス川に展開するローマ軍がもたらす需要を背景として、小アジアは成長の時代を迎えていた。こうした繁栄の一つの証拠が、フラウィウス朝の時代に、小アジアの約五〇〇の都市のうち三〇〇の都市が、自前の貨幣を発行していたという事実である。こうした貨幣によって、自意識と交易が促進された。フラウィウス朝の皇帝たちは、街道の建設と維持にも功績があったと考えられている。

東方属州では絶大な人気を誇ったが、独裁的支配ゆえに元老院議員に嫌われていたドミティアヌスが、宮廷の陰謀で殺害されると、フラウィウス朝は終焉を迎えた。老練の元老院議員だったネルウァとともに、新たな王朝が権力の座についた。短い治世（九六年～九八年）のなかでネルウァがくだしたもっとも重要な決断は、優れた将軍だったトラヤヌスを後継者として養子にしたことである。これが、「養子皇帝」あるいはアントニヌス朝と呼ばれる王朝のはじまりである。

オイクメネの境界を固める――トラヤヌスとハドリアヌス

トラヤヌスの治世（九八年〜一一七年）に、ローマ帝国は最大の領域を獲得した（地図8参照）。一〇一年から一〇六年にかけておこなわれたトラヤヌスのダキア（現ルーマニア）遠征によって、この厄介な王国が帝国版図に加えられた。一〇七年には、ナバテア王国――おおよそ今日のヨルダンに相当する――が併合された。ローマ帝国が怖れるべき唯一の敵は、パルティア王国だった。ローマとパルティアは、アルメニアでの影響力を競った。一一三年から一一五年にかけて、トラヤヌスがアルメニアとメソポタミアで攻勢に出たことで、ローマの前線が一時的にティグリス川とペルシア湾まで押し出された。治世のおわり頃の一一五年に、トラヤヌスは新たなユダヤ人反乱に直面した。バビロニア、シリアからエジプト、キュレナイカまでひろがったこの反乱は無残に制圧され、アレクサンドリアのユダヤ人住民のほぼすべてが殺害された。トラヤヌスは、帝国の最大版図を達成してまもなく死んだ。一一七年のことである。

図20　アテナイのヘロデス・アッティクスのオデイオン。

トラヤヌスは、フラウィウス朝のやり方にならって、小アジア出身のギリシア人も、そして今回はギリシア本土出身のギリシア人も、数多く元老院に迎えた。こうした元老院議員の一人が、ティベリウス・クラウディウス・アッティクスである。彼の息子のヘロデス・アッティクスは、二世紀のギリシアで一番の富豪で、有名な弁論家であり、正規（補充ではなく）執政官になった（一四三年）最初のギリシア人である。今日でも、アテネを訪れた者が、ヘロデス・アッティクスが建設資金を出したヘロデイオンと呼ばれるコンサート・ホール（図20参照）で、演奏や演劇を鑑賞している。

トラヤヌスが一一七年に子を遺さずに死ぬと、四一歳の養子のハドリアヌスが登位した。ハドリアヌスは、スペイン出身の元老院議員の息子で、トラヤヌスの従甥でもあり、トラヤヌス

図 21　ハドリアヌス。

の姪の娘であるサビナと結婚した。前任者と同じく、ハドリアヌスも軍務を経験していた。ハドリアヌスは即位の直前に、東方でもっとも重要な属州であるシリアの総督に任命されていたのである。しかし彼が有名なのは、ギリシアの文学と哲学への熱い想いであり、このためハドリアヌスにはグラエクルス（「小さなギリシア人」。図21参照）というあだ名がつけられた。ハドリアヌスの情熱の対象には、狩猟、そしてビテュニア出身の美青年アンティノオスも含まれていた。即位したハドリアヌスは、対パルティア戦争をおわらせてアルメニアとメソポタミアを放棄したのち、自身の名前を冠したブリテン島北部の長城から、ユーフラテス川までひろがるみずからの帝国を旅し、反乱を鎮圧して帝国国境を保持することに、治世の大半を費やした。長期にわたる東方での滞在によって、ギリシアにたいするハドリアヌスの影響の大きさは、ネロを含めた前任者すべてを凌いだ。

一二一年から一二五年にかけておこなわれた最初の行幸で、ハドリアヌスはブリテン島でハドリアヌスの長城の建設に着手し、マウレタニアでの反乱に対処したが、その後、急ぎ東方に向かって、パルティア人と新たな戦端が開かれるのを阻止しなければならなかった。一二三年の冬と一二四年の春にハドリアヌスは小アジアに滞在し、数多くの都市を訪問した。この行幸に際して、ストラトニケイアがハドリアノポリスと改名され、ミュシアでおこなわれた熊狩りの成功を記念して、ハドリアヌ・テライ（「ハドリアヌスの狩り」）という都市が建設された。旅行中の皇帝に、ビテュニアのマンティネイオン出身の一二歳の若者が紹介された。アンティノオスである。アンティノオスは、当代一の美青年の一人に成長し、皇帝の寵児となったのである（図22参照）。一二四年の夏にハドリアヌスはギリシアに移動し、もっとも著名な場所——アテナイ、デルポイ、スパルタ——を訪問して、アテナイで公職に就任し、エレウシスの秘儀に入信して、ギリシアへの愛を誇示した。ハドリアヌスは、前六世紀おわりの僭主ペイシストラトスの時代からずっと未完成のままだったゼウス・オリュンピオス神殿を、竣工すべくとり計らった。そして一二五年に、イタリアに帰還した。

ハドリアヌスがギリシアに戻ったのは、アフリカ旅行をおえた一二八年のことである。この時ハドリアヌスは、パテル・パトリアエ（「国父」）という名誉称号を帯びていたが、東方では、ゼウスと結びつけられて「オリュンピオス」という名で呼ばれた。アテナイは、ハドリアヌスの行幸を新しい紀元とみなした。ハドリアヌスの人気は、彼の崇拝のために公的、私的に建立された数百の祭壇からもうかがえる。アテナイを出発したハドリアヌスは、一二九年から一三〇年にかけて、再度小アジアとシリアを旅した。一三〇年にイェルサレムに到着したこのギリシア贔屓の皇帝は、ローマ支配にたいするユダヤ人の敵意を再燃させる措置を実施した。ハドリアヌスは、おそらくユダヤ人のヘレニズム化を促進するために、割礼を禁止したのである。また彼は、ユピテル・カピトリヌスの神殿の建立を命じ、古いイェルサレムの町と並存する形で、新都市コロニア・アエリア・カピトリナを建設した。

図 22　アンティノオス。

一三〇年七月に、ハドリアヌスとそのとり巻きたちはエジプトを訪問して、ムセイオンで学者たちと討論をして過ごした。ハドリアヌスがアンティノオスと一緒におこなったリビュア砂漠でのライオン狩りに触発されて、アレクサンドリアの詩人パンクラテスが一つの詩を創作した。皇帝家の人々の訪問を通じて、さらなる詩が生まれた。サビナに随行していた詩人ユリア・バルビラがエジプトの名所旅行を記念して作った詩は、テバイのネクロポリスにあるファラオのアメンホテプ三世の巨像の脚に刻まれ、現在でも目にすることができる。当時この像は、トロイア戦争でアキレウスに殺されたエチオピアの王子メムノンを表現していると考えられていた。地震で損傷を受けたこの像が、夜明けに音を発することがあったが、メムノンが歌っているのだと信じられたのである。メムノンは三度、大声でハドリアヌスに歌った。

皇帝ハドリアヌスご自身がメムノンにご挨拶賜り、きたるべき人々のために、御身がご覧になりお聞きになったことをすべて物語るこの刻文を碑に残し賜うた。神々が皇帝を愛し賜ることはあまねく明らかなり。

一一月に作られたこの詩行には、このほんの数日前に起こった悲劇の跡が、まったくもってみられない。一〇月二四日に、一九歳のアンティノオスがナイル川で溺死したのである。この日はまさに、大神オシリスの死――アンティノオスと同じく、ナイル川に沈んだのだった――を、エジプト人が記念する日だった。これが事故なのか、犠牲に捧げられたのか、あるいはみずから進んで犠牲になったのかはわからない。だが彼の死によって、パトロクロスにたいするアキレウスの悲嘆、ヘパイスティオンにたいするアレクサンドロスの哀悼に張り合う機会が、ハドリアヌスに与えられた。神話のなかで、オシリスの姉妹で妻だったイシスは、オシリスを復活させた。ハドリアヌスにはアンティノオスを復活させることはできなかったが、彼を神にすることができた。帝国東部の諸神殿の装飾に、アンティノオスの美しい肖像が用いられ、アテナイでは、エペボスたちがアンティノエイアという新しい競技祭で、この神格化された彼らの仲間を称える詩と称賛演説の腕を競った。アンティノオスの死からいくらもたっていない一〇月三〇日に、アンティノオポリスという都市が、事故現場近くのアンティノオスの神域墓のまわりに、新たに建設された。免税その他の特権によって、ギリシア人の移住者とローマ軍の退役兵が集まり、この都市は重要な港として、そしてエジプトにおけるヘレニズムの中心地として、成長していった。

一三一年の春に、ハドリアヌスはローマへの長い帰還の旅を開始し、シリア、小アジア、アテナイを再び訪問した。この二回目の旅のなかでの最大の事業は、一三二年のパンヘレニオンの創設だった。そのコンセプトは、全ギリシア都市が代表権を持つ会議体を創設することである。ハドリアヌスは、ペルシア戦争と一時的に成立したギリシア人の統一までさかのぼる伝統を追求し、ギリシア人全体を象徴すると標榜する――オリュンピアやデルポイのような――宗教的中心地の概念と結びつけることで、ギリシア起源を証明できそうな諸都市を統合する機関を作りあげた。遠隔地の都市は、パンヘレニオンの創設によって、ギリシア起源を証明する必要に迫られた。このため、地方史が促進されただけでなく、ギリシア人の自己認識をめぐる定義に、大きな刺激が与えられた。パンヘレニオンは、ギリシア人意識の表明、そしてギリシア諸都市の競争の舞台となった。

ユダエアでとった行動の結果、ハドリアヌスには、ギリシア人の新連邦の創設を楽しむ時間は残されなかった。一三二年、シメオン・バル・コホバの指導のもと、ユダエアで大反乱が勃発した。皇帝は反乱軍に対応するために、最高の将軍セクストゥス・ユリウス・セウェルスをブリテン島から召喚し、近隣の属州から部隊を集めた。ハドリアヌスは一三三年にローマに戻ったが、この戦争はこの地域のローマ支配を深刻な危機にさらしたうえで、ユダエアが属州シリア・パレスティナに統合された一三五年まで継続した。ローマの勝利後、ユダヤ人はイェルサレムに入ることを禁じられた。

病を患ったハドリアヌスの晩年は、ふさわしい後継者を探すことに費やされた。予定された後継者だったルキウス・アエリウス・カエサルが死んだため、ピウスとして知られることになるアウレリウス・アントニヌスが選ばれることになった。ピウスという添え名は、元老院が反対したにもかかわらず、彼がハドリアヌスの神格化を強く主張したことに由来する。ハドリアヌスの永眠の地となったのは、ローマのもっとも有名な歴史的建造物の一つである、サンタンジェロ城である。

ユダヤ反乱や晩年の健康問題があっても、ハドリアヌスがギリシア人への関与を弱めることはなかった。刻文に残された皇帝の書簡が次々に発見され、ハドリアヌスがギリシアの政治と文化の問題に関心を持っていたことが明らかになっている。一三四年に出された三つの長文の書簡で、ハドリアヌスは競技祭の開催、開催者の義務、勝者に支払われる賞金、運動競技者と芸術家が順に移動できるよう厳密に定めた競技祭の順序について、詳細な指示を出している。晩年の二つの書簡は、マケドニア人のコイノンの公職者選出と、ペルガモンでの自身の神殿の建立（ハドリアヌスはこの名誉を拒否したが）に関するものだった。死の数週間前になっても、ハドリアヌスはまだギリシアの紛争に対処していた。ギリシア中部の小都市ナリュクスの使節への返答として、ハドリアヌスは博識を披露しつつ、ナリュクスがポリスの地位と権利を持つことを確認している。「さらに、ローマとギリシアの最高位の詩人たちのなかに、あなたがたをナリュクス人と呼んでいる者がいる。そして、数名の英雄があなたがたの都市の出であると、明確に述べている詩人もいる」。ハドリアヌスは、ロクリスの英雄であるアイアスと、カリマコス、ウェルギリウス、オウィディウスの詩作で語られるアイアスの功業のことをいっているのである。「救済者であるインペラトル・ハドリアヌス」を称えるデルポイのある刻文には、この皇帝が「彼のギリシア（テン・ヘアウトゥ・ヘラダ）を救い育んだ」ことを認める感謝に満ちた一文がある。「彼の」という所有を示す表現は、力づくの支配からではなく、愛情から生まれたものだった。

第12章　アウグストゥスからハドリアヌスまでの皇帝、都市、属州（前三〇年〜一三八年）

人類への神慮の贈り物――ローマ皇帝

小アジアに住むギリシア人の集会が前九年に出した決議は、アウグストゥスの誕生日が、「世界にとって喜ぶべき知らせのはじまり」だと宣言している。そのため、この日――九月二三日――から、一年をはじめる必要があった。決議文の修辞は、皇帝の立場にいささかの疑問も感じさせない。

われわれの生を差配される神慮が、熱意と名誉を求める心を持ってアウグストゥスを作り出し、生にとって完全無欠の善をもたらされた。人類への善行のために、神慮はアウグストゥスをあらゆる美徳で満たされて、われわれとわれわれの子孫に、ご自身の代わりの神としてお与えになった。アウグストゥスは戦争を終結させ、平和を整えられた。

ギリシア語圏の人々には、皇帝権力の基盤である、元老院貴族とアウグストゥスとの神経を使う交渉は理解できなかった。しかし、ユリウス・クラウディウス朝がおわる頃（六八年）までに、皇帝権力は多少なりとも明確な形をとるようになった。六九年にウェスパシアヌスのために元老院が出した「ウェスパシアヌスの命令権に関する法」は、皇帝の権力とその権力の制度的基盤、すなわち護民官職権とより大きな執政官代理命令権とを定めた。皇帝は第一に、属州行政に直接的、間接的に責任を持った。皇帝は執政官代理として、ローマ軍団が駐留するすべての属州の名目上の総督だった。したがって、バルカン半島の大部分――ハドリアヌス治世であれば、エペイロス、トラキア、モエシア、ダキア――そして近東の大半とエジプトが、皇帝の直接支配のもとに置かれた。皇帝は、これらの「皇帝属州」すべてに赴くことはできなかったため、自身の代理として派遣した高位の元老院議員を通じて、こうした属州を統治した（二三五頁参照）。元老院の直接支配のもとに置かれた属州（元老院属州）に、軍隊は配置されなかった。しかし皇帝は、こうした属州の総督の選抜にも関与した。そして総督はすべて、時にとるに足らない事柄にたいしても、皇帝に助言、援助、承認を求めた。属州ビテュニア・ポントゥスの総督だった小プリニウスとトラヤヌスとの往復書簡からは、まじめな皇帝が助言を与えると決めた時に、引き受けなければならなかった仕事量が明らかになる。皇帝は通例、要請や問題が発生した時にそれに対応した。だが、特にウェスパシアヌス、トラヤヌス、ハドリアヌスといった皇帝たちは、帝国の防衛、属州のエリート層の帝国貴族への加入、財政、建築計画、属州の再編に関して、総合的な政策も実施した。

皇帝たちが属州の生活に介入した方法には、勅令による一般原則の設定、総督や属州会議にたいする書簡（エピストゥラ）による指示、財政の監督者（コレクトル）の任命、そして考え得るあらゆる事柄――ワイン生産にたいする規制、魚介価格の設定、都市内の紛争と都市間の領土争いの仲裁、免税と特権、軍の不法行為からの保護、競技祭の開催――に関する請願への回答があった。アウグストゥスは、クニドスのある男が奴隷に簡易トイレを投げつけられて死んだ事件にさえも、対応しなければならなかった。アウグストゥスの決定によると、この男は他人の家に夜襲をかけていたので、死んでも当然だった。皇帝による回答（アポクリマ）は、多くの場合皇帝自身の手で、書簡の下に書かれるのが通例だった（スプスクリプティオ、ヒュポグラペ）。プルタルコスが残したある冗談から判断するに、皇帝の回答はデルポイのアポロンの神託と同じくらい曖昧な――あるいは、単にある種のユーモアをあらわす――場合があった。アウグストゥスは、次のような質問を書いた書簡を渡された。「タルソスのテオドロスは禿でしょうか、あるいは泥棒でしょうか。どう思われますか」。アウグストゥスは答えて曰く、「余はそう思う」。

皇帝権力の認識のされ方は、都市ローマとイタリア、西方属州、そして君主政の長い伝統があった東方ギリシア語圏の属州で、さまざまだった。ギリシア語圏の人々にとって、皇帝は権力にたいして前例のない普遍的な資格を持った絶対君主で、この支配者に属州民は忠誠の義務を負っていた。唯一無二の権力を持つ者としての皇帝の立場は、忠誠の宣誓を通じて確認された。属州民、あるいはその代表はこうした宣誓を、新皇帝の登極時に限って、通例は皇帝崇拝がおこなわれる場所で実施した。慶賀を伝える使節も皇帝に派遣された。属州民はまた、日々の取引に使う通常の宣誓のなかで皇帝の幸運を祈願することで、間接的に忠誠心を表明した。定期的におこなわれるこうした儀礼行為を通じて、ギリシア語圏の住民は皇帝が自分たちの支配者であると認識した。皇帝は、ローマ支配の最高位の代表者以上の存在だった。ローマ皇帝は、ヘレニズム王が夢みることさえ不可能だった、直接的、絶対的な支配を行使する君主だった。皇帝の権力は、人の住まう世界全体に及んだ。アウグストゥスは「ギリシア人とオイクメネ全体の救済者」と、ウェスパシアヌスは「オイクメネの救済者かつ恩恵施与者」と、ハドリアヌスは「オイクメネが彼の不朽の存続のために犠牲と祈りを捧げる」対象である「オイクメネの救済者かつ建設者」で「オイクメネの主人かつ救済者」と、賛辞を捧げられた。この種のことは、いかなるヘレニズム王にも確認されていない。

ほぼすべての皇帝は、登極前に東方に滞在した経験を持っていたが、皇帝としてバルカン半島、ギリシア、小アジアを行幸したのは、アウグストゥス、ネロ、トラヤヌス、ハドリアヌスだけだった。アウグストゥスは、前二二年から前一九年にかけて東方属州に滞在した。後継者のティベリウスは統治中にギリシアを旅することはなかったが、七年間ロドス島に暮らして、ギリシアの慣習と衣服をとり入れていた時期があった。ネロは六七年と六八年に競技祭参加のためギリシアを訪れ、トラヤヌスは遠征のためにバルカン半島、小アジア、メソポタミアに滞在し、そしてハドリアヌスは東方を二度にわたって旅行した。友人がいたから、あるいはそこで暮らしたり勉強したりしたとの理由で、個々の都市や属州と特別な関係を結んだ皇帝もいた。たとえばクラウディウスは、主治医で友人でもあったガイウス・ステルティニウス・クセノポンの祖国だったコス島にたいし、大きな恩恵を施した。そうはいっても、ギリシア語圏の属州や都市との関係の親密さ、そして恩恵の大きさという点で、ネロとハドリアヌスという二人の皇帝は傑出した存在だった。

遠く離れていても、皇帝たちはほぼ全員が共同体の歴史に影響を及ぼした。公共建築のために資金を寄付し、領土を拡張し、特権を与え、地震やその他の自然災害、あるいは資金不足のために手元不如意となった都市を再建することで、皇帝たちは象徴的に諸都市の「建設者」(クティステス)となった。皇帝が、地域の皇帝崇拝の「神殿守護」(ネオコロス)のような名誉称号を与えたことで、諸都市の間に地位と特権をめぐる競争が勃発した。結果として、皇帝たちは意図せずして、多くの在地の政治家たちと同じくらい、愛郷心と各地の自己認識を強化することになった。属州民に皇帝を目にする機会はほとんどなかったが、皇帝たちは儀礼のうえで、また象徴的に、彼らの生活のなかに存在していた。

遠くにあって支配する――目にみえる皇帝

「マルコによる福音書」の有名な章句のなかで、イエスはデナリウス硬貨を手に取り、表裏を飾る肖像を指していった。「皇帝のものは皇帝に、神のものは神に返しなさい」。ローマ期東方の大多数の住民にとって、ローマ皇帝とのもっとも直接的な日々の触れ合いは、皇帝の肖像で飾られた貨幣を使用することだった(図23参照)。硬貨に刻まれた銘は、皇帝を称えて、皇帝の地位に関する重要な概念を伝達しただけでなく、皇帝に服従する人々が持ち得た期待がどのようなものだったのかも明らかにした――アエクィタス(公平)、アエテルナス(永遠)、コンコルディア(調和)、フェリキタス(歓喜)、フォルトゥナ(幸運)、グロリア(栄光)、セクリタス(安寧)、である。東方ギリシア語圏で貨幣を使用した人々にラテン語銘を理解するのが困難だったとしても、他の媒体によって、皇帝とその権力が普遍的に可視化された。

　さまざまな形態のコミュニケーションが、住民に帝国支配者を知らしめた。布告や通告、祭礼や競技祭、行列や供犠、賛歌、称賛演説や肖像、である。多くの人々は、誰が支配者で、支配者がどのような姿かを知っていた。インターネットのない世界であったため、皇帝の死と後継者の名前が帝国の果てに届くには、ある程度時間がかかった可能性がある。五四年一一月一七日に書かれたあるパピルスには、ネロの登極に関するある布告の下書きが残されている。クラウディウスは一〇月二日に死んでいたので、新皇帝の知らせは、一ヶ月以上もあとになってエジプトに到着したことになる。

図 23　ドミティアヌス帝の硬貨。

> 　父祖たちに恩を持つ顕現神たる皇帝は、父祖たちのもとへと退き、世界が期待し待ち望んだ皇帝が宣言された。世界のよき真髄、あらゆる恵みの源たるネロ・カエサルが宣言された。それゆえに、われらはすべて冠をかぶり、雄牛を犠牲に捧げて、全神に感謝を捧げるべし。

「四皇帝の年」のような簒奪の場合には、混乱が起こることが予期された。ネロを詐称する者が少なくとも三名、この皇帝の自殺後の二〇年の間のローマ期東方に確認されている。

　ローマ期東方のギリシア人は、ごく一部であるが、使節としてローマに赴いて、皇帝に直接面会することができた。使節たちが直面した問題には、一般的に旅行に伴う危険だけでなく、皇帝の気まぐれさといった一般的でない危険や、共同体の要求を主張してもその期待に応えられないかもしれないという恐怖があった。だが、折衝が成功すれば忘れられることはなく、セバストグノストス（「尊厳者の知り合い」）と呼ばれることは、その人物と子孫に、大きな名声を与える名誉称号だった。使節たちが皇帝に面会したのは具体的な要求のためだけでなく、誕生日、戦勝、あるいは一五歳の皇子が男性の象徴であるトガ・ウィリリスを得て成人になった際に、皇帝に敬意をあらわし祝賀を述べるためだけの場合もあった。こうした使節団は、諸都市に巨大な財政負担をしいた。たとえば、ビュザンティオンは一万二〇〇〇セステルティウス――奴隷六人分の値段――を、皇帝の名誉決議を毎年届けさせる使節のために使っていた。モエシア総督への使節にも三〇〇〇セステルティウスを使っていたが、小プリニウスが皇帝の承認に基づいて、都市が使節なしで書簡を送るように定め、ビュザンティオンの支出を削減した。あまりにも大規模な使節団があったために、ウェスパシアヌスは、四名以上の使節を派遣することを諸都市に禁じる勅令を出した。幸運に恵まれた使節は、旅行費用を受けとるべしとの助言が書かれた皇帝の書簡を携えて帰国する場合があったが、使節たちが自費で引き受けることを約束する場合もあった。危急の時に志願者が少ない場合があり、そのため、都市マロネイアは一世紀なかば頃、皇帝使節を務めるという申請を公職者に提出することを、全市民に認める手続きを整えた。マロネイアの決議は同時に、使節がいかに振る舞うべきかの指示も与えている。

使節たちが神カエサル・アウグストゥスのもとにいたったならば、都市のために彼を抱擁すべし。カエサル・アウグストゥスならびにその家族すべての健康、そしてカエサル・アウグストゥスの諸事とローマ国民に関する事柄が完璧な状態にあることに喜びを表明したのち、使節たちは、カエサル・アウグストゥスと神聖なる元老院に都市の持つすべての権利を説明し、全力で懇願と嘆願を尽くして、カエサル・アウグストゥスがわれわれの自由、われわれの法、われわれの都市とその領域、ならびにわれわれの祖先が保持し、われわれが祖先から受けとった他のあらゆる特権を、われわれのために維持賜るよう要請すべし。常に絶えることなくローマ人に好意と信頼を寄せてきたわれわれが、これらにたいする彼らの感謝を変わることなく享受できるように。

一世紀初頭から皇帝に使用された名誉称号の一つに、エピパネスタトスがあった。すなわち、その権能が目にみえて存在する者、である。さまざまな媒体によって、皇帝の存在が巧みに表現された。皇帝たちが通常の都市あるいは宗教の公職につくことがしばしばあった。たとえば、アウグストゥスはテッサリア連邦のストラテゴス（将軍）に就任し、トラヤヌスとハドリアヌスはディデュマの聖域で予言者を務め、ハドリアヌスはデルポイの最高公職者となった。彼らはもちろん、自分で公職を務めたのではなく、代理の地元民を使ったのである。

多くの都市や属州で、契約書に署名して日付を書き込む際に、アウグストゥスやその家族、また他の皇帝たちにちなんだ月名が用いられた。キビュラでは、アウグストゥスを称えて、朔日がセバステと呼ばれた。数多くの都市で、市民団の下位区分である部族が、皇帝を記念する名前で呼ばれた。アテナイとアプロディシアスのハドリアニス部族がその一例である。皇帝とその家族の彫像が、生前のうちに建立され、ダムナティオ・メモリアエというまれな場合を除いて、死後も設置され続けた。皇帝の誕生日ごとに、新しい像が奉献される場合もあった。皇帝たちの肖像が、最高神官の冠を飾った（図24参照）。胸像が公共建築物に設置され、儀礼のために行列で運搬された。像を通じて属州の住民は、皇帝家の人々も知るようになっ

図 25　墓碑浮彫。男性の髪型はトラヤヌスを真似ており，男性の隣の少女の髪型は，大ファウスティナ（アントニヌス・ピウスの妻）をモデルにしている。

図 24　皇帝崇拝の最高神官の表現。アプロディシアスの石棺。

た。皇帝家の人々のヘアスタイル——男性の髭も含む——は、あらゆる階層の人々の熱視線と模倣の対象となった。ウェスパシアヌスの妻のフラウィア・ドミティラの手の込んだ髪型は、ダイアナ妃の髪の色とスタイルが一九八〇年代の西側女性の髪に与えたのと同じ影響を、エジプトからマケドニアにいたる女性たちの髪に与えたのだった（図25参照）。

皇帝と皇帝家のための称賛演説は、伝統的な神々の祭礼にお決まりの催し物であり、弁論家やエペボスたちが競技会で競い合う種目の一つだった。皇帝の登極は、すべてではないにしても主要な都市で、犠牲の奉献によって歓迎された。皇帝の誕生日には、賛歌と弁論によって皇帝の業績が称えられた。皇帝の誕生日におこなわれることの多かった皇帝崇拝は、皇帝と属州民とを結びつけるだけでなく、帝国民の間に象徴的な結びつきを創出する、疑いなくもっとも重要な方法だった。

テオイ・セバストイ——皇帝の神性

ローマ期東方の皇帝崇拝は、この地域の伝統——ヘレニズム王（九五～一〇一頁参照）とローマの将軍だったフラミニヌスに捧げられた宗教的崇拝、女神ロメ（擬人化されたローマ）の祭儀、擬人化されたローマ元老院とローマ総督に折に触れて捧げられた神に等しい名誉——に深く根ざしていた。数多くのギリシア都市がこの先例にしたがって、ユリウス・カエサルの崇拝を彼の死後に設立し、その後アウグストゥスと後継者たちの崇拝を、彼らがまだ生きている間に確立した。通例、都市でおこなわれた皇帝崇拝は、女神ローマ崇拝あるいは伝統的な神（ゼウスの場合が多かった）の崇拝と結びつけられていた。一般に皇帝たちは、名誉の添え名として神格の名前を与えられていた。皇帝たちが、神と同様の性質を持つことを示したのである。アウグストゥス、ティベリウス、クラウディウスは「ゼウス」と呼ばれ、アウグストゥス、クラウディウス、ネロはアポロンと同化した。クラウディウスとネロはアスクレピオスと融合し、アウグストゥスの孫であるガイウス・カエサルは、アレスとして敬われた。皇帝の女性の縁者たちは、豊穣と母性を司る女神と結びついた。たとえば、アウグストゥスの娘ユリアはレトと組み合わされ、アグリッピナとサビナは、「実りをもたらす」（カルポポロス）デメテルと結びつけられ、ドルシラはアプロディテと結合した。皇帝のなかでもっとも人気のあったハドリアヌスは、新ディオニュソス、新ピュティオス（すなわちアポロン）、「評議会の守護神」（ブライオス）、オリュンピオス、そして「自由を司る（エレウテリオス）ゼウス」として崇拝された。

セバストス〔単数〕あるいはセバストイ〔複数〕の神官と最高神官は、統治中の皇帝にたいする都市の崇拝に責任を負った。こうした都市の神官たちは、もっとも富裕でもっとも尊敬された家系の出身者であることが普通だった。神官たちは崇拝にかかる費用を自分で賄い、神官職を生涯務めた者もいた。同じ家族の女性の構成員（通例は妻で、娘の時もあった）とともに神官職を務める場合も多かった。都市以外にも、一定の地理的範囲（一属州の領域の場合もあった）の諸都市から構成された連邦（コイノン）が、独自の皇帝崇拝を組織して、年祭を祝った。このような地域的連邦では、地域名と接尾辞-arches（トップの公職）が組み合わさった称号を持つ者が長を務めた。たとえば、アシアの連邦の長はアシアルケスであり、マケドニアルケスはマケドニア連邦の長、リュキアルケスはリュキア人の長、といった具合である。この公職者が妻や近親の女性縁者とともに、各々の連邦の皇帝崇拝の最高神官（アルキエレウス）も務めた。アゴノテテス（競技祭の長）が、最高神官を支えた。富裕者が、最高神官とアゴノテテスの職を両方務める場合もあった。

地域あるいは属州の諸都市のうちの一つが（属州首都とは限らない）、皇帝の神殿を建立し、ネオコロス（神殿守護）という名誉ある称号を獲得した。最初のネオコレイア〔皇帝の神殿を建てて、崇拝を実施できる権利〕は、アクティウムの海戦の直後に確立された。前二九年に、アシアのギリシア人の連邦が、オクタウィアヌスの崇拝を創設する許可を求めたのである。この神殿はペルガモンに建立され、オクタウィアヌス／アウグストゥスとローマの共同の崇拝のために奉献された。この崇拝に属州のローマ人住民は参加しなかったが、その代わりとして、彼らはエペソスにユリウス・カエサルとローマの祭儀を創設した。他の地域がアシアの例にならった。ガラティアがローマに併合されてすぐの前二五年には、ローマとアウグストゥスの崇拝がアンキュラに創設された。アウグストゥスの死後の二三年、アシアのコイノンは二番目の神殿の建設許可を要請した。今回は、ティベリウスとその母親のリウィア、そして元老院の崇拝のためである。このようにしてアシアのギリシア人は、権力を乱用した総督二名が訴追されたことに、感謝の念を示したのである。一一の都市が神殿を誘致する権利を主張して、由緒の正しさとローマへの忠誠を根拠に長い間争った末、スミュルナに神殿建立の特権が与えられた。フラウィウス朝の皇帝たちの治世までに、主要な都市がネオコレイアの名誉をめぐって競争するのが慣例となり、この競争が激しい紛争となって、敵対関係が数十年にわたって継続する場合もあった。

ヘレニズム王にたいする崇拝とまったく同じように、皇帝崇拝でも、神々の祭儀に直接起源を持つ行為が組み合わされていた。行列、供犠、運動——時として音楽——競技祭、である。ギリシア人は意識的に、皇帝崇拝の範を神々の祭儀に求めた。たとえばミュティレネでは、アウグストゥスの誕生日の儀礼が、ゼウス崇拝の儀礼を定めた「ゼウスに関する法」(ディアコス・ノモス)を真似て作られた。通例、皇帝の誕生日に、皇帝のための祭儀が祝われた。都市レベルであれ地域レベルであれ、この日には過去の皇帝たちのための供犠もおこなわれ、皇帝の毎月の誕生日にも犠牲が捧げられた。たとえば、アウグストゥスの誕生日が九月二三日であったため、ペルガモンでは毎月の二三日に供犠がおこなわれた。

こうした祭礼は、壮観な催し物だった。神官とアゴノテテスが目をみはる衣装(紫色の場合もあった)を身につけ、皇帝あるいは皇帝たち、そして時には祭礼に関係する神の肖像で飾られた金冠を被った(前掲図24参照)。行列には「皇帝たちの肖像を持つ者」(セバストポロス)が参列し、統治中の皇帝と以前の皇帝の光輝く肖像を運んだ。こうした肖像は、メッキされるか銀で作られる場合が多かった。皇帝にたいして、またしばしば伝統的な神々にたいしても、供犠がおこなわれ、同時に賛歌が歌われた。名家の子息からなる賛歌合唱隊(ヒュムノドス)が賛歌の公演を司り、セバストロゴス(皇帝について語る者たち)が称賛演説をおこなった。その技で「今ホメロス」と称えられた詩人プブリウス・アエリウス・ポンペイアヌス・パイオンは、神格化されたハドリアヌスの栄光を歌った抒情詩と叙事詩(メロポイオス・カイ・ラプソドス・テウ・ハドリアヌ)で名声を獲得した。

供犠に続いて宴会が催され、市民や時には外国人や奴隷も招待された。競技祭(アゴン)は重要な要素で、皇帝にちなんだ名前がつけられるのが一般的だった。アウグストゥスにちなんだセバステイア、ハドリアヌスにちなんだハドリアネイアなどである。また、皇帝とともに伝統的な神格を称える競技祭も存在した。たとえばテスピアイでは、エロスのための古くからの競技祭が、ローマとアウグストゥスの崇拝に関わっていた(カイサレイア・エロティディア・ロマイア)。皇帝や皇帝家の人々の像は年中建立されたが、皇帝崇拝の儀礼は、像を奉献するよい機会でもあった。

皇帝崇拝はギブ・アンド・テイクに基づいていた。崇拝する者は忠誠心を表明して、見返りに保護と配慮を求めた。最高神官を出した最富裕の貴族家系の者たちにとって、皇帝崇拝は名声を意味した——だが、皇帝崇拝が受け入れがたい財政負担に転化する場合もあった。諸都市は、皇帝崇拝が作り出した競争の場で、過去の栄光と地元民としての自己認識を披露した。地域や属州にとっては、年ごとの祭礼で開催される諸都市の代表者の集会が、不正な行政、重税、自然災害に関わる重要な問題を議論する機会となった。

属州行政

ローマの属州行政のゆっくりとした発展は、二つの要素に左右されていた。ローマの元老院と指導的な政治家たちがローマ拡大の過程で獲得した経験、そして、特に前一四六年のカルタゴの破壊とギリシアの降伏以降に起こった、ローマの社会と制度の変化である。もともとローマ人は、属州統治のための制度を持っていなかった。プロウィンキアは、軍事指揮権を持つ公職者である執政官と法務官に元老院が割り当てた職責と、一年の間彼らが命令権を行使することになる地理的範囲を意味していた。前二四一年と前二三八年にシチリアとサルデーニャの一部が併合されたが、これらの新領土は直接的、恒久的な行政を必要とした。このため、この領土が軍事指揮権を持つ公職者の職責のもとに置かれた。つまり、公職者のプロウィンキアになったのである。通例は法務官の称号を帯びて属州を統治した元老院議員を、下級の軍事指揮官や財務の行政官が支えた。総督就任を通じて、元老院議員たちは経験、(強奪や搾取による)富、そして政治的コネクションを手に入れた。

属州の住民たちは、向こうみずな搾取や悪政にたいして、完全に無防備ではなかった。まず、影響力を持つローマの元老院議員が、政治的支援と引き換えにクリエンスすなわち従属市民への保護を約束するパトロネジというローマ風の制度が、都市ローマを越えて拡大していた。このため、属州の共同体はローマの政治家を自身のパトロヌスと宣言して、危急の際の支援を条件にその人物への忠誠の義務を負った。次に、ローマ貴族の間に存在した競争のため、属州の公職者のライバルが、政治的武器として腐敗や失政にたいする批判をおこなうことがあった。そして最後に、共和政期のローマ元老院、そして元首政期の皇帝は、属州から国庫に絶えることなく貢納が納められることに大きな関心を持っており、そのため、反乱を回避することにも留意していたのだった。

属州行政のもっとも重要な改革は、前八一年の独裁官の時にスラがおこなったものである。属州が増加するにしたがって、軍事指揮権(インペリウム)を持つ公職者の数がこれまでと同じ——執政官が二名、法務官が四名——では属州の行政に十分ではないことを悟ったスラは、アウグストゥスの時代まで大きく変わることなく存続したシステムを導入した。法務官の数を八名に増やしたのである。二名の執政官と八名の法務官が、一年任期で選ばれてローマで職務を果たしたのち、彼らの命令権が延長されて、ローマではなく属州で行使されることがルールとなった。彼らはプロコンスルやプロプラエトル（執政官代理と法務官代理）として、当時一〇あった属州の一つの統治と、そこに駐屯した軍隊の指揮を割り当てられた。属州の数がさらに増えただけでなく、非常大権がその後の戦争できわめて一般的になったことで、このシステムの不備が証明された。だが、上級公職を務めた元老院議員が属州を統治すべきという基本的な考え方は、変化しなかった。

アウグストゥスによる元首政によって、このシステムに重大な改変がもたらされた。皇帝が継続して執政官代理（プロコンスル）の権力を保持し、属州におけるこの権力は、他のあらゆる権威を凌ぐ権威（インペリウム・マイユス）によって支えられることになったのである。執政官代理としての皇帝は、ローマ軍が駐留するすべての属州の総督を務めた。通常であれば、皇帝の「使節」であるレガトゥス・アウグスティ・プロ・プラエトレ（法務官の権力を持つアウグストゥスの使節）が、皇帝個人に任命されて、皇帝属州において皇帝の代理となった。皇帝はまた、新しく作られた小規模な属州の総督、さらに藩属王国の担当となる総督も任命した。こうした総督たちは元老院議員ではなく騎士であり、プラエフェクトゥス（長官）、のちにはプロクラトル（管理官）の称号を帯びた。

軍隊のいない属州は元老院の権威のもとに置かれ、元老院が総督すなわちプロコンスルを任命した。総督は法務官経験を持つ元老院議員で、くじで属州を割り当てられた。アジアの総督のみ、この属州の経済的重要性と立場に鑑みて、執政官経験者が務めた。だが、この選抜には皇帝が関わっており、皇帝は候補者を指名し、重大な行政上の問題に介入した。くじ引きが操作されていたことは疑いない。そうでなければ、一世紀なかば以降、その属州出身の総督が任命される事例が単なる偶然以上に頻繁にみられる事実を、説明することは困難である。アジア出身の最初の元老院議員であるケルスス・ポレマイアノスなる人物は、のちにアジアの総督になった。ほどなくして、また別のアジア出身の執政官ユリウス・クァドラトゥスも、出身の属州の総督職を獲得した。東方での以前の勤務経験、家族の伝統、個人的なコネ、経済的利害関係が、こうした任命に影響を与えたに違いない。

通例、総督は属州に一年間滞在したが、反乱のような特殊な状況では、任期の延長が必要となった。シリアは、パルティア王国に近接していたため、その地の総督が最重要の総督職だった。シリアでは、皇帝のレガトゥスが三年間在職するのが通例だった。総督は皇帝から指示（マンダタ）を受け、定期的に皇帝と連絡をとった。総督たちはすべて、一〇万セステルティウス（管理官）から一〇〇万セステルティウス（二世紀おわりのアフリカ総督）と幅はあるが、相当の俸給を得た（比較のためにいえば、一世紀おわりの軍団兵の年俸は、一二〇〇セステルティウスだった）。

小規模の下僚団が総督を支えた。総督は、元老院議員から副官（レガトゥス）を選んだ。アシアのような大規模で重要な属州の総督には、三名の副官がいた。財務行政は、若い元老院議員が就任する財務官が担当した。総督たちの仕事は、書記、伝令、護衛に支えられていた。下級の職員は総督の奴隷から採用され、親類や友人が高位の職務を担当した。総督たちはまた、自身の属州のエリート層との関係を維持することに非常に熱心で、そのため、彼らから顧問を抜擢した。皇帝が所領や、土地や鉱山などの経済的利権を持つ属州では、管理官の称号を持つ騎士が皇帝の代理となった。

東方ギリシア語圏の属州行政の発展は、複雑な経過をたどった。トラヤヌスの時代まで新しい属州が創設または再編され続け、帝国の需要や皇帝たちが与えた特権のために、属州の地位——あるいは個別の都市の地位——が変化したからである。たとえば、四三年に自由都市の地位を喪失したロドスは、五五年にそれを回復した。アカイアは一五年頃に属州としては姿を消し、四四年までマケドニアに併合されていた。六七年にネロがそれを再び改めて諸都市の自由を宣言したが、この措置は一時的なもので、ネロの死後に無効とされた。

帝国国境が定まったハドリアヌス時代に、バルカン半島には四つの属州が存在した（地図8参照）。コリントスを首都とするアカイアはギリシアの大部分をカバーし、ペロポネソス半島、ギリシアの中部と西部、イオニア海島嶼部、そしてエーゲ海島嶼部の大半に及んでいた。ギリシア本土最古の属州であるマケドニアはテッサロニケを首都として、マケドニア、テッサリア、エペイロスから構成された。非ギリシア系の部族が多数を占めたトラキアでは、ギリシア系の住民が黒海西岸に並んだ諸都市に集中していた。管理官に統治されていたトラキアは、四六年に属州となり、ピリッポポリスが首都となった。さらに北にある下モエシアにも、若干のギリシア人の植民市が存在した。黒海北岸の古い伝統を持つ植民市は、この属州につけ加えられた。トラキアと下モエシアは、バルカン半島のラテン語圏の属州であるダキアと上モエシアと同じく、国境防衛のための重要地域であり、皇帝のレガトゥスが統治にあたった。南方では、クレタ島がキュレナイカとともに属州を形成し、首都がクレタのゴルテュンに置かれた。この属州の二つの地域の間の交流は、非常に限られたものだった。小アジアのうちギリシア都市が多数存在した地域は、エペソスを首都とする属州アシアだった。黒海南岸の、多少なりともヘレニズム化された小アジア北部にあったビテュニア・ポントゥスは、また別の元老院属州として、ニコメデイアに駐在した総督（プロコンスル）に統治された。キプロスも同様に総督（プロコンスル）の担当であり、軍隊は置かれなかった。キリキアは、七四年頃にウェスパシアヌスがローマ人の地域となかば自立していた地域を、タルソスを首都とする単一の属州に統合したという、複雑な経過をたどった。

ローマ期東方の残りの地域は、いくつかの皇帝属州に分割された。この統治にあたったのは皇帝のレガトゥスで、属州の戦略的重要性に応じて異なる規模の軍団を指揮した。四三年に属州となったリュキアは、七〇年にパンピュリアと合併した。首都はアッタレイアである。小アジアの他の属州では、ヘレニズム化の進展がかなり表面的なものだった。アンキュラを首都としたガラティアの住民は、ケルト系、ギリシア系、ローマ系、土着系が混じり合っていた。カイサレイアを首都とするカッパドキアも、四世紀まで独自の地方言語を話した土着民が優勢だった。南方では、シリアが最重要の属州だった。パルティア帝国に近いという戦略上の重要性だけでなく、ヘレニズム期に建設された諸都市の貴重なネットワークが存在したため、文化的、経済的な重要性も持っていたのである。属州シリアの首都アンティオケイアは、帝国内のもっとも有力な都会の一つだった。三個から四個の軍団を司ったシリアのレガトゥスは執政官経験者が就任し、帝国中で最高位の総督職に数えられた。ユダエアでは地域内の紛争が頻繁に発生し、ローマへの蜂起が繰り返され、その歩みは苦難に満ちていた。ユダエアは管理官によって統治されていたが、六六年の蜂起のために、レガトゥスの管轄下に入ることを余儀なくされた。隣接する属州ペトライア・アラビア（首都はペトラ）は、帝国の版図に加えられたのがようやくトラヤヌスの時代である。ギリシア語が公私の刻文に使用されたものの、ヘレニズム化の程度はごくわずかだった。最後に、アレクサンドロスの征服以降に大量のギリシア人が植民したエジプトは、特殊な属州だった。別種の扱いが必要になったのは、ローマの穀物供給と東方貿易にとってエジプトが重要だったことに加えて、アクティウムの海戦後にオクタウィアヌスによって征服されたという状況や、中央集権化された個人支配が長く続いていたという事情による。エジプトの統治にあたったのは元老院議員ではなく、エジプト長官の称号を持った騎士身分の人物だった。皇帝の許可がなければ、元老院議員はエジプトに足を踏み入れることすら許されなかった。

各属州の状況は、多種多様な要素に応じて変化した。属州創設時のヘレニズム化と都市化の程度、その地域の文化や都市生活の均質性の程度、軍隊の存在如何、属州の諸都市の地位——以前の王国の首都、ローマ植民市、自由都市——などである。それぞれの属州の細かい規定は、「属州法」（レクス・プロウィンキアエ）に含まれていた。それぞれスラとポンペイウスによって起草されたアシアとビテュニアの法の内容だけが、文献史料と刻文のなかでの引用を通じて間接的に伝えられている。こうした法はとりわけ、各都市の選挙の手続き、公職勤務や評議会員への任命にたいする年齢制限、使節の旅行費用を規定していた。地域によって違いはあったが、各属州の行政には共通した特徴もあった。

総督は首都（カプト・プロウィンキアエ）に滞在した。新たに建設されたものではなく、古くから重要だった都市が属州の首都になった。廃絶された王国の首都（アレクサンドリア、アンティオケイア、ニコメデイアなど）、海へのアクセスのよい有力な都会（コリントス、テッサロニケ、エペソス、タルソスなど）、あるいは地域の重要都市（ゴルテュンなど）である。総督の邸宅（プラエトリウム）は、浴室と接待や裁判のための公式の広間が付属した豪華な居館以上のものだった。執務室、文書館、祠、護衛のための兵舎もあったのである。属州の大きさによっては、業務の一部が首都以外でおこなわれることもあった。元老院属州は、コンウェントゥスと呼ばれる地区に分割されていた。非常に大きな属州であるアシアには、一三の地区があり、マケドニアには四つあった。少なくとも年に一度、総督は裁判をおこなうために地区の中心市を訪問した。エペソスのような大都市には、総督の副官の一人が継続的に滞在した。都市の顔役であるローマ市民や、一般の市民でさえも、総督に訴訟を持ち込むチャンスがあった。

総督のおもな義務には、裁判の実施、徴税、治安維持、属州防衛、そして都市間紛争の調停があった。プリニウスとトラヤヌスの往復書簡は、誠実な総督の日々の様子について、貴重な知見を与えてくれる。総督の任期中に発生する事件の数と同じほど、総督が扱わなければならないテーマが存在した。公共浴場の建設許可から新宗教が引き起こした諸問題まで、財政問題から治安問題まで、都市間の領土紛争から義務の免除を求める地元有力者の陳情まで、幅ひろかった。心配事を総督に持ち込んだ都市や地域の連邦の陳情に、総督はただ単に対応する場合が多かったが、利害関心からか野心からか、あるいはその属州との個人的な関係が存在していたかで、総督が積極的な態度に出る場合もあった。総督たちは、先例に則るか、属州法で定められた規則に準拠するか、地元の政治家や知識人の助言を求めるか、皇帝と文通して指示を仰ぐかして、決定をくだした。

総督の重要な仕事の一つに、裁判の実施があった。総督がしたがうことになる原則は、就任時に公表される布告で説明された。先任者が導入した規制は、その布告に含まれる場合が多かった。法的な揉め事の多くは、調停によって解決された。調停が不可能な場合に、公職者あるいは法廷に訴訟が持ち込まれた。総督が扱った訴訟は、特にローマ市民や有力者に関わる訴訟、殺人、瀆神、姦通などの死罪の可能性のある犯罪といった、ごく一部の訴訟に限られていた。総督だけが、「剣の権利」（ユス・グラディイ）、すなわち死罪を科す権利を有していたのである。ローマ市民が有罪の判決を受けた場合、皇帝の面前で控訴する権利が与えられていた。総督による裁判を求める個人や都市がその希望を認められるかどうかは、その訴訟の重要性だけでなく、関係する人物の持つコネ――そして時には賄賂――に左右された。全体的にいえば、顧問会（コンシリウム）に助言を受ける総督たちは柔軟で、地域の伝統に敬意を払った。

総督は都市にたいして、都市の格に関わりなく配慮を示す必要があった。選挙で選ばれた公職者が公務を果たして必要な経費を賄っているか、都市評議会のメンバーがなすべきことをおこなっているか、建物が修繕され、水道の建設と維持がおこなわれているかを、総督が確認しなければならなかった。総督は、交易、交通、軍事輸送に必要な道路の建設を率先しておこなった（一六〇頁参照）。都市財政の監督は、総督の非常に重要な業務だった。都市が財政の管理に失敗した場合、それが自治都市であっても、皇帝が特別の監督官を任命する場合があった。以前は市民の手にあった規制のメカニズムが、今や皇帝の手に移ったのである。

免税の特権（インムニタス）を持たない都市は、さまざまな税を支払うことを求められた。人頭税に加えて、農業生産物も課税された。輸出入は関税の対象となり、港湾の利用にも費用が課税された。属州の人々が徴税請負人に反対の声をあげたために（一六六～一六七頁参照）、彼らの役割が次第に減少していった。アシアでは、カエサルが諸税の徴収の担当を徴税請負人から都市へと変更し、徴税請負人には関税の徴収だけを任せた。二世紀までに、徴税請負人の仕事は、帝国政府の代理人がおこなうことになった。まず都市当局が諸税を徴収し、続いてしかるべき額が元老院属州では財務官に、皇帝属州では管理官に支払われたのである。皇帝が土地、森林、石切場、鉱山などを所有していた属州では、管理官が皇帝の収益にも責任を負っていた。

属州の統治がうまくいくかどうかは、総督の誠実さや能力だけでなく、総督と都市・地域の権威との協力、そして総督と皇帝との相談にかかっていた。共和政期と元首政期初期のアシアで、前九八／九七年あるいは前九四／九三年に総督を務めたクィントゥス・ムキウス・スカエウォラや、前二三年～前二一年に総督を務めたセクストゥス・アップレイウスといった一部の総督は、さまざまな課題に非常にうまく対処したので、並外れた名誉を受けることになった。ムキエイアという祭礼が有力諸都市で開催され、アップレイウスはアレクサンドレイア・トロアスで神に等しい崇拝を受けた。トラヤヌスの登極後すぐに、ビテュニア・ポントゥス、アフリカ、バエティカの各総督が、権力乱用の責任を追求された。さまざまな法が、汚職と恐喝を制限しようと皇帝が努力したことを示している。総督は、任期中に担当の属州で土地を取得することが許されなかった。総督あるいはその息子と、属州の女性との結婚は禁止された。そして、二〇年の元老院の決定によって総督の妻の行動が調査の対象になると、任期中に妻をローマに残すことを選ぶ——あるいはそうする言い訳を得て喜ぶ——総督も存在した。

ローマの総督は、通例、長い年月をかけて騎士あるいは元老院議員の階梯を登ってきた者であり、軍隊を指揮し、多種多様な行政問題に対処してきた経験を持っていたので、総督職の仕事に応えることのできる能力を身につけているのが一般的だった。さらに彼らは、説得の技法を学ぶ機会にも恵まれており、ソフィスト的な議論を学ぶ修辞学の訓練が、総督たちが考え行動する仕方にその痕跡を残している場合がある。プリニウスが直面した問題に、次のようなものがあった。属州法では、二つのビテュニアの都市で同時に市民権を持つことは許されていなかったが、この法は一五〇年にわたって遵守されることなく、多くの評議会の構成員が二重に市民権を保持している状態だった。評議会の構成を定期的にチェックする監察官は、この現状にどう対処すべきかわからなかった。プリニウスは、皇帝にアドバイスを求める書簡のなかで、自身の暫定的な考えを明らかにしている。「この法が別の都市の市民に市民権を禁じていることは事実ですが、これを理由として、その人物を評議会から追放することを求めているわけではありません」。厳格な法解釈ではなく現実主義が、この主張の土台となっている。もしこの法が厳密に適用されれば、あまりにも多くの都市が、あまりにも多くの評議会員を失うことになるだろう。よい総督の条件は、柔軟性と現実主義だった。プリニウスにはそれがわかっていた。だが彼は同時に、主導して物事を決めるのではなく、トラヤヌスの判断に任せるのが得策だということもわかっていた。

ローマの統治が成功したかどうか、またローマの支配が受け入れられたかどうかについて、客観的な判断をくだすことは難しい。わたしたちに残された史料の多く――頌詞、ローマの公的文書、都市エリート層によって作成された公的な刻文――は、選別され偏ったものである。だが、東方でのローマの属州行政のシステムが、少なくとも二世紀おわりまでは、かなりの成功を収めたことは否定できない。蜂起を最小限におさえて、自然災害、財政問題、安全保障が引き起こす喫緊の課題に、多くの場合で解決策を与えることができた。この成功には、さまざまな要因があった。全体的にみて、総督と皇帝は行政的課題にたいして、柔軟性と現実感覚を持って対処した。共同体の行政の主要な任務――地域レベルの司法、公共秩序の維持、税の徴収、食料と水の供給、公共建築物の建設と維持――が、各地域の富裕なエリート層出身の都市公職者と評議会に任されていた。そして、元老院階級や騎士階級に受け入れられた属州出身者が、次第に「超国家エリート」を形成していったことで、帝国の統合が進んだ。

モンティ・パイソンの『ライフ・オブ・ブライアン』に、ユダヤ解放戦線のメンバーが「ローマ人はおれたちに一体何をしてくれたんだ」と問う印象深いシーンがある。反語的な問いかけだと思うかもしれない。しかし、解放戦線の他のメンバーたちは、次のように列挙する。ローマ人は公衆衛生、灌漑、教育、ワイン、安全、平和をもたらし、街路、浴場、水道管を建設した。こうしたローマ人の贈り物の多くは、健全な統治の結果だった。被支配者とローマ支配との和解を実現したのは、ローマ統治最大の業績の一つだった。二〇〇年頃、リュディアの神官たちが神々の会議と神殿を表現するために、セナトゥス（元老院）とプラエトリウム（属州総督の居館）という言葉をあてたという事実は、ローマ支配のこの二つの重要な機構に、神官たちがネガティブな評価を与えていなかったということを示している。異なった文化的アイデンティティは、（ユダヤ人の場合のように）危険だとみなされない限り、繁栄を許された。そして、思いやりのある総督たちの「緩やかな」支配のおかげで、ローマ帝国の統治は、都市の活気ある公的生活と共生することができた。

都市——伝統的なポリス、ローマ植民市、政治生活

弁論家のアエリウス・アリステイデスはその『ローマ頌』のなかで、ローマ帝国を一つの都市国家になぞらえている。ローマが中心市ならびに砦となり、文明化された世界が中心市の領土となるということである。

他のポリスとその境界ならびに領土との関係は、この都市文明世界全体の境界ならびに領土との関係と同じである。全文明世界が田園地域で、ローマが共同の中心市となされたかのように。この一つの城砦が、すべてのペリオイコスや、外の地区に住むすべての人々の逃げ場所であり、集会場所だといえるかもしれない。

アリステイデスにとっては、ローマ帝国住民の大部分にとってと同じように、都市国家だけが直接経験したことのある政治的現実だった。都市国家は、知識人にとって主要な思考の枠組みだった。都市は、詩人や小説家の文学的創造の舞台として、理想化された牧歌的景観と肩を並べていた。

アリステイデスの賛辞は、あらゆる称賛演説と同じように、誇張され主観に満ちたものだが、ある一点でこの弁論家は正しいことをいっている。ローマ帝国には、前例のないほどたくさんの大小の都市が、たしかに存在したのである。西方属州と北アフリカについては、これはローマ人の主導で進められた植民と都市化の結果だった。都市化の伝統が西方よりもずっと長い東方ギリシア語圏の事情は、これと分けて考える必要がある。ギリシア本土、島嶼の一部、そして小アジアでは、多数のポリスが完全に破壊されるか、自治共同体としての立場を失うかして、ヘレニズム期に姿を消した。しかし、まずポンペイウス、次にカエサル、アウグストゥス、その他の皇帝たちの主導で、新都市が建設され、既存の都市が復活された。アウグストゥス期に創建された植民市が、ギリシアと小アジアに再び活気を与えた（二一五〜二一六頁参照）。だが、伝統的なポリスの形式をとる都市も、皇帝たちによって推進された。トラヤヌスとハドリアヌスは、ギリシアの共同体の歴史に、とりわけ大きなインパクトを与えた。トラヤヌスはバルカン半島での遠征の過程で、ハドリアヌスは東方ギリシア語圏への旅行の際に、都市を建設し、居住地をポリスの地位に格上げしたのである。トラヤヌスは、トラキアに豊かな大都市であるアウグスタ・トライアナを建設し、ドリスコスの要塞をトライアノポリスに変えた。ハドリアヌスは、ミュシアにハドリアノイ、ハドリアネイア、ハドリアヌ・テライを建設し、小アジアの四都市、ギリシアの二都市が、この皇帝にちなんでハドリアノポリスと名づけられた。愛人アンティノオスを記念するために、ハドリアヌスはエジプトにアンティノオポリスも創建した（二二四頁参照）。同じ地域にギリシア都市とローマ植民市が共存することで、ギリシアとローマの制度の相互の影響が促進された。植民市はローマ

図26　マケドニアのローマ植民市ディオンの舗装された目抜き通り。

のミニチュアで、ゲリウスはこれを「小さな類似物であり似姿」（クァシ・エフィギエス・パルウァエ・シムラクラクェ）といっている。植民市の政治構造はローマの制度を模倣しており、宗教に関わる公職はローマに典型的なものだった。その市民（コロヌス）は完全なローマ市民権を保持し、貢納支払いを免除された。彼らはローマの神々、とりわけユピテル、ユノ、ミネルウァからなるカピトリウムの三柱と、「植民市の精霊」（ゲニウス・コロニアエ）を崇拝した。植民市建設後の数百年にわたって、ラテン語が植民市の行政だけでなく、私的なコミュニケーションの共通言語としても用いられた。少なくとも植民市が作られて最初の数百年の間、都市住民（コロヌス）の大半をイタリア出身者――ローマ市民権を持つ退役兵や、解放奴隷も含むその他のイタリアからの移住者――が占めた。インコラあるいはパロイコイと呼ばれた田園地域の住民は、地元のギリシア人あるいはヘレニズム化された人々から構成された。植民市の統治は、デクリオたちによる評議会、二名の「市長」（ドゥオウィル）と二名の公共施設の監督者（アエディリス）からなる役員が担当した。その他の役職として、植民市のための占事を司ったアウグルと六名の委員団（セウィル）があった。植民市が、皇帝その人を市長の職に任命する場合もあった。こうした場合、プラエフェクトゥス・カエサリス・クィンクェンナリス、つまり、単独で五年間の任期を持つ皇帝の長官が、皇帝の代理を務めた。この職は並外れた名誉で、富と名声を誇った人物に与えられた。

　都市空間の構成もローマ風だった。カルドとデクマヌスという十字の大通りが、都市の配置を決定した（図26参照）。ピシディアのアンティオケイアの都市区画は、都市ローマの区画（ウィクス）とまったく同じ名前がつけられた。手の込んだ浴場や公衆便所、泉と水道管、劇場とコンサート・ホールが設置された植民市は、アナトリアや近東といったヘレニズム化の程度の低い地域の都市化を促し、戦争で疲弊した地域の再都市化を進めた。ギリシアと小アジアにやってきたイタリアからの移民が出会ったのは、長い自治政府の伝統とレベルの高い政治機構を持ち、洗練された文化と高い識字率を誇る、ヘレニズム世界の共通文化に完全に組み込まれた空間だった。地元住民と移民との深い交流は、緊張や衝突がなかったとはいえないが、新しい文化的、社会的輪郭を作り出した。多くの場合、植民者は到着後の二、三世代のうちに完全にヘレニズム化——一部の植民者の先祖はイタリア半島のギリシア人だった——されたが、たとえばピリッピなどのいくつかの都市では、三世紀までラテン語が主要言語のままだった。

ローマ植民市の制度は、ギリシア都市の政治制度に間接的な影響を与えた。ローマによる行政と総督による裁判は、財産権と刑法に相当の影響を及ぼした。そして最後に、ローマによる直接的な介入が増えることで、ヘレニズム期にすでにはじまっていた事態——ある種の穏健な「民主政」から寡頭政へのギリシア都市の変容——（一一九～一二五頁参照）が強化され、さらに促進された。トラヤヌス宛の書簡で、プリニウスはトラヤヌスに次のような問題についての指示を求めた。ビテュニアの属州法にしたがえば、公職につけたのは三一歳以上の男性のみで、公職後に彼らに評議会の議席が与えられた。しかしアウグストゥスが年齢制限を緩和し、あまり重要ではない公職については二五歳とされていた。この属州総督が疑問に思ったのは、これら若年の者が公職を務めたからといって、評議会入会の資格を持つのかという点だった。そして、もしこうした三〇歳以下の者が評議会に入会できるのならば、他のすべての二五歳から三〇歳までの者たちも、公職を務めていなくても評議会入会の資格を持つのだろうか。この書簡は、ギリシア都市内部の機構に属州法が与えた影響について、現存する数少ない詳細な情報の一つである。ビテュニアの属州法には、政治生活に直接影響を与える項目が並んでいた。評議会員の資格、公職就任の年齢制限、新しく選出された評議会員が支払うべき金額、複数の市民権を持つ権利にたいする制限。すでにはじまっていた傾向が強まって、そこにローマによる介入が合わさったことで、「名望家」からなるエリートの権力の独占の流れが決定づけられたのである。

政治的権利の源泉は財産だった。市民の地位を決定するために財産査定が定期的におこなわれ、これが市民の権利行使の基礎となった。たとえばスパルタでは、三〇〇名の市民が特権的立場を持ち、彼らから公職者団（シュナルキア）の三二名が選ばれた。二世紀後半のリュキアのクサントス出土のある刻文では、市民のさまざまな区分けが明記されている。最富裕層の市民だけが、都市評議会（ブレ）と長老会（ゲルシア）の構成員になれた。長老会に政治的役割はなかったが、社会的名声の根拠となった。二番目の集団はシトメトルメノス（穀物の分配をおこなう立場にある者）から構成され、彼らの下に「他の市民」と外国籍の居住者がいた。クレタの公職は能力ではなく、完全に富によって決定された。たとえば、もっとも財産のある市民である「上位十名」や「上位二十名」（デカプロトスとエイコサプロトス）が、もっとも費用のかかる公共奉仕《レイトゥルギア》を負担し、富と名声を根拠に、主要な都市公職に選任された。彼らは個人の財産を背景として、帝国国庫に都市が支払う直接税の徴収を保証しただけなく、都市収入の徴収の監督もおこなった。

帝政期の大きな革新の一つは、評議会の変化である。伝統的なギリシアの国制では毎年更新されるものだったが、これが――ローマの元老院に類似した――終身制に基づく恒久的な機関になったのである。評議会は、民会のための提議を準備したり、日々の政治、財政問題について公職者と協働するなど、昔と同じ役割を果たし続けたが、評議会の構成員が公職経験者になったのである。多くの都市で、公職の就任に金銭（スンマ・ホノラリア）の支払いが求められたため、法定の年齢制限をクリアして公職を務めたエリート層が、評議会を構成した。この仕組みによって、政治を主導する富裕なエリート層の特権的な立場が固められた。「評議会員」（ブレウテス）という言葉が実際に評議会で活動している者たちだけでなく、そうすることを認められた財産資格を持った階層全体を意味したことは、示唆的である。トラヤヌスに宛てた書簡で、プリニウスは、このような規制の目的を明確に述べている。「評議会への加入を、民衆の子息よりも、卓越した家系の子息に与える方がよいのです」。これを実現するために、エリート層のなかには、息子と共同で公職を務めたり、息子のために公共奉仕《レイトゥルギア》にかかる費用を支払う者も存在した。小アジアのニュサのある人物は、将軍、「平和維持官」（エイレナルケス。治安に責任を持った）、少年の監督官、会計役、デカプロトス、そして四度にわたって市場監督官（アゴラノモス）を務めたが、死の直前に、すでに都市の書記の地位にあった息子に、市場監督官の職を委譲した。

多くの公職――たとえばギュムナシオンやアゴラを監督する公職（ギュムナシアルコス、アゴラノモス）や、任期の年がその名前で呼ばれることになる、もともとは宗教職のステパネポロス（冠持ち）も――には、都市の限られた財源ではすぐになくなってしまうほどの費用が必要とされた。結果として、富裕者だけがこうした役職に就任した。彼らだけが、任命され選出される立場にあったのである。そのため、選挙あるいはくじで選ばれる役職（アルケ）と、富裕者階級に課された公共奉仕《レイトゥルギア》と呼ばれる義務的かつ誉れある都市への貢献との間の区別が、不明瞭になっていった。少数の富裕市民の集団には、三つの貢献が期待された。公職と神官職に就任すること、公共奉仕《レイトゥルギア》を果たすこと、そして、使節を務めることである。

少なくともいくつかの都市では、民会――あるいは、おそらくは民会のなかのある種の集会――への参加は、市民全員には認められておらず、ある程度の財産資格を満たした者たちにのみ可能だった。たとえば、ピシディアのポグラとパンピュリアのシリュオンには、「［定期的に］民会に参加する者」（エックレシアステス）と呼ばれる市民集団が存在した。これは、民会のある種の集会から、一部の市民が排除されたことを示している。エックレシア・パンデモス（「全員が参加する民会」）という用語にも、この種の区別が暗示されているのかもしれない。民会のなかに、市民団の一部だけが参加した集会があったことは明らかである。同じように、リュキアのオイノアンダの「五百人組」やトロスの「千人組」といった人々は、その財産ゆえに特権を享受した市民グループだった。富が世襲されたため、政治的特権も世襲された。前二世紀のおわりまでに、富裕エリートの事実上の世襲支配が、ギリシア世界の大半で現実となった（一二〇〜一二二頁参照）。

すでにヘレニズム期のおわりに、ある種の家系の高い立場が認められていたが、帝政期になると、公式にもこの区別が政治的特権に結びつけられた。帝政期の公的刻文では、富裕エリートに属する少数の家系集団をその他の人々から明確に区別する用語が、数多く用いられている。こうした用語は、一方では彼らの権力の源泉に触れ――「［財政上］力を持つ者」（デュナメノスあるいはデュナトス）――他方では、彼らの指導的な立場――「第一人者」（プロトス、プロテウオン）――を明示していた。また、そうした家系の自尊心を表現する用語もあった――「最良の者」（アリストス）、「名声ある者」（エンドクソス）。

一、二世紀の名誉刻文は、一定の家系の階級（アクシオマ）にはっきりと言及して、富と公職と政治権力の世襲の融合を表現している。この階級では、先祖から由来する権利と、家系の伝統に起因する義務が結びついていた。帝政盛期の二〇〇年頃のものとされる黒海北岸のオルビア出土の名誉刻文では、世襲財産、家系の伝統、政治権力が重なり合っているさまが、申し分なくあらわされている。

カリステネスの子カリステネスは、卓越した先祖をもった人物だった。この先祖たちは、皇帝に目通しを許され、この都市を建設し、切迫した危機にあたって都市のために恩恵施与をおこなった。彼らの称賛を言葉でもってするのは困難だが、長く記憶に残り続ける。こうした祖先のなかから生まれたカリステネスは、彼らの財産だけでなく彼らの美徳をも受け継ぎ、その美徳にさらなる磨きをかけた。人間界の必要に迫られてではなく、神慮に教えられて、カリステネスは生まれ持って比類ない愛知の心を持っていた。長じてカリステネスは公事に携わり、［都市の］防衛に細心の配慮をする信頼のおける将軍になった。またカリステネスは、厳粛に、また正義に則って、その年を代表する最高公職に四度就任した。素晴らしい提案をして有益な行動をすることで、彼は都市の父に任命された。

ローマ皇帝が「国父」（パテル・パトリアエ）となったのとまったく同じように、カリステネスのような人物は「都市の父」として、他の市民の上に置かれ、世襲を通じて揺るぎない権威を持っていた。「都市の父」や「都市あるいは市民団の息子／娘」といった名誉称号は、民衆とエリートの間に、親密な、まさに家族的な関係があるという虚構を作り出した。彼らは、互いにいたわり慈しむ関係を構築したのである。エリート層の人々は、その共同体に迎えられた家族と同じだと考えられた。そして彼らは、父親が子供たちに、子供たちが父親にするのとまさに同じように、共同体に配慮する義務を引き受けた。共同体はこれと引き換えに、エリート層の権威を承認した。エリート層の人々は、劇場での上演や競技で特別席に座り、彼らの名誉を称える決議が、公的な集まりで華々しく読み上げられた。公的空間を飾った名誉のための像と、公職と恩恵を列挙し先祖の貢献を記録した刻文が、エリート層の高い地位を視覚化し、未来のエリート層の恩恵施与者たちの範例となった。エリート層の高い地位を強化したもう一つの重要な媒体は、民会と祭礼の集まりでの歓呼だった。「エパメイノンダスはいついかなる時も、ただ一人の恩恵施与者である！」、「都市を愛するのはディオンだけ！」、「同僚市民を愛する彼の命が長からんことを、中庸を愛し、善行をはじめ、都市の建設者である彼の命が長からんことを！」。こうした歓呼は、感謝の心と指導的な立場の承認を強く主張したが、同時に期待もあらわしていた。アレクサンドリアの人々は特に歓呼に長けていたので、ネロはローマの民衆にこの技を教えるために、アレクサンドリア人数名をローマに連れ帰ったほどである。

エリート層の構成員が共同体への奉仕を果たして死ぬと、公的な葬礼がおこなわれる場合があった。これも家族としての都市という虚構を形成したのである。一七七年に、アテナイのもっとも富裕な市民だったヘロデス・アッティクスが死ぬと、ヘロデスの解放奴隷たちが、ヘロデスの所領のあったマラトンで葬儀を開催しようとした。するとアテナイのエペボスの者たちが、アテナイからマラトンへと行進し、「遺体を彼ら自身の手で取り戻して」アテナイへと行列を組んで運び、ヘロデスが寄贈した競技場近くに遺体を埋葬した。ピロストラトスは、全アテナイ人が葬儀に出席し、恩恵施与者の死を「よき父親を失った子供たちのように」悼んだと伝えている。感謝と愛情がこのように示されることで、エリート層はさらに大きな恩恵を与える思いが強くなったが、同時に依存関係が構築され、役の割り振りが進んだ。ヘロデスが保護者としての父親の役割、市民が父親に頼る家族の役割である。

これは、デモス——恵まれていない市民集団から構成される大衆——が政治に無関係だったことを意味するわけではない。彼らが影響力を発揮して、エリート層に圧力をかける場合もあった。こうして、帝政期のギリシア都市の政治生活は、権力の交渉がおこなわれる複雑なシステムとなった。第一に、公職者の提案は、市民の民会によって承認される必要があった。大声での抗議や蜂起までもが時折言及されていることから判断するに、評議会と公職者が作った提議のなかには、反発を受けたものがあったことに疑いはないだろう。第二に、公職者を選出したのは民会だった。この二つの特徴——決定が市民の民会によって承認されること、定期的に選挙がおこなわれること——は、公職者が説明責任を負ったことと合わせて、かつての穏健な民主政の残滓だった。だが、すべての市民が投票したとしても、すべての市民に任命の道が開かれていたわけではない。さまざまな現象に、エリート層が実現した政治支配を確認することができる。古典期には一般的ではなかった公職の集中、古典期の民主政では軍事職に認められた例外だった公職への連続就任、近親者の公職就任、そして評議会ならびに民会での政治主導権の独占である。

民会に基づいた制度的権力の他に、「民衆」(デモス、プレトス)は歓声や時には暴力的な蜂起によって、エリート層に圧力を加えて要求をおこなうことで政治生活に参加した。民衆の抗議や暴動は、とりわけアントニウスとオクタウィアヌスの支持者の間の対立が最近までおこなわれていて、事態が落ち着いていなかった元首政の最初の数年間について、かなりの史料が残っている。アウグストゥスとほぼ同時代の人である地理学者ストラボンや、一世紀おわりの弁論家プルサのディオンは、旅行した都市について多くを語ったが、そこでの古い神話を記録し景観や建築物を描写するだけでなく、政治的な争いの様子も伝えている。彼らの著作からは、新しい帝国支配に順応しつつも、重要な案件——公職の選出、公費の使用、穀物価格の低減、自然災害への対応、近隣共同体との特権と地位をめぐる争い——のためには容赦なく戦う自由を依然として維持していた都市で、ギリシア人の政治生活が、まだたしかに息づいていたことが明らかとなる。ローマ人に直接向けられた抗議もあったし、民族的、宗教的背景からユダヤ人を標的とした騒乱も存在した。何が政治生活を支え、「民衆」が依然として重要であることを示す機会がどのように生まれたのか、いくつか事例をみてみよう。

タルソスは、修辞学を身につけた野心家たちのあらゆる祖国と同じく、活発な政治生活が繰りひろげられた都市だった。アウグストゥス期の哲学者アテノドロスが、未来の皇帝ティベリウスの教育を担当しながらローマで数年を過ごしたのちに帰国すると、かつてアントニウスを支援していた詩人で扇動家のボエトスが、まだこの都市を牛耳っていた(二五六〜二五七頁参照)。ストラボンは、この政治的な分断の理由を説明はせず、ただ単にボエトス一派が横暴な振る舞いをやめなかったという、あいまいな批判をするだけである。アテノドロスは、アウグストゥスに与えられた権威を使って、ボエトスとその仲間を糾弾して亡命させた。おそらく、法廷か民会がこの決定を何らかの形で認めたのだろう。その後、ボエトスの一派は、

はじめつぎのような文句を壁に落書きしてアテノドロスを攻撃し——「仕事は若いうち、分別は中年のもの、年をとると、おならが仕事」。哲人がこれを冗談として受取ると、落書につづいて短詩を書かせ——「年をとるとかみなり落しが仕事」。また、誰かが上品さをばかにし、夜分その家のそばを通りかかった際、腹のなかをゆるめて扉や壁へしたたかまき散らした。すると、哲人は集会で反対派を弾劾し「この市が病んで悪習に染まっていることはあらゆる面から見つけることができるが、とりわけ排泄物から見つけられる」。

(飯尾都人訳、一部改変)


アテノドロスは、家に「まき散らされた」だけで済んだのは、幸運だと考えてしかるべきである。石、棒、松明を持った群衆が、著名人の邸宅を攻撃して火をかけた事例が、数多く報

告されている。アウグストゥスの治世でもっとも著名なテッサリア人に数えられるペトライオスという人物は、テッサリア連邦の「将軍」を二度務めたが、邸宅で生きながらにして焼かれてしまった。ティベリウス治世のキュジコスとクラウディウス治世のロドス島では、ローマ市民が磔にされたことが報告されている。そして、アレクサンドリアの蜂起では、支配者である長官ガイウス・ペトロニウスさえも、石打で殺された。二世紀初頭のアプロディシアスで、金持ちだったアッタロスという人物は、ギュムナシオンその他の資金を賄う財団を設立したが、この企画が反対に遭う可能性に気がついていた。ギュムナシオンがエリートのための機関だったからである。遺言で、彼は次のように書いている。

公職者も、書記も、私人も、一部であれ全体であれ資本を、そして利子を移動したり、会計に手を加えたり、他の目的に資金を使用する権限は持たない。この目的のために、別の投票を提議したり、民会の決議を利用したり、書簡、布告、書面での声明を使ったり、大衆の暴力に訴えたり、他のいかなる方法も使ってはならない。

設立者の心配には、都市外の(つまりローマの)当局による介入の可能性だけでなく、都市当局の行動、民会での議論、そして「大衆」の圧力——現在であれば「議会外」の反対行動といってもよいかもしれない——も含まれていた。アプロディシアスには、安価に分配する穀物の貯蔵(あるいは剣闘士競技)に投資する方がよいと考える者もいたかもしれない。エリートの活動は細かくチェックされており、プルサの弁論家ディオン自身、それを経験した。プルサが穀物価格の高騰に直面した最中に店舗建設のため公有地を購入したディオンは、怒って——ディオンの考えでは——嫉妬心を抱いた民会に対峙しなければならなかったのである。一方、エリート層の人間を称える自発的な行動も確認されている。たとえば、恩恵施与者が死ぬと、人々は通りに集まって公葬を要求し、さらには、遺体を奪って家族葬を公の行事に変えてしまい、この恩恵施与者が人民の縁者であることを暗に示した。

東方の最大の政治的事件は、ギリシア人同士、あるいはギリシア人とローマ人の間の紛争ではなく、ギリシア人とユダヤ人との間に発生した文化的、宗教的、社会的緊張に端を発していた。ユダヤ人が多数居住したアレクサンドリアは、唯一ではないものの、主要な暴動の舞台だった。アウグストゥスが統治機構として「長老会」を創設し、都市のなかで固有の義務——河岸の清掃——を割り当てたことで、アレクサンドリアのユダヤ人共同体は強い自意識を獲得した。ユダヤ人はナイル川デルタ地帯の一地区に居住していたが、彼らだけが居住権と免税権を持ち、また彼らがギュムナシオンから排除されていたことで、閉鎖的なユダヤ人共同体が形成され、これがアレクサンドリアのギリシア人の神経を逆撫でし続けた。カリグラの時代に、当初はささいだった事件が激しい暴動を引き起こし、衝突がエスカレートした。カリグラは三八年、信頼の置けない総督フラックスを牽制するために、個人的に親交を結んでいたガリラヤの支配者ヘロデス・アグリッパをアレクサンドリアに派遣した。「ユダヤ人の王」が自信満々に登場したことは、イシドロスに扇動されたギリシア人を激怒させた。ユダヤ人が皇帝への崇拝儀礼を拒絶したとする主張を口実に（皇帝像が置かれたシナゴーグもあった）、ギリシア人の暴徒たちはユダヤ人を攻撃し、シナゴーグを侵犯し、長老たち三八名を磔にした。総督が召喚されて、ローマ軍が暴徒を鎮圧するまで、暴動が続いた。四一年にカリグラが暗殺されると、クラウディウス帝に両陣営の使節が派遣されたが、皇帝の決定にはどちらも満足しなかった。ユダヤ人の特権は回復されたが、ギュムナシオンや運動競技祭への参加は厳しく禁じられた。アレクサンドリア人は評議会の設置を要求したが、これは認められず、彼らの指導者のうち二名、イシドロスとランポンが処刑された。ギリシア人名望家と皇帝との会見について、脚色された議事録がパピルスに残されている。そこでは、独裁者である皇帝を前にしたギリシア人が、言論の自由、勇気、愛国心の模範として提示されている。このいわゆる『アレクサンドリア殉教者伝』は、ローマ支配下の政治的共同体での自由の価値と、皇帝の権威にたいする反抗と同時に、民族的な差別があったことを雄弁に物語っている。

同じように宗教的背景を持った衝突は、あらゆるところにみいだせる。五五年頃のパウロのエペソス滞在中、巡礼者に売る銀製のアルテミスの祠を作っていたある銀細工師は、キリスト教の拡大が自分の商売の脅威となることを察知して、地元の銀細工師組合を扇動して抗議を展開した。この事件は「使徒言行録」に描かれている。このあと、自然発生的に民会の集まりが劇場で開催されたようである。

> 人々はこれを聞いてひどく腹を立て、「偉大なるかな、エペソス人のアルテミス」と叫んだ。そして、町中が混乱に陥った。彼らは、パウロの同行者であるマケドニア人のガイウスとアリスタルコスを捕らえ、一団となって劇場になだれ込んだ。［中略］群衆はあれやこれやとわめき立てた。集会は混乱するだけで、大多数の者は何のために集まったのかさえ分からなかった。
>
> （聖書協会共同訳、一部改変）

ユダヤ人が民会に向けて演説をおこなおうとしても、群衆は、数時間も声を合わせて「偉大なるかな、エペソス人のアルテミス」と叫び続けた。この都市の最高公職者である民会の書記が、集まった群衆をようやく黙らせることに成功して、法廷あるいは通常の民会に告発することを要求し、「今日の事件について、我々は暴動の罪に問われるおそれがある」と警告した。六八年および一一五年から一一七年のユダヤ人大反乱の際、ギリシア都市でさらなる反ユダヤ人暴動が発生した。

パクス・ロマナという概念は、帝政初期の全体的な定義としては妥当かもしれないが、ローマ帝国は賛美者が認める以上に、不均質で不穏な世界だった。平和が乱され暴動が発生する状況は、社会と民族の緊張関係から逃れることのできない、より複雑な全体像を明らかにしている。

第13章　社会経済状況
――ギリシア都市から「普遍的」ネットワークへ

社会的ヒエラルキーを再編する――財産、法的身分、社会的地位

古い慣習が残り続けるならば、伝統的な社会構造が変化に抗う力は、より強力になる。アレクサンドロス大王の遠征と、それによってはじまった東地中海とアジアの政治地図の著しい変化は、社会と経済に衝撃を与えた。とりわけ、移住と新しく生まれた交易のチャンスが引き起こした変化が、急速に進んだ。女性や奴隷の立場の変化のように、時間を経て明らかになる動きもあった。本章では、アレクサンドロス死後の数百年間に、そしてさらにローマ帝国に統合されるゆっくりとしたプロセスのなかで、拡大したギリシア世界が経験した継続と変化の相互作用をみていきたい。

個人の社会的立場を決定する要素については、継続と変化の様子は明らかである。前四世紀まで、二つの法的要素が他を圧倒していた――自由と市民権である。いうまでもなく、市民や非市民自由人のなかでのさらに細かい違いをつけるために、他の指標も用いられた。このなかで、財産がもっとも重要な指標だった。だが、個人の社会的名声がその収入源――土地、貿易、製造業、銀行業、略奪等々――に大きく左右されたのと同時に、法的地位も無視できなかった。解放奴隷が市民の二倍の財産を保有していたとしても、市民が持つ社会的立場に到達することはめったになかった。社会階層を決める他の重要な指標には、家族、家柄、軍功、教育があった。ヘレニズム期より前のギリシアでは、こうした要素が組み合わされて、共同体の社会構造のなかでの個人の立ち位置が決定された。社会規範を通じて、男と女、子供、若者と少女、老男と老女に異なった役割が与えられた。こうした要素の影響は、共同体の規模と所在地、そしてその制度に応じてさまざまだった。しかし、前四世紀おわりより、こうした要素の重要性が変化し、新しい要素が登場した。

当然ながら、財産が社会的地位の高さの基盤である事実に、変化はなかった。前五、四世紀と比較して変化がみられたのは、共同体の政治生活における財産の重要性である。実際問題、財産は常に政治生活に必要なものだったが、ヘレニズム期おわり以降、財産は制度的な資格ともなった（一二二頁参照）。豪華な正餐への招待をおこない、財政援助を実施し、その他のパトロネジ関係を推進することで、社会的つながりを維持することが富裕な人々に可能になった。彼らは、恩恵施与をおこなってよき市民との名声を獲得し、神々に奉献して敬虔な人物であるという評判を受けることができた。大資産を誇って恩恵施与者として重要な役割を果たした女性が増加したことは、もう一つの変化である（二八八頁参照）。最後に、さまざまな収入源が社会的に受け入れられるようになっていったという変化を確認できる。相続された財産が重要で、土地所有がもっとも高く評価された収入源であり続けたことは当然だが、ヘレニズム期の間に、土地所有以外の資産形成の方法がより一般的になり、以前に大半の都市でおこなわれていた社会差別の対象ではなくなった。こうした資産形成方法として、交易、銀行業、製造業や、俳優、詩人、弁論家、音楽家といったエンターテイメント業界での成功、専門技術を必要とする職業――たとえば医者や哲学と弁論術の教師――、運動競技祭での優勝、傭兵稼業、そしてのちには、ローマ軍での勤務があげられる。こうした新参者が、祖国あるいは他の場所で、財産を土地に投資することに熱心だったことはもちろんである。新しいコスモポリタニズム的世界では、これは昔よりも簡単に達成可能だった。男性は――時には女性も――ある種の国賓であるプロクセノスの称号を与えられることで、出身都市以外の共同体と特権的な関係を結ぶことができた。プロクセニアに付随する一般的な特権として、土地家屋の購入権、差し押さえからの保護（アシュリア）、法廷での便宜があった。

社会階層の一つの指標としての市民権の重要性にも、変化がみられた。これには、第一に市民権の獲得が容易になったこと、第二にギリシア都市で非市民の数が増加したこと、第三に、多くの場合に非市民の権利が国家間の取り決めで保護されたことが背景にある。都市住民は、市民、奴隷、非市民自由人の居住者からなるきわめて不均一な集団だった。非市民自由人には、外国からの移住者、非嫡出子、国家を超えた結婚から生まれた子供、解放奴隷、裁判での有罪判決で市民権にまつわる権利を喪失した人々といった、さまざまな出自があった。市民権を通じて、政治的影響力を行使する可能性が生まれ、土地所有の特権が与えられ、法の保護を受ける権利が付与された。アレクサンドロスの征服以降、市民権を持たない者、あるいは喪失した者も、以前に比べて簡単にそれを埋め合わせることができた。征服や内戦、あるいは有罪判決によって祖国で市民権を失った者は、王国に移住して、そこに新しく建設された都市の一つに入植することが期待できたし、他の共同体に貢献することでそこで市民権を獲得することを望めた。市民権やそれに付随する諸特権――土地家屋の取得や法的保護――の付与は、以前に比べてずっと一般的になった。国家間の取り決めによって、相手都市の市民は法の保護下に置かれた。数百もの刻文が、個人——通例は外国人恩恵施与者、王の友人たち、そして芸人や医者、さらにはその他の専門家たち、交易業者や銀行家——への市民権付与を伝えている。大規模集団、とりわけ兵士たちの帰化は、戦乱による人口減少に悩んだ諸都市におもに確認されているが、その例はあまり多くない。一方、黒海沿岸やマグナ・グラエキアといったギリシア世界の辺境の諸都市を中心として、市民権の購入もおこなわれた。ギリシア人住民の数が減少するなかで、蛮族の脅威にたいする防衛のための人員補充が必要だったのである。出身地以外のポリスから名誉を受けて、複数の市民権を保持することが、以前のどの時代と比較してもずっと大規模におこなわれた。この傾向は、帝政期にも続いた。一世紀から三世紀にかけて、運動選手、芸人、弁論家といった、祭りから祭りへと移動しながら生活した人々が、複数の市民権を持っていた。

ヘレニズム期の社会は非常に複雑だったため、非市民自由人というカテゴリーは、多種混成の集団だった。外国人居住者（メトイコイ）が、経済的、政治的に重要な集団の一つを形成した。都市への貢献によってあるいは国家間の取り決めに基づいて特権を与えられ、（税の支払い、一部関税の免除、通婚権、法廷へのアクセス、財産権といった）法的権利の面で、市民と同化する外国人居住者もいた。そして、民間の自発団体が生まれたことで、彼らは共同体と帰属意識を獲得していった（二七八頁参照）。ローマの支配は、新しいタイプの特権外国人を生み出した。ローマ市民である。彼らは、ローマとイタリアからギリシア都市に移住し、別の共同体（コンウェントゥス）に編成されて、ローマ市民権ゆえに特権を与えられ、特別扱いを要求した。ギリシアと小アジアでローマの支配がはじまった当初、ローマ市民が攻撃の犠牲になることがあった。前八八年のエペソスでの出来事が、もっとも有名である（一八三頁参照）。しかし、ギリシア人へのローマ市民権付与が特にフラウィウス朝期に一般的になり、ローマ人の主人が奴隷を解放することでローマ市民の数が大幅に増加すると、次第にローマ市民権は、特権的立場を明示するものではなくなっていった。

都市であれ王国であれ、自由人のなかでもっとも特権に恵まれていなかったのは、田園部の居住者だった。王領地に住んだラオイ（八七頁参照）には、貢納支払いの義務があった。小アジアとアレクサンドロスに征服された地域にあった都市のなかには、パロイコイ（「都市近郊に住む者」）という市民権を持たない自由人が居住する大規模な土地を領有するものがあった。彼らには土地を所有する権利があったが、都市の防衛に参加する義務があったにもかかわらず、政治参加の権利を与えられなかった。パロイコイの多くは土着の人々だったが、ヘレニズム期にギリシアの言語と文化を受け入れた。彼らは地元の神々（たいていはギリシア風の名前になっていた）を崇拝し続け、伝来の儀礼を継続した。ヘレニズム期という血腥い時代に、パロイコイはしばしば襲撃の犠牲者になった。前三世紀の小アジアにたいするガリア人の襲撃がその一例である。戦争が起こると、彼らは虜囚の危険と、農耕地とその設備の破壊に直面した。ヘレニズム諸都市は、こうした田園部の人々を、ポリスの一員として遇するよう尽力した。パロイコイは、都市とその領域の救済を願う祈願、そして襲撃と防衛の不安にたいする抗議のなかで言及された。またパロイコイは都市の祭礼に招待された。さらにヘレニズム期のおわり以降、公の正餐を催した気前のよい恩恵施与者たちは、パロイコイや他の非市民身分の者たちもそこに招待する場合があった。これは、飛び抜けた寛大さの証とされた。市民の特権に与れない人々が、共同体の一員と自認することができたのである。こうしたパフォーマンスは、異なった住民集団に存在した法的、社会的格差を埋めることなく、調和を生み出すことに貢献した。教育、技能、権力への接近を通じて、社会上昇が可能となった。

教養ある男たち——教育と技能を通じた社会上昇

社会的立場の向上にたいする、舞台芸術の技巧（二八一〜二八二頁参照）、運動技術（二八一頁参照）、そして教育の三要素の重要性は、前四世紀から元首政の確立にかけて、ギリシア世界の各地で上昇し続けた。ヘレニズム期の教育は、多くの都市でこれに必要な余暇を持つ社会上層部の特権だったが、文学と学問研究と同じく、政治生活と社会のなかで特別な重要性を持つにいたった。詩人、歴史家、神話研究家、科学者にとって、王たちが芸術と科学の振興に心から関心を持ったことは、喜ぶべきことだった。王は、新技術の発見で直接的な利益を得ることができたし、著名な芸術家や文学者に囲まれて彼らの詩行で称えられることで、名声を高めることができたのである。テオクリトス、カリマコス、ポセイディッポスといったヘレニズム期最大の詩人たちはすべて、アレクサンドリアのプトレマイオス二世の宮廷と密接に結びついていた。

ヘレニズム期に「万能の学者」がいなかったわけではないが、科学の革命的進歩は多くの場合、宮廷が進めた専門分化と関係していた。プトレマイオス一世がアレクサンドリアに知の中心地として建設したムセイオンは、王宮に付属して、世界最大の図書館を擁していた。ムセイオンには、天文学から動物学まで、ホメロス研究から医学まで、あらゆる学問を代表する学者たちが集っていた。医学のアレクサンドリア学派の創設者であるヘロピロス（前三三一年頃〜前二八〇年）とエラシストラトス（前三〇四年頃〜前二五〇年）は、特に解剖の実践を通じて医学研究を進展させた。ヘロピロスは、脳が認識の座であると主張し、血管と神経の体系についての知識を刷新した。もともとはセレウコス一世の侍医でアンティオコスの恋患いを診断（七八〜七九頁参照）したことがあるエラシストラトスは、心臓と恋の関係だけでなく、心臓の機能の権威でもあった。彼は血液循環を研究し、静脈と動脈を区別した。

応用科学の分野では、ヘレニズム王の軍事的需要のため、科学者や技術者が王宮に集まった。王の援助によって、デメトリオス・ポリオルケテスのヘレポリスや、小規模の分遣隊を城壁に持ち上げる堂々たる揚重機であるサンビュケ、捻り射出機、連続射出機、火炎放射器といった精巧な攻城兵器が発明されるにいたった。数学者のアルキメデス（前二八七年頃〜前二一二年）は、宮廷と密着して成功したことでもっとも名の知れた科学者である。シチリアのシュラクサイのヒエロン二世の恩顧を得たアルキメデスは、ローマのシュラクサイ攻略（前二一四年〜前二一二年）にあたって、自身の才能と発明品を祖国のために投入した（一三九頁参照）。

教育をもとにした出世を実際に期待できたまた別の集団として、弁論家、哲学者、そしてこの二分野の教師がいる。ヘレニズム諸都市の穏健な民主政では、市民の民会があらゆる決定の根拠であり続けた。富裕なエリート層が動議の主導権を握っていたが、市民の支持を獲得し、外交交渉で都市の利害を代表するために、政治指導者層も修辞学の訓練と説得の技術を磨かなければならなかった。弁論家や哲学者——彼らは同時に説得術の教師でもあった——のなかには、名声と財産を築いただけでなく、出身都市で名誉ある政治家として重きをなした者もいた（二五六〜二五七頁参照）。ストア派哲学者の多くは、学派の創設者であるキティオンのゼノンの範にならった。ゼノンは前四世紀のおわり、彼の崇拝者であった王アンティゴノス・ゴナタスの宮廷への誘いを断り、アテナイ市民権も拒絶した。理性と徳にしたがった生き方を重視し、欲望、恐怖、快楽という有害な感情を忌避するという、ゼノンが基礎を築いた倫理の哲学は、ヘレニズム期と帝政期を通じて強力な影響力を持ち、特に政治家の支持を集めた。しかし、多くの哲学者が出身都市のために使節や公職者の任務を引き受ける一方、王、ローマの政治家、ローマ総督との親交を通じて政治的影響力を獲得した者もいた。

哲学者や弁論家は、民衆を扇動したり権力へ取り入ることで、指導者へのぼりつめる場合があった。次の事例が示すように、ミトリダテス戦争からアクティウムの海戦までの混乱した時代には、これが特に顕著である。前一世紀はじめ、スケプシスの弁論家メトロドロスは、「貧しい男だったが、名声を得てカルケドンで栄えある結婚に成功し、そこで市民権を獲得した」。メトロドロスはミトリダテス六世の王国の司法分野で高い地位についたが、政敵の策謀の犠牲となった。共和政末の混乱期には、貧しい生まれの人物が知力を使ってローマの政治家に感銘を与えたり、あるいは彼らと親しくなることで、社会階層を上昇する機会が生まれた。都市ミュラサでは、前一世紀に、異なった出自を持つ二人の優れた弁論家がこの都市の指導者になった。エウテュデモスは、エリート層を体現した人物だった。先祖から富と名声を引き継いだエウテュデモスは、これに自身の雄弁の技を加えて、出身都市と小アジアで重きをなすにいたった。彼はミュラサで、独裁者のごとき指導権を振るった。エウテュデモスの葬儀にあたって、弁論家のヒュブレアスは彼を称えて、有名な言葉を語った。「エウテュデモスよ、あなたはこの市の必要悪だ。あなたとともにも、あなたなしにも、わたしたちは生きることができない」。ミュラサ第二の弁論家で政治家であるこのヒュブレアスは、成り上がり者だった。彼の死の直後に、ストラボンがヒュブレアスの経歴を次のようにまとめている。

ヒュブレアス自身が学校で語ったように、また市民も認めているように、彼の父親が遺したのは木材を運ぶラバと御者だった。しばらくの間、ヒュブレアスはこれで糊口を凌いだ。だが彼は、アンティオケイアのディオトレペスの教えを受けてミュラサに戻り、アゴラノモスの任務に専念した。ひとまず泥水をすすってわずかばかりの財産を蓄えると、ヒュブレアスは政治へと集中し、市場《アゴラ》にくる人々のあとを追いかけはじめた。すぐさま彼の威信は高まり、すでにエウテュデモス存命中に尊敬を集める存在になった。エウテュデモス死後はこれがさらに進み、この都市の支配権を握った。

ヒュブレアスが市民を説得したことで、ミュラサはローマへの忠誠を継続し、前四〇／三九年には、背信の将軍ラビエヌスとパルティア人に対抗することになった（一九八頁参照）。このヒュブレアスの忠告のために、ミュラサは陥落し略奪された。ヒュブレアスはロドスに逃れ、彼の豪邸は蹂躙された。だがラビエヌスが敗れると、ヒュブレアスはミュラサに戻って権力を回復し、ローマ人はミュラサの忠誠に報いた。ヒュブレアスにはローマ市民権が与えられて、死後、彼は英雄として称えられた。政治力にとって富は常に必要だったが、ヒュブレアスの例が示すように、財産が相続されなくても自分で獲得できる場合があった。弁論の技能だけでは政治での栄達に十分ではなかったが、エリート層の支配も民会で正当と認められる必要があったため、弁論技術は大事だった。

帝国がいまだオクタウィアヌスとマルクス・アントニウスに二分され、東方がアントニウスの手中にあった時、タルソスの詩人で弁論家であるボエトスが、民衆扇動家として権力の座についた。アントニウスのピリッピでの勝利を称える詩を作ったボエトスは、この将軍の好意を勝ち取り、それをタルソスの利益のために利用しようとした。タルソス人は、ギリシア都市にふさわしい特徴を備えようと熱望していた。その特徴とは、ギュムナシオンである。ストラボンは次のように説明する。

アントニウスはタルソス人に向ってギュムナシアルコスの役を引受けようと約束しながら、代りにボエトスをその役に任じて経費の支出を任せた。ところが、ボエトスがさまざまな品目、とりわけオリーブ油を横領したのが露見し、アントニウスの前で告発者たちから弾劾を受けるとアントニウスの怒りをなだめようとして、あれこれいいわけしたなかでつぎのとおり――「ホメロスがアキレウス、アガメムノン、オデュッセウスを称える詩を作ったように、このわたしもあなたへの頌詩を捧げた。だから、わたしがあなたの前へ引出されてこんな中傷を受けるのは正当なことではありません」。そこで、告発者はこの弁明を受けて――「しかし、ホメロスはアガメムノンの油を盗みはしなかった。アキレウスの油もだ。しかし、あなたはそれをした。だから有罪となるべきだ」。

（飯尾都人訳、一部改変）

ボエトスは懲罰を逃れることに成功し、アントニウスの敗北後、数年にわたって都市の支配を続けた。

ラオディケイアのゼノンは、権勢を極めたもう一人の弁論家である。ゼノンは、ラビエヌスとパルティア人の侵攻に際して、ローマ側につくことに決めたことで、この栄達を果たした。彼の息子で王になるポレモンの経歴は、共和政末期と元首政初期という混乱の時代を生きた他の人々の経歴を凌駕していた。ポレモンは、マルクス・アントニウスによって、ポントス、コルキス、小アルメニアの王となったのである。だが、アントニウスが失脚しても、ポレモンの支配は揺るがなかった。ポレモンは前二〇年に小アルメニアを失ったが（アウグストゥスが別の王家に与えたのである）、ボスポロス王国の女王デュナミスと婚姻関係を結んで、王国を拡大した。デュナミスが前一四年に死ぬと、ポレモンは新たな政略結婚をした。新妻ピュトドリスは、トラレイスの富裕なギリシア人家系の出身だった。ポレモンとピュトドリスは、ポレモンが前八年に死ぬまで共同で統治し、彼の一族の影響力は、ユリウス・クラウディウス朝の終焉まで続いた。ポレモンの長男ゼノンはアルメニア王となり、次男のポレモン二世はネロが六四年頃に併合するまで、ポントスを統治した。娘のアントニア・トリュパイナは王ロイメタルケス二世（一二年〜三八年）と結婚してトラキアの王妃となったが、都市キュジコスに隠居して、大いに恩恵施与を実施した。

修辞学、文学、科学の活動が、帝国関係者の恩顧とそれに付随する社会上昇に持った重要性は、帝政期にも継続した。夥しい数の弁論家、哲学者、詩人、歴史家、教師、医者が帝国の首都に引き寄せられ、彼らのなかでとりわけ優れた技術を持つ者は、エリートの元老院議員階層の親ギリシア・サークルにパトロンをみいだした。ローマ皇帝と近しい関係を結び、皇帝との友情さえも獲得した幸運な者も、わずかながら存在した。たとえば、皇帝クラウディウスの侍医となった医師ガイウス・ステルティニウス・クセノポンは、一世紀なかばにコスの重鎮となり、彼の子孫はこの都市で重要な立場を保持し続けた。哲学者であるタルソスのアテノドロスは、アウグストゥスに教師としてローマに呼ばれた。年老いてタルソスに戻ったアテノドロスは、先述のボエトスを亡命へと追いやり、死ぬまで絶対的な権力を行使して、この都市の制度を改革した（二四七頁参照）。跡を継いだのはやはり哲学者のネストルで、この人物はアウグストゥスの甥のマルケルスの教師だった。

シリアのヒエラポリス出身の詩人であるガイウス・ユリウス・ニカノルは、アウグストゥスの治世にアテナイに移り、莫大な財産を使って、内戦中に人の手に渡っていたサラミス島の土地所有権を、アテナイのために買い戻した。ニカノルは、アテナイの歴史上でもっとも栄えある瞬間の一つに結びついたこの島の、完全な管理権をアテナイに返還することで、「今テミストクレス」という名誉称号を獲得した――前四八〇年にペルシア軍を破ったアテナイの将軍にちなんだものである。ニカノルが「今ホメロス」という称号にもふさわしかったかどうかは、知られていない。彼の詩作はどれも時間の流れに打ち勝つことができなかったのである。

権力への近さと社会上昇

ヘレニズム期の社会、そしてその後の元首政期において、個人の社会的地位を向上させたもっとも重要な要素はただ一つ、独裁支配の頂点の人物――ヘレニズム王、巨大な権力を持つローマ人司令官、そしてローマ皇帝――との近さだった。

軍務を通じて、軍隊の上級指揮官、王の友人あるいは顧問、そして行政官として政治力を獲得することが、多くのギリシア人に可能になった。いくばくかの幸運に恵まれれば、彼らはどこかのギリシア都市に引退して、王との恩顧関係によって土地と名声を獲得することができた。王は、忠誠と功績に名誉、昇進、有形の褒賞で報いるよう腐心した。最下層では、兵士たちが土地を受け取り、下級の軍指揮官が贈物と名誉を受けた。だが、上級の将校や王の「友人」たちはこれ以上のもの、たとえば大所領や彫像を、王の恩顧の目にみえる証として手に入れることを期待できた。彼らは、土地所有者として都市に引退しても宮廷との関係を深めることを怠らず、そのために、共同体の指導者グループに属していた。

ローマの元老院議員、司令官や総督も、地域の伝統をよく知るギリシア人の顧問を必要としていた。ローマ人は、ローマの寡頭政的な政体を強く支持していたギリシア都市の富裕な教養市民から、支援を獲得した。ローマ人指導者の友人には、歴史家のポリュビオス、マケドニア総督ルキウス・カルプルニウス・ピソ・カエソニウス（前五七年~前五五年）の教師かつ友人だったエピクロス派の哲学者ピロデモス、哲学者で歴史家でもあった博識の人アパメイアのポセイドニオス（ポンペイウスの友人）、そしてクニドスの重鎮で神話の編纂者であり、カエサルの友人となったテオポンポスがいた。この独裁官がテオポンポスの話に耳をかたむけていたならば、彼は死が待ち受ける元老院会議に出席することはなかっただろう。ミュティレネのテオパネスは、ローマ人司令官に仕えた教養豊かなベテランの好事例である。彼は、ポンペイウスの対ミトリダテス遠征に随行した。テオパネスは出身都市のためにポンペイウスの支持を引き出し、自由都市としての承認を獲得した。テオパネスはローマ市民権を得たばかりでなく、ローマの騎士階級にも迎えられた。ポンペイウスの死後も、テオパネスの貢献は記憶された。ミュティレネではテオパネスの崇拝が設立され、彼の子孫が数十年にわたって影響ある地位を保持した。子孫の一人のポンペイウス・マケルは、帝国図書館の整備のためにローマに招聘された。彼はローマ騎士階級にのぼりつめ、アシアで皇帝の管理官として勤務した。ポンペイウス・マケルの息子は、一五年に法務官となって元老院に入った。こうした人間関係は、両サイドにとって利益のあるものだった。ローマの司令官と総督は、経験豊かな顧問と忠実な支援者をみいだすことができたし、ギリシアの友人たちは、恩顧と場合によってはローマ市民権によって報奨を受けた。彼らが、自身の都市の特権を獲得するために恩顧関係を利用できた場合には、彼らの政治的影響力と社会的名声がただちに上昇した。

前四九年から前三〇年までのローマの内戦の期間中、低い出自の人々を含むとりわけ弁論家や哲学者たちが、ローマ人との恩顧関係と利用して、各自の都市で君主政と変わらない支配を確立した。こうした人々は、友人たちにとっては政治指導者で、敵にとっては僭主だった。タルソスのボエトス（二四七頁参照）、ミュラサのヒュブレアス（二五五〜二五六頁参照）、コスのニキアス（一二七頁参照）らは、こうした成り上がり者だった。彼らにとって負け組につくことは、命は失わないまでも、地位を危険にさらす可能性があった。ある者は手遅れになる前に陣営を変え、ある者は勝者の信用を勝ち取った。オクタウィアヌスを支援した者たちは、その貢献にたいして報奨を受けた。

アクティウムの海戦の最終盤、マルクス・アントニウスは同盟者たち、さらにクレオパトラまでもが自分を見捨て、戦いに負けたことを悟ると、船に乗って逃亡した。スパルタのエウリュクレスという人物が、この船を執拗に追跡した。エウリュクレスは甲板に立って、アントニウスの船めがけて長槍を振った。アントニウスに名を尋ねられたエウリュクレスは、「わたしはラカレスの子エウリュクレス。父の死の復讐をするためにカエサルの幸運に拠っている」と応じた。プルタルコスの伝えでは、ラカレスは海賊行為のために処刑されたのだった。エウリュクレスも、海賊行為で生計を立てていたのかもしれない。エウリュクレスは、「カエサルの幸運に拠る」――つまり、オクタウィアヌスを支援する――という目的を達成した。アントニウスの艦船を攻撃するのではなく、副提督の船ともっとも貴重なアントニウスの積荷を載せた船を拿捕して、復讐を果たしたのである。このエウリュクレスとその子孫は、元首政期の社会上昇の（典型的ではないにしても）興味深い事例である。エウリュクレスとその父の出自は定かではなく、土地所有から名声と富を生み出したスパルタの貴族家系の一員ではなかったと思われるが、内戦時の混乱した状況を利用した策士たちの最後の世代だった。エウリュクレスは、オクタウィアヌス／アウグストゥスからスパルタの個人支配を褒美として受け取った。彼の君主に近い立場に、何か称号――ラケダイモン人の指導者（ヘゲモンあるいはプロスタテス）もしくは監督者（エピスタテス）のような――がついていたかは、わかっていない。エウリュクレスはローマ市民権を与えられて、君主としてスパルタ、ラコニア、キュテラを支配したが、エウリュクレスの権力の濫用が地元民にとって過大になりすぎると、アウグストゥスは彼を亡命させるより他なくなった（前二年）。ただし、彼の子孫は数世代にわたって、スパルタの最重要家系だった。

皇帝との面識は、社会上昇を実現するためのまさに最重要の要素だった。皇帝との関係は、登極のずっと前からはじまることも多かった。のちに皇帝となった人物の多くが、学生、旅人、総督、軍官あるいは亡命者として東方に滞在し、実にさまざまな職業と社会階層のギリシア人と交流することになった。ユリウス、フラウィウス、アエリウスといった「皇帝」の名前（ノメン）を持つギリシア人家系は、多くの場合、皇帝あるいは将来皇帝になる人物との保護関係を通じて、ローマ市民権を獲得した。きわめて多くの人々（ほぼすべて男性だが）が、詩人、弁論家、哲学者、歴史家としての知的貢献の見返りに皇帝の知己を獲得し、自身の芸術あるいは運動競技の功績で皇帝に強い印象を与えた。たとえば、イェルサレムを攻略した皇帝ティトゥスの愛人に、ギリシア人拳闘家メランコマス（「黒髪」）がいた。メランコマスは無双を誇ったが、八二年か八六年のネアポリスのセバスタ祭の開催中に、ごく若くに死んでしまった。皇帝への貢献を通じて社会上昇を果たした人々には、他にコスの医師ガイウス・ステルティニウス・クセノポン（二五七頁参照）やフラウィウス・アリアノス（あるいはニコメディアのアリアノス）がいる。アリアノスは文筆の名声が高く、行政で長く活躍した経歴は無視されがちである。彼は、エピクテトス——奴隷出身で、一世紀おわりから二世紀はじめにもっとも影響力を持つストア派哲学者となった——に哲学を学んだのち、騎士身分の一員として帝国行政に足を踏み入れた。おそらくハドリアヌス期に元老院議員として認められ、バエティカ（スペイン）とカッパドキアに総督として派遣された（一三一年～一三七年）。ハドリアヌスの死後、アリアノスはアテナイに戻り、歴史、地理、戦術についての諸作品を著した。そのうち、アレクサンドロス大王についての歴史が、もっともよく知られている。

社会的名声と富を誇ったもう一つの集団は、一部の藩属王の子孫たちである。彼らは指導的な地位を占め、ギリシア諸都市の恩恵施与者となった。たとえば、最後のコンマゲネ王であるアンティオコス四世の孫ピロパッポス（六五年～一一六年）はアテナイで豪勢な生活を送りながら、バシレウス（王）の称号を用い、恩恵を施し、都市の高位公職を占め、哲学者たちの支援をした。ピロパッポスはトラヤヌス帝とハドリアヌス帝のもとでローマ社会の最高の地位にのぼりつめた。元老院議員となって一〇九年に補充執政官を務めたのである。彼の姉妹でハドリアヌスの近しい友人だったバルビラは、アテナイにピロパッポスの墓のための記念物を建設した——これは現在でも、パルテノンに対峙して偉容を誇っている。

皇帝への身近さによって利益を得た社会集団には、主人の信頼を勝ち得ることに成功したギリシア出自の皇帝奴隷がいた。彼らは解放されると、自動的にローマ市民権を獲得し、重要な地位につくことがあった。すでに共和政期おわりには、そうした有力な解放奴隷が存在した。彼らの一部はおそらく、戦争で捕虜になり奴隷にされたギリシア都市の市民たちだった。教育、経験、技術を買われて、彼らは重要な任務を任された。たとえば、コルネリウス・エピカドスという人物はスラの解放奴隷であり、スラの死後、この主人の伝記を著した。元首政が確立されると、皇帝家や帝国行政で重要な地位につく奴隷と解放奴隷が増加した。皇帝は、さまざまな義務を遂行し、高い生活水準を維持するために――また、生き残るためにも――侍医、文通担当秘書（アブ・エピストゥリス）、財務担当秘書（ア・ラティオニブス）、宮殿と別荘で勤務する何百もの奴隷を必要としていた。

もっとも著名な皇帝の解放奴隷の一人に、ガイウス・ユリウス・ゾイロスがいる。彼はアウグストゥスの解放奴隷で、出身都市であるアプロディシアスの特権確保のために尽力し、この都市の最高公職を独占し、都市の真ん中に設置された壮大な墓廟に埋葬された。前一世紀の戦争では、あらゆる社会階層の人々が捕虜になる可能性が高かったため、ゾイロスのような男たちが、奴隷に売られる前にはそれぞれの都市の有力家系に属していたことも考えられる。

教育と技術が権力の源となった皇帝奴隷も存在した。クラウディウス帝の三名の秘書、カリストス、パラス、ナルキッソスは、共和政期一番の金持ちだったクラッススよりも、ずっと富裕だった。二億セステルティウスという彼らの財産水準に到達するためには、属州アシアの総督の職を二〇〇年間続ける必要がある。クラウディウスの別の解放奴隷であるポリュビオスは、ホメロスをラテン語に、ウェルギリウスをギリシア語に翻訳した。ローマ詩人スタティウスによる詩から、クラウディウス・エトルスクスの無名の父親――また別の皇帝の解放奴隷――の生涯について、いくらか情報を得ることができる。この父親は二年にスミュルナに生まれたが、おそらくは捨て子となり、アウグストゥスの時代に皇帝家に売却された。ティベリウスの時代に解放されると、クラウディウスというノメンを獲得し、クラウディウスの治世になると腹心の一人になって、自由身分の女性と結婚した。この人物はネロの支配を生き延び、ウェスパシアヌスが登極すると、財務担当秘書として帝国財政を司った。自由人として生まれた彼の二人の息子は、騎士身分への参入に必要な財産基準を満たしていたが、ウェスパシアヌスは元奴隷の父親も含めて、彼らに騎士の名誉を与えた。父親はドミティアヌスによって追放されたが、死の直前、九〇年代になってローマに戻った。息子のエトルスクスは非常に裕福で、豪華な公共浴場を建設した。

以上のような人々にとって、皇帝との個人的な関係は、人生を決定するものだっただろう。ただ、皇帝との出会いは、皇帝の好意を個人の社会的栄達のためだけでなく、祖国を援助するためにも、絶好の道を切り開いた。「皇帝族」の多くはローマに居住したが、彼らは出生地を忘れることなく、皇帝の恩恵の仲介者となった。ハドリアヌスの侍従長（クビクラリウス、エピ・トゥ・コイトノス）プブリウス・アエリウス・アルキビアデスは、ニュサの出身で、皇帝の死後に解放奴隷としてその地に戻って生活した。いくつかのニュサ出土の刻文は、彼が恩恵施与に使用した巨大な財産と、その見返りに獲得した並外れた名誉を明るみにしている。小アジアとニュサの皇帝崇拝神殿には、アルキビアデスの金でメッキされた像が建立された。ローマ支配以前の解放奴隷は、ギリシア世界でこれほどの栄達を夢見ることはなかっただろう。

ヘレニズム期ギリシアの喫緊の課題とその解決の失敗

前三二〇年頃、アリストテレスの門弟だった哲学者テオプラストスは、アテナイの公的、私的な場での人々の振る舞いを、『人さまざま』で描き出した。テオプラストスが描写する状況の一部は、富者と貧者の格差と分かちがたく結びついていた。アテナイ人の男性が浪費と贅沢をみせびらかす場面がある。たとえばペットに猿を飼ったり、ガゼルの角でできたサイコロを持っていたり、あるいはプライベートの体育場を建設したり、そこで技をみせるためにソフィストや軍事教官、音楽家を招聘したり、あるいは、エチオピアから輸入した奴隷を購入したり、さらには、もっとも高価な犠牲獣である雄牛の頭蓋骨をみなの目に触れる玄関に掲げたり。寡頭政を支持するこの金持ちは、庶民にたいする軽蔑を隠さない。民会で、痩せて汗臭い労働者階層の男の隣に座った彼は、不快感をもよおす。この男は、都市の出費に財政援助することにも不平をならしている。財産を持たないことは何にも増して恥ずかしいことだったので、持たざる者はこれみよがしに自分の奴隷を銀行へ遣いにやるだろう——彼の預金がせいぜい一ドラクマにすぎないことは、ばれてはいけないのである。

古典期後期のアテナイでは、経済的な不平等が、もっとも明示的で深刻な格差のあり方だと考えられていた。ギリシア最大の都会で活躍する著述家という拡大鏡を通してみるこうした社会状況は、若干の違いはあれ、アレクサンドロスの遠征時のギリシア社会の多くの場所に存在するものだった。小規模な都市より、大都市でそれは顕著だった。この一般的な状況には、地域の特殊性——たとえば、テッサリアやスパルタ、クレタ島で確認される農奴や、一部の都市にあった交易業者と製造業者の法的地位に関する特例——によって濃淡が生じたが、前四世紀のギリシア世界全体にわたって、程度の差はあれ事態に大きな違いはなかった。相当数の奴隷の労働力を農業、製造業、家内労働のために搾取できる者と、自身と家族の労働で口に糊する人々との格差。莫大な遺産を持つ者と、額に汗して働くことを余儀なくされた人々との差異。大小の土地持ち、金貸し、負債者、恩恵を与える者と受ける人々との間にあった対比。傭兵業に命をかけた男たちが多数いたこと、多くの亡命者が財産を没収されたこと、借金と土地所有の問題が繰り返し論争の対象となったことからわかるように、社会的、経済的不平等は広範な現象で、不満を蓄積していった。こうした不満のタガが外れると、内戦が勃発して、野心ある政治指導者が深く分断された共同体に独裁支配をうち立てた。

ヘレニズム期の内戦は、多くの場合、刻文に残された和平協定のみを通じて知られている。また、僭主のことが知られているのは、多くの場合、その僭主が権力を獲得しそれを失っていく過程を描く史料を通じてのみである。こうした秩序の暴力的な混乱状態の背景に社会的緊張関係があったことは、推測可能ではあるが、それ以上ではない。たとえば、シチリアの小都市ナコネについて、前三〇〇年頃のユニークかつ複雑な和平プロセスは、この都市に深刻な分断があったという印象を与えるが、その原因を示すヒントはない。この紛争解決後、対立する二つのグループが民会に集まり、三〇名の政敵の一覧をそれぞれ提出した。彼らはくじを引いて、この二つの対立するグループの構成員と中立的な市民で作る「兄弟団」をいくつか創設した――イスラエルで、イスラエル植民者、ハマスの兵士、そして和平論者から構成される擬似的家族を作るようなものである。紛争の仲裁者たちは、こうした新しい擬似家族のつながりが協調を生み出すことを期待したのである。その他の事例では、対立する集団に、過去の損害をむしかえして復讐することが禁じられた。

ギリシア都市の社会史を長いスパンで書くことは、史料が少ないため残念ながら不可能である。文献、刻文、パピルスに散在する、相互に関係を持たないしばしば誇張された言及を収集する必要がある。しかし、黒海のケルソネソスからクレタ島まで、またアドリア海岸から小アジアまで、実に多様な地域で共通する問題群が繰り返し発生している。ここから示唆されるのは、「旧ギリシア」、つまりアレクサンドロスの遠征以前から存在していたギリシア人ポリスの世界が、人口の相当部分が負債に陥り、十分な大きさの土地を持たない市民が大きな集団となっていたことで生じた社会的緊張に、絶えず直面していたということである。善意の政治家にしても扇動政治家にしても――シチリアのアガトクレス、スパルタのアギスとクレオメネス、マケドニアのペルセウスとアンドリスコス、アカイアのクリトラオス、ペルガモンのアリストニコス――重荷に苦しむ人々の支持を得るために、まさにこの二つの問題を利用した。これらの問題は事実存在し、解決されていなかったのである。

前二三五年から前二二二年までスパルタ王として君臨したクレオメネスは、負債と土地財産の寡占という二大問題にたいし、首尾一貫した包括的改革と思われることを実行した、唯一の人物である。彼は、王の執行権を監督する五名のエポロス団を排除したのち、「すべての土地は共有財産とすべし、負債人はその負債から解放されるべし、外国人を調査、等級づけすべし。外国人のうちで最強の者たちをスパルタ市民とし、兵士として国家安寧の助けとするためである」と宣言した。すべての私有地が共有資産とされ、分割後に各市民に割り当てられた。これを受け取った者たちのなかには、亡命から戻ったスパルタ人や新市民がいた。こうして四〇〇〇名規模になったスパルタ軍は、新しい戦術を訓練する一方、若者の軍事教練と市民の共食という古の伝統が復活された。クレオメネスの改革は、ペロポネソス半島の他の諸都市でも、負債の帳消しと土地の再分配を要求する人々に希望をもたらした。しかし前二二二年、アカイア連邦とマケドニアの連合軍がセラシアの戦いでクレオメネスの軍を撃破し、彼の諸改革もおわりを迎えた。スパルタの改革は失敗し、問題は残った。負債者と貧民の喫緊の問題に対応する方策がしばしばとられたが、真の解決はもたらさなかった。ポリュビオスが描く前二世紀初頭のボイオティアの状況をみることで、古代の史料が漠然と言及する大衆扇動的な施策の様子を理解することができる。

> また司令長官のなかには、金に困った人々のために国庫から給付を施す者もいた。そこから民衆が学んだことは、不正や借財にも裁きを下さず、逆に職権によって絶えず国庫からいくばくかを恵んでくれそうな人物に目を付けて、役職をまかせることだった。（城江良和訳）

このポリュビオスの報告には、保守的な人物にありがちな固定観念があふれている。ただ、多くの刻文にも、負債が返済されなかったことや、負債をめぐる法廷闘争という慢性的問題を審議するために、都市を訪問した外国人判事がいたことが記録されている。また、決議の起草者が公的財政の悲惨な状態と公的債務の重い負担を嘆いたことも、多くの都市でしばしば確認されている。負債者を利息と借金から解放する用意のある債権者が言及されることは、これよりずっと少ない。寛大な法廷と公職者がいくばくかの救済をもたらすことが時にあったとしても、構造的な変化は意図されなかった。借金と土地財産の欠如によって引き起こされる緊張関係への対応策として、スパルタの実験は例外であり、一般的だったのは、近隣の領土征服を目的とした戦争だった。係争地をめぐるこうした戦争は、ペロポネソス半島や小アジア、クレタ島の風土病だった。内戦と経済危機は、多くの場合、持たざる者の移住をもたらした。傭兵として勤務するための短期の移住もあったが、新しい入植者を迎え入れる土地がある限りにおいて、アジアとエジプトの領土に恒久的な移住をする場合も多かった。

住めば都——ヘレニズム期の移住

前三世紀のはじめ、テオクリトスはある詩のなかで、恋わずらいの若者アイスキナスの受難を描いている。アイスキナスは、別の男に走った恋人キュニスカに捨てられて、その悲しみを癒すために傭兵稼業につくことを考えていた。「シモスが金《かな》物《もの》みたいな女に恋して海に出ていき、元気になってもどってきた。ぼくと同じ年頃だ。よし、海を越えて行こう。兵隊としては最悪でもなし最上でもないが、たぶんふつうだろう」（古澤ゆう子訳）。情事での落胆と寝取られた夫の報復への恐怖は、多くの男たちを故郷から立ち去らせ、軍隊勤務に身を投じさせてきた。だが、アレクサンドロスとその後継者たちの時代では、傷心ではなく、土地不足、負債、内戦による亡命が、傭兵が供給される主たる要因となっていた。

アレクサンドロス大王の征服と征服地への植民は、借金と土地不足に一時的な解決をもたらした。新しく建設されたポリスへの移住者は、アレクサンドロスと後継者たちの軍の兵士たちで、もともとはマケドニア、ギリシア本土、エーゲ海島嶼部、そして古くから小アジアにあったギリシア人植民市の出だった。移住者の総数は把握できない。こうした移住はその後の数十年間にわたって継続し、非ギリシア系——トラキア人、アナトリアの土着民、イラン人、ガリア人、ユダヤ人——の傭兵が、次第にギリシア人移住者に加わっていき、ギリシア語とギリシア文化を取り入れた。王たちは、エジプト、小アジア内陸部、シリア、メソポタミアへの移住を進めたのに加えて、部隊を要衝の守備に置いた。遅くとも前一九二年頃、アンティオコス三世はエウボイア、クレタ島、アイトリアのギリシア人をアンティオケイアに送り、メソポタミアとバビロニアのユダヤ人二〇〇〇世帯を、王国内、特に小アジアの拠点に移住させ、そこで土地を与えた。前二世紀なかばには、アッタロス二世がプリュギアにエウカルペイア（「実り豊かな都市」）を建設し、兵士たちに割当地を与えて定住させた。ローマの拡大によってマケドニアが荒廃したために、小アジアへの移住熱がさらに高まったと考えられる。

軍務の褒賞として土地を与えることは、主要なヘレニズム王国の軍隊の一般的な特徴となった。もちろん、こうした王国の領土はさまざまな構造を持っていたため、地域ごとに変化が生じた。プトレマイオス朝エジプトでは、経験豊かな兵士や将校たちが割当地（クレロス）を与えられ、必要時の軍務と引き換えに、割当地から生活の糧を得た。兵士たちは自身の武具を所有しており、遺言でそれを遺贈することができた。彼らの家族は、はじめて入隊した先祖のもともとの民族的出自あるいは出身都市の名称を保持し続けた（クレタ人、コリントス人、キュレネ人など）。最初の移住者の何世代ものちにも、こうした名称が存続した証拠が残っている。セレウコス朝の王国では、傭兵たちは通例、都市的性格を持った植民市に定住した。こうした植民市の一部はある時点で、独立したポリスの地位を獲得した。セレウコス朝の軍事植民市で、植民者は割当地を近親者に遺贈することができ、軍務につくことができる継承者がだれもいない場合に限って、割当地は王に返還された。アンティゴノス朝マケドニアにも類似の制度が存在した。アレクサンドロス大王か父親のピリッポス二世が、兵士への条件つき土地付与の先駆的な制度を定めた可能性もある。ピリッポスもアレクサンドロスも都市を建設した人物であり、軍事植民者に関わる問題を解決する必要があったのである。アレクサンドロスは、カルキディケ半島のカリンドイアの都市、領土、村落を「マケドニア人たち」に与えたことが知られている。さらに初期の後継者であるカッサンドロスとリュシマコスはすでに、兵士と将校に個別の土地分与をおこなっていた。

土地財産を獲得できるという期待は、何千もの男たちが傭兵としての働き口を探し求める契機となった。傭兵たちは、個別に採用される場合は少なく、出身都市と予定の雇用者との協定に基づいて、あるいは経験豊富な将校・将軍である傭兵隊長の指揮下の部隊として、外国軍に加入することが多かった。「兵士斡旋業者」（クセノロゴス）は、傭兵の見込みのある者がいそうな土地を調査するために、王と都市から多額の謝礼を受け取った。たとえば、プラウトゥスの喜劇『ほらふき兵士』の主人公ピュルゴポリュニケス（「塔を幾度も征服した者」）は、エペソスに募集事務所を置いていた。十分な史料が残っている大量移住の例として、前三世紀おわりのクレタ人傭兵の移住がある。前二三四／三三年と前二二九／二八年にマイアンドロス川流域で領土を併合したすぐあとに、ミレトスが一〇〇〇名以上のクレタ人傭兵に市民権を与え、彼らを家族とともに――総勢で三〇〇〇名以上と推定される――この新領土に入植させたのである。クレタ島では、少数の大土地所有者に不動産が集中する一方、人口が増加したことで社会的、経済的危機が誘発されると、土地を持たない市民たちは戦争を金になるチャンスと考えて、略奪行為に手を染めるなり傭兵として勤務するなりした。こうした傭兵たちの多くが、ミレトスだけでなくピシディアのクレトポリス（「クレタ人の都市」）やエジプトといった海外に移住したという事実は、土地を所有したいと願うあまりに、彼らは島を離れざるを得なかったことを物語っている。他の山岳地帯の住民たち――たとえば、好戦的なリュキア人、パンピュリア人、ピシディア人――も、その尚武の伝統に貧困あるいは致富の期待が加わって、傭兵の口を求めた。

雇用主と合意した条件次第だが、兵士たちが受け取る給与はかなりよかった――少なくとも前三世紀には、他の職業の平均給与より上だった。これに加えて、傭兵は配給食料を期待できたし、戦いに勝利すれば、略奪品と下賜を獲得できる可能性があった。多くの傭兵にとっての最大の関心事は、祖国で持っていなかったもの、つまりは土地を受け取ることだった。土地不足は、程度の差はあれ前三世紀の間ずっと継続し、前二世紀にも部分的に存在した。これは、ギリシアにおける社会的不満の主要な原因だった。一時的に雇用されるにすぎない傭兵にとって、土地の所有は、戦死、虜囚、不具、失業に比べて実現の見込みの薄いものだった。仕事のない傭兵（アペルゴス）たちが、サモスのヘラの聖域に集まって、おそらく勤務中に獲得した戦利品を売るために、不正な商業活動に携わっていたことが知られている。

小アジアやプトレマイオス朝とセレウコス朝の王国と比べると、ギリシア本土での土地分配はほとんどおこなわれなかった。ただ、戦争と移住によって耕作可能地が豊富な（テッサリアのような）地域で人口減少が起こると、新住民に土地を分配することが可能となった。たとえば、前二一四年にピリッポス五世はテッサリアのラリサにたいし、その都市に住むテッサリア人とギリシア人（おそらく兵士たち）を市民として、ここ数年耕作されていない土地を彼らに与えるよう勧めている。ギリシア都市では、外国人による土地取得は特権（エンクテシスと呼ばれる）としてのみ可能で、この特権は貢献の見返りに個人に与えられるか、経済的、政治的協力に関する国家間条約（イソポリテイアと呼ばれる）に基づいて共同体全体に与えられた。イソポリテイアの条約を締結した都市の市民は、相手国への移住を決めた場合、「市民の権利と同等の権利」を持った。

新領土への大量移住は、前四世紀おわりと前三世紀のギリシア都市にあった緊張関係を一時的に緩和し、ギリシア人部隊が入植した地域の都市化と、広域な経済ネットワークへの統合を促進した。しかし、うち続く戦争は新たな問題を生み出すのを決してやめなかった。傭兵としての勤務や略奪行為は、こうした活動に従事する者の経済的必要に応えるものだったかもしれないが、ギリシア諸都市に蓄積された社会問題を解決することはなかった。傭兵あるいは略奪者の利益は、別の家族には損失を意味した。さらに、前二世紀から前一世紀初頭にかけて、傭兵を雇用する可能性のある人々——ヘレニズム王国——の数が減少するにつれ、傭兵勤務の働き口が次第に少なくなっていった。ヘレニズム期の戦争は問題を再生産するのみで、それを解決するものではなかった。重大な変化が起こったのは、ただ東地中海世界の平和化を通じてである。

職業の専門化と移動性

王が建設した都市に兵士が大量に移住したこと以外にも、アレクサンドロスの征服以降に次第に確立した政治的、経済的ネットワークは、あらゆる種類の職業・専門の個人、家族、集団の移動を促した。そうした専門家の一部は、その職業の特性ゆえに、移動生活をおこなった。彼らは都市から都市に、宮廷から宮廷に、祭礼から祭礼に、市《いち》から市《いち》へと移動することで、一時的にしか必要とされない活動で仕事を得るチャンスを高めた。たとえば、舞台芸術やコンサートは毎日開催されることはなく、大きな祭礼の期間中、あるいは不定期の特別な祝典でおこなわれるだけだった。専門的な職業俳優、詩人、音楽家が一つの都市にとどまったら、仕事のオファーがあるのは一年でたったの数回だっただろう。その時に祭礼をおこなっている都市に絶えず旅行することによってはじめて、一年の大半、仕事にありつくことが約束された。専門家の広範な移動を促進したもう一つの要素は、ある種の専門、たとえば医学や彫刻の高度な訓練が、どこでも手に入るわけではなかったという事実である。それが可能なのは大都市だけで、一部の都市で地域ごとの「流派」が形成されることがごく一般的だった。ヘレニズム期のコス島の医学、アテナイの弁論と哲学、ロドス島と帝政期のアプロディシアスの彫刻、シキュオンの絵画、といった具合である。結果として、こうした都市出身の専門家は、出身地を遠く離れても需要があった。
とりわけ大都市に居住した有名な専門家は、自宅にいながらにして顧客の訪問を受けることができたし、外国で腕を振るよう高額の料金で要請されるのを待つことができた。そうした人々の一例として、ヒュドラウリス——前三世紀のアレクサンドリアで発明された水圧で動く初期のパイプオルガン——の奏者だった、クレタ島はエレウテルナのアンティパトロスという人物がいた。デルポイは前九四年にアンティパトロスに使節を送って、彼の兄弟（この複雑な楽器の演奏助手）とともに演奏会を開催するよう要請し、たくさんの謝礼を支払った。だが、専門化した技術と職業を持つ者が多少なりとも継続的に仕事を得る可能性があったのは、大都市だけだった。そのため、何百もの芸能人——音楽家、舞踊家、俳優、歌手——そして多数の芸術家、医師、知識人——哲学者、弁論家、歴史家——は、人生の多くの部分を旅に暮らした。ヘレニズム期のこうした遍歴専門家のなかには、女性もいた（二八九頁参照）。無料でサービスを提供する余裕があったのは、少数の成功した医師や知識人だけだった。こうした人々の情報が残されているのは、彼らが例外的な成功者だったからである。生活の糧を求めて苦闘した何百もの同種の職業人は、現在ではその名を知ることができない。

舞台芸術と視覚芸術の専門化は、その代表例が比較的目立つので、よくわかっている。しかし、専門化は都市の経済と社会の主要な特徴であり、農業や交易から製陶業、香料製造、繊維業、金属加工業まで、大半の経済活動に関わっていた。ヘレニズム期後期の新機軸に、同業の代表者が自発団体に組織化されていったことがある。とりわけ、アテナイ、ロドス島、デロス島のような大規模な交易中心地の外国人居住者にとって、この組織化の形態は実際的な利益に加えて、ある種の団結と自己認識の場となった（二七七〜二七九頁参照）。

製造業における専門化は、物質的証拠にみてとれる。ワイン甕、ランプ、陶器といった製品の産地が、単純にその形状と装飾を通じて特定できるという事実は、特段新しいことではなかった。だがそれは、地域の産品がずっと大規模に遠隔の市場に輸出されるにつれ、先行する時代に比してより一般的になり、全ギリシア世界をカバーするにいたった。タソス島、ロドス島、クニドス、コス島、そしてシノペ、ケルソネソス、ヘラクレイアといった黒海の諸都市のワイン輸出が、もっともよく知られた事例である。こうしたワインの産地は容器の形状と並んで、場所と製造年をあらわす刻印によって知ることができる。ちょうど現代のわたしたちが、ボジョレーの赤とピノ・グリージョの白を瓶で見分けるのと同じである。

移動性と結びついた職業の専門化と都市的中心地の拡散は、農業以外の選択肢を生み出し、持たざる者が仕事口を獲得する可能性を向上させた。古代を通じて名誉ある富の源泉だったのは土地財産だが、製造業、交易、銀行業での活動で財をなした人々は、今や多くの都市で、高い社会的地位や政治的影響力を獲得することができた。彼らが財産の一部を恩恵施与に使う用意があれば、なおさらのことである。ヘレニズム期にはじまった専門化と移動性は、平和がなった帝政期のオイクメネにおいて、その絶頂を迎えた。

パクス・ロマナ——継承された緊張と新たな環境

元首政が成立したあとのおおよそ二〇〇年の間、ギリシア世界はおおむね平和だったが、社会問題が市民の間に不穏な空気を生み出し続けていた（二四七〜二四八頁参照）。ハドリアヌスの統治期の前後、市民への寄付のために恩恵施与者を称えた刻文からは、人々の一部が差し迫った貧困に襲われていたこと、そして都市が公共事業に支出できない状態にあったことが明らかになる。たとえば、ハドリアヌスの統治期の最後とアントニヌス・ピウスの統治期に活動した大恩恵施与者、ロディアポリス（リュキア）のオプラモアスは、複数の都市で、神殿、ギュムナシオン、浴場、市場、祭礼に資金を出しただけでなく、貧民の窮乏にも対応している。彼は、穀物を安価に提供し、葬式を出してやれない遺族のために立派な葬式を準備し、お金に余裕のない女子に持参金を用意し、市民の子弟の教育と養育を賄い、貧民に食料を寄付した。

元首政の最初の数百年に、社会問題と社会的緊張関係の原因と本質が大きく変わったわけではない。貧しい者と富める者との格差は、相変わらず明白だった。ぎりぎりの生活をする人々は、多くの場合都市に住んでおり、安価な穀物を手に入れるために恩恵施与に依存していた。財産を持たない人々の一部は、新しく生まれた子供を遺棄——こうした捨て子（トレプトス）は通例奴隷として育てられた——するか、我が身を奴隷に売るか、あるいは犯罪に走るかする他なかった。盗賊団の存在は、特に小アジアで問題として残り続けた。山岳地帯で、古くからある略奪の慣習が頑固に残り続けたからだけでなく、彼らの絶望も理由の一つだった。二世紀のはじめ、ティロロボスが小アジア北西部のイダ山周辺地域を恐慌に陥れ、田園地帯を荒らし、さらに都市的な居住地にも攻撃を加えた。アレクサンドロス大王の歴史を書いたアリアノス（二六〇頁参照）は、ティロロボスの歴史も著している。

主要な問題が片づかなかったとしても、その対応には変化がみられた。社会の困窮を解決する伝統的な方法——近隣の領土を奪い、土地と略奪品を市民で分配する——を、今や実行できなかったからである。都市間の領土紛争は帝政期にもずっと継続していたが、征服戦争は差し迫った土地の需要にたいする一時的な解決に、もはやならなかった。ポンペイウスによって、クレタ島とキリキアの住民の重要な収入源だった海賊行為と沿岸での略奪行為は、東地中海からほぼ姿を消した。アウグストゥスの治世前後にローマの船団がマケドニアの海賊に襲われるという有名な『ベン・ハー』の一場面があるが、帝政期に海賊が重要な役割を演じ続けるのは小説の世界だけだった。これらの小説の舞台は、東地中海にイルカの数ほどたくさん海賊がいた、もっと前の時代に設定されていたのである。

ローマ帝国でも、問題への対応策として伝統的なものが一つ存続していた。軍務である。王国軍での大規模な傭兵勤務が、規模は縮小しつつも、ローマ軍での勤務に移行した。勤務の条件が変化したにすぎないのである。東方属州出身のローマ市民権を持たない男(ペレグリノス)たちは、補助軍での勤務(二五年間)に志願することができた。ハドリアヌス期前後には、二六の射手部隊があり、その半数がシリア出身で、残りがトラキア、小アジア、クレタ島出身者で占められた。ローマ市民権を持つ男たち——その数は紀元後最初の二〇〇年間で増大した——は、正規軍での勤務が認められた。結果として、土地を持たない者やとりたててあてのない者の働き口は、引き続き軍務が提供することになった。

東方がローマ帝国に統合されたことで、新しいチャンスももたらされた。すでに前二世紀から、新しい交流のネットワークが登場していたのである。デロス島は前一六七年に自由港となった直後から、イタリアから大量の移民(その多くは交易業者と銀行家)を受け入れた。マケドニア、ギリシア本土、小アジアといった他の地域では、ようやく前一世紀以降に、イタリアとローマの企業家(ネゴティアトレス)と、これよりずっと数は少ないが土地所有者(エンケクテメノス)の存在が目立つようになった。ローマ植民市は、ゆっくりとした成長や発展の結果ではなく、一回の建設によるものだった。そのため、主として土地を与えられた退役兵、解放奴隷、製造業者、交易業者、都市の平民で構成される植民市の住民の社会構造は、古いギリシア都市の社会構造と異なっていた。土地財産以外の収入源にたいする態度に、変化が生まれた。たとえば、前二世紀おわりと前一世紀はじめのローマやイタリアの交易業者が、デロスの国際港に建立した記念碑や奉献物でみずからを表現した自信は、大半のギリシア都市ではみられないものである。ローマ人植民者は、都市や地域の境界を越えた経済協力のネットワークを作りあげ、促進することができたのだった。ローマ人の一家門の分家が複数の都市に居住し、互いの経済活動を支えて社会上昇を目指して協力することも可能だった。こうした理由から、イタリアからの新規参入者は経済に甚大な影響を与えた。前一世紀おわりと一世紀に、ローマの植民市は戦争に疲弊した地域のカンフル剤となった。たとえば、コリントスとパトライは、イタリアとの交通を円滑にしたことで、経済成長に貢献した。コリントス湾のそれぞれ東と西に位置するコリントスとパトライは、イタリアとの交通を円滑にしたことで、経済成長に貢献した。コリントスの製陶業は、ギリシア、小アジア、北アフリカ、イタリアに陶器のランプを供給した。

小アジアでは、ローマ属州が成立して、その結果、広範囲の統一的行政機構への統合と、幹線道路の建設と維持が実現し、交易業者と企業家が都市と属州の境界を越えて移動する新たな可能性が生まれたことが、専門技術を必要とする産物(たとえば織物)や原材料(とりわけ大理石)の貿易に空前の勢いを与えた。大規模農地では、地元市場の需要だけでなく、オリーブ油やワインといった特定の産物の輸出にも適した農業生産が実現されていた。これは小アジアとマケドニアでは多数確認されており、頻度は低いものの他の地域でもみられた。こうした大規模農地の一部は、今ではローマの元老院議員と騎士身分に参入したギリシア人の所有となった。富裕な男たち——そして一部の富裕な女たち——は、出身都市以外の都市の領域に土地を所有する場合があった。大規模農地を管理したのは奴隷と解放奴隷で、彼らは所有者の管理人（オイコノモス）を務めた。

クレタ島は、征服と平和化が経済に与えた影響をよく示している（二一六〜二一七頁参照）。略奪と傭兵勤務で生活の糧を得ていたクレタ人は、前六七年の征服の衝撃から立ち直るとすぐに、自分たちの豊かな島が帝国のネットワークに統合されたことによってもたらされたメリットを利用した。ワインの大量輸出に加えて、オリーブ油と薬草の取引がおこなわれた証拠が残っている。魚用の大水槽は、帝政期に新しい種類の食品製造があったことを明らかにしている。またクレタ島は照明の製造にも優れ、小アジアや北アフリカに輸出された。型による陶製ランプの製造がはじまったきっかけは、カンパニア出身のイタリア人移民だった。二世紀なかばの大医学者ガレノスが、利潤を生み出すまた別の輸出品を伝えている。これはローマ征服以前には確認されていない。

毎年夏になると、たくさんの薬草がクレタからローマにやってくる。この島には皇帝お抱えの薬師がいて、彼らが皇帝だけでなく首都全体に薬草の詰まったカゴを送ってくるのである。クレタはこうした薬草を他の地域にも輸出している。島には薬草、果物、穀物、根菜、搾り汁がふんだんにあるのである。搾り汁には（頻繁にではないものの）不純なものが一部あるが、その他の産物には混じりっ気がない。クレタの植物の種類は本当に多様なので、薬師たちは顧客をだます必要がないのである。

ローマ人によるギリシア世界の属州化は、ゆっくりと進んでいった。ローマ当局は、問題が起こるとそれに対応したが、何かの計画にしたがったものではなかった。こうした対策が持つであろう長期的な影響に、部分的にでも気がついていなかったというわけではない。ギリシア的東方、とりわけ強力な都市的伝統と高い文化レベルを誇ったギリシアの属州あるいはヘレニズム化が進んだ属州では、「ローマ化」は目指されなかった。ローマ当局は地域の伝統を根絶しなかったし、とりわけローマ的な文化、慣習、法制度、価値観を押しつけることもなかった。しかし、統一的な行政機構のもとで、比較的明確かつ安定的な境界を持った地理的地域が平和化されたことは、すさまじい凝集力を生み出した。ハドリアヌスが東方属州で二度目の行幸をおこなった時、女たちは皇后の髪型を真似し、男たちは皇帝の髭を模倣した。ハドリアヌスから市民権を与えられて、プブリウス・アエリウスという皇帝にちなんだ名前を持った人々が、帝国各地に生まれた。ギリシア人がラテン語の言葉を受け入れるようになった。エジプトのモンス・クラウディアヌスの鉱山から切り出された円柱が、パンテオンで使うためローマに船で運ばれた。エジプトのベレニケとプトレマイスと、アラビアとインドの各港の間に、定期航路が開かれた。大量のクレタ産の薬草が、ローマその他の都市に届けられた。メソポタミアとアラビアの隊商が、シリアのパルミュラとヨルダンのペトラを経由して帝国と接続される一方、ドゥラ・エウロポスのようなローマの要塞がこうした交易ルートの安全を守っていた。一五五年、アエリウス・アリステイデスは帝国首都でおこなったローマを称える演説のなかで、繁栄と豊かさを描いてみせた。職業的な称賛演説家による誇張を差し引いたとしても、彼の演説は、一〇〇年を超える平和によって、高度な経済関係の可能性がギリシア人の住まう多くの地域にもたらされたことを映し出している。

［地中］海は、人の住まうこの土地とあなたがたの帝国の真ん中にある、ある種のベルト地帯に似ています。その周囲の大陸は地中海の方を向き、常にあなたがたに豊富に産物を生み出しています。何であれ季節が運び、国々、河川、湖沼、ギリシア人と蛮族の芸術が生み出すものが、陸海のあらゆる場所からあなたがたにもたらされているからです。これらすべてを目でみて確認しようとするならば、人の住まう世界をすべて旅して確認しなければならないでしょう。あるいは、単にこの都市にくることもできます。どこの国で生まれ、作られたものでも、この都市ほどいつも大量にある場所はないからです。［中略］あなたがたがインドやアラビア・フェリクスからの積荷を所望すれば、それがあまりにもたくさんで、そのために彼の地の木々が丸裸になり、彼の地の人々が自身の産品をあなたがたに求めるためにこの地にこなければならないのではないかと、あなたがたは思われることでしょう。

アリステイデスは小アジア出身の教養ある土地所有者で、彼の家系はハドリアヌスの時代にローマ市民権を付与されたローマ支配の受益者だった。こうしたアリステイデスの世界観が、二〇〇年前に最後の反乱が鎮圧されたユダヤ人と同じでなかったことは疑いない。さらに、アリステイデスの考え方は、ローマの輝きを——六〇〇年前のペリクレス時代のアテナイの輝きと同じように——支えていた、貢納の支払いに四苦八苦した人々にも、理解不能だったに違いない。

第14章　社会と文化の流行
——恩恵施与者、自発団体、エペボス、運動競技者、女性、奴隷

トレンドとイノベーションを突き止める

一世紀あるいは二世紀に刻まれた小アジアのメトロポリスのある刻文には、トレーニングと余暇の場であるギュムナシオンへ寄付した人々の名前が記録されている。彼らの名前の一覧に先立って、次のような前文がある。

幸運と皇帝たちと皇帝家全体の安寧のために。レクシマコスの孫、アレクサンドロスの子アレクサンドロスが神官だった年。デュストロス月の二日。年長の市民たちの決議に基づいて、アスクレピアデスの娘アレクサンドラ・ミュルトンがギュムナシオンの監督者だった時に、以下の者たちが皇帝たちと年長の市民たちに寄付を奉献した。

このギュムナシオンは皇帝家に捧げられ、その保護のもとに置かれていた。ギュムナシオンを使用する人々は、六〇歳より年長の市民（プレスビュテロス）たちだったのだろう。寄付者が資金拠出を誓約したのは、饗宴で使用される三揃の寝台（トリクリニウム）だった。メトロポリスの老人たちはギュムナシオンに通って、体を鍛えただけでなく、（それよりもむしろ）この寝台に横たわって酒を飲んで語らうことに時間を費やしたのだった。資金拠出者のうち「プレスビュテロス自身」だったのは、たった一人だった。大多数の寄付者の男たちは、家族の年長者のために、そして自身が将来使うことを考えて寄付したのに違いない。

ここに不自然なところは何もない。むしろこの刻文は、ヘレニズム期と帝政期の三つの重要な動向を典型的に示している。つまり、恩恵施与、自発団体での宴会、そしてギュムナシオンが持った社会的、文化的重要性である。一方、前三世紀より前には考えることすらできなかっただろう驚くべき特徴が、二つある。第一に、男性だけの組織の監督者であるギュムナシアル

コスという都市の重要な役職を、女性が務めていることである。この女性は、その財産だけをたのみとして、この役目を果たしたのだった。事実、彼女はかなりの額（六三〇デナリウス）を約束した寄付者に名を連ねている。第二は、寄付者のなかに、ギュムナシオンに足を踏み入れることが許されなかったことが確実な人物が、三名がいることである。女性が二人と、公共奴隷が一人である。彼らが寄付に参加したのは、彼らが財産を持っていてそれを自由にできる立場にあり、寄付を通じて周囲から称賛されることを期待したためである。

この一見ありふれたメトロポリスの刻文は、一つの革命ではなく、社会と文化を形成していった緩やかな変化の帰結だった。わたしたちが検討していく流行には、一つの共通点がある。これらの流行はすべてヘレニズム期、おおよそ前三世紀にはじまり、劇的な変化を被ることなく帝政期まで続いたものである。つまり、その動向は「長いヘレニズム期」の統一性――画一性や均質性ではなく――を反映しているのである。

「エヴェルジェティズム」――恩恵施与、社会的名声、政治的権力

ギリシア都市には、収入税と財産税について高度に発達した制度がなかった。各種の税と歳入が存在したのはいうまでもない。公共の土地、牧草地、鉱山、採石場の賃貸収益、関税と売上税、罰金、戦利品、神官職売却益、などである。ただ恒常的な財源不足のため、祭礼や艦隊の維持のための支出といった定期的に発生する巨額の出費は、富裕な市民によって賄われる必要があった。これは、財産に応じて責任が割り当てられる、公共奉仕《レイトゥルギア》という制度を通じておこなわれた。建築プロジェクト、防衛のための対応、安価な穀物備蓄の購入といった不定期の支出が、大きな問題として残された。こうした場合、市民たちは臨時の支払い（エイスポラ）をおこなうか、公共の基金への支払い（エピドシス）を通じた自発的な貢献をすることが求められた。しかし、これでも十分ではなかった。うち続く戦争によって――傭兵への支払い、部隊への供給、市壁の修繕のために――財政がさらに窮する一方で、予期した歳入がない場合があったからである。

支出が手元の財源を上回った場合、ギリシア都市は現代でも多くの政府がしていることをおこなった――借金である。愛国的な市民が利子なしで貸付をしてくれない場合、ひどい条件で借入をおこなう場合もあった。金貸の主要な動機は、まさにこの高利息だった。ローマの対海賊戦争期間中の前七一年、スパルタの南の小都市ギュテイオンにたいし、資金提供を申し出る者がいなかった。ローマ人のクロアティウス兄弟の二人が貸付に同意したが、それは四八パーセントもの高利息だった。それでも、ギュテイオンが（予想通り）借金の返済ができなくなり、二人が利息の大部分を最終的に放棄したため、彼らは恩恵施与者として名誉を受けた。ギュテイオンの事例は極端だが、一二

パーセントかそれ以上のある程度の高利と借入の未返済は、前二、一世紀にはありふれた出来事だった。諸都市が寄付を強く求める場合もあったが、ひどい場合には、公有地すべてを抵当に入れるより他ないことがあった。ヘレニズム期の名誉刻文の多くは、低利あるいはまったくの無利子で貸付をおこなった者、あるいは今日でいうところの貸付の「ヘアカット〔債務減免〕」を受け入れた者に捧げられている。

現代社会では、後援者や寄付者が提供物の見返りに何かを約束されるということは、普通ない。寄付者が期待できるのは、せいぜい建築物、道路、賞が自分にちなんだ名前をつけられることぐらいであるし、これにしても寄付者の死後におこなわれることが多い。自分の名前を出さないことを寄付者が望む場合も、しばしばある。ヘレニズム期のギリシアと帝政期には、匿名の後援者などというものは存在せず、気前のよさは互恵のシステムの一部となって政治生活に劇的な影響を及ぼした（一二二頁参照）。寄付は愛国心の表明のために作りあげられた、公的な見世物だった。公共のための基金の目的と日時が告示され、これに参加した者には名誉が約束された。基金募集の期間中、群衆が金持ちとにらんだ市民たちへの要求を声高に叫び、支払いの誓約が成るとそれが周知され、歓声と喝采によって迎えられた。これは富裕市民にとって、さらなる寄付をおこなう動機となった——あるいは、気づかれずに逃げようとするきっかけとなった。こうした寄付は、公的に記念された。寄付の量の順（つまり、最大の寄付が最初にくる）ではなく、寄付がなされた順で記念されることが多かった。寄付の誓約はある種の競争で、最初に寄付を申し出た者たちが最大の名誉を受けたのである。寄付をおこなった者たちの名前だけでなく、誓約を守らなかった者たちの名前も公に記録され、後者の人々は同僚市民の軽蔑にさらされた。

基金では民会がその対象を決定したのにたいし、自発的な恩恵施与では、恩恵施与者が主導して事業を決定した。多くの場合、恩恵施与者たちは実際の需要——公共建築、ギュムナシオンへのオリーブ油の提供、公職維持のための資金提供——に対応したが、新規の祭礼の資金を拠出する場合などには、個人的な関心と好みに左右されることがあった。恩恵施与者（エウエルゲテス）と彼らの社会的、政治的役割の存在感が増大したことを、現代の学者は「エヴェルジェティズム」と呼んでいる。エヴェルジェティズムは互恵関係に立脚していた。フレッド・エッブのミュージカル『シカゴ』でのママの歌は、この互恵関係を簡潔明快に説明している。

あたしに用事のある時にゃ、いつも
これだけは覚えときな。
あんたがママによくしてくれりゃ、
ママもあんたによくしてあげる。

無償の寄付行為を通じて、地域の恩恵施与者たちは、自身の財産の一部を共同体のために提供する自発性を誇示した。一方でこの自発性は、共同体が彼らの政治的主導権を認めるという期待とセットになっていた。富裕家系が提供する寄付と公共奉仕《レイトゥルギア》と引き換えに、デモス（市民団）は彼らによる権力の独占を黙認した。この互恵関係によって、ヘレニズム期後期と帝政期の諸都市は、一定程度の穏健な民主政を維持し、政治生活には強い寡頭政的特徴があったものの、主権は市民にあるという幻想を持ち続けることができたのである。

恩恵施与者はその地域で、目立つ場所での像の設置、金の冠、寄付行為の周知を通じて名誉を与えられた。彼らは舞台上演や運動競技祭の場で特別席に招待され、公職者との食事に招かれた。また、恩恵施与者が資金を出した建築物――行政の建物、公共浴場、ギュムナシオン――が、彼らにちなんで命名された。死にあたって、彼らは国葬、場合によっては市壁内での葬礼という例外的な名誉を期待できた。特別な場合には、死後に崇拝の対象となるという名誉を授けられた。こうした名誉は、恩恵施与者を都市のなかで目にみえる存在にした。さらに注目すべきは、恩恵施与の記憶が薄らぐことがなかったということである。卓越した市民を称える刻文の多くは、彼らの先祖たちが基金に貢献したり、寄付をおこなったことに言及している。恩恵施与行為は、恩恵施与者だけでなく、その家族の社会的名声と政治的影響力を数十年にわたって強化したのである。

恩恵施与者は、大土地所有者やエリート層だけではなかった。恩恵施与者の社会的出自がさらに多様化し、女性、外国人、解放奴隷、さらには奴隷が加わるにつれ、恩恵施与行為は社会上昇の重要な手段となった。ポリスに大きな金銭援助をおこなった外国人は、そのポリスでの優遇を期待でき、彼らの特権が次世代に引き継がれる場合もあった。恩恵施与者は、通例プロクセノス（二五二頁参照）の特権を与えられ、市民権を授与されることもあった。前二世紀までに、ギリシア諸都市が富裕な恩恵施与者の貢献に依存する状況が顕著になっていたが、この動向が頂点を迎えるのは帝政期である。新しい恩恵施与の形として、ステパネポロス、アゴノテテス、ギュムナシアルコスといった公職にかかる費用のために、都市へ寄付金を付託するというものがあった。こうした公職につこうとする市民がいない年に、この寄付金がその費用をカバーして、恩恵施与者がその公職の職名を名のるのである。こうした寄付金――「永世ステパネポリア」、「永世アゴノテシア」、「永世ギュムナシアルキア」と呼ばれる――によって、個人が死後もその公職に名目的に就任することになった。

ヘレニズム期の初期、エウエルゲテスの称号は多くの場合、戦闘で活躍した人々や都市に政治的な貢献をした人々に与えられた。彼らは愛国者として尊敬を受けたのである。この時代、気前のよさで他を圧倒した富裕者は、同僚市民のなかでの第一人者になることができた。しかし、公的、宗教的活動が公共奉仕《レイトゥルギア》と無償の恩恵施与によって賄われる状況が進展すると、エウエルゲテスは特別扱いされて、同僚市民の上に位置するようになった。こうした変化は、恩恵施与者のための名誉決議の用語に反映されている。たとえば、前五〇年頃のアプロディシアスで、ヘルモゲネスという人物が次のように称えられている。

第一級のもっとも卓越した市民の一人であり、祖先にもっとも偉大な人々、共同体をともに建設し、美徳、名誉を愛する心、多くの恩恵施与の約束、祖国への最大限に公正なおこないのなかに生きた人々を持っている。彼自身、優れた有徳の士で、祖国を愛する者、建設者、都市の恩恵施与者、救済者である。彼は、市民団全体、そして個々の市民にたいして事をおこなうにあたって、懇切と慎重を示した。神々と祖国にたいしては、最高の尊敬もってあたった。もっとも高貴な誓約をもっとも気前よく実現し、奉献をおこなって、彼は祖国を美しく飾った。［後略］

こうした賛辞（二四五頁も参照）のなかで、アプロディシアスのヘルモゲネスのような人物は、敬愛を受ける都市のリーダーとして立ちあらわれる。多くの人々が心のなかで考えたはずのこと——こうした恩恵施与者は都市の必要悪である——を、公的な刻文のなかにみつけることはできないだろう。ハドリアヌス期のアテナイで最大の恩恵施与者だったヘロデス・アッティクスは、これを感じていたに違いない。彼は、自身が奉献した像の台座に、像の破壊を目論む者たちに向けて、不吉な呪いの言葉を刻ませた。恩恵施与者たちは、同僚市民から引き出すであろう反応を知っていた——それが、感謝ではなく妬みであることを。

自発団体

アレクサンドロスの遠征より前の時代、外国人居住者が顕著だったのは、とりわけアテナイや商業活動が盛んだった他の若干の都市などの、主要な都会だけだった。ヘレニズム期を通じて、大半のギリシア都市で外国人の存在感が継続的に高まっていった。こうした外国人居住者には、長期の外国人居住者（メトイコイ）、商人と銀行家、亡命者、駐屯軍の人員と傭兵がいた。アウグストゥス以降の二〇〇年間に、外国人居住者の数がピークを迎えた。

新しく建設された都市では、移住者はただちに共同体に統合されて、さまざまな出身地の他の移住者と、新しい都市への所属意識を共有した。だが、ギリシアと小アジアに古くからあったギリシア都市では、事情が大きく異なっていた。ここでは、外国人居住者は明確なマイノリティであり、それが変わることはなかった。彼らは、法的権利の点で大きくは市民と同等に扱われ、軍事と財政での義務を負担し、財政面での貢献をおこない、一定の状況下では土地の所有を認められた。しかし、彼らには政治的権利がなかった。外国人居住者が市民と次第に同化したとしても、市民が入念な「愛国」教育制度に基づいて（二八二〜二八六頁参照）確固とした自己認識を作りあげていったという事実に、変わりはなかった。外国人たちが集団への所属意識を持つことができたのは、自発団体への参加を通じてだった。団体は、共通の民族的出自以外に、親類関係、職業の共通性、あるいは宗教的信仰を基盤とすることができた。

現代の「クラブ」に類似した自発団体（エラノス、ティアソス、コイノン）は、すでに前六世紀には存在していた。しかし、前四世紀以降、自発団体の数が飛躍的に増大した。理由は三つある。第一に、移動性が高まることで、特に主要な港市や交易、文化、製造業の中心地で、外国人居住者の数が増えていった。祖国を離れた人々は、ある種の共同体として団体を形成した。前二世紀にイタリアの交易業者がギリシア・小アジアに移住しはじめると、とりわけデロスのような経済的中心地において、団体がローマ風の祭礼を組織し実施する拠点となった。第二に、崇拝者と神との緊密で特別な関係を約束する祭儀が増加した。特に、秘密の儀式と教義への信者のイニシエーションを前提とする祭儀の人気が高かった。こうした祭儀は、信者やイニシエーションを受けた者だけで構成された集団でおこなわれ、彼らは会堂で決まった日に儀式を挙行した（三一八頁参照）。離散ユダヤ人の祈りの家とシナゴーグも、自発的な組織の一形態だった――実は、シュナゴゲはクラブを意味するギリシア語なのである。最後に、団体は社会階層の低い人々にたいし、かつてはエリート層のものであり、ヘレニズム期には宮廷でおこなわれた宴会の一形態、すなわち饗宴を再現する道を開いた。こうした団体は、会堂での集会を催し、社で守護神のために祭りを祝い、自身の墓地に構成員を埋葬した。

構成員の出自や職業が何であれ、団体は常に神格の守護のもとに置かれた。ほとんどの場合、団体の名前は構成員によって崇拝される神あるいは神々に由来していた。アポロニスタイはアポロンを守護神とし、ヘルマイスタイはヘルメスの守護のもとに置かれるといった具合である。自発団体は、ポリスの制度を規模を小さくして再現していた。団体には、規定、集会、役職、決議、共有財、財政があった。自発団体の構成員権は市民権に類似しており、ある程度までは、市民権に代わる共同体と所属意識の基盤となっていた。通例団体は、身分に関係なく――市民、外国人居住者、解放奴隷、しばしば女性、時として奴隷にも――構成員としての加入を認めた。出自、ジェンダー、身分ではなく、特定の神々への献身、道徳律の受容、宗教心が、共同体であることの基盤となった。団体はこのようにして、初期のギリシア社会を支配していた厳格な法区分を緩めることに貢献した。団体は、さまざまな社会集団の相互交流を、一定程度促進したのである。

舞台芸術家の団体、いわゆる「ディオニュソスの芸術家たち」（ディオニュシアコイ・テクニタイ）は、非常に独特なタイプの自発団体で、同時に、移動性とコスモポリタニズムの象徴でもあった。前四世紀おわりか前三世紀はじめのアテナイではじめて組織されたこの団体は、祭礼の実施に貢献し、団体構成員の利害を代表し（彼らは危険な時代に常に移動していた）、王と親しい関係を結び、政治的影響力を行使した。ヘレニズム期を通じて、地域別の団体が、ギリシア、小アジア、エジプト、キプロス島、シチリア島に存在した。ディオニュソスの芸術家のテオスの地方支部は、この都市ときわめて強い関係を結んだため、テオスが都市全域・全領域をディオニュソス神に捧げたほどだった。この団体はあたかも国家内国家の観を呈し、祭礼資金のために独自の通貨を発行するほどだった。

自発団体は、都市内部での社会的ネットワークの形成に寄与し、社会集団間を橋渡しすることで、社会変化の原動力となり、ヘレニズム諸都市のコスモポリタニズム的特徴の指標となった。団体の重要性は、ローマ支配下でも変わらなかった。密儀の人気が飛躍的に高まっていたため、宗教団体が増加した。さらに、職業団体がより一般的になり、経済的、社会的、政治的影響力を行使した。道、公共広場、市域が、団体にちなんで名づけられた。帝政期には、エリート層の老年者が「老人クラブ」（ゲルシア）を組織し、大きな社会的威信と、一定程度の政治力を保持した。

人々を団体へと結びつけた共通の関心には、際限がなかった。冗談好きの団体（ピロパイクトレス）、喜びと歓喜を好む団体（カロカルディオイ、エウテラピオイ）、剣闘士競技愛好団体（ピルホプロイ）が伝えられている。また、国際的な競技祭で争う運動競技者や舞台芸術家の代表は、「全世界団体」に組織され、その長は皇帝と近しい間柄となった。自発団体はさまざまな意味で、アレクサンドロスの征服以後にあらわれた、世界の国際性とコスモポリタニズムを反映していたのである。

競技祭文化とスポーツ・娯楽の国際的スター

ギリシア人は、記録が残る歴史のもっとも初期から、運動と音楽の競技をおこなっていた。こうした競技は、都市や連邦の祭礼、通過儀礼、要人の葬儀——そしてのちには軍事的勝利——との関連で開催された。競技祭（アゴン）には、通例一つの都市か一つの連邦の構成国から競技者が集まったが、前六世紀までに四つの競技祭——オリュンピアとネメアでゼウスを称える競技祭、デルポイでアポロン・ピュティオスを称える競技祭、そしてコリントス近くのイストモスでポセイドンを称える競技祭——は、ギリシア全土での名声を獲得した。この四つの競技祭は順に連続して毎年開催され、四年のサイクルであるペリオドス（巡回大会）となった。ギリシア人は神聖使節（テオロス）を通じて参加を促され、競技期間中の休戦が宣言された。

ヘレニズム期以降、競技祭の数が飛躍的に増大した。王、新旧の都市、連邦、個人の後援者が、新しく競技祭を設立した。軍事的成功や都市の解放を記念し、新しく勧請された神々、王、地元の恩恵施与者、政治家、将軍、亡くなった親族、そして前一九六年からはローマの司令官と総督の名誉を称えるために、競技祭が作られた。連邦は競技祭を通じてその一体性を強化し、都市は不可侵権の承認を目指す努力のなかで競技祭を利用し、後援者は自身と家族の名声を高めることを期待した。ある都市で新しいアゴンが作られると、常に、それを妬ましく思った近隣の都市が、自分の競技祭を設立あるいは拡大することにつながった。帝政期にもこの傾向が継続・発展し、皇帝の名誉のために競技祭が設立されるようになった。都市が寡頭政的特徴を帯びるにしたがって、死んだ家族を称える公の競技（テミス）を作る富裕者が増加した。オイノアンダのデモステネイア祭のように、恩恵施与者によって設立されて名前がつけられた競技祭の数も増えていった。

前三世紀の新しい祭礼のなかで重要なものとして、プトレマイオス一世を称えるアレクサンドリアのプトレマイア祭（六五〜六六頁参照）、ガリア人にたいする戦勝を記念するデルポイのソテリア祭、アポロンを称えるミレトスのディデュメイア祭、コス島のアスクレピエイア祭、そしてアルテミスを称えるマイアンドロス河畔のマグネシアのレウコプリュエナ祭がある。元首政の成立によって、国際的な知名度を持つ祭礼がさらに二つ加わった。アウグストゥスを称えるネアポリスのセバスタ祭と、オクタウィアヌスのアクティウムでの勝利を記念するニコポリスのアクティア祭である。ネロは、ギリシア風のアゴンであるネロネイア祭をローマに導入しようとしたが、創設者が死ぬと途絶えてしまった。これと対照的に、八六年にドミティアヌスが、ユピテル・カピトリヌスを称えてローマで創設したアゴン・カピトリヌスは、伝統的な四つの競技祭と肩を並べた。アテナイのパンヘレニア祭は、ハドリアヌス統治下のパンヘレニオンの創設（二二四頁参照）と関連し、皇帝の援助もあったが、同様の名声を獲得することはなかった。東方属州では二世紀までに、おおよそ五〇〇のアゴンがあったと推定されているが、これはかなり控えめな数字である。競技祭の増加にともない、ハドリアヌスは一三四年、最重要の競技祭の順番を厳格に定める介入をおこない、競技者が一つの競技祭から次の競技祭に余裕を持って移動できるようにした。前三世紀おわりから三世紀はじめの競技祭文化は、以前にはまったくみられないものだった。これに比肩するのは、第二次世界大戦後のスポーツ競技と舞台芸術のコンクールのみである。

都市と連邦は、自身の競技祭の知名度を高めるために、プログラムを拡大して音楽と演劇のコンクールを取り入れた。もっとも名誉あるコンクールでは、賞として冠が授与された——野生のオリーブの冠を与えるオリュンピア競技祭、月桂樹の冠のピュティア競技祭、セロリの冠のネメア競技祭、そしてセロリ（とのちには松）の冠のイストミア競技祭である。実質的な価値のある賞品（盾、金冠、鼎、現金）を与えるコンクールもあった。だが、冠を賞とする「神聖競技会の勝者」（ヒエロニケス）は、勝利に付随する栄光と社会的名声以上のものを期待できた。祭礼のランクに応じて、勝者の出身都市が彼らにさまざまな名誉——行列での名誉ある場所の割り当てや貴賓席から、現金の授与や公共食事への無料招待まで——を与えたのである。デルポイのピュティア祭と同等であると認められた祭礼（イソピュティオス）で勝利した運動競技者は、ピュティア祭での勝者と同じ報酬を出身都市から得ることができた。エイセラスティコスと呼ばれる競技祭の勝者は、都市への儀礼的な入場

（エイセラシス）という名誉を与えられ、賞金を受け取った。

競技祭の大半は運動競技で、さまざまな年齢集団に所属する競技者——少年、エペボス、成人——が参加を許された。一般的なプログラムとして、古代スポーツの「定番」の種目があった。さまざまな距離の競走（武装して走る場合もある）、レスリング、ボクシング、ペンタスロン（円盤投げ、立ち幅跳び、槍投げ、スタディオン走、レスリング）、そしてパンクラティオン（キックボクシングの一種）である。これに加えて、さまざまなアゴンには特別な催しがあった。プラタイアイのエレウテリア祭では、前四七九年のペルシア人にたいするギリシア人の勝利を記念して、完全武装での競走がおこなわれた。競技者は、戦闘のトロパイオン〔戦勝記念のモニュメント〕からゼウス・エレウテリオスの祭壇まで、約二五〇〇メートルを走らなければならなかった。この勝者は、「ギリシア人中第一」という名誉称号を獲得した。まれではあるが、女子の競争も確認されている。騎馬競技はそこまで一般的ではなかったが、馬の飼育の伝統を持つ地域では、人気があり名声が高かった。一頭立ての若駒と成熟馬、戦馬、二頭立て、二頭立てのラバのレースや、馬上で松明を掲げるレース、馬上での槍投げ競走、若駒と成熟馬が引く馬車競走があった。こうした馬術競技への参加は、馬の購入と訓練を賄う余裕のあった富裕層の特権だった。女性は、馬主として騎馬競技に参加した。

運動競技は、観客にとって目をみはるスリルに満ちた催しだった。戦わずして勝利を得ることは、とりわけボクサーが名声、力、技術によって対戦相手を棄権させた場合、非常に名誉なことだった。ティトゥス帝の愛人だったボクサーのメランコマス（二六〇頁参照）は、敵になぐられたことがないという事実で、大変名高かった。彼の戦い方は、相手をダウンさせるのではなく、相手のスタミナを奪うというものだった。対戦双方が身を引いたり、訓練士がアゴンを中断して、勝負がつかない場合があった。こうした場合、賞は神への奉献物とされた。時間切れのため、あるいは対戦双方が引き分けとして賞を二分することに同意した場合は、双方が勝者と宣言される場合があった。四大競技祭すべてで自身の種目で勝利を収めた競技者は、ペリオドニケス（「巡回大会勝者」）として知られた——現代のテニスでのグランドスラム達成者と同じである。権威ある競技祭では、競技への参加承認ですら、名誉と認められることもあった。

音楽競技祭は、運動競技祭と同じくらい古い起源を持っている。もっとも一般的なものは、ポリス内部の下位区分を代表する少年、少女、成年男子の合唱競争だった。演劇祭が、アテナイの影響でヘレニズム世界全土にひろまった。合唱、音楽、演劇のアゴンを含むディオニュシア祭は、ほとんどすべての都市で確認されている。伝統的な運動競技祭のプログラムにも、音楽と演劇（テュメリコス）のコンテストがつけ加えられた。競技者たちが競ったのは、新作の発表と「古典」の上演、歌唱を伴った詩、音楽、舞踏、そして伝令の発声演技である。地域的な差異を残しつつも、ある程度標準的な競技種目が次第に確立していった。一般的な競技祭では、トランペット奏者、伝令、頌詞作家、詩人、音楽家（オーボエ奏者とキタラ奏者）、悲劇の合唱隊、喜劇、悲劇のコンテストがおこなわれた。もっとも高額の賞金を得たのは、成年のキタラ伴奏歌手である。黙劇演者（パントミモス）の上演は非常に人気があったが、競技祭に登場するのはようやく二世紀おわりになってからだった。地域の伝統に根ざした、特殊な種目の競技を開催した都市もあった。たとえば、アプロディシアスでは彫刻家の競技、ペルガモンでは医者の競技、レスボス島では美の競争がおこなわれたことが知られている。

競技祭は普通、市《いち》と結びついており、外国からの訪問者や商人を引きつけた。追加で開催された有料のコンサートや、演示弁論や講義といったさまざまな文化催事もおこなわれた。競技祭は、政治的、社会的行事の場ともなった。重要な告示がおこなわれ、公職者や名誉を受けた者が貴賓席へと案内され、その名誉が大声で告げられた。

運動競技への参加者は、多くの場合、ギュムナシオンでの訓練を余暇としたエリート家系の子弟たちだった。彼らは、身体能力がある限り、すでに少年の頃から競技に参加しはじめた。こうした人々にとって運動競技での勝利は、家族の名声のさらなる一要素にすぎなかった。恩恵施与行為や公務で業績をあげた親類縁者の像に、勝利を収めた少年運動選手の像が加えられた。

芸能人は、彼らが披露する音楽、文芸、演劇の分野が多様であるのと同じように、叙事詩人から黙劇の踊り子まで社会的に多様な集団だった。技巧と成功には厳しい訓練が必要とされたため——古代では、こうした訓練は家族内でおこなわれる場合が多かった——音楽家、舞踏家、曲芸師、喜劇役者は多くが芸能人家族の出身で、ごく小さい頃からその分野の訓練を受けていた。彼らの専門分野が、名前に反映されていることがしばしばある。アレスクサとテルプノス（「喜ばせる者」）やアポラウストス（「愉快な者」）といった具合である。才能ある男女は、低い生まれであれ、音楽で勝利を収めることで富と社会的名声が約束された。

競技祭文化は、ヘレニズム世界ならびにヘレニズム化された世界の統一性と移動性を向上させただけでなく、芸術家と運動競技者が専門に特化し、賞を目指して争うだけで生活を成り立たせる新しい機会を作り出したのだった。

都市の価値観と市民のアイデンティティを形成する——エペベイアとギュムナシオン

軍事教練と、市民的価値観や地域の慣習、歴史的伝統の伝承に重きを置く公的教育は、若者を市民団とポリス社会に編入するための前提だった。教育は市民と外国人居住者の間だけでなく、エリート層と大衆の間、そしていうまでもなく男と女の間に違いを作り出した。少女たちは、家事の見習いに加えて、読み書き、音楽、詩作の基本的な教育を受ける場合が多かった。少女の文学教育は、家の財産と教養次第でかなりのレベルになり得た――ヘレニズム期以降、相当数の女性詩人が確認されている。少女は宗教祭の合唱団に参加し、この義務を通じて、みずからの都市の伝統と価値観に慣れ親しんだ。例外的ではあるが、哲学学校で高度な教育を受けた女性もいた。少年たちの教育は、(通例奴隷である)家庭教師について自宅で、そして公的に指導者を雇用できる都市では公立学校の両方でおこなわれた。彼らの教育で重点が置かれていたのは、一般的に、読み書き、修辞学と神話、ホメロスその他の詩人からの引用の朗読、そして若干の音楽だった。ヘレニズム期になると、都市当局の監督のもとでの少年と若者の養成が、より重要になった。都市の若者の「愛国」教育を推進したのは、互いに関連する二つの機関、すなわちギュムナシオンとエペベイアだった。

ギュムナシオン(文字通りには、男たちが裸で体を鍛える場所)は、男性の訓練の最重要拠点だった。監督者であるギュムナシアルコスは、三〇歳から六〇歳の名声ある富裕者が務める場合が多かった。ギュムナシアルコスは選挙で選ばれたが、役職に付随する費用のため、ヘレニズム期と帝政期にはギュムナシアルキアがもっとも重要な公共奉仕《レイトゥルギア》の一つとなった。場合によっては、財産のある女性が関連する費用を賄うことさえあった。ギュムナシアルコスは、規律と開館時間が遵守され、異なった年齢組が別々に訓練を受けるよう監督した。ギュムナシアルコスはまた、訓練士(パイドトリベス)を管理し、運動選手の体に塗るオリーブ油の購入に必要な資金を調達し、競技会を開催し、勝者のための賞の代金を支払った。

ヘルメスとヘラクレスがギュムナシオンの守護神だった。ヘルマイア祭で、若者たちは規律(エウタクシア)、忍耐(ピロポニア)、男らしさ(エウアンドリア)、肉体(エウエクシア)の分野で競争した。ギュムナシオンの年少の構成員は、盾を賞とする松明競走をおこなった。ヘレニズム期のギュムナシオンでは、「定番」の種目(競走、レスリング、ボクシング、パンクラティオン、松明競走)に加えて、投石器、投げ槍、弓の使用や、盾と長槍での戦闘といった軍事的な種目が、運動競技に含まれる場合があった。ギュムナシアルコスの好みによって、文芸コンクールといった風変わりな競技がおこなわれることもあった。

ヘレニズム期の後半になると、(特に哲学者や歴史家による)講義がギュムナシオンで開催された。男たちは、体の鍛錬と社交のために、成人してもギュムナシオンに通い続けた。資金があり人口の大きな都市には、複数のギュムナシオンがあった。複数の場所に設置されただけでなく、異なった年齢集団のために準備されていたのである。通例、奴隷と解放奴隷、さらに解放奴隷の子孫はギュムナシオンから排除された。他に出入りを禁じられたのは、男娼、いくつかの都市では交易業者、酔っ払い、精神障害とみなされた人々である。クラウディウスの時代のアレクサンドリアでは、ユダヤ人がギュムナシオンへの出入りを拒否された。つまりギュムナシオンは、社会の階層構造の

図27　アイ・ハヌムのギュムナシオン（前2世紀）。

一つのあらわれであり、帝政期を通じてそうであり続けたのである。

ヘレニズム期のギュムナシオンは、たんなる運動（そして間接的に軍事）の訓練の場所以上の存在だった。ギュムナシオンは、市民の社会的交流の中心であり、ギリシア本土外では、ギリシア文化の象徴であり、ポリスの外観を構成するもっとも重要な特徴の一つだった。ギュムナシオンは主要なギリシア都市にあまねく存在しており、それは現在のアフガニスタンの地域も例外ではなかった。事実、バクトリアのアイ・ハヌム（オクサス河畔のアレクサンドレイア）で発掘されたものは、最大のギュムナシオンの一つに数えられている（図27参照）。前二世紀はじめのイェルサレムで、親ギリシア派のユダヤ人とユダヤ人の律法を遵守し続けた人々とを区別したのは、前者がギュムナシオンに参加したことだった。プリュギアのテュリアイオンが独立したポリスの地位を主張した際、この町が王エウメネス二世に要求したのは評議会と法に加えて、ギュムナシオンだった。帝政期にもこの認識は生き続けた。二世紀のおわり、旅行家パウサニアスは、ポキスのパノペウスの町がギュムナシオン、劇場、市場がないのにポリスとみなされていることに、驚きを隠せないでいる。

エペベイアという用語は、一般的には一八歳から二〇歳までの若者が、国家の監督のもとで訓練に励むことを意味する。アルカイック期の訓練の形態は古典期に衰退してしまったが、軍事的理由のため、また市民の統治権の表明として、ヘレニズム期に復活した。一例をあげよう。アルカイック期のスパルタで、市民権の要件の一つとしておこなわれた訓練であるアゴゲは、前四世紀までに重要性を失っていた。前二二八年に、王クレオメネス三世が自身の改革の基礎の一つとしてこれを復活したが、前一八八年にはピロポイメンが再び廃止している。古い形態の訓練がその外見を変えずに存続したのは、クレタ島のようなきわめて保守的な地域だけだった。クレタの諸都市では、若者たちが社会的立場の高い別の若者の指導下で、「群れ」（アゲラ）に編成された。彼らの訓練は、戦闘、レスリング、ボクシング、競走、狩猟、完全武装での舞踏に及んだ。同じく保守的な地域であるマケドニアでは、エペベイアの儀礼と競技——徒競走と騎馬競走——がヘレニズム期まで継続した。

アテナイでは、エペベイアは一八歳から一九歳までの市民身分の若者に義務として課された軍事訓練だったが、前四世紀おわりの政治的混乱のために衰退してしまった。パレロンのデメトリオスの支配時期（前三一七年〜前三〇七年）、エペベイアでの訓練は、一〇〇〇ドラクマの最低限度額を満たす財産を持つ市民の息子たちにのみ認められていた。前三〇六年から前二六八年頃まで、エペベイアへの参加は義務でなくなり、訓練は二年ではなく一年だけになった。マケドニアの君主支配がおわってアテナイの海外領土の一部が回復され、外国人居住者にエペボスとしての登録が認められてはじめて、エペボスの数が再び増加し、おおよそ一〇〇名から一八〇名ほどになった。共同体がエリート層の子弟の訓練に大きな関心を寄せたことは、豊富に残された名誉決議にみることができる。こうした名誉決議は、アテナイ人が未来の市民と兵士に期待する美徳――精励、忍耐、服従、規律、敬虔、父祖の遺風への敬意――を示しながら、進んで教育を受けた修了者を、年ごとに称えている。アテナイのエペベイアは、運動、軍事教練と田園地帯での警備義務、通例の宗教儀礼、記念の年祭への参加、市民の義務のための準備から構成された。このエペベイアの制度は、しばしばアテナイを範とした多くの他の都市と地域に存在した。ギリシア人移住者も、こうした制度をアナトリア、近東、エジプトにもたらした。

ギリシア都市はローマの支配に入っても、エペベイアの制度を維持した。マケドニアのアンピポリス出土のある刻文（前二世紀はじめの法を記録する前二四／二三年のもの）は、ギリシア都市にとってエペベイアでの訓練が引き続き重要だったことを示している。エペボスたちはおもに運動の訓練をおこない、武器の使用（弓矢、投石器、投槍）と、馬の飼育の長い伝統のある場所では騎兵としての訓練も、一定程度おこなった。エリート層出身者がエペボスの監督をおこない、「エペボス長」（エペバルコス）がこの監督者の近親者の場合もあった。エペボスたちは以前と変わらず、都市領土を警備し盗賊に対応する義務を負った。しかし、帝政期のエペベイアの機能は主として、宗教儀礼を通じたアイデンティティの形成、歴史的記憶の継承によるその地域への愛着の促進、皇帝への忠誠心の表明、そして土地所有階級の構成員――一年か二年、この訓練に集中できる余裕があるのは彼らの息子たちだった――の人間関係の確立にあった。

エペベイアの制度は三世紀まで、ローマ帝国の心臓部であるイタリアでさえ、ギリシア文化の特徴であり続けた。アウグストゥスは死の直前に、ネアポリス（今日のナポリ）でこのギリシア都市のエペボスたちが、先祖のやり方に則って訓練する様子を目にしている。また三世紀はじめ、ボイオティアの小都市タナグラでは、依然として六〇名以上のエペボスが二つの「連隊」（タグマ）に編成されていた。ここで若者たちは八つの競技祭でさまざまな種目を競いながら、伝統への強迫観念を示していた。種目の一つに、歩兵と騎兵の急襲のシミュレーション（プロスドロメ）があったが、これはエペベイアが練兵を目的としていた時代の名残である。若者の競技でもう一つ古いものに、雄牛を一定の距離運ぶことが課せられる競技（ボアルシォン）があった。エペベイアは、少なくとも三世紀はじめまで、エリート家系の子息を共同体の指導者とするべく訓練する、重要な社会化の契機だったのである。

新しい結婚様式と女性の可視化

前四三〇年に、戦死したアテナイ人のための葬送演説をおこなったペリクレスは、女性についてほとんど何も語らなかった。「あなたがたに備わる素質よりも劣らぬ者であれば、また美徳にせよ欠点にせよ男たちの間で評判になることが最も少なければ、その女性の名誉こそ大いなるものであろう」（藤縄謙三訳）。このペリクレスのイデオロギーに満ちた発言は、初期ギリシアの女性の立場を正しくまとめているとはいいがたい。彼の言葉が、自身のパートナーだったアスパシアの知名度と影響力を、正当に評価していないのは確実である。家族、社会、経済、宗教、文化における女性の役割は複雑で、場所ごとに大きく異なっていた。だが一般的にいって、女性はもっとも血縁の近い男性（キュリオス、主人）の後見のもとに置かれていた。未婚であれば父か兄弟、結婚していれば夫、寡婦であれば息子である。大半の共同体で、女性に財産を相続する権利はなかった。女性たちは、神官職を除き公職につかなかった。大多数の都市で市民間の結婚だけが合法と認められていたため、市民家系に生まれた女性は、その子孫に市民権を継承していくことになった。だが、彼女たち自身は、政治参加から排除されていた。当然ながら、夫に影響力を行使した女性もいた。また場合によっては、低い社会階層出身ながら専門性の高い活動をしていた女性たち——乳母、洗濯婦、料理人、娼婦——の方が、土地所有階級の妻や娘よりも、より大きな移動の自由と（たとえば奉献をおこなうなどして）財産を使用する自由を持っていた。アレクサンドロスより前のギリシアの女性の生き方は、非常に込み入っており、男性の影に隠れた人生と単純にみなすことはできない。

アレクサンドロスの征服以後にあらわれた新世界は、重大な変化をもたらした。変化の決定的な引き金となったのは、移住である。都会への移住者が増加したことで、異なった市民権を持つ男女の結婚が今までになく一般的になった。二つの共同体間の協定が、通婚（エピガミア）を可能にした。合法な結婚のために両親ともに市民権を保持すべきと求め続けた都市では、通婚によって生まれた子供は、依然として非嫡出児とみなされた。だが、数えきれない数のギリシア人が、自身の都市を離れて帰郷の見込みはほとんどなく、外国で同じ都市出身の配偶者をみつける可能性が限られていたため、彼らは他の都市の市民権を持ったギリシア人女性を受け入れた。一方、遠隔の駐屯地に勤務する者たちは、その土地出身の妻を娶るより他なかった。こうした状況が何をもたらすか、すでにわかっていたアレクサンドロスは、兵士たちとイラン人女性の集団結婚式を開催した。

　エジプト出土のある結婚契約書（エジプトではこうした文書がパピルスに残されているのである）が、こうした新しい状況を描いている。前三一一年のこの契約書は、小アジアのテムノス出身の男性と、コス島出身の男性の娘との結婚に関するものである。二人の男性は、テムノス、ゲラ、キュレネ、コスの出身の証人と同じく、プトレマイオス一世に仕える傭兵で、エジプトに永住していたに違いない。


ヘラクレイデスはコス出身のデメトリアを法に適った妻として迎える。両者は出生自由人であり、デメトリアの父はコス出身のレプティネスで、母はピロティスである。デメトリアは一〇〇〇ドラクマの価値のある衣服と装飾品を持参する。ヘラクレイデスは、デメトリアに自由人の妻にふさわしいものを提供すべきこと。われわれは、レプティネスとヘラクレイデスにもっともよいと思われる場所に、協議をしてともに住むこと。もし、デメトリアが何らかの方法で夫ヘラクレイデスの名誉を棄損していることが判明したら、彼女がこの結婚に持参したものすべてが没収されるべきこと。ただし、ヘラクレイデスは双方が承認する三名の男性の前で、デメトリアにたいして彼が主張する訴えを証明しなければならない。ヘラクレイデスが別の妻を自宅に連れてきてデメトリアを侮辱したり、他の女性と子供を作ったり、デメトリアに害をなしたりすることは、いかなる方法であれ、いかなる理由であれ、許されない。ヘラクレイデスがこうしたことのいずれかをおこなっていることが発見され、双方が承認する三名の男性の前でデメトリアがこれを証明した場合、ヘラクレイデスはデメトリアが持参した一〇〇〇ドラクマを彼女に返還し、アレクサンドロス銀貨で一〇〇〇ドラクマの追加の罰金を支払うべきこと。［後略］

　この契約書の項目の一部は、古くからのギリシア人の伝統に対応している。両者は自由人で、もっとも近しい男性の血縁者が花嫁の代理人を務めている。結婚時に花嫁が持参金を持ってきて、離婚時にはそれが返還される。そして、夫と妻の両者の名誉が契約書によって守られている。一方、地域の影響もみてとれる。二番目の妻あるいは妾が明確に禁止されているのは、エジプトの影響によるものに違いない。だが、この契約でもっとも新奇な特徴は、夫と妻の市民権が異なるという点である。ここで大事だったのは、彼らの子供たちが、おそらく決して目にすることのない都市の市民権を保持するかどうかではなく、子供の立場と相続の合法性だった。

　結婚の合法性に関する規則が緩やかになり、財産の獲得に市民権が不必要であると考えられるようになると、女性が自身の財産を手に入れてそれを管理できる可能性が次第に向上した。古典期にあって、女性相続人はもっとも近親の縁者と結婚しなければならなかった。女性は自身の権利で財産を相続できず、子供に譲渡することしかできなかったからである。この決まりは、ヘレニズム期の喜劇とそのラテン語翻案の物語のなかで依然として重要な役割を果たすものの、次第にその意味を失っていった。女性たちは娘や寡婦の立場で、自身の権利として財産を継承し、工房、大規模な不動産、また奴隷を所有した。そして、彼女たちは、仕事と財産も手にした。女性たちは多くの職業で活躍した。交易や医療分野でも確認できるが、史料にもっとも言及されているのは、音楽家、俳優、詩人といった芸能分野である。

恩恵施与に自身の財産を使用した女性たちは、ひろく社会的に目にみえる存在となった。ヘレニズム期の女性でもっとも重要な集団は――王妃を別にすると――気前のよさで名を馳せた富裕な女性たちである。彼女たちは多くの場合、富裕な家系の出身であり、それゆえに、恩恵施与をおこなうための社会的ネットワーク、財産、そして能力に恵まれていた。彼女たちを知ることができるのは、彼女たちの贈与と寄付を記録しその名誉を称えた刻文のおかげである。こうした女性たちは、追悼のために墓石を建立された以外まったく無名の数千もの女性たちと、きわめて対照的である。

女性の恩恵施与者たちは、帝政期の都市でも大きな役割を果たした。彼女たちは自身の財産を使って、建築物や彫像で都市を飾り、公共奉仕《レイトゥルギア》の責任を負った。彼女たちが務めた役職は、「冠持ち」（ステパネポロス）という「その年に名を与える」公職や、ギュムナシオンの監督者などで、これは前三世紀より前には想像もできないことだった。こうした卓越した女性のうち、次の二人の例は、財産が開いた可能性の輪郭を伝えてくれる。第一は、前三世紀のエピクテタという人物である。彼女はテラ島出身の富裕な寡婦で、財産を相続しただけでなく、自身でさらなる土地を獲得した。彼女は、亡き夫と息子の指示にしたがって、ムーサイの聖域の建設を完遂した。ここに、彼女の縁者の像が建立された。エピクテタはさらに家族のクラブを創設した。彼女の家族は年に一度その社に集い、エピクテタと彼女の夫と息子たちに記念の犠牲を捧げることになっていた。この供犠は、遺贈によって賄われた。エピクテタが遺言を遺したという事実は、彼女が自身の財産を自由に処分できたことを示している。

傑出した女性の第二の例は、前二世紀おわりのキュメのアルキッペである。卓越した先祖を持つ家に生まれたアルキッペは、評議会堂の建設費と自由人全員を饗応するための資金として、相続した財産を支出した。その見返りに彼女は、立像の名誉を受けた。その像の隣には市民団の擬人化像が立ち、アルキッペ像に冠を授与していた。彼女自身は、ディオニュシア祭期間中の少年合唱コンクール――つまり、最大の観衆が期待できる場――で冠を授与された。葬儀にあたっては、黄金冠を受け取ることとされた。アルキッペ像の竣工を早めるために、民会は彼女の兄弟に、その費用を払うよう求めた（弁済の見込みはなかった）。重い病に罹ったアルキッペが回復すると、都市は神々への感謝の供犠を大々的におこなった。それはまるで、母親が助かったことを感謝する、子供のようだった。

女性の恩恵施与者以外で著しい社会進出を果たした集団は、女性の旅芸人たちだった。これも、移動性が高まったことによって引き起こされた変化の一つだったが、そこには、祭礼の回数の増加と演者への需要の増大もあった。単独で、あるいは男性縁者につき添われて、女性詩人、音楽家、その他の芸人たちが、ギリシア世界を幅ひろく旅行した。彼女たちのなかでとりわけ大きな成功を収めた者は、そのパフォーマンスを称えられて、富と名誉を手にした。前二七〇年頃の女性トランペット奏者アグライスは、こうした女性の初期の事例である。ムーサのアグライアにちなむ彼女の名前そのものが、アグライスがおそらく芸人一家のなかで芸能人として育てられたことを示唆している。アグライスは大食で有名だった。これは、大きな肺活量を必要とする楽器の演奏能力を高めることにつながる。彼女は一二ポンドの肉、四ポンドのパン、三リットルのワインを一日で平らげたと伝えられている。真の「スター」だったアグライスは、祭礼行列や勝利した運動選手の祝賀での迫力ある演奏を称えられた。彼女の絶頂は、アレクサンドリアのプトレマイア祭の行列で、ウィッグと羽飾りのついた兜を身につけて演奏した時だった。

テバイのハープ奏者ポリュグノタも、興味深い事例である。前八六年、デルポイの人々はピュティア祭の開催準備をしていたが、スラのギリシア遠征によって旅行が危険となり、競技祭を中止せざるを得なかった。ポリュグノタ――他の同職者より勇敢だった――はそれでもなお、いとこともにデルポイにやってきて一通りの演奏をおこない、著しい成功を収めた。ポリュグノタは、敬虔さとプロ意識あふれる行為を称えられた。さまざまな貴重な特権（たとえばデルポイで土地を購入できる権利）に加えて、五〇〇ドラクマの報酬が与えられた。これは、傭兵が一年で稼ぐ金額よりも大きかった。

宗教祭儀でも、女性の進出が進んだ。すでに以前の時代でも、少女と女性は公的行事と祭礼行列に参加しており、また女性だけが参加できる祭礼も存在した。しかし、前三世紀以降、祭礼がさらに頻繁に開催されたことで、女性が屋外に出て祭礼行列を見物し、宗教的な役割を担う機会が増大した。これに加えて、女性のためだけの祭礼が新しく作られた。その一つがマイアンドロス河畔のマグネシアのエイシテリア祭であり、これはアルテミス・レウコプリュエネの像の新神殿への奉献を記念するものである。文学的な定型表現を信じてよいのならば、行列や祭礼の最中に、少女たちは正気を失い、恋に落ち、処女を喪失するのだった。

女性の移動性が高まったさらなる指標の一つは、とりわけ帝政期の諸都市において、自発団体の成員に女性が登場するという事実である。一部はローマの影響によって、一部は民会、長老会、若者のクラブといった男性の組織を模倣することで、女性たちは、ギリシアとローマの市民の配偶者から構成される、彼女たちだけの組織を手にした。こうした組織は、マケドニアのディオン、カリアのストラトニケイア、プリュギアのアクモネイアで確認されている。女性たちはおそらく、自身の祭礼の期間中に彼女たちだけの集会を開催した。この集会の任務の一つに、名誉像の建立があった。これは非常に金のかかる事業だったので、こうした女性の組織がみずからの資金を管理していた。

伝統的な社会で女性たちが一定の影響力を手に入れると、伝統を護持する者たちが反発しようとするのが常である。変化した世界が生み出したこうした新動向への対抗——女性、礼節、男性支配の擁護——として、「女性たちの監督者」（ギュナイコノモス）という役職が、ヘレニズム諸都市の一部に導入された。

シェイズ・オブ・グレイ——ヘレニズム世界とローマ期東方の奴隷制

奴隷制は、前一四世紀の文書ですでに確認される、ギリシア人のもっとも古い制度の一つである。奴隷制の定義は単純である。奴隷とは、他の個人あるいは（公共奴隷や団体の奴隷といった）個人の集団の財産であるところの個人である。単純な法的定義は、きわめて複雑な社会的現実を覆い隠してしまう可能性が高い。奴隷たちの立場と人生は、彼らの民族的出自、奴隷になった時の状況、訓練や任務によって変化した。生まれながらの奴隷、遺棄されて奴隷として育てられた子供、北アフリカ、小アジア、北部バルカン諸国で捕虜となり奴隷市場で売られた人々がいた一方、戦争で捕虜となり、海賊の犠牲となり、あるいは負債を支払うことができずに自由を喪失した人々もいた。都市行政に（文書館員や治安要員として）雇用された奴隷や家内奴隷は、鉱山で集団労働に従事した奴隷より、ずっと恵まれていた。交易、製造業、銀行業で主人に仕えた奴隷は、一財産を手にすることができた。農業生産に用いられた奴隷の一部は、ある種の独立を享受した。

ギリシアの奴隷制の歴史——さらにいうとあらゆる奴隷制の歴史——は、法的な規範や社会経済的な慣行の歴史に限定されるものではないし、そうした観点が第一のものですらない。奴隷制の歴史は、人と人との関わりや個人の経験の歴史でもある。個人の経験を集めて全体を描くのは簡単ではないが、代表的な奴隷の物語は存在する。キプロスのクレタ人傭兵の息子だったエピクレスは、海賊の捕虜として売却され、アンピッサで解放されて市民権を与えられた。去勢されたクロコスは、キリキアのある王女の教育係だった。公共奴隷のピリッポスは、メトロポリスのギュムナシオンに寄付をするのに十分な資産を持っていた。そして、エパプロディトスはトラヤヌスとハドリアヌスの奴隷で、エジプトの採石場の契約請負人だった。他方、こうした人々の生の対極に置かれるのが、毎日デロス島で売却されたと伝えられる一万人の無名の人々、漕ぎ手として船に乗り込んだ数千人もの人々、相手の殺害に解放の望みをかけた剣闘士たち、そして鉱山と採石場で汗した人々の運命である。前一世紀、ディオドロスは南エジプトの金鉱山での陰鬱な労働の様子を描いている。そこの人々は鎖につながれ、昼夜を問わず、額にランプをくくりつけて働いた。とりわけ体の強い男が鉄槌で石英岩を砕き、それを少年たちがトンネルから屋外に運び出した。それをすり潰すのは老年男女の役目で、彼らは死ぬまで暴力によって労働を強制された。

そして、彼らは自分の体の世話をすることができず、恥部を覆う服すら欠いていたので、憐憫の情無しに不幸で惨めな彼らを眺めることができない。彼らの苦しみはいかばかりか。［中略］厳しい罰を受けるため、この不幸な人々は未来は必ずや今よりひどくなると信じており、生よりも死がより望ましいと考えてそれを待ち望んでいる。

個人の物語は実に面白いが、この章では一般的な傾向を描く紙幅しかない。ヘレニズム期の知識人たち——とりわけ前三世紀はじめのエピクロスと、同時代人でストア派哲学の創始者ゼノン——は、奴隷制の根拠を自然ではなく人間の慣習に求めてこれを批判したが、奴隷制に変化をもたらしたのは哲学でなく戦争だった。第一に、戦争は田園地帯に住む奴隷に逃亡の機会をもたらした。第二に、都市は危急の際に奴隷を解放、場合によっては奴隷に市民権を与えさえして、軍事力の向上を図った。奴隷たちが獲得した地位を守るために戦うことを期待したのである。もっとも重要な第三の点は、海賊・襲撃行為に加えて、アレクサンドロス大王からアクティウムの海戦まであまねく存在した戦争によって、主人が変わる奴隷や奴隷に売られる自由人の数が増大したことである。市民身分の捕虜は家族に身代金を支払ってもらい帰国できる可能性があったが、非ギリシア系の奴隷は海外に売られるのが普通だった。奴隷一人の値段は一〇〇〜三〇〇ドラクマで、自由人の身代金は少なくともその二倍だった。海賊は商人と奴隷業者に転身し、遠征する軍隊に随行して、エーゲ海の主要な奴隷市場だったロドス島、デロス島、クレタ島、エペソスに供給を続けた。古代の史料には、とりわけローマの拡大期に奴隷に売られた女性、子供、その他の捕虜の数が伝えられるが、これは割り引いて考えなければならない。前二四〇年には、一度の遠征でアイトリア人が五万人のペリオイコス——つまりラコニアに住む非市民の自由人——を、前一六七年にはローマ人が一五万人のエペイロス人を奴隷にしたとされている。こうした数字は誇張されているのかもしれないが、それでも出生奴隷でない奴隷の数が増加したことを示唆している。この事態は、奴隷が農業生産と製造業で大規模に使用されたイタリアの経済に影響を与えただけではなく、奴隷解放の機会を大きく増加させもした。奴隷所有者は奴隷を解放して、奴隷一人の価格におおよそ相当する補償金を受け取り、それを新しい奴隷の購入に使うことで利益を得たのである。

奴隷解放はすでに古典期に、とりわけアテナイのような大規模な都会でおこなわれていた。前三世紀おわりと前二世紀はじめのドドナで、ゼウスの神託を求めた人々のうかがいには、解放の有無を知ろうと熱望する奴隷たちのものがある。つまり、とりわけ解放補償金のための貯蓄を持っている奴隷にとって、解放は現実的な未来だったのである。しかし、自由は一つの挑戦でもあった。自立に足る見通しを持つことができたのは、一定の訓練を経た奴隷だけだったし、多くの奴隷は、賃金労働を通じてこれまでの主人のために働くことを、希望し続けたに違いない。解放奴隷のなかには、以前の主人が死ぬまでその家庭に留まって、奉仕を継続することを余儀なくされた者もいた。一部の奴隷にとって、パラモネ（そばに留まる義務）と呼ばれるこの義務は、喜ばしいものだった。前三〇〇年頃のドドナのある奉献板のなかで、一人の奴隷が主人のそばに留まる権利を獲得するために、解放にあたってすべきことを神にうかがっている。

中部・北部ギリシアでは、解放が神への奉献あるいは売却の形式をとることが多かった。中部ギリシアのピュスコス出土のある奴隷解放の記録（前二世紀）は、その特徴的な事例である。

［前略］アンテモとオペリオンは、ピュスコス市の奴隷の少年を、アテナに売却する。家内で生まれたこの奴隷は、名をソテリコスという。値は三ムナで、条件は以下の通り。アンテモが生きている限り、ソテリコスはアンテモのそばにあってアンテモのいいつけにしたがうべきこと。もしソテリコスがそばに仕えなかったり、アンテモのいいつけにしたがわなかったりした場合は、アンテモあるいはアンテモの依頼を受けた者の誰であれ、アンテモが望むあらゆる方法でソテリコスを罰する権限を持つべきこと。ただし、アンテモが死んだ場合は、ソテリコスは自由となるべきこと。

解放奴隷は市民権を与えられず、市民権に結びついた法的保護を受けなかったので、神への奉献が解放奴隷という新しい地位を保証したのである。解放奴隷は神の「所有物」となることで、差し押さえの怖れがなくなった。彼らを奴隷化しようとする者は、神の財産を奪っていることになるからである。奴隷解放は、所有者の遺言で決定されたものであれ、商取引の形態であれ、神への奉献という方式であれ、文書に記録されて公文書館に収められた。前三世紀以降、解放の記録を聖域の石に刻むのが、ますます一般的になった。前三世紀おわりから三世紀にかけて、数千の解放記録が残されている。このうちヘレニズム期最大の史料群は、デルポイのアポロンの聖域にある約一二五〇の解放記録である。前三世紀おわり以降も解放の数は増加しておらず、それを石に記録するというやり方が新たに生まれたにすぎないと、主張する人もいるかもしれない。しかし、解放奴隷の墓石や奉献といった他の史料が、ヘレニズム期後期に以前より頻繁に奴隷の解放がおこなわれたことを示している。これは、ローマ風の解放の慣習と、豊富な奴隷供給に影響を受けていたのかもしれない。奴隷解放は、帝政期にも頻繁におこなわれ続けた。

ヘレニズム期の奴隷制には、もう一つ重要な変化がある。少数の土地所有者に、土地が集中したことである。この傾向は、エリート元首政の成立後にピークを迎えた。大規模な不動産が、ト層のもっとも重要な資産だったからである。こうした大規模不動産の存在は、大土地を運営した執事（オイコノモス）への言及や、奴隷の集団が所有者を称えて建立した刻文によって立証されている。さらに、ローマの元老院議員と皇帝も東方属州に大所領を所有し、その経営に奴隷労働力を使用した。

元首政の確立は、さらなる変化をもたらした。エペソス、サルデイス、テュアテイラといった諸都市では、奴隷市場が活況を続けた。土地所有者だけでなく企業家たちも、大幅な裁量権と相当程度の移動の自由を持って活動する代理人（プラグマテウテス）を雇用した。ローマ市民と皇帝の解放奴隷は、ローマ市民権を獲得した。これは、彼ら自身ではなくても次世代に向けて、社会上昇の道を開いた。ローマ植民市の公職者は、その多くが解放奴隷あるいは解放奴隷の子孫だった。この時期には、宗教団体の構成員に奴隷が普通にみられた。

帝政期により一般的になった奴隷の種類に、遺棄された子供――彼らは他の家庭に引き取られて養育された（トレプトス、トロピモス）――と神聖奴隷（ヒエロス、ヒエロドゥロス）があった。ただ、トレプトスがみな奴隷だったわけではないし、「神聖奴隷」の一部は世俗の法では自由身分だった。「神聖」とあるのは、神への奉献によって解放されていたからである。まったく新しい奴隷の種類が、剣闘士の登場によって成立した。自由身分の剣闘士もいたが、彼らの多くは奴隷と犯罪者だった。剣闘士の集団（ルドゥス）は企業家か、場合によってはエリート層の構成員によって所有、訓練、利用された。彼らは、皇帝崇拝と結びつけて剣闘士競技を開催した。

奴隷制の多様性と奴隷の活動範囲は、帝政期に拡大したように思われる。公共奴隷が護衛、書記、文書館職員として勤務し、民間の奴隷が農業活動、製造業、銀行業、家事、子供たちの学校教師と家庭教師として利用された。女奴隷は、女中や乳母として家庭内で働いた。女性の舞踏家、音楽家、曲芸師、黙劇演者、売春婦、ならびにわずかばかりの女性剣闘士は、奴隷身分であることが多かった。ローマのギリシア人奴隷業者のマルクス・センプロニウス・ネイコクラテスは、墓碑銘で自分の専門を称えさせた――「美女の取扱業者」。

帝政期において、奴隷間あるいは奴隷と自由人との結婚は、法的に認められていなかった。奴隷の子供たちは私生児とみなされた。しかしながら、家庭や農業で利用された奴隷は、家族生活を営み、自由人のものと変わらない墓碑を建立することができた。奴隷と主人との間の愛情すらも確認できる場合がある。解放奴隷には、富と権力への道が開かれていた。だが、奴隷であったことの経験は、解放された奴隷の人生にどのような影響を与えたのだろうか。一〇〇年頃に生きたアンピポリス出身の解放奴隷だったカプリリウス・ティモテオスは、自身が解放奴隷であるということだけでなく、奴隷業者になった事実も墓碑で記念することを望んだ（図28参照）。ティモテオスは、二つの浮彫でみずからの職業を表現した。下の段では、鎖につながれて歩く捕虜の姿が、彼の富の源泉をあらわしている。ワイン生産の様子が上の段の一場面で表現されており、おそらく

図 **28**　ティモテオスの墓碑。奴隷商人になった元奴隷。

はトラキアで捕らえられたこれらの奴隷が、マケドニアでブドウ栽培に利用されたことを示唆している。この墓碑は、ティモテオスが、のちの富の源となった人々の運命を逃れたということを、誇り寿いでいることを表現しているのだろうか。自身が受けた屈辱を、ある種過剰に埋め合わせようとしたのだろうか。この疑問に答えることはできない。ただいえるのは、奴隷の個人の声が残されている珍しい例では、奴隷の人生が人間最悪の運命だとされていることである。メナンドロスという人物が、兄弟のヒュロスのために書いたエピグラムのなかで、これを表現している。ヒュロスは、一世紀のエペソスで学校教師をしていた奴隷だった。「幸運がお前のために泣いている、耐えがたい必然が奴隷の身であることを嘆いている。運命がお前を奴隷に定めたのだった」。哲学的議論も法的整備も、この運命を好転させなかった。

第15章　都市の儀礼から大神主義へ
——コスモポリタニズム世界の諸宗教

世界の流行と個人の経験

シュラクサイに生まれ、前三世紀はじめのアレクサンドリアに生きた詩人のテオクリトスは、「アドニス祭の女たち」というミモス劇のなかで、シュラクサイからきた二人の女性がアレクサンドリアで祭りを体験する様を描いている。ゴルゴは、友人のプラクシノアを、宮殿で催されるアドニス祭へと誘っている。

「王さまのお城、お金持ちのプトレマイオスのところに行って、アドニスのお祭を見ましょう。女王さまがすてきなものを用意しておられるって聞いたわ」――「恵まれた人のところにはなんでも豊かにあるのね」――「でも見物すれば見たものを見ていない人に話せるわ」。（古澤ゆう子訳）

群衆をどうにかかき分けて、この二人の女性は宮殿に入る。

「プラクシノア、こっちへきて壁掛けの刺繡をごらんなさい。なんて細かくきれいなんでしょう。神々の衣のようだわ」――「女神アテネさま、いったいどんな女たちの仕事かしら。どんな画家が下絵を描いたのかしら。なんて自然に立って、なんて自然に動いているんでしょう。織ったのじゃなくて、生きているようだわ。人間ってすごいものね。アドニスはあそこよ、すてきなかっこうで銀の椅子に座っているわ。頰には髭が生えはじめたばかり。三度も愛されたアドニス、黄泉の国でも愛された」。（古澤ゆう子訳、一部改変）

このミモス劇は、このジャンルにつきものの誇張が大いにあるが、アレクサンドロスによる征服後に出現したコスモポリタニズム世界における宗教経験の重要な要素を、ある意味で的確にまとめている。顕著なのは、崇拝の都市的で「国際的」な性格である。このミモス劇の主人公は、シチリアからきた二人の女性で、オリエント由来の、エジプトに新しくやってきた神の祭りに参加する。プラクシノアは、図像が作り出す幻想に魅了されている。神の似姿が座る椅子の装飾に深く感じ入った彼女は、帰依の心を感情的に表現する、「三度も愛されたアドニス」という儀礼としての歓呼をあげる。この目をみはる祭礼のなかに、王の関与も確認できる。最後に、祭礼は、芸術をみる経験として理解されている。二人の女性は、披露された見世物の観客として祭礼に参加し、それについてあとで議論を交わすことができた。こうした特徴は、よりひろくヘレニズム世界、そしてのちにはローマ帝国における宗教経験を特徴づけるものである。

宗教面での変化のプロセスを追うには、時として長い期間を対象とする調査を必要とするが、これは必然的に、地域ごとの差異や、短期間の推移を検討する余地をなくしてしまう。おおよそ前四世紀のおわりから二世紀のなかばにかけて、ギリシア世界はどこも同じ流行を経験したが、その程度はさまざまだった。地域ごとの差異に慎重でなければならない。たとえば、黒海北岸のギリシア都市にとって、宗教的実践とはギリシア、トラキア、スキュティア、そしてイランの神々を習合させることを意味したし、アナトリアの田園部の人々は、青銅器時代以来の儀礼を踏襲しながら、地元の神々をギリシア風に崇拝していた。

重要な転換点が、この長期間に散在していた。アレクサンドロスによる征服後の最初の数十年に、ギリシア人の植民者がエジプトと東方に移住した結果、異邦の宗教への親近感が増大し、新しい祭儀が作られ、生前そして死後の王への崇拝熱が高まり、都市部で祭儀のための民間の団体が著しく普及した。次の段階は、前二八〇年より少しあとにアレクサンドリアで挙行されたプトレマイア祭（六五～六六頁参照）から、前一四六年のローマ人によるギリシア本土征服までにおおよそ相当する時期で、ギリシア諸都市は古い祭礼を再編して格を高め、新しい競技祭を導入し、アイデンティティの表明と特権の獲得に役立つ地域の祭儀を奨励した。この時期、聖域不可侵（アシュリア）の承認のために外交使節が頻繁にいき交い、古い祭礼をより派手に挙行するための決議が採択された。最初の段階のおもな傾向は、第三段階で頂点を迎えた。これは、ギリシアでローマの属州行政が確立した時点から、アウグストゥスによる支配のはじまりまで、つまり前一四六年から前二七年までのことである。祭儀団体が儀礼行為の重要な舞台となり、密儀宗教の重要性が高まった。以前の時代と比べて、個人の帰依心がずっと広範に、ずっと精緻に表現された。こうした傾向は、平和と移動性が確保された第四段階に引き継がれた――前二七年頃からマルクス・アウレリウスの治世（一六一年～一八〇年）へといたる、元首政最初の二〇〇年間である。皇帝崇拝が都市・地域にとって供犠と競技祭のためのもっとも重要な場の一つとなり（二三一～二三四頁参照）、これに加えて、古い地元の祭儀が復活して豪華な祭礼が組織された。この動きは、郷土愛、都市間競争、そしてエリート層が誇示した気前のよさによって強化された。密儀宗教と祭儀団体は、兵士、商人、解放奴隷や奴隷など、当地の生まれでない者に、共同体――崇拝者の共同体――に所属する機会を与えた。彼らは、神から保護を得る必要があったため、都市の既存の儀礼以外の、もしくはそれに加えて、別の儀礼への帰依が強まったのである。ユダヤ人の離散共同体は、すでにヘレニズム期に非常に顕著で、ユダエアとキュレナイカでの反乱失敗後にさらに拡大し、宗教集団の間の交流に寄与した。終末への願望と、人間と神との強力で継続的なつながりを求める欲求は、この時期まで、確固としたほとんど排他的なまでの一神への傾倒を前提とする宗教によって、満たされてきていた。これにたいし、一世紀、キリスト教が新しい解決策をもたらした。ローマ帝国におけるアイデアの流動性が、諸宗教の相互作用を促進した。このアイデアの移動では、遍歴哲学者、「聖人」、そして初期キリスト教の伝道者たちが、重要な役割を果たした。

「長いヘレニズム期」の宗教の、何が「ヘレニズム的」なのか

アレクサンドロス大王以後の数百年間、ギリシア宗教はほとんど変化しなかったという意見もあるかもしれない。ギリシア人は、自分たちの古くからの神々を崇拝し続けた。たしかに彼らは、サラピスやミトラなど少数の神々を追加したが、これを新しい現象とみなすことは、とうていできない。ギリシア人は、過去にもしばしばそうしてきたのである。たとえば、トラキアのベンディスの祭儀が、前五世紀おわりのアテナイに持ち込まれた。キュベレやアドニスといったアナトリアと近東の神々は、それよりもずっと前から崇拝を受けていた。ギリシアの神々と異国の神々は、アルテミスとペルシアのアナヒタ、ヘルメスとエジプトのトト、ゼウスとアナトリアのサバジオスのように、同化され、同一視され、あるいは共同で崇拝を受け続けた。崇拝の形式は変わることなく、行列、供犠、灌奠、賛歌、嘆願、そして運動・音楽競技祭がおこなわれた。外来宗教の影響で新しい儀礼が導入されたのはたしかである。既存の、あるいは新来の神々の神殿でのランプによる照明は、エジプトの慣習を真似たものである。しかし、このような新しい儀礼が、崇拝の性格を根本的に変えることはなかった。神託は、相変わらず曖昧な返答をして、尋ねる者を苛立たせていた。そして、前六世紀以来変わらずに神の本質をあれこれ考え続けた哲学者たちをよそに、あらゆる社会階層の男女は、難を避け気に食わない相手の人生が悲惨なものになることを期待して、魔術に頼り続けた。死すべき人間は、数百年変わることなく、死後の様子についていまだ不確かな知識しか持ち合わせておらず、この無知をきわめて精密で、往々にして矛盾する死後のイメージで埋め合わせ、死んだあとの甘美な生活への希望を密儀への入信に求めた。神話、聖域、そして祭儀は、常に政治と外交に利用される対象であり、アレクサンドロスの遠征後もこれは同

じだった。ヘレニズム期には、人間、王、恩恵施与者が、時には死後に、あるいは生前にも、神としての崇拝を受けた。前一九六年になるとローマの将軍がこれに加わり、ローマ皇帝が彼らに続いた。神の名誉を人間に与えるのは、ヘレニズム期にはじまったことではない。では、多数の新規の祭礼と新しく加えられた二、三の神格以外に、前四世紀おわりから二世紀なかばまでの宗教と儀礼のなかで、本質的に新しいものはあるのだろうか。この疑問に答えるためには、より抽象的なこと――ツァイトガイスト、つまり時代精神――を考える必要がある。前四世紀おわり以降、宗教的な実践と概念は、同時代の一般的な精神構造に、どのように対応しているのだろうか。

ヘレニズム期と元首政初期の時代精神に迫る一つの方法は、特定の用語を研究することである。つまり、同時代の文書で頻繁に使用される表現を研究するのである。どんな歴史的時代も、たとえば、わたしたちの時代に「持続可能性」、「透明性」、「ソーシャル・ネットワーク」などがあるように、同時代の関心と優先事項を映し出すバズワードを持っている。検討している時代におけるこうした用語は、公的な文書、特に民会の決議と同時代の歴史家の作品にみいだすことができる。はじめて登場した言葉や以前と比べて頻度が増した言葉は、言論に影響を与え、古い慣習を復活させ、新しいやり方を導入し、優先すべきことを定め、需要に応えた知識人と政治エリートの価値観と関心について、貴重なヒントを与えてくれる。

当時の宗教的メンタリティを反映する言葉と表現が、いくつかある。スプデ（熱意）とゼロス（競争心）は、敬虔さをみえる形で強く誇示する傾向をあらわしている。エパウクサネイン（増大させる、大きくする）は、祭礼の量的な変化に関係している。前四世紀以降の宗教に目新しいものはほとんど何もなかったが、あらゆることが以前よりもずっと大きくなったのだった。「共同体が感謝を示しているということが、あらゆる人々の目に留まるように」という定式の言い方は、名誉決議を締めくくるもので、感情を劇場的に表現する傾向を反映している。パラドクソンという言葉は、対比が注意深く認識されていたと同時に、予想と突然の変化の間の対立、希望と思いがけない運命の間の対立に魅了されていたことを明らかにしている。最後に、神々の歓呼や賛辞で使用される称賛のための添え名は、神的なものにたいする態度を表現している。エペコオス（祈りに耳をかたむける者）、ソテル（救済者）、メガス（偉大な）、ヘイス（属格はヘノス。一人、無比）という添え名には、危険を逃れるために神の加護を得て、一つの神と個人的な関係をとり結びたいという人々の欲望が反映されている。「救済論」（ソテリオロジー）、「単神教」（ヘノテイズム）、そして「大神主義」（メガテイズム）といった現代の用語は、こうした添え名に由来するもので、一つの神にたいする個人の強い傾倒と、この世での安全とあの世での救済を約束する神格や祭儀の人気に関連している（三一一～三一二頁参照）。

宗教における「ヘレニズム的」特徴にアプローチする二番目の方法は、当時の世界を形成し、結果として宗教と宗教感情に影響を与えた要因を考えることである。まずは王権が、続いて皇帝権が確立したことは、宗教実践に目にみえる形で衝撃を与えた。支配者崇拝と皇帝崇拝に加えて（九五～一〇一頁、および二三一～二三四頁参照）、君主政という制度は、豪華さをみせびらかすことに重きを置くことで、宗教儀礼に影響を及ぼした。王国の首都で催された祭礼が、流行を形成した。王は、さまざまな方法で宗教面の行為者となった。彼らは王家に結びついた祭儀——たとえばプトレマイオス一世はサラピス崇拝——を推進した。王たちは聖域を恩顧と贈与で優遇し、デルポイやデロスといった古くからの神域で、競って権力を誇示した。彼らは宗教問題にも積極的に介入した。一例として、プトレマイオス二世の援助を通じて、トーラーのヘブライ語からギリシア語への翻訳が可能となった。そして最後に、王の兵士たちは、故郷の宗教的な慣習を任地へともたらした。

次に、多民族の大王国が創造され、東地中海と近東がローマの支配のもとに統一された結果、人々の移動が増大し、宗教に関するアイデアと儀礼のやり方が拡散した。都市の公的な祭儀に、外国人や外国出身の居住者が参加することがより一般的になり、祭儀のための民間団体の活動によって、宗教の多様性が高まった。宗教面での移動性は、都市、連邦、王、そしてローマ当局者間の頻繁な外交接触によっても強められた。戦争はまた別の重大な要素で、移動性を高めただけでなく、神々とのコミュニケーションを成功させ、よい関係を築くことが、人間の安全と福祉を左右するという確信を強化したのである。

都市の宗教に影響を与えたさらなる要因として、次のようなものがある。女性がより前面に出て、より大きな権力を持ったこと。宗教面での革新に強い信念を持った男たち（そして少数の女たち）が活躍したこと。恩恵施与者が祭儀と聖域に援助を与えたこと。そして、エリート層が——新宗教を設立し、華々しい祭礼を挙行し、古い儀式を復活させ、新しい儀礼を導入することで——宗教の発展に貢献したこと、である。

祭　礼

前一世紀に、それ以前の史料に基づいて執筆をおこなった地理学者のストラボンは、タラスでは国家の祭日が平日よりもずっと数が多いと主張している。ヘレニズム期にアテナイを旅行したヘラクレイデスも、同様のことをいっている。前三世紀にこの都市を訪れた者は、目にしたことだろう。「さまざまな祭礼行事もあれば、さまざまな顔ぶれの哲学者たちによる魂の誘いや保養もある。暇つぶしの機会は多く、見せ物の催しは絶え間がない」（馬場恵二訳）（一〇七頁参照）。こうした主張を文字通りに受け取ることはできないが、ヘレニズム期とその後の時代の都市では、以前と比べて、祝祭がより当たり前の現象となっていた。前一五〇年頃のコス島のギュムナシオンで開催された催し物の暦によると、アルタミティオス月だけで都市による供犠と祭礼が八つあり、ギュムナシオンの若者の参加が義務とされていた。四日のポセイドンの祭礼、六日の王エウメネス二世のための行列、七日のアポロンの祭礼およびアポロン・キュパリッシオスと十二神の聖域への行列、ピュトクレスの寄付で賄われる一〇日のゼウス・ソテルの祭礼、一二日のディオニュソスへの供犠、一五日のアポロン・デリオスの聖域への行列、一九日のムーサイを称える行列、そして二六日の王アッタロス二世のための行列である。このうち、三つの催事は、ヘレニズム期に加えられたものだった（ヘレニズム王を称える二つと、恩恵施与者が財政援助した一つ）。祝祭の数は、とりわけ前二世紀なかば以降、絶え間なく増加していった。二世紀のギリシアと小アジアでは、五〇〇以上の競技祭――運動競技と（あるいは）音楽競技と結合した祭礼――がおこなわれていた。

この祭礼文化の爆発には、多くの要因が絡んでいる。新しい都市は、自前の祭礼を確立する必要があった。政治的な出来事、通例は軍事的勝利が、新しい祭礼の創設につながった。地域のエリート層が、自分たちの競争の舞台の一つとして、祭礼の挙行を利用した――彼らは、さらに豪華な催し物を求めて寄付をおこない、財団を設立し、古い伝統を復活させ、祭礼と競技祭を司る公職を務めた。新しい公的な祭礼に加えて、ヘレニズム期より以前のギリシアにはほとんど知られていない、画期的な現象が出現した。個人の支援による祭礼が作られ、しばしばエリート家系の死んだメンバーの記念の場となったのである。また別の新形式の催事に、王、外国使節、ローマの公職者、そしてのちには皇帝とその家族を都市に迎える儀礼があった。制度化された演劇競技は、古典期にはまれだったが、ヘレニズム期には一般的な現象となり、相当数の人口を持つ都市のほとんどすべてで確認されている。そして最後の重要な要因は、ギュムナシオンの普及である。ギュムナシオンは、軍事・体育訓練と教育の場だけでなく、競技と祝祭が定期的に開催される場でもあった。

古代の史料では、宗教行事の三つの主要な構成要素を強調して、「行列、供犠、競技」（ポンペ・カイ・テュシア・カイ・アゴン）が祭礼と同じ意味で普通に使われている。供犠は、一番重要な儀礼要素で、運動・音楽競技は、祭礼のもっとも人目を引く部分だった。行列は、多数の市民・非市民の積極的な参加を必要としたので、詳細な「演技指示」を必要とする可能性があったのも当然だった。キリキアのマロス（ピュラモス河畔のアンティオケイア）の刻文は、新しい祭礼に顕著な伝統と革新の結合を、典型的に示している。前二世紀のなかば、擬人化された「調和」（ホモノイア）を称え、タルソス（キュドノス河畔のアンティオケイア）との紛争の終結を記念するために、この都市で新しい祭礼が創設された。祭壇がホモノイアに捧げられ、

祭壇が奉献される日に、行列ができる限り美しく華やかに、評議会の祭壇からアテナの聖域までおこなわれるべし。行列は、デミウルゴス［最高位の公職者］とプリュタニス［評議会員］たちによって導かれるべし。彼らは、金塗りの角の雌牛

を、アテナとホモノイアへの犠牲として捧げるべし。神官、その他すべての公職者、競技の勝利者、ギュムナシオンの監督者とエペボスたちと青年組のすべて、少年組の監督者と少年組のすべては、行列に参加すべし。当日は祝日となる。全市民は花冠を身につけるべし。仕事をする者があってはならない。奴隷は鎖から放たれるべし。［後略］

公職者たちは、祝祭が「できる限り美しく華やかに」なるよう、センスと想像力と資金を使うこと、あるいは他の祭礼でみた手本を真似ることを求められた。祭礼と行列をめぐる当時の議論からは、三つの主要な要素が浮かびあがる。規模、美しさ、そして政治的意味合いである。

祭礼の規模の増大——期間、費用、参加者数——は、もっとも直接的に目を引く流行である。王が主催した祭礼が、新しい基準を作り出した。祭礼は君主の自己表現の重要な側面だったので、大きな効果をもたらし権力を誇示するために、贅沢に計画されて挙行されたのである。都市、そして個人でさえ、規模を小さくしてこれにならった。都市の祭礼の主催者たちは、アレクサンドリアのプトレマイア祭（前二七四年頃。六五〜六六頁参照）のような王の祝祭と張り合うことはできなかったが、自分たちの前任者や他の都市を凌ぐことを目指した。諸都市は、自身の競技祭と勝った選手に与える賞を格上げした。参加者、神官、公職者、勝者、エペボス、市民、外国人の居住者を増やす措置がとられた。大事なのは大きさだった。美しさと秩序も重要だった。

行列は、常に入念な演出の対象である。行列が、社会・政治構造を反映するだけでなく、美しさが神々の関心を引くのに用いる人間の戦略の一つだったからである。前四世紀なかばから、美しさと演出の指示への注意が高まっていることが確認される。宗教的な規定が、宗教儀式の問題を詳しく述べるだけでなく、実際に参加する人たちへの厳密な演出指示、そして同時に行列の準備、構成、装飾、挙行にも言及している。そこには、行列ルートの清掃、行列で運ぶ道具や物の購入、公職者や住民の衣装、美しさに応じた犠牲獣の順番、騎士の参加、音楽の伴奏、そして部族、年齢、階層、名誉、職務にしたがった参加者のグループ分けが含まれる。メッセネ近郊のアンダニアの密儀に関する儀礼の規定（一世紀はじめ）では、入信儀式については何一つ明らかにされていないが、壮観な行列について多くの情報が記されている。この行列は、メッセネから出発し、おそらく三時間ほどかけてアンダニアの大神の聖域へと向かった。この祭儀の再編を司ったムナシストラトスが、行列の先頭に立った。その後ろに、祭儀の公職者、笛吹き、密儀のご神体が乗った車につき添う「聖少女」、デメテルへの正餐を司る女性とその助手たち、女神たちを体現する「聖女」、「聖男」、そして犠牲獣が続いた。厳粛さ、上品さ、秩序に、大きな注意が払われた。この規定は、役職者と信者の衣装を厳密に定めていた。「聖男」は冠、「聖女」は白帽と長い礼服、「信者長」は入信儀礼の最初はティアラ、最後は月桂樹の冠、信者は白い礼服と裸足、と決められている。女性の信者たちは、透けた服、幅のある縁取りの服、宝飾品、華美な髪型と化粧を禁止された。祭礼を上首尾にまとめあげた者たちを称える決議では、行列の美しさに重きが置かれている。マケドニアの都市カリンドイアの決議（一年）は、地元の恩恵施与者を、「技巧的（あるいは色とりどり）」で「観る価値のある」行列を組織したと称えている。関係する公職者たちは、心地よく美しい見世物を提供したとして、名誉を与えられた。

神々の崇拝の美的側面にこれほど強い関心が寄せられたことには、いくつかの歴史的、文化的要素が関与していた。練りあげられた劇場での見世物がそこかしこで上演されていたので、祝祭の演出への関心が高まった。旅行の機会が増加したため、革新的で驚くような催事の情報が拡散し、崇拝の団体は他の団体がおこなったことを模倣し凌駕するよう駆り立てられた。ある都市の祭礼が、簡単に別の都市の噂となりえたのである。しかし、これに加えて、重要な要素が一つあった。神的なものの存在を感じたいという欲求である。エナルゲイア（生き生きとした状態）とエナルゲス（生き生きとした）は、修辞学と文芸において、聴衆・読者が言葉で表現されたことを目撃していると感じるよう仕向ける、弁論家や著述家の技術に関する言葉だが、この言葉が宗教的文脈で非常に頻繁に用いられている。エナルゲイアとエナルゲスは、その場にいあわせた個人と集団に、強力な感情的インパクトを与える神の力のあらわれを示している。祭儀の演出は、神の力を「より生き生きと明らか」（エナルゲステラ）にし、神がおでましになったという幻想を維持し、その場にあった感情を喚起させるために使われる方法の一つだった。

この時代に祭礼がこれほどまでに重要だった、また別の理由として、祭礼がもたらす政治的利点がある。祭礼を通じて、ポリスは外交を進め、訪問客を集め、王や皇帝に忠誠を示し、市《いち》を催し、自己表現をし、若者に伝統を伝え、団結を強め、貧しい者に問題から目を背けさせる機会を得たのである。

都市は、戦争と襲撃を怖れていたので、他の共同体に襲撃からの不可侵（アシュリア）を認めてもらうことに腐心した。実に多くの場合、アシュリアを求めるための都市、連邦、王への使節派遣が、祭礼の再編と他のギリシア人共同体への参加の招請を伴っていた。コスは、前二四二年にアスクレピオスの聖域のアシュリアを求め、同じ時期にテノスは、ポセイドンとアンピトリテの聖域ならびに島全体のアシュリアを要請した。これにマグネシアが続いて、アルテミス・レウコプリュエネの祭礼を前二〇八年に格上げした時に、全土の不可侵を宣言した。またテオスは、前二〇三年に領土をディオニュソスに奉献した。コス、マグネシア、そしてテオスが全ギリシア世界に派遣した使節団は、古代のギリシアで確認されているなかで、もっともよく記録が残っている外交の試みである。アシュリアの宣言がきわめて一般的になったので——そして、犯罪者が罰を逃れるために聖域のアシュリアを使ったことで、問題の種になったので——二二年、ローマの元老院は不可侵の主張のすべてを一つずつ再調査し、その大半を却下するという結論にいたった。
ヘレニズム期に作られた祭礼のすべて、そして帝政期の新しい祭礼の多くには、政治的で世俗的な背景があった。こうした祭礼は、最近の政治的な出来事、たとえば戦争での勝利、外国の駐屯軍の排除、自由と民主政の回復を記念したり、王や皇帝に名誉を与えたり、恩恵施与者を称えたりするために創設された。このような祭礼で、宗教儀礼は明らかに政治的な文脈に組み込まれた。アテナイ人は、前六世紀からパンアテナイア祭を祝い、アテナを称えた。アイトリア人は、前三世紀にソテリア祭を導入し、アポロン・ピュティオスとゼウス・ソテルを称えた。アテナイ人はポセイドンにたいするアテナの勝利を記念したが、アイトリア人はガリア人にたいする「自分たちの」勝利を祝ったのである。この違いに気づかないと、新しい祭礼を作り出した人々が、その祭礼に付与した世俗的な機能を無視することになるだろう。
アテナイのもっとも伝統ある祭礼の一つ、タルゲリア祭に関する決議は、祭礼の持つ政治的役割をよく示している。この祝祭の主要な儀礼は、アポロン・パトロオス（「先祖の守護者」）への初穂の奉納と、贖罪の儀礼だった。前一二九／一二八年に再編されると、この祭礼は祖先の業績に焦点を当てる愛国的な祭りになった。この決議を起草した人物は、次のように説明している。

神々への敬虔に最大の配慮を示すことは、先祖の規範であり、アテナイ市民団の慣習であり、父祖の伝統である。それゆえにこそ、アテナイ人はあらゆる活動を開始するにあたり、ゼウス・ソテルに敬意をあらわし、また神々を崇拝し、陸および船の上での多数の遠征を通じて、陸海でのきわめて偉大な功績の名声と誉れを獲得してきた。また、アポロン・ピュティオスもおわします。このゼウスとレトの御子は、父祖伝来のアテナイ人の神、慶事の予言者、そして同時に全ギリシア人の救済者であられる。

「美しくまた敬虔なやり方で、供犠を増やし名誉を高める」ための措置もとられた。この文書は、ヘレニズム期の祭礼を特徴づける主要な要素の粋となっている。規模の増大、美しさ、そして政治的含みである。

伝統的な神々への嗜好の変化

プルタルコスは作品「神託の衰微について」で、奇妙な話を伝えている。ティベリウスの時代（一四〜三七年）、タモスというある男がイタリアへ向かう途中、パクソイという小島のそばを航行していた時、彼は次のような知らせを宣言するよう求める声を聞いた。「パンは死せり！」。古代の神々が死ぬ時もたしかにあったが、それは目的があってのことだった。神々は定期的に復活し、自然の年間のサイクルを体現したのである。クレタのゼウスは、このケースであると考えられている。また、死と神としての生への復帰は、ディオニュソスやオシリスの場合のように、密儀宗教の根拠となった。さらに、死は特別な取り決めの一部ともなった。離れることのできない双子ディオスクロイは、日替わりで冥界に過ごした。また死は、アドニスの場合のように、毎年の儀礼のなかで再演された。少なくともキリスト教が普及するまで、ギリシアの神々は神々として絶えることはなかった――そして、スタートレックのある初期のエピソードによれば、神々は人間の愛なしに力を維持できず、ポルックスⅣ号星に撤退したにすぎなかった。

宣言されたパンの死をどう考えるべきか、明らかではない。ただ、個々の神々の崇拝に流行り廃りがあったことは、明らかである。多くの刻文が、敬虔な信者、神官、あるいは公職者の主導で、崇拝が復興されなければならなかった事実を伝えている。儀礼を続ける資金が単純に枯渇したことが、理由の場合もあった。ヘレニズム期のいくつかの都市は、神官職を公の競売にかけて、儀式の定期開催を監督し、聖所を管理する市民を常に確保しようとした。ある特定の神の崇拝が、他の神の人気が高まるにつれて廃れることもあった。ギリシア都市で崇拝される神々の集まり――私たちは通例、これをポリスの「パンテオン」と呼ぶ――は、絶えず変化したのである。

もちろん、このような変化に影響を受けない神々の崇拝もあった。全能のゼウスが、こうした神々のなかで第一の座を占め、城砦の守護者アテナ、豊穣の女神デメテルがこれに続いた。毎年、全ギリシア世界の女性たちが、デメテルの密儀を祝った。他の重要な神格として、ディオニュソスがいる。ディオニュソスは、演劇の神であるばかりでなく、陶酔をもたらす儀礼に結びついた神で、その密儀に入信した者に祝福された来世を約束した。他には、音楽、託宣、純潔、治癒の神であるアポロン、特に出産時の女性の守護者であった狩猟者アルテミス、愛の女神であり、公職者の守護者としても崇拝されていたアプロディテ、旅と取引の守護者であるヘルメス、そして、都市の公の炉を守護するヘスティアがいた。前五世紀からは、治癒神アスクレピオス――もともとは二、三の場所で崇拝されたにすぎなかった――が、もっとも人気のある神格の一つとなった。ヘラクレスは、古くからのオリュンポスの神々の一員ではなかったが、危急の時に多くの人々が祈願した神だった。

アレクサンドロスの征服以前でさえ、ギリシア人が異国の宗教に触れることで、異国の神々が対応するギリシアの神々と同化したり、異国風のあるいはギリシア風の名前で崇拝される神々が導入されることになった。トラキアの女猟師ベンディス、アナトリアの大母キュベレ、近東の神アドニス、エジプトのアムンとイシスなどである。アレクサンドロスの遠征後に、アジアと北アフリカからの祭儀の導入が増加したことはいうまでもない。さらに、ローマがギリシアを支配し、ローマ植民市が建設されると、イタリアの神格がバルカン半島、小アジア、そして近東にもたらされた。こうした神格には、カピトリヌスの三柱――ユピテル、ユノ、ミネルウァで、それぞれゼウス、ヘラ、アテナと同化した――や、森林の守護者シルウァヌスがあった。

多くの場所で、もっとも重要な神格は、クレタのディクテュンナやブリトマルティスといった、きわめて古い起源を持つ地元の神々や、スミュルナのネメセイスといった伝統的に都市と結びついた神々だった。バルカン半島北部とアジアの非ギリシア系住民は、古くからある生え抜きの神々を信仰し続けた。ギリシア語がリンガ・フランカとして普及して、現地の人々の識字率が向上するまで、こうした神々に関する文字史料がない場合もある。ギリシア語で刻まれた奉献刻文の数が増加するにつれ、何百年にもわたって崇拝を受けつつも、その人気について、あったとしてもごくわずかばかりの痕跡しか残さなかった神々の名前が、はじめて言及されることになる。それらは、しばしばギリシアの神々と同化した。たとえば、トラキアで人気のある神格の一つに、いわゆる「トラキアの騎手」があるが、これは通例アポロンやアスクレピオスと結びつけられ、祭壇と幹にヘビが巻きついた木に近づく、若い騎士の姿で表現された（図29参照）。彼は、「英雄」、救済神（ソテル）、そして祈りに耳をかたむける神（エペコオス）として崇拝された。

図29　「新しい英雄」コテュスの墓碑浮彫。装飾は「トラキアの騎手」のモチーフ。

多くの場合、神々が祈りや歓呼で呼びかけられる際の称賛のための添え名が、神々の人気ぶりの指標となる。そうした添え名は、愛着や帰依、そして神々が人間の要求と願いに応えてくれるという信念をあらわしている。「救済者」――男神にはソテル、女神にはソテイラ――は、添え名のなかでももっとも一般的なものの一つで、数多くのヘレニズム王や神格化された人間にも用いられた。ソテルとして祈願され称えられた神は、命に関わるあらゆる状況（病気、地震、天候不順、犯罪、戦争）で保護を与えることが期待された。ゼウスや、ポリアス（「城砦の守護者」）ならびにニケポロス（「勝利をもたらす者」）として崇拝されたゼウスの娘で戦士のアテナ、アルテミス、船乗りと兵士の守護者ディオスクロイ、そして麗しい勝利（カリニコス）と結びついたヘラクレスといった神々は、戦争の守護者として役割を持っていたため、人気があった。しかし、兵士たちや都市を防衛する者たちは、パニックの神であるパンや伝統的な戦争神アレスから、軍隊の指導者アプロディテ・ストラティア、市門の防衛者（プロピュライオス）であるヘルメス、そして十字路、魔術、および夜の女神ヘカテまで、ほとんどの神々の加護の力を祈ることができた。帝政期になると、ローマ皇帝にもこの加護の役割が与えられた。

ローマ帝国の時代、ギリシア世界の大半を満たした相対的な平和のなかで、個人の崇拝者や共同体が求めた保護は、別種の問題からの解放に関わっていた。食糧不足、財政問題、都市景観の悪化、山賊、そして何よりも、病気である。これが、アポロンやその息子のアスクレピオス、そして妹のアルテミスが人気だった理由である。だが、大勢の新旧の神々も、同様の役割を果たした。レト（アポロンとアルテミスの母）と同化した古いアナトリアの神である、神々の母（メテル・テオン）のような母神、新しい治癒神であるグリュコン・ネオス・アスクレピオス（三二三〜三二五頁参照）、そして交流と移動の巨大なネットワークを通じて祭儀がひろまった、さまざまな起源のその他の神格である。エジプトの神々の崇拝、テオス・ヒュプシストスの信仰、オリエントの密儀宗教、そしてキリスト教が、ここで特別に検討する価値がある。

エジプトとエジプト化する宗教

アレクサンドロスがエジプトを征服するずっと前から、ギリシア人はエジプトの宗教に慣れ親しんでいた。アムンは、ゼウスと同一視されて、早くも前五世紀には崇拝されていたし、エジプトからの移住者や商人が、大いなる月の女神イシス（オシリスの妹であり妻）の祭儀を、前四世紀までにアテナイにもたらしていた。だが、このような宗教の移転は、前三世紀以降、とりわけローマによる征服以後に起こったエジプトの諸祭儀の大規模な拡散とは、比べるべくもない。イシス、オシリス、サラピスが、単独で、あるいはエジプト風の名前と馴染みのない表現形式を持つ他の神格――ジャッカルの顔をしたアヌビスと子供の神ハルポクラテス――とともに、崇拝を受けた。

サラピス崇拝は、プトレマイオス朝の支援を受けて、この王朝の影響下にあった地域に広範囲に拡散した。この崇拝が、聖牛アピスが崇められていたエジプトの古い都メンピスに起源を持つことは、おそらく疑いない。聖牛は、死後オセラピスとして、オシリスと同一視された。プトレマイオス一世は、サラピスもしくはセラピスの名で、この神に脚色を加えて促進した。おそらく、広大で文化的に多様な自身の王国に、共同の崇拝である程度の一体感を持たせようとしたのだろう。こうして、エジプトに移住したギリシア人が、移住地の神を完全な異国風でも野蛮でもない形で、崇拝することが可能となった。この神の図像（図30参照）は、異種の要素の人工的な混成物で、ゼウス、治癒神アスクレピオス、そして冥界の神プルトンの特徴を兼ね備えていた。サラピスは、予言、治癒、多産、死後の世界の守護者となった。プトレマイオス朝の兵士、当局者、使節の移動に助けられて、この祭儀は、プトレマイオス朝の支配地とプトレマイオス朝が政治的影響力を行使した地域――エーゲ海島嶼部と小アジア――にはじめにひろがり、次に、地中海全域に普及した。護符、像と小像、刻文と個人名（サラピオン、セラパス、セラパモンなど）が、古代末期までサラピスが人気があったことを証明している。デロスでは当初この祭儀は、古くからあるアポロン崇拝の神官の抵抗に打ち勝つ必要があったが、それに成功すると、これがサラピスの神官によって神の奇跡と解釈され、この祭儀は崇拝者にとってさらに魅力のあるものになった。奇跡の物語は、サラピス崇拝の重要な要素だった。サラピス崇拝には地域間で相違がある。たとえば、サラピスの信者が長期間にわたって隔離生活（エンカトイコス）を送ったのは、メンピスにあったもっとも重要な聖域だけだった。

イシス崇拝（図31参照）はエジプトの神話と儀礼に起源を持つが、追加の要素で豊かさを増した。密儀の開催がイシス崇拝の重要な側面で、入信者にこの世での女神の恩恵と、あの世での祝福された運命を約束した。あるエジプトの神話によると、オシリスが砂漠の神セトに殺されバラバラにされたが、イシスが切断された兄弟の体を集めることに成功した。オシリスを生き返らせたイシスは、彼を夫として、息子ホルスを生んだ。死、再生、そして永遠の生からなるこの神話は、信者を慰め、オシリスの王国で死後の生を求めるよう促し、人生の苦難に向

図 30　サラピスの像。

図 31　イシスへの奉納浮彫。ディオン出土。笏と麦穂を手にしている。

図32　アヌビスに扮する神官を表現する，テッサロニケの葬礼浮彫。

かう希望を与えた。神のための儀式では、神事に携わる者たちがイシスの苦難を劇で表現した。テッサロニケ出土のある浮彫は、アヌビス神の役を演じる神官を表現している（図32参照）。入信者は、こうした宗教劇による強い感情的効果のなかで、みずからの死と再生を暗示する儀礼をおこなった。エジプトの儀礼ではナイル川の水が重要だったため、ミニチュアの「ナイル川」が、マケドニアのディオンであれローマ近郊のティヴォリであれ、エジプトの神々の聖域に再現された。こうして入信者は、オシリスの生まれ故郷に象徴的に誘われ、このエジプトの神と深く結びつけられているという幻想が強化されたのだった。帝政期に、イシスは航海の守護者として敬われた。三月五日に開催されたイシスの祭礼は、航海シーズンの開始を記念した。

イシス崇拝は、伝統的な公的祭儀よりも、高いレベルの傾倒と感情的な結びつきを求めた。宗教文書、賛歌、いわゆる「権能譚」と呼ばれる奇跡物語やイシスの力の描写が、力強く慈しみのある女神像の形成に寄与した。エジプトの神殿にあった刻文の写しとされるそうした権能譚の一つは、イシスのいくつかの神殿で複製が作られた。そのなかで、女神は自分で話し（「わたしはイシスである」）、自身の権能を啓示するかのように表現されている。こうした文書が、信者の集団を救済の希望で満たしたのである。権能譚は、おそらく、女神に扮した女神官によって読みあげられたのだろう。前一世紀のキュメに建てられた刻文の写しの一節を通じて、この女神自身による啓示が信者に与えたであろうインパクトをうかがうことができる。

> わたしはイシスである。全土の支配者で〔中略〕わたしは人類のために作物を創造した。〔中略〕わたしは地と天とを分けた。わたしは星々の運行を定めた。わたしは日月の動きを整えた。わたしは漁ることと海を渡ることを発明した。わたしは正義を強力にした。わたしは女と男をつがわせた。〔中略〕わたしは僭主の支配をおわらせた。わたしは人殺しをおわらせた。わたしは女たちが男たちに愛されるよう仕向けた。わたしは正義を金と銀より強いものとした。〔中略〕わたしは戦争の女王。わたしは雷電の女王。わたしは海を凪にも時化にもする。わたしは太陽の光輪に存在する。わたしは

太陽と動きをともにする。わたしの定めたことは何であれ、本当におこなわれる。

イシスは実に多様な属性を持っていたので、簡単に他の女神たちと同化することがあった。出産の守護神としてアルテミス・ロキア、農業の保護者としてデメテル、月の女神ヘカテ、そして、アプロディテや他の数えきれないほどのギリシアとオリエントの女神たちと同化した。イシスの価値が他の神格より高くなり、密儀への入信と結びついたことは、ヘレニズム期後期と帝政期において、特別な意味を持った宗教的発展だった。

ミトラ

イランの光の神ミトラの祭儀は、背景は大きく違うものの、祭礼が演出され、異なった七つの入信階梯が存在し、入信者の期待があった点で、他の密儀宗教と共通点を持っていた。この祭儀は、イラン系の住民がいたヘレニズム期の王国、特にポントスとコンマゲネで早くから重要なものだった。だがこの祭儀が、前一世紀頃、状況は不明ながら、イランの起源とわずかばかりの不確かなつながりしかない密儀宗教に姿を変えた。信者たちは、人工の洞穴（スペレウム、アントルム）を持った地下神殿に集い、宴会を祝った。この祭儀の宗教文書についてはほとんど何もわかっていないが、ミトラの図像から、この神が生を守護する勝利神としての特質を持っていたことがうかがえる。ミトラは通例、松明持ち二人に伴われ、岩から誕生しているか雄牛を殺す姿で表現されている。またミトラは、太陽神と食事をともにするか、車で天に昇る姿であらわされている場合もある。ミトラが雄牛を殺害する場面では、サソリが雄牛の睾丸をつかみ、犬と蛇が血に向かって首を伸ばしている。小麦の穂が、雄牛の尻尾あるいは傷口から芽を伸ばしている（図33参照）。男性だけがこの密儀への加入を認められたと考えられており、低い身分の者たち——おもに兵士だったが、かなりの数の解放奴隷や商人もいた——が多かった。二世紀のおわりまで、この祭儀はギリシア語圏の属州にはあまり普及しなかったが、ローマ軍が強い存在感を示した地域、とりわけシリアには例外的にひろまった。

地域ごとにばらつきがあるものの、この祭儀に関連した神話、儀礼、宗教観に一定の均一性があったと主張することも可能だろう。図像が首尾一貫しており、信者の七つの階梯の称号（惑星と関係していたのかもしれない）が広範囲に確認されているからである。しかし、祭儀の設立に関する原則を定め、標準的な神話物語を形成し、儀式に使われる聖典を書き記し、入信者に求められる試練を考え出し、祭儀が帝国中に拡散するのに応じて無数のミトラエウムで複製された場面のモデルを制作した男、あるいは男たちの情報は、まったく残されていない。ミトラの密儀が自然に発展していった可能性は排除できないが、

図33　ドゥラ・エウロポスのミトラの浮彫。

ローマ帝国に拡散した形式のミトラの密儀は、無名の宗教改革者――グリュコンの祭儀を創設したアボヌ・テイコスのアレクサンドロスや、キリスト教の基盤を定めたパウロのような男――の手になる可能性の方が高い。

最高神、ユダヤ教の影響、一神教的傾向

多くの名前で知られる単一の神格が存在するという考えは、すでに前五世紀のギリシア知識人の作品に確認できる。全能の神は、寛大な多神教のシステムに簡単に位置づけることができた。単一の至高神の崇拝は、他の神々の崇拝と共存可能だった。さらに、元来は別々だった二つさらには三つの神々が、時として一つの神に融合することも可能だった。たとえば、ゼウス・ヘリオス・セラピスは、単一で無比の神とみなされた。多神教システムのなかで一神崇拝を求めるこの動きは、テオス・ヒュプシストス崇拝において特に顕著だった。この神の添え名は曖昧である。文字通りには「至高の神」を意味するが、「高みの神」あるいは「高められた神」の意味もある。ヒュプシストスという添え名は、ヘレニズム期より前からすでにゼウスに用いられることが多かったが、帝政期になると、単にテオスすなわち「神」と呼ばれる単一の匿名神に与えられた。ユダヤ人コミュニティが存在した地域――ギリシア、小アジア、黒海地域――では、ユダヤ教がテオス・ヒュプシストス崇拝に影響を与えた。ボスポロス王国の地域のユダヤ人は、礼拝所で自分たちの神を、しばしばテオス・ヒュプシストスの名で崇拝した。テオス・ヒュプシストスの崇拝者（ヒュプシスタリイ、ヒュプシスティアニ）は、テオセベイス（神畏れ人）と呼ばれることがある。神畏れ人の少なくとも一部は、ユダヤ人のシナゴーグに参

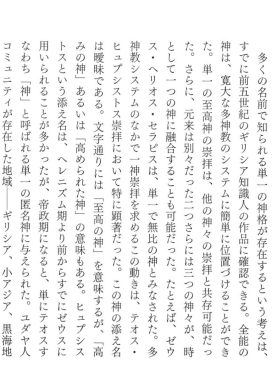

列した非ユダヤ人だった。

テオス・ヒュプシストスについての証拠がすべて、同質の教義を伴う単一神のことをいっているとは考えられないものの、この崇拝が紀元最初の二〇〇年間にすでにかなり拡散していたことはたしかである。アポロン・クラリオスのある神託は、この神に言及しているのかもしれない。

みずから生じ、教えられることなく、母もおらず、揺るぎない者。名を持たず、また多くの名を持ち、火に住まう者。それが神。われら使いは神のごく一部。神の本質とは何かと神についてこう問うそなたらに、彼は答える。すべてを見晴るかす天空が神。夜明けには、彼を眺め日の出に向いて、祈るべし。

この神託は、天使としてこの一神の崇拝に統合されることを、伝統的な神々に認めた。キリスト教の著作家たちにも引用されて、この神託は小アジアとそこを超えた地域の崇拝に影響を与えた。

この神託が提示する神概念は、初期の異教的一神教に関連づけられたことが何度かあったが、一神教という言葉——単一神の排他的な崇拝を示唆する——は、ユダヤ教とキリスト教を例外として、この時代の宗教現象を描写するには不十分である。ユダヤ人でもキリスト教徒でもない者は、他の神々の存在を否定することなく、一つの神格に帰依することが可能だった。この種の崇拝をおこなう人々は、さまざまな起源の神々を同化させ、それらを単一の神格の異なった位格だと考える傾向があった。こうした神々を称える歓呼は、ヘイス（「一つ」）の意味。属格はヘノス）という言葉を使用したが、それゆえにヘノテイズム（単一神主義）という。つまり、異なった神々を同化させ、至高神の特性をそれに与えるのである。ヘイスは、「無比の」という意味（「単一の」ではなく）でも用いられた。しかし、多くの場合、特定の神を信じる者たちがその帰依を示し、神の偉大な力を認めたのは、ただメガス（男神にたいし）とメガレ（女神にたいし）——つまり「偉大な」（あるいは最上級でメギストス）——という限定詞を用いてのことだった。どの神でも、その権能を経験した者に「偉大なり」と歓呼をあげてもらうことができたが、オリュンポスの神々のなかではゼウス、アポロン、アルテミスが、外国起源の神々のなかではセラピスとメスが、特別の帰依をあらわすこの添え名で呼びかけられることが、もっとも一般的だった。神々の顕現は、その霊験と結びつけられた。これが、メガスという添え名が意味するところである。メガス・テオス（「神は偉大なり」）、あるいはメガスに神の名前が続く歓呼（「〜は偉大なり」）は、数百もの刻文、護符、文学作品に確認される。これは、権能を目にみえる形で示した神々への帰依を表現する、当時の傾向を反映している。このメガスの使い方のために、メガテイズム（大神主義）が、この感情的でほとんど排他的な崇拝をあらわす用語として提案されている。

神の実際の顕現（パルシア、エピパニア）、神の介入の効力によって明らかにされた権能（アレテ、デュナミス）、そして祈りに耳をかたむける神の自発的な態度（エペコオス）は、信じる心に重要な影響を与えた相互に関連する三つの特質である。神々の顕現への言及は、神々の存在を求める同種の熱望を反映している。エピデモス（「そこにある者」）やエピパネスタトス（「きわめて明らかな力を持つ者」）という神々の添え名は、人間の世界に、形を持って、継続的に、役に立つ形で神々が存在したことをほのめかしている。奇跡譚が、神々の力の証となった。

奇跡の時代

神の力つまりアレテの顕現は、治癒あるいは救済、そして懲罰の奇跡を記録する刻文がその証となった。エピダウロス、クレタ島のレベナ、コス島そしてローマのアスクレピオスの聖域に残された一連の治癒の奇跡の物語は、こうした聖域での参拝者の経験を伝えている。崇拝者たちは儀礼をおこなったのち、夢で神に会って治療を受けることを期待して、神殿に付設された宿舎やインキュベーションの部屋で眠った。もっとも多く刻文が集められたエピダウロスの奇跡集には、合理的な説明を受けつけない治癒の物語が含まれている。「ペニスに石を持った男がいた。彼は夢をみた。美しい少年とセックスをしているような夢で、夢のなかでオーガズムに達すると、石が出た。男は石を拾って、それを手に立ち去った」。インキュベーション――つまり、夢に神があらわれてアドバイスをもらったり治癒されることを期待して、聖域で夜を過ごすこと――をする者たちのなかには、本当に治ったと信じた者もいた。インキュベーションは、病気を取り除きはしなかったが、患者の主観的な病気の捉え方を変化させたのである。患者の一部は、「病は気から」、つまり心気症だった。聖なる場所にいて、奇跡譚を聞くことで、彼らは神々が自分たちも祝福してくれると信じる心構えができた。神がこれほどたくさんの、こんなにも驚くべき治療をおこなったのに、どうして自分たちを治療しないことがあるだろうか。苦しみ続ける患者もいたが、それを認めることはできなかった。神が自分たちを無視したということは、罪のせいだと思われるかもしれなかったからである。結果として患者のなかには、面目を保つために、痛みが消えたと主張した者もいたに違いない。精神状態に起因する病気の患者は、自己暗示によって安らぎをみいだした。そして最後に、多くは医者の介入なしに自然と治ったのである。エペソスのアルテミシアという女性は、神経の一時的な麻痺で左目が斜視になっていた。彼女の病気の目は、奉献板に確認できる（図34参照）。アルテミシアの病気が突然消えて、再びきちんとみえるようになると、彼女は祈っていた神が治してくれたと考えた。数は少なかったかもしれないが、こうしたまぎれもない治癒のおかげで、刻文に刻まれた一連の奇跡が信じられ、希望を生み出した。まだ疑いを持っている者や、神をだまして定められた奉納を納めない者には、次のような話が警告となっただろう。

一本を除いて手の指がすべて麻痺した男が、神に懇願しにやってきた。聖域の板をみても、この男は治癒を信じず、刻文を馬鹿にしてもいた。神殿に眠ると、この男はある情景をみた。神殿の下で指の骨で遊んでいるようで、自分がその骨を投げようとすると、神があらわれて手に跳んできて、指を一本ずつしっかりと伸ばした。指を全部伸ばすと、神は男に、聖域のまわりの板に刻まれた刻文をまだ信じないのかと聞いた。男は、信じないと答えた。「では、以前にお前は、信じられないものではなかったのに刻文を疑ったので、これからは名前を「信じない者」とせよ」と神はいった。昼になると、男は元気に立ち去った。

図 34　眼病を患ったアルテミシアの奉納。解剖学的特徴を備える。

ギリシアとローマ期東方では、同様の宗教心と人間と神との交信を信じる心とを反映する文書が、継続的に発見されている。一世紀から三世紀の小アジアの聖域で発見された、ある非常に重要な文書群は、治癒と懲罰に関する神の権能の記録から構成されている。この刻文を建立した人々のなかに、犯罪を告白したり、先祖や親戚の罪を語る者がいたことから、この文書群には「告白刻文」といういくぶん不正確な名称が与えられている。神々が夢にあらわれて指示を出したり助けたりすることもあったが、神々の意思を伝えるためには、仲介――神官と神託――を必要とする場合が多かった。このことは、シランドス出土の二三五年のある刻文に記されている。シランドスの神殿奴隷だったテオドロスは、性的禁欲を繰り返し破ったばかりか、不貞行為をはたらいてさえいた。目に病を得ると、彼は聖域に向かった。この男はそこに籠ると、彼を罰していたイランの月の神メスを鎮める儀礼についての指示を授かった。刻文で事の経緯がすべて述べられているわけではないが、テオドロスの告白、それに続く神の言葉と儀礼の指示が語られている。

わたしは神々、ゼウス、そして偉大なるメス・アルテミドルによって、正気に戻った。［中略］わたしは、プラエトリウムで、ハプロコマスの奴隷でエウテュケスの妻であるトロピメと交わった。〔中略〕ノンノスの神々の奴隷だった時、わたしは笛吹きのアリアグネと交わった。〔中略〕わたしは、笛吹きのアレトゥサと交わった。

神々の宣言と罪を三種の動物に移して除去せよとの指示(三四〇頁参照)が、おそらく神々を体現する神官たちによって与えられた。テオドロスは幸運だった。「ゼウスはわたしの弁護者〔パラクレトス〕である」と、彼は主張している。ここで彼が、「たとえ罪を犯しても、私たちには御父のもとに弁護者〔パラクレトス〕、正しい方、イエス・キリストがおられます」(聖書協会共同訳、一部改変)と明言する「ヨハネの手紙一」の著者と同じ言葉と概念を用いているのは、興味深いことである。ゼウスの支援によって、天の法廷での神々の審議は、メスにテオドロスを許すよう要請した。最終的に、メスはテオドロスの視力を戻した。

ヘレニズム期と帝政期の刻文文化は、神の加護への期待や神の懲罰への恐怖を創始したわけではなかったが、それを強化したことはたしかである。宗教心に変化をもたらしたのは、表現と感情の間の、このダイナミックなやりとりだった。移動性が高まることで、アイデアや物語の流通が可能となり、新しい祭儀の導入が容易になり、流行を創り出す人々の影響力を増大させた。

奇跡譚を信じる人は、聖域を訪れると、神の権能を信じていることを表明した。敬虔を明示することで、神の関心を獲得したのである。神の力の物語は、理解し、助け、ともにある用意のある強大な神のイメージを作りあげた。ヘレニズム期と帝政期のある種の神々の人気は、このイメージと密接に結びついていた。このイメージは、キリスト教の神と地にあった神の子をも特徴づけている。重要な神々とは、「祈りに耳をかたむける」神々であり、祈りを捧げる者たちが直接交流できる神々だったのである。

耳を貸したまえ——神的なものとの個人的な交流

宗教的崇拝は、恐怖、希望、感謝という三つの感情によって支配されている。罪への懲罰にたいする恐怖、危急の時の助けにたいする希望、神の助けが明らかにされたことへの感謝である。こうした感情が、神々と人間とが互いに意思疎通できるという信念によって強化された。ヘレニズム期の人々が、神の加護を得たいと思う気持ちをはじめて持ったのではない。それは、ギリシアの宗教と同じくらい古いものだった。アレクサンドロスの遠征後に真に革新的だったのは、ギリシア世界全体に刻文文化が拡散したことだった。石に刻まれ、神々の介入を語る奉納、神々の称揚、奇跡譚や類似の文書は、その数が増大し、もはや少数の大都市や聖域に限られなかった。そしてこのように、神々との交信の成功を誇示することが頻繁になると、

図35　祈りを聴く神（エペコオス・テオス）の耳を表現するディオニュソスへの奉献物。

同時代の宗教的感情や神的なものの理解に影響を及ぼした。特にエピクロス派のような哲学の学派は、たとえ神々が存在したとしても、人間の生には無関係だと主張したが、聖域を訪れた者たちのまわりには、神々が困った人間を助け、悪事を懲らしめたことを証明する、文字に書かれたか視覚的に表現された証拠が存在したのである。祈りが聴き届けられるという希望が強まり、それは神の懲罰を怖れる気持ちも同じだった。そして、神の権能の表明を証明するものが、あらゆるところで掲げられたまさにそのために、神々の存在、力、裁き、神聖性、そして加護を強調する添え名が、神の特徴を表現すべく、前三世紀以前と比べてより広範に用いられた。こうした理由で、人間と神々との間の交信が、アレクサンドロスとハドリアヌスの間の数百年間における宗教心の、唯一ではないにせよ重要な特徴とみなすことができるのである。

　ギリシア世界で、この交信の経路はさまざまだった——口頭によるものと文書によるものと、言語によるものと視覚によるもの。人間たちは、祈りによって要求を言葉にした。そこでは誓いもおこなわれ、彼らは報酬を約束した。人間は、口頭あるいは文書で神託をうかがって、助言を求めた。彼らは自分たちの罪について神々を鎮め、縁者や先祖の罪についても同様にした。ローマ期小アジアには、人々が公的に罪を告白する地域があった。早世した、あるいは非業の死を迎えた人々の墓に納められた呪詛板を使って、人々は冥界の神々の怒りをライバルに向けた。魔術の薬で、焦がれる男や女の心をつかもうとした。アスクレピオス神殿での祈禱とインキュベーションで、病からの回復を求めた。人々は、夢で神々から忠告を得ることを期待した。そして、不正を被ったと感じると、彼らは「正義を求める嘆願」を神々に向けた。望みが叶うと、崇拝を捧げた者は、神々が祈りに耳をかたむけて、誓いを受け入れ、それに応えたと信じた。「長いヘレニズム期」の神々の添え名で一般的なのは、エペコオス——「聴く者」——という言葉である。帝政期の奉納浮彫に表現されている耳（図35参照）は、まさに祈りに耳をかたむける用意のある神々の姿をほのめかしている。また神々は、鳥の動き、犬の吠え方、突然の嵐、雷の轟きといった徴を通じて応えると考えられた。

　より洗練されたコミュニケーションの形態として、個人あるいは共同体のうかがいにたいする、散文あるいは韻文の託宣があった。通例、こうした託宣は実際上の問題に関するものだったが、一世紀以降、崇拝や儀礼の形式を指示する神託や、神格の本質すら明らかにする託宣（三一一頁参照）が非常に増えてきた。神々が夢や幻にあらわれる現象は、アレクサンドロス大王以前とおそらく同頻度だったが、のちの時代になると刻文に記録されることが多くなった。神と直接に交流し、神からの指示を受け取ったことを、人々は熱心に語っている。インキュベーションについては、すでに前五世紀にいくつかのアスクレピオスの聖域で――アテナイとエピダウロスでは確実に――おこわれていたが、ヘレニズム期にはこれがずっと一般的となり、他の神々、とりわけセラピスの聖域で実践された。神とのコミュニケーションは個人レベルだけではなく、より大きな集団も神の徴を目撃した。兵士たちは決定的な戦闘のなかで、英雄たちがともに戦っているのをみたと主張した。二世紀のミレトスでは、神々が人間の夢に大規模に介入したようである。これを受けてデメテルの女神官だったアレクサンドラは、「神々がこれほど明確に夢にあらわれたこと――少女の夢にも婦人の夢にも、男の夢にも子供の夢にも――は、自分が神官となった日以来ない。これは何なのか、吉兆なのか」と考えをめぐらせている。

神との交流がギリシア人の信仰に持った意味を理解するためには、ギリシアの神々について、基本的ながらしばしば無視される事実を考慮に入れる必要がある。それは、神々は一度に一つの場所にしか存在できない、ということである。神がある場所にいるということは、彼あるいは彼女の個人的な選択の結果であり、そのためにこれは奪い合う対象となった。刻文で奇跡を語り、誓約が成就して捧げ物をし、神からの命令に応じて奉献がおこなわれたと主張する時、人々は神々との交流が成功し、一時的にではあれ、神と特権的な関係を築いたと宣言しているのである。前四世紀おわりのエピダウロスで、イシュロスという名のある少年が、治癒神アスクレピオスとの体験を賛歌で表現した。スパルタがマケドニア軍に攻撃を受けている最中、イシュロスは病気を治してくれるようこの神に懇願した。幻視のなかで、神が応えた。「「心を強く持て。わたしは然るべき時にそなたのもとにくる。わたしがスパルタ人の災禍を防ぐ間、そなたはここにとどまれ」。そこでイシュロスはスパルタに向かった」。アスクレピオスはスパルタにいたために、エピダウロスでこの少年を治療することができなかった。この神は、一箇所ずつ顕現したのである。この例が示すように、神の顕現は交渉の対象だった。前一〇〇年頃、トラキアのマロネイアの無名の弁論家が、イシスを称える文章を書き、女神が彼の眼を治療した事実を思い出させ、女神の顕現を要請している。

イシスよ、わたしが眼について嘆願した時にお聴きくださったように、あなたの賛美をお聴きになり、第二の嘆願を叶えにきてくださいますよう。［中略］あなたはたしかにおいでになると確信しております。わたしを助けてくださるようお声がけした時にきてくださったのですから、あなたのご名誉が称えられるのに、どうしておいでにならないことがございましょうか。

ふさわしい名誉を受けるようイシスに促すことで、この刻文の作成者は女神にもう一つの祈願も聴いてもらおうとしている。このように神々にアプローチする必要性は、具体的な期待、つまり保護、健康、富、長寿と結びついていた。前一〇〇年頃、ピラデルペイアの民間の宗教団体が建立した祭壇は、擬人化された物事と神々との一群に奉献された。それらは、霊的性質だけでなく物質的豊かさにも関連している――寛大なるゼウス、至福（エウダモニア）、富（プルトス）、徳（アレテ）、健康（ヒュゲイア）、幸運（テュケ・アガテ）、善霊（アガトス・ダイモン）、記憶（ムネメ）、カリスたち、成功（ニケ）。この団体は、所属する人々に優れた道徳、貞潔、入信儀礼の遂行を求めていた。密儀宗教に入信することで、信者と神との親密な関係を確立することが期待されたのである。

伝統的な密儀宗教

「コンクレンツ・ベレープト・ダス・ゲシェフト」とは、「競争が仕事を捗らせる」というドイツ語のことわざである。イシスの密儀崇拝の拡大が対応していた問題には、古くからの密儀――とりわけギリシア最古の入信儀礼を伴う宗教であるエレウシスの密儀と、前六世紀から拡大がはじまっていたディオニュソス＝オルペウスの密儀――も取り組んでいた。冥界の神プルトンによるペルセポネあるいはコレ（「乙女」）の誘拐という神話は、アテナイ近郊のエレウシスで催された密儀の起源譚あるいは説明となった。ペルセポネの母デメテルは必死の捜索のち、ペルセポネが冥界で過ごすのは一年のうち一時期とするという条件で、プルトンと合意した。ペルセポネを歓待したエレウシスの王に報いて、デメテルは農業という贈り物を与えた。神の子であるイアコス（ディオニュソスと同一視される）の神話は、早い段階ですでにこの祭儀と結びついていた。入信の儀礼のなかで、いわれたこと、されたこと、示されたこと（レゴメナ、ドロメナ、デイクニュメナ）が中心的な役割を果たしたが、それについて知られることは少ない。もともとはギリシア語話者にしか許されていなかった入信は、豊穣にまつわる観念と死後に関する概念と結びついていた。神話によれば、デメテルが最初に農業をもたらしたのがアテナイの領土だったために、アテナイ人は全ギリシア人にエレウシスへの初穂奉献を求めた。この慣習はアテナイが衰退した時代には無視されたが、前一世紀と二世紀に時折確認される事例は、慣習が復活する時代があったことを示している。この密儀が貞潔の観念と結びついたこと、そしてローマ人――通例、高位の政治家や皇帝――が入信したことは、この保守的な祭儀における二つの重要な革新だった。

密儀が道徳観と結びついたことと、ローマ人にとって魅力あるものになったことは、サモトラケの大神の祭儀にも確認できる。大神の聖域は、アルシノエ二世とプトレマイオス二世という王族からの保護を受けて、地域的な祭儀の中心地から国際的な聖域へと発展し、定期的な祭礼のための使節団（テオリア）を多数の都市から集め、遠く小アジア、シリア、エジプト、シチリア、ローマといった場所から入信者を引きつけた。この密儀は、奴隷と解放奴隷、船の乗組員やローマ軍関係者の間で非常に人気があった。

メッセネ近くのアンダニアには、また別の重要な密儀が存在した。ある長い刻文――おそらく二四年に年代決定される、ギリシア出土のうちもっとも詳細な祭儀規定――は、行列の挙行と祭礼の開催のための指示を記録している。ただ、大神崇拝とその密儀に関連する宗教観念については、何も明らかにしていない。

こうした密儀宗教は、より重要性の低い他の多くの密儀と同じく、特定の場所でおこなわれるものだった。これと対照的に、ディオニュソスの密儀は、エジプトの密儀とまったく同じように、祭儀団体（ティアソスあるいはバッケイオン）があるところならどこでも実践することができた。ギリシア世界のあらゆるところで、こうした団体が確認できる。ディオニュソスの団体がすべて、前三世紀から三世紀おわりまで、祭儀の実行にあたって同じ教義にしたがっていたと想定する必要はない。彼らの儀礼を垣間みられる場合もある。入信の諸階梯、丸天井を持つ通路、地下部屋、人工洞窟を備えた聖堂、像、崇拝の対象物、ファルス、その他の宗教的象徴物を運ぶ祭儀の役員たち、そして夜間の儀礼を想定させる松明持ちへの言及が、断片的に残されているのである。「羊飼いの長」や「シレノス」といった呼称は、衣装が使われていたことを示唆している。

ディオニュソスの密儀は、きわめて古い起源を持つ。遅くとも前六世紀おわりまでに、この密儀は終末論的観念と結びついていた。ディオニュソス密儀の入信のための宗教的文書は残っていないが、信者の墓に刻まれた文書は、来世について彼らがどう考えていたかについて、ある程度の情報を与えてくれる。来世の問題は、「長いヘレニズム期」の諸宗教にとって根本的な重要性を持っていた。

来世

ペリントスから出土した一〇〇年頃のある墓碑銘のなかで、エペソス出身で弁論術を学んでいた一八歳の学生が、墓のなかから声を出して断言している。「わたしが住まうのはアケロン［冥界の川］ではなく英雄たちの神聖なる居所。これこそ教養ある男たちの終の住処」。死んだ人の声を捏造して墓のなかから話している風に装い、あの世の希望をそれにふさわしい人々――知識人、敬虔な者、正しい者、若くして死んで心の汚れていない者――に示すのは、ありふれた慣習で、遺された者を慰めるよくある手法だった。前三世紀なかばのアレクサンドリアの詩人カリマコスも同じ工夫をしているが、ここでは死者とその墓の前にたたずむ人物との対話が、読者の期待を裏切っている。「「地下の様子はどんな具合だね」――「一面の真っ暗闇さ」――「地上へ帰る道はどうなんだ」――「嘘っぱちだよ」――「冥王《プルトン》はどうなんだ」――「つくり話しだよ。ぼくたちはみんなおしまいさ、ぼくが君たちに言っているのは本当のことだ。だがもっと楽しい話を聞きたいのならね、地獄じゃでかい牛一頭が、たったの一文なんだぜ」」（沓掛良彦訳、一部改変）。ペリントスの詩人とカリマコスに共通しているのは、自分の経験に基づいて話をしているのではないということである。来世と冥界にたいする考え方は生者の想像の産物だが、それはしばしば冥界にいって帰ってきた人間――たとえばオデュッセウスやオルペウス――や、愛する者の夢に出てきて今住んでいる世界を語る死者たちからの報告という形で提示された。たとえば帝政期のテュアテイラのある少女は、墓のなかから次のように語りかける。

漆黒の夜に、わたしはすぐさま敬愛するお母様の前にあらわれて、こうお話ししました。「メリティネ、お母様、悲しむのをやめて、苦しむのをやめて。わたしの魂を思ってください。雷をよくされるゼウス様がわたしの魂を死ぬことのない、ずっと若々しいものにしてくださったのですから。神様はわたしの魂を奪い去って、星の輝く天空にあげてくださいました」。

ギリシア人の来世と冥界にたいする考え方には、長くて複雑な歴史がある。死後の世界の完全な否定から、死は永遠の眠りであるという見方まで、また冥界の地形についての事細かな想像から、死者は大気に混じるか星になるという考え方まで、さまざまである。スミュルナのある墓碑は不可知論の立場をとる。「もし再生があるならば、お前は長く眠り続けることはないだろう。だが戻ってくる道がない場合、お前の眠りは永遠である」。同時代のアモルゴスのエピグラムのなかで、ある若い男が母親に語っている。「お母さん、わたしのために泣かないでください。何の意味があるのです。今や神々の間にあって夜空の星になったのですから、敬意を払ってくだされぱよいのです」。前六世紀から古代末期までずっと、墓碑はこうした多種多様で、しばしば矛盾する考え方を実によく映し出している。それでも、ヘレニズム期と帝政期の重要な傾向を、いくつか指摘できるかもしれない。

死は死者を大地の下の暗い部分に連れていく旅だとするのが、古くからある共有された考えだった。ごく限られた人たちだけが別のところ――喜びに満ちた永遠の生が待つ福者の島あるいはエリュシオンの野――にいくことができた。死者の魂は大気と融合するというのも、また別のひろく普及した見方だった。すでに古典期には、よき来世とエレウシスの密儀やディオニュソスの密儀といった密儀宗教が結びつけられていた。こうした密儀に入信した人々の来世については、墓のなか（多くの場合は死者の口）に置かれているのが発見された黄金板の刻文、またオルペウス派やピュタゴラス派（これらはディオニュソスの人物像に結びつけられていた）に関する文献史料を通じて、いくらかの情報を引き出すことができる。

ディオニュソスの密儀は、死すべき肉体と不死で神聖な魂という二項対立を想定することで成り立っていた。信者は、生きている間におこないを正しくし、儀礼と聖典を学び、浄らかさを保つための儀礼の決まり事を遵守することで、転生――普通の人間の宿命――を逃れて、おわることのない宴を囲む神々に加わることができた。密儀宗教への入信は、信者に魂の神的起源を自覚させ、冥界への旅路の心構えを促した。ヘレニズム期のマケドニア、テッサリア、ペロポネソス半島、クレタ島の墓から出てきた黄金板に刻まれた短い文章は、こうした密儀が長い人気を誇ったことを示している。一部の文章は、死者に冥界で進むべき道順を指示し、忘却の泉の水を飲まないよう、そして冥界の見張り番あるいはペルセポネ自身を前にして何をいうべきかを命じている。「わたしは大地と星の輝く天空の息子です」、「ディオニュソスご自身がわたしを解放くださったのです」。信者が死の瞬間にこの密儀の教えを覚えていたならば、彼あるいは彼女――女性の入信も許可されていた――は、冥界のなかで信仰深い福者のために取り置かれた場所にたどり着くだろう。

ただ、入信だけでは十分でなかった。幸福な来世を送るには、敬虔さを持って生きることが必要とされた。このように行為ではなく価値観を重視することは、前五世紀おわりにはすでに生じつつあった、儀礼にたいする態度における大きな変化と連動している。その後、影響力を強めていった考え方にしたがえば、儀礼の有効性は決まり通りに正しくおこなうことだけでなく、正当な理由と価値観の遵守にも立脚していた。これは最初にエウリピデスのような知識人が表明し、のちには儀礼の専門家にも確認されるものである。嘆願者が祭壇に近づいただけで、嘆願が自動的に受け入れられるわけではなく、嘆願のできる聖域から犯罪者を排除する措置が講じられた。呪いをかける者は、ただ単に呪文を正しく使うだけではだめで、自身を正当化することもした。これは、「正義を求める嘆願」と呼ばれる呪いの種類を確立することにつながった。浄化の儀礼は、前五世紀までのようにもはや身体の純潔だけにこだわることなく、心の浄らかさをも求めることになった。神々の崇拝には供犠だけでなく、帰依を言葉で表現することが求められた。同じく密儀宗教でも、入信だけでなく道徳的な価値への取り組みが求められた。前一〇〇年頃のピラデルペイアにあったある宗教団体の規則（三一七頁参照）は、信者の道徳的な振る舞いが中心テーマとなっている。詐欺、毒物や水薬の使用、婚外関係と堕胎が禁止された。こうした規則を破った者たちだけでなく、不正を知りながらそれを止める行動をしなかった者たちも批判の対象となった。正義と敬虔が幸福な来世の条件として提示されるのは、ヘレニズム期、そしてとりわけ帝政期に一般的になった。

もう一つ重要な流行が、死者の英雄化である。戦死者や都市創建者については早い時期から確認されているが、政治指導者とその後の恩恵施与者の影響力の大きさを反映して、ヘレニズム期に一般的な現象となった。公人の英雄化にともなって、この慣習はヘレニズム社会に普及した。富裕な人々は死んだ家族を英雄の地位に押し上げ、彼らのための儀礼を創設した。

宗教のイノベーション——宗教家、宣教師、「聖人」

前五世紀と前四世紀には、多くの新しい聖域と宗教が個人の私的な発意によって創建された。治癒神アスクレピオスの崇拝が前五世紀おわりと前四世紀に大きく拡大したのは、伝道者と信者の自発性によるものだった。悲劇詩人ソポクレスはその一例で、彼はアスクレピオスを自邸に祀ったのだった。こうした私人による祭儀の設立は、ヘレニズム期に爆発的に増大した。この傾向は、特にサラピスの聖域が信者に建立されたことで前三世紀にとりわけ明確になり、帝政期まで継続した。こうした宗教的なイノベーションを推進した人々の動機は、さまざまだった。加護を与えてくれた神々への感謝に突き動かされた移住者もいれば、神にある使命を与えられたと信じる人々、そして神的なものとの特別な関係を主張する「聖人」もいた。他には、公共の祭事に自分の名前をつけようとする都市の恩恵施与者、失われた伝統を復活しようとする保守的な人々、死んだ家族の記憶を保ち、そのために記念となる儀式を作り出した男たちと女たち。王権に関わる人々も重要な担い手だった。プトレマイオス王朝の兵士たちはサラピス崇拝の拡散に寄与したし、前三世紀なかばのインドのマウリヤ朝の王アショカ——熱心な仏教徒だった——は、戦争の放棄と仏教の道徳律の普及を目指す勅令を発布した。王はこの勅令をギリシア語に翻訳させて刻文に刻んで公にし、僧侶を西方に派遣した。彼の刻文はヘレニズム諸王国のギリシア人が仏教に帰依したと主張するが、それが確認できるのは、のちにグレコ・バクトリア王、そしてグレコ・インド王に統治された地域だけである。一世紀おわりのコンマゲネの王アンティオコス一世——トルコのネムルート・ダーの聖域と墓所で有名である——は、支配者崇拝に関するヘレニズム的なやり方、ゾロアスター教的な概念、ギリシアとイランの儀礼、そしてギリシア、イラン、アルメニアの神々を混ぜ合わせたものを基礎として、宗教的な改革を導入した。

このように慎重におこなわれた宗教上の改革と比べて、一般の人々による儀礼の創設はずっと当たり前におこなわれていた。もともとはパンピュリアのペルゲの市民だったアルテミドロスは、儀礼の設立に献身した初期の事例の一人である。彼は、プトレマイオス朝の軍隊に勤務（前二八五年頃〜前二四五年）したのち、富裕な老人としてテラ島に定住した。そこで彼は、エジプトの神々の神殿を修復した。擬人化された「調和」が夢にあらわれて自身の祭壇を作るよう促すと、アルテミドロスは「調和」のために聖域を作り、そのなかにいくつかのその他の神格（その多くは外国起源）の儀礼も創設した。これらの神々に共通していたのは、その加護の力である。船乗りと兵士の救済神であるディオスクロイ・ソテレス、困窮者の守護者と認識されていたサマトラケの大神、ゼウス・オリュンピオス、アポロン・ステパネポロス、ポセイドン、ヘカテ・ポスポロスといったその地域の神々、豊穣の神プリアポス、「幸運」の擬人化であるテュケ、そして英雄たち。ペルゲのアルテミスの崇拝のためにも、祭壇が捧げられた。これは、アルテミドロスの祖国の女神であり、彼個人の救済神（ソテイラ）だった。

新祭儀の設立には、アルテミドロスが作りあげた神々の集団ほど入念ではない場合もしばしばあった。たとえば、メノピロスという人物はゼウスの顕現を目撃したのち、祭壇を作った。この祭壇で供犠を受ける神は、その後「メノピロスの大ゼウス」として知られることになった。新祭儀がその地域で人気を獲得した珍しい例もある。アルテミドロスという人物（ここでしか知られていない）がリュディアの都市アクシオッタで建設した社は、「アクシオッタのアルテミドロスのメス」に奉献されたものだった。この祭儀は、アクシオッタからリュディアとプリュギアの他の地域にひろまった。メスは、その治癒と懲罰の奇跡の物語が刻文に刻まれて強力な神格として知れわたり、信者たちの崇敬をこののちも長く受けることになった。

一般的に、新しい祭儀や祭礼の導入には、資金の寄付が必要とされた。出資者を記念する祭礼では、資金が限られ催しも控えめなものだった。供犠、その後の晩餐、そして合唱の公演や運動競技がある場合もあった。ただ帝政期になると、恩恵施与者の間の競争が激化し、豪華な祭礼が生み出された。その一つが、エペソスの富裕な市民でローマ騎士でもあったガイウス・ウィビウス・サルタリスが、一〇四年に資金拠出してできた祭礼である。サルタリスは、アルテミスの金製像一体と二八体の銀製像の費用を負担した。銀製像のうち八体はアルテミスのもので、残りは皇帝トラヤヌスと妻プロティナ、ローマ元老院とローマ人民、王リュシマコス（ヘレニズム期のエペソスの創建者）、そしてローマとエペソスの制度や場所のうち、地元のアイデンティティにとって大切なものを擬人化し像にしたものだった。これらの像は、アルテミスの神殿から行列で運び出され、公の行事がおこなわれていた劇場に持ち込まれて展示された。サルタリスによる寄付は、地元の女神の栄光を称え、ローマへの忠誠を誇示し、その土地の歴史と都市の価値観を伝えるものだった。

帝政初期に特徴的な宗教の担い手に、神学的、哲学的な関心を持って説教をおこなう流浪の「聖人」がいた。三世紀初頭の著作家ピロストラトスが、こうした人物の一人について伝記を残している。その人物、カッパドキアのテュアナに生まれたアポロニオスは、ピュタゴラス派哲学の信奉者だった。さらに彼自身が流浪の人生を送った哲学者で、知恵の源を求めてはるかインドまで旅行をした。アポロニオスは、たぐいまれな才能を持つ人物という名声と、奇跡をおこなう能力を獲得した。たとえば、九六年九月一八日の正午に、たった今ローマで皇帝ドミティアヌスが暗殺されるのを目撃した、これは僭主殺害として称えられるべき出来事であると、アポロニオスがエペソスで宣言したと書かれている。こうした伝えの多くはフィクションである。アポロニオスが、死すべき肉体と不死の魂、そして輪廻と正しい生き方による輪廻からの解放という対比について、ピュタゴラス派の教えにしたがっていたことは、たしかだろう。そもそも、こうしたピュタゴラス派の考え方は、帝政期に人気を博していたのである。同じく、アポロニオスが小アジアや近隣のシリアとクレタ島といった地域を旅しながら人生の大半を過ごしたことも、本当の話だろう。こうした放浪生活は、哲学者にとってごく当たり前のことだったのである。アポロニオスの供犠にたいする批判、そして純粋な知性としての神は祈願や供犠ではなく、人間の知性に基づく心的な崇拝に応えるという彼の考え方は、帝政期にふさわしいものである。二世紀のディデュマのアポロンのある神託は、神々は供犠に興味がないとアポロンに語らせている。アポロンを喜びで満たすのは賛歌であり、古いものほどよかった。アポロニオスの奇跡の物語とイエスの物語が似ていたために、三世紀おわりと四世紀にアポロニオスは伝統的な神々の信奉者の崇敬の対象となり、キリスト教徒による攻撃の的となった。キリスト教がローマ帝国の国家宗教となってからずいぶんたったあとでも、東方の諸都市は、アポロニオスのものだとされる護符の御加護を変わらず信じていたのである。

ハドリアヌスの死後ほどなくして、アレクサンドロスという人物が故郷の町アボヌ・テイコス（トルコの黒海沿岸）に設立した祭儀は、新しく作られた宗教のなかでその洗練さが際立っていた。テュアナのアポロニオスはこの人物の師匠だった。風刺作家のルキアノスは、『偽預言者アレクサンドロス』でアレクサンドロスを詐欺師として表現している。この詐欺師は、富と権力を獲得するもっともよい方法を探し求めるなかで、人間の人生が希望と恐怖に、つまるところ未来を予言したいという欲望に支配されていることに気がついたのだった。アレクサンドロスは金儲けの計画を胸に秘めて、故郷の市民にアスクレピオスの神殿を建設するよう促した。その時に彼は、飛び抜けた大きさと美しさを誇る蛇グリュコン（「甘美」）が、新アスクレピオスであると彼らを説き伏せた。この神殿は、神託と治癒の奇跡、密儀の中心地となった。小アジアにこの祭儀が普及したことが、貨幣、小像、刻文から確認されている。カッパドキアのローマ総督だったルティリアヌスでさえ、ここに神託うかがいをしたと伝えられている。総督の娘は祭儀の創設者と結婚した。真に革新的なのは、この蛇神が人間の声で神託をくだしたことである。ルキアノスによれば、アレクサンドロスは暗い部屋の長椅子に横たわり、荘厳な衣装を着てグリュコンを胸に抱いていた。彼は蛇を首に巻きつけて、蛇の長い尾を膝から床へと垂らしつつ、その頭は腕の下に隠していた。そうしたうえで、鶴の気管を取りつけた布製の蛇の頭をみせていたのである。助手がこの管で言葉を発して神託うかがいに答えることで、蛇が声を出していると印象づけたのだった。

ピュタゴラス派の輪廻の考えに影響を受けたアレクサンドロスは、正しく浄らかな生を送ることで再生の輪から逃れることができると説いた。生き方と道徳の質が、死後の魂の運命を決めるのである――動物、王様、あるいは奴隷の体に転生するか、はたまた、再生の輪から逃れて至福者と神々の仲間になるか。大量の信者を前にしたアレクサンドロスは、ギリシアの密儀宗教のなかでもっとも古く、もっとも権威のあるエレウシスの密儀を真似して、ある入信儀礼を作り出した。ルキアノスが描写するこの儀礼は、風刺作家にありがちな誇張があるものの、密儀宗教のなかで「神聖劇」――音と光、衣装、チャント――が担った役割を想像させてくれる。

最初の日には、アテナイにおけると同様、次のような布告が行なわれた。「もし無神論者が、あるいはキリスト教徒が、あるいはエピクロス派の者が、この密儀を偵察しようとやって来ているなら、逃げるがよい。しかし、この神を信じる者たちは、吉運とともに、秘儀を果たせ」。そして早々に「追い出し」の儀式が始められ、彼が、「キリスト教徒たちを外へ！」と言って音頭を取ると、信者たちが全員で、「エピクロス派の者たちを外へ！」と唱和した。次いで、レトの出産とアポロンの誕生、彼のコロニスとの結婚、そしてアスクレピオスの誕生が演じられた。また二日目にはグリュコンの顕現と神の生誕となり、三日目には、ポダレイリオス［アスクレピオスの息子］とアレクサンドロスの母との結婚が行なわれた。これは松明《たいまつ》の日と呼ばれ、松明の数々が燃やされた。そして最後にセレネとアレクサンドロスの情事があり、ルティリアヌスの妻［になるべき娘］の誕生が上演された。松明を担ぎ、聖事示現の務めをなしたのは、［神話上の月の愛人］エンデュミオンことアレクサンドロスである。彼は、眠りながら、真ん中に横たわっていた。すると彼の方へ、あたかも空から降りてくるように、天井から、ルティリアなるとても美しい女が、セレネに扮して下ってくる。これは、皇帝のある執事の妻だったが、アレクサンドロスのことを本当に愛しており、彼からも愛し返されていた。そして惨めなその夫の目の前で、接吻が交わされ、抱擁が行なわれた。もし松明がたくさんでなかったら、きっと下半身のこともなされたに相違ない。少し経《た》ってから彼は、聖事示現者の衣裳を身に着け、一座の深い沈黙の中を、ふたたび入ってきた。そして彼が自ら大きな声で、「イエー、グリュコン！」と叫ぶと、彼について来ているパプラゴニア人で、言うまでもなくエウモルピダイとかケリュケスとか称する「エレウシスの秘儀に関わる」者たちが――粗末な革靴を足に履き、ニンニク汁のゲップをいっぱい吐き出す男たちが――、それに続けて、「イエー、アレクサンドロス」と言うのだった。

（内田次信訳、一部改変）

アレクサンドロスの成功を支えた主要な要素の一つは、普通は信者が別々の聖地で求めなければならなかったことすべてを、彼の聖域は一箇所で提供したことである。病気の治癒、未来の予言、そして幸せな来世を確約する祭儀への入信を通じた死にたいする不安からの解放。他の多くの神官たちと同じように、アレクサンドロスはトリック、虚構、ドラマ仕立ての祭儀の挙行という手管を用いた。密儀の祭礼では、衣装、松明、照明効果、静寂と歓声の劇的な対比が、信者の間に畏怖の感情を喚起したのである。アレクサンドロスの密儀のもう一つ重要な要素は、この聖域に神が実際にいたことである。グリュコンは、自身を崇拝する者たちの心配事に常に気持ちを寄せて、願いに耳をかたむけているとされていた。この蛇神の像や護符では、耳がとりわけ大きく表現された——祈りを聴き届けるという神の気持ちの大きさを暗示している（図36参照）。最後にアレクサンドロスは、信者間の感情の相互作用を重視した。祭儀の批判者の追放は、儀式化された攻撃の一例だった。この攻撃はグリュコンの信奉者を「他者」から分けて、信者の連帯感を強化し、さらにこの一つの神へのほとんど排他的な献身も促進したのである。

図36　新アスクレピオスたる，グリュコンの像。

以上で述べた宗教的イノベーションの事例が示す宗教性について、その主要な特徴は他の同時代史料でも確認される。神的な存在と個人的な関係を結ぼうとする強い欲望、宗教行事に内在する美的、演劇的、劇場的側面、崇拝に伴う強い感情性、そして個人的な帰依である。

キリスト教と宗教的不寛容のはじまり

モンティ・パイソンの『ライフ・オブ・ブライアン』は、一世紀の最初の数十年のユダエアを、無数の預言者、説教者、伝道者、苦行者の住まう土地とみなしている。彼らはみな、自身の話に耳をかたむける者すべてに、正しい道を示そうと血道をあげている。これは、この時期に典型的な宗教的探究と宗教的複数性をかなり正確に反映している。ユダエアでは、エッセネ派、シカリ党、熱心党、パリサイ派、サドカイ派といった主要な党派が、律法と神の意思の解釈、メシアの到来、倫理と純潔、儀礼の正当なやり方、罪と贖罪、そして復活と来世に関して、熱い議論を繰りひろげていた。こうした探究が、キリスト教の誕生を説明しないにしても、キリスト教の拡大を説明しているのはたしかだろう。さまざまな民族的、宗教的背景を持つ者たちが、同じような問いを投げかけ、異なった宗教が、程度の差はあれ、似たような解決策を提示したのである。キリスト教は、その独特さと特異な成り立ちにもかかわらず、同時代の人々にとってそこまで奇異には映らなかっただろう。ただ、一神の絶対的な崇拝を求める点は別である。キリスト教徒は、自分たちの信仰が唯一の正しい信仰だと主張したのみならず、その信仰が、皇帝のための崇拝儀礼の実践を含めた、他のあらゆる宗教行為と相容れないと考えたのである。

史的イエスとその教えは数百年間議論の対象となってきたが、ここはそれをまとめる場ではない。ギリシア世界の歴史に関係があるのは、キリスト教の起源ではなく、一世紀なかば以降のその拡大である。ユダヤ人の党派と初期キリスト教運動は、先行あるいは同時代の宗教、とりわけ救済論的な背景を持つ宗教と、ある程度同じ関心を持っていた——純潔の適切な定義と穢れの原因、精神あるいは感情の浄らかさ、性的振る舞いと食事の制限の規範化、罪と改悛の認識の重視、より上位の神がいるという信念（この神は天使を通じて人間と交流し、下級の神々が人間の懸念のためにとりなしをおこなう対象となる）、崇拝の形式と動物供犠の有効性ならびに正当性。ユダヤ教の特徴は、ユダエアを超えた地域にもよく知られていた。大きな離散共同体が、大都市（たとえばアレクサンドリア）だけでなく、小アジア、クレタ島、エーゲ海島嶼部の一部、ボスポロス王国における多数の小都市にも存在していたからである。一世紀と二世紀のユダヤ人反乱の失敗により、不本意ながら離散者となる人々の波が新しく生まれ、ギリシア世界でユダヤ人とシナゴーグの数が増加した。改宗者を受け入れるのに積極的ではなかったユダヤ教と異なり、初期キリスト教は民族、出自、社会階層による厳しい区分を何も設けなかった。むしろ熱心な改宗運動は、当初からキリスト教の注目すべき特徴だった。

通例キリスト教徒は、一世紀と二世紀の刻文史料にあまり姿をあらわさず、文献史料ではほとんどまったく言及されないので、彼らの伝道について偏見のない情報を十分に得ることはできない。初期キリスト教のメッセージについて、議論の余地のないことはごく限られている。待望されたメシアとしてのイエスの復活への信仰、死者の復活への期待、隣人愛、貪欲と即物的な満足への批判である。属州の総督でさえ、キリスト教徒が実際に何者であるか、漠とした考えしか持っていなかった。ビテュニア・ポントゥスの総督だったプリニウスは、この新しい形態の宗教儀礼の実態を理解しようと、一一二年にある調査をおこなった。次の文章は、彼が発見して皇帝に伝えた内容である。

> 彼らはもし自分たちに犯した罪か過ちがあるとすれば、次のようなことが全てであったと断言しました。自分たちは、定例日にいつも、夜明け前に集合し、クリストゥスに対し、あたかも神の如く皆で聖歌を交誦し、自分らをこの神との誓約で縛っていました。しかし、それは罪を犯すためではなく、窃盗や強奪や姦淫を犯さないこと、信義を裏切らないこと、共託金の返済を要求されたら拒否しないことを誓ったのです。こうした儀式を終えた後、散会し、そして再び食事のため集まるのが習わしでした。それは普通の食事で、決して忌

まわしいものではありません。　（国原吉之助訳、一部改変）

キリスト教徒の振る舞いについてのプリニウスの報告のなかに、風変わりで奇妙にみえることは何もない。定例の集会はたくさんの宗教団体で確認されているし、賛歌の朗誦は人気のある崇拝のやり方だった（動物供犠の代替として、より精神性の高い方法である）。宣誓によって道徳規範にしたがう義務を負い、ある種の犯罪、特に偽証が強く批判されることは、前二世紀おわりから三世紀はじめの小アジア出土の宗教に関わる刻文に、文字通り同じような事例をみつけることができる。最後に、普段の食事（いうまでもなくワインとパン）をともに食べること、そして夜間に行事をおこなうことは、キリスト教の儀礼だけの特徴ではまったくない。たとえば、プリニウスが書簡を認めているのと同じ時代、テッサロニケのディオニュソス崇拝の宗教団体の構成員たちは、決まった日の真夜中にパンを分け合っていた。そうだとしたら、なぜ彼らはキリスト教に敵意を向けたのだろうか。

初期キリスト教の成功とそれが直面した敵意をともに説明する注目すべきポイントは、その宣教精神だった。異教徒に福音を宣べ伝えることは初期キリスト教徒たちが強く意識した義務であり、その強さは必要があれば迫害と死を受け入れるほどだった。いうまでもなく、こうした宣教の熱意は唯一の真の神への信仰と結びついており、その神を崇拝することは、皇帝を含めた他の神を称える宗教儀礼の実践と両立することができなかった。祭儀の伝道者は過去にもいたが（アスクレピオスとセラピスの信者はとりわけ熱心だった）、彼らは他の神々に不寛容な態度をとることは決してなかったし、王や皇帝の崇拝に反対することも絶えてなかった。一つの特定の神への帰依は、公的祭儀への参加を妨げることはなかったし、帰依する一神以外の神々の祭儀の神官職に就任することすら許されていた。

キリスト教の伝道者は新しいタイプの「聖人」として、キリスト教の際立った特徴となった。伝道者のなかでもっともよく知られているのがパウロである。「使徒言行録」と真正のパウロ書簡および「第二パウロ」書簡は、彼の旅行、説教、ユダヤ人およびローマの都市当局者双方との時に暴力的な衝突、ピリッピでの一時的な監禁、そして最後に六四年のローマでの死についての情報を伝えている。パウロの説教は、ユダヤ人のシナゴーグやアテナイの（アクロポリスに面した）アレオパゴス評議会の会場といった、公的な空間でおこなわれた。彼の聴衆には、ユダヤ人、異教徒、そして神畏れ人（テオセベイス）として知られるユダヤ教の考え方に同調する人々が含まれていた。キリスト教はパレスティナからはじまって、エジプトとキュレナイカ、シリア北部（アンティオケイア）、小アジア、クレタ、そして数少ない真筆のパウロ書簡が伝えるところでは、ピリッピ、テッサロニケ、コリントスといったギリシアの大都市へと伝わっていった。キリスト教の初期の中心地は、都会だった。こうした場所は複雑な社会構造と、多くの場合ユダヤ人の共同体を持ち、交通と交易の要衝に位置していることが一般的だっことに言及したという。何世紀もの間、助けとなる神の加護を求め続けていたギリシア人は、新しい提案に寛容だった。

キリスト教の共同体と分派は、たとえばプリュギアなど小アジアの田園地帯にも存在した。

しばしばこうした伝道者たちは、ユダヤ人の群衆から暴力的な反応に直面した。ローマ法はキリスト教自体を非合法とすることはなかったが、騒動を起こす者たちは訴追の対象とした。そしてキリスト教徒たちは、特にユダヤ人と衝突した際に、煽動者とみなされる場合があった。六四年七月のローマ大火はネロによってキリスト教徒のせいにされ、暴力的な迫害へとつながった。群衆はこの憎むべき新カルト——その儀礼や信仰への知識はとうてい正確なものではなかった——がこの犯罪の責任者だと頑なに信じて、逮捕された者たちの処刑を大いに喜んだ。キリスト教徒は、二世紀なかばまでに重要で明確な集団となった。それは、アボヌ・テイコスのアレクサンドロスがキリスト教徒を、彼が創設した新アスクレピオスであるグリュコンの祭儀にとって、無神論的なエピクロス派の哲学者と並ぶ最大の敵だとみなしたほどだった（三二四頁参照）。

キリスト教は、本章で概略を示した地中海東部の宗教的な流行のなかで誕生した。キリスト教は、信者たちを「大神」の聖域や密儀宗教へと駆り立てたのと同じ需要に応えていた。提示した解決策は風変わりではあったが、初期のキリスト教への改宗者たちは、同時代のユダヤ人や異教徒に馴染みのある言葉で教えを伝えた。「使徒言行録」によると、説教をはじめるにあたって、五二年の冬にアテナイにくると、パウロは五一年からこの町に「知られない神」（アグノトス・テオス）の祭壇がある

第16章　ギリシア人とオイクメネ

六次の隔たり——古代の「グローバル化」

二〇〇六年に公開された映画『バベル』は、モロッコ、日本、メキシコ、アメリカ出身の数人——見も知らない他人同士——の運命が、ある状況を通じて結ばれるドラマである。アレハンドロ・ゴンサレス・イニャリトゥが監督し、ギジェルモ・アリアガが脚本を書いたこの作品は、世界のすべての人間は六以下の交際関係や知人を通じてあらゆる人々とつながっているという理論を下敷きにした、数多くの映画、演劇、テレビ番組の一つである。この考えを最初に明確に示したのは、ハンガリーの作家カリンティ・フリジェシュの一九二九年の短編『*Láncszemek*（鎖）』だが、ひろく知られるようになったのは、社会心理学者スタンレー・ミルグラムが一九六七年、『サイコロジー・トゥデイ』誌に「スモール・ワールド現象」を発表してからである。ジョン・グエアによる戯曲『六次の隔たり』（一九九〇年）のある登場人物の言葉によると、「わたしたちと地球上のあらゆる人々には、六次の隔たりがある。アメリカ合衆国大統領とヴェネツィアのゴンドラ乗りの間に、ただ名前を書き込めばいい」。インターネット、フェイスブック、ツイッターの時代には、この考えさえ古びてみえる。

アレクサンドロスがマケドニアの王位についた前三三六年に、アレクサンドロスと一〇年後に彼の帝国を形成することになる地域に住む人々との間に、六次の隔たりがあったと説得力を持って主張することはできないだろう。他方、四五三年後にハドリアヌスが帝位についた時に、ハドリアヌス帝とその帝国ならびに近隣地域の人々との間に、六次あるいはそれより少ない隔たりしかなかったと想定することは、突飛な発想ではない。エジプト南部の素朴な農民も村の書記のことは知っており、その書記は村の長とやりとりをし、その長はその地域の長官と連絡をとり、その長官はエジプト総督との面識があり、その総督は皇帝に任命された人物だった。アレクサンドロスの遠征が起動させた発展が最終的に創り出したのは、政治的、行政的、経済的、文化的な結びつきからなる複雑なネットワークだった――グローバル化という現代の現象に近いものである。このネットワークが地球全体にひろがらなかったことはいうまでもないが、その当時の人々が「オイクメネ」(人の住まう世界)と認識した地域をカバーしたことは事実だった。これは、普遍化といった方がより適切かもしれない。

アレクサンドロスの征服活動はペルシア帝国を破壊したが、それにとってかわる永続的な帝国を生み出すことはなかった。それでもなお彼の征服活動は、アドリア海からアフガニスタン、そして黒海北岸からエチオピアまでひろがる、王国、半独立の王朝、そしてポリスを結ぶ巨大な政治的ネットワークを生み出したのだった。こうした諸国家は、イタリア、マグナ・グラエキアのギリシア人ポリス、ローマ、南フランスのギリシア植民市、北アフリカのカルタゴ、インドのマウリア帝国とも関係を持った。つまり、アレクサンドロスの後継者たちの世界は、東アジアを除く旧世界すべてを包含するネットワークを形成したのである。ただ、さまざまな人々の移動――たとえば、前三世紀はじめのギリシアと小アジアへのガリア人の移住、前二世紀のバクトリアへの月氏その他の遊牧民族の侵入、そしてギリシア諸都市の領域にたいするスキュティア人その他による度重なる攻撃――を考慮に入れるならば、アレクサンドロスの後継者たちが持つつながりは、中央ヨーロッパ、中央アジア、中国の西側国境地域にも及んでいた。前三世紀おわり以降のローマの拡大によって、互いに結びつけられた地域を覆うこうしたネットワークの境界線が次第にひろがっていき、イベリア半島、中央・西部ヨーロッパ、ブリテン島、そして北アフリカを包含するにいたった。ハドリアヌスが死ぬまでに、オイクメネの大部分が単一の帝国の領域内に入った。

もちろん、前八世紀から前六世紀までのギリシア人の大植民は彼らの視野を拡大したが、アレクサンドロスの遠征後の現象にはまったく及ばないものである。この現象が進む過程で、多数のギリシア人地域がさまざまな形で影響を受けた。アテナイ、スパルタ、テバイといった伝統的な覇権国家は、その政治的重要性において、ヘレニズム王国、連邦、そしてさらにはロドスといった地方国家にさえ凌駕された。ローマによる支配は、属州首都とローマ植民市の経済的影響力を強化した。クレタはもはやギリシア世界の辺境に位置する島ではなく、東地中海の交通の要衝にある結節点となった。この終章では、変化していくギリシア人の地理的環境と、オイクメネでの彼らの新しい立ち位置を決定した諸要素を簡単に検討しよう――接続可能性、移動性、多文化性である。

接続可能性――小さな世界

アレクサンドロスがアオルノスの岩を征服してヘラクレスを凌ごうと――この英雄は冒険の東の最果ての地で、この岩の奪取に失敗したのだった――していた時とおおよそ同じ頃、ヘラクレスの西の最果てでの偉業を示す地――ヘラクレスの柱、つまり現代のジブラルタル――で、もう一人のギリシア人が大胆な試みをしていた。前三二五年頃、地理学者で航海者のマッサリアのピュテアスが、西の大洋の探検に漕ぎ出したのである。ピュテアスは、ジブラルタル海峡を封鎖するカルタゴ人を突破し、ヨーロッパを一周するべくポルトガルの海岸沿いに進んだ。この航海のなかで彼はブリテン諸島を発見し、おそらくノルウェーあるいはアイスランド（古代人がテュレと呼ぶ場所をどこに比定するかによる）に到達し、バルト海深くまで船を進めた。アレクサンドロスがピュテアスの冒険を少しでも知っていた可能性は低いが、二人の冒険がおおよそ同じ時代におこなわれたことは偶然ではない。ピュテアスとアレクサンドロスは二人とも、同様の探究心と未知への情熱に突き動かされていた。これと同時期、アテナイのリュケイオンというより快適な環境のなか、アリストテレスと弟子たちは庭園の木陰で、目にみえる世界の森羅万象と人間の行動のあらゆる側面を位置づけ、分析し、分類するという計画を追い求めていた。西方のピュテアス、東方のアレクサンドロス、そしてギリシアの知的中心地のアリストテレスは、ギリシア人の科学的探究の数十年間で頂点をきわめた三つの事例である――この探求が、前四世紀おわりに新たな地平を開きつつあった。

アレクサンドロスが東方で新しい世界を開拓したのち、野心と幸運に導かれた後継者が続いた。多才な学者だったポセイドニオスは、前一世紀のはじめにガデス（現スペインのカディス）を訪れて大西洋岸の潮汐を研究した時、数年前におこなわれたキュジコスのエウドクソスという人物による探検のことを耳にした。ポセイドニオスの『オケアノスについて』は失われたが、エウドクソスの探検の記事はストラボンの『地理誌』に残されている。

〔ポセイドニオスは〕キュジコスのエウドクソスという人物がデメテルの娘神の祭礼競技祭に際して祭礼使節ならびに休戦布告使としてエジプトに来て、それがプトレマイオス・エウエルゲテス二世の治世下〔前一四五年頃～前一一六年〕のことだった、と報告している。著者によると、この使いは王とその側近たちの何れとも交わり、とりわけナイル河を遡航した折りには、沿岸の土地ごとの特色ある風物に、またしても驚異をおぼえ、同時にそれらについての知識もなかなかのものになった。その上、この使いはひとりのインド人が紅海の警備兵たちによって王の許へ連れてこられたところへ出会った。その際、兵たちの説明によるとこの男は船のなかにただひとり半死半生の状態で乗ったまま岸に打ち寄せられたのが見つかったが、いったい何者でどこから来たかは言葉がわからないので知らないということだった。王はこの男を教師たちの手に委ねてギリシア語の手ほどきをさせようとした。男は言葉を学び終えると事の次第を物語ったが、それによると男はインド地方から船を出したところ航路を見失なう羽目になり、仲間の乗組員たちを飢えで失ったあげくここへ来て助かった。そして、話を認めてもらったので、王から指令を受けた一行にインド地方への航路の案内をしようと約束した。そして、エウドクソスも一行に加わった。エウドクソスは贈物をたずさえて航海に出た後、代わりに香料や高価な貴石類を積み込んで帰途についた。［中略］しかし、期待はすっかり裏切られ、エウエルゲテス王はエウドクソスがたずさえて来た品物を一切取りあげた。

（飯尾都人訳、一部改変）

エウドクソスがインドの船乗りから学んだことがある。それは、アラビア南岸とオマーン湾を通る、費用がかかり危険な長距離航海を避け、季節風を使ってエチオピアからインド洋を通って直接インドまで航海することだった。前一一六年の王の死後ほどなくして、女王クレオパトラ三世がエウドクソスを新しい冒険へ送り出した。この旅でも、彼の船は贅沢品、おそらくは香辛料、香料、貴石で一杯になったが、帰路は苦しいものとなった。エウドクソスの船はソマリアのグアルダフィ岬とザンジバルの間のどこかの地点に打ち上げられ、そこから彼は何とかしてアレクサンドリアに帰還したものの、結局積荷は新王に召し上げられた。そこでエウドクソスは、西方に新天地を求めた。彼はスペインのガデスに向かい、アフリカを一周して別の経路でインドに向かうという計画を試したのである。この試みは失敗し、マウリタニア王はエウドクソスをスラに引き渡した。エウドクソスは四回目の旅行を試みたが、そこから二度と戻ることはなかった。ポセイドニオス（とストラボン）がこの物語を語る方法は、ヘレニズム期の好みにしたがっていた。運命の悪戯で、難破したインド人、好奇心にあふれたギリシア人、強欲な王が出会う。そして、多くのヘレニズム期の物語と同じように、運命の予期せぬ変転と希望の蹉跌とがある。エウドクソスの冒険は、突きつめていえば、ヘレニズム世界が舶来品交易と情報伝達にもたらした新しい可能性の格好の事例である。これは一部、王の支援によっておこなわれたもので、アレクサンドロス以前にはなかったことだった。

おそらく一世紀なかばに作成された『エリュトラ海案内記』（ペリプルス・マリス・エリュトラエイ）として知られる旅行手引書は、紅海、ペルシア湾、そしてインド洋の海岸沿いにみられる港、交易拠点、産物について、詳細な情報を提供している。たとえば、アラビア半島から乳香を輸入しようとする商人には、次のような情報が与えられた。

エウダイモン・アラビアからは、二〇〇〇スタディオンあるいはそれ以上にわたって延びた長い海岸と湾が続き、遊牧民とイクテュオパゴイ［魚喰い］が村々に住んでいる。そこの突き出た岬の後に、別の臨海交易地のカネがあり、乳香産地であるエレアゾスの王国に属している。この辺りに二つの無人島があり、一方はオルネオン［鳥島］で他方はトルラス［器島］と呼ばれ、カネから一二〇スタディオン離れている。ここの上手の奥地に首都のサウバタがあり、そこに王が住んでいる。この地方に産する乳香はすべて、集荷地とも言うべきここへとラクダで運ばれ、カネへは皮袋で作られたこの地方独特の筏や小舟で運び込まれる。（部勇造訳、一部改変）

このテクストが象徴的に示すのは、こうした地域についての知識が、ネアルコス（アレクサンドロスの提督で前三二七年にインドからペルシア湾まで航海した）の時代からはるかに進んだことである。ネロの時代、皇帝がアラビアの指導者たちと外交関係を結んだため、臣民たちは――殖財の期待に胸を躍らせて――アラビア半島の沿岸地域、さらにはインドやスリランカにいたるまで東方に、リスクをとって交易をおこなった。こうした地域との交易活動は、実にさまざまな形をとった。たとえば、インド北西部にバリュガザという重要な港があったが、ここでは、ローマ人とギリシア人の交易業者がワイン、織布、銀器、さらには王の後宮のために少年歌手と顔のよい少女までも売却して富を得る一方、半貴石、薬草、香辛料、異国風の動物を獲得した。

このバリュガザを訪れたかもしれない交易業者の一人に、前一世紀おわりにアレクサンドレイア・アラコシア（現カンダハル）で生をおえたソピュトスという人物がいる。みずから精魂込めて作った墓碑銘において、ソピュトスは自身の業績を列挙している。伝来の家産が失われたあと、ソピュトスは父祖の家格を再び高める方途を探った。彼は借金をして出身都市を去り、金持ちになるまでは帰郷しないと心に決めた。「この志を持って、わたしは商船で多くの都市に赴き、損害をなすことなく巨富を得た」。ソピュトスの海運業の舞台は、インド洋だったに違いない。彼はカンダハルからバリュガザの港に容易に出ることができただろうし、そこからエジプトにも足を伸ばしたかもしれない。財をなして帰郷したソピュトスは、父祖の邸宅を再建し、先祖と自分のための墓所を新しく建立し、アレクサンドレイア・アラコシアにまだ居住していたはずのギリシア系住民に向かってギリシア語で銘を作ったのである。インド南部の港湾遺跡の考古学的調査によって、ローマ硬貨とワイン壺が発見された事実は、ギリシア人によるこの地域との交易が帝政初期に進んでいたことを裏づけている。

こうした結びつきは、アレクサンドロスによって駆動された。彼の遠征は、実のところヘレニズム的「グローバル化」の「ビッグ・バン」だったのである。アレクサンドロスは、ペルシア帝国の境界ではなく、世界の涯を遠征の目的地に定めていた。彼は、インド洋を目指す旅程の重要拠点に兵士を定住させ、訪れたすべての地域で科学的調査をおこなった。

移動する人々

互いに結びつけられた地域からなるネットワークの発展――戦争に関与することもあれば、一つの権威のもとに統一されることもあった――は、前例のない規模の人々の移動を伴っていた。これまでの章でみてきたように、こうした移動は、自発的な移動（傭兵、芸術家、商人、芸人、各地を渡り歩く弁論家と教師、弁論と哲学を学ぶ学生、聖地に旅する巡礼者、運動選手）から、強制移住（内戦にともなう亡命者、捕虜、奴隷、離散共同体のユダヤ人）まで幅があった。季節性の移動もあった。全ギリシア規模の祭礼を布告する「神聖使節」（テオロス）の派遣、オリュンピアやデルポイでの大規模な運動競技祭を見物する人々の移動、季節風頼みのインド洋航海などである。より一般的だったのは、使節が都市、王、ローマ当局、そしてローマ皇帝へ赴く旅行のような、その時々の必要でおこなわれた移動だった。移動は、きわめて大規模になる可能性があった。ヘレニズム期に創設された都市やローマ植民市への移住、ギリシアとついで小アジアへのガリア人の侵入、反乱後のユダヤ人の再定住などである。大集団の移動は通例は永続的なものだったので、人口の民族構成に劇的な変化を与え、文化的な多様性を高めた。同時に、とりわけ交易業者や学者といった個人による一時的な移動も、文化に重大な影響を与えた。

知識人の旅行は、示唆的な事例である。ギリシア世界を旅して大きな都市や聖域で講義をする弁論家、哲学者、歴史家は、すでに前五世紀と前四世紀に確認されている。前三世紀以降、世界の結びつきが加速し、大規模な祭礼の増加、教育、歴史学、弁論、哲学の発展、そして王宮の存在（これに在ローマの宮廷が続いた）があったために、こうした講義がそれ以前のいかなる時代と比べても、ずっと一般的なものになった。アクロアシス（公開講演）は、各地を渡り歩く学者の主要な活動を示す用語である。彼らは都市、聖域、宮廷を訪れて、そこに数日あるいは数ヶ月滞在し、ギュムナシオン、劇場、会堂、宮殿で講演をおこなった。講演の内容は実にさまざまだった。歴史書の抜粋の講読、哲学的問題の提示、都市を称え、その都市の神話、歴史的事績、建築物、著名な人物、美しい景観に言及する頌詞、皇帝への賛辞、都市内の調和や都市間の和解といった社会・政治問題へ助言を与える弁論、そして、都市間あるいは地域間に、特定の神々や創建の英雄たちの縁戚関係に起源を持つ「血縁」関係があったことを示す証拠の提供、などである。

イリオンのポレモンは、この時代でもっとも著名な博識家の一人である。彼はひろく旅をして、地域の歴史と祭儀に関する情報を収集し、前一七〇年代にデルポイやアテナイなどでこうしたテーマについて講義をおこなった。前二世紀以降、ローマ人を称える賛辞がますます一般的なものとなり、ギリシアでの出来事にたいする元老院の影響力が高まるにつれ、知識人の有力な旅行先に都市ローマが加えられた。ローマにきた彼らのなかには、自身の都市の使節だった者もいたし、ローマの政治家の友人だった者、さらには世界の新しい首都で運試しを試みる者もいた。この点で転機となったのは、前一五五年にアテナイからローマを訪れた「哲学者の使節団」である。彼らは、アテナイに罰金を科すという元老院の決定を覆すべく派遣されたのだった。カルネアデスの講義——ある日には正義の擁護に焦点を絞り、あくる日にはそれを反駁するというもの——が評判を呼んだ。保守的なローマ元老院議員だった大カトーは、哲学者たちにただちにローマを去るよう命じたが、彼らの影響力は存続し、その後の数十年の間に、ローマを訪れるギリシア知識人の数は何倍にもなった。

各地を渡り歩く歴史家、弁論家、文法家、哲学者——あるいは、これらの分野の専門知識を兼ね備え、「ソフィスト」と呼ばれた学者たち——の活動は帝政期まで続き、おおよそネロの治世から三世紀はじめまで続いた「第二次ソフィスト運動」として知られる時期に頂点を迎えた。この時代のこの種の講演についてもっともよく残された実例は、プルサのディオンの弁論である。彼は、フラウィウス朝とトラヤヌスの時代に活躍して、クリュソストモス（「金の口」）と呼ばれた。ディオンの弁論の多くは、理想的な王政や奴隷制、自由といった大きな政治的ならびに道徳的テーマに向けられたが、なかには『髪への頌詞』というような冗談半分の弁論術の練習問題もあった。ただ、意見を表明することは、独裁支配の時代には危険な試みになり得た。ウェスパシアヌスの時代、学生を堕落させたとして哲学者がローマから追放され、ドミティアヌスの時代には、ディオンが国外追放を受けた。しかし全体的にいえば、二世紀は各地を渡り歩く学者の黄金時代だった。彼らの授業や講演は文化の同質化と、アイデアや文芸・修辞の形式の伝達にたいし、著しい寄与をなした。

「東にいけ」は、ピュロスによるイタリアとシチリアへの遠征のような少数の（重要な）例外はあるが、アレクサンドロスの後継者たちの時代の大半のギリシア人にとってのモットーだったし、数世紀にわたってモットーであり続けた。ローマがオイクメネの中心地としての地位を固めて、ローマの平和によって旅行が比較的安全になると、ギリシアとヘレニズム化した地域の属州の個人と集団は、ローマ、イタリア、そして西方属州に向かった。教養層の男たち、俳優、運動選手は、史料のなかに過度に登場するだけで、移動する人々のなかでは少数派だった。大半を占めたのは、奴隷、交易業者、芸術家、職人だった。時として、墓碑銘がこうした人々の物語を伝えることがある。テッサロニケ出身のヒュレは二〇〇年頃にボンで独り身で死んだが、これは悲しいケースである。「テッサロニケがわたしの故郷で、ヒュレがわたしの名である。バタロスの子アシオスが宦官にもかかわらず、わたしを媚薬で征服した。当然ながら、わたしの初夜の床はむなしいものだった。故郷から遠く離れて今わたしはここに横たわる」。ローマ帝国という小さな世界では、夫にしたがってテッサロニケからドイツまでやってきた女性は、郷愁とともに故郷に思いを馳せることができたのである。

「長いヘレニズム期」の移動には、人の移動だけでなく、モノの移動も含まれていた。略奪されたギリシアの芸術作品がローマ人の屋敷や田園邸宅を飾り、ローマの陶製ランプが小アジアの家々にあかりを灯した。ギリシアやローマの製品のごく一部は、中国、タイ、韓国にも到達した。これは、定期的な貿易ではないにせよ、何らかの交渉があったことを示している。

図 **37**　旅する豚の墓碑。

最後に、動物の移動を忘れてはならない。特別な品種を誇る地域の馬や犬だけでなく、行列や凱旋式で披露されたり、アリーナで殺される風変わりな動物も、移動の対象だった。旅する豚の墓碑銘は、この時代の移動について珍しい知見を与えてくれる。おそらく祭事に軽業芸をみせるよう躾けられたこの豚は、ディオニュソスの行列に参加するために、アドリア海岸のデュラキオンからマケドニアのエデッサまで、はるばるやってきたのだった。しかし、祭礼の最中、車に轢かれてしまった（図37参照）。

> ここに「その豚」が眠る。みなから愛されたこの若き四足獣は、ダルマティアの地をあとにして、贈り物としてもたらされた。わたしはデュラキオンに到着し、アポロニアを目にすることを夢みて、自分の脚であらゆる土地を渡っていった。一人で、負けることなく。しかし今、車輪の暴力ゆえに、わたしは陽の光を離れた。エマティエとファルスの車をみることを望んだが、今ここにわたしは眠る。年貢の納め時としては、早すぎたのだが。

移動がこれほどまでに強力に、大規模に、広範におこなわれたことは、記録が残る人類の歴史のなかで、これ以前には想定することが不可能である。ただ、アレクサンドロスにはじまりローマ皇帝の時代に進展し続けた、オイクメネの政治面、文化面での緩やかな一体化は、地域ごとのアイデンティティと忠誠心を根こそぎにすることは決してなかった。

文化の一体化と地域の伝統

アレクサンドロスのエジプト滞在中かその直後、バハレイヤ・オアシスの神殿の近くに、ある祭壇もしくは台座が建立された。前面の神聖文字による銘では、アレクサンドロスが上ならびに下エジプトの王、アムンの子、アムン・ラーの寵児といったファラオの称号で表現されている。左面にはギリシア語の銘がある。これはおそらく、ギリシア文字に馴染みのないエジプト人の石工によって書かれたもので、次のように伝える。

「王アレクサンドロスがこれを父アモンに捧げる」。この史料はおそらく、アレクサンドロスが支配地域の地元の伝統を採用していることを示す、現存する最初期のものだろう。ここでアレクサンドロスは、彼以前のすべてのファラオとちょうど同じように、地元の神の息子として表現されているのである。アレクサンドロスは、ペルシア帝国の王権の伝統も受け入れている。

図 38　ブッダの放浪をあらわした浮彫。マトゥラ出土。この彫刻家はヘレニズム彫刻の影響を受けている。

後継者たちは、エジプトとセレウコス王国でアレクサンドロスの先例にならった。

ギリシアと各地の伝統の融合は、ヘレニズム期のもっとも注目すべき文化現象の一つとして認識されてきた。そこには、さまざまな形式や程度の強弱があった。ギリシア様式の視覚芸術や建築は、セレウコス帝国では優勢だったが、エジプトの多くの地域ではそれほどではなかった。また、グレコ・バクトリア王国ならびにグレコ・インド王国の領域には、境界を越えて強い影響力を及ぼした。パキスタンとインド北部で、ギリシア様式の影響は深大だった。前二世紀のマトゥラの浮彫（図38参照）や前一世紀のパキスタンの神話的主題が描かれた石製パレットが、そのよい例である。ガンダーラの仏教彫刻から明らかなように、ギリシア様式の影響は二世紀まで確認できる。

文化的一体性がもっとも確実に立証できるのは、エジプトとアジアの王国でギリシア語が使用されたことである。ギリシア語は行政当局だけでなく、たとえば奉献や建築刻文などで、地元の住民も使用した。言語はギリシア語だとしても、それが表現した考えや慣習は大方は土着のものであり、それがギリシア人の移住者たちの慣習、価値観、信仰とゆっくりと混じり合っていった。運動訓練、競技祭、演劇上演といった典型的なギリシアの社会慣習が、支配領域に導入された。逆の場合もある。時を経るごとに、ギリシア人の移住者たちはその土地の慣習を採用し、土着の神々をギリシアの神々と同一視し、衣服と食事を地元の状況に適応させていった。たとえばエジプトでは、羊毛ではなく亜麻が衣服に用いられていた。ヘレニズム王国の領域で土着の伝統を代表するもっとも重要な要素は、地元の神官たちだった。彼らは王との交渉を通じてみずからの共同体の特権を護持しただけでなく、土着の人々とのやりとりによって慣習を保存し、地元の言語で文書を作り続け、その土地の過去の記憶を維持した。プトレマイオス二世の時代にヘリオポリスの神官だったとされるマネトンは、エジプトの歴史を著した。それは断片でしか残っていないが、エジプトの過去を知ろうとするギリシア人にとって貴重な史料となった。

行政というレベルより下では、ギリシア人と地元の人々が絶え間なき交流を続けていた。衝突がなかったわけではない。イェルサレムの保守的なユダヤ人はギュムナシオンというギリシア人の制度を拒否し、エジプト出土パピルスに残された請願には、民族対立が記録されている場合がある。ヘラクレイデスという人物はある請願のなかで、前二一八年のマグドラであるエジプト女性との間に衝突があったことを記録している。

わたしが彼女——この人物はエジプト女性で名前はプセノバスティスだとされています——の家を通り過ぎようとしていた時、この女が窓から身を出してわたしの衣服に向かって便器の中身を落としたのです。わたしはびしょ濡れになってしまいました。わたしが怒って彼女を非難すると、彼女は罵詈雑言をわたしに浴びせました。仕返しをすると、プセノバスティスは右手でわたしを包む外套の折り目を引き出し、それをやぶり裂いて服を剝ぎ取ってしまいました。わたしの胸は完全に露わになりました。さらにこの女は、わたしが証人に呼んだ数人の面前で、わたしの顔に唾を吐きかけました。［中略］ですのでお願いいたします、王よ、もしお気に召しますならば、看過されることのないように。わたしは——理由なく——エジプト女に乱暴されているのです。わたしはギリシア人で来訪者であるにもかかわらず。

ただ、同時代のパピルスからは、ギリシア人の移住者がエジプト女性と結婚することで、混交した家族が次第に形成された様子が明らかになる。ドリュトンという名前の男とその家族が残した大文書群は、ギリシア人とエジプト人の生活についての知見を与えてくれる。おそらくクレタ出身の傭兵の息子あるいは子孫だったドリュトンは、前一九五年頃、ギリシア都市プトレマイスの市民として生まれた。義父はエストラダスといったが、そのクレタ風の名前から、最初の妻サラピアスがクレタの血を引く者であったことが推測できる。つまりドリュトンは、同じ出自の仲間内で、最初の結婚をしたのである。サラピアスの死後か離婚後、ドリュトンは前一五〇年頃に二度目の結婚をした。二番目の妻アポロニア（センムティスとも呼ばれた）はずっと若かった。彼女は市民の地位を持っておらず、クレタ人でもなかった。おそらく、彼女の家族はおそくとも前三世紀なかばまでに、キュレネからエジプトに移住したと考えられる。エジプトの田園地帯で三、四世代暮らすうちに、この家族のメンバーは、エジプトの文化とエジプトの名前を大きく受容していた。このアポロニアとその四人の姉妹、また彼女の五人の娘はすべて、ギリシア風とエジプト風の二つの名前を持っていたのである。ドリュトンの子供たちの世代になると、二つの文化の一体化がさらに明らかとなる。彼の娘たちのうちの二人は、エジプト男性と結婚した（そして離婚した）ということが知られている。

ギリシアと小アジアのギリシア植民市では、前二世紀なかば以降にイタリア人が植民した時に、同様の変化が生じた。通婚――また同時に、同じ場所での単なる共存――によって、文化の一体化が促進された。ローマの法と制度も大きなインパクトを持った。たとえば、タウリスのケルソネソス（現セバストポリ）が一〇〇年頃に裁判制度を改革したが、それはレイエクティオ・ユディクムというローマの原則――すなわち、当事者が審判人を五名まで拒否できる権利――を導入したものだった。

ローマによる植民活動がもたらしたもっとも注目すべき結果は、文化にたいするインパクトである。ローマ植民市で、ラテン語は公用語だっただけでなく、そこの住民の話し言葉でもあった。多くの植民市で、ラテン語は次第にギリシア語にとってかわられ、公文書や公的刻文でのみ用いられた。しかし、マケドニアのピリッピやディオン、アカイアのパトライ、小アジアのアレクサンドレイア・トロアスのように、ラテン語が二世紀おわりあるいは三世紀まで主要なコミュニケーション言語の座を保った植民市も存在した。ローマの神々、祭礼、儀礼も導入され、その影響は植民市だけにとどまらなかった。前二世紀おわり、デロスにローマのコンピタリア祭が導入されたことは、文化の一体化の初期の事例である。この祭は、イタリア人家族が居住する地区でおこなわれ、家の前でローマの家の守り神ラレス、そしてメルクリウス（ギリシアのヘルメスと同一視された）ならびにヘラクレスに犠牲が捧げられた。この祭はイタリア人共同体の公的行事だったが、イタリア人家族の解放奴隷にも取り入れられた。もともとのしきたりでも運動競技（ルディ）と供犠はおこなわれたが、家の前に祭壇を建てる慣習は、イタリア人移住者がギリシア人のやり方を採用したものである。

ロサリアというローマの葬祭儀礼もよい事例である。墓を年に一度バラで飾る行事が、死者を記念することを目的に、五月に開催されるローマのロサリア祭の時におこなわれた。この行事ははじめ、ローマ人とイタリア人の移住者によってバルカン半島に持ち込まれ、時を経ずして地域住民にロダあるいはロディスモスの名前で受け入れられた。墓に花を供えるという古くからの慣習と、容易に結びついたからである。この行事は、バルカン半島からさらに東の小アジアまでひろまった。芸術の影響は反対の方向に進み、ギリシアからイタリア、ローマ、そして西部属州にひろまった。ギリシア人の競技文化も西方に普及した。ハドリアヌスが死ぬ頃に、ガイウス・ウァレリウス・アウィトゥスなる人物によって、スペインのタラッコに田園邸宅が建設された。その壁のフレスコに塗り書きされたギリシア語の文章は、ネメアとアクティアというギリシアでの二つの競技祭での勝利——家族の一人があげた勝利である可能性が高い——を記念している。

わたしたちがコイネと呼ぶ、多かれ少なかれ均一な文化のもとで、地域の伝統はしぶとく生き残った。こうした伝統は、刻文でしか知られないこともある。識字層の拡大によって、文字史料にそれ以前の痕跡を残すことなく数百年にわたって実践されてきたはずの儀礼を伝える刻文を、土着の人々が作り出したのである。リュディアでは、ようやく二、三世紀になって、あるユニークな儀礼が刻文に記録された。そこでは、罪を遠ざけることを期待して、三体の動物に罪をなすりつけた。この三体の動物は、大地、天空、地下と河川といった、異なる場所を代表——トリポノン（三つの声を持つ動物たち）とエンネアポノン（九つの声を持つ動物たち）——している。罪を動物になすりつけるこの儀礼は、前二〇〇〇年紀のヒッタイトの儀礼に同様のものがある。そこでは、さまざまな生物——鳥、魚、鼠——が悪と罪を取り除くべく呪文とともに放たれた。こうした伝統的な儀礼は人工的に復活されたのではなく、その地域の聖域で何百年も生き延びたとするのが、もっともあり得るシナリオである。トラレイスでは、二、三世紀の刻文が唯一の史料として、「妾」（パラケ）と「足を洗わない者」（アニプトポデス）による儀礼的な奉仕を伝えている。わたしたちは、こうした変わった儀礼を人工的な復活あるいは「創られた伝統」とみなしてしまいがちだが、刻文のなかで、こうした役割が同一の家系で数世代にわたって伝えられたことが述べられている。長い伝統が生き残ったと思われる別のリュディアの儀礼について、パウサニアスが伝えている。彼は二世紀なかばに、リュディアのヒエロカイサレイアとヒュパイパにあった「ペルシアのアルテミス」の聖域でこれを目撃したという。これらの聖域で祭壇が置かれ、そこにマゴス、すなわちペルシアの神官が、頭飾りを身につけて乾いた焚き木を置いた。「何れかの神に向って、ギリシア人にはさっぱりわからない非ギリシア語の呪文を唱える。彼は書物から呪文を抜き出して唱えている」（飯尾都人訳、一部改変）。そうして、火を使わずに焚き木を燃やすのである。

アウグストゥスは一四年に死ぬほんの数ヶ月前、カプリ島で、ローマ人にギリシアの衣装を、ギリシア人にローマの衣装を配り、両集団に互いの言語で話すよう促した。帝政期は浸透の時代である。ギリシア人が他の文化に直面するというまさにこのことが、彼らの教養層にみずからの文化的伝統を意識させ、ギリシアの古代と歴史への多大なる関心を引き起こしたのである。少なくとも量に関していえば、「長いヘレニズム期」は歴史叙述の黄金時代である。同時にそれは、記念の年祭、歴史記念物、そして神話の黄金時代でもあった。ギリシア人はコスモポリタニズム世界のなかで、しばしば地元の、都市の、そして地域のアイデンティティに加えて、よりひろいギリシア人としてのアイデンティティを保持しようとした。アゾフ海の入り口に位置するタナイスでは、二世紀にヘレナルケスという役職名が確認できる。「ギリシア人の第一公職者」という意味である。

ローマ帝国へのとりわけ言語面での同化が顕著だった時代でも、ギリシア出自という記憶は決して薄らぐことはなかった。カヴァフィスはその「未刊行詩」の一つで、二世紀の著述家アテナイオスの作品の一節に刺激を受け、この記憶の持続性を表現している。歴史への感性と洞察力は、カヴァフィス特有のものである。

ポセイドニア人はギリシア語をなくした。
何百年も外人に混じって暮らしたからだ。
エトルリア人、ローマ人その他その他だ。
祖先から受けついだものはただ一つ。
さるギリシアの祭り。その美しい儀式。
竪琴《たてごと》ひびかせ、笛吹かせ、競技を行い、花づなを飾る。
祭りの終わり頃に祖先の習慣を教えあい
ギリシア式の名を名乗る、
わかるやわからずやの名を――。
祭りの終わりは常に悲しい。
われらもギリシア人だった。
かつては南イタリアのギリシア市民だった。
だが、おちぶれ、変わりはてた　このていたらく。
えびすのことばを使い、連中なみの暮らしになった。
ギリシア的生き方と切り離された身のみじめさ。

（中井久夫訳、一部改変）

訳者あとがき

本書は、プリンストン高等研究所教授アンゲロス・ハニオティス氏（Angelos Chaniotis）による、*Age of Conquests: The Greek World from Alexander to Hadrian* (*336 BC–AD 138*), London: Profile Books, 2018の日本語訳である。

ハニオティス氏は、一九五九年にアテネで生まれた。アテネ大学とハイデルベルク大学で古代史と考古学を学び、博士号（一九八四年）と教授資格（一九九二年）をハイデルベルク大学にて取得した。前者の研究は、伝来する文献を超えたギリシア人の歴史叙述とその認識を分析した画期的著作である『ギリシア語刻文における歴史叙述と歴史家』（*Historie und Historiker in den griechischen Inschriften*, Stuttgart: Franz Steiner, 1988）に、後者の研究は、ヘレニズム期のギリシア都市の軍事的・政治的自律性をクレタ島に題をとって論じた『ヘレニズム期のクレタ島における都市間条約』（*Die Verträge zwischen kretischen Poleis in der hellenistischen Zeit*, Stuttgart: Franz Steiner, 1996）に結実している。ハニオティス氏は、ニューヨーク大学のギリシア史教授、ハイデルベルク大学の古代史教授、ハイデルベルク大学副学長、オクスフォード大学オール・ソウルズ学寮の上級研究員を歴任し、二〇一〇年より、プリンストン高等研究所の古代史・古典学教授の職にある。さらに氏は、リエージュ大学、テッサロニキ大学などより名誉博士号を授与され、二〇一三年には、ギリシャ共和国大統領よりフェニックス章（コマンダー）を与えられた。

ハニオティス氏はこれまで、本書の対象となっているヘレニズム期とローマ帝政期の東地中海・近東地域を中心に、そこに居住したギリシア人ならびにヘレニズム化した人々の社会と文化について、広範に研究をおこなってきた。氏の研究をここですべて網羅するのは不可能なので、主要な著作と活動を紹介するだけにとどめたい。先に言及した二書ののち、ハニオティス氏は『ヘレニズム世界の戦争——社会史と文化史』（*War in the Hellenistic World: A Social and Cultural History*, Oxford: Blackwell, 2005）を著した。膨大な史料を駆使しながら、ヘレニズム期の王、都市、連邦、個人がおこなった戦争をさまざまな局面から論じることで、この時期の複雑な歴史をまとめあげた労作である。その後、ハニオティス氏の研究関心は、文化史と感情史の色合いを強めた。本書でも特に第6章のテーマとなっている、王と都市エリートの公的生活における劇場的振る舞いを活写した『ヘレニズム世界における劇場性と公的生活』(*Θεατρικότητα και δημόσιος βίος στον ελληνιστικό κόσμο*. Iraklion: Crete University Press, 2009)や、古代ギリシア世界の感情史についてのプロジェクト研究の成果を一般読者のためにまとめた『エモーションとフィクション――古代ギリシアの政治・社会・宗教における感情』(*Emotionen und Fiktionen: Gefühle in Politik, Gesellschaft und Religion der griechischen Antike*, Darmstadt: Wissenschaftliche Buchgesellschaft, 2023)が、その代表的作品といえる。この分野については、ハニオティス氏の講演の日本語訳が二点あり、概要を知るには便利だろう(藤井崇監修・藤井千絵訳『演劇と幻想の政治世界――ヘレニズムの規範と現代の経験』日本ギリシャ協会、二〇一五年。藤井崇訳・解題「誰も寝てはならぬ!――夜のギリシア」『思想』第一一五四号、二九〜四五頁、二〇二〇年)。

本書をひもとけばすぐにわかるように、ハニオティス氏の真骨頂は、ギリシア語刻文についての驚くべき知識量と、個々の刻文を大きな歴史像に結びつける豊かな構想力である。その背景には、氏が長年にわたって、ギリシア語刻文の年鑑である *Supplementum Epigraphicum Graecum* の編集に携わってきたことと、刻文が古代世界でもまれなほど大量に残されているアプロディシアス遺跡(現トルコ)の調査を続けていることがある。石に刻まれた文章から古代人の生をいきいきと甦らせるハニオティス氏の手腕には、ただ感嘆するばかりである。

本書は、こうしたハニオティス氏のこれまでの広範な研究と教育活動を、ある意味で集大成した作品だといえるだろう。一般読者を意識して通史の要素を加味しつつ、本書は、アレクサンドロス大王からハドリアヌス帝までのギリシア人の世界を、王権・帝国と都市の歴史を主軸として、社会史、経済史、文化史、宗教史の興味深いトピックを組み込みながら描いている。文献、刻文、パピルス、貨幣といった多種多様な史料が多数引用されていることも、本書の大きな魅力だろう。コスモポリタニズム的ヘレニズムを体現するコンスタンディノス・カヴァフィスの詩と、現代アメリカの華やかなエンターテイメントが随所で効果的に言及・活用されていることも、訳者には興味深かった。本書は大部ではあるが、テーマの歴史学的重要性と幅ひろさ、史料への斬新なアプローチ、有名無名の登場人物の人間臭さ、刻文一つと大きな歴史的文脈とを自由に行き来するハニオティス氏の構想力、わたしたちの日々の問題との強い関連、そして何よりもその軽快な文体(わたしの翻訳がその一部でも再現できていることを願うばかりである)によって、頁数を感じさせない作品となっている。読者は、ともかくも一読して、ヘレニズム期・ローマ帝政期の豊穣なギリシア人の世界を楽しんでいただければと思う。また、西洋古代史を学ぶ学生・研究者にとっては、日本語版のためにアップデートされた文献一覧と研究案内・史料が役立つだろう。原著について、特に「長いヘレニズム期」という本書最大の主張に関して、時代区分の観点から簡単に論評した書評がある(藤井崇『西洋古典学研究』第六七巻、一三三～一三五頁、二〇一九年)。興味のある方は、読んでいただければと思う。

本書の翻訳では、さまざまな方にお世話になった。名古屋大学出版会の橘宗吾さんには、本書の出版の意義を理解してくださったことを感謝したい。数多くの名作を支えてこられた編集者にお会いできたことは、わたしにとって大変な光栄だった。また、同じく名古屋大学出版会の堤亮介さんは、実際の編集作業の労をとってくださった。西洋古代史の専門知識をお持ちの堤さんのご助力は、本当にありがたかった。ただ、わたしの作業の遅れで、お二人には大きなご迷惑をおかけした。長い時間がかかってしまったが、こうして本書を出版できたことは、すべてお二人の情熱と忍耐のおかげである。同僚研究者の方々にもお世話になった。中村るいさん(東海大学)には、特に図版キャプションの翻訳についてアドバイスをいただいた。岸本廣大さん(同志社大学)、増永理考さん(東京都市大学)、酒嶋恭平さん(京都府立大学)、大野普希さん(京都大学)は、数限りない誤解・ミスから訳者を救ってくださった。無論、残存する誤りはすべて訳者の責任である。日本ギリシャ協会の前事務局長の川上修二さんと現事務局長の小池良一さんには、これまでの二度のハニオティス氏の来日にあたって、たいへんお世話になった。本書が、日本とギリシャとの友好のさらなる発展に、わずかばかりとも貢献することを願っている。最後に、古典作品を孜々として翻訳してきた哲学・史学・文学の西洋古典学者たち、そしてカヴァフィスの美しい日本語訳を残してくれた中井久夫さんに感謝したい。先達の訳を利用することができなければ、この翻訳にはさらに時間がかかっただろうし、文章すべてがわたしの未熟な日本語に支配されていたことだろう。

ミュンヘン、二〇二四年七月

ハニオティス先生への敬意と感謝とともに　藤井　崇

《訳者紹介》

藤《ふじ》井《い》 崇《たかし》

1978年　山口県に生まれる
2003年　京都大学大学院文学研究科修士課程修了
2010年　ハイデルベルク大学哲学部博士課程修了
京都大学白眉センター特定助教，関西学院大学准教授等を経て，
現　在　京都大学大学院文学研究科准教授，Dr. phil.（古代史・刻文学）
著訳書　クリストファー・ケリー『1冊でわかるローマ帝国』（訳，岩波書店，2010年）
Imperial Cult and Imperial Representation in Roman Cyprus（Stuttgart: Franz Steiner Verlag, 2013）

アレクサンドロス以後
―長いヘレニズムとギリシア世界―

2024年9月30日　初版第1刷発行

定価はカバーに
表示しています

訳　者　藤　井　崇
発行者　西　澤　泰　彦

発行所　一般財団法人　名古屋大学出版会
〒464-0814　名古屋市千種区不老町1名古屋大学構内
電話(052)781-5027/FAX(052)781-0697

印刷・製本　亜細亜印刷㈱　ISBN978-4-8158-1170-9
乱丁・落丁はお取替えいたします。

索　引

ア　行

カ　行

サ　行

タ 行

ナ　行

ハ　行

マ　行

ヤ・ラ行

図版一覧

図 1　ピリッポス二世の象牙製ミニチュア頭部像。ヴェルギナ，おおよそ前 350 年～前 336 年。アイガイ／ヴェルギナ考古学博物館。写真：© Granger Historical Picture Archive/Alamy Stock Photo. …… 11

図 2　リュシマコスのテトラドラクマ銀貨。ディアデマとアムンの角をつけたアレクサンドロスの肖像。リュシマケイア製造，おおよそ前 297 年～前 281 年。アテネ貨幣博物館（inv. no. NM 1204）。写真：© Numismatical Museum Athens. …… 17

図 3　デメトリオス・ポリオルケテスのテトラドラクマ銀貨。表面：トランペットを持つニケが，戦艦の舳先の船首楼に立つ。裏面：ポセイドン。エペソス製造，おおよそ前 301 年～前 295 年。アテネ貨幣博物館（inv. no. NM Empedokles Collection 288）。写真：© Numismatical Museum Athens. …… 35

図 4　古代の七不思議の一つ，ロドス島の巨像。マールテン・ファン・ヘームスケルク（1498 年～1574 年）の原画によるフィリップ・ハレ（1537 年～ 1612 年）の複製版画。ネルソン・アトキンス美術館，カンザスシティ。写真：© PHAS/UIG/Getty Images. …… 37

図 5　エペイロスのピュロスの大理石製頭部肖像の現代の型どり。ローマン・コピー（原作：前 3 世紀おわり）。イオアニナ考古学博物館。イオアニナ市遺物管理局。写真：© Hellenic Ministry of Culture and Sports/Archaeological Receipts Fund. …… 40

図 6　自殺するガリア人とその妻（ルドヴィジの群像）。大理石製。1/2 世紀のローマン・コピー（原作：前 3 世紀おわり）。ローマ国立博物館。写真：© De Agostini/G. Dagli Orti/Getty Images. …… 56

図 7　アルシノエ二世の金貨，前 3 世紀。写真：© CM Dixon/Print Collector/Getty Images. …… 58

図 8　バクトリアの支配者エウクラティデス一世のテトラドラクマ銀貨。エウクラティデスが槍を構え，ディアデマを着け，角つきの兜をかぶっている。おおよそ前 170 ～前 145 年。アテネ貨幣博物館（inv. no. NM 1850/1998）。写真：© Numismatical Museum Athens. …… 93

図 9　君主の青銅像，前 3/2 世紀。ローマ国立博物館。マッシモ宮，イタリア。写真：© B O'Kane/Alamy Stock Photo. …… 93

図 10　ヘレニズム期の政治家の肖像（葬礼記念碑の部分）。スミュルナ。現存せず。写真：P. Zanker, 'Brüche im Bürgerbild? Zur bürgerlichen Selbstdarstellung in den hellenistischen Städten', in M. Wörrle and P. Zanker (eds.), *Stadtbild und Bürgerbild im Hellenismus*, Munich, 1995, 267 fig. 5. …… 124

図 11　有髯の男性肖像。出土地不明，前 150 年頃。J・ポール・ゲティ美術館（inv. no. 91.AA.14）。写真：© J. Paul Getty Museum, Villa Collection, Malibu, California. …… 124

図 12　アテナ群像（アテナが巨人アルキュオネウスとガイアと戦う）。ペルガモンの大祭壇の浮彫，前 2 世紀。ベルリンのペルガモン博物館。写真：© World History Archive/Alamy Stock Photo. …… 163

図 13　クレオパトラ七世のテトラドラクマ銀貨。アスカロン製造，前 48 年頃。アテネ貨

幣博物館（inv. no. NM Demetriou Collection 1636)。写真：© Numismatical Museum Athens. …… 195
図 14 アウグストゥスとローマの神殿の遺構，アンキュラ，トルコ，1 世紀。写真：© eFesenko/Alamy Stock Photo. …… 208
図 15 アプロディシアスのセバステイオンの南側柱廊。神話表現を有す。アプロディシアス，1 世紀なかば。写真：© Angelos Chaniotis. …… 211
図 16 アプロディシアスのセバステイオン出土の大理石製浮彫パネル。ブリタニアを制圧するクラウディウス。アプロディシアス，1 世紀なかば。写真：© Aphrodisias Excavation (Guido Petruccioli). Courtesy R.R.R. Smith. …… 211
図 17 里程標として使われた大理石柱。エピダムノスから 260 マイルの距離を示す。シンドス，おおよそ前 146 年〜前 118 年。テッサロニキ考古学博物館（inv. no. MΘ 6932; *IG* X.2.1 Suppl. 1668)。写真：© Hellenic Ministry of Culture and Sports/Archaeological Receipts Fund (O. Kourakis). …… 212
図 18 パタラ出土の記念物の復元。リュキアの諸都市を結ぶ街道の距離が刻まれている。パタラ，1 世紀なかば。写真：© Mustafa Adak. …… 213
図 19 アウグストゥス帝の胸像，1 世紀。ミュンヘンのグリュプトテーク。写真：© Erin Babnik/Alamy Stock Photo. …… 214
図 20 ヘロデス・アッティクスのオデイオン。アテナイ，2 世紀なかば。写真：© imageBriker/Alamy Stock Photo. …… 222
図 21 ハドリアヌスの巨大肖像。大理石製，おおよそ 130 年〜138 年。アテナイ。国立考古学博物館，アテネ。写真：© Hellenic Ministry of Culture and Sports/Archaeological Receipts Fund. …… 223
図 22 アンティノオスの大理石製胸像。パトライ，2 世紀なかば。国立考古学博物館，アテネ（inv. no. 417)。写真：© Hellenic Ministry of Culture and Sports/Archaeological Receipts Fund. …… 223
図 23 ドミティアヌスのデナリウス銀貨。Imp(erator) Caes(ar) Domit(ianus) Aug(ustus) Germ(anicus) P(ontifex) M(aximus), tr(ibunicia) p(otestate) XV との銘がある。ローマにて製造，95/96 年。アテネ貨幣博物館（inv. no. NM Zarifis Collection 203)。写真：© Numismatical Museum Athens. …… 229
図 24 大理石製石棺。アプロディシアス，2 世紀おわり。アプロディシアス。写真：© Angelos Chaniotis. …… 231
図 25 ディオスクリデスの大理石製墓碑浮彫。テッサロニケ，160 年頃。テッサロニキ考古学博物館（inv. no. 1207)。写真：© Hellenic Ministry of Culture and Sports/Archaeological Receipts Fund (K. von Eickstedt). …… 231
図 26 ローマ植民市ディオン（マケドニア）の目抜き通り。北側から。写真：© Dion Excavations. Courtesy Korina Vasteli. …… 242
図 27 アイ・ハヌムのギュムナシオン，前 2 世紀なかば。写真：© Délégation Archéologique Française en Afganistan. 1975. …… 284
図 28 奴隷商人アウルス・カプリリウス・ティモテオスの墓碑浮彫。アンピポリス，100 年頃。*Supplementum Epigraphicum Graecum* XXVIII 537. 写真：© J. Roger, 'Inscriptions de la région de Strymon', *Revue Archéologique* 6 (1945), 47. …… 294
図 29 ティトゥス・フラウィウス・コテュスの墓碑浮彫。「トラキアの騎手」を表現している。ピリッポポリス，2/3 世紀。プロヴディフ地方考古学博物館（*Inscriptiones*

Graecae in Bulgaria Repertae V 5466)。写真：© RAM Plovdiv. ……… 305
図 30 サラピスの大理石小像。ローマ，4 世紀。ヴァチカン美術館。写真：© CNP Collection/Alamy Stock Photo. ……… 307
図 31 イシスへの奉納浮彫。ディオン，マケドニア，前 3 世紀おわり／前 2 世紀はじめ。ディオン考古学博物館（inv. no. 410）。P. Christodoulou, 'Les reliefs votifs du sanctuaire d'Isis à Dion', in L. Bricault and R. Veymiers (eds.), *Bibliotheca Isiaca* II, Bordeaux, 2011, 11–16. 写真：© Perikles Christodoulou. ……… 307
図 32 アウルス・パピウス・ケイロンの墓碑浮彫。テッサロニケ，2 世紀。テッサロニキ考古学博物館（inv. no. 1254; *IG* X.2.1.58)。写真：© Hellenic Ministry of Culture and Sports/Archaeological Receipts Fund (O. Kourakis). ……… 308
図 33 雄牛を殺すミトラの石灰岩製浮彫。ドゥラ・エウロポス，170 年頃。イェール大学美術館（inv. no. 1935.98)。写真：© Yale University Art Gallery. ……… 310
図 34 ゼウス・ヒュプシストスに捧げられた青銅製奉納板。眼病を患ったアルテミシアの目を表現している。エペソス，2 世紀。ハンブルク美術工芸博物館。写真：© Museum für Kunst und Gewerbe Hamburg/Maria Thrun. ……… 313
図 35 テッサロニケのサラピスの聖域出土の奉納浮彫（*IG* X.2.1.59)。テッサロニケ，2 世紀。テッサロニキ考古学博物館（inv. no. ΜΘ 829)。写真：© Hellenic Ministry of Culture and Sports/Archaeological Receipts Fund (V. von Eickstedt). ……… 315
図 36 グリュコンをあらわす大理石製彫刻。トミス，2 世紀。コンスタンツァ考古学博物館，ルーマニア。写真：© DEA/G. Dagli Orti/Getty Images. ……… 325
図 37 荷車に轢かれた豚のための墓碑浮彫と墓碑銘。エデッサ，マケドニア，200 年頃。ペラ市遺物管理局（inv. no. AKA 1674)。写真：© Hellenic Ministry of Culture and Sports/Ephorate of Antiquities of Pella. ……… 336
図 38 ブッダの放浪場面をあらわした浮彫彫刻。マトゥラ，2 世紀。写真：© Barney Burstein/Getty Images. ……… 337

年　表

前 336 年	マケドニアのピリッポス二世の暗殺。アレクサンドロス，王となる。
前 335 年	テバイの破壊。
前 334 年〜前 325 年	アレクサンドロスのアジア遠征。
前 334 年	アレクサンドロス，グラニコスで勝利。
前 333 年	アレクサンドロス，イッソスでダレイオス三世を破る。
前 332 年〜前 331 年	アレクサンドロス，エジプトに滞在。アレクサンドリアの創建。
前 331 年	アレクサンドロス，ガウガメラでダレイオス三世を破る。
前 330 年	ペルセポリスの宮殿炎上。ダレイオス三世の暗殺。
前 330 年〜前 327 年	アレクサンドロス，イラン北東部とアフガニスタンを征服する。
前 327 年〜前 325 年	アレクサンドロスのパンジャブ地方遠征。
前 326 年	アレクサンドロス，ヒュダスペス川で戦闘。ポロスに勝利する。
前 325 年	アレクサンドロス，インドから帰還。ネアルコスがインド洋とペルシア湾を探検する。
前 324 年	アレクサンドロス，亡命者復帰王令を出す。オピスでのアレクサンドロス軍の暴動。ヘパイスティオンの死。
前 323 年	アレクサンドロスの死。ピリッポス三世アリダイオスとアレクサンドロス四世が，クラテロスの後見のもと王と宣言される。アレクサンドロスの部将の間で属州が分割される。
前 323/322 年	ヘラス，あるいはラミア戦争（マケドニアの覇権にたいするギリシア諸都市の反乱）。アテナイの敗北。
前 321 年〜前 281 年	アレクサンドロスの帝国の分割をめぐる後継者戦争。
前 321/320 年	ペルディッカス，エウメネスと，アンティパトロス，クラテロス，アンティゴノス・モノプタルモス，プトレマイオスが対決。トリパラデイソスの合意で，アレクサンドロスの帝国が分割される。
前 319 年〜前 315 年	カッサンドロスと，ポリュペルコン，オリュンピアスが対決。アンティゴノスとエウメネスが対決。
前 319 年〜前 288 年	シチリアのシュラクサイのアガトクレスによる独裁的支配。
前 317 年	オリュンピアスがピリッポス三世の殺害を命じる。
前 315 年	エウメネスの敗北と死。
前 314 年	カッサンドロス，リュシマコス，プトレマイオス，セレウコスの連合が，アンティゴノス・モノプタルモスと息子デメトリオス・ポリオルケテスと対決する。アンティゴノスとデメトリオスがギリシア都市の自由を宣言する。
前 312 年	セレウコスがバビロンの属州に戻る。
前 311 年	後継者間での和平合意。
前 310 年	カッサンドロスが，アルゲアス朝の最後の人物であるアレクサンドロス四世の殺害を命じる。

前308年〜前306年	シュラクサイのアガトクレスによる北アフリカ遠征。
前307年	デメトリオス・ポリオルケテスによって，アテナイがマケドニアの占領から解放される。
前306年	デメトリオス・ポリオルケテスが，キプロス島のサラミス沖でプトレマイオスに勝利する。「王の年」。アンティゴノス・モノプタルモスとデメトリオスが王を名のる。プトレマイオス，カッサンドロス，リュシマコス，セレウコスがこれに続く。
前305年〜前304年	デメトリオス・ポリオルケテスによるロドス包囲。
前304年	アガトクレス，シチリアで王と宣言される。
前303年〜前301年	プトレマイオス，カッサンドロス，リュシマコス，セレウコスと，アンティゴノス，デメトリオスの戦争。アンティゴノスとデメトリオスがヘラス同盟を結成。
前301年	イプソスの戦いでアンティゴノスが戦死。アリアラテス二世がカッパドキア王国を建設する。
前297年	マケドニア王カッサンドロスの死。ピリッポス四世が後継者となる。ジポエテスがビテュニアの王と，ピュロスがエペイロスの王と宣言される。
前296年	マケドニア王ピリッポス四世の死。カッサンドロスの息子たちであるアレクサンドロスとアンティパトロスの間の王朝内紛争。
前295年	デメトリオス・ポリオルケテス，アテナイを占領。
前294年	デメトリオス，マケドニアの王と宣言される。
前288年	リュシマコスとピュロスがデメトリオスをマケドニアから追放する。リュシマコスがピュロスを排除して，マケドニアとトラキアを単独で支配する。妻はプトレマイオス一世の娘アルシノエ。
前287年〜前285年	デメトリオスの小アジア遠征の失敗。デメトリオスはセレウコスに捕らえられ，虜囚の身で前283年に死亡。
前283年	エジプト王プトレマイオス一世の死。アルシノエがリュシマコスに，彼の息子アガトクレスの殺害を命じるよう仕向ける。アガトクレスの寡婦リュサンドラと彼女の兄弟プトレマイオス・ケラウノスが，セレウコス一世の宮廷に難を逃れる。
前283年〜前246年	エジプト王プトレマイオス二世の治世（前281年から前268年頃までは，アルシノエ二世と共同統治）。
前281年	セレウコスとリュシマコスの戦争。クロペディオンの戦いでリュシマコスが戦死。セレウコスが同盟者プトレマイオス・ケラウノスに殺害される。プトレマイオス，マケドニアで王となる。
前281年〜前261年	セレウコス王国の王アンティオコス一世の治世。
前280年〜前275年	エペイロスのピュロスによる，イタリアとシチリアの遠征。
前279年〜前278年	ガリア人（ガラティア人）の侵入。プトレマイオス・ケラウノスの死。マケドニアの混乱。アイトリア人がデルポイでガリア人に勝利。アイトリア連邦の興隆。
前278年	ガリア人が小アジアに渡り，ギリシア都市への襲撃を開始。
前277年	アンティゴノス・ゴナタスがリュシマケイアでガリア人に勝利。アンティゴノスが王と宣言される。
前275/4年〜前271年	コイレ・シリアの支配をめぐり，アンティオコス一世とプトレマイオス

　　　　　　　　二世の間で，第一次シリア戦争勃発。
前 274 年～前 272 年　ピュロスがマケドニアの一部を再獲得する。ピュロスとアンティゴノス・ゴナタスの戦争。ピュロス，アルゴスで戦死（前 272 年）。
前 272 年～前 239 年　アンティゴノス・ゴナタス，マケドニアのただ一人の王として統治。
前 268 年～前 261 年　クレモニデス戦争：アンティゴノス・ゴナタスが，プトレマイオス二世，アテナイ，スパルタ，その他の同盟国と戦う。ゴナタス勝利。マケドニアによるアテナイの占領（前 229 年まで）。
前 264 年～前 241 年　ローマとカルタゴの第一次ポエニ戦争。
前 261 年～前 246 年　セレウコス王国の王アンティオコス二世の治世。
前 260 年～前 253 年　第二次シリア戦争：アンティオコス二世，ロドス，アンティゴノス・ゴナタスが，プトレマイオス二世と戦う。
前 255 年～前 254 年　ビテュニア継承戦争。
前 251 年　アラトス，シキュオンを解放。シキュオン，アカイア連邦に加入。
前 250 年～前 245 年　コリントスのマケドニア駐屯軍の指揮官だったアレクサンドロスが，アンティゴノス・ゴナタスから離反。
前 247 年　パルティア王国の創設。
前 246 年　プトレマイオス二世（1 月），アンティオコス二世（夏）の死。
前 246 年～前 221 年　エジプト王プトレマイオス三世の治世。
前 246 年　第三次シリア戦争あるいはラオディケ戦争の勃発。プトレマイオス三世，セレウコス王国での遠征（シリアとメソポタミア）に成功。
前 246 年～前 225 年　セレウコス王国の王セレウコス二世の治世。
前 245 年　アンティゴノス・ゴナタス，アンドロスでプトレマイオス朝艦隊に勝利。セレウコス二世，シリア北部とメソポタミアの領土を再征服。
前 243 年　アラトス，コリントスをマケドニア駐屯軍から解放。
前 241 年　第三次シリア戦争終結。プトレマイオス三世，シリアに領土を獲得。
前 241 年～前 197 年　ペルガモンのアッタロス一世の治世。前 238 年に王と宣言される。
前 240 年　アンティオコス・ヒエラクスがセレウコス王国より離反，小アジアを支配。
前 239 年　アンティゴノス・ゴナタスの死。アイトリア連邦とアカイア連邦が同盟。
前 239 年～前 229 年　マケドニア王デメトリオス二世の治世。
前 239 年～前 233 年　デメトリオスと，アイトリア連邦，アカイア連邦の戦争。
前 238 年　小アジアのガリア人にたいする戦争で，ペルガモンのアッタロス一世が勝利。
前 231 年～前 229 年　ダルダノイ人のマケドニア侵入。
前 230 年～前 227 年　ペルガモンのアッタロス一世，アンティオコス・ヒエラクスにたいする戦争で勝利。アンティオコス・ヒエラクスの死（前 226 年）。
前 229 年～前 221 年　マケドニア王アンティゴノス・ドソンの治世。
前 229 年　アテナイ，マケドニア駐屯軍から解放。
前 229 年～前 228 年　第一次イリュリア戦争。ローマ人，女王テウタを破る。
前 229 年～前 222 年　クレオメネス戦争（スパルタとアカイア連邦の戦争）。
前 229 年～前 220 年　アイトリア人，ペロポネソス半島とギリシア中央部を襲撃。
前 227 年　マケドニアのアンティゴノス・ドソン，カリア（小アジア）で軍事行動。
前 225 年～前 222 年　セレウコス王国の王セレウコス三世の治世。

前224年～前222年	アンティゴノス・ドソンの主導で，ヘラス同盟が成立。スパルタのクレオメネスにたいする戦争。セラシアの戦い（前222年）で，クレオメネス敗北。
前222年～前187年	セレウコス王国の王アンティオコス三世の治世。
前222年～前213年	アンティオコス三世と，小アジアの一部地域を支配するモロンとの戦争。アンティオコスが勝利。
前221年	プトレマイオス三世とアンティゴノス・ドソンの死。カルタゴ人司令官ハスドゥルバルがスペインで殺害され，ハンニバルが後継者となる。
前221年～前179年	マケドニア王ピリッポス五世の治世。
前221年～前204年	エジプト王プトレマイオス四世の治世。
前221年～前219年	クレタ島でリュットス戦争勃発（クノッソス，ゴルテュン，その他の同盟国と，リュットスとの戦争。ゴルテュンの内戦）。ハンニバル，スペインで軍事行動。
前220年	海峡を通過する船舶への関税撤廃を求めて，ロドスがビュザンティオンにたいし戦争を起こす。
前220年～前217年	「同盟市戦争」：マケドニアのピリッポス五世主導のヘラス同盟が，アイトリア連邦と戦う。ダルダノイ人，マケドニア侵入（前220年～前219年，前217年）。
前219年～前218年	第二次イリュリア戦争：ローマがパロスのデメトリオスを破る。
前219年～前217年	プトレマイオス四世とアンティオコス三世の間で，第四次シリア戦争勃発。
前218年	ハンニバル，ローマ遠征を開始。第二次ポエニ戦争がはじまる。
前217年	6月22日：プトレマイオス四世，ラピアの戦いでアンティオコス三世を破る。6月おわり：ハンニバル，トラシメヌス湖畔の戦いでローマ軍を破る。8月：ピリッポス五世とアイトリア人がナウパクトスで講和会議。
前216年	ハンニバル，カンナエでローマ軍を破る。
前216年～前213年	小アジアで，アンティオコス三世と簒奪者アカイオスが戦う。
前215年	ピリッポス五世とハンニバルの間での同盟条約。
前215年～前205年	第一次マケドニア戦争：ピリッポス五世がローマと戦う。
前214年	アラトスの死。
前212年	ローマ軍，シュラクサイを占領。対ピリッポス五世の目的で，アイトリア連邦とローマが同盟。
前212年～前205年	アンティオコス三世，東部属州を再征服。
前206年	アイトリア人とピリッポス五世の和平条約。
前205年	ポイニケの和約により，第一次マケドニア戦争終結。エジプト南部で，原住エジプト人の蜂起。
前205年～前185年	エジプト南部が地元のファラオの支配となる。
前205年～前201年	第一次クレタ戦争：ピリッポス五世と同盟を組んだクレタ諸都市が，ロドス，コス，その他の島々と戦う。
前204年	プトレマイオス四世の死。
前204年～前180年	エジプト王プトレマイオス五世の治世。
前203/202年	ピリッポス五世とアンティオコス三世の間で，プトレマイオス王国分割

	を目論む密約。
前 202 年	第二次ポエニ戦争でハンニバル敗北。第五次シリア戦争：アンティオコス三世がプトレマイオス五世と戦う。
前 202 年～前 200 年	ピリッポス五世，小アジア南部で軍事行動。ピリッポス五世とロドスの戦争。
前 201 年	アッタロス一世とロドス，対ピリッポス五世の目的でローマに援助を要請。
前 200 年～前 197 年	第二次マケドニア戦争：ピリッポス五世が，ローマと同盟者のペルガモン，ロドス，アテナイと戦う。
前 197 年	ティトゥス・クィンクティウス・フラミニヌス，キュノス・ケパライでピリッポス五世に勝利。アンティオコス三世，小アジアとトラキアのマケドニアとプトレマイオス朝の領土を占領。アッタロス一世の死。
前 197 年～前 158 年	ペルガモン王エウメネス二世の治世。
前 196 年	フラミニヌス，ギリシア諸都市の自由を宣言。
前 195 年	ローマとスパルタ王ナビスの戦争。
前 194 年	ローマ軍，ギリシアから撤退。アンティオコス三世とローマとの「冷戦」。
前 192 年～前 188 年	アンティオコス戦争：アンティオコス三世とアイトリア人が，ローマと同盟者であるペルガモン，マケドニアと戦う。
前 191 年	アンティオコス三世，テルモピュライで敗北。小アジアへ撤退。
前 189 年	アンティオコス三世，シピュロス山麓のマグネシアで敗北。
前 188 年	アパメイアの和約：アンティオコス，小アジアの領土を失う。ペルガモンのエウメネス二世とロドス，領土を獲得する。
前 185 年	アンティオコス三世，イランで死亡。エウテュデモスのもと，グレコ・バクトリア王国が自立。
前 187 年～前 175 年	セレウコス王国の王セレウコス四世の治世。
前 180 年～前 175 年	グレコ・バクトリア王国とグレコ・インド王国が分離成立。
前 180 年	プトレマイオス五世の死。
前 180 年～前 170 年	プトレマイオス六世の最初の治世。
前 179 年	ピリッポス五世の死。
前 179 年～前 168 年	マケドニア王ペルセウスの治世。
前 175 年	セレウコス四世，大臣のヘリオドロスに殺害される。
前 175 年～前 164 年	アンティオコス四世，セレウコス王国で権力を握る。
前 171 年～前 168 年	第三次マケドニア戦争：ローマとその同盟国が，マケドニアのペルセウスと戦う。
前 170 年	第六次シリア戦争。アンティオコス四世のエジプト侵攻。プトレマイオス六世に代わり，兄弟のプトレマイオス八世が王となる。
前 170 年～前 118 年	エジプトで王朝内紛争と内戦が勃発：プトレマイオス六世（前 170 年～前 145 年），プトレマイオス八世（前 170 年～前 163 年，前 145 年～前 116 年），クレオパトラ二世（前 145 年～前 127 年，前 124 年～前 116 年），クレオパトラ三世（前 139 年～前 101 年）。
前 168 年	アエミリウス・パウルス，ピュドナの戦いでペルセウスに勝利。アンティゴノス朝の終焉。マケドニア王国，四つの国に分割される。1000

	名のギリシア人がローマにて虜囚。ロドス，小アジアの領土を失う。デロス，自由港と宣言される。アンティオコス四世，エジプト撤退をローマ人に強制される。アンティオコス四世，イェルサレムのユダヤ人の特権を撤回。マカベア派の反乱がはじまる。
前164年	アンティオコス四世の死。セレウコス朝の複数の家系の間で，簒奪と内戦が勃発。ユダス・マッカバイオス，イェルサレムを占拠。
前159年〜前154年	ペルガモンとビテュニア王プルシアス二世の戦争。ペルガモンの勝利。
前158年	エウメネス二世の死。
前158年〜前138年	ペルガモン王アッタロス二世の治世。
前153年〜前145年	アレクサンドロス・バラスによるセレウコス王位の簒奪。
前149年〜前148年	アンドリスコス，マケドニアで権力を奪取し，マケドニア王国を復活する。アンドリスコス，ローマ人に敗れる。マケドニアがギリシアではじめてのローマ属州になる。
前146年	アカイア戦争：アカイア連邦がローマと戦う。アカイア人が敗北し，コリントスが破壊される。ギリシアが，ローマの直接統治のもとに置かれる。
前145年〜前139年	セレウコス王国の王デメトリオス二世の治世。
前143/142年	セレウコス朝のデメトリオス二世，ユダヤの独立を承認。
前142年〜前138年	ディオドトス・トリュポンによるセレウコス王位の簒奪。
前141年	パルティア人，セレウコス朝の主要都市であるティグリス河畔のセレウケイアを占領。
前139年	デメトリオス二世，パルティア人に敗れ捕虜として10年を過ごす。
前138年	アッタロス二世の死。
前138年〜前133年	ペルガモン王アッタロス三世の治世。
前133年	ペルガモンのアッタロス三世の死。王国がローマ人に遺贈される。
前133年〜前129年	アリストニコス戦争：ペルガモンのアッタロス二世の庶子であるアリストニコスが，社会の下層の人々の支持を受けてローマ人と戦う。
前130年	セレウコス朝，メソポタミアを喪失。パルティア人の手に渡る。
前129年	アリストニコス敗北。ローマ属州アシアの創設。
前123年〜前122年	ローマでガイウス・グラックスの改革。アシアでの税徴収に関する措置。
前105年頃〜前96年	キュレナイカの王プトレマイオス・アピオンの治世。
前96年	プトレマイオス・アピオン，王国をローマ人に遺贈。前74年，キュレナイカが属州となる。
前88年〜前86年	第一次ミトリダテス戦争：ポントスの王ミトリダテス六世とギリシアの同盟者がローマと戦う。ギリシアでスラの遠征が成功。
前85年	スラとミトリダテス六世の間でダルダノスの和約が結ばれる。
前83年	アンティオケイアの住民がアルメニア王ティグラネス二世を，セレウコス王国を引き継ぐべく招請する。
前83年〜前81年	第二次ミトリダテス戦争：ミトリダテス六世がローマと戦う。
前74年	キュレナイカとビテュニア，ローマ属州となる。
前74年〜前64年	第三次ミトリダテス戦争：ミトリダテス六世がローマと戦う。
前74年〜前67年	ルクルス，ミトリダテスにたいして遠征。
前69年〜前67年	ローマ人，クレタを征服。

前 67 年	ガビニア法：ポンペイウスが，海賊とミトリダテスにたいする戦争で，非常大権を受ける。
前 64 年	ミトリダテス六世，自害。ポントス王国，廃絶。ポンペイウスによる東方の再編成。属州ビテュニア・ポントゥスの創設。ポンペイウスが小アジアに都市を建設。
前 63 年	セレウコス王国，ローマの属州となる。
前 59 年	ローマ，キプロス併合。
前 55 年	プトレマイオス一二世，ローマの援助でエジプトの王位を再獲得。
前 49 年〜前 48 年	ポンペイウスとカエサルの内戦。
前 48 年	カエサル，パルサロスでポンペイウスを破る。ポンペイウス，アレクサンドリアで殺害される。
前 47 年	カエサル，ローマで独裁官に任命される。ベルム・アレクサンドリヌム。カエサル，アレクサンドリアの蜂起を制圧し，クレオパトラ七世を女王に擁立。
前 44 年	カエサル，殺害される。クレオパトラ，息子カイサリオンとともにローマからアレクサンドロスに戻る。
前 43 年	ローマの三人委員：オクタウィアヌス，マルクス・アントニウス，レピドゥス。東方のローマ領は，アントニウスが管理。
前 40 年	アントニウス，クレオパトラと同盟。
前 37 年〜前 36 年	アントニウス，東方のローマ領を再編。藩属王国を創設し，クレオパトラの王国を拡大。
前 31 年	ローマ，アントニウスとクレオパトラに宣戦布告。オクタウィアヌス，アクティウムで勝利。
前 30 年	アントニウスとクレオパトラ，自害。オクタウィアヌス，カイサリオン殺害。ローマ，エジプトを併合。
前 27 年	インペラトル・カエサル・アウグストゥスとなったオクタウィアヌス，ローマに君主体制を樹立。
前 27 年〜 14 年	アウグストゥスの治世。
前 25 年	ガラティア，ローマ属州となる。
前 10 年頃	インド北部の最後のグレコ・インド王国が廃絶される。
前 6 年	パプラゴニア王国が廃絶され，属州ガラティアに加えられる。
6 年	ユダヤ王国の一部がローマ属州となる。
14 年〜 37 年	ティベリウスの治世。
18 年	カッパドキア王国，ローマ属州となる。
37 年〜 41 年	カリグラの治世。
41 年〜 54 年	クラウディウスの治世。
43 年	リュキア，ローマ属州となる。
44 年	ユダヤの王ヘロデス・アグリッパの王国が，ローマ属州となる。
46 年	トラキア王国，ローマ属州となる。
54 年〜 68 年	ネロの治世。
63 年	ネロ，ポントスとコルキスの王国を併合。
64 年	火災によりローマの多くの地区が破壊される。キリスト教徒の迫害。
66 年〜 70 年	ユダヤ反乱。

66/67年	ネロのギリシア訪問。ネロ，ギリシア諸都市の自由を宣言。
68年	ローマでネロにたいする反発。ネロの自害。ユリウス・クラウディウス朝の終焉。
69年	ローマ帝国の内戦（「四皇帝の年」）。ウェスパシアヌスが権力を獲得し，フラウィウス朝を樹立。
69年～79年	ウェスパシアヌスの治世。
70年	イェルサレムが，ウェスパシアヌスの息子ティトゥスに占領される。
70年～73年	ユダヤ人，マサダで最後の抵抗。
71年頃	リュキアとパンピュリアが一つの属州になる。
73年頃	コンマゲネ王国が併合され，属州シリアの一部となる。
79年～81年	ティトゥスの治世。
81年～96年	ドミティアヌスの治世。
96年	ドミティアヌス，殺害される。フラウィウス朝の終焉。
96年～98年	ネルウァの治世。養子皇帝の王朝（アントニヌス朝）を創設する。
98年～117年	トラヤヌスの治世。
101年～106年	ダキアの征服。
107年	アラビアのナバテア王国の征服。
113年～115年	メソポタミアの征服。ローマ帝国，最大版図を達成。
115年～117年	ユダヤ人，シリア，エジプト，キュレナイカで反乱。
117年～138年	ハドリアヌスの治世。
123年～125年	ハドリアヌス，ギリシアと小アジアを訪問。
128年～132年	ハドリアヌス，二度目の東方旅行（シリア，エジプト，小アジア，ギリシア）。
130年	エジプトでアンティノオス死亡。
132年	ハドリアヌス，アテナイでパンヘレニオン創設。
133年～135年	バル・コホバ主導のユダヤ反乱。
138年	ハドリアヌスの死。

文献一覧

Ager, S. L., *Interstate Arbitrations in the Greek World, 337–90 BC*, Berkeley, 1996

Alcock, S. E., *Graecia Capta: The Landscapes of Roman Greece*, Cambridge, 1993

—— (ed.), *The Early Roman Empire in the East*, Oxford, 1997

Alföldy, G., *Römische Sozialgeschichte*, 4th edn, Stuttgart, 2011

Allen, R. E., *The Attalid Kingdom, a Constitutional History*, Oxford, 1983

Austin, M. M., *The Hellenistic World from Alexander to the Roman Conquest: A Selection of Ancient Sources in Translation*, 2nd edn, Cambridge, 2006

Bagnall, R. S., *The Administration of the Ptolemaic Possessions Outside Egypt*, Leiden, 1976

——, and P. Derow, *Historical Sources in Translation: The Hellenistic Period*, 2nd edn, Oxford, 2004

Beck, H., and P. Funke (eds.), *Federalism in Greek Antiquity*, Cambridge, 2015

Bekker-Nielsen, T., *Urban Life and Local Politics in Roman Bithynia: The Small World of Dion Chrysostomos*, Aarhus, 2008

Bernhard, R., *Polis und römische Herrschaft in der späten Republik (149–31 v. Chr.)*, Berlin, 1985

——, *Rom und die Städte des hellenistischen Ostens (3. –1. Jahrhundert v. Chr.)*, Munich, 1998

Berrey, M., *Hellenistic Science at Court. Science, Technology and Medicine in Ancient Cultures*, Berlin, 2017

Berthold, R. M., *Rhodes in the Hellenistic Age*, Ithaca, NY, 1984

Biard, G., *La représentation honorifique dans les cités grecques aux époques classique et hellénistique,* Paris, 2017

Bikerman, E. J., *Institutions des Séleucides*, Paris, 1938

Billows, R. A., *Kings and Colonists: Aspects of Macedonian Imperialism*, Leiden, 1995

Birley, A. R., *Hadrian, the Restless Emperor*, London, 1997

Boehm, R., *City and Empire in the Age of the Successors: Urbanization and Social Response in the Making of the Hellenistic Kingdoms*, Berkeley, 2018

Börm, H., *Mordende Mitbürger. Stasis und Bürgerkrieg in griechischen Poleis des Hellenismus*, Stuttgart, 2019

Borg, B. (ed.), *Paideia: The World of the Second Sophistic*, Berlin and New York, 2004

Bosworth, A. B., *Conquest and Empire: The Reign of Alexander the Great*, Cambridge, 1988

Bouché-Leclercq, A., *Histoire des Séleucides (323–64 avant J.-C.)*, Paris, 1913–14

Boulay, T., *Arès dans la cité: Les poleis et la guerre dans l'Asie Mineure hellénistique*, Pisa and Rome, 2014

Bowersock, G. W., *Augustus and the Greek World*, Oxford, 1965

——, *Greek Sophists in the Roman Empire*, Oxford, 1969

Bowman, A. K., *Egypt after the Pharaohs: 332 BC–AD 642, from Alexander to the Arab Conquest*, 2nd edition. London, 1996

Braund, D., *Rome and the Friendly King: The Character of Client Kingship*, London, 1984

Brélaz, C., *La sécurité publique en Asie Mineure sous le Principat (Ier–IIIème s. ap. J.-C.): Institutions mu-*

nicipales et institutions impériales dans l'Orient romain, Basel, 2005
Bresson, A. (ed.), *Approches de l'économie hellénistique*, Saint-Bertrand-de-Comminges, 2006
——, and R. Descat (eds.), *Les cités d'Asie Mineure occidentale au IIe siècle a.C.*, Bordeaux, 2001
Bricault, L., *Recueil des inscriptions concernant les cultes isiaques*, Paris, 2005
Brun, P., *Les archipels égéens dans l'antiquité grecque (Ve–IIe siècles av. notre ère)*, Paris, 1996
Bugh, G. R. (ed.), *The Cambridge Companion to the Hellenistic World*, Cambridge, 2006
Buraselis, K., *Kos between Hellenism and Rome: Studies on the Political, Institutional and Social History of Kos from ca. the Middle Second Century BC until Late Antiquity*, Philadelphia, 2000
Camia, F., *Rome e le poleis. L'intervento di Roma nelle controversie territoriali tra le comunità greche di Grecia e d'Asia Minore nel secondo secolo a.C.: Le testimonianze epigrafiche*, Athens, 2009
Capdetrey, L., *Le pouvoir séleucide: Territoire, administration, finances d'un royaume hellénistique (312–129 avant J.-C.)*, Rennes, 2009
Cartledge, P., and A. Spawforth, *Hellenistic and Roman Sparta: A Tale of Two Cities*, 2nd edn, London, 2002
Champlin, E., *Nero*, Cambridge, MA, 2003
Chaniotis, A., *War in the Hellenistic World: A Social and Cultural History*, Malden, MA, 2005
——, 'Festivals and Contests in the Greek World', in *Thesaurus Cultus et Rituum Antiquorum*, VII, Los Angeles, 2011, 1–43
Chauveau, M., *Egypt in the Age of Cleopatra: History and Society under the Ptolemies*, translated by D. Lorton, Ithaca, NY, 2000
Chrubasik, B., and D. King (eds.), *Hellenism and the Local Communities of the Eastern Mediterranean. 400 BCE–250 CE*, Oxford, 2017
Cohen, G. M., *The Seleucid Colonies: Studies in Founding, Administration, and Organisation*, Wiesbaden, 1978
——, *The Hellenistic Settlements in Europe, the Islands, and Asia Minor*, Berkeley, 1995
——, *The Hellenistic Settlements in Syria, the Red Sea Basin, and North Africa*, Berkeley, 2006
Coloru, O., *Da Alessandro a Menandro: Il regno greco di Battriana*, Pisa, 2009
Cotton, H. Times., R. G. Hoyland, J. J. Price and D. J. Wasserstein (eds.), *From Hellenism to Islam: Cultural and Linguistic Change in the Roman Near East*, Cambridge, 2009
Couvenhes, J.-C., and H.-L. Fernoux (eds.), *Les cités grecques et la guerre en Asie Mineure à l'époque hellénistique*, Tours, 2004
Crook, J. A., A. Lintott and E. Rawson (eds.), *The Cambridge Ancient History. Volume IX, Part 1: The Last Age of the Roman Republic, 146–43 BC*, 2nd edn, Cambridge, 1994
De Souza, P., *Piracy in the Graeco-Roman World*, Cambridge, 1999
Dignas, B., *Economy of the Sacred in Hellenistic and Roman Asia Minor*, Oxford, 2002
Dmitriev, S., *City Government in Hellenistic and Roman Asia Minor*, Oxford, 2005
Drexhage, H.-W., *Wirtschaftspolitik und Wirtschaft in der römischen Provinz Asia in der Zeit von Augustus bis zum Regierungsantritt Diokletians*, Bonn, 2007
Eck, W., *The Age of Augustus*, translated by D. L. Schneider, with new material by S. A. Takács, Oxford, 2003
—— (ed.), *Lokale Autonomie und römische Ordnungsmacht in den kaiserzeitlichen Provinzen*, Munich, 1999
Eckstein, A. M., *Mediterranean Anarchy, Interstate War, and the Rise of Rome*, Berkeley, 2006

Eddy, S. K., *The King is Dead: Studies in the Near Eastern Resistance to Hellenism, 334–31 BC*, Lincoln, NB, 1961
Ehling, K., *Untersuchungen zur Geschichte der späten Seleukiden (164–63 v. Chr.): Vom Tode des Antiochos IV. bis zur Einrichtung der Provinz Syria unter Pompeius*, Stuttgart, 2008
Errington, R. M., *A History of Macedonia*, translated by C. Errington, Berkeley, 1992
——, *A History of the Hellenistic World, 323–30 BC*, Malden, MA, 2008
Erskine, A. (ed.), *A Companion to the Hellenistic World*, Malden, MA, 2003
——, and L. Llewellyn-Jones (eds.), *Creating a Hellenistic World*, Swansea, 2011
Fernoux, H.-L., *Notables et élites des cités de Bithynie aux époques hellénistiques et romaine (IIIe siècle av. J.-C.–IIIe siècle ap. J.-C.): Essai d'histoire sociale*, Lyon, 2004
——, *Le demos et la cité: Communautés populaires en Asie Mineure à l'époque impériale, Rennes, 2011*
Ferrary, J.-L., *Philhellenisme et imperialisme: Aspects ideologiques de la conquete romaine du monde hellenistique, de la seconde guerre de Macedoine a la guerre contre Mithridate*, 2nd edn, Paris, 2014
Fischer-Bovet, C., *Army and Society in Ptolemaic Egypt*, Cambridge, 2014
Forster, F., *Die Polis im Wandel. Ehrendekrete für eigene Buurger im Kontext der hellenistischen Polisgesellschaft*, Göttingen, 2018
Fraser, P. M., *Ptolemaic Alexandria*, Oxford, 1972
Freeth, T., and A. Jones, 'The Cosmos of the Antikythera Mechanism', *ISAW Papers* 4. http://dlib.nyu.edu/awdl/isaw/isaw-papers/4/
Fröhlich, P., *Les cités grecques et le contrôle des magistrats (IVe–Ier siècle avant J.-C.)*, Geneva, 2004
——, and P. Hamon (eds.), *Groupes et associations dans les cités grecques (IIe siècle a. J.-C.–IIe siècle apr. J.-C.)*, Geneva, 2013
——, and C. Müller (eds.), *Citoyenneté et participation à la basse époque hellénistique*, Geneva, 2005
Gabrielsen, V., *The Naval Aristocracy of Hellenistic Rhodes*, Aarhus, 1997
Galinsky, K., *Augustus: Introduction to the Life of an Emperor*, Cambridge, 2012
—— (ed.), *The Cambridge Companion to the Age of Augustus*, Cambridge, 2005
Gauthier, P., *Symbola: Les étrangers et la justice dans les cités grecques*, Nancy, 1972
——, *Les cités grecques et leurs bienfaiteurs (IVe–Ier siècle avant J.-C.): Contribution à l'histoire des institutions*, Paris, 1985
Gehrke, H.-J., *Geschichte des Hellenismus*, 4th edn, Munich, 2008
Goldhill, S. (ed.), *Being Greek under Rome: Cultural Identity, the Second Sophistic and the Development of Empire*, Cambridge, 2001
Goldsworthy, A., *Augustus: First Emperor of Rome*, New Haven, 2014
Grainger, J. D., *The League of the Aitolians*, Leiden, 1999
——, *The Syrian Wars*, Leiden, 2010
——, *The Seleukid Empire of Antiochus III, 223–187 BC*, Barnsley, 2015
——, *Great Power Diplomacy in the Hellenistic World*, London, 2017
Grajetzki, W., *Greeks and Parthians in Mesopotamia and Beyond, 331 BC–224 AD*, Bristol, 2011
Gray, B., *Stasis and Stability: Exile, the Polis, and Political Thought, c. 404–146 BC*, Oxford, 2015
Green, P., *Alexander to Actium: The Historical Evolution of the Hellenistic Age*, Berkeley, 1990
Gruen, E. S., *The Hellenistic World and the Coming of Rome,* Berkeley, 1984

Gutzwiller, K., *A Guide to Hellenistic Literature*, Malden, MA, 2007
Habicht, C., *Athens from Alexander to Antony*, translated by D. L. Schneider, Cambridge, MA, 1997
Halfmann, H., *Die Senatoren aus dem östlichen Teil des Imperium Romanum bis zum Ende des 2. Jahrhunderts n. Chr.*, Göttingen, 1979
——, *Itinera principum: Geschichte und Typologie der Kaiserreisen im Römischen Reich*, Wiesbaden, 1986
Hammond, N. G. L., and F. W. Walbank, *A History of Macedonia. Volume III: 336–167 BC*, Oxford, 1988
Hamon, P., 'Élites dirigeantes et processus d'aristocratisation à l'époque hellénistique', in H.-L. Fernoux and C. Stein (eds.), *Aristocratie antique: Modèles et exemplarité sociale*, Dijon, 2007, 79–100
Hansen, E. V., *The Attalids of Pergamon*, 2nd edn, Ithaca, NY, 1971
Harding, P. E., *Athens Transformed, 404–262 BC: From Popular Sovereignty to the Dominion of the Elite*, New York and London, 2015
Harris, W. V., *War and Imperialism in Republican Rome, 327–70 BC*, Oxford, 1979
——, *Roman Power: A Thousand Years of Empire*, Cambridge, 2016
——, and G. Ruffini (eds.), *Ancient Alexandria between Egypt and Greece*, Leiden, 2004
Hatzopoulos, M. B., *Macedonian Institutions under the Kings: A Historical and Epigraphic Study*, Athens and Paris, 1996
Hauben, H., and A. Meeus (eds.), *The Age of the Successors and the Creation of the Hellenistic Kingdoms (323–276 BC)*, Leuven, 2014
Heitmann-Gordon, H., *Accommodating the Individual: Identity and Control after Alexander*, Munich, 2017
Hekster, O., S. Schmidt-Hofner and C. Witschel (eds.), *Ritual Dynamics and Religious Change in the Roman Empire*, Leiden, 2009
Hoelbl, G., *A History of the Ptolemaic Empire*, translated by T. Saavedra, London, 2000
Holleaux, M., *Études d'épigraphie et d'histoire grecques*, Volumes I–III, Paris, 1938–42
Hoyos, D. (ed.), *A Companion to Roman Imperialism*, Leiden, 2013
Jones, A. H. M., *The Cities of the Eastern Roman Provinces*, Oxford, 1971
Jones, C. P., *The Roman World of Dio Chrysostom*, Cambridge, MA, 1978
Kallet-Marx, R. M., *Hegemony to Empire: The Development of the Roman Imperium in the East from 148 to 62 BC*, Berkeley, 1995
Koehn, C., *Krieg – Diplomatie – Ideologie: Zur Außenpolitik hellenistischer Mittelstaaten*, Stuttgart, 2007
Kosmin, P. J., *The Land of the Elephant Kings: Space, Territory, and Ideology in the Seleucid Empire*, Cambridge, 2014
——, *Time and Its Adversaries in the Seleucid Empire*, Cambridge, MA, 2018
Kralli, I., *The Hellenistic Peloponnese: Interstate Relations. A Narrative and Analytic History from the Fourth Century to 146 BC*, Swansea, 2017
Kuhn, A., 'Herodes Atticus and the Quintilii of Alexandria Troas: Elite Competition and Status Relations in the Graeco-Roman East', *Chiron*, 42, 2012, 421–58
Labarre, G., *Les cités de Lesbos aux époques hellénistique et impériale*, Paris, 1996
Lane Fox, R., *Pagans and Christians*, London, 1986
—— (ed.), *Brill's Companion to Ancient Macedon*, Leiden, 2011

Launey, M., *Recherches sur les armées hellénistiques*, new edition with addenda and postscript by Y. Garlan, P. Gauthier and C. Orrieux, Paris, 1987

Levick, B. M., *Roman Colonies in Southern Asia Minor*, Oxford, 1967

——, *Augustus: Image and Substance*, London, 2010〔日本語訳：バーバラ・レヴィック（マクリン富佐訳）『アウグストゥス——虚像と実像』法政大学出版局，2020 年〕

Lewis, N., *Greeks in Ptolemaic Egypt: Case Studies in the Social History of the Hellenistic World*, Oxford, 1986

Lintott, A. W., *Imperium Romanum: Politics and Administration*, London, 1993

Ma, J., *Antiochos III and the Cities of Western Asia Minor*, 2nd edn, Oxford, 2002

——, *Statues and Cities: Honorific Portraits and Civic Identity in the Hellenistic World*, Oxford, 2013

MacMullen, R., *Paganism in the Roman Empire*, New Haven and London, 1981

——, *Christianizing the Roman Empire (AD 100–400)*, New Haven, 1984

Magie, D., *Roman Rule in Asia Minor to the End of the Third Century after Christ*, Princeton, 1950

Manning, J. G., *Land and Power in Ptolemaic Egypt: The Structure of Land Tenure*, Cambridge, 2003

——, *The Last Pharaohs: Egypt under the Ptolemies, 305–30 BC*, Princeton, 2010

Martinez-Sève, L., *Atlas du monde hellénistique (336–31 av. J.-C.): Pouvoirs et territoires après Alexandre le Grand*, Paris, 2011

Matthaei, A., and M. Zimmermann (eds.), *Urbane Strukturen und bürgerliche Identität im Hellenismus*, Heidelberg, 2015

McKechnie, P., and J. Cromwell (eds.), *Ptolemy I and the Transformation of Egypt, 404–282 BCE*, Leiden, 2018

McKechnie, P., and P. Guillaume (eds.), *Ptolemy II Philadelphus and His World*, Leiden, 2008

Migeotte, L., *L'emprunt public dans les cités grecques: Recueil des documents et analyse critique*, Québec, 1984

——, *Les souscriptions publiques dans les cités grecques*, Geneva, 1992

Millar, F., *The Emperor in the Roman World (31 BC–AD 337)*, 2nd edn, London, 1992

——, *The Roman Near East (31 BC–AD 337)*, Cambridge, MA, 1993

Mitchell, S., *Anatolia: Land, Men, and Gods in Asia Minor*, Oxford, 1993

Monson, A. *From the Ptolemies to the Romans: Political and Economic Change in Egypt*, Cambridge, 2012

Nock, A. D., *Conversion: The Old and the New in Religion from Alexander the Great to Augustine of Hippo*, Oxford, 1933

Oliver, G. J., *War, Food, and Politics in Early Hellenistic Athens*, Oxford, 2007

Oliver, J. H., *Greek Constitutions of Early Roman Emperors from Inscriptions and Papyri*, Philadelphia, 1989

Papazoglou, F., *Laoi et paroikoi: Recherches sur la structure de la société hellénistique*, Belgrade, 1997

Parker, R., *Greek Gods Abroad: Names, Natures, and Transformations*, Berkeley, 2017

Peachin, M. (ed.), *The Oxford Handbook of Social Relations in the Roman World*, Oxford, 2011

Perrin-Saminadayar, É., *Éducation, culture et société à Athènes: Les acteurs de la vie culturelle athénienne (299–88): un tout petit monde*, Paris, 2007

Pomeroy, S. B., *Women in Hellenistic Egypt from Alexander to Cleopatra*, New York, 1984

Prag, J. R. W., and J. C. Quinn (eds.), *The Hellenistic West: Rethinking the Ancient Mediterranean*, Cambridge, 2013

Préaux, C., *L'économie royale des Lagides*, Brussels, 1939
——, *Le monde hellenistique: La Grèce et l'Orient de la mort d'Alexandre à la conquête romaine de la Grèce (323–146 av. J.-C.)*, Paris, 1978
Price, S. R. F., *Rituals and Power: The Roman Imperial Cult in Asia Minor*, Cambridge, 1984
Puech, B., *Orateurs et sophistes grecs dans les inscriptions d'époque impériale*, Paris, 2002
Quass, F., *Die Honoratiorenschicht in den Städten des griechischen Ostens: Untersuchungen zur politischen und sozialen Entwicklung in hellenistischer und römischer Zeit*, Stuttgart, 1993
Raaflaub, K. A., and M. Toher (eds.), *Between Republic and Empire: Interpretations of Augustus and His Principate*, Berkeley, 1993
Reynolds, J., *Aphrodisias and Rome*, London, 1982
Rizakis, A. D., and E. S. Lepeniotis (eds.), *Roman Peloponnese. Volume 3: Society, Economy, and Culture under Roman Rule*, Athens and Paris, 2010
Rizakis, A. D., and I. P. Touratsoglou (eds.), *Villae rusticae: Family and Market-oriented Farms in Greece under Roman Rule*, Athens and Paris, 2013
Robert, L., *Les gladiateurs dans l'orient grec*, Paris, 1940
——, *Choix d'écrits*, edited by D. Rousset, Paris, 2007
Rostovtzeff, M., *The Social and Economic History of the Hellenistic World*, Oxford, 1941
Roubineau, J.-M., *Les cités grecques (VIe–IIe siècle avant J.-C.): Essai d'histoire sociale*, Paris, 2015
Sartre, M., *L'Asie Mineure et l'Anatolie d'Alexandre à Dioclétien, IVe siècle av. J.-C./IIIe siècle ap. J.-C.* Paris, 1995
——, *D'Alexandre à Zénobie: Histoire du Levant antique, IVe siècle av. J.-C.–IIIe siècle ap. J.-C.*, Paris, 2001
Scheidel, W., I. Morris and R. P. Saller (eds.), *The Cambridge Economic History of the Greco-Roman World*, Cambridge, 2007
Schneider, C., *Kulturgeschichte des Hellenismus*, Munich, 1967–9
Scholz, P., *Der Hellenismus: Der Hof und die Welt*, Munich, 2015
Schwartz, S., *Imperialism and Jewish Society: 200 BCE–640 CE*, Princeton, 2001
——, *The Ancient Jews from Alexander to Muhammad*, Cambridge, 2014
Sherk, R. K., *Roman Documents from the Greek East: Senatus consulta and epistulae to the Age of Augustus*, Baltimore, 1969
——, *Rome and the Greek East to the Death of Augustus*, Cambridge, 1984
Sherwin-White, A. N., *Roman Foreign Policy in the East 168 BC to AD 1*, London, 1984
Sherwin-White, S. M., *Ancient Cos: An Historical Study from the Dorian Settlement to the Imperial Period*, Göttingen, 1978
——, and A. Kuhrt, *From Samarkhand to Sardis: A New Approach to the Seleucid Empire*, Berkeley, 1993
Shipley, G., *The Greek World after Alexander 323–30 BC*, London, 2000
Stavrianopoulou E. (ed.), *Shifting Social Imaginaries in the Hellenistic Period: Narrations, Practices, and Images*, Leiden, 2013
Strootman, R., *Courts and Elites in the Hellenistic Empires: The Near East after the Achaemenids, c. 330 to 30 BCE*, Edinburgh, 2014
Syme, R., *The Roman Revolution*, Oxford, 1939〔日本語訳：ロナルド・サイム（逸身喜一郎他訳）『ローマ革命——共和政の崩壊とアウグストゥスの新体制』上・下，岩波書店，2013 年〕

Thompson, D. J., *Memphis under the Ptolemies*, Princeton, 1988
Thonemann, P., *The Maeander Valley: A Historical Geography from Antiquity to Byzantium*, Cambridge, 2011
——, *The Hellenistic World: Using Coins as Sources*, Cambridge, 2015
—— (ed.), *Attalid Asia Minor: Money, International Relations, and the State*, Cambridge, 2013
van Bremen, R., *The Limits of Participation: Women and Civic Life in the Greek East in the Hellenistic and Roman Periods*, Amsterdam, 1996
van Nijf, O., and R. Alston (eds.), *Political Culture in the Greek City after the Classical Age*, Leuven, 2011
Varga, R., and V. Rusu-Bolindeţ (eds.), *Official Power and Local Elites in the Roman Provinces*, London, 2016
Vatin, C., *Recherches sur le mariage et la condition de la femme mariée à l'époque hellénistique*, Paris, 1970
Velissaropoulos-Karakostas, J., *Droit grec d'Alexandre à Auguste (323 av. J.-C.–14 ap. J.-C.): Personnes, biens, justice*, Athens, 2011
Versnel, H. S., *Coping with the Gods: Wayward Readings in Greek Theology*, Leiden, 2011
Veyne, P., 'L'identité grecque devant Rome et l'empereur', *REG*, 112, 1999, 510–67
Walbank, F. W., *A Historical Commentary on Polybius. Volume I: Commentary on Books I–VI. Volume II: Commentary on Books VII–XVIII. Volume III: Commentary on Books XIX–XL*, Oxford, 1957–79
Walbank, F. W., A. E. Astin, M. W. Frederiksen and R. M. Ogilvie (eds.), *The Cambridge Ancient History. Volume VII, Part 1: The Hellenistic World*, 2nd edn, Cambridge, 1984
Walbank, F. W., A. E. Astin, M. W. Frederiksen and R. M. Ogilvie (eds.), *The Cambridge Ancient History. Volume VIII: Rome and the Mediterranean to 133 BC*, 2nd edn, Cambridge, 1989
Weber, G., *Dichtung und höfische Gesellschaft: Die Rezeption von Zeitgeschichte am Hof der ersten drei Ptolemäer*, Stuttgart, 1991
—— (ed.), *Kulturgeschichte des Hellenismus von Alexander bis Kleopatra*, Stuttgart, 2007
Welles, C. B., *Royal Correspondence in the Hellenistic Period: A Study in Greek Epigraphy*, New Haven, 1934
Whitmarsh, T. (ed.), *Local Knowledge and Microidentities in the Imperial Greek World*, Cambridge, 2010
Wiemer, H.-U., *Krieg, Handel und Piraterie: Untersuchungen zur Geschichte des hellenistischen Rhodos*, Berlin, 2002
Wilhelm, A., *Kleine Schriften*, Berlin, 1974
Will, É., *Histoire politique du monde hellénistique, 323–30 av. J.-C.*, 3rd edn, Paris, 2003
Wörrle, M., *Stadt und Fest im kaiserzeitlichen Kleinasien: Studien zu einer agonistischen Stiftung aus Oinoanda*, Munich, 1988
——, and P. Zanker (eds.), *Stadybild und Bürgerbild im Hellenismus*, Munich, 1995
Worthington, I., *By the Spear: Philip II, Alexander the Great and the Rise and Fall of the Macedonian Empire*, Oxford, 2014
Zuiderhoek, A., *The Politics of Munificence in the Roman Empire: Citizens, Elites, and Benefactors in Asia Minor*, Cambridge, 2009

[既訳一覧]

アッリアノス（大牟田章訳）『アレクサンドロス大王東征記』上・下，岩波書店，2001 年。

アテナイオス（柳沼重剛訳）『食卓の賢人たち』全 5 巻，京都大学学術出版会，1997 年～2004 年。

アリストテレス（神崎繁・相澤康隆・瀬口昌久訳）『アリストテレス全集 17』（内山勝利ほか編）岩波書店，2018 年。

アンゲロス・ハニオティス（藤井崇監修・藤井千絵訳）『演劇と幻想の政治世界——ヘレニズムの規範と現代の経験』日本ギリシャ協会，2015 年（P. Kondylis, *Niedergang der bürgerlichen Denk-und Lebensform*, Frankfurt, 1991 の部分訳を含む）。

アンティパトロス（沓掛良彦訳）『ギリシア詞華集 3』京都大学学術出版会，2016 年。

『エリュトラー海案内記』（蔀勇造訳）全 2 巻，平凡社，2016 年。

コンスタンディノス・カヴァフィス（中井久夫訳）『カヴァフィス全詩集』第 2 版，みすず書房，1991 年。

カリマコス（沓掛良彦訳）『ギリシア詞華集 2』京都大学学術出版会，2016 年。

ストラボン（飯尾都人訳）『ギリシア・ローマ世界地誌』全 2 巻，龍溪書舎，1994 年。

聖書協会共同訳『聖書』日本聖書協会，2018 年。

タキトゥス（国原吉之助訳）『年代記』上・下，岩波書店，1981 年。

テオクリトス（古澤ゆう子訳）『牧歌』京都大学学術出版会，2004 年。

トゥキュディデス（藤縄謙三訳）『歴史 1』京都大学学術出版会，2000 年。

パウサニアス（飯尾都人訳）『ギリシア記』全 2 巻，龍溪書舎，1991 年。

バブリオス（西村賀子訳）『イソップ風寓話集』（岩谷智・西村（津田）賀子訳）国文社，1998 年。

プリニウス（國原吉之助訳）『プリニウス書簡集』講談社，1999 年。

プルタルコス（柳沼重剛訳）『英雄伝 3』京都大学学術出版会，2011 年。

プルタルコス（城江良和訳）『英雄伝 5』京都大学学術出版会，2019 年。

プルタルコス（城江良和訳）『英雄伝 6』京都大学学術出版会，2021 年。

プルタルコス（伊藤照夫訳）『モラリア 9』京都大学学術出版会，2011 年。

ヘラクレイデス（馬場恵二訳）「パウサニアス『ギリシア案内記』研究——パウサニアスと古代アテネ市内地誌」『明治大学人文科学研究所紀要』別冊 10，73～104 頁，1990 年。

ポリュビオス（城江良和訳）『歴史』全 4 巻，京都大学学術出版会，2004 年～2013 年。

ルキアノス（内田次信訳）『偽預言者アレクサンドロス——全集 4』（内田次信ほか訳），京都大学学術出版会，2013 年。

ジョアキーノ・ロッシーニ作曲，ヤーコポ・フェッレッティ台本（藤井宏行訳）『チェネレントラ』https://w.atwiki.jp/oper/pages/2058.html（2024 年 7 月 17 日閲覧）。

研究案内と史料

略　号

BCH: *Bulletin de Correspondance Hellénique*

CIG: *Corpus Inscriptionum Graecarum*, Berlin, 1825–77

F.Delphes: *Fouilles de Delphes*

FdXanthos VII: A. Balland, *Inscriptions d'époque impériale du Létôon. Fouilles de Xanthos* VII, Paris, 1981

FgrH: F. Jacoby et al., *Die Fragmente der griechischen Historiker*, Berlin and Leiden, 1923–

I.Didyma: A. Rehm, *Didyma, II: Die Inschriften*, edited by R. Harder, Berlin, 1958

I.Ephesos: H. Wankel et al., *Die Inschriften von Ephesos* (*IGSK*, 11–17), Bonn, 1979–81

I.Erythrai: H. Engelmann and R. Merkelbach, *Die Inschriften von Erythrai und Klazomenai*, I–II. (*IGSK*, 1–2), Bonn, 1972–73

IG: *Inscriptiones Graecae*, Berlin, 1873–

IGR: *Inscriptiones Graecae ad res Romanas pertinentes*, Paris, 1911–27

IGSK: *Inschriften griechischer Städte aus Kleinasien*, Bonn 1972–

IGUR: L. Moretti, *Inscriptiones Graecae Urbis Romae*, Rome, 1968–90

I.Iasos: W. Blümel, *Die Inschriften von Iasos* (*IGSK*, 28, 1/2), Bonn, 1985

I.Knidos: W. Blümel, *Die Inschriften von Knidos,* I (*IGSK*, 41), Bonn, 1992

I.Kyme: H. Engelmann, *Die Inschriften von Kyme* (*IGSK*, 5), Bonn, 1976

I.Metropolis: B. Dreyer and H. Engelmann, *Die Inschriften von Metropolis. Teil I. Die Dekrete für Apollonios: Städtische Politik unter den Attaliden und im Konflikt zwischen Aristonikos und Rom* (*IGSK*, 63), Bonn, 2003

I.Olympia: W. Dittenberger and K. Purgold, *Inschriften von Olympia*, Berlin, 1896

IOSPE I²: V. Latyshev, *Inscriptiones antiquae orae septentrionalis Pontis Euxini Graecae et Latinae. Vol. 1. Inscriptiones Tyriae, Olbiae, Chersonesis Tauricae*, 2nd edn, St. Petersburg, 1916

I.Pergamon: M. Fraenkel, *Die Inschriften von Pergamon*, Berlin, 1890–95

I.Perinthos: M. H. Sayar, *Perinthos-Herakleia (Marmara Ereğlisi) und Umgebung: Geschichte, Testimonien, griechische und lateinische Inschriften*, Vienna, 1998

I.Priene: F. Hiller von Gaertringen, *Inschriften von Priene*, Berlin, 1906

ISE: L. Moretti, *Iscrizioni storiche ellenistiche,* I–II, Florence 1967–75

I.Side: J. Nollé, *Side im Altertum: Geschichte und Zeugnisse. Band II* (*IGSK*, 44, 2), Bonn, 2001

I.Smyrna: G. Petzl, *Die Inschriften von Smyrna* (*IGSK*, 23–4), Bonn 1982–90

I.Tralleis: F. B. Poljakov, *Die Inschriften von Tralleis und Nysa.* Volume I: *Die Inschriften von Tralleis* (*IGSK*, 36, 1), Bonn, 1989

JHS: *Journal of Hellenic Studies*

JRS: *Journal of Roman Studies*

LSAM: F. Sokolowski, *Lois sacrées d'Asie Mineure*, Paris, 1955

Milet VI.1: *Inschriften von Milet. Teil 1: A. Inschriften n. 187–406 (Nachdruck aus den Bänden I.5–II.3) von A. Rehm, mit einem Beitrag von H. Dessau; B. Nachträge und Übersetzungen zu den Inschriften n. 1–406 von P. Herrmann*, Berlin and New York, 1997
OGIS: W. Dittenberger, *Orientis Graeci Inscriptiones Selectae*, Leipzig, 1903–5
P.Eleph.: O. Rubensohn, *Ägyptische Urkunden aus den Königlichen Museen in Berlin: Griechische Urkunden, Sonderheft. Elephantine-Papyri*, Berlin, 1907
P.Enteux.: O. Guéraud, *Enteuxeis*: *Requêtes et plaintes adressées au Roi d'Égypte au III*e *siècle avant J.-C.*, Cairo, 1931–2
P.Oxy.: *Oxyrhynchus Papyri*, London, 1898–
REG: *Revue des études grecques*
SEG: *Supplementum Epigraphicum Graecum*, Leiden, 1923–
Staatsverträge III: H. H. Schmitt, *Die Staatsverträge des Altertums*, III, Munich, 1969
Steinepigramme I: R. Merkelbach and J. Stauber, *Steinepigramme aus dem griechischen Osten. Band I: Die Westküste Kleinasiens von Knidos bis Ilion*, Stuttgart and Leipzig, 1998
*Syll.*3: W. Dittenberger, *Sylloge Inscriptionum Graecarum*, 3rd edn, Leipzig, 1915–24
TAM: *Tituli Asiae Minoris,* Vienna, 1901–
ZPE: *Zeitschrift für Papyrologie und Epigraphik*

第 1 章　すべてはどうはじまったのか

研究案内：A. B. Bosworth, *A Historical Commentary on Arrian's History of Alexander*, Oxford, 1980–1995; Bosworth, 1988; A. B. Bosworth, *Alexander and the East: The Tragedy of Triumph*, Oxford, 1996; P. Cartledge, *Alexander the Great: The Hunt for a New Past*, London, 2004; A. W. Collins, 'The Royal Costume and Insignia of Alexander the Great', *American Journal of Philology* 133, 2012, 371–402; Errington, 1992; P. M. Fraser, *Cities of Alexander the Great*, Oxford, 1996; N. G. L. Hammond, *Sources for Alexander the Great: An Analysis of Plutarch's 'Life' and Arrian's 'Anabasis Alexandrou'*, Cambridge, 1993; N. G. L. Hammond, *Alexander the Great: King, Commander and Statesman*, 2nd edn, Bristol, 1994; Hammond and Walbank, 1988; M. B. Hatzopoulos, 'Philippe II fondateur de la Macédoine nouvelle', *REG*, 125, 2012, 37–53; W. Heckel, *The Conquests of Alexander the Great: Key Conflicts of Classical Antiquity*, Cambridge, 2008; W. Heckel and L. A. Tritle (eds.), *Alexander the Great: A New History*, Malden, MA, 2009; W. Heckel and J. C. Yardley, *Alexander the Great: Historical Sources in Translation*, Malden, MA, 2004; A. J. Heisserer, *Alexander the Great and the Greeks: The Epigraphic Evidence*, Norman, OK, 1980; F. L. Holt, *Into the Land of Bones: Alexander the Great in Afghanistan*, Berkeley, 2005; R. Lane Fox, *Alexander the Great*, London, 1973〔日本語訳：ロビン・レイン・フォックス（森夏樹訳）『アレクサンドロス大王』上・下，青土社，2001 年〕; Lane Fox (ed.), 2011; J. Roisman (ed.), *Brill's Companion to Alexander the Great*, Leiden, 2004; H.-U. Wiemer, *Alexander der Grosse*, 2nd edn, Munich, 2015; Worthington, 2014; I. Worthington (ed.), *Alexander the Great: A Reader*, London, 2003.

史料：アリアノスにおけるピリッポスの業績：『アレクサンドロス大王東征記』7.9.2. アイガイの宮殿（ヴェルギナ）：A. Kottaridi et al., *The Palace of Aegae 2007–2009: The Commencement of a Major Project*, Thessaloniki, 2009. イソクラテスのピリッポス宛書簡：第 5 弁論「ピリッポスに与う」16. デモステネスとピリッポス：アイスキネス，第 2 弁論「使節職務不履行

について」34. カイロネイア後の和平条約：*Staatsverträge*, III, 403. トロイアのアレクサンドロス：アリアノス『アレクサンドロス大王東征記』1.11.6–8. アレクサンドロスとダレイオスの往復書簡：アリアノス『アレクサンドロス大王東征記』2.14. アレクサンドロスの遠征計画：M. B. Hatzopoulos, 'Alexandre en Perse: la revanche et l'empire', *ZPE*, 116, 1997, 41–52. アレクサンドロスと『イリアス』：プルタルコス「アレクサンドロス伝」7. 亡命者復帰王令：S. Dmitriev, 'Alexander's Exiles Decree', *Klio*, 86, 2004, 348–81. ヘパイスティオン崇拝：*SEG*, XL, 547. アレクサンドロスにたいするドロイゼンの見解：J. G. Droysen, *Alexander der Große* (reprint), Frankfurt-Leipzig, 2004, 1. ギリシア人と蛮族についてのアリストテレスの考え：『政治学』1285a 19–22.

第2章　後継者たち

研究案内：E. M. Anson, *Eumenes of Cardia, a Greek among Macedonians*, Leiden, 2015; R. A. Billows, *Antigonos the One-Eyed and the Creation of the Hellenistic State*, Berkeley, 1990; A. B. Bosworth, *The Legacy of Alexander: Politics, Warfare and Propaganda under the Successors*, Oxford, 2002; Bouché-Leclercq, 1913–14; Bowman, 1996; P. Briant, *Antigone le Borgne: Les débuts de sa carrière et les problèmes de l'assemblée macédonienne*, Paris, 1973; S. N. Consolo Langher, *Agatocle: Da capopatre a monarca fondatore di un regno tra Cartagine e i Diadochi*, Messina, 2000; W. M. Ellis, *Ptolemy of Egypt*, London, 1994; Errington, 1992; J. D. Grainger, *Seleukos Nikator: Constructing a Hellenistic Kingdom*, London, 1990; Habicht, 1997; Hammond and Walbank, 1988; Hauben and Meeus (eds.), 2014; W. Heckel, *The Marshals of Alexander's Empire*, London, 1992; Hoelbl, 2000; J. Kobes, *'Kleine Könige': Untersuchungen zu den Lokaldynastien im hellenistischen Kleinasien (323–188)*, St Katharinen, 1996; C. Lehmler, *Syrakus unter Agathokles und Hieron II: Die Verbindung von Kultur und Macht in einer hellenistischen Metropole*, Frankfurt, 2005; P. Lévêque, *Pyrrhos*, Paris, 1957; H. S. Lund, *Lysimachus: A Study in Hellenistic Kingship*, London, 1992; Martinez-Sève, 2011; A. Meeus, 'Kleopatra and the Diadochoi', in P. van Nuffelen (ed.), *Faces of Hellenism: Studies in the History of the Eastern Mediterranean (4th Century BC–5th Century AD)*, Leuven, 2009, 63–92; D. Ogden, *The Legend of Seleucus: Kingship, Narrative and Mythmaking in the Ancient World*, Cambridge, MA, 2017; L. O'Sullivan, *The Regime of Demetrius of Phalerum in Athens, 317–307 BCE: A Philosopher in Politics*, Leiden, 2009; J. Seibert, *Das Zeitalter der Diadochen*, Darmstadt, 1983; Sherwin-White and Kuhrt, 1993.

史料：カッサンドロスとアレクサンドロスの像：プルタルコス「アレクサンドロス伝」74.6. エウメネスとアレクサンドロスの玉座：ディオドロス『世界史』18.60.6. アレクサンドロスの最期の言葉：ディオドロス『世界史』17.117.4. アレクサンドロスの死についてのデマデスの言葉：プルタルコス「ポキオン伝」22.「ヘラス戦争」：*IG*, II^2, 467. アンティゴノスの王位の宣言：プルタルコス「デメトリオス伝」17. アテナイでのデメトリオス：デモカレス, *FgrH*, 75, F 2; ドゥリス, *FgrH*, 76, F 13; プルタルコス「デメトリオス伝」12, 34; ヘロディアノス, 1.3.3. デメトリオスの外套：ドゥリス, *FgrH*, 76, F 14. 新アレクサンドロスとしてのピュロス：プルタルコス「ピュロス伝」8. ピュロスとキネアス：プルタルコス「ピュロス伝」14. ピュロスについてのハンニバルの論評：プルタルコス「ピュロス伝」8.2.

第3章　短い3世紀の「古い」ギリシア

研究案内：A. J. Bayliss, *After Demosthenes: The Politics of Early Hellenistic Athens*, London and New York, 2011; K. Buraselis, *Das hellenistische Makedonien und die Ägäis: Forschungen zur Politik des Kassandros und der drei ersten Antigoniden im Ägäischen Meer und in Westkleinasien*, Munich, 1982; Cartledge and Spawforth, 2002; Errington, 1992; J. J. Gabbert, *Antigonus II Gonatas: A Political Biography*, London, 1997; Gray, 2015; Habicht, 1997; Hammond and Walbank, 1988; H. Heinen, *Untersuchungen zur hellenistischen Geschichte des 3. Jahrhunderts v. Chr. zur Geschichte der Zeit des Ptolemaios Keraunos und zum Chremonideischen Krieg*, Wiesbaden, 1972; Koehn, 2007; Kralli, 2017; S. Le Bohec, *Antigone Dôsôn, roi de Macédoine*, Nancy, 1993; McKechnie and Guillaume (eds.), 2008; G. Nachtergael, *Les Galates en Grèce et les Sotéria de Delphes: Recherches d'histoire et d'épigraphie hellénistique*, Brussels, 1977; Oliver, 2007; K. Scherberich, *Koinè symmachía: Untersuchungen zum Hellenenbund Antigonos' III. Doson und Philipps V. (224–197 v. Chr.)*, Stuttgart, 2009; F. W. Walbank, *Aratos of Sicyon*, Cambridge, 1933.

史料：デルポイの奇跡：パウサニアス『ギリシア案内記』10.23.1–10; cf. ユスティヌス抄録, トログス『地中海世界史』24.8. 小アッタロス群像：パウサニアス『ギリシア案内記』1.25.2.「ギリシアの足枷」としてのアンティゴノス朝の駐屯軍：ポリュビオス『歴史』18.45. グラウコンとプラタイアイ：*SEG*, LXI, 352. クレモニデスの決議：*IG*, II^2, 687; Austin, 2006, no. 61; Bagnall and Derow, 2004, no. 19. ポリュビオスのアカイア連邦評価：『歴史』2.37.11–38.8.

第4章　プトレマイオス朝の黄金時代

研究案内：Bowman, 1996; K. Buraselis, M. Stefanou and D. J. Thompson (eds.), *The Ptolemies, the Sea, and the Nile: Studies in Waterborne Power*, Cambridge, 2013; D. L. Clayman, *Berenice II and the Golden Age of Ptolemaic Egypt* (Women in Antiquity), Oxford, 2014; Fraser, 1972; Grainger, 2010; Harris and Ruffini (eds.), 2004; Hoelbl, 2000; McKechnie and Cromwell (eds.), 2018; McKechnie and Guillaume (eds.), 2008; Manning, 2010; J. G. Manning, 'Hellenistic Egypt', in Scheidel et al. (eds.), 2007, 434–59; R. Strootman, *The Birdcage of the Muses: Patronage of the Arts and Sciences at the Ptolemaic Imperial Court (305–222 BCE)*, Leiden, 2016; Weber, 1991.

史料：プトレマイオス二世についてのテオクリトスの詩：『牧歌』第17歌「プトレマイオス王賛歌」77–97と102–105. プトレマイア祭の行列：アテナイオス『食卓の賢人たち』V, 201d–203b. エジプトについてのアラトスの論評：プルタルコス「アラトス伝」15. ニュンパイオンのイシス号：*SEG*, L, 696. アドゥリスのプトレマイオス三世の刻文：*OGIS*, 54; Austin, 2006, no. 268; Bagnall and Derow, 2004, no. 26. ラピアの戦い：ポリュビオス『歴史』5.82.5–86.6. エジプト人の反乱：ポリュビオス『歴史』14.12.4.

第5章　王と王国

研究案内：Allen, 1983; G. G. Aperghis, *The Seleukid Royal Economy: The Finances and Financial Administration of the Seleukid Empire*, Cambridge, 2004; Bagnall, 1976; B. Bar-Kochva, *The*

Seleucid Army: Organisation and Tactics in the Great Campaigns, Cambridge, 1976; J. Bauschatz, *Law and Enforcement in Ptolemaic Egypt*, Cambridge, 2013; Bikerman, 1938; Billows, 1995; Bouché-Leclercq, 1913–14; D. Bonneau, *Le régime administratif de l'eau du Nil dans l'Égypte grecque, romaine et byzantine*, Leiden, 1993; Bowman, 1996; Capdetrey, 2009; Chaniotis, 2005, 57–77; A. Chaniotis, 'The Ithyphallic Hymn for Demetrios Poliorcetes and Hellenistic Religious Mentality', in P. P. Iossif, A. S. Chankowski and C. C. Lorber (eds.), *More Than Men, Less Than Gods: Studies in Royal Cult and Imperial Worship*, Leuven, 2011, 157–195; F. Coarelli, *Pergamo e il re: forma e funzioni di una capitale ellenistica*, Pisa, 2016; D. Engels, *Benefactors, Kings, Rulers: Studies on the Seleukid Empire between East and West*, Leuven, 2017; Fischer-Bovet, 2014; Fraser, 1972; J. D. Grainger, *The Cities of Seleukid Syria*, Oxford, 1990; C. Habicht, *Divine Honors for Mortal Men in Greek Cities*, translated by J. N. Dillon, Exeter, 2017; Hansen, 1971; Hatzopoulos, 1996; M. B. Hatzopoulos, *L'organisation de l'armée macédonienne sous les Antigonides: Problèmes anciens et documents nouveaux*, Athens and Paris, 2001; Heitmann-Gordon, 2017, 276–339: Hoelbl, 2000; W. Huss, *Der makedonische König und die ägyptischen Priester: Studien zur Geschichte des ptolemäischen Ägypten*, Stuttgart, 1994; L. Koenen, 'The Ptolemaic King as a Religious Figure', in A. Bulloch et al. (eds.), *Images and Ideologies: Self-definition in the Hellenistic World*, Berkeley, 1993, 25–115; Kosmin, 2014; Kosmin, 2018; A. Lichtenberg, K. Martin, H.-H. Nieswandt and D. Salzmann (eds.), *Das Diadem der hellenistischen Herrscher: Übernahme, Transformation oder Neuschöpfung eines Herrschaftszeichens*, Münster, 2012; Ma, 2002; J. Ma, 'The Attalids: A Military History', in Thonemann (ed.), 2013, 49–82; Manning, 2003 and 2010; H. Melaerts (ed.), *Le culte du souverain dans l'Égypte ptolémaïque au IIIe siècle avant notre ère*, Leuven, 1998; A. Monson, *Agriculture and Taxation in Early Ptolemaic Egypt: Demotic Land Surveys and Accounts (P. Agri)*, Bonn, 2012; Monson, 2012; L. Mooren, *La hiérarchie de cour ptolémaique: Contribution à l'étude des institutions et des classes dirigeantes à l'époque hellénistique*, Leuven, 1977; K. Mueller, *Settlements of the Ptolemies: City Foundations and New Settlement in the Hellenistic World*, Leuven, 2006; Préaux, 1939; P. Sänger, 'Das *politeuma* in der hellenistischen Staatenwelt: eine Organisationsform zur Systemintegration von Minderheiten', in P. Sänger (ed.), *Minderheiten und Migration in der griechisch-römischen Welt*, Paderborn, 2016, 25–45; I. Savalli-Lestrade, *Les philoi royaux dans l'Asie hellénistique*, Geneva, 1998; Scholz, 2015; C. Schuler, 'Landwirtschaft und königliche Verwaltung im hellenistischen Kleinasien', *Topoi*, 6, 2004, 509–43; Sherwin-White and Kuhrt, 1993; Strootman, 2014; Thompson, 1988; P. Thonemann, 'The Attalid State', in Thonemann (ed.), 2013, 1–48; P. van Nuffelen, 'Le culte royal de l'Empire des Séleucides: Une réinterpretation', *Historia*, 52, 2004, 278–301; Versnel, 2011, 439–492; B. Virgilio, *Le roi écrit: Le correspondance du souverain hellénistique, suivie de deux lettres d'Antiochos III, à partir de Louis Robert et d'Adolf Wilhelm*, Pisa, 2011; Weber, 1991; Welles, 1934.

史料：王権の定義：『スーダ辞典』s.v. *basileia*; Austin, 2006, no. 45.「マケドニア人の王」カッサンドロス：Hatzopoulos, 1996, II, no. 20.「包囲者」デメトリオスの王の宣言：プルタルコス「デメトリオス伝」37.2–3; cf. ユスティヌス抄録，トログス『地中海世界史』16.1.9 と 18. アンティオコス四世の登位：*IG*, II^3, 1323. アンティオコス一世とストラトニケ：プルタルコス「デメトリオス伝」38. ピロメリオン出土の添え状文書群：*SEG*, LIV, 1353.「恩赦令」における盗賊：Austin, 2006, no. 290. ポキオンの裁判：プルタルコス「ポキオン伝」34; ディオドロス『世界史』18.66–67.「馬のように馬銜をはめられた」アカイア人：プルタル

コス「アラトス伝」38.10. ピリッポスのラリサ宛書簡：Austin, 2006, no. 75; Bagnall and Derow, 2004, no. 32. ピリッポス五世の劇場的振る舞い：ポリュビオス『歴史』10.26.1–2. デメトリオスと老女：プルタルコス「デメトリオス伝」42. テオクリトスによるプトレマイオスの称賛：『牧歌』第 17 歌「プトレマイオス王賛歌」104–5. アレクサンドロスの血：プルタルコス「アレクサンドロス伝」28. アレクサンドロス崇拝の継続：*LSAM*, 26, L. 9; *I.Ephesos*, 719; *I.Erythrai*, 64. アイガイでのセレウコス一世とアンティオコス一世の崇拝：*SEG*, LIX, 1406 A. テオスでのアンティオコス三世の崇拝：*SEG*, XLI, 1003; A. Chaniotis, 'Isotheoi timai: la divinité mortelle d'Antiochos III à Téos', *Kernos*, 20, 2007, 153–71. デメトリオスのための賛歌：デモカレス , *FgrH*, 75, F 2; アテナイオス『食卓の賢人たち』VII, 253 D–F. 神に等しい名誉についてのディオ・カッシウスの論評：『ローマ史』52.35.5. ローマでのプルシアス一世：ポリュビオス『歴史』30.18–19.「包囲者」デメトリオスの劇場性：プルタルコス「デメトリオス」28, 34, 41, 44–45, 53. 王権についてのディオトゲネスの考え：ストバイオス『選文集』4.7.62. ピリッポス五世の劇場性：ポリュビオス『歴史』10.26.1–2. アンティオコス四世についてのポリュビオスの描写：『歴史』26.1.5. キュジコスでのアッタロス一世の息子たち：ポリュビオス『歴史』22.20.5–7.

第 6 章　連邦と帝国の世界のなかでの都市国家

研究案内：Beck and Funke (eds.), 2015; R. Behrwald, *Der lykische Bund: Untersuchungen zu Geschichte und Verfassung*, Bonn, 2000; Berthold, 1984; Billows, 1995; Boehm, 2018: H. Börm and N. Luraghi (eds.), *The Polis in the Hellenistic World*, Stuttgart, 2018; Brun, 1996; Cartledge and Spawforth, 2002; Chaniotis, 2005; Cohen, 1978, 1995 and 2006; Couvenhes and Fernoux (eds.), 2004; Dmitriev, 2005; Fernoux, 2004; Forster, 2018; Fröhlich, 2004; Fröhlich and Müller (eds.), 2005; Gabrielsen, 1997; Gauthier, 1985; Grainger, 1999; V. Grieb, *Hellenistische Demokratie: Politische Organisation und Struktur in freien griechischen Poleis nach Alexander dem Großen*, Stuttgart, 2008; Habicht, 1997; P. Hamon, 'Le conseil et la participation des citoyens: les mutations de la basse époque hellénistique', in Fröhlich and Müller (eds.) 2005, 121–44; Hamon, 2007; Harding, 2015; Kralli, 2017; Labarre, 1996; C. Mann and P. Scholz (eds.), *'Demokratie' im Hellenismus. Von der Herrschaft des Volkes zur Herrschaft der Honoratioren*, Mainz, 2012; Migeotte, 1992; K. Mueller, *Settlements of the Ptolemies: City Foundations and New Settlement in the Hellenistic World*, Leuven, 2006; Quass, 1993; Roubineau, 2015; Sartre, 1995; Sherwin-White, 1978; Wörrle and Zanker (eds.), 1995.

史料：ギリシアの諸都市についてのヘラクレイデスの描写：F. Pfister, *Die Reisebilder des Herakleides*, Vienna, 1951. ポリュビオスのアカイア連邦評価：『歴史』2.37.11. ローマ帝国における都市：アエリウス・アリステイデス，第 26 番弁論「ローマ頌」93. テュリアイオンのポリスへの昇格 : *SEG*, XLVII, 1745. キュルビッソスの駐屯軍：*SEG*, XXVI, 1306, 8–11. 民主政体としてのアカイア連邦：ポリュビオス『歴史』2.38.6. リュキア人とカエサルの条約：*SEG*, LV, 1452; コスのディオクレス：*SEG*, XLVIII, 1104. エウリュクレイデスとミキオン：*IG*, II^2, 834, 1705; C. Habicht, *Studien zur Geschichte Athens in hellenistischer Zeit,* Göttingen, 1982, 179–82. プリエネのヘリコン：*I.Priene*, 19. アテナイのピリッピデス：*IG*, II^2, 657. オルビアのプロトゲネス：*IOSPE*, I^2, 32; Austin, 2006, no. 115. ストラボンのロドス描写：『地理誌』14.2.5. ムンミウスと寡頭政：パウサニアス『ギリシア案内記』7.16.9. ポピュリズム

についてのコンディリスの論評：P. Kondylis, *Niedergang der bürgerlichen Denk- und Lebensform*, Frankfurt, 1991, 200. 弁論家へのクィンティリアヌスのアドバイス：『弁論家の教育』11.3.147. ブッシュの選挙運動：E. Burns, *Theatricality: A Study of Convention in the Theatre and in Social Life*, London, 1972, 34. アルケタス：ディオドロス『世界史』18.46.1–47.3. 弁論のパフォーマンスについての『ヘレンニウス宛修辞学』の言葉：3.15.27. シキュオンの僭主たち：プルタルコス「アラトス伝」2.1–2. アクライピアのエウグノトス：J. Ma, 'The Many Lives of Eugnotos of Akraiphia', in B. Virgilio (ed.), *Studi ellenistici*, 16, Pisa, 2005, 141–91. ディオドロス・パスパロス：C. P. Jones, 'Diodoros Pasparos and the Nicephoria of Pergamon', *Chiron*, 4, 1974, 183–205. カイレモン，ピュトドロス，彼らの家系：C. P. Jones, 'An Inscription Seen by Agathias', *ZPE*, 170, 2011, 107–15. コスのニキアス：*IG*, XII.4, 682–711; Buraselis, 2000, 30–65, 131–33. アドラミュッティオンのディオドロス：ストラボン『地理誌』13.1.66. タルソスのリュシアス：アテナイオス『食卓の賢人たち』V, 215 b–c.

第7章　絡まり合い

研究案内：Berthold, 1984; Eckstein, 2006; R. M. Errington, *Philopoemen*, Oxford, 1969; Errington, 1992; Grainger, 1999, 2010, and 2015; Ferrary, 2014; Gruen, 1984; Hammond and Walbank, 1988; Hansen, 1971; Harris, 1979 and 2016; Hoyos (ed.), 2013; Koehn, 2007; Kralli, 2017; Ma, 2002; R. Pfeilschifter, *Titus Quinctius Flamininus: Untersuchungen zur römischen Griechenlandpolitik*, Göttingen, 2005; J. B. Scholten, *The Politics of Plunder: Aitolians and Their Koinon in the Early Hellenistic Era, 279–217 BC*, Berkeley, 2000; Sherwin-White and Kuhrt, 1993, 188–216; Wiemer, 2002.

史料：ポリュビオスのシュンプロケ：『歴史』1.3.1–4. ポリュビオスのテウタ描写：『歴史』2.4.8–9. プリニウスのローマ帝国理解：『博物誌』3.39. ナウパクトスでのアゲラオスの演説：ポリュビオス『歴史』5.104. カンナエの衝撃：ポリュビオス『歴史』3.117.2; リウィウス『ローマ建国以来の歴史』22.54.7. ピリッポス五世とハンニバルの同盟：ポリュビオス『歴史』7.9. シュラクサイ包囲：プルタルコス「マルケルス伝」14–19. ローマとアイトリア人の同盟：*Staatsverträge*, III, no. 536. イストミアでの自由の宣言：ポリュビオス『歴史』18.46; プルタルコス「ティトゥス伝」10.3–6. リュシマケイアでのアンティオコス三世の演説：ポリュビオス『歴史』18.51. ローマの使命についてのキケロの言葉：『義務について』2.26 (VIII). ハンニバルの最期の言葉：リウィウス『ローマ建国以来の歴史』39.51.「最後のギリシア人」ピロポイメン：プルタルコス「ピロポイメン伝」1. パウサニアスのピロポイメン評価：『ギリシア案内記』8.52.

第8章　ギリシア国家からローマ属州へ

研究案内：Bernhard, 1985 and 1998; Camia, 2009; Cartledge and Spawforth, 2002; G. Champion, 'Empire by Invitation: Greek Political Strategies and Roman Imperial Interventions in the Second Century BCE', *Transactions of the American Philological Association*, 137, 2007, 255–75; Eckstein, 2006; Ferrary, 2014; Gruen, 1984; Hansen, 1971; Harris, 1979 and 2016; J. Hopp, *Untersuchungen zur Geschichte der letzten Attaliden*, Munich, 1977; Hoyos (ed.), 2013; P. Kay, *Rome's Economic Revolution*, Oxford, 2014, 59–83; Kralli, 2017; Magie, 1950; Martinez-Sève, 2011; Z. Yavetz, 'Towards

a Further Step into the Study of Roman Imperialism', in E. Hermon (ed.), *Gouvernants et gouvernés dans l'imperium romanum* (*Cahiers des Études Anciennes* 3), Québec, 1991, 3–22.

史料：デルポイのペルセウスの記念物：*SEG*, XLVIII, 588. デルポイに送られたローマのペルセウス批判：Bagnall and Derow, 2004, no. 44; Austin, 2006, no. 93. アブデラの決議：*Syll.*[3], 656. 拡大の文化的影響にたいするホラティウスの詩行：『書簡詩』2.1.156–7. コリントス略奪についてのシドンのアンティパトロスの詩行：『ギリシア詞華集』9.151. アッタロス二世のペッシヌス宛の書簡：Welles, 1934, no. 61; Bagnall and Derow, 2004, no. 50. アッタロス三世の名誉刻文：*I.Pergamon*, 246. メトロポリスのアポロニオスの名誉刻文：*I.Metropolis*, 1. 「アシア関税法」：M. Cottier et al., *The Customs Law of Asia*, Oxford, 2008. アシアの徴税についてのマルクス・アントニウスの見解：アッピアノス『内乱史』5.1. ティベリウス・グラックスのエトルリア旅行：プルタルコス「ティベリウス伝」8.7. グラックスの演説：ゲリウス『アッティカの夜』11.10.3. プブリカニについてのキケロの評価：『ポンペイウスの指揮権について』17. 徴税の影響：ディオドロス『世界史』34/35.25.

第9章　アジアとエジプトのヘレニズム王国の衰亡

研究案内：B. Bar-Kochva, *Judah Maccabee: The Jewish Struggle Against the Seleucids*, Cambridge, 1989; C. R. Benjamin, *The Yuezhi: Origin, Migration and the Conquest of Northern Bactria*, Turnhout, 2007; J. Chr. Bernhard, *Die jüdische Revolution: Untersuchungen zu Ursachen, Verlauf und Folgen der hasmonäischen Erhebung*, Berlin, 2017; E. J. Bickerman, *The Jews in the Greek Age*, Cambridge, MA, 1988; Bouché-Leclercq, 1913–14; Bowman, 1996; Braund, 1984; Chauveau, 2000; Coloru, 2009; F. Daubner, *Bellum asiaticum: Der Krieg der Römer gegen Aristonikos von Pergamon und die Einrichtung der Provinz Asia*, 2nd edn, Munich, 2004; Eddy, 1961; Ehling, 2008; C. Feyel and L. Graslin-Thomé (eds.), *Le projet politique d'Antiochos IV*, Nancy, 2014; Grajetzki, 2011; E. S. Gruen, *Heritage and Hellenism: The Reinvention of Jewish Tradition*, Berkeley, 1998; Hoelbl, 2000; F. L. Holt, *Thundering Zeus: The Making of Hellenistic Bactria*, Berkeley, 1999; S. Honigman, *Tales of High Priests and Taxes: The Books of the Maccabees and the Judean Rebellion against Antiochos IV*, Berkeley, 2014; O. Hoover, 'A Revised Chronology for the Late Seleucids at Antioch (121/0–64 BC)', *Historia*, 56, 2007, 280–301; Hoyos (ed.), 2013; A. Jördens and J. F. Quack (eds.), *Ägypten zwischen innerem Zwist und äußerem Druck: Die Zeit Ptolemaios' VI. bis VIII.*, Wiesbaden, 2011; Kallet-Marx, 1995; J. D. Lerner, *The Impact of the Seleucid Decline on the Eastern Iranian Plateau: The Foundations of Arsacid Parthia and Graeco-Bactria*, Stuttgart, 1999; Martinez-Sève, 2011; P. F. Mittag, *Antiochos IV. Epiphanes. Eine politische Biographie*, Berlin, 2006; Schwartz, 2001 and 2014; Sherwin-White, 1984; Sherwin-White and Kuhrt, 1993, 217–29; R. Stoneman, *The Greek Experience of India: From Alexander to the Indo-Greeks*, Princeton, 2019; A.-E. Veïsse, *Les 'révoltes égyptiennes': Recherches sur les troubles intérieurs en Egypte du règne de Ptolémée III Evergète à la conquête romaine*, Leuven, 2004.

史料：イェルサレムの神殿でのヘリオドロス：「マカバイ記」2.3. ヘリオドロスに言及する刻文：*SEG*, LVII, 1838; LX, 1723; H. M. Cotton, A. Ecker and D. Gera, 'Juxtaposing Literary and Documentary Evidence: A New Copy of the So-Called Heliodoros Stele and the Corpus Inscriptionum Iudaeae/Palaestinae (*CIIP*)', *Bulletin of the Institute of Classical Studies*, 60, 2017, 1–15; 「エ

レウシスの日」：ポリュビオス『歴史』29.27.1–10. アンティオコス四世のダプネでの行列：アテナイオス『食卓の賢人たち』V, 194c–195f. 王エウテュデモスを称える刻文：*SEG*, LIV, 1569. マトゥラ出土の刻文：R. Salomon, 'The Indo-Greek Era of 186/5 BC in a Buddhist Reliquary Inscription', in O. Bopearachchi and M.-F. Boussac (eds.), *Afghanistan, ancien carrefour entre l'est et l'ouest*, Turnhout, 2005, 373. バーレーン出土の刻文：P. Kosmin, 'Rethinking the Hellenistic Gulf: The New Greek Inscription from Bahrain', *JHS*, 133, 2013, 61–79. ロゼッタ・ストーン：*OGIS*, 90. エジプトの豊かさに驚くスキピオ・アエミリアヌス：ディオドロス『世界史』33.28b. プトレマイオス朝の恩赦令：Austin, 2006, no. 290.

第10章　来寇する野心家たちの戦場

研究案内：S.-A. Ashton, *Cleopatra and Egypt*, Oxford, 2008; S. Benne, *Marcus Antonius und Kleopatra VII.: Machtausbau, herrscherliche Repräsentation und politische Konzeption*, Göttingen, 2001; Bernhard, 1985 and 1998; H. Börm, 'Hellenistische Poleis und römischer Bürgerkrieg. Stasis im griechischen Osten nach den Iden des März (44 bis 39 v. Chr.)', in H. Börm, M. Mattheis and J. Wienand (eds.), *Civil War in Ancient Greece and Rome*, Stuttgart, 2015, 99–125; Börm, 2019, 131–62; Braund, 1984; Chauveau, 2000; De Souza, 1999; Ferrary, 2014; Gruen, 1984; Habicht, 1997; Hoelbl, 2000; Kallet-Marx, 1995; Magie, 1950; A. Mayor, *The Poison King: The Life and Legend of Mithradates, Rome's Deadliest Enemy*, Princeton, 2010; B. C. McGing, *The Foreign Policy of Mithridates VI Eupator King of Pontos*, Leiden, 1986; A. Niebergall, 'Die lokalen Eliten der griechischen Städte Kleinasiens und Mithridates VI Eupator zu Beginn des ersten römisch-pontischen Krieges', *Hermes*, 139, 2011, 1–20; H. Pohl, *Die römische Politik und die Piraterie im östlichen Mittelmeer vom 3. Jahrhundert bis zum 1. Jahrhundert v. Chr.*, Berlin and New York, 1993; D. W. Roller, *Cleopatra: A Biography*, Oxford, 2010; F. Santangelo, *Sulla, the Elites and the Empire: A Study of Roman Policies in Italy and the Greek East*, Leiden, 2007; Sherwin-White, 1984; R. D. Sullivan, *Near Eastern Royalty and Rome: 100–30 BC*, Toronto, 1990; Syme, 1939.

史料：アテナイでのアテニオンの演説：ポセイドニオス『世界史』断片 247 (ed. Theiler); *FgrH*, 87, F 36, 51; アテナイオス『食卓の賢人たち』V, 212b–213c. アテナイのスラ：プルタルコス「スラ伝」13. キオス人にたいするミトリダテスの対応：アッピアノス『ミトリダテス戦争記』12.46–47. ポンペイウスの対海賊戦争についてのキケロの言葉：『ポンペイウスの指揮権について』12.35.「来た，見た，勝った」：プルタルコス「カエサル伝」50.3; スエトニウス『ローマ皇帝伝』「神君ユリウス」37.2. キリキアでのクレオパトラの芝居：プルタルコス「アントニウス伝」26.

第11章　ローマ期東方

研究案内：M. Adak and M. Wilson, 'Das Vespasianmonument von Döseme und die Gründung der Doppelprovinz Lycia et Pamphylia', *Gephyra*, 9, 2012, 1–40; Alcock, 1993; J. Bergemann, *Die römische Kolonie von Butrint und die Romanisierung Griechenlands*, Munich, 1998; Birley, 1997; Bowersock, 1965; Braund, 1984; C. Brélaz (ed.), *L'héritage grec des colonies romaines d'Orient: Interactions culturelles dans les provinces hellénophones de l'empire romain*, Paris, 2017; Cartledge and Spawforth, 2002; Champlin, 2003; Drexhage, 2007; Eck, 2003; Galinsky, 2012; Galinsky (ed.),

2005; Goldsworthy, 2014; Halfmann, 1979; C. P. Jones, 'The Panhellenion', *Chiron*, 26, 1996, 29–56; T. Kaizer and M. Facella (eds.), *Kingdoms and Principalities in the Roman Near East*, Stuttgart, 2010; C. Katsari and S. Mitchell, 'The Roman Colonies of Greece and Asia Minor: Questions of State and Civic Identity', *Athenaeum*, 96, 2008, 221–49; Levick, 1967 and 2010; Magie, 1950; F. G. B. Millar, 'The Roman Coloniae of the Near East: A Study of Cultural Relations', in H. Solin and M. Kajava (eds.), *Roman Eastern Policy and Other Studies in Roman History*, Helsinki, 1990, 7–58; T. Opper, *Hadrian: Empire and Conflict*, London, 2008; Raaflaub and Toher (eds.), 1993; A. D. Rizakis, 'Roman Colonies in the Province of Achaia: Territories, Land and Population', in Alcock (ed.), 1997, 15–36; D. Rousset, 'The City and its Territory in the Province of Achaea and "Roman Greece"', *Harvard Studies in Classical Philology*, 104, 2008, 303–37; Syme, 1939; Veyne, 1999; S. Zoumbaki, 'The Colonists of the Roman East and Their Leading Groups: Some Notes on Their Entering the Equestrian and Senatorial Ranks in Comparison with the Native Elites', *Tyche*, 23, 2008, 159–79.

史料：イエスについてのタキトゥスの伝え：『年代記』15.44. キリスト教徒についてのプリニウスの伝え：『書簡集』10.96. 無限の帝国：ウェルギリウス『アエネイス』1.279. エペソスでのローマへの歓呼 : *SEG*, LIII, 1290. 黙示録でのローマ：「ヨハネの黙示録」17.4–18. 歴史家ピリッポス：*IG*, IV^{2}.1, 687; *FgrH*, 95, T 1. メッセネでのガイウス・カエサルのための祝賀 : *SEG*, XXIII, 206. コスが与えたガイウス・カエサルへの名誉：*IG*, XII.4, 105. 政治生活についてのプルタルコスの見解：『モラリア』805a. アプロディシアスのセバステイオンの浮彫：R. R. R. Smith, '*Simulacra gentium*: The *ethne* from the Sebasteion at Aphrodisias', *JRS*, 78, 1988, 50–77; R. R. R. Smith, *Aphrodisias VI. The Marble Reliefs from the Julio-Claudian Sebasteion*, Darmstadt, 2013. 人口減少についてのポリュビオスの言及：『歴史』36.17.5. オクタウィアヌスのエペソス宛書簡：Reynolds, 1982, no. 12. イストミアでのネロの演説：*IG*, VII, 2713; Oliver, 1989, no. 296. アクライピアのエパメイノンダス：*IG*, VII, 2713. バルビラの詩 : *SEG*, VIII, 715. 競技祭開催に関するハドリアヌスの書簡：*SEG*, LVI, 1359. ハドリアヌスのナリュクス宛書簡：*SEG* LI, 641. デルポイで名誉を与えられたハドリアヌス：*Syll.*^{3}, 835 A.

第12章　アウグストゥスからハドリアヌスまでの皇帝，都市，属州

研究案内：Bekker-Nielsen, 2008; G. Boulvert, *Domestique et fonctionnaire sous le Haute-Empire romaine: La condition de l'affranchi et de l'esclave du prince*, Paris, 1974; Bowersock, 1965; B. Burrell, *Neokoroi: Greek Cities and Roman Emperors*, Leiden, 2004; Cartledge and Spawforth, 2002; M. Coudry and F. Kirbihler, 'La lex Cornelia, une lex provinciae de Sylla pour l'Asie', in N. Barrandon and F. Kirbihler (eds.), *Administrer les provinces de la République romaine*, Rennes, 2010, 133–69; Dmitriev, 2005; M. Dräger, *Die Städte der Provinz Asia in der Flavierzeit*, Frankfurt, 1993; Drexhage, 2007; F. K. Drogula, *Commanders and Command in the Roman Republic and Early Empire*, Chapel Hill, NC, 2015; W. Eck, 'Administration and Jurisdiction in Rome and in the Provinces', in M. van Ackern (ed.), *A Companion to Marcus Aurelius*, Malden, MA, 2012, 185–99; B. Edelmann-Singer, *Koina und Concilia: Genese, Organisation und sozioökonomische Funktion der Provinziallandtage im römischen Reich*, Stuttgart, 2015; Fernoux, 2004 and 2011; G. Frija, *Les prêtres des empereurs: Le culte impérial civique dans la province romaine d'Asie*, Rennes, 2012; T.

Fujii, *Imperial Cult and Imperial Representation in Roman Cyprus*, Stuttgart, 2013; S. Gambetti, *The Alexandrian Riots of 38 C.E. and the Persecution of the Jews: A Historical Reconstruction*, Leiden, 2009; R. Haensch, *Capita provinciarum: Statthaltersitz und Provinzialverwaltung in der römischen Kaiserzeit*, Mainz, 1997; Halfmann, 1986; Hamon, 2007; A. Heller, *'Les bêtises des Grecs': Conflits et rivalités entre cités d'Asie et de Bithynie à l'époque romaine (129 a.C.–235 p.C.)*, Bordeaux, 2006; Jones, 1971; Lintott, 1993; B. Levick, 'Some Augustan Oaths', in S. Cagnazzi et al. (eds.), *Scritti di storia per Mario Pani*, Bari, 2011, 245–56; Magie, 1950; O. Meyer-Zwiffelhoffer, *Politikos archein. Zum Regierungsstil der senatorischen Statthalter in den kaiserzeitlichen griechischen Provinzen*, Stuttgart, 2002; Millar, 1992; S. Mitchell, 'The Administration of Roman Asia from 133 BC to AD 250', in Eck (ed.), 1999, 17–46; A.-V. Pont, 'L'empereur "fondateur": enquête sur les motifs de la reconnaissance civique', *REG*, 120, 2007, 526–52; Price, 1984; Raaflaub and Toher (eds.), 1993; G. Salmeri, 'Reconstructing the Political Life and Culture of the Greek Cities of the Roman Empire', in van Nijf and Alston (eds.), 2011, 197–214; C. Samitz, 'Die Einführung der Dekaproten und Eikosaproten in den Städten Kleinasiens und Griechenlands', *Chiron*, 43, 2013, 1–61; Sartre, 1995; A. N. Sherwin-White, *The Letters of Pliny: A Historical and Social Commentary*, Oxford, 1985 (corrected edn); Syme, 1939; Varga and Rusu-Bolindeţ (eds.), 2016; Zuiderhoek, 2009.

史料：アシアのギリシア人のアウグストゥスのための決議：Sherk, 1969, no. 65; *SEG*, LVI, 1233. アウグストゥスのクニドス宛書簡：*I.Knidos*, 34. タルソスのテオドロスについてのアウグストゥスの見解：プルタルコス『モラリア』207b–c. オイクメネの救済者としての皇帝：*I.Olympia*, 366; *I.Iasos*, 602; *IG*, VII, 1840 and 2497; *I.Smyrna*, 594. エジプトでのネロの登位の知らせ：*P.Oxy.*, 1021. マロネイアの決議：*SEG*, LIII, 659. ミュティレネの皇帝崇拝：*IGR*, IV, 39. ペルガモンでの月例供犠：*IGR*, IV, 35 (*emmenos genesios tou Sebastou*).「今ホメロス」プブリウス・アエリウス・ポンペイアヌス・パイオン：*I.Ephesos*, 22; *I.Side*, 70. プリニウスの書簡にあるビテュニアの属州法：『書簡集』10.79, 112, 114. 総督の崇拝（スカエウォラ，アップレイウス）：G. Thériault, 'Remarques sur le culte des magistrats romains en Orient', *Cahiers des Études Anciennes*, 37, 2001, 85–95; G. Thériault, 'Culte des évergètes (magistrats) romains et agônes en Asie Mineure', in K. Konuk (ed.), *Stephanèphoros: De l'économie antique à l'Asie Mineure. Hommages à Raymond Descat*, Bordeaux, 2012, 377–88. リュディアの神官が使用したローマの用語（セナトゥス，プラエトリウム）：SEG, XXXVIII, 1237; LVII, 1186. 都市としてのローマ帝国：アエリウス・アリステイデス，第26番弁論「ローマ頌」61. ローマ植民市についてのゲリウスの言葉：『アッティカの夜』16.13.9. クサントスの市民区分：*FdXanthos* VII, 67. エックレシアステス：*IGR*, III, 409. オルビアのカリステネス：*IOSPE*, I^2, 42. 歓声：*P.Oxy.*, I 41. ヘロデス・アッティクスの葬儀：ピロストラトス『ソフィスト列伝』15.20. タルソスの政治紛争：ストラボン『地理誌』14.5.14. テッサリアのペトライオス：プルタルコス『モラリア』815d. アプロディシアスのアッタロスの財団：B. Laum, *Stiftungen in der griechischen und römischen Antike*, Leipzig and Berlin, 1914, no. 102. プルサのディオン：Jones, 1978, 19–25. エペソスの暴徒：「使徒言行録」19:23–41.

第13章　社会経済状況

研究案内：Alföldy, 2011; Z. H. Archibald, J. Davies and V. Gabrielsen (eds.), *The Economies of Helle-*

nistic Societies, Oxford, 2011; Z. H. Archibald, J. Davies and V. Gabrielsen (eds.), *Making, Moving, and Managing: The New World of Ancient Economies, 323–31 BC,* Oxford, 2005; J. Bartels, *Städtische Eliten im römischen Makedonien*, Berlin, 2008; Bekker-Nielsen, 2008; Biard, 2017; A. Bielman, *Retour à la liberté: Libération et sauvetage des prisonniers en Grèce ancienne*, Paris, 1994; Billows, 1995; Bowersock, 1965 and 1969; Brélaz, 2005; C. Brélaz, 'Les "pauvres" comme composante du corps civique dans les *poleis* des époques hellénistiques et impériale', *Ktèma*, 38, 2013, 67–87; Brun, 1996; P. Brun (ed.), *Économies et sociétés en Grèce classique et hellénistique*, Toulouse, 2007; Cartledge and Spawforth, 2002; Chaniotis, 2005; A. Chaniotis, 'What Difference did Rome Make? The Cretans and the Roman Empire', in B. Forsén and G. Salmeri (eds.), *The Province Strikes Back: Imperial Dynamics in the Eastern Mediterranean*, Helsinki, 2008, 83–105; Chauveau, 2000; Cohen, 1978, 1995 and 2006; Couvenhes and Fernoux (eds.), 2004; De Souza, 1999; M. Domingo Gygax, *Benefaction and Rewards in the Ancient Greek City: The Origins of Euergetism*, Cambridge, 2016; Fernoux, 2004; J. Fournier, *Entre tutelle romaine et autonomie civique: L'administration judiciaire dans les provinces hellénophones de l'empire romain (129 av. J.-C.–235 ap. J.-C.)*, Athens, 2010; Fraser, 1972; Fröhlich and Hamon (eds.), 2013; Gabrielsen, 1997; Gauthier, 1972 and 1985; Gray, 2015; T. Grünewald, *Räuber, Rebellen, Rivalen, Rächer: Studien zu Latrones im römischen Reich*, Stuttgart, 1999; M. Haake, *Der Philosoph in der Stadt: Untersuchungen zur öffentlichen Rede über Philosophen und Philosophie in der hellenistischen Polis*, Munich, 2007; Harris and Ruffini (eds.), 2004; Harding, 2015; J. Hatzfeld, *Les trafiquants italiens dans l'Orient hellénique*, Paris, 1919; Heitmann-Gordon, 2017, 85–179; A. Heller and A.-V. Pont (eds.), *Patrie d'origine et patries électives: Les citoyennetés multiples dans le monde grec d'époque romaine. Actes du colloque international de Tours, 6–7 novembre 2009*, Bordeaux, 2012; Jones, 1978; Kuhn, 2012; Labarre, 1996; Launey, 1987; F. Lerouxel and A.-V. Pont (eds.), *Propriétaires et citoyens dans l'Orient romain*, Bordeaux, 2016; Lewis, 1986; Y. Le Bohec, *The Imperial Roman Army*, translated by R. Bate, London, 1994; Ma, 2013; C. Müller and C. Hasenohr (eds.), *Les Italiens dans le monde grec: IIe siècle av. J.-C.–Ier siècle ap. J.C. Circulation, activités, intégration*, Athens and Paris, 2000; K. Mueller, *Settlements of the Ptolemies: City Foundations and New Settlement in the Hellenistic World*, Leuven, 2006; M. Niku, *The Official Status of the Foreign Residents in Athens, 322–120 BC*, Helsinki, 2007; Oliver, 2007; Papazoglou, 1997; Perrin-Saminadayar, 2007; Peachin (ed.), 2011; Puech, 2012; Quass, 1993; G. Reger, 'Hellenistic Greece and Western Asia Minor', in Scheidel et al. (eds.), 2007, 460–83; Rizakis and Touratsoglou (eds.), 2013; Rizakis and Lepeniotis (eds.), 2010; Rostovtzeff, 1941; Roubineau, 2015; Sartre, 1995; C. Schuler, *Ländliche Siedlungen und Gemeinden im hellenistischen und römischen Kleinasien*, Munich, 1998; E. Stavrianopoulou, 'Die Bewirtung des Volkes: Öffentliche Speisungen in der römischen Kaiserzeit', in Hekster et al. (eds.), 2009, 159–80; G. Steinhauer, 'C. Iulius Eyrycles and the Spartan Dynasty of the Eyryclids', in Rizakis and Lepeniotis (eds.), 2010, 75–87; Thompson, 1988; Thonemann, 2011; Varga and Rusu-Bolindeţ (eds.), 2016; A. V. Walser, *Bauern und Zinsnehmer: Politik, Recht und Wirtschaft im frühhellenistischen Ephesos*, Munich, 2008; Wörrle and Zanker (eds.), 1995; Zuiderhoek, 2009; A. Zuiderhoek, 'Sorting out Labour in the Roman Provinces: Some Reflections on Labour and Institutions in Asia Minor', in K. Verboven and C. Laes (eds.), *Work, Labour, and Professions in the Roman World*, Leiden, 2017, 20–35.

史料：シュラクサイ包囲中のアルキメデスの装置：プルタルコス「マルケルス伝」15–17. スケ

プシスのメトロドロス：ストラボン『地理誌』13.1.55. タルソスのボエトス：ストラボン『地理誌』14.5.14. アテナイのニカノル：C. P. Jones, 'Julius Nicanor Again', *ZPE*, 178, 2011, 79–83. ミュラサのエウテュデモスとヒュブレアス：ストラボン『地理誌』14.2.24. スパルタのエウリュクレス：ストラボン『地理誌』8.5.5. メランコマス：プルサのディオン，第28，29番弁論. ガイウス・ステルティニウス・クセノポン：*IG*, XII.4, 712–79; Buraselis, 2000, 66–110. アプロディシアスのゾイロス：R. R. R. Smith, *The Monument of C. Julius Zoilos*, Mainz, 1993. クラウディウス・エトルスクスの父親：スタティウス『シルウァエ』3.3; P. R. C. Weaver, 'The Father of Claudius Etruscus: Statius, Silvae 3.3', *Classical Quarterly*, 15, 1965, 145–54. ニュサのアルキビアデス：*I.Ephesos*, 22; *SEG*, I, 417, 441; IV, 417, 418; *CIG*, 2947, 2948; *I.Tralleis*, 17. 富と貧困にたいするテオプラストスの見解：『人さまざま』5, 21, 23, 24, 26. ナコネの和解：E. Lupu, *Greek Sacred Law: A Collection of New Documents*, Leiden, 2005, 347–358 no. 26; Gray, 2015, 37–41. クレオメネスの改革：プルタルコス「クレオメネス伝」10–11. ボイオティアの社会状況：ポリュビオス『歴史』20.6. 外国人判事：P. Hamon, 'Mander des juges dans la cité: notes sur l'organisation des missions judiciaires à l'époque hellénistique', *Cahiers du Centre Gustave Glotz*, 23, 2012, 195–222. 公的債務：Migeotte, 1984. 恋わずらいの男についてテオクリトスが歌う：『牧歌』第14歌「アイスキナスとテュオニコス」50–56. アレクサンドロスによるカリンドイアでの土地付与：*SEG*, XXXVI, 636. マケドニアでの王による土地分与：Hatzopoulos, 1996, nos. 20, 22. ミレトスへのクレタ人移住者：*Milet* VI.1, 33–38. サモスの失業中の傭兵たち：*IG*, XII.6, 169. エレウテルナのアンティパトロス：*Syll.*[3], 737. オプラモアスの恩恵施与：*FdXanthos*, VII, 67; C. Kokkinia, *Die Opramoas-Inschrift von Rhodiapolis: Euergetismus und soziale Elite in Lykien*, Bonn, 2000. クレタの薬草の輸出：ガレノス『解毒剤について』XIV p. 9 (ed. Kühn). ローマ帝国の交易についてのアエリウス・アリステイデスのコメント：第26番弁論「ローマ頌」11–12.

第14章　社会と文化の流行

研究案内：Alföldy, 2011; S. Aneziri, *Die Vereine der dionysischen Techniten im Kontext der hellenistischen Gesellschaft: Untersuchungen zur Geschichte, Organisation und Wirkung der hellenistischen Technitenvereine*, Stuttgart, 2003; R. S. Bagnall, *Everyday Writing in the Graeco-Roman East*, Berkeley, 2011, 54–74; Biard, 2017; Bowersock, 1965; Brun, 1996; E. Bauer, *Gerusien in den Poleis Kleinasiens in hellenistischer Zeit und der römischen Kaiserzeit: Die Beispiele Ephesos, Pamphylien und Pisidien, Aphrodisias and Iasos*, Munich, 2012; S. Bussi, *Economia e demografia della schiavitù in Asia Minore ellenistico-romana*, Milan, 2001; Cartledge and Spawforth, 2002; Chaniotis, 2005 and 2011; R. Cribiore, *Gymnastics of the Mind: Greek Education in Hellenistic and Roman Egypt*, Princeton, 2001; I. Dittmann-Schöne, *Die Berufsvereine in den Städten des kaiserzeitlichen Kleinasiens*, Regensburg, 2001; J. C. Eule, *Hellenistische Bürgerinnen aus Kleinasien: Weibliche Gewandstatuen in ihrem antiken Kontext*, Istanbul, 2001; Fernoux, 2004; Forster, 2018; Fraser, 1972; Fröhlich and Hamon (eds.), 2013; V. Gabrielsen, 'Brotherhoods of Faith and Provident Planning: The Non-Public Associations of the Greek World', *Mediterranean Historical Review*, 22, 2, 2007, 176–203; Gauthier, 1985; P. Gauthier and M. B. Hatzopoulos, *La loi gymnasiarchique de Beroia*, Athens, 1993; L.-M. Günther, *Bürgerinnen und ihre Familien im hellenistischen Milet: Untersuchungen zur Rolle von Frauen und Mädchen in der Polis-Öffentlichkeit*, Wiesbaden, 2014; Hamon, 2007; Harris and Ruffini (eds.), 2004; Jones, 1978; D. Kah and P. Scholz (eds.), *Das helle-*

nistische Gymnasion, Berlin, 2004; Kuhn, 2012; B. Legras, *Néotês: Recherches sur les jeunes grecs dans l'Égypte ptolémaique et romaine*, Geneva, 1999; Lewis, 1986; Ma, 2013; Chr. Mann, S. Remijsen and S. Scharff (eds.), *Athletics in the Hellenistic World*, Stuttgart, 2016; N. Massar, *Soigner et servir: Histoire sociale et culturelle de la médecine grecque à l'époque hellénistique*, Paris, 2005; Migeotte, 1984 and 1992; T. Morgan, *Literate Education in the Hellenistic and Roman Worlds*, Cambridge, 1998; H. Mouritsen, *The Freedman in the Roman World*, Cambridge, 2011; C. Müller, 'Évérgetisme et pratiques financières dans les cités de la Grèce hellénistique', *Revue des Études Anciennes*, 113, 2011, 345–63; D. Mulliez, 'Les actes d'affranchissement delphiques', *Cahiers du Centre Gustave Glotz*, 3, 1992, 31–44; Peachin (ed.), 2011; Perrin-Saminadayar, 2007; Pomeroy, 1984; Quass, 1993; M. Ricl, 'Legal and Social Status of *threptoi* and Related Categories in Narrative and Documentary Sources', in Cotton et al. (eds.), 2009, 93–114; Robert, 1940; Rostovtzeff, 1941; P. Scholz and D. Wiegand (eds.), *Das kaiserzeitliche Gymnasion*, Berlin, 2015; E. Stavrianopoulou, *'Gruppenbild mit Dame': Untersuchungen zur rechtlichen und sozialen Stellung der Frau auf den Kykladen im Hellenismus und in der römischen Kaiserzeit*, Stuttgart, 2006; E. Stephan, *Honoratioren, Griechen, Polisbürger: Kollektive Identitäten innerhalb der Oberschicht des kaiserzeitlichen Kleinasien*, Göttingen, 2002; Thompson, 1988; P. Thonemann, 'The Women of Akmoneia', *JRS*, 100, 2010, 163–78; van Bremen, 1996; O. van Nijf, 'Athletics and *paideia*: Festivals and Physical Education in the World of the Second Sophistic', in Borg (ed.), 2004, 203–27; Vatin, 1970; Velissaropoulos-Karakostas, 2011; A.-M. Vérilhac and C. Vial, *Le mariage grec: Du VIe siècle av. J.-C. à l'époque d'Auguste*, Paris, 1998; A. Weiss, *Sklave der Stadt: Untersuchungen zur öffentlichen Sklaverei in den Städten des Römischen Reiches*, Stuttgart, 2004; U. Wiemer, 'Von der Bürgerschule zum aristokratischen Klub? Die athenische Ephebie in der römischen Kaiserzeit', *Chiron*, 41, 2011, 487–537; R. Zelnick-Abramovitz, *Not Wholly Free: The Concept of Manumission and the Status of Manumitted Slaves in the Ancient World*, Leiden, 2005; Wörrle and Zanker (eds.), 1995.

史料：メトロポリスのギュムナシオンへの寄付：*SEG*, XLIX, 1522. ギュテイオンのクロアティウス兄弟：*IG*, V.1, 1146. アプロディシアスのヘルモゲネス：*SEG*, LIV, 1020. テュリアイオン：*SEG*, XLVII, 1745; Bagnall and Derow, 2004, no. 43. パノペウス：パウサニアス『ギリシア案内記』10.4.1. ヘラクレス・キュナギダスの狩人：*SEG*, LVI, 625. アウグストゥスとネアポリスのエペボスたち：スエトニウス『ローマ皇帝伝』「アウグストゥス」98.3. アンピポリスのエペバルコスの法：M. B. Hatzopoulos, 'Loi éphébarchique d'Amphipolis', *Archaiologike Ephemeris*, 154, 2015, 46–8; D. Rousset, 'Considérations sur la loi éphébarchique d'Amphipolis', *Revue des Études Anciennes*, 119, 2017, 49–84. タナグラのエペボスたち：*SEG*, LIX, 492. ペリクレスの女性認識：トゥキュディデス『歴史』2.45.2. 結婚契約書：*P.Eleph.* 1; D. Thompson, 'Hellenistic Families', in Bugh (ed.), 2006, 93–4. テラのエピクテタ：*IG*, XII.3, 330. アルキッペ：*I.Kyme*, 13. アグライス：アテナイオス『食卓の賢人たち』X, 415a–b. ポリュグノタ：*F.Delphes*, III.3, 249. エピクレス：*Syll.*[3], 622 B. 去勢者クロコス：J. Strubbe, *Arai epitymbioi: Imprecations Against Desecrators of the Grave in the Greek Epitaphs of Asia Minor. A Catalogue*, Bonn, 1997, no. 393. エジプトの金鉱山：ディオドロス『世界史』3.12–13. ドドナの奉献板：*SEG*, LVII, 536.14. ピュスコス出土の奴隷解放の記録：*SEG*, LVI, 572.「美女の取扱業者」：*IGUR*, 1326. カプリリウス・ティモテオス：*SEG*, XXVIII, 537. エペソスのヒュロス：*SEG*, LIX, 1318.

第 15 章　都市の儀礼から大神主義へ

研究案内：C. Bonnet and A. Motte (eds.), *Les syncrétismes religieuses dans le monde méditerranéen antique*, Rome, 1997; Bricault, 2005; P. Bruneau, *Recherches sur les cultes de Délos à l'époque hellénistique et romaine*, Paris, 1970; A. Busine, *Paroles d'Apollon: Pratiques et traditions oraculaires dans l'Antiquité tardive (IIe–VIe siècles)*, Leiden, 2005; A. Chaniotis, 'Ritual Performances of Divine Justice: The Epigraphy of Confession, Atonement, and Exaltation in Roman Asia Minor', in Cotton et al. (eds.), 2009, 115–53; A. Chaniotis, 'Megatheism: The Search for the Almighty God and the Competition of Cults', in S. Mitchell and P. van Nuffelen (eds.), *One God: Pagan Monotheism in the Roman Empire*, Cambridge, 2010, 112–40; Chaniotis, 2011; A. Chaniotis, 'Processions in Hellenistic Cities: Contemporary Discourses and Ritual Dynamics', in R. Alston, O. M. van Nijf and C. G. Williamson (eds.), *Cults, Creeds and Contests*, Leuven, 2013, 21–47; S. G. Cole, *Theoi Megaloi: The Cult of the Great Gods at Samothrace*, Leiden, 1984; N. Deshours, *L'été indien de la religion civique*, Bordeaux, 2011; H. Engelmann, *The Delian Aretalogy of Sarapis*, Leiden, 1975; Fraser, 1972; F. Graf, *Roman Festivals in the Greek East: From the Early Empire to the Middle Byzantine Era*, Cambridge, 2015; F. Graf and S. I. Johnston, *Ritual Texts for the Afterlife: Orpheus and the Bacchic Gold Tablets*, London and New York, 2007; C. P. Jones, *New Heroes in Antiquity: From Achilles to Antinoos*, Cambridge, MA, 2010; Lane Fox, 1986; B. Legras, *Les reclus grecs du Sarapieion de Memphis: Une enquête sur l'hellénisme égyptien*, Leuven, 2010; J. Lieu, J. A. North and T. Rajak (eds.), *The Jews among Pagans and Christians in the Roman Empire*, London, 1992; MacMullen, 1981 and 1984; A. Mastrocinque, *The Mysteries of Mithras: A Different Account*, Tübingen, 2017; J. D. Mikalson, *Religion in Hellenistic Athens*, Berkeley, 1998; S. Mitchell, 'The Cult of Theos Hypsistos between Pagans, Jews, and Christians', in P. Athanassiadi and M. Frede (eds.), *Pagan Monotheism in Late Antiquity*, Oxford, 1999, 81–148; Nock, 1933; J. A. North and S. R. F. Price (eds.), *The Religious History of the Roman Empire. Pagans, Jews, and Christians*, Oxford, 2011; R. Parker, *Polytheism and Society at Athens*, Oxford, 2005; Parker, 2017; É. Perrin-Saminadayar, 'L'accueil officiel des souverains et des princes à Athènes à l'époque hellénistique', *BCH*, 128/129, 2004–5, 351–75; S. Price, 'Religious Mobility in the Roman Empire', *JRS*, 102, 2012, 1–19; E. Rice, *The Grand Procession of Ptolemy Philadelphus*, Oxford, 1983; K. J. Rigsby, *Asylia: Territorial Inviolability in the Hellenistic World*, Berkeley, 1996; Y. Tzifopoulos, *Paradise Earned: The Bacchic-Orphic Gold Lamellae of Crete*, Washington, DC, 2010; H. S. Versnel, *Ter unus: Isis, Dionysos, Hermes. Three Studies in Henotheism*, Leiden, 1990; Versnel, 2011; U. Victor, *Lukian von Samosata, Alexander oder Der Lügenprophet: Eingeleitet, herausgegeben, übersetzt und erklärt*, Leiden, 1997; H. Wendt, *At the Temple Gates: The Religion of Freelance Experts in the Early Roman Empire*, New York, 2016; Wörrle, 1988.

史料：テオクリトス：『牧歌』第 15 歌「アドニス祭の女たち」. タラスでの祭日：ストラボン『地理誌』6.3.4. コスの祭礼：*IG*, XII.4, 281. ピュラモス河畔のアンティオケイアの祭礼：*LSAM*, 81. プトレマイア祭の行列：アテナイオス『食卓の賢人たち』V, 196a–203b. アンダニアの儀礼規定：L. Gawlinski, *The Sacred Law of Andania: A New Text with Commentary*, Berlin, 2012. カリンドイアの刻文：*SEG*, XXXV, 744. アテナイのタルゲリア祭：*SEG*, XXI, 469 C. パンの死：プルタルコス『モラリア』419b–d. キュメの権能譚：Bricault, 2005, no. 302/0204. アポロン・クラリオスの神託：*SEG*, XXVII, 933. エピダウロスの治癒の奇跡：L.

LiDonnici, *The Epidaurian Miracle Inscriptions: Text, Translation and Commentary*, Atlanta, 1995. エペソスのアルテミシア：R. Merkelbach, 'Aurelia Artemisia aus Ephesos, eine geheilte Augenkranke', *Epigraphica Anatolica*, 20, 1992, 55. テオドロスの告白：G. Petzl, *Die Beichtinschriften Westkleinasiens* (*Epigraphica Anatolica*, 22), Bonn, 1994, no. 5. ミレトスでの夢：*I.Didyma*, 496. イシュロスの賛歌：W. D. Furley and J. M. Bremer, *Greek Hymns*, Tübingen, 2001, I, 227–40; A. Kolde, *Politique et religion chez Isyllos d'Épidaure*, Basel, 2003. マロネイアでのイシスへの賛美：Y. Grandjean, *Une nouvelle arétalogie d'Isis à Maronée*, Leiden, 1975. ピラデルペイアでの祭儀団体：*TAM*, V.3, 1539. 来世に関わる考えを示す墓碑銘：*I.Perinthos*, 213; カリマコス『エピグラム』13 (ed. Pfister); *TAM*, V.2, 1108; *Steinepigramme* I 05/01/63; *IG*, XII.7, 123. アルテミドロスによるテラでの祭儀の設立：*IG*, XII.3, 421–2, 464, 863, 1333–50, 1388.「メノピロスのゼウス」：*SEG*, LVI, 1434. サルタリスの財団：*I.Ephesos*, 27. グリュコンの密儀：ルキアノス『偽預言者アレクサンドロス』38–9. キリスト教徒についてのプリニウスの伝え：『書簡集』10.96. 深夜のパンの分け合い：*IG*, X.2.1, 259.

第16章　ギリシア人とオイクメネ

研究案内：C. Benjamin, *Empires of Ancient Eurasia: The First Silk Roads Era, 100 BCE–250 CE*, Cambridge, 2018, 119–273; J. Boardman, *The Greeks in Asia*, London, 2015; Bowersock, 1969; Goldhill (ed.), 2001; J.-C. Couvenhes and B. Legras (eds.), *Transferts culturels et politiques dans le monde hellénistique: Actes de la table ronde sur les identités collectives (Sorbonne, 7 février 2004)*, Paris, 2006; F. De Romanis and M. Maiuro (eds.), *Across the Ocean: Nine Essays on Indo-Mediterranean Trade*, Leiden, 2015; Jones, 1978; C. P. Jones, *Kinship Diplomacy in the Ancient World*, Cambridge, MA, 1999; Parker, 2017; M. Pitts and M. J. Versluys (eds.), *Globalisation and the Roman World: World History, Connectivity, and Material Culture*, New York, 2015; Puech, 2002; Veyne, 1999; Whitmarsh (ed.), 2010.

史料：キュジコスのエウドクソス：ストラボン『地理誌』2.3.4. アラビアとの交易：L. Casson, *The Periplus Maris Erythraei: Text with Introduction, Translation, and Commentary*, Princeton, 1989, Ch. 49. ソピュトス：*SEG*, LIV, 1568; J. Lougovaya, 'Greek Poetry in a Post-Greek Milieu: The Epigram of Sophytos from Kandahar Contextualized', in P. Sänger (ed.), *Minderheiten und Migration in der griechisch-römischen Welt*, Paderborn, 2016, 185–201. ヒュレの墓碑銘：*IG*, XIV, 2566.「豚」の墓：*SEG*, XXV, 711. バハレイヤ・オアシスでのアレクサンドロスの奉献：*SEG*, LIX, 1764. ヘラクレイデスの請願：*P.Enteux.*, 79. ドリュトンの文書群：J. Mélèze-Modrzejewski, 'Dryton le crétois et sa famille, ou Les mariages mixtes dans l'Égypte hellénistique', in *Aux origines de l'Hellénisme: La Crète et la Grèce. Hommage à Henri van Effenterre*, Paris, 1984, 353–76. タウリスのケルソネソスの法廷：*SEG*, LV, 838; LXI, 607. タラッコのアウィトゥスの田園邸宅：*SEG*, LXI, 832. トリポノンとエンネアポノン：Petzl, 1994, nos. 6 and 55; *SEG*, LVII, 1172 and 1222. トラレイスのパラケとアニプトポデス：*I.Tralleis*, 6–7. ヒュパイパの儀礼：パウサニアス『ギリシア案内記』5.27.5–6.